# 3·1운동과 한국의 상황

이 저서는 2018년 대한민국 교육부와 한국연구재단의 지원을 받아 수행된 연구임
(NRF-2018S1A6A3A01042723)

메타모포시스 번역총서 002

## 3·1운동과 한국의 상황(The Case of Korea)

초판 1쇄 발행  2020년 12월 30일

저　자　정한경(Henry Chung)

역　자　김지영

감　수　반병율

펴낸이　윤관백

펴낸곳　 동서출판 선인

등　록　제5-77호(1998.11.4)

주　소　서울시 마포구 마포대로 4다길 4 곳마루빌딩 1층

전　화　02)718-6252/6257

팩　스　02)718-6253

E-mail　sunin72@chol.com


정가　65,000원

ISBN 979-11-6068-339-4 93900

메타모포시스 번역총서 02

The Case of Korea

A Collection of Evidence on the Japanese Domination of Korea, and on the Development of the Korean Independence Movement :: :: :: :: ::

# 3·1운동과 한국의 상황
# The Case of Korea

HENRY CHUNG, A.M. Ph. D.

Author of "The Oriental Policy of the United States," "Korean Treaties," etc.

With Foreword by
HON. SELDEN P. SPENCER
U. S. Senator from Missouri

정한경(Henry Chung) 저
김지영 역
반병율 감수

NEW YORK                    CHICAGO
Fleming H. Revell Company
LONDON    AND    EDINBURGH

도서출판 선인

숭실대학교 한국기독교문화연구원은 1967년 설립된 한국기독교문화연구소를 모태로 하고 1986년 설립된 〈기독교사회연구소〉와 통합하여 확대개편함으로써 명실공히 숭실대학교를 대표하는 인문학 연구원으로 발전하여 오늘에 이르렀다. 반세기가 넘는 역사 동안 다양한 학술행사 개최, 학술지 『기독문화연구』와 '불휘총서' 발간, 한국기독교박물관 소장 자료의 연구에 주력하면서, 인문학 연구원으로서의 내실을 다져왔다. 2018년 한국연구재단의 인문한국플러스(HK+) 사업 수행기관으로 선정되며 또 다른 도약의 발판을 마련하였다.

본 HK+사업단은 "근대전환공간의 인문학 – 문화의 메타모포시스"라는 아젠다로 문·사·철을 아우르는 다양한 연구자들이 학제간 연구를 진행하고 있다. 개항 이래 식민화와 분단이라는 역사적 격변 속에서 한국의 근대(성)가 형성되어온 과정을 문화의 층위에서 살펴보는 것이 본 사업단의 목표다. '문화의 메타모포시스'란 한국의 근대(성)가 외래문화의 일방적 수용으로도, 순수한 고유문화의 내재적 발현으로도 환원되지 않는, 이문화들의 접촉과 충돌, 융합과 절합, 굴절과 변용의 역동적 상호작용을 통해 형성되었음을 강조하려는 연구 시각이다.

본 HK+사업단은 아젠다 연구 성과를 집적하고 대외적 확산과 소통을 도

모하기 위해 총 네 분야의 기획 총서를 발간하고 있다. 〈메타모포시스 인문학총서〉는 아젠다와 관련된 연구 성과를 종합한 저서나 단독 저서로 이뤄진다. 〈메타모포시스 번역총서〉는 아젠다와 관련하여 자료적 가치를 지닌 외국어 문헌이나 이론서들을 번역하여 소개한다. 〈메타모포시스 자료총서〉는 숭실대 한국기독교박물관에 소장된 한국 근대 관련 귀중 자료들을 영인하고, 해제나 현대어 번역을 덧붙여 출간한다. 〈메타모포시스 대중총서〉는 아젠다 연구 성과의 대중적 확산을 위해 기획한 것으로 대중 독자들을 위한 인문학 교양서이다.

동양과 서양, 전통과 근대, 아카데미즘 안팎의 장벽을 횡단하는 다채로운 자료와 연구 성과들을 집약한 메타모포시스 총서가 인문학의 지평을 넓히고 사유의 폭을 확장하는 데 기여할 수 있기를 바란다.

2020년 11월
숭실대학교 한국기독교문화연구원 HK+사업단장
장경남

정한경 선생의 『The Case of Korea』의 번역을 마쳤다. 2018년 겨울부터 시작한 작업이 정확히 1년 만에 끝났다. 그간 여러 사정이 있어 출판이 좀 늦어졌다. 그사이 다른 역자가 번역한 번역본이 출간되어 좀 실망하기도 했다. 그러나 평소 좋은 외국어 서적의 한글 번역본은 많으면 많을수록 좋다는 것이 역자의 생각이라 힘을 내어 작업을 마쳤다. 기왕 나온 번역서와 차별성도 둘 겸 연구자들의 편의를 위해 번역본의 원문도 영인하여 부록으로 붙였다. 덕분에 책이 좀 두꺼워졌다.

책의 원제목은 『The Case of Korea』이다. 따라서 직역하면 '한국의 사정', '한국의 사례, 경우' 정도로 번역되겠으나, 이 책이 3·1운동을 세계에 소개하는 성격의 저서이기 때문에 여러 전문가들의 의견을 받아들여 『3·1 운동과 한국의 상황』이라고 번역서명을 정하기로 하였다.

이 책을 통하여 그동안 역자가 잘 모르던 3·1 운동의 전모와 세세한 내용, 일본의 야만적인 탄압과 만행에 대해 잘 알게 되었다. 서양사 전공자인 역자로서는 한국 근현대사에 대해 새롭게 이해하는 계기가 되었음을 고백하지 않을 수 없다. 이 책을 통하여 앞으로도 역자가 공부해야 할 또 하나의 방향을 잡은 듯하다. 3·1 운동을 공부하면서 세계사 속의 다른 3·1 운동들이 겹쳐 왔고, 그 속에서 같은 점과 다른 점을 발견하면서 왜 그런 차이가 나타나는지 고민하는 계기가 되었다. 이 책을 번역하면서 얻은 가장 큰 소득이다.

3·1 운동은 단지 식민지 조선에서 일어난 지역적인 독립운동이 아니다. 3·1운동이 일어났던 시기는 제국주의 강대국들과 식민지 약소국들 간의 갈등이 격화되어 전 세계적으로 식민지 민족 해방 투쟁이 고조되던 시기였다. 우리 3·1 운동도 이러한 세계정세에 부응하여 적극적으로 제국주의 세력에 맞섰던 세계사적인 사건인 것이다. 특히 주목할 점은 조선 반도 전역에 걸쳐 수십만 명의 대규모 민중이 참여한 전 민족적 투쟁이었음에도 불구하고 비폭력 평화 투쟁으로서 세계 민족 해방 운동사에 일획을 그었다는 점이다. 또한 저자가 인용한 선교사들의 보고 자료는 객관적 시각에서 일본 제국주의의 야만성을 적나라하게 보여주는 훌륭한 자료로서 비록 번역서의 형태이지만 이 자료를 독자들에게 소개할 수 있게 된 점은 큰 기쁨이다. 당시이 책이 일본의 식민지 통치 방식의 잔인성을 전 세계에 알리는 메신저 역할을 하였음은 분명한 사실이다. 또한 책 내용 중에 언급된 체코슬로바키아의 마사리크 대통령의 활동은 동유럽의 근현대사를 전공하는 필자에게 동유럽의 민족 해방 투쟁과 3·1 운동의 성격을 동일한 선상에서 바라보는 단초를 제공해 주었다. 정한경 선생은 비록 머나먼 미국 땅에서지만, 이 책을 통하여 탄압받는 식민지 조선의 실상과 제국주의 일본의 야만성을 만천하에 고발하였으며 이를 통하여 전 세계 여론의 주목을 받게 되었던 것이다. 따라서 이 책의 가치는 아무리 강조해도 지나침이 없다.

이 책을 번역하며 많은 분의 도움을 받았다. 먼저 숭실대학에 인문한국플러스사업(HK+)을 지원해준 교육부와 한국연구재단에 감사한다. 척박한 한국 인문학의 현실에서 한국연구재단의 지원은 한 줄기 빛이다. 숭실대 사학과 황민호 교수는 숭실대 인문한국플러스(HK+)사업단 초대 단장으로서 역자가 숭실대학교에서 안정적으로 공부할 수 있도록 최적의 환경을 만들어 주었다. 숭실대 인문한국플러스(HK+)사업단 2대 단장 장경남 교수는

지지부진하던 번역작업을 무사히 마칠 수 있도록 역자에게 격려와 질책을 아끼지 않았다. 대한민국역사박물관의 김권정 박사는 숭실대 인문한국플러스(HK+) 사업을 같이 기획하였고, 『The Case of Korea』를 번역 대상 도서로 선정할 때에도 큰 도움을 주었다. 그뿐만 아니라 번역 원고 전체를 읽고 유익한 비평을 해 주었다. 같은 사업단에서 역자와 함께 공부하는 성주현 교수는 한국사에 무지한 역자의 초보적인 질문에 언제나 너그러움과 대가다운 안목으로 꼼꼼히 답변해 주었고, 번역서의 제목을 정할 때도 큰 도움을 주셨다. 성 교수님의 조언과 대화는 늘 역자에게 학문적 영감을 주었다. 한국외국어대학교 사학과의 반병율 교수님은 번역 초고를 처음부터 끝까지 읽고 한 쪽 한 쪽 내용 뿐만이 아니라 세세한 부분의 오류까지 잡아주셨다. 반 교수님이 베풀어주신 학은을 여기에 적어 기억하고자 한다. 대한민국역사박물관의 한상욱 연구원은 바쁜 박물관의 업무에도 불구하고 세 차례에 걸쳐 번역 원고 전체의 교정을 맡아 주었다. 또한 부록에 제시 된 일본의 재판관련 문서들을 찾아 주었고, 필자가 한국근현대사 용어를 잘못 사용한 부분에 대해 오류를 고쳐주었다. 책이 모양새 좋게 나온데에는 한상욱 선생의 도움이 지대하다. 누구보다도 가장 큰 감사를 전해야 할 사람은 역자의 동생 창석이다. 직장 생활 속에서도 주말을 반납하며 형의 난삽한 번역문을 읽고 고쳐 준 그 정성은 필설로 다하기 어렵다. 창석이 없었으면 이 책은 나오지 못했을 것이다. 마지막으로 늘 격려를 아끼지 않는 든든한 후원자인 아내 미연과 아빠의 게으름을 질책하며 번역을 독촉하고 제법 토론의 상대가 되어주기도 한 성주와 하연에게 고마움을 전한다.

2020 한겨울의 초엽,
숭실대 창신관 연구실에서
김지영

셸던 파머 스펜서(Selden Palmer Spencer)

미주리 주(州) 상원의원

미국인은 사실을 원한다. 정의는 단순한 감정이나 감상적인 열정에 근거하지 않는다. 가끔 느릴 수는 있지만 옳은 일은 결국 진실을 따르게 마련이다.

이 책의 내용은 설명적·감동적이며, 모든 미국인이 사려 깊게 숙고할 만한 가치가 있다. 또한 이 책은 주의를 요구하지만, 분명 그만한 가치가 있다할 것이다.

미국보다 4천 년 이상 오래된 세계 역사의 창시자 한국은 우리의 가슴과 양심에 특별한 의미를 지닌다.

1882년 5월 22일 양국 정부 대표가 합의하고, 1883년 1월 9일 미국 상원의 승인을 받은 후, 1883년 2월 13일 체스터 앨런 아서(Chester Alan Arthur) 미국 대통령이 공식적으로 비준한 "조미수호통상조약(朝美修好通商條約)"이 1883년 6월 4일 공포되었다.

이 조약은 다음과 같이 규정하고 있다.

"미국 대통령과 조선 국왕 그리고 각 정부의 시민과 신하들 사이에는 영원한 평화와 우정이 있을 것이다. 제3국이 한쪽 정부에 대해 부당하게 또는 억압적으로 행동할 때에 다른 한쪽 정부는, 그 사실을 통지받는 경우, 이의 원만한 해결을 위해 중재 노력을 함으로써 우호의 정(情)을 보여줄 것이다."

이 조약은 한국에 "맏형" 같은 친구를 선사했다. 2천만 명의 한국인은 곧바로 그 힘과 정의에 엄청난 기대감을 가졌는데, 이는 너무 강렬하고 헌신적인 것이어서 애처롭게 느껴질 지경이었다.

"은자의 나라"는 빗장을 열고 세계를 환영하며 즉각 문호를 개방했다. 다른 조약들이 뒤를 이었지만, 미국과의 조약이 최초였다.

우리는 한국에 철도, 전기 발전소, 수도(水道) 시설을 최초로 조성(助成)하였다. 또한 우리는 한국 최초로 대형 기선을 건조(建造)했으며, 공찬에는 현대식 기계를 설치했다.

한국이 이 조약을 따른다는 것은 수천년 간 익숙했던 관습을 외국인의 관점에 따라 완전히 바꾸게 되는 것이었다. 그럼에도 한국은 명실공히 조약을 충실히 이행했다.

한국은 결코 이 조약을 변경하지 않았다.(이 조약은 그들에게 과거는 물론 현재에도 희망의 별이다. 그들의 황제나 수상도 이 조약의 폐기에 결코 동의하지 않았다.) 오늘날의 외교적 상황과 상관없이 이 사실은 도덕적으로 간과할 수 없는 것이다.

이 책에는 일본이 어떻게 한국을 통제해서 1905년에 이 총명하고 독립적인 국민의 "보호자"겸 외교 대변인이 되었는지, 이후에 일본이 어떻게 한국을 완전히 병합하고 일본의 일개 지방으로 만들었는지, 한국이 어떻게 대한독립을 선포했는지 등이 한국의 관점에서, 역사적 정확성과 정치적 공평성을 견지하며, 아주 상세하게 기술되어 있다.

지구상의 어느 국가도 다른 국가를 일시적으로 통제할 수 있을지는 모르지만 영원히 억압할 수는 없다.

결국에는 전 세계에 절대적인 영향력을 미치는 여론이 형성될 것이다.

물론 이러한 여론이 형성되는 데 시간은 걸리겠지만, 세상의 멸시를 자초한 국가는 고민을 떠안게 될 것이다. 어쩌면 목에 맷돌을 매달고 바다 깊은 곳에 빠져 죽는 것이 그 나라에 더 좋을지도 모른다.

프로파간다를 교묘하게 조작하거나 열심히 퍼트려서 일시적으로 세상을 속일 수는 있지만, 신의 시대에는 구름 조각 사이로도 진실이 빛을 발하며 세상은 즉시 사실을 파악하게 된다.

사려 깊은 미국인 동료 여러분에게 이 책을 추천한다. 외교와 시사 문제에 관한 이 책의 기록은 일본에 해명해야 할 짐을 지우고 있다. 즉 어떠한 정부도 세계의 심판대 앞에서 해명을 늦추거나 거부할 수 없다는 것이다.

문명은 진실—진실 이외의 어떠한 것도 아닌 전체적 진실—을 요구하고 있으며, 역사와 정의 또는 자신의 명예라는 관점에서 미국 국민은 문명화된 그 어느 국가보다 더욱 진실을 원하고 있다.

셸던 P. 스펜서
상원 사무실 빌딩
워싱턴, D. C.

세상은 비극으로 가득하며, 인류의 양심은 고통 받는 사람들의 신음으로 이미 과중한 부담을 겪고 있다. 그러나 그중에서도 가장 큰 비극을 겪고 있는 국가가 있다. 하지만 문명 세계에는 거의 알려져 있지 않다. 한국의 사례가 바로 그것이다. 우리는 아르메니아와 벨기에의 사례에 대해서는 눈물을 흘리며 공감하지만, 두 국가 중 어느 누구도 극동의 자그마한 "은자의 나라"보다 더 큰 목소리로 국제적 정의를 요구하지는 않았다.

일본 정부에 의한 정보 차단으로 한국의 상황을 잘 알지 못하는 서양인들에게 1919년의 독립운동과 그에 대한 일본의 잔학 행위는 놀라움으로 다가왔다. 그러나 1919년 한국인이 보여준 민족주의 정신은 일본이 한국의 국권을 강탈한 이후에도 지속해서 타오르고 있는 불꽃의 일부분일 따름이다. 일본이 저지른 잔학 행위는 1905년 피보호국 체제가 설립된 이후부터 작동해 왔던 시스템의 일부에 지나지 않는다.

공정한 마음을 가진 사람이라면 한국의 민족자결권에 관해 의문을 제기하지 않을 것이다. 세계 대전 이후 독립을 쟁취했던 국가 중에서 한국보다 자유라는 타이틀이 잘 어울리는 국가는 없을 것이다. 한국은 세계에서 가장 동질적인 민족이다. 그들의 역사는 약 4천 년 전까지 거슬러 올라간다. 그들은 많은 면에서 중국만큼 위대하고 대개는 일본보다 더 위대한 문명을 가지고 있다. 그들은 오랜 기간 독립된 국가로 존재하면서, 독자적인 문학과 예술 그리고 문화를 창조했다. 한마디로 그들은 민족적·역사적·문화적 의미에서 문자 그대로 단일한 국가를 구축했다. 그리고 오늘날 자신의 의지와 선택에 따라 자신의 운명을 결정할 수 있는 권리를 얻기 위해 온 국민이 단결하고 있다.

일본은 한국 지배를 정당화하기 위해 (1) 자기방어 (2) 식민지화의 필요성 (3) 한국을 돕기 위한 호의적 동기 등 많은 논거를 내세우고 있다. 그러나 그중 어느 것도 정밀한 조사를 거친 국제정의의 기준에 부합하지 않는다.

일본의 정치가들은 "한국이 독립해 있으면 호전적이고 강력한 적(敵)의 전략적 거점이 될 가능성이 높기 때문에 일본에 매우 위험하다"라고 주장한다. 요컨대 일본은 자기방어를 위해 한국을 지배해야 한다는 것이다. 그러나 일본이 한국을 놓아준다면 누가 한국을 집어 삼킬 것인가? 러시아의 침략이나 중국의 "제국주의"는 불가능하다. 직접적으로 동양에 있는 이 지역에 관심을 가지고 있는 국가는 러시아와 중국을 제외하면 미국밖에 없다. 일본이 한국을 놓아주자마자 미국이 제국주의 강화를 위해 무력으로 한국을 소유하는 것이 가능할까? 이 질문은 독자들의 판단에 맡기도록 하겠다.

일본이 한국을 식민지화해야 한다는 구실 역시 미약하다. 이미 한국은 인구가 조밀하며, 한국인은 국토를 집약적으로 경작하고 있다. 게다가 일본이 해외 침략에 사용하고 있는 산업과 자본을 내부 개발에 사용한다면 과잉 인구를 위한 일자리는 충분히 찾을 수 있다. 오리건 주(州) 및 워싱턴 주(州)와 비슷한 위도에 위치한 일본 북부의 홋카이도(北海道)와 남사할린(南樺太) 지역은 인구가 희박하다. 일본인이 편집한 준(準)공식 《1918-19년 일본 연보(*Japan Year Book*)》에 따르면, 이 지역은 기후와 토양이 뛰어나고 어업과 광물 자원이 풍부하다. 일본이 일부만 개발한 이 지역은 약 49,000 제곱마일(125,440㎢)으로 벨기에의 4배가 넘는 크기이다. 하지만 인구는 벨기에가 750만 명으로 홋카이도와 남사할린을 합친 인구의 5배에 달한다.

한국에 있는 30만 명의 일본인은 이주자가 아니라 착취자로 한국에 왔다. 현재 일본인이 소유한 수만 에이커의 땅은 조선총독부가 인수하던 무렵부터 관개 시설이 가장 잘 갖추어진 경작지였다. (일본인 이주자가 황무지나 미경작지를 개간하고 일본 정부가 한국인에게서 땅을 빼앗기 위해 사용한 불법적 방법을 감추기 위한 위장에 지나지 않는다.) 한국은 국토를 강탈한 일본인 협잡꾼에게는 비옥한 땅이지만, 식민지 정책의 배출구로서는 일본제국에 실질적으로 아무런 가치가 없는 것으로 드러났다. 일본인은 개척자가 아니며, 기업 정신과 모험심도 없다. 그들은 단지 타인의 성취를 불공정한 방법으로 인수한 것일 뿐이다. 일본의 불법적인 착취가 없었더라면, 독립국으로서의 한국은 일본의 과잉인구가 살기 위한 땅으로 충분했을 것이다. 반대로 그것은 자산이 될 것이며, 일본인들이 착취자로 미움받기보다는 이주자로 환영받게 될 것이다.

일본이 현대 문명의 여정을 좇아 한국을 돕는 인도주의적 목적 때문에 한국을 지배하고 있다는 주장 역시 구역질 나는 위선이다. 일본은 한국에 진출한 이후 튀르크식 잔인함, 독일식 효율성 그리고 일본의 교활함으로 한국인을 대하고 있다. 그러면서도 일본은 한국인을 자신의 국민으로서 사랑한다고 주장한다. 일본 정치가들이 한국인을 형제자매처럼 사랑한다고 공개적으로 말하고 다니는 바로 그 순간에도 마을은 파괴되고, 무고한 남녀가 감옥에서 구타당해 죽어가고 있다. 개혁에 관한 약속은 그들이 도쿄(東京)의 항구를 떠나기도 전에 피투성이가 되어 쓸려가 버린다.

그렇다면 왜 일본은 한국을 손에 넣으려 할까? 그것은 도요토미 히데요시(豊臣秀吉)가 3세기 전에 한국을 침략한 것과 같은 이유에서다. 히데요시의 진짜 목표는 아시아 대륙이었다. 일본의 쇼군(將軍)은 자신의 군대를 중국으로 보내기 전에, 중국과 일본의 가교 역할을 하는 한국을 우선적으로 정복할 필요가 있었다. 오늘날도 마찬가지다. 범(汎)일본주의의 궁극적인 목표는 일본의 지배하에 아시아 전체를 통합하고, 이어서 태평양의 지배권을 손에 넣는 것이다. 아시아 대륙 점령을 위해 일본은 군사 작전의 근거지로 사용할 수 있는 한국에 단단히 자리 잡을 필요가 있는 것이다. 이러한 점에서 한국을 지배한다는 것 자체가 일본에게는 필수적인 사항인 것이다.

우리는 한국을 장악하려는 일본의 진짜 목적에 논쟁의 여지가 없음을 잘 알고 있다. 범게르만주의자든 범일본주의자든 정복자에게 정의는 논쟁거리가 아니며, 인간애는 아무런 호소력도 가지고 있지 않다. 정복자는 오직 전략과 교활함이라는 하나의 동기에만 귀를 기울이며, 힘이라는 하나의 명령만을 따른다. 따라서 일본의 관점에서 볼 때 한국 문제는 제기할 주장도 없고 호소할 내용도 없는 것일 뿐이다.

비록 소수이긴 하지만 미국과 유럽에는 아직도 물리력을 신봉하는 사람들이 있다. 그들은 "공격적인 인접국에 대해 자신을 보전하지 못할 만큼 약한 나라는 독립의 특권을 누릴 자격이 없다"고 믿고 있다. 즉 한국인이 자신의 땅에서 일본인을 쫓아낼 수 없다면 이웃 나라의 지배를 받는 노예로 고통받아야 한다는 것이다. 이것은 "정의는 힘에서 나온다"는 낡은 생각에 근거한 냉소적이고 무감각한 감정이다. 힘이 모든 것인 세상에서는 인간의 선함을 고취하거나 선의의 관대함을 추동하는 목소리는 발언권을 얻을 수 없다. 이러한 힘의 원칙을 숭배하는 사람들에게 한국인으로서 내가 할 수 있는 유일한 항변은, 1세기 전 다트머스 대학교의 소송 사건에서 다니엘 웹스터(Daniel Webster)가 배심원들에게 했던 것과 동일한 말이다.

"비록 작고 가난한 나라지만, 그곳을 사랑하는 사람들이 있습니다."

H. C.
워싱턴, D. C.

# 제1장
# 서 론

## 가. 영토와 국민

"고요한 아침의 나라" 한국은 중국과 일본 그리고 러시아의 시베리아(西
比利亞) 사이에 있는 국가이다. 면적은 84,000제곱마일(215,040㎢) 정도
이며, 서해안과 동해안을 따라 빽빽하게 모여 있는 1만여 개의 섬을 포함하
면 90,000제곱마일(230,400㎢)에 이른다. 남북의 길이는 약 660마일
(1,000㎞), 동서의 폭은 평균 130마일(200㎞)으로, 서해와 동해를 가르는
반도를 형성하고 있다.

해안선은 약 1,940마일(3,100㎞)에 걸쳐 있고, 그 환경은 매우 다양하
다. 주요 항구는 반도의 북동쪽에 원산(元山), 남쪽 끝에 부산(釜山)과 마산
포(馬山浦), 서해안에 목포(木浦), 제물포(濟物浦), 진남포(鎭南浦), 용암포
(龍巖浦)가 포진해 있다.

한국에 장대하다고 할 수 있는 강은 없다. 백두산에서 발원하여 서해의 서한만(西韓灣)으로 흐르는 압록강이 가장 긴 강이다. 이 강은 바다에서 약 60마일(100㎞)까지 거슬러 올라갈 수 있으며, 한국과 만주(滿洲)의 경계선을 형성한다. 과거에 이쪽에서 저쪽으로 또는 저쪽에서 이쪽으로 수많은 군대가 이 강을 건넜기 때문에 이 강은 "동양의 루비콘(Rubicon)"이라는 별칭을 얻게 되었다. 두만강 역시 백두산에서 발원하여 북동쪽을 향하다 동해의 표트르 대제만(大帝灣)으로 흘러든다. 이 두 강이 북동쪽의 만주와 시베리아로부터 한국을 갈라놓는다.

산악 지역은 물고기의 등뼈처럼 반도 전체에 걸쳐 뻗어 있고, 호랑이, 사슴, 영양, 표범, 멧돼지, 곰, 꿩 등 사냥감이 풍부하다. 한국에서 가장 유명한 산은 백두산으로 한국과 만주의 경계선에 자리 잡고 있다. 백두산에서 가장 높은 봉우리는 해발 약 9,000피트(2,744m)로 사화산(死火山)[1]이다. 분화구에는 용왕담(龍王潭, 천지)이라는 아름다운 호수가 있고, 그 옆에는 원시림이 자라고 있다. 백두산의 장엄함과 아름다움은 한국인과 중국인의 시가(詩歌)뿐만 아니라 일본의 문학에서도 수없이 찬미되어 왔다.

강원도에 소재한 금강산은 한강의 수원(水源)으로 캘리포니아 요세미티 계곡에 비교할 만한 곳이다. 이사벨라 버드 비숍(Isabella Bird Bishop) 여사는 장안사(長安寺)에서 시작되는 절벽과 계곡에 대해 "11마일(17.6㎞)에 달하는 아름다움은 지구상 어느 곳과도 비교할 수 없을 정도다"라고 말한 바가 있다. 최근에 방문했던 한 여행자는 지구를 가로질러 보러 올만큼 그 경치가 뛰어나다고 묘사했다. 이 산은 고대 예술품으로 장식된, 수백 년 된 고찰(古刹)로 가득 차 있다. 민간전승을 따르면 불교는 인도에서 직접 전래했는데, 53명의 불교도가 배 한 척에 경전을 가득 싣고 동해안에 상륙하여 금강산에 최초의 사찰 유점사(楡岾寺)를 세웠다고 한다.

---

1) 휴화산이다.(역자 주)

9개국에서 살았던 어느 미국인은 한국의 기후에 관해, "이 반도의 왕국은 어느 곳이든 일 년 내내 쾌적하게 살 수 있는 기후를 가지고 있다"고 말했다. 겨울은 건조하고 맑고 상쾌한 반면, 여름은 덥고 비가 많이 온다. 북위 34도에서 40도 사이에 위치한 이곳은 네브래스카, 캔자스와 비슷한 온대 기후 지역이다. 반도의 삼면을 둘러싼 바다는 기후를 안정시키는 경향이 있어서, 겨울은 심하게 춥지 않고 여름도 가혹할 정도로 뜨겁지 않다. 연간 평균 강우량은 약 36인치(900㎜)로 온대 지역 작물의 빠른 성장과 집약 농업의 고수익을 가능하게 한다. 기장, 강낭콩, 완두콩, 쌀, 감자, 옥수수, 밀, 보리, 메밀, 호밀, 면화, 비단, 담배, 수수, 그 외에도 다양한 야채류가 수 세기에 걸쳐 성공적으로 재배되어 왔다. 한국은 항상 모든 사람이 소비할 수 있는 양보다 더 많은 곡물을 생산해 왔기 때문에, 그동안 동양의 어느 나라보다도 기근이 적게 발생했다.

한국은 광물 자원이 적지 않다. 금, 은, 텅스텐, 흑연, 구리, 철, 석탄, 백악(白堊) 등이 채굴되고 있으며, 그중 일부는 매장량이 풍부하다. 미국 회사가 관리하는 운산(雲山) 금광만 해도 1896년 채굴권을 얻은 이후 12년 만에 1,637,591톤의 광물을 생산했는데, 이는 10,701,157달러에 달하는 양이었다.

한국인의 기원과 인종 구분은 세계의 여러 민족학자들에게 다소 혼란스러운 문제이다. 한국 학자들조차 자기 조상의 기원에 대해 확신을 가지고 있지 못하다. 말레이인, 몽골인, 백인의 인종적 특징이 한국인에게 나타나고 있다. 이 점에 관해 여러 서양 관찰자의 의견을 살펴보는 것도 흥미로울 것이다. 영국의 저명한 민족학자 아우구스투스 헨리 킨(Augustus Henry Keane) 교수는, 한국인은 원래 백인 계통이며 몽골 인종과 섞였다고 주장한다. 인종 문제에 관한 최고의 권위자 A. H. 킨 교수는 아시아인의 인종적 계통에 관해 다음과 같이 설명하고 있다.

퉁구스족보다 인근의 한반도에서 백인의 요소가 더 많이 나타나고 있다. 유럽인의 특징—연한 눈빛, 큰 코, 갈색 머리칼, 덥수룩한 수염, 옅거나 하얀 피부, 큰 키 등—은 상류층과 남부 지역에서 두드러진다. 서양 신석기 시대 백인의 흔적은 유럽의 고인돌이나 환상열석(環狀列石)의 복제품처럼 보이는 거석 구조물 유적으로도 증명된다. 한국은 현재의 국명을 고려 왕조(918-1392)에서 따왔는데, 이 왕조는 한국 역사상 가장 번영한 시기였다. 약 500년간 그들은 동북아시아의 지배적 민족이었으며 무역과 공예가 매우 발달하였는데, 이후에 일본이 완벽한 수준으로 발전시키는 도자기와 청동 세공 기술은 최초로 고려에서 배워 간 것이었다.[2]

한국에서 20년 이상 체류한 미국 교육학자 호머 베절릴 헐버트(Homer Bezaleel Hulbert) 교수는 다음과 같이 말했다.

그들은 계산에 관해서는 중국에, 임기응변에 관해서는 일본에 가려져 있다. 그들은 중국인처럼 훌륭한 상인도 아니고 일본인처럼 뛰어난 전사도 아니지만, 기질적으로는 이 두 나라보다 훨씬 앵글로색슨족에 가까우며, 극동 지방에서 같이 살기에는 가장 편안한 사람들이다.[3]

한국의 원주민이 만주인, 몽골인, 중국 본토인, 인도 아리안족 등 다른 아시아 인종과 섞여 있는 것은 거의 확실하다. 한국인은 유럽에 근대적 의미의 민족이 태어나기 훨씬 전부터 민족의식과 국민적 연대감을 형성해 왔다.

한국의 민족지학에 관한 논쟁은 한국인과 일본인의 인종적 차이에 관한

---

2) Cf. A. H. Keane, *The World's Peoples*, p. 163; *idem, Ethnology*, p. 314.

3) Homer B. Hulbert, *The Passing of Korea*, Preface.

언급 없이는 끝낼 수 없다. 이 점은 특히 중요한데, 일본이 지금 영국이 미국의 모국인 것처럼 일본이 한국의 모국이며 한국의 문명은 전부 일본에서 유래했다고 주장하기 위해 역사적 증거와 민족적 사실을 조작하고 있기 때문이다. 이에 관해서는 서양 최고의 한국사 연구자 제임스 스카스 게일(James Scarth Gale) 박사의 글을 인용하는 것 이상의 방법은 없는 것 같다.

한국은 서기 669년부터 1910년 8월까지 1241년간 분단되지 않은 단일 왕국을 유지했다. 이 기간 왕조의 교체는 단 두 번(918년과 1392년)뿐이었고, 잉글랜드의 장미전쟁과 같은 대규모 내전은 겪지 않았다. 영국에서 제프리 초서(Geoffrey Chaucer)만이 유일하게 활동하던 시기에 한국에서는 수많은 학자와 문인이 무리를 이루어 왕성하게 활동했다. 1600년 지구 반대편에서 셰익스피어가 《햄릿》을 쓰고 있다는 사실은 알지 못했지만, 조선의 수도 한양에는 세계적인 대문호에 맞먹는 문인들의 모임이 열렸다.

최근 한 위대한 학자의 작품을 접한 작가가 작품 구매를 위해 22엔(11달러)을 제시했는데, 어느 일본인이 그보다 훨씬 많은 금액인 44엔으로 그 작품을 구매해 버렸다. 일본인들은 이 작은 왕국의 문학을 꽤나 숭배하며, 자신들도 이런 문장을 쓸 수 있기를 고대하고 있다.

한국인은 문학만이 아니라 도자기, 제지, 인쇄, 청동 및 철 세공 분야에서도 뛰어나며, 외부 세계의 영향 없이도 탁월한 재능을 발휘하는 사람들이다. 한국이 명목상 중국의 속국이었던 것은 사실이지만, 그것은 중국 황실과 한국 왕실 간의 합의일 뿐이었다. 중국은 1,400여 년간 한국의 내정에 간섭할 생각이 전혀 없었다.

1910년 한국은 피정복이 아니라 5명의 대신(大臣)[4]이 국가를 일본에 넘겨줌으로써 국권을 상실했다. 그들은 은퇴 연금을 후하게 지급받았으며, 현재 자신이 한

---

4) 을사오적을 말하는 것으로 학부대신 이완용(李完用) 후작, 군부대신 이근택(李根澤) 자작, 내무대신 이지용(李址鎔) 백작, 외무대신 박제순(朴齊純) 자작, 농상공부 대신 권중현(權重顯) 자작이 바로 그들이다.(역자 주)

행동의 과실을 즐기고 있다. 반면 깨어있는 사람들은 나라가 노예 상태가 되었음을 한탄하고 있다…….

애초에 한국과 일본은 조화롭게 살기가 불가능하다. 그만큼 그들은 다르다. 일본인은 천황을 숭배하며 거의 신으로 모시고 있다. 한국인은 그러한 생각을 비웃는다……. 한국인은 하층 계급조차 유교 이념을 신봉하는 신사들이지만, 일본의 하층 계급은 벌거숭이 오키나와(沖繩) 주민과 밀접하게 연관되어 있다…….

한국은 문(文)을 숭상하지만, 일본은 전사의 나라이다. 한국에서 무인은 항상 2등으로 평가되지만, 일본은 칼이 지배하는 사회이며 강압적인 호엔촐레른 가문[5]을 대단히 존경하고 있다.

일본에 매춘부가 공공연히 존재한다는 사실은 한국에 충격적이다. 의회 후보자가 자신의 가치와 직무 적합성을 주장하면서 자신이 지역 변호사나 미곡상, 매춘부 조합장에게 후원받고 있다고 말할 때 불쾌감이나 특별한 반응을 불러일으키지 않는 것을 보면, 일본이 "매춘부"에 대해 독특한 견해를 가지고 있음을 알 수 있다. 매춘부에 대한 한국인의 시각은 미국인의 시각과 동일하다. 이러한 예에서 한국과 일본이 함께하기가 얼마나 어려운지 알 수 있다.[6]

한국과 일본의 인종적·문화적 차이는 프랑스와 독일의 차이보다 훨씬 크다고 하면 충분할 것이다. "은자의 나라"를 일본화하려는 필사적인 노력에도 불구하고 이러한 차이는 사라지지 않으리라는 것이 나의 판단이다. 한국은 한국으로 남을 것이고, 카멜레온 같은 프랑스인처럼 변하면 변할수록 더욱 같은 상태를 유지할 것이다.

1918년 12월 31일 일본이 발표한 인구는 17,412,871명으로, 외국인 19,956명(중국인 18,972명, 미국인 597명, 영국인 223명, 프랑스인 107명,

---

5) 현대 독일의 토대가 된 유력가문(역자 주)

6) James S. Gale, "The Missionary Outlook in Korea," *The Missionary Review of the World*, February, 1920, pp. 117-122.

독일인 57명)이 포함되어 있다. 일본인이 몇 명인지 발표되지는 않았지만, 1915년의 인구 조사에서는 일본인이 303,659명이었다. 1915년과 1918년의 인구 조사는 일본이 국제사회의 이해를 돕기 위해 발표한 것이지만, 한국인 숫자는 의도적으로 왜곡되어 있다. 독일식 정밀도와 방법론을 활용한 일본 군부의 기록에 따르면 한국인은 총 18,383,446명이다. 이 숫자에 시베리아와 만주에 살고 있는 150만 명 혹은 그 이상의 한국인을 추가하면 한국인 총계는 2천만 명에 달한다.

한국의 기독교는 대부분 개신교이다. 일본이 교회와 학교를 말살하는 정책을 추진하기 직전에 한국에는 3,164개의 교회와 6,690명의 목사가 있었다. 불교는 258개의 사찰과 313명의 승려가 있었다. 그리고 일본인들이 천황을 숭배하기 위해 65개의 신사(神社)를 유지했다. 한국의 선교 현장은 광범위하게 퍼져 있으며, 현지의 교인들이 활동을 주도할 만큼 자립해 있다. 장로교는 교회, 학교, 병원 등을 완벽하게 보완할 수 있는 선교 센터 21개를 운영하고 있으며, 감리교는 8개, 가톨릭은 20~30개를 운영하고 있다. 천도교는 일본 통계에는 언급되어 있지 않지만, 불교와 비슷한 숫자를 보이고 있다.


## 나. 역사와 문명

한국의 역사는 단군(檀君)이 지금의 남만주 송화강(松花江) 유역에 나라를 세운 기원전 2333년까지 거슬러 올라간다. 단군이 부여 왕조를 세운 것은 프랑스의 지리학자이자 역사학자였던 쟝 밥티스트 뒤 알드(Jean Baptiste Du Halde)가 고대 필사본을 해석하여 확인하였다. 기원전 1122년 중국으로부터 기자(箕子)가 왔다는 사실 역시 역사 기록으로 확인할 수 있다.[7] 평양

---

7) 기자 도래설이 부정되고 있다.(역자 주)

(平壤) 주민들은 법과 문명을 전한 이 중국인 현자의 무덤을 지금도 성지(聖地)로 보존하고 있으며, 매년 순례자들이 이 한국의 메카를 방문한다.

한국의 역사는 평화로운 역사가 아니었다. 1218년 칭기즈칸(成吉思汗)의 침략, 1592년 히데요시의 침략 등 중국과 일본의 침략이 끊이지 않았다. 그러나 결국 한국은 외국 침략자를 몰아내고 자유 독립 국가를 유지해 왔다.

태조(太祖) 이성계(李成桂)가 1392년 건국한 이(李) 왕조는 1910년 8월 29일 막을 내렸다. 그는 요동 정벌을 위해 출전한 고려군의 지휘관이었다. 그러나 야심에 찼던 이 지휘관은 자신의 군주에 대항하여 회군하였고, 결국 조선을 건국하며 국왕이 되었다. 그는 중국 황제의 우정과 지지를 얻기 위해 즉시 중국과 동맹을 맺었다. 이후 한국은 강력한 이웃 나라 중국과 이러한 관계를 유지했다. 그러나 한국은 다른 나라와도 조약을 맺었고, 중국에 독립적인 자신만의 법률 체계를 갖추었다.

한국은 1876년 일본과 최초의 조약[조일수호조규(朝日修好條規), 강화도 조약]을 맺었는데, 제1조는 다음과 같다. "조선국은 자주지방(自主之邦)으로서 일본국과 평등한 권리를 보유한다." 한국과 미국의 조약은 1882년에 이루어졌다. 계속해서 한국은 영국과 1883년에 조약을 맺었고, 독일과도 같은 해에 조약을 맺었다. 1884년에는 이탈리아와 러시아, 1886년에는 프랑스와 조약을 맺었다. 중국과는 1895년에 조약을 맺었는데, 그때까지 다른 모든 나라가 그랬듯이 중국도 한국의 완전한 독립을 인정했다. 한국은 계속해서 벨기에와 1901년에, 덴마크와 1902년에 조약을 맺었다. 그 와중인 1897년 11월 12일, 한국의 국왕은 황제로 격상되었고 세계열강으로부터 인정을 받았다.

1882년 한국의 국왕은 미국 대통령에게 다음과 같이 서신을 보냈다.

이제 미국과 한국 정부가 조약의 당사자가 됨에 따라, 두 나라의 교류는 모든 면에서 평등과 호혜의 조건으로 이루어질 것이며, 한국의 국왕은 모든 조항이 독립 국가의 법률에 따라 인정되고 시행되어야 함에 전적으로 동의한다.

따라서 한국은 1905년 일본에 의해 피보호국 체제를 강요받기 전까지 약 4천 년간 독립과 국가의 실체를 유지해 왔음이 명백하다.

단군 왕조의 한국은 글쓰기, 토지 경작, 가축 사육 등 다른 원시 사회에서 거의 찾아보기 힘든 수준으로 문명이 발달했던 것으로 생각된다. 이 문명은 기원전 1122년 기자가 중국에서 들여온 문명에 의해 물질적으로 더욱 진보하였다. 이 중국 출신 귀족은 새로운 문자 언어인 중국의 표의문자(表意文字)를 도입하고, 안정적인 정부를 수립했으며, 사려 깊은 법률을 제정하고, 당시 중국에 퍼져있던 문명보다 더욱더 높은 수준으로 문명을 안정화했다.

신라 왕조 시대에는 사람들이 당시 한반도의 지배적인 종교였던 불교를 통해 힌두 문명의 대부분을 흡수했다. 그들은 예술을 장려하고, 도시 주위에 성벽을 세웠으며, 전략적 요충지를 요새화하고, 말과 소와 마차를 사용했다. 또한 비단을 생산하고, 광석을 제련하였으며, 철을 제조하고, 다른 나라와 무역을 전개했다. 9세기의 아랍 지리학자 코라다베(Koradadbeh)는 한국인이 못을 잘 만든다고 묘사하면서, 한국인은 말을 탈 때 안장을 사용하고, 비단옷을 입으며, 도자기 제조에 능숙하다고 말했다. 다른 서양인 권위자는 다음과 같이 말하고 있다.

일본 기록에 따르면 일본인은 처음으로 한국인에게 양잠(養蠶), 직조(織造), 건축, 활자인쇄술, 회화(繪畵), 정원 조경, 피혁마구(皮革馬具) 제작, 고효율 무기 제조술 등을 배웠다……. 중국인이 나무 활자를 이용한 목판 인쇄술을 고안한 반면, 한국인은 1403년 금속 활자를 발명했다. 15세기 초에 한국인은 음성 문자를 사용했다. 그들은 1525년에 나침반의 중요성을 인식했다. 1550년에는 "천체관측기"라 불리는 천문 기구를 고안했다. 한국에서 교환의 수단으로 돈이 사용된 것은 북유럽보다 훨씬 오래전의 일이다. 한국인은 1592년 일본이 침략했을 때 대포와 화약을 사용했다. 세계 최초의 철갑선은 16세기에 한국의 이순신(李舜臣) 장군이 발명했다. "거북선"이라 불린 이 철갑선은 일본군에 대한 군사작전에 효과적으로 활용되어 히데요시의 함대를 격퇴하는 데 주된 병기 역할을 했다……. 일본인은 자신들이 더 강한 전투력을 보유하고 있음은 증명했지만, 평화의 예술과 종교에 서는 한국인에게 지대한 영향을 받았다. 552년에 한국은 일본에 불교를 전파했 다……. 많은 사람이 일본의 정교한 사쓰마(薩摩) 도자기를 칭찬하지만, 정작 한 국인이 일본인에게 그 제조 기술을 오래전에 가르쳤다는 사실은 알지 못한다.[8]

한국에는 꽤 오래전부터 사업을 위한 협동 기관이나 상호 부조를 위한 보험 단체가 다양한 조합의 형태로 존재했다. 이사벨라 버드 비숍 여사가 다음과 같이 한국의 "계"에 관해 서술한 내용이 이해에 도움이 될 것이다.

중국처럼 한국에서도 강자에 대한 약자의 보호 수단으로 작용하는 결사 단체 가 효율적으로 활용되고 있다. 협동체의 근간인 "계"는 한국의 가장 주목할 만한 특징 중 하나로, 보험 회사, 상호 공제 조합, 대금업자 협회, 연금 조합, 결혼 및 장례 업체, 무역 상회 등으로 발전하고 있다.

내가 언급한 몇 개의 예(例) 이외에도 수많은 단체가 존재하며, 이러한 단체들 로 한국인의 삶은 거의 완벽에 가깝다. 한국의 사업 세계는 우리보다 훨씬 더 잘 조직화되어 있고, 거의 모든 상인이 조합의 회원으로 서로 강력하게 연결되어 있 으며, 유사시에 상호 부조하는 일반적 특징을 지니고 있다. 이러한 협동의 습관과 성공적인 협업에 필수적인 정직성이 제공한 틀을 바탕으로 여러 합자 회사가 설 립될 수 있었는데, 그중 가장 중요한 것이 제혁소(製革所)이다.[9]

---

8) A. J. Brown, *The Mastery of the Pacific*, pp. 53-54.

9) Isabella Bird Bishop, *Korea and Her Neighbors*, pp. 440-441.

동양 문명과 역사를 전공한 저명한 미국인 학자 윌리엄 엘리엇 그리피스(William Elliot Griffis)는 한국의 교육 제도에 관해 다음과 같이 기술했다.

한국은 과거제도를 관료를 선발하는 기본제도로 활용하는 등 학업 능력을 중시하여 교육을 장려하고 있다. 이러한 "관료 제도 개혁"은 현 지배 왕조인 조선이 15세기 초에 이룬 것이다. 한국의 교육은 공공적이며 정부에 의해 권장되기 때문에 관료로 임명되거나 승진에 이르는 길로 간주되고 있다. 문·무관 선발을 위해 과거를 시행하고, 명목상이긴 하지만 모든 사람에게 시험을 개방하며, 모든 빈자리를 훌륭한 지원자로 채움으로써 문화에 대한 지속적인 자극이 형성·유지되고 있다.[10]

사실, 한국이 처음 개방되었을 때 서양인의 눈에 비친 한국의 문명은 과거보다 훨씬 낙후된 상태였다. 이것은 물론 한국이 타락했다는 것을 의미하지 않는다. 이탈리아, 그리스, 이집트의 역사에서 보듯 인간의 문명은 밀물과 썰물이 있는 법이다. 오늘날 한국인의 잠재적 천재성이 서양 문화와 기독교 민주주의의 영향으로 점점 깨어나고 있다. 그것이 새로운 한국의 정신이다.


## 다. "문호 개방"

한국은 1882년 미국과 조약을 맺으면서 외부 세계에 문호를 개방했다. 그 이전에 "은자의 나라"로 알려져 있던 한국은 외부와의 접촉을 스스로 단절하는 국가 정책을 취했다. 위정자들이 외부와의 접촉은 내분과 전쟁을 유발할 것이라 믿었기 때문이다. 1882년 미국과 "문호 개방" 조약을 맺은 이

---

10) William Elliot Griffis, *Corea, the Hermit Nation*, p. 339.

후 계속해서 영국, 독일, 오스트리아, 러시아, 이탈리아, 중국, 벨기에, 덴마크와 유사한 조약이 이루어졌다. 이렇게 시작된 외교 관계는 1905년까지 23년간 계속되었는데, 다른 강대국을 배제하고 아시아를 지배하려는 일본의 야망이 없었다면 지금도 계속되고 있었을 것이다.

각 조약에는 다음의 조항이 포함되어 있다.

제3국이 한쪽 정부에 대해 부당하게 또는 억압적으로 행동할 때에 다른 한쪽 정부는, 그 사실을 통지받는 경우, 이의 원만한 해결을 위해 중재 노력을 함으로써 우호의 정(情)을 보여줄 것이다.

그 누구도, 아니 심지어 일본인조차도, 한국이 이 조약 중 아주 사소한 부분이라도 위반했다고 주장할 만큼 터무니없지는 않을 것이다. 한국은 약속을 지켰고, 일본의 침략행위만 없었다면 여전히 세계에 대해 국제적 의무를 이행하고 있을 것이다. 많은 실례에서 볼 수 있듯이, 일본이 한국에 뻔뻔한 태도를 보인 1905년까지 일본 이외의 지역에서 강대국들은, 적극적이면서도 양심적으로 한국에 대한 의무를 수행했다고 말할 수 있다.

존 포스터 덜레스(John Foster Dulles) 국무장관에 따르면, 1895년 일본과 중국이 "시모노세키 조약"(下關條約)을 체결했을 때 미국은, 일본과 중국이 한국의 독립성과 영토 보전(保全)을 명확히 인정한다는 내용의 문구를 조약에 삽입하도록 중재했다. 그 이전에 앨비 아우구스투스 에디(Alvey Augustus Adee) 국무장관 권한대행이 중국의 종주권을 부인하는 결정을 내린 바 있다. 1898년 러시아는 일본의 한국 침략을 강하게 반대했으며, 1898년 4월 25일 러시아와 일본이 맺은 조약에서 다시 한번 일본에 한국의 독립을 인정하도록 압박했다.

그러나 한국과 조약 관계를 맺은 강대국들의 능동적·적극적 지원은 1905년을 기점으로 중단되고 말았다. 그렇지만 한국은 편협한 마음을 갖고 있지 않으므로, 강대국들이 일본의 음모와 기만적 행동에 오도되고 있으며 "진실, 진실 이외의 어떠한 것도 아닌 전체적 진실"이 세계 앞에 펼쳐지면 1905년 이전처럼 자신들의 약속을 완전하고도 자유롭게 이행할 것이라 믿어 의심치 않는다.

앞서 말한 것은 한국 "문호 개방"의 정치적 측면이며, 실용적이고 상업적인 측면도 포함되어 있다. 조약 관계를 맺은 최초의 서양 국가인 미국은 자연스럽게 한국의 상업 발전과 관련하여 선도적 위치와 우선권을 점했다. 미국은 한국에 최초로 철도, 전기발전소, 전차, 수도시설을 세웠다. 그리고 최초의 현대식 무기고와 화약 공장도 설치했으며, 다양한 크기의 한국 기선을 최초로 건조했다. 또는 한국의 광산에 현대식 기계를 최초로 설치했다. 미국이 비록 주도권을 잡았지만, 결코 배타적 특권을 보유한 것은 아니었고, 영국, 프랑스, 기타 강대국들도 이러한 개발에 동참했다.

철도는 표준 궤간으로, 동남쪽의 부산에서 한성(漢城)과 제2의 도시 평양을 경유하여 서북쪽의 의주(義州)까지 한국을 대각선으로 가로지르는 중심 노선과 진남포, 제물포, 군산(群山), 목포, 마산포, 원산 등 항구 도시로 이어지는 지선을 합하여 총 1,066마일(1,715km)이 가설되어 있다.

또한 동쪽의 해안 도시 청진(淸津)에서 북동쪽의 회령(會寧)까지 협궤 철도 80마일(128km)이 가설되어 있으며, 수도 한성과 평양에는 시가전차(市街電車)가 운행되고 있다. 1898년 한국은 공식적으로 만국우편연합(萬國郵便聯合)에 가입했고, 전국적으로 우편, 전신, 전화 서비스가 효율적으로 운영되고 있다.

현재 이 모든 것은 일본의 지배하에 통제되고 있다. 그렇지만 그것들은 그 자리에 존재하고 있으며, 한국이 국제적 위상을 회복하게 될 때 더 크고 자유로운 발전을 위한 핵심으로 작동하게 될 것이다.

## 제2장
## 한국과 일본의 외교 관계

한국과 일본은 전통적으로 아주 오래전부터 적대관계를 가져 왔다. 《한국의 역사(Korean History)》와 《대한제국 멸망사(The Passing of Korea)》의 저자인 호머 베절릴 헐버트(Homer Bezaleel Hulbert)는 "기원전 600년경부터 현재까지 일본이 한국 국민과 정부에 대해 적대적이고 공격적인 심성을 보이지 않았던 적은 역사상 한 번도 없었다"라고 말하고 있다.

2,000여 년간 일본의 도적질과 강탈 행위가 끊이지 않았다. 1390년 한국의 장수가 이러한 해적질에 성공적으로 철퇴를 가하여 한동안 일본의 강탈 행위를 막을 수 있었다. 그러나 1592년 일본은 엄청난 군대를 이끌고 한국을 침략했고, 7년간의 피비린내 나는 전쟁 끝에 한국과 중국의 연합군이 침략자를 몰아냈다. 이 전쟁으로 한국 인구의 20%가 죽었다고 하며, 이후 약 300년간 일본은 침략

을 멈추었다.[11]

1592년 도요토미 히데요시(豊臣秀吉)가 침략했을 때 한국은 5만 명의 상비군을 보유하고 있었다. 당시 일본군에 의해 남녀노소 약 3백만 명이 살해되었는데, 사망자의 90%가 민간인이었다.[12] 어느 역사가가 말한 것처럼, 일본군은 가져갈 수 있는 것은 다 가져가고 가져갈 수 없는 것은 모조리 파괴했다. 문자 그대로 "나라를 퍼 날랐다." 미술품과 도자기 등 값을 매길 수 없는 보물이 침략자들에 의해 파괴되었고, 이후 한국 예술은 예전의 명성을 되찾지 못했다. 일본을 여행하는 사람들은 일본의 옛 수도 교토(京都)에서 유명한, 아니 악명 높은 "귀(코) 무덤"을 오늘날에도 볼 수 있다. 이 무덤 아래에는 3세기 전 일본이 한국을 상대로 얼마나 암울한 방법으로 전쟁을 벌였는지 보여 주는 한국인 수천 명의 잘린 귀와 코가 묻혀 있다.

이 전쟁 이후 한국은 일본에 극도의 반감을 품었다. 일본은 메이지 유신(明治維新) 이후 한국에 왕정복고 사실을 알리고 통상을 요구하는 서신을 보냈다. 한국은 경멸적인 답신을 보냈다. 이것은 상황을 악화시켰고, 1875년에 공식적인 선전포고 없이 양국 간 무력 충돌이 발생했다. 이듬해인 1876년 2월 26일 한국은 일본의 강요에 의해 조약에 서명했다. 이 조약의 각 조항은, 저명한 권위자의 말을 인용하면, "일본 자신이 국제법과 관세에 무지했을 때 서양 강대국과 체결했던 조약과 거의 모든 세부 사항이 비슷했는데, 일본은 서양 강대국과 체결했던 이 조약에 대해 후에 국가의 존엄에 오점을 남겼다고 몹시 원통해 했다. 일본은 서양 강대국이 일본에 했던 것처럼, 일말의 죄책감 없이 한국의 행정권 및 관세 자치권 양도를 유도했고, 유럽인이 일본 내에서 정의와 형평을 위반할 수 있도록 했던 치외법권을 일본인

---

11) From a report, printed in the *Congressional Record*, August 18, 1919.

12) Cf. Korean History prepared by Korean Historical Commission, published in Shanghai, China, 1919, pp. 187−188.

거주자가 한국의 영토 내에서 누릴 수 있도록 만들었다."[13]

이 조약을 체결하고 일본은 최종적으로 한국 병합 계획을 세웠다. 그러나 중국이 걸림돌이었다. 한국은 수 세기 동안 중국과 일본의 완충 지대 역할을 하고 있었기 때문에, 일본의 한국 지배는 중국과 일본을 갈라놓던 벽을 허물어 버리는 것을 의미했다. 한국을 통제하기 위해서는 중국이 중립인 상태로 있어야만 했다. 일본은 중국과의 충돌을 피할 수 없다고 판단하고 특유의 민첩함으로 일전을 준비했다. 준비가 완료된 일본은 일격을 가했고, 중국은 완전히 패배하고 말았다.[14]

1895년 시모노세키(下關)에서 조인된 강화 조약에는 "중국과 일본은 한국의 완전한 독립과 자치권을 인정하며, 한국의 완전한 중립을 보장한다"고 규정되어 있다. 중국과 개전 당시 일본이 한국과 협상한 동맹 조약에도 전쟁의 목적이 "한국의 독립을 확고한 기반 위에 유지하는 것"이라고 선언되어 있다. 일본은 그때나 지금이나 자신의 본심을 감추기 위해 부단히 수단을 강구하고 있다.

일본은 중국이라는 장애물을 제거했지만, 제거해야 할 대상이 하나 더 있다는 사실에 놀라지 않을 수 없었다. 그것은 한국의 왕비였다. 한국의 많은 역사가는 왕비를 한국의 엘리자베스로 생각한다. 유명한 영국 여왕처럼 왕비는 허영심 많고 아첨을 좋아하며 사치스럽고 반대자를 용납하지 않는 등 개인적 결점이 많았다. 그러나 그녀는 강철 같은 의지와 강렬한 애국심, 날카로운 판단력을 가진 여성이었다. 그녀는 조정에서 10개월간 논의한 문제를 10분 만에 결정할 수 있었다고 한다. 그녀는 한국이 외국의 입김과 관계없이 자신의 운명을 결정하고 스스로 일을 처리해야 한다고 굳게 믿었다. 왕비는 일본이 선의를 표방하고 한국의 독립을 공식적으로 보장했지만, 그

---

13) J. H. Longford, *The Evolution of New Japan*, p. 105.

14) 전쟁의 원인과 사건 및 평화 협상에 대해서는 나의 다른 책 *"The Oriental Policy of the United States"* pp. 47-48에 제시된 목록을 참조하라.

이면에는 다른 속셈이 있음을 본능적으로 알고 있었다. 그녀는 한국의 주권을 위태롭게 하는 일본의 영향력 확대를 강력하게 반대했다. 일본 관료들은 논리를 내세우거나 협박, 뇌물, 감언이설 등 자신들에게 익숙한 전술로 왕비에게 접근했다. 그러나 그 무엇도 그녀를 움직일 수 없었다. 그녀는 몰아치는 파도에 의연한 바위처럼 굳건했다. 결국 일본은 한국에서 그들의 계획을 실행하기 위해서는 왕비를 제거할 수밖에 없다는 결론을 내렸다. 대안은 없었다. 이웃 나라의 왕비를 살해하는 것이 유쾌한 일은 아니었지만, 일본 제국의 정책이 가장 중요하며, 아무것도 그 앞을 막아서는 안 되기 때문이었다. 그래서 주한일본공사 미우라 고로(三浦梧楼) 자작은 도쿄(東京)의 지시에 따라 제국 정부의 계획을 실행하고자 일본으로부터 낭인(浪人, 전문 암살범)들을 데려왔다. 다음의 간결한 문장은 유능한 서양 목격자가 살인에 대해 묘사한 내용이다.

1895년의 한국 왕비 살해 사건은 이 계획(궁극적으로 한국을 일본에 병합하는 계획)을 추진하는 데 왕비의 반일본적 태도가 걸림돌로 작용했기 때문에 발생했다. 주한일본공사의 지시에 따라 행동했다고 하는 일본인 암살자들은 궁전 내부로 침투하여 왕비를 살해하고 궁전을 불태웠다. 그 사이 국왕에게 접근한 살인자 무리는 무기를 내보이며 국왕을 겁박했다. 그러나 국왕 자신은 상처를 입지 않았다. 부상당한 궁내부 대신이 국왕에게 도망쳤지만, 국왕의 눈앞에서 살해되고 말았다. 다음 날 아침 국왕은 목숨에 대한 두려움을 간직한 채 모든 권한을 친일파에게 넘기는 문서에 서명하도록 강요받았다. 사실상 일본의 손아귀에 잡힌 수인(囚人)이나 다름없던 국왕은 마침내 탈출하여 러시아 공관으로 피신했다. 국왕은 그곳에 벗들을 불러 모아 정부를 개편하고 그의 적들을 처벌했다.[15]

---

15) From the *New York Times Current History*, September, 1919, p. 546. 살해 사건에 관한 상세한 내용은 다음을 참조하라. F. A. McKenzie, *Tragedy of Korea*, Chapters V and Ⅵ; *idem, Korea's Fight for Freedom*, Chapter Ⅲ.

그것은 엄청난 범죄일 뿐만 아니라 무척 어리석은 일이었다. 도쿄와 한성(漢城)의 일본 정부는 처음에 이 소식을 은폐하려 했다. 당시 유명한《뉴욕 헤럴드(New York Herald)》특파원 코커릴(Cockerill) 대령이 한성에 주재하고 있었다. 그는 즉시 이 뉴스를 전보로 송신했지만, 메시지는 일본에 의해 차단되었고 대금은 반환되었다. 그러나 이 뉴스는 점점 유럽과 미국으로 유출되었고, 드디어 주요 일간지에 실리게 되었다. 주한 일본공사 미우라 자작은 이 범죄에 대해 자신은 책임이 없다고 주장했지만, 한성에 있던 많은 외국인은 살해 사건에서 그가 맡았던 역할과 왕비를 살해한 오카모토 류노스케(岡本 柳之助)가 미우라 자작의 두 명의 심복 중 한 명이라는 사실을 알고 있었기 때문에 이러한 주장은 먹혀들지 않았다. 일본 히로시마예심법원(広島豫審法院)은 서양 사람들에게 살인범들이 처벌받았다는 인상을 주기 위해 말 같잖은 재판을 열었다. 결국 이 재판은 기각되었고, 미우라 자작과 공범자들은 국민적 영웅으로 부상했다.[16] 미우라 자작의 변호인이 전개한 변론은 정의(正義)에 대한 일본의 사법적 개념, 즉 정치적 패권을 위해 행해진 살인은 살인이 아니라는 생각을 잘 보여 주고 있다. 그 내용은 다음과 같다.

마음 약한 자들이 어떻게 생각하든 간에, 이번 소동은 세계 평화와 발전을 위해 다행스러운 결과를 가져왔다. 만약 왕비의 음모가 성공했다면, 일본이 한국을 소생시키려 한 모든 노력은 헛수고가 되고, 한국을 개혁하여 독립을 유지할 수 있도록 할 유일한 당파가 절멸했을 것이다. 그녀는 본질적으로 한국인이며, 폭력적이고 기만적인 방법에 익숙했다. 그녀는 강대국의 지원을 받아 어떤 수단을 써서라도 자기 생각을 실현하려 했다. 외국의 원조 약속 중에는 선동적이며 위험한 것도 있었다. 그러한 외교 절차 과정은 중단되어야 한다. 이번 소동은 그러한 해악

---

16) For details of the trial, see Appendix I.

을 분쇄한 것이다. 왕비가 꾸민 음모의 방식이 범죄이므로 일본공사의 행위는 범죄 예방으로 정당화될 수 있다. 그는 한국의 평화와 질서에 대한 책임을 맡게 되자 그의 의무를 다했을 뿐이다. 이로써 앞으로 오래 지속될지도 모를 정치적 분쟁의 근원이 제거되었다. 한국의 외교적 수준을 고려할 때, 미우라 자작은 대성공을 거둔 것이다.[17]

일본이 이 살해 사건을 어떻게 생각하든, 그리고 자신의 책임을 최소화하려는 일본 관료들의 노력이 어떠하든, 당시 이 사건은 서구 세계의 눈에 비친 일본의 모습에 그 무엇보다 큰 악영향을 끼쳤다. 자신들이 실수했음을 깨달은 일본 정부는 즉각 부드러운 조치를 취했다. 그들은 한국에 대해 공격적인 전술 대신 유화적인 방법을 모색하기 시작했다. 한국의 국왕은 권좌에 복귀할 수 있었고, 일본은 뒷일을 수습하기 위해 진보적 정치인 이노우에 가오루(井上馨) 백작을 특명전권공사로 파견했다. 이 조치로 일본은 한국 국민의 반발을 잠재울 수 있었다.

이듬해인 1896년 5월 14일 일본은 러시아에 "일본 낭인들에 대해 완벽하고 효과적인 조치를 취할 것"이며, 분노한 한국인들이 일본인 이주자를 공격할 우려만 없다면 즉시 일본군을 한국으로부터 철수하겠다고 확약했다.

1898년 4월 25일 러시아와 일본이 공식으로 체결한 협정의 첫 번째 조항은 다음과 같다. "러시아와 일본 양 제국 정부는 명백히 한국의 주권과 완전한 독립을 인정하며, 한국의 내정에 직접적으로 간섭하지 않을 것을 상호간에 서약한다."[18]

1902년 1월 30일 제1차 영일동맹(英日同盟)이 체결되었다. 일본과 영국은 극동 지역의 현상 유지와 평화 수호가 이 동맹의 유일한 목적이라고 선

---

17) Published in *The Far East*, February, 1896, Vol. I, p. 20.

18) Appendix II, (c).

언하면서, 자신들은 중국제국뿐만 아니라 한국의 영토 보전에도 특별히 관심을 기울이고 있다고 주장했다. 주목할 만한 이 문서의 첫 조항 첫 문장은 "동맹 체결국 각각은 중국과 한국의 독립을 인정하며, 각국의 어떠한 공격적 경향에도 영향받지 않을 것을 선언한다"고 적고 있다.[19]

1904년 러시아와 전쟁을 선포한 일본 천황은 한국의 영토 보전이 "일본제국의 최대 관심사"이며, "한국이 독립적으로 존재하는 것은 일본의 안전을 위해 필수적"이라고 주장했다. 며칠 뒤인 1904년 2월 23일 "한일의정서"(韓日議定書)가 체결되어 러시아에 대한 한국과 일본의 공수동맹(攻守同盟) 이루어졌다. 의정서 제3조에서 일본은 "일본제국 정부는 대한제국의 독립과 영토 보전을 확실하게 보장한다"고 서약하고 있다.[20] 이러한 보장에 대한 대가이자 동맹을 맺은 덕에 일본은 한국 영토를 대러시아 군사 작전 기지로 활용할 수 있었다. 물리적 노동력, 항구의 활용, 통신과 교통수단, 기타 한국의 자원은 일본이 승리하는 데에 적지 않은 기여를 했다. 한국의 전임 황제가 미국 정부에 보낸 편지에 썼듯, 러시아가 이 전쟁에서 승리했다면 "러시아는 한국이 일본의 적극적 동맹국이라는 이유로 한국을 점령하고 러시아 영토에 병합했을 것이다."[21]

이러한 모든 조약과 일본이 한국의 독립을 지키기 위해 싸웠다는 일본 정부의 공식 선언을 고려하면, 독자들은 마치 프랑스 땅에서 독일을 몰아낸 미국 원정군이 승리의 대가로 프랑스를 점령하는 것과 같은 모습으로 일본의 한국 병합을 그려볼 수 있을 것이다. 일본군과 종군 민간인 그리고 일본인 불량배들은 한국에 들어온 뒤 그대로 눌러앉아 버렸다. 위에 언급한 1904년 2월 23일의 조약은 한국 정부가 자유 의지와 선택의 권한을 가지고

---

19) Appendix Ⅱ, (c).

20) Appendix Ⅱ, (c).

21) *Congressional Record*, August 18, 1919, p. 4194.

일본과 맺은 마지막 조약이었다. 그 이후의 협정과 조약은 무력시위로 한국 관료에게 서명을 강요한 "일본제" 작품이 되고 말았다. 당시 일본 관료들 사이에서는 한국 병합이 기정사실로 받아들여졌고, 이에 관한 얘기가 자유 롭게 오가고 있었다. 그러나 러일전쟁 초기 한국과 일본이 동맹을 맺고 있던 시기에 "일본제국 정부를 믿고 행정 개선을 위한 일본의 충고를 받아들이라"는 일본 정부의 조언에 따랐던 순진한 한국 관료들에게 한국 병합은 여전히 비밀이었다. 당시 일본은 한국을 전면적으로 병합할 수도 있었다. 그러나 일본은 한국이 "자발적으로" 일본에 주권을 넘겼다고 주장할 수 있는 "조약"의 형식을 갖추기를 원했다.

이것과 관련해서 미국인 전문가가 일본이 어떻게 이런 형식을 취했는지에 대해 다음과 같이 말하고 있다.

1904년 8월 한국은, 명목상은 자유 의지로 그러나 실질적으로는 선택의 권한 없이, 재정·외교 정책의 고문으로 일본 정부가 추천하는 일본인을 초빙하는 것과 재정·외교에 관한 사항을 이 고문의 조언을 받은 후 시행하는 것에 동의했다. 또한 한국 정부는 "외국과 조약 및 협약을 맺기 전에 또는 양해각서나 계약 체결 같은 외교 문제를 다룰 때" 일본 정부와 협의하기로 합의했다.

1905년 4월 한국의 우편, 전신, 전화 서비스는 일본의 통제하에 들어간다는 내용의 협정이 체결되었다. 그리고 8월에 체결된 제2차 영일동맹에서 일본은 "한국에서 최고의 정치적·군사적·경제적 이해관계를 가진다"고 선언했고 영국은 이를 인정했다.[22]

1905년 9월 포츠머스에서 맺은 러시아와 일본의 평화 조약에서 러시아는 일본에 대한 전쟁 배상금으로 영국과 비슷하게 일본의 권리를 인정했다.

22) W. W. Willoughby, "Japan and Korea," *The Unpartizan Review*, February, 1920, pp. 26-27.

일본의 한국 병합에 반대할 수 있는 국가는 영국, 러시아, 미국 이렇게 세 나라였다. 그중 미국은 러시아와 일본의 평화 조정자 임무를 맡아야 했으므로 이 역할에서 제외되었다. 러시아는 전쟁 배상금으로 일본의 한국 지배에 동의했다. 영국은 동맹국 일본의 영향력 확대를 환영했다. 러시아의 영향력을 봉쇄하고 대영제국이 동양에 보유하고 있던 영토와 상업적 이해관계를 보존할 수 있으며 영국 함대를 북해에 집중함으로써 독일을 견제할 수 있기 때문이었다. 이제 외국의 장애물이 사라졌기 때문에 일본은 한국의 주권을 파괴하기 위한 확실한 조치를 취할 준비가 되었다.

11월 초 일본의 가장 유명한 정치가 이토 히로부미(伊藤博文) 후작이 일본 천황의 특사 자격으로 한성에 도착했다. 11월 15일 공식적으로 황제를 알현한 이토 후작은 조약 형태로 작성된 일련의 요구 사항을 제시했다. 일본의 의도는 사실상 한국을 일본의 피보호국으로 만들려는 것이었다. 일본은 앞으로 일본 외무성이 "한국의 대외 관계 및 대외 업무를 통제하고 방향을 설정"할 것이며, 일본 외무성 및 영사관 직원이 외국에 대한 한국의 이해관계를 담당할 것이라고 했다. 또한 한국의 수도에 설치할 "통감"과 몇몇 개방 항구 및 통감부가 필요하다고 생각하는 장소의 "거류민"이 일본을 대표할 것이라고 했다. 마지막 조항은 "일본 정부는 한국 황실의 존엄성을 존중하고 안전을 유지할 것을 보장한다"고 되어 있었다.

한국 황제와 그의 신하들은 경악했고, 그 요구를 단호히 거절했다. 황제와 후작의 대화는 다음과 같이 진행되었다.

황제가 말했다.

일본이 한국을 피보호국으로 만들려고 한다는 여러 소문을 신문에서 보았지만, 나는 믿지 않았소. 왜냐하면 러일전쟁 초기에 일본 천황이 제안하고 한일의정서로 구체화한 한국의 독립 유지 약속을 일본이 계속 고수하리라 믿었기 때문이오. 나는 당신이 우리나라에 온다는 소식에 무척 기뻤소. 당신의 임무가 우리나라와 일본의 우정을 증진하기 위한 것으로 생각했기 때문이오. 그러나 당신의 요구는 나를 너무나 놀라게 했소.

이에 대해 이토 후작이 대답했다.

이 요구는 제 생각이 아닙니다. 저는 단지 일본 정부의 명령을 따를 뿐입니다. 폐하께서 제가 제시한 요구 사항을 받아들이신다면 이는 양국에 이익이 될 것이며, 동양의 평화는 영원히 보장될 것입니다. 그러니 빨리 동의해 주시기 바랍니다.

황제가 대답했다.

태곳적부터 한국의 통치자들은 이처럼 중대한 문제에 직면하면 직급을 막론한 모든 조정 대신의 조언을 듣고 사대부와 일반 백성의 의견을 들은 후 결정을 내리는 것을 관례로 삼았소. 그러므로 지금 이 문제를 나 혼자 결정할 수는 없소.

이토 후작이 다시 말했다.

백성의 항의는 쉽게 처리할 수 있습니다. 양국의 우정을 위해 폐하께서는 즉시 결정을 내리셔야 합니다.

이에 대해 황제가 대답했다.

당신의 제안을 받아들이는 것은 우리나라의 파멸을 의미하오. 나는 그에 동의하기보다는 차라리 죽음을 택하겠소.

다섯 시간 동안 황제와 논쟁한 후 이토 후작은 아무것도 이루지 못한 채 궁궐을 떠났다. 그는 즉각 조정 대신을 개별적, 전체적으로 다루기 시작했다. 그는 조정 대신들과 논쟁도 하고, 뇌물로 막대한 거금을 주기도 하였으며, 굴복을 거부하면 죽이겠다고 협박하기도 했다. 후작의 논쟁거리 중 서양 독자들이 특히 흥미를 느낄 만한 것은 한국과 일본의 연합이 황인종만으로 구성된 위대한 국가의 초석이 될 수 있으며, 이 국가가 다른 모든 인종을 착취하고 정복하려는 백인종의 영향력 확대를 저지할 수 있다는 주장이다. 즉, 두 나라의 결합이 아시아 사람들의 미래를 위해서는 축복이자 필수 불가결한 일이라는 것이다. 서양인에게 일본의 교활함은 거의 이해하기 어려운 수준이다. 조약에 서명하도록 조정 대신들을 설득하기 위해 협박, 감언이설, 설득, 뇌물 등 모든 수단이 동원되었다. 이토 후작, 주한일본공사 하야시 곤스케(林權助), 주한일본군사령관 하세가와 요시미치(長谷川好道) 대장으로 이어지는 3단계 방식으로, 실질적인 폭력을 제외한 모든 방법을 사용하여 대신들을 닦달했다. 그러나 대신들은 단호했다. 일본은 조정 대신들이 힘을 모으지 못하도록 시간을 제한하기로 하고, 궁궐에서 조정 회의가 개최되는 11월 17일까지 압박을 계속했다.

한편, 한성에 주둔하고 있던 일본군은 이토 후작의 계획을 수행하기 위해 만반의 준비를 하였다. 지역 군대가 동원되어 기관총으로 거리를 감시하고, 전략적 요충지에 야전포가 배치되었으며, 병사들이 거리와 궁궐 주위를 행진했다. 그리고 정부 건물들은 완전히 무장되었다. 황제와 조정 대신들에게 이 모든 것은 불길한 징조였다. 그들은 1895년 일본인들이 왕비의 궁전을 에워싸고 그녀를 살해한 운명적인 밤을 잘 기억하고 있었다. 이전에도 이런 일을 했던 일본이 똑같은 일을 다시 하지 못할 이유가 어디 있겠는가?

그날 밤 불운한 조정 회의가 열리고 있던 궁궐 주위는 일본군과 경찰이 삼엄한 경계를 펼치고 있었다. 궁궐 안뜰은 군인들의 총검으로 빛나고 있었고, 검이 달가닥거리는 소리는 회의장까지 들려왔다. 이런 상황에서 주한 일본군사령관 하세가와 대장과 함께 궁궐에 도착한 이토 후작은 황제에게 알현을 요청했다. 황제는 알현을 거절했다. 그러자 이토 후작은 대신들에게 가서 "황제가 나와 상의하여 이 문제를 해결하라고 명령했다"고 말했다. 조정 대신들에 대한 새로운 공격이 시작되었다. 논쟁은 최종적으로 다음과 같이 압축되었다. "우리에게 찬성하여 부자가 되든지, 반대하여 파멸할지 선택하라." 그리고 하세가와 사령관은 칼을 뽑았다. "할 수 있다면 우리를 베시오!" 당시 최고의 각료였던 참정대신 한규설(韓圭卨)이 이렇게 대답했다. "보여 주지." 사령관은 이렇게 쏘아붙였다. 그리고 일본군 장교들이 참정대신을 옆방으로 끌고 갔다. 나머지 대신들은 참정대신이 살해되고, 곧 자신들의 차례가 다가올 것으로 생각했다. 그들은 며칠 동안 고독하게 싸워 왔다. 단 한 명의 외국 사절도 그들에게 도움을 주거나 조언하지 않았다. 이제 최고 대신이 사라졌고, 그들은 대의를 잃고 말았다. 앞에 놓인 것은 굴복하거나 파멸하는 길뿐이었다. "우리의 죽음으로는 아무것도 구할 수 없다"고 누군가가 얘기했다. 궁궐에서 밤새도록 열린 회의가 끝난 후 세 명의 대신이 조약에 서명했다. 황제와 참정대신 한규설은 결코 이에 동의하지 않았다.

사람들은 조약 체결 소식에 경악과 분노를 금치 못했다. 여러 장소에서 많은 사람이 일본에 대항하기 위해 일제히 일어섰는데, 이에 관해서는 다른 장에서 말할 것이다. 사대부들은 황제에게 조약을 파기하고 반역자들을 처벌하라고 탄원했다. 그러나 나라의 권리를 포기하는 데 서명한 세 명의 대신은 일본군의 보호를 받았다. 그들은 가족 구성원조차 그들을 싫어할 정도로 이 땅에서 가장 비루한 존재가 되고 말았다. 많은 고관대작, 그중에서도 빅토리아 여왕의 즉위 60주년 기념행사에 한국 대사로 참석했었던 전(前) 병조판서 민영환(閔泳煥) 공(公)이 항의의 의미로 자결했다. (자결은 소극적 저항을 뜻하는 동양의 관습이다.) 이 모든 것은 아무런 효과가 없었다.

일본은 모든 논란을 잠재울 수 있는 가장 강력한 수단, 즉 무력을 보유하고 있었다. 일간지 《황성신문(皇城新聞)》은 논설로 다음과 같이 사람들의 감정을 표현했다.

최근 이토 후작이 한국에 온다는 사실이 알려졌을 때 현혹된 우리 백성은 이토 후작이 극동 삼국(일본, 중국, 한국)의 우정을 유지하는 데 책임이 있는 인물이라고 한목소리로 말했다. 그리고 그가 한국을 방문한 유일한 목적이 이미 약속된 한국의 완전한 독립을 유지하는 계획을 공고히 하려는 것이라 믿었기에 인천항(仁川港)부터 한성까지 백성들이 그를 진심으로 환영했던 것이다.

그러나, 오! 세상의 일을 예측하기란 이 얼마나 어려운가. 아무런 경고 없이 다섯 조항을 담은 제안이 황제에게 제출되었고, 우리는 이토 후작의 방문 목적을 완전히 오해하고 있었던 것이다. 그러나 황제께서 이 제안을 강경하게 거절하였으니, 이토 후작은 적절히 그의 시도를 포기하고 그의 나라로 돌아갔어야 했다.

…

우리는 더 살 가치가 있는가? 우리 동포는 다른 사람의 노예가 되었고, 단군과 기자 이래 4천 년을 지탱해 온 국민정신이 하룻밤 사이에 망쳐지고 말았다. 아아! 동포여, 아아!

신문은 즉각 탄압을 받았고, 편집자는 감옥에 갇혔다.

한국은 일본의 적이 아니라 동맹국이었기 때문에 이것은 승자의 보복적인 행동이라고 할 수도 없었다. 이것은 일본이 신성한 서약을 어기고, 암묵적으로 제국주의 확장 계획을 수행하기 위해 자신을 믿던 친구이자 동맹국을 배신한 명백한 사례였다. 당시 일본 정치가들 사이에는 "일본의 국민적 희망인 범아시아 정책을 실현하기 위해서는 무엇보다 한국을 일본제국의 일부분으로 만들어야 한다"는 말이 돌고 있었다. 이후의 전개 과정을 살펴

볼 때 그들의 생각은 틀리지 않았다.[23)]

1907년 여름, 사실상 일본의 포로였던 한국의 황제는 비밀리에 헤이그 만국평화회의(海牙萬國平和会議)에 대표단을 파견하여 한국의 독립 회복을 강대국에 호소하려 했다. 특사들의 회의 참석은 실패로 끝났지만, 이 사건은 일본이 한국에 대해 철권통치를 강행할 충분한 구실을 제공했다. 일본은 아들에게 양위하라고 노(老) 황제를 압박했다. 황제의 아들이 정신력이 약하므로 자신들이 완전히 통제할 수 있다는 생각에서였다. 여러 논쟁과 협박이 오가면서 황제는 만약 일본의 요구에 동의하지 않는다면 그와 황실이 강제로 물러나게 되고 어쩌면 처형될지도 모른다는 말까지 듣게 되었다. 충분한 무력을 동원하지 않고도 이러한 협박으로 일본은 국민과 국가에 끔찍한 일을 저지르겠다고 위협했던 것이다. 1907년 7월 19일, 지치고 궁지에 몰린 노(老) 황제는 마침내 정신적으로 무능했던 아들에게 양위했다. 5일 후 일본은 새 황제와 체결했다는 조약을 발표했다. 이 조약으로 일본은 한국 정부를 속속들이 장악할 수 있게 되었다. 한국 정부는 "행정 개혁에 관하여 통감의 지도를 받아야 하고, 통감의 사전 승인 없이 어떠한 법령이나 조례, 규정 등을 제정하거나 중요한 행정상의 처분을 할 수 없었다." 또한 고위직 관료를 임명하거나 해임할 경우 통감의 동의를 얻어야 하며, 한국 정부는 "통감이 추천하는 일본인을 한국의 관료로 임명해야 했다."[24)]

한국을 일본의 보호국 체제로 확립하던 당시, 일본은 외부 세계와 한국

---

23) 한국에 대한 일본의 보호령 체제 확립에 관해서는 다음을 참조하라. F. A. McKenzie, *Tragedy of Korea*, Chap. XI, "Treaty-making and Treaty-breaking," *idem, Korea's Fight for Freedom*, Chap. V, "The New Era." For Chinese and Korean sources on the subject, Park In Sick, *The Tragic History of Korea* (Chinese edition, Shanghai, 1915). 한국 역사위원회가 간행한 *Korean History* (Korean edition, Shanghai, 1919)는 가장 훌륭한 자료이다.

24) 한국과 일본이 맺은 조약의 전문은 나의 다른 책 "*Korean Treaties* (New York, 1919)"를 참조하라.

국민에게 보호국은 동양의 평화를 보장하고 한국 정부가 안정화될 때까지 한국 정부를 돕기 위한 일시적 조치일 뿐이라고 설명했었다. 또한 일본 정부는 "한국 황실의 존엄성을 존중하고 안전을 유지할 것을 보장한다"고 분명하게 명시했었다. 1907년에 일본은 이러한 약속을 무시하고 한국 황제의 퇴위를 강요했고, 결국 1910년 한국을 일본제국에 병합하여 일본의 일개 지역으로 편입해 버렸다. 유명한 외교관이자 역사가인 웨스텔 우드버리 윌로비(Westel Woodbury Wiloughby)는 이 시기의 한국 역사에 관해 다음과 같이 말하고 있다.

> 이제 한국이 완전히 일본의 지배하에 넘어간 것은 모든 면에서 분명하다. 그러나 일본 고위 관료들은 일본이 한국을 병합할 의사가 없다고 계속 주장해 왔다. 1908년에는 한성 주재 통감 이토 공작이 공개적으로 이러한 주장을 했다. 그러나 1910년 일본은 공식적으로 한국을 병합할 때가 왔다고 생각했고, 이러한 사실은 8월 29일 조약을 통해 전 세계에 알려졌다.[25]

만약 국제 법률 전문가가 이러한 일본의 한국 점령 문제를 다루게 된다면, 그는 우선 다음과 같이 질문할 것이다. 일본은 어떻게 한국에 대한 군국주의적 지배력을 확보했는가? 무슨 권리와 권한으로, 또는 어떠한 방법으로 일본은 한국에 군대를 파견했는가? 그 답은 1904년 2월 23일 체결된 조약일 것이다. 이 조약 3조는 다음과 같다.

> 제3조 일본제국 정부는 대한제국의 독립과 영토 보전을 확실하게 보장한다.

결론적으로 일본이 한국에 와서 한국을 점령한 행위는 보호자가 피보호

---

25) W. W. Willoughby, "Japan and Korea," *The Unpartizan Review*, January, 1920, p. 28.

자의 재산과 신체를 빼앗은 행위와 똑같은 것이다.

　아마도 국제 법률 전문가는 일본이 피보호자에게 재산을 돌려주고 강압이 없는 자유를 주었는지 궁금할 것이다. 이에 대한 답은, 일본은 그렇게 하지 않았고 아직도 군대를 그곳에 주둔시키고 있다는 것이다. 다음으로 보호자에게 맡긴 피보호자의 재산은 어떻게 되었는지 물어볼 것이다. 이에 대한 답은, 보호자가 재산을 횡령하여 자신의 소유물로 만들어 버렸다는 것이다. 마지막 질문은 다음과 같을 것이다. 피보호자는 어떻게 되었는가? 이 질문에는 전 세상이 답해야 한다. 일본은 그를 목 졸라 죽이고 있다고 말이다.

# 제3장
# 정치적·법적 탄압

한국이 공식적으로 병합된 후, 지금까지 일본의 정책을 가로막던 모든 장애물이 제거되었다. 치외법권이 폐지되어 자국 정부의 보호를 받던 외국인도 한국인과 마찬가지로 일본법을 적용받게 되었다. 그리고 전(前) 육군대신 데라우치 마사타케(寺內正毅) 장군이 조선총독으로 취임했다. 그는 훈련과 경험이 풍부한 군사 전문가로, 검과 총포 화력으로 일본제국의 의지를 실현하는 정책을 열렬히 지지하는 인물이었다. 그는 이러한 목적을 달성하도록 일본 정부로부터 무제한의 권력을 부여받았다. 내각이나 의회가 아니라 오직 천황만이 그에게 책임을 물을 수 있었다. 그가 조선총독부에서 채택하는 중요한 조치들은 명목상 천황의 승인을 받아야 효력을 발휘할 수 있었지만, 그가 행한 조치 중 천황이 거부권을 행사한 것은 단 한 건도 없었다. 따라서 그는 실제적인 입법자, 최고 통치권자, 육·해군의 총사령관 그리고 최고 재판관이었다.

이러한 독재 권력을 휘두르며 데라우치는 이토 히로부미(伊藤博文) 후작이 처음 채택했던 관대한 동화 정책을 뒤집고 강제와 강압으로 한국을 일본의 열등 국가로 만드는 무단적인 식민정책을 펼쳤다. "한국인은 우리의 통치에 복종해야 한다. 그렇지 않으면 죽게 될 것이다." 데라우치와 그의 후임자인 하세가와 요시미치(長谷川好道) 육군 원수는 이러한 정책을 표방했다. 그들은 체계적이고 철두철미하게 한국어로 된 모든 것을 일본어로 바꾸려 했다. 그들은 여러 지명을 바꾸기까지 했다. 그래서 일본의 한자 발음에 따라 한국은 쵸센(朝鮮), 한성은 케이죠(京城), 평양은 헤이죠(平壤)가 되었다. 또한, 슬프게도 그들의 길을 막는 사람들은 불가사의하게 "사라져" 버렸다. 일제 치하의 한국에서 만약 한국인이 일본 당국을 불쾌하게 만들면 그는 "사라져" 버리고, 다시는 모습을 드러내지 못했던 것이다.

중요한 직책에 있던 한국 대신들은 한쪽으로 밀려났고, 일본인이 그 자리를 차지했다. 공식 연보에 싣거나 한국인을 정부 관료로 채용한다는 것을 서양 관광객에게 보여 주기 위해 가끔 한국인을 책임 있는 자리에 남겨 놓기도 했지만, 이 경우에도 한국 관료들의 행동은 일본인 "고문(顧問)"에 의해 철저히 통제되었고, 한국인 관료나 지방관은 "고문"의 승인 없이는 최소한의 일도 할 수 없었다. 한국인 관료나 지방관이 자신의 휘하에 있는 일본인 고문의 의견을 무시할 경우 그는 곧바로 해임될 터였다. 오랜 옛날부터 한국의 모든 고을은 자체적으로 수령을 선출했고, 중앙 정부는 이러한 지방 자치의 권리를 부정하지 않았다. 일본은 이마저도 인정하지 않았다. 큰 고을은 일본인이 수령이 되어 행정 업무를 관장하게 되었고, 지방 헌병(현재는 경찰)이 행정 사무를 책임지는 곳도 많았다. 한국에 거주하던 어느 영국인은 1919년 미국기독교교회연방협의회에 제출했던 주목할 만한 논문에서 다음과 같이 말하고 있다.

강인한 한국인들은 일제 치하에서 여러 해 동안 더 많은 경험을 쌓고 교육을 받으면서 고위 관직의 길이 그들에게 열리기를 간절히 바라게 되었다. 그러나 일본은 정반대의 정책을 고수하고 있다. 1910년에는 13명의 지방관 중 6명이 한국인이었지만, 지금은 겨우 3명뿐이다. 당시 모든 고을의 수령은 한국인이었지만, 지금은 최소한 큰 고을의 7분의 1을 일본인이 다스리고 있다. 일부 지역에서는 촌장 자리마저 일본인의 손에 넘어갔다. 한국인 재판관은 매우 적으며, 학교 교장은 모두 일본인이 맡고 있다. 이런 상황은 모든 공공 부문에서 동일하다. 차별은 자리를 채우는 것에만 있지 않고, 그에 따른 보수와 위엄에도 존재하고 있다. 같은 직급의 일본 관료는 한국인보다 40% 높은 급여를 받는 동시에 식민지 근무 수당을 추가로 받고 있다. 같은 학교를 졸업한 사람들 사이에도 이런 일이 발생하고 있다.[26)]

한국에 거주하는 일본 국민에게는 일본 본토와 동일한 법률이 적용된다. 그러나 한국인에게 적용되는 정의의 개념은 이와 다르다. 한국은 일본처럼 높은 수준의 법적 정의를 누릴 만큼 문명화되어 있지 않다는 것이 그들의 설명이다. 한국인의 삶을 아주 미세한 부분까지 통제하는 법과 규율은 일본 권력자에 의해 만들어지고 운영되어야 하며, 한국인은 이에 대해 불평해서는 안 된다는 것이다. 일본에 해로운 노골적인 행동이나 은밀한 사상이 한국인에게 만연하지 않도록 관료 집단의 그물망이 온 나라를 뒤덮고 있다. 일본이 강압 정치를 폐지하기 위해 도입했다고 주장하던 1919년의 개혁 이후에 한국을 방문한 어느 미국인 작가는 다음과 같이 적고 있다.

도쿄(東京)와 경성(京城) 조선총독부는 반복해서 그럴듯한 약속을 했지만, 개혁은 거의 이루어지지 않았다. 그동안 취해진 완화 조치는 실질적인 가치 변화가 거의 없다는 점을 분명히 했을 뿐이고, 그 자체로 거의 의미 없는 유보 조항으로

---

26) *The Korean Situation* (pamphlet issued by the Council), p. 115.

둘러싸여 있다. 한국인의 기본적인 불만 사항은 그대로 남아 있다. 그들은 여전히 수없이 많은 군경에 휘둘리고 있다. 그들의 삶은 아주 미세한 영역까지 무수한 독재적 관료의 절대적 통제를 받고 있다. 3억 인구를 1,200명의 관료가 지배하는 인도와 1천 7백만의 인구를 17,000명의 관료가 지배하는 상황을 비교해 보라.[27]

한국에 인신 보호 영장 제도는 알려져 있지도 않아서 모든 사람은 자신의 결백을 본인이 증명하기 전까지 유죄로 간주된다. 한국의 법정은 총독부 산하의 행정 기구일 뿐이다. 미국이나 영국에서처럼 사법부가 독립 기관으로서 행정 당국에 의해 억압받는 사람을 위한 자유의 보루 역할을 하는 것이 아니라 행정 제도의 한 부분으로 기능하고 있을 따름이다. 이런 상황에서 판사나 총독 내정자가 편견을 가지지 않으리라 기대하기는 어렵다. 그들은 자신이 받아들이고자 하는 증거를 선택할 수 있는 절대적인 권한을 가지고 있다. 피고는 자신을 위한 증인을 요구할 권리가 없다. 피고가 완전한 변론을 할 수 있을지라도, 이는 허락되지 않는다. 피고는 단지 증인을 불러달라고 신청할 수 있을 뿐이고, 판사는 그 신청의 적정성을 판단하여 승인 여부를 결정한다. 판사의 행위는 상급 법원의 심리(審理)에 구속되지 않는다. 이렇게 판사의 재량권이 불합리한 범위까지 행사되는 사례는 다음의 결정문에 잘 나타나 있다.

형사 재판에서 주어진 증거에 관한 검토가 필요한지 여부를 결정하는 것은 해당 판사의 배타적인 권한이다. 이러한 판사의 권한이 특정 증거의 성격이나 종류 또는 중요성에 따라 제한되어서는 안 된다.

이러한 판사의 재량권은 유사한 증거나 문서의 작성에도 그대로 적용된

---

27) Nathaniel Peffer, "Korea," in the *New Republic*, March 10, 1920, p. 56.

다. 게다가 일본어가 이 나라의 공용어이기 때문에 모든 법정 절차는 이 언어로 진행되어야 한다. 최근 한 영국인이 이유 없는 폭행치사 혐의로 여러 명의 일본 경찰과 헌병을 고소했던 사건에서 일본인 통역자는 이 범죄를 악질적이지 않은것으로 만들어 처벌 수위를 낮추려고 영국인의 여권을 계속해서 수첩이라 주장했다. 외국인의 이해관계가 얽힌 공개 법정에서도 이런 일이 발생하는데 하물며 한국인의 이해가 관련되어 있는곳, 그리고 부당한 경우에도 한국인은 이를 바로잡을 수 없다는 사실을 모든 사람이 알고 있는 곳에서는 얼마나 자주 이런 일이 발생하겠는가? 그리고 모든 판사와 소송 대리인(국선 변호인)은 일본인이다. 병합 이후 한국인 변호사가 매우 희귀한 존재가 되었기 때문이다. 한국인과 일본인이 모두 포함된 사건의 경우, 한국인은 정의의 그림자도 밟을 수 없다는 것이 기정사실이다.

한국에서 적용되는 일본 사법 제도의 가장 나쁜 특징은 경찰에게 주어진 사법권이다. 식민지 지배 집단 중 경찰의 힘은 비교적 제한적이다. 그들은 힘없는 토착민에게만 함부로 행동하는 경향을 보인다. 그러나 한국에서 일본 경찰은 한국인을 합법적인 제물로 다룰 수 있는 권한을 부여받았다. 조선총독부 일본 보고서인 《조선의 개혁과 진보에 관한 연차 보고서》에서 발췌한 다음의 내용에서 독자들은 경찰이 부여받은 특별한 권한에 관해 알 수 있을 것이다.

경찰 당국은 재산 압류 집행인이나 지방 법원 대리인으로 활동하는 등 사법 업무에 수시로 종사해야 한다.

경찰 당국은 총기나 화약의 은닉 혐의가 있거나 필요하다고 판단될 때에는 개인의 거주지를 조사할 수 있다.

당국이 한국에서 좋은 업적을 쌓았다고 자랑하기 위해 펴낸 보고서에 대담하게도 이런 내용을 싣는 것은 보면, 경찰의 이런 행위가 모든 문명국이 보편적으로 받아들이는 인간의 권리를 심각하게 침해하는 행동이라는 사실을 전혀 알지 못하는 것처럼 보인다. 《재팬 크로니클(Japan Chronicle)》에는 더욱 중요한 내용이 담겨 있다.

지난 국회에서 한 의원이 대정부 질문을 하던 중에, 한국에서 근무하는 고위직의 발언 내용을 근거로, 한국에서는 경찰이 범인 색출을 위해 한국인 가정을 방문했다가 그 집 여성을 강간하거나 눈에 띄는 물건을 가져가는 일이 매우 흔하지만, 부당한 취급을 받은 한국인이 이런 난폭한 행동에 대해 보상받을 수 있는 방법이 없을 뿐만 아니라 사법 당국도 범죄의 증거 확보를 위해서는 경찰에 의존해야 하므로, 이러한 범죄자에 대해 아무런 절차를 진행할 수 없다는 사실을 언급했다.

일본 관료는 경찰의 행동이 매우 과장되어 있다고 주장할 수도 있다. 그러나 그러한 학대 행위를 막을 방법이 없으며, 한국인이 경찰의 억압에 대해 아무런 보상도 받지 못한다는 발언은 말 그대로 사실이다. "필요하다고 판단될 때"에는 영장 없이 어떤 집이라도 수색할 수 있는 권한을 가진 경찰이 그렇게 하지 않으리라 생각할 만한 이유가 어디 있겠는가?

한국에서 사법 행정 제도의 가장 심각한 문제는 이 제도가 올가미에 걸릴지도 모르는 사람에게 정의에 대한 확신을 주지 못한다는 점이다. 사법 절차 진행 과정에서 무고한 사람을 보호하려는 시도는 어디에도 없다. 오히려 피고의 무죄를 입증하는 것을 실질적으로 불가능하게 만드는 여섯 가지 제약 조건이 있다. 그 내용은 다음과 같다.

1. 정당한 법 절차 없이 체포할 수 있는 경찰의 권리. 체포 영장은 필요없다. 수감자와 그의 변호사, 가족, 친지 등 누구도 무슨 혐의로 그가 체포 또는 구금되었는지 확인할 수 없다. 보석(保釋)은 대개 허용되지 않으며, 예심(豫審) 중에는 전혀 허용되지 않는다. 인신 보호 영장 제도는 없다.

2. 유죄 추정. "모든 사람은 유죄 판결이 확정될 때까지는 무죄로 추정"한다는 법적 격언을 따르는 대신 공식적·대중적 태도는 이와 정반대이며,《재팬 어드버타이저(The Japan Advertiser)》는 피고인을 범죄인으로 지칭할 정도이다. 피고인의 "유죄를 증명"한다는 표현은 전혀 들을 수 없다. 무죄 판결의 경우에는 "결백을 증명"했다고 하거나 사면되었다고 한다.

3. 조언 받을 권리의 박탈. 피고인은 경찰 조사와 검사(기소권자)의 심리가 끝나기 전에 변호사나 다른 사람의 조언을 구할 수 없다. 조사하는 동안 피고인은 외부 세계와 완전히 접촉이 차단되며 오롯이 경찰의 처분에 맡겨지게 되는데, 경찰의 유일한 목표는 유죄 판결을 받을 수 있는 사건을 만들어 내는 것이다. 실제로 변호사가 재판에 참여하기 전에 증거로 사용될 서면 기록이 작성되는데, 이 기록은 판사의 재량에 따라 재판에 제출하는 유일한 증거가 될 수도 있다. 이런 환경에서 피고인은 조언자도 없이 참담한 상황에 처하게 된다. 누가 그를 변호할 것인가? 누가 법관들의 훈련된 정신과 빈틈없는 지혜에 맞설 것인가? 누가 그를 법적 함정의 먹이가 되지 않도록 보호해 줄 것인가? 누가 불법적인 행위와 절차에 도전할 것인가?

4. 비밀경찰 수사. 바로 이것이 이 부당한 체제의 핵심이다. 경찰이 증거를 확보하거나 유죄를 인정하도록 만들기 위해 협박, 속임수, 모든 형태의 육체적·정신적 고문을 사용한다는 사실은 논란의 여지가 없다. 유죄를 인정하거나 증거가 확보되면 이를 문서로 작성하고 피고인이 서명하는데, 이 문서는 검사나 필자의 조사에 기본 자료로 사용된다. 법원이 이러한 증언을 의심해서 이 증언이 공개 법정에서 확인되거나 확증되지 않는다면 유죄를 판결하기에 불충분하다고 판단하리라 기대하는 사람이 있을지도 모른다. 그러나 그동안의 사례를 보면, 비밀경찰 수사의 압력 아래 이루어진 거짓 인정을 뒤엎을 만한 증거를 판사가 믿을 가능성은 거의 없다. 경찰이 실질적으로 피고인의 유무죄를 결정하고 있는 것이다. 경찰은 재판도 없이 또는 변호사나 친구와 상의할 기회도 주지 않고 피고인을 몇 달씩 감금할 수 있다. 피고

인을 감금하는 동안 경찰은 피고인이 유죄를 인정하도록 만들기 위해 이러한 방법을 사용한다. 경찰이 조사하는 동안 고문이 행해지고 있다는 혐의에 대한 공식적인 답변은 법이 고문을 허용하지 않기 때문에 고문은 존재하지 않는다는 것이다. 따라서 "경찰"이라는 말에는 일본이 한국에 구축한 방대한 비밀 체계와 첩보 시스템이 포함되어 있으며, 이보다 더 광범위하거나 억압적인 시스템은 세계 어디에도 존재하지 않는다는 점을 상기해야만 한다.

5. 경찰과 검찰의 공모. 검사는 재판이 시작되면 기소권자가 되지만, 그 전에 예심을 위해 수감자를 면담하게 된다. 예심이 끝나면 그는 경찰의 조사 결과를 뒤집을 수 있다. 그러나 경찰이 종종 검사 역할을 한다는 주장의 근거로 위에 언급한 경찰 보고서를 들 수 있다. 이런 경우 공판은 그저 공허한 형식일 뿐이다. 어느 일본인 변호사가 매우 중요한 재판에서 변론 중 다음과 같이 말했다. "이 사건은 나에게 경찰과 검찰은 한통속이라는 점을 확신시켜 주었다." 이것은 검찰이 경찰의 대변자라는 사실을 명백히 밝혀준다. 일단 경찰의 손아귀에 들어가면 결론은 이미 결정되어 있는 것이다.

6. 편파적인 재판관. 경찰과 검찰이 제출한 조사 과정 진술은 재판에서 증거로 사용된다. 판사는 공판이 시작되기 전에 이 기록을 숙지해야 한다. 따라서 그들은 피고나 변호인의 의견을 듣기 전에 자신의 의견을 정리하게 된다. 이러한 편견은 미국이나 영국이라면 배심원의 자격을 박탈하기에 충분한 사유지만, 한국에서는 오히려 판사와 배심원 모두에게 필요한 요소이다.[28]

여기에 이미 언급했던 것처럼 피고인은 공개 법정에서 자신을 변호할 권리가 없다는 사실이 추가되어야 한다. 우리는 이미 한국에 적용된 일본 사법 제도의 개요를 잘 파악하고 있다. 전체적인 시스템에 이론적 결함이 있는데, 실질적인 결과에서 달리 무엇을 기대할 수 있겠는가? 사정이 이런데

---

28) 한국에 오랫동안 거주하며 한국 내 일본 법률 체계의 작동 상황을 개인적으로 목격한 미국인이 작성한 미발표 원고에서 인용함.

도 한국인이 법원을 억압의 기구로 보는 것이 이상한 일인가? 경범죄에 대해 재판 없이 판결을 내리는 경찰의 사법적 권한을 "즉결심판"이라고 한다. 다음의 표는 이런 식으로 경찰이 처리한 사건의 수를 표시한 것이다.

1913년 36,953명 중 21,483명이 재판 없이 유죄 판결을 받았다.

1914년 48,763명 중 32,333명이 재판 없이 유죄 판결을 받았다.

1915년 59,436명 중 41,236명이 재판 없이 유죄 판결을 받았다.

1916년 81,139명 중 56,013명이 재판 없이 유죄 판결을 받았다.

위의 표에 나와 있는 기간 동안 자신의 결백을 증명한 사람은 각각 800명, 93명, 47명, 30명이었다. 1916~17년 일본 공식 보고서의 126페이지를 인용하면,

1916년 범죄자는 82,121명이었고 그중 경찰이 즉결심판한 사람은 56,013명으로 전년도와 비교하면 범죄자는 21,750명, 즉결심판은 14,777명이 늘었다. 이들 범죄자 중 81,139명은 유죄가 선고되었고, 30명만이 무죄를 입증했으며, 나머지 952명은 사면되었다.[29]

한국에서 운영되는 일본 사법 제도하에서 범죄 또는 일본인이 범죄로 생각하는 사안은 증가하고 있지만, 자신의 무죄를 입증한 사람은 상대적으로 감소하고 있음이 분명하다. 피고인 82,121명 중 겨우 30명만이 무죄를 입증한 것은 세계의 다른 어떤 법률 기록과도 비교할 수 없는 수준이다. 특히, 한국인이 평화롭고 인내심 강한 성격으로 유명한 점을 고려할 때, 그리고 일본이 한국인의 삶을 개선하려고 한국에 왔다고 세계에 공언한 점을 감

---

29) Quoted by Senator George W. Norris, *Congressional Record*, October 14, 1919.

안할 때 이러한 사실이 매우 중요함을 알 수 있다.

"예심" 중 자행되는 비밀 고문과 경찰의 처벌 수단이었던 구타에 관해서는, 행정 체제를 논의 중인 본 장에서는 생략하고 다음 장에 서술하기로 한다. 앞서 언급한 내용을 뒷받침할 수 있는 가장 강력한 증인은 전(前) 오하이오 웨슬리안 대학교 총장 허버트 웰치(Herbert Welch) 주교로, 그는 현재 경성에 주재하는 한국/일본 주재 감리교 주교이다. 웰치 주교는 일본 관료들과 친하기 때문에 한국에 대한 일본의 행위를 언급할 때 매우 보수적일 수밖에 없으며, 분명하게 증명할 수 없는 문제에 대해서는 자신의 이름을 걸고 얘기하지 않으리라는 사실은 당연해 보인다. 주교는 다음과 같이 말했다.

현재 한국에서 운영되는 사법 제도는 그 자체로 추가 논의가 필요하다……. 총독부 또는 총독은 즉시 효력이 발생하는 법령이나 조례를 제정할 수 있다. 이러한 법령이나 조례는 천황이 거부권을 행사할 수 있지만, 그것이 철회되기 전까지는 실제로 현실에 적용되고 있다. 법원의 설립과 폐지는, 종종 어떤 결정이 내려져야 하는지 방향을 정하는 총독의 손에 달려 있다.

경찰은 즉결심판이라 불리는 방식으로 매년 수만 건의 경범죄를 처리한다. 활용 가능한 작년도 통계를 보면 82,121명이 이런 식으로 처리되었는데, 어느 법원보다도 경찰의 사법 권한이 강함을 알 수 있다. 이 가운데 30명이 무죄를 입증했고, 952명은 사면되었으며, 81,139명은 유죄가 선고되었다. 이들 중 대다수가 구타로 처벌을 받았다. 한국의 법정에서 정의를 확보하는 데 장애가 되는 일곱 가지 요소는 다음과 같다. 첫째, 적법한 절차 없는 체포. 둘째, 구속된 사람의 유죄 추정. 셋째, 1차 변론이 끝날 때까지 조언 받을 수 있는 권리 박탈. 넷째, 경찰의 비밀 조사와 고문. 다섯째, 조사를 진행한 경찰과 검찰의 행동 통일. 여섯째, 공판이 시작되기 전 검사의 조사 기록을 사용함으로써 편견을 갖게 된 재판관. 일곱째, 제시된 증거의 채택 여부를 최종적·절대적으로 결정할 수 있는 재판관의 권한.

위에 간단히 언급한 여러 사실을 종합해 보면, 미국인이 전쟁 시기에 기꺼이 감수하고자 했던 조건들이 현재 한국에 만연해 있다는 점이, 다른 말로 하면 우리가 한국에서 실질적으로 계엄령 아래 살고 있다는 점이 명백해진다.[30]

---

30) "The Korean Independence Movement of 1919," *The Christian Advocate* (New York), 94: 1006, August 7, 1919.

# 제4장
# 공식적 "태형(笞刑)"

앞 장에서 독자들은 경찰의 손에 쥐어진 터무니없는 사법권에 관한 개념을 이해했을 것이다. 이 권한을 행사하면서, 재판 전에 이루어지는 "예심"과 적법한 절차 없이 시행되는 "즉결심판"이 이러한 시스템의 부산물로 생겼다는 점도 언급했다. "예심" 과정에서 일본인이 "자백"이라 부르는 진술서를 작성하도록 죄수에게 비밀 고문이 행해지는데, 이 진술서는 공개 법정에서 유죄 판결을 이끌어 내는 근거가 된다. 이 국면의 일본 정부는 책의 뒷부분에서 다룰 것이다. 이 장에서는 유죄 판결 후 태형(笞刑)의 형태로 육체적 처벌을 가하는 점에 주의를 기울이기 바란다.

태형은 일본 본토에서 불법이며, 한국에 거주하는 일본인을 처벌하는 데에도 결코 사용되지 않는다. 그러나 한국인 죄수, 특히 정치범에 대해서는 사람의 의지를 고갈시키는 유용한 수단으로 활용되고 있다. 일본은 이런 야만적인 형벌을 유지하면서 그것이 "한국의 오래된 풍습"이라고 변명한다.

그들은 자신이 주장하는 핑곗거리가 모순된다는 점을 인식하지 못하고 있다. 일본이 병합의 명분으로 내세운 것은 한국의 상황을 개선한다는 것이었다. 일본의 출판물과 대변인들은 한국에 호의적인 개혁이 도입되었다고 소리 높여 선전한다. 그러나 태형이 "한국의 오래된 풍습"이기 때문에 한국인에게만 적용되는 태형은 계속 유지하고 있다고 주장한다. 역설적이게도 일본은 좋고 보존할 가치가 있는 것은 버리면서 나쁘고 야만적인 것은 보존하고 있는 것이다.

과거에 한국에서는 단순히 투옥하는 것만으로는 효과가 거의 없는 상습적 범죄자의 경우에만 태형을 사용했다. 한국인은 벌금 제도를 전혀 활용하지 않았다. 부유한 사람도 가난한 사람과 마찬가지로 죄의 대가를 치르고 법에 대한 책임을 져야 한다는 것이 기본적인 태도였다. 만약 형사 사건에서 처벌 수단으로 벌금이 사용된다면, 부유한 사람이 가난한 사람보다 특권을 갖게 될 것이라는 생각에서였다. 과거 한국의 전체적인 법체계는 영국의 관습법과 유사하게 선례와 관습에 바탕을 두고 있었다. 정의는 단순했고, 범죄자는 거의 없었다. 태형이 사용되긴 했지만, 지금 일본이 하는 것처럼 그렇게 광범위하거나 극심하지는 않았다. 현재 일본이 행하는 태형이 콜레라라면 과거 한국이 행했던 태형은 가벼운 발진 정도에 불과하다. 이 제도가 한국인 피해자에게 미친 영향에 대해 폭넓게 연구한 캐나다 출신 의료 선교사 프랭크 윌리엄 스코필드(Frank William Schofield) 박사의 다음 글을 통해 일본 경찰이 행하는 구타의 성격을 더욱 확실하게 알 수 있을 것이다.

일본이 한국인 정치 운동가를 다루는 방법은 가혹할 뿐만 아니라 불필요하게 잔인하고 야만적이다. 공포 통치로 지배하려는 그들의 목적은 현재 잘 달성되고 있다. 오늘 아침 나는 학교 교사로 근무하는 젊고 영리한 아가씨와 이야기를 나누었다. 그녀는 단지 만세[31]를 외쳤다는 이유로 어떻게 머리채를 잡혀 땅에 내던져졌으며, 온몸을 발로 차이고, 아침 10시 30분부터 해가 질 때까지 나무에 묶여 있었는지 내게 말해 주었다. 제대로 교육 받았음직한 일본 경찰이 이런 행위를 저지르다니! 이틀 전 나는 한 노인을 만났는데, 그의 세 아들과 세 손자는 '대한독립만세'를 외쳤다는 이유로 집에서 끌려 나와 일렬로 묶여 총살당했다. 그는 병사들에게 자신도 죽이라고 간청했지만, 그들은 거절했다. 그는 지금 미쳐가고 있다. 생각해 보라! 가장 어린 손자는 겨우 15살이었다. 이것이 군국주의 일본이 법과 질서를 유지하겠다고 비무장한 사람들에게 사용하는 방법이다. 나는 고위 장교에게 공격받아 등에 칼을 맞은 여학생을 보았다. 정보를 캐내기 위해 뜨겁게 달군 인두로 다리를 지지는 고문을 받은 소년도 보았고, 한 손가락으로 천장에 매달리는 고문을 받은 남자도 보았다. 두 여성은 고집이 세서 일본군의 명령을 따르지 않는다는 이유로 한 명은 총으로, 다른 한 명은 칼로 살해되었다. 그런데 그들의 명령은 고작 그녀들의 남편이 일본군에게 살해당하는 동안 집으로 돌아가라는 것이었다.

그러나 나는 다른 것에 대해 말하려고 한다. 바로 경찰의 구타다. 독립만세운동이 벌어진 이후 1만 1천여 명이 경찰에 의해 구타당했다. 우선 "경찰의 구타"라는 용어를 명확히 이해해 보자. 때리는 도구는 두 개 이상의 대나무 줄기를 삼베 끈으로 묶어 만든 몽둥이다. 이 몽둥이는 매우 유연하여 근육 조직을 손상하지 않으면서도 타박상을 입힐 수 있다. 구타에 사용되는 틀이나 받침대는 십자가 형태여서 죄수의 펼친 팔을 단단히 고정할 수 있다. 몸통과 다리도 움직일 수 없도록 단단히 묶는다. 매를 맞는 사람은 십자가에 단단히 묶이고, 엉덩이 부위의 옷이 벗겨진다. 매의 강도는 치는 사람의 힘에 좌우된다. 이러한 과정이 이루어지기 전에 경찰 주치의의 검진이 요구되지만, 그런 일은 거의 일어나지 않는다.

나는 서 씨(氏)성을 가진 사람이 나에게 들려주었던 이야기를 그대로 전해주려한다. 시간을 들여 읽어보고 그의 경험을 느껴보기 바란다. 그런 후에 냉정하게

---

31) "만세"는 오래된 함성으로 "한국이 수만 년 지속하기 원한다"는 의미이다.

결정해 보라. 문명적인지, 야만적인지?

시위: "나는 산속 작은 마을인 강계(江界)에서 나고 자랐습니다. 강계는 독립만세운동이 일어난 도시에서 멀리 떨어진 곳이기 때문에 우리는 늦게 시작하였습니다. 그렇지만 우리는 4월 8일에 훌륭한 시위가 이루어지도록 계획을 세웠습니다. 우리는 격문을 돌리고, 모든 준비를 했으며, 때가 되자 마을 끝에서 끝까지 '대한독립만세'를 외치며 돌아다녔습니다. 우리는 무기도 없고 몽둥이나 돌도 가지고 있지 않았지만, 경찰은 아무런 경고도 없이 우리에게 총격을 가해 네 명이 죽고 여덟 명이 다쳤습니다. 이러한 폭력 사태로 우리는 뿔뿔이 흩어지고 시위는 끝났습니다. 이 일이 있은 후 두 명의 여인이 강가에서 빨래를 하고 있었는데, 두 명의 군인이 지나가면서 아무런 도발도 하지 않은 두 여인에게 총을 쏘았습니다. 젊은 여자가 머리에 총알을 맞았고, 두 번째 총알은 다른 여인의 귀를 스치며 심하게 겁을 주었습니다. 두 군인은 더 이상 발포하지 않고 가버렸습니다."

체포와 구타: "나는 4월 22일 체포되어 며칠간 감옥에 갇혀 있다가 열 명의 젊은이와 함께 신의주(新義州)로 보내졌습니다. 우리는 5월 4일 의주(義州)에서 재판을 받았고, 모두 6개월의 징역을 구형받았습니다. 5월 11일 우리는 형을 선고받았는데, 선고 내용은 경찰에게 90대의 매를 맞는 것으로 바뀌어 있었습니다. 3일 연속으로 30대씩 맞는 것이었습니다. 이것이 뜻하는 바를 깨달은 우리는 항소했지만, 경찰의 태형에 대해 항소는 없다는 말을 들었을 뿐이었습니다. 즉 우리는 이 형벌을 받아들여야만 하며, 그러면 곧 집으로 돌아갈 수 있다는 것이었습니다. 우리의 항의는 무의미했습니다. 우리는 굴복하지 않을 수 없었고, 판결에 만족하며 정당하게 처벌받았다고 기재된 문서에 지문을 찍을 수밖에 없었습니다.

5월 16일부터 18일까지 3일간 매일 30대씩 맞았습니다. 경찰들은 있는 힘을 다해서 우리를 때렸습니다. 그들은 발을 들어 올려 몸을 뒤로 젖힌 후 엄청난 힘으로 몽둥이를 내리쳤습니다. 대개 세 명의 경찰이 매질을 했는데, 한 사람이 10대를 때리고 다음 사람이 10대 그리고 세 번째 사람이 마지막 10대를 때렸습니다. 고통은 끔찍했는데, 이틀째와 사흘째가 더 심했습니다. 첫날부터 피가 터져 나왔지만, 계속 맞아야 한다는 사실을 알고 있었기 때문에, 그 자체가 육체적인 고통과는 별개의 괴로움으로 다가왔습니다. 이틀째 매질이 끝나자 우리 몸은 완전히 뭉그러져 버렸고, 마지막 30대를 맞아야 하는 고통은 공포 그 자체였습니다. 우리는 5월 18일에 마지막 매질을 당한 후 풀려났습니다. 우리는 거의 걸을 수 없었지만, 마침내 싸구려 하숙집에 도착할 수 있었습니다. 마을에는 일본인이 운영하는 병원이 있었지만, 그곳에 가면 곧바로 감옥에 끌려갈 것 같았습니다. 덴마크 병원에도 갈 수 없었는데, 그 병원은 강 건너 중국 땅 단둥(安東)에 있기 때문이었습니다. 나는 밖에 나가서 한약을 구해왔습니다만, 별 효과는 없었습니다. 젊은이 중 여섯 명은 상태가 심각했습니다. 그들은 거의 먹지도 못하고 일어서지도 못하면서 끔찍한 고통을 겪고 있었습니다. 5월 22일 오후, 우리는 기차로 2시간 거리인 선천(宣川)에 있는 선교 병원에 가기로 결정했습니다. 나는 잘 걸을 수 있었지만, 다른 몇몇은 상태가 심각했습니다. 그래서 나는 그나마 튼튼한 두 명과 함께 상태가 안 좋은 여섯 명을 병원으로 데려가야 했습니다. 그들은 기차를 타는 데도 어려움을 겪었고 의자에 앉지도 못해서 그저 자리에 누워 있어야 했습니다. 선천에 도착한 뒤 우리는 그들을 기차에서 내리게 하고 마차에 태워 병원으로 데려갔습니다."

이것은 내가 5월 25일 들었던 젊은이에 관한 이야기이다. 계속해서 병원에서 이들을 간호한 사람의 이야기로 이 사건에 대해 들어보겠다.

간호사의 진술: 박 군(君) - "그는 스물한 살의 젊은이로 강계중학교를 졸업했으며 새로 오신 선교사의 언어 교사로 채용되었습니다. 그는 그렇게 강건한 사람은 아니었지만, 호리호리하고 섬세하며 밝은 정신의 소유자였습니다. 우리는 5월 23일 아침에 그를 수술해서 커다란 괴저 조직을 제거했습니다. 그러나 이미 복막염이 진행되어, 그날 12시경 큰 고통을 겪으며 숨졌습니다. 엉덩이는 대부분이 괴

사 상태였습니다. 죽음은 패혈성 복막염과 과도한 통증으로 인한 탈진 때문이었습니다."

김 군 - "그 역시 강계 출신으로, 쉰 듯한 목소리를 가진 열아홉 살의 멋쟁이 청년이었습니다. 그는 극심한 고통으로 끊임없이 신음했습니다. 수술이 그에게 어느 정도 도움이 된 듯 그는 다시 수술을 받게 해달라고 간청했습니다. 그의 엉덩이는 끔찍하게 감염되어서, 괴사한 많은 조직을 제거해야 했습니다. 마취에서 깨면서 그는 끊임없이 '대한독립만세', '대한독립만세'를 외쳤습니다. 가끔은 상태가 좋아지는 것처럼 보였지만, 복막염이 진행되어 결국 5월 25일 사망하고 말았습니다. 연락을 받은 그의 형은 그가 세상을 떠나기 몇 시간 전에 도착했습니다. 형을 만나자 그는 소리쳤습니다. '형이 왔으니 나는 이제 괜찮아질 거야. 우리 이야기를 나누자.' 그는 오후 내내 자신의 손가락 끝을 깨물었습니다. 나는 이유를 알지 못했기 때문에, 그의 손가락을 입에서 떼어 냈습니다. 사망하기 바로 직전, 그는 다시 엄청난 노력을 기울여 손가락을 입에 가져갔습니다. 그러나 손가락을 깨물 힘이 없었습니다. 그는 나를 걱정스럽게 바라보았지만, 나는 그가 무엇을 원하는지 알 수 없었습니다. 그래서 그에게 물을 한 잔 주었는데, 그는 물은 마시지 않고 속삭였습니다. '죽는 건 상관없지만, 먼저 조국이 해방되는 것을 보고 싶었습니다.' 옆에 있던 장로 한 사람이 기도를 드리며 예수님을 아는지 물었고, 그는 '예'라고 대답했습니다. 그리고 눈을 감고 숨을 거두었습니다. 나는 나중에 그가 많은 애국자가 했던 것처럼 피로 독립 맹세를 쓰려고 새끼손가락을 물어뜯으려 했다는 사실을 깨달았습니다."

일본 경찰의 주치의는 시신을 보고 "그들은 박 군 같은 사람이 그런 처벌을 견딜 수 없다는 사실을 알았어야 했다"고 말하면서, 박 군을 담당했던 의사에게 사망 증명서에 구타 때문이 아니라 복막염 때문에 사망했다고 적으라고 경고했다.

신의주감옥 전옥(典獄)은 두 젊은이가 선교 병원에 가서 사망했다는 소식을 듣고 짜증을 냈다. 그는 그들이 구타로 사망했을 리가 없다며, 아마도 수술 때문에 사망했을 것이라고 말했다.

두 젊은이는 다음 날 아침 함께 묻혔다. 많은 사람이 슬픔으로 흐느껴 울었다. 이윽고 울음이 잦아들고, 그들이 할 수 있는 건 잠시 멈춰 다시 한번 '대한독립만세'를 외치는 것이 고작이었다. 태극기가 몰래 관 위에 놓였고, 그들은 애국지사처럼 땅에 묻혔다.

이 젊은이들이 미국인이 운영하는 병원에 가지 않았더라면 세상은 결코 이런 사실을 알지 못했을 것이다. 매 맞고 총 맞고 칼에 찔리고 기다시피 집에 가 아무도 없는 곳에서 아무도 모르게 죽어간 수백 명의 사람을 오직 신만이 아실 것이다. 당신은 이렇게 물을 것이다. 일본에는 적십자가 없는가? 대답은 "없다"이다. 가끔 지역 언론에서 적십자의 활동 내용을 읽을 수 있지만, 그것은 속임수일 뿐이다. 수원(水源) 지역에서의 활동을 제외하면 나는 적십자가 가난한 한국인을 도왔다는 말을 들어본 적이 없다. 기독교를 믿는 이 젊은이들은 총 맞아 죽임을 당하고 있는 것이지, 구제받거나 건강을 되찾도록 보살핌을 받고 있는 것이 아니다.

**구타당한 젊은이들:** 나는 상태가 안 좋았던 나머지 네 명과 만나 사진을 찍기 위해 그들을 보러 갔다. 그들의 상태는 끔찍했다. 등의 피부는 모두 벗겨져 피범벅이었고, 살갗과 그 밑의 피부 조직이 넓게 떨어져 나가 있었다. 간호사가 벗겨진 피부를 만질 때마다 노출된 근육 섬유가 경련을 일으켰고, 젊은이는 고통으로 신음했다. 의사는 그들 중 세 명에게는 희망을 걸었지만, 네 번째 젊은이는 상태가 심각했다. 몹시 약해진 그 젊은이는 복막염이 분명했고 거의 가망이 없어 보였다. 당신은 이렇게 심한 구타가 흔한 것인지 물을 것이다. 독립만세운동 이후 1만 1천여 명이 구타당한 것을 상기해 보라. 처음에는 20대 내지 30대 정도 매를 맞았지만, 최근에는 많은 사람이 3일 연속해서 매일 30대씩 맞고 있다.

신이시여! 이들이 야만적인 지배자의 손으로부터 어떠한 고통과 고난을 견뎌야만 할지……. 이들에 비한다면 오히려 과거의 벌거숭이 노예들이 행복하다고 할 수 있다. 그들은 노예로 태어나서 아무것도 기대하지 않았지만, 이 불쌍한 사람들은 자유롭게 태어나서 이집트 같은 속박 상태의 노예가 되고 말았다.

나는 이러한 잔혹한 구타와 그것이 일본인에게는 행해지지 않는 이유, 인도주의 원칙이 점점 더 사람들의 행동을 지배하는 오늘날에도 그것이 계속되는 이유에 관해 교육받고 존경할 만한 일본인 여러 명과 이야기를 나누었다. 대답은 항상 똑같았다. "아, 그것이 한국의 오래된 풍습인 것을 모르시나요?" 나는 일본 정부가 일본의 옛 관습으로 돌아가 사람들을 다스리는 것이 어떤지 물었다. 그들은 그런 질문 자체가 어리석다고 대답한다. 일본은 잘못이 없다, 일본이 잘못한다고 생각한다면 너는 일본에 적대적인 사람이며 사악한 선동가다, 라고······.

진실은 이렇다. 군국주의 일본은 마음속으로는 여전히 미개하고 야만적이다. 그래서 사람들은 끊임없이 일본인의 잔인하고 노골적인 본 모습을 확인하게 된다.

수십만 명의 한국인이 이런 식으로 구타를 당했다. 한국에 거주하며 한국의 정세를 자세히 공부한 어느 미국인 학생은 다음과 같이 적고 있다.

1913년 일본 정부 보고서에 따르면, 경찰의 판결로 매질을 당한 사람의 수는 재판에 회부된 전체 인원의 2/3에 달한다. 이후로 이 항목은 발표되지 않았지만, 이 숫자를 근거로 1913년부터 1918년까지 범죄에 대한 처벌로 경찰에게 매를 맞은 사람을 추정해보면 남자, 여자, 어린이를 포함하여 약 294,000명으로, 이는 한국인 59명당 1명꼴로 구타를 당했다는 의미이다. 법원도 태형을 선고하지만, 활용할 수 있는 통계가 없어 이 숫자를 확인하기는 어렵다.

이 미국인의 추정치는 실제 사실과 크게 다르지 않다. 내가 가진 정보에 따르면, 1913년 1월 1일부터 1920년 7월 1일까지 일본 법원에 의해 그리고 경찰의 "즉결심판"에 의해 소위 "유죄판결"을 받은 한국인은 616,839명으로 한국인 30명당 1명이었다. 판결에 따라 매질이 집행된 인원은 278,087명으로 한국인 66명당 1명이었다. 이 숫자는 일본의 "기록"이다. "비공식적"인 구타와 기록이 없는 수천 명을 추가한다면, 위에 언급한 미국인이 추정한 수치는 매우 보수적인 숫자임이 틀림없다.

독립만세운동이 시작된 1919년 3월 1일부터 같은 해 7월 20일까지 경찰의 "즉결심판"에 의해 매를 맞은 사람은 9,078명, 법원의 명령에 의해 매를 맞은 사람은 1,514명으로 전부 10,592명에 이른다. 《재팬 크로니클(Japan Chronicle)》은 "한국에서의 구타"라는 사설로 은자의 나라에서 벌어지는 일본의 행위에 대해 놀라운 사실을 폭로하고 있다.

지금까지 우리는 일본 언론이 구타에 관해 언급한 것을 본 적이 없었는데, 《서울 프레스(Seoul Press)》가 한국에 거주하는 외국인이 이 주제로 보낸 편지를 기사로 실은 것을 기쁘게 생각한다. 편집자는 이미 행해진 잔인함의 책임 문제에는 다소 부정적이었지만, 이러한 종류의 처벌이 폐지되어야 한다는 의견에는 동감하고 있었다. 일본이 개인의 존엄성을 인정한다는 것은 일본의 공식적인 가설 중 하나이다. 관찰력이 뛰어난 어느 여행가는 이렇게 말했다. "일본에 거짓 겸손은 없지만, 거짓 존엄은 엄청나게 많다." 거짓이든 아니든 그것이 존재한다는 점은 틀림없다. 우리는 형법에서 구타를 배제한 것이 이러한 존엄성에 대한 존중에 기인한다고 들어 왔다. 최근 하세가와 요시미치(長谷川好道) 장군이 한국인과 일본인 사이에 발견되는 차별은 행정적 필요에 의한 일시적인 문제일 뿐이라고 언급했지만, 한국인에 대해서는 이런 존엄 의식이 없거나 최소한 존중하지 않는 것처럼 보인다. 그것은 상당히 효과적인 민족 차별로 보인다. 《서울 프레스》에 불만을 제기했던 사람이 하세가와 장군에게 "한국에서는 왜 이러한 야만적 처벌 방법이 아직도 사용되고 있는가?"라고 질문했다. 그는 통역관을 통해 다음과 같은 답변을 받았다. "태형은 오래된 한국의 처벌법이다. 당신이나 나처럼 교육받은 사람은 태형을 야만인 처벌 방법으로 보고 있지만, 만약 우리가 이 풍습을 당장 없앤다면 한국인들 사이에서는 엄청난 골칫거리와 불만의 원인이 될 것이다. 우리는 우리가 통치하는 사람들의 의지와 욕구에 따라 지배하고 있다는 점을 기억해 달라."

이러한 진술은 많은 설명을 요구하는데, 다음과 같은 질문을 던지는 사람도 있을 것이다. 여러 세대에 걸쳐 왕조의 땅에서 안락하게 생활하던 사람이 아무런 보상도 없이 그 땅을 몰수당하는 것이 자신의 의지이며 욕구인가? 일본의 제휴 없이는 공동 출자 기업을 시작할 수 없도록 한 것이 한국인의 의지이며 욕구인가? 한국인은 자신들이 더 선호하는, 그러나 일본 경찰은 싫어하는, 자유롭고 안락한 삶 대신에 엄격한 일본의 방식에 따라 세부적인 개인의 사생활까지 모두 통제되는 삶을 더 좋아하는가? 그들은 일본어를 배우도록 강요받고 외국 여행을 금지당하는 것을 좋아하는가? 이렇게 수많은 사안에서 일본 정부가 사람들의 권리나 소망을 고려하려는 최소한의 의지도 보여 주지 않는데, 우리는 사람들이 일본 간수에게 야만적인 도구로 구타당하는 것을 너무 좋아하기 때문에 이러한 제도를 폐지할 수 없다는 말을 듣고 있는 것이다. 이런 상황은 이러한 끔찍한 형벌을 고안한 사람들이 더 잘 이해할 것이다. 이해를 못 한다면, 그들 자신에게 이런 형벌을 적용해야 할 것이다. 그리고 또다시, 이러한 형벌을 좀 더 정교한 고문—긴장감과 기대감의 중간쯤에 해당하는 고문—으로 바꿔놓고 잔인함을 완화했다고 말하고 있는 당국은 그것 때문에 사람들이 죽어가고 있다는 사실을 받아들이지 않고 있다.

…

그러나 이러한 정책이 얼마나 어리석은 것인지, 사람들에게 일방적으로 변화를 받아들이라고 밀어붙이는 당국자들이 얼마나 부당한지에 대해서는 이미 충분히 얘기했다. 군부는 자신들이 돌봐야 할 사람들이 어떤 감정을 가지고 있는지 전혀 알지 못하고 있으며, 자신들의 군인 정신에 합당한 모든 것은, 한국인이 의도적으로 저항하지 않는 한, 한국인에게도 합당해야 한다고 생각하는 것 같다. 한국인이 구타를 계속 고집한다, 고통을 연장하면 고통을 줄일 수 있다, 구타는 구타당한 사람이 한국인 의사에게 치료를 부탁할 정도로 어리석은 경우에만 치명적이다. 등등의 구타에 대한 그들의 변명은 그들이 위임받은 임무를 수행할 능력이 없음을 보여준다. 그러나 단지 군인 대신 민간인을 임명하는 것만으로는 충분하지 않다는 점을 이해해야 한다. 무한한 권력과 마음대로 휘두를 수 있는 군대를 가진 민간인은 전쟁 경험이 있는 사람보다 더 나쁠 수 있기 때문이다.

# 제5장
## 감옥과 고문

이 세상에 지옥이라 불릴 만한 곳이 있다면, 그곳은 한국에 있는 일본 감옥이다. 246년 전 《텬로력뎡(천로역정)》을 집필한 존 버니언(John Bunyan)은 신자들의 고통을 묘사하면서 자신이 20세기에 일본인 고문관의 손에 맡겨진 한국 정치범들의 운명을 예언하리라고는 상상하지 못했을 것이다. 일본 관료가 저지른 참상과 잔학 행위는 믿을 수 없을 만큼 심각해서 세계 역사 어디서도 이에 대적할 만한 상대를 발견할 수 없을 정도다. 고문이 심했던 제정 러시아 시대도 그들의 경쟁자에겐 한 수 뒤진다. 중세의 종교 재판은 끔찍하긴 했지만, 일본인 고문관이 한국인, 특히 정치범을 다루는 데 사용하는 과학적 잔혹성을 구현하지는 못했다.

체포된 사람은 재판을 받기 위해 판사 앞으로 끌려 나오기 전까지 친구나 친척을 만나거나 변호사와 상담하는 것이 허용되지 않는다. 그는 감옥에 무기한 수감되기도 하고, 재판도 없이 풀려나기도 한다. 갇혀 있는 동안 수감자는 "예심"이라는 것을 받아야 한다. 이 일본화한 "고문"은 일본 본토에서 불법이며, 한국에 수감된 일본인 죄수에게도 사용되지 않지만, 한국인 수감자, 특히 정치범에게는 이례적으로 적용되고 있다. "예심" 중에는 유죄에 대한 형벌이 아니라 유죄를 입증할 증거를 얻어 내기 위해 수감자에게 말할 수 없는 고문이 가해지는데, 이것은 죄 없는 사람도 죄인과 마찬가지로 고문을 받는다는 것을 의미한다.

소년을 포함해서 남자들은 팔을 묶인 채 천장에 매달리기 때문에 체중이 어깨에 가해진다. 그런 상태로 의식을 잃을 때까지 몸을 올렸다 내렸다 한다. 뜨겁게 달군 철사 위에 손가락을 누른다. 벌거벗은 몸을 날카로운 갈고리로 찢거나 뜨거운 인두로 지지고, 펜치로 발톱을 뽑는다. 남자들을 좁은 상자에 넣고 비틀어 조인다. 손을 묶고 얼굴을 뒤로 젖힌 뒤 뜨거운 물이나 고춧가루를 콧구멍에 쏟아붓는다. 나무 조각을 손톱 밑에 깊숙이 찔러 넣는다. 병원으로 옮겨져 죽은 피부 조직을 제거해야 할 만큼 구타당한다. 구타당해 죽는 경우도 많다. 보고되지 않은 고문도 여러 종류가 있다. 고문은 한두 번으로 끝나지 않고 피해자가 자백할 것이 있건 없건 자백할 때까지 낮이고 밤이고 반복적으로 한 번에 몇 시간씩 계속된다. 심지어 무엇을 인정했는지조차 모르는 채 무조건 '예'라고 대답하는 경우도 있다.[32]

경성(京城)의 세브란스 병원에서 근무하는 제시 왓슨 허스트(Jesse Watson Hirst) 박사가 1920년 4월 미국에 왔을 때 나누었던 이야기에 따르면, 세브란스 병원에서 1919년 한 해에만 76건의 괴저 및 피부 이식 수술을 시행했는데, 이 모든 환자가 "예심"의 희생자였다.

이러한 고문의 영향에서 완전히 회복되는 사람은 거의 없다. 많은 사람

---

32) Nathaniel Peffer, *The Truth About Korea* (pamphlet), p. 24.

이 감옥에서 죽지만, 출감 이후에도 더 많은 사람이 죽어 나가고 있다. 살아남은 사람은 평생 불구로 살아야 한다. '독립 소식(*Independent News*)'을 배포한 혐의로 기소된 "가냘프고 내성적이며 기독교를 믿는 19살의 제화공 청년"이 경찰서에서 "예심"을 받았던 다음의 사례는 수천 명의 다른 죄수들의 운명을 잘 보여준다. 이 이야기는 그 상황을 직접 목격했던 미국인 선교사가 1919년 7월 12일 뉴욕에 있는 미국 장로교 본부에서 공개하면서 세상에 알려졌다. 이 선교사는 다음과 같이 언급했다.

여기에 보고하는 내용은 한국의 여러 곳에서 보고된 내용과 중복될 수 있는데, 그중 일부는 우리가 보고하는 내용보다 훨씬 혹독합니다. 그러나 그 보고들은 적정한 목격자가 작성했다고 볼 수 없으므로 여기서는 제외하고, 의심의 여지가 없는 진실만으로 한정하도록 하겠습니다.

### 선교사의 증언

"이 일이 있은 후, 우리 제화공 소년이 심하게 맞아서 거의 죽을 지경이라는 소식을 들었습니다……. 나는 병원으로 그를 보러 갔습니다."

"그가 병원에 입원할 수 있었던 것은 경찰이 자신들의 손으로 그를 죽이고 싶지 않았거나, 그가 기적적으로 회복하는 것을 보고 그에 대한 고문을 연장하려 했거나 둘 중 하나의 이유에서였을 것입니다. 나는 병원 사무실로 들어가 신분증을 제시하고, 경찰의 간섭 없이 소년의 방으로 안내되었습니다. 내 앞에 있는 소년은 매우 아파서 병에 찌든 모습이었습니다. 나는 5개월 전 그의 모습을 상기하며 크게 놀랐습니다……."

"다음은 그의 이야기입니다……. 그가 살아 있다는 것은 기적입니다. 체포된 다음 날 그는 독립운동에 공모했는지 심문을 받았습니다. 그 일에 대해 말하기를 거부하자 그는 소위 '심문'이라고 불리는 고문을 6시간 동안 계속해서 받았습니다. 그의 팔은 몸이 크게 비틀릴 만큼 팔꿈치 윗부분이 고리로 묶였는데, 이것은 대개 구타를 위한 준비 작업이었습니다. 그리고 그가 기절할 때까지 구타와 발길질이 이어졌습니다. 그들은 기절한 그가 정신을 차리도록 몸에 물을 붓고 찬물을 마시게 했습니다. 그리고 더 많은 질문이 쏟아졌지만, 그는 이전과 마찬가지로 사실을 밝히기를 거부했습니다. 그리고 그의 몸은 심하게 손상되고 말았습니다."

"나는 그의 다리 위쪽에 깊게 새겨진 화상 자국을 보았습니다. 그것은 빨갛게 달군 인두로 지진 5인치 정도의 상처였습니다. 이런 상처는 4개나 되었습니다. 나는 그의 손에 남겨진, 구타로 인해 생긴 한 줄기 죽은 피부의 선을 보았습니다. 그는 한 손이 보통 크기의 두 배 정도로 부어 있었다고 말했습니다. 한 손가락의 두 마디와 두 손가락 끝을 보니 그의 얘기가 모두 사실이라는 것을 알 수 있었습니다. 그는 구타의 여파로 아직도 머리가 아프다고 했습니다."

"잠시 후 의사의 정기 회진이 있었는데, 의사는 진찰하는 데 무척 애를 먹는 것 같았습니다. 의사는 나를 보고 그의 가슴과 폐가 좋아졌다고 말했습니다. 추위 때문에 그의 가슴이 아팠던 것일까요? 아닙니다. 의사가 좀 더 자세히 보기 위해 환자의 옷을 끌어 내리는 순간, 나는 그의 복부 전체가 관련되어 있는 것을 알았습니다. 총검에 의한 것인지 의사가 절개한 것인지는 잘 모르겠지만, 상처는 아물고 있는 것 같았습니다. 의사는 지압 요법을 시작했지만, 33일이 지난 후인데도 소년은 가슴에서 사타구니까지 또는 양 쪽 엉덩이에 조금만 손을 대도 견딜 수 없어 했습니다. 열 때문에 머리에는 늘 얼음주머니가 놓여 있었고, 몸은 뼛속까지 쇠약해졌습니다. 그리고 간신히 앉은 자세를 취할 정도로 몸을 일으킬 수 있을 뿐이었습니다."

"4일간 고문 받고 이후 이틀을 고통스럽게 경찰서에서 보내는 동안 의사의 면회는 단지 세 번만 허용되었습니다. 그는 죽음이 머지않았다는 생각에 차라리 죽여 달라고 간청했습니다. 그러나 신은 다른 계획을 세우고 계셨습니다. 병원에서 20일을 보낸 후 그는 회복될 수 있다는 희망을 품게 되었습니다."

"나는 시간이 별로 없었기 때문에 인력거를 이용해서 그에게 계란, 사과, 분유, 깨끗한 옷과 베갯잇을 가져다주었습니다. 그가 입고 있던 옷에는 고문 초기부터의 흔적이 남아 있었기 때문에 새 옷으로 갈아입은 그의 모습은 무척 산뜻해 보였습니다. 내가 방문한 동안 한국인 간호사가 동석했는데, 그 이유는 나중에 알게 되었습니다."

"더러워진 그의 옷은 가져가기 쉽게 돌돌 말았습니다. 우리가 기도를 마친 뒤, 일어나서 방을 나가는데 날품팔이 인부 한 사람이 문밖에 서 있었습니다. 그는 아픈 소년에게 '너는 기다려야 해. 가면 안 돼'라고 말했습니다. 그리고 나에게는 누군가를 만나러 가야 한다고 말했습니다. 내가 인력거로 소년을 데리고 가려 하자 그들이 방해하려 했던 것을 상상하이 보십시오. 나는 체포될 터였습니다."

"그는 조용히 사무실로 들어갔습니다. 30분이 지나도록 아무 일도 일어나지 않았습니다. 끔찍한 곤경에 처한 제 모습을 상상하이 보십시오. 나는 저녁 식사에 손님을 초대하고 생선을 샀는데, 시간이 얼마 없었습니다. 나는 여자 심부름꾼에게 생선과 쪽지를 보내고 참을성 있게 앉아서 기다렸습니다. 동양에서는 절대 당황하거나 동요하면 안 되기 때문입니다."

"확실히 나는 관심의 대상이었습니다. 나는 얼마나 많은 군인이 나를 잡으러 올 것인지, 차량에 태울 것인지 걷게 할 것인지 궁금했습니다. 공상에 빠진 나를 일깨운 건 카키색 군복을 입은 무장 군인이 아니라 나를 면담하러 온 평범한 옷의 일본인 형사였습니다. 나는 그에게 내가 알고 있던 모든 것을 얘기했습니다. 그는 나에게 과도할 정도로 친절했습니다. 그러나 그는 경찰서에서 우리 제화공 소년을 죽을 만큼 고문했던 사람이었습니다. 그는 모든 외국인에게 알려진 첩자로 우리 학생들을 공식적으로 고문했던 사람입니다."

"면담은 간략했습니다. 그는 소년이 아직 죄수이기 때문에 앞으로 소년을 만나고 싶다면 먼저 경찰의 허락을 받아야 한다고 말했습니다. 그것은 살얼음판을 깨지 않고 얼마나 멀리 갈 수 있는지 시험해 보는 것 같았습니다. 나는 확실히 감옥 안까지 갈 수 있을 것으로 생각했기 때문에 그 말에 실망하지 않을 수 없었습니다. 내가 집으로 돌아온 것은 우리 마을에 내가 사라졌다는 소식이 퍼지고 법률가(Legal Committee)들이 경찰서로 막 출발하려던 순간이었습니다."

"현재 일본과 미국이 협정을 맺고 있음에도 우리 외국인은 거의 자유를 누리고 있지 못하며 안전하지도 않습니다⋯⋯."

"이 사건은 유별난 사건이 아닙니다. 수십 또는 수백의 유사한 사례를 제시하거나 확인할 수 있습니다. 모든 경찰서가 지상의 진짜 지옥이라 할 수 있습니다. 그들은 인간에게 알려진 모든 잔인함을 알고 있습니다. 그들이 행하는 잔인함을 얘기하다 보면 혀에 물집이 잡힐 정도입니다. 많은 사람이 매를 맞아 죽고 있으며, 그들의 시신은 매장을 위해 가족에게 넘겨집니다. 구타로 인해 평생 불구로 살아가야 하는 사람들도 있는데, 그들은 죽는 날까지 가족에게 부담이 됩니다⋯⋯."

"내가 제화공 소년과 면담했을 때 그는 이미 33일간이나 병원에 입원해 있었습니다. 그는 언제 재판을 받게 될까요? 그는 9개월의 징역형을 받을 것으로 생각됩니다. 이것은 재판에 회부되기도 전에 사실상 경찰이 결정한 것입니다. 법원은 그저 그를 재판하는 형식을 취하고, 경찰이 제안한 대로 형을 선고할 것입니다."

"때로는 사람들을 감옥에 보내는 대신 대나무 몽둥이로 90대를 때리고 풀어 주기도 합니다. 그런데 이것이 그렇게 가벼운 형벌은 아닙니다. 아무도 한 번에 90대의 매를 참아낼 수 없기 때문에 3일 연속으로 매일 30대씩 매를 맞습니다. 사립병원을 찾는 많은 사례가 이렇게 거의 끝장날 때까지 매를 맞은 사람들의 경우입니다."

"자신들이 현대 문명을 완전히 습득했으며 위대한 세계 동맹국의 일원이라고 자랑하는 나라에서 벌어지는 이러한 모든 일⋯⋯ 언제쯤이면 이런 엉터리 행태가 끝나고 이들의 진짜 모습을 얘기할 수 있게 될까요?"[33]

그러나 한국의 일본 감옥 체계에서 가장 추악한 것은 바로 여성에 대한 대우이다. 이는 한국이 결코 일본을 용서할 수 없을 이유이기도 하다. 대부

---

33) *New York Times*, July 13, 1919.

분 대학 교육을 받고 품위와 교양을 갖춘 젊은 기독교 신자 여성들이 대한 애국부인회(大韓愛國婦人會)의 회원이거나 한국의 자유를 옹호했다는 이유로 감옥에 끌려가 말할 수 없는 모욕과 수모를 겪고 있다. 위에 언급한 미국 장로교회에서 1919년 4월 22일 공개된 한국 거주 미국인의 기고문에 이러한 사실이 명확하게 적혀 있다.

"독립운동 활동으로 체포된 여성들에 대한 조사는 가장 수치스럽고 굴욕적인 형태로 진행됩니다. 기억해야 할 것은 일본인은 이성 앞에서 나체가 되어도 별로 부끄러워하지 않는다는 점입니다. 반면, 한국과 중국 여성은 유럽인과 같은 섬세한 감정을 지니고 있습니다. 그들은 다른 사람이 자신의 몸을 보면 심한 수치심을 느낍니다."

"일본인은 이런 사실을 잘 알고 있기 때문에 한국 여성을 취조실에 들여보내기 전에 완전히 벌거벗깁니다.(그녀가 조사받기 전이라는 사실을 상기하시기 바랍니다.) 취조실로 들어간 다음이 아니라, 갇혀 있던 곳에서 바로 그 경찰에 의해 벌거벗겨지는 것입니다."

"여기서부터 그녀는 다른 사람이 볼 수 있는 열린 공간을 가로질러 가야 합니다. 때로는 일본인 여성이 동행하기도 하지만, 동행하지 않기도 합니다. 씻을 때는 감옥에서 입는 얇은 죄수복을 벗고 벌거벗은 채로 남 앞에 서 있어야 합니다."

"그녀에 대한 조사는 물론 남성이 수행하며, 조사의 핵심은 모욕감을 극대화하는 데 있습니다. 교양 있는 가정에서 생활하며 성별에 대한 예의를 지키던 여성 전도사와 미혼 여성들이 너무나 난폭한 대접을 받고 있습니다. 이 여성들은 단지 거리에서 '대한독립만세!'를 외쳤다는 이유로 가장 혐오스러운 단어로 더러운 여자(Bad women) 불립니다."

"몸을 가리려 하는 여성은 두 손을 뒤로 결박당하기도 합니다. 어느 여성 전도사는 이 과정에서 팔이 뒤틀려 빠지기도 했습니다……."

"그러나 이게 전부는 아닙니다. 이 극악한 인간들은 발로 배를 차거나 사람을 매우 거칠게 다룹니다. 독일인이 벨기에와 프랑스에서 여성을 심하게 다루었다는 얘기를 들었습니다. 그러한 잔혹함이 아직 여기까지 전달된 것은 아니지만, 여기서 행해지는 행동이 그와 같은 부류임은 틀림없습니다."

"어떤 지역에서는 여성이 낮에 집에 있는 것이 안전하지 못합니다. 그래서 그들은 낮 동안을 산에서 보내고 밤에 집으로 내려옵니다."

"일본인은 외부인이 문제 제기할 경우 진실에 대해 매우 엄격한 사람들입니다. 그러므로 우리는 다른 사람들이 이것을 읽고 이해하도록 만들어야 합니다. 우리는 이렇게 대우받았던 여성들이 작성한 진술서를 가지고 있으며, 필요시에는 제출할 수도 있습니다."

기독교 전문학교 여학생들은 최악의 상황을 겪었고, 많은 소녀가 외설적인 심문을 받은 후 재판 없이 풀려났다. 그녀들은 자신의 미국인 선생님과 선교사 친구들에게 진술서를 작성해 주었다. 개별적으로 작성된 각각의 진술서는 거의 비슷한 내용을 담고 있다. 1919년 여름, 오하이오 주(州) 콜럼버스 시(市)에서 열린 감리교 100주년 기념식에서 한 선교사가 한국에 있을 때 여러 지역에서 서로 안면이 없는 여러 사람으로부터 수집한 여섯 건의 진술서를 내게 보여 주었다. 모두 피를 끓게 만드는 이야기였다. 나에게 정보를 제공해 준 사람은 "그 상황을 정말로 자세히 기록한다면, 그 보고서는 너무 끔찍할 것입니다"라고 말했다. 1919년 7월 17일 의회에 제출되어 '의회 기록'에 수록된 한국 정세에 관한 다수의 문서가 이러한 한국의 상황을 다루고 있다. 나는 이 '기록' 중에서 수감된 두 소녀의 진술서를 선택해 여기에 게재했다. 하나는 경성에서 있었던 일이고 다른 하나는 평양에서 있었던 일이다. 이 기록을 통해 독자 여러분은 한국 전역에 수감된 수천 명의 여성이 어떤 운명을 겪게 될지 짐작해 볼 수 있을 것이다.

다음은 경성에 있는 미국 감리교 여자 전문학교 이화학당(梨花學堂) 학생의 이야기이다.

3월 5일, 나는 남대문에서 우리나라의 독립을 요구하는 행진에 참여했습니다. 우리가 궁궐에 다다랐을 무렵, 일본 경찰이 나의 머리카락을 잡아채더니 난폭하게 나를 땅에 내던졌습니다. 그는 무자비하게 나를 걷어찼고, 나는 거의 정신을 잃을 지경이었습니다. 그는 내 머리채를 잡은 채 나를 종로경찰서까지 끌고 갔습니다. 경찰서 입구에 줄지어 서 있던 20여 명 이상의 일본 경찰이 나를 발로 차고 칼로 때렸습니다. 나는 얼굴을 너무나 많이 맞아서 나중에는 그들이 나를 때리는지 다른 사람을 때리는지 구별하지 못할 정도였습니다.

나는 방으로 끌려갔습니다. 그들은 나는 바닥으로 질질 끌고 갔고, 내 얼굴을 때렸습니다. 칼로 마구 구타하고 방 한구석에 나를 내던졌습니다. 그 이후의 일이 기억나지 않는 걸 보면, 그때쯤 정신을 잃은 것 같습니다.

정신을 차렸을 때 내가 있던 방은 젊은 남녀로 꽉 차 있었습니다. 그들 중 몇 명은 너무나 잔인하게 다루어져 내 마음을 아프게 했습니다. 잠시 후 우리는 번갈아가며 조사를 받았습니다. 나는 두 발이 묶인 채 무릎을 꿇고 있었고, 질문과 대답이 오갈 때마다 번갈아가며 얼굴을 맞았습니다. 취조관들은 온갖 욕설과 저주를 퍼부으며 내 얼굴에 침을 뱉었습니다.

나는 가슴을 드러내라는 명령을 받았습니다. 내가 명령을 거부하자 그들은 내 윗옷을 찢어버렸습니다. 그리고 내 손가락을 묶은 뒤 거칠게 비틀었습니다. 나는 눈을 감고 바닥에 쓰러졌습니다. 취조관들은 성난 목소리로 소리치며 아까처럼 무릎을 꿇으라고 명령했습니다. 그리고 나에게 달려들어 내 젖가슴을 움켜잡고 거칠게 내 몸을 흔들었습니다.

"독립을 원한다고? 터무니없는 생각 마라. 독립될 때까지 감옥에 갇혀 있어야 할걸! 네 목숨쯤은 단칼에 해치울 수 있어." 그는 내 머리카락을 쥐고 사납게 흔들었습니다. 그래도 분이 풀리지 않는지 그는 곤봉으로 내 머리를 후려쳤습니다. 그는 나에게 손을 뻗어 무거운 의자를 들게 했습니다. 내가 의자를 떨어뜨리면 곤봉으로 팔꿈치를 가격했습니다. 그는 나를 창가에 무릎 꿇게 하고 수시로 다가와 구타했습니다. 이런 식으로 한 시간 가량 지난 뒤 아래층으로 내려가라는 말을 들었습니다. 나는 걸을 수가 없었습니다. 나는 온 힘을 다해 기어갔는데, 나를 따라오던 일본 스파이가 도움을 줄 정도였습니다. 첫발을 내디뎠을 때 완전히 기력을 소진하여 계단에서 굴러떨어졌습니다. 나는 다시 정신을 잃고 말았습니다.

의식이 돌아오자 나는 방으로 기어서 들어갔습니다. 그 방을 담당하던 경찰관은 내가 기어가는 것을 보고 재미있어했습니다. 그는 내가 고통받는 것을 보면서 큰 소리로 웃었습니다. 나는 경찰서에서 닷새를 보낸 뒤 서대문감옥으로 보내졌습니다. 그곳에서 나는 벌거벗겨져 남자들의 눈앞에 놓였습니다. 그런 다음에야 옷을 입는 것이 허락되었고 감방으로 갈 수 있었습니다. 나는 상상 이상으로 비웃음과 저주를 받고 있었습니다. 감방에는 16명이 있었는데, 모두 나와 같은 처지였습니다. 감방은 그렇게 넓지 않았기 때문에 우리는 빽빽하게 있을 수밖에 없었습니다. 화장실은 개방된 공간에 설치되어 있었습니다.

둘째 날 누군가 경찰주치의를 불렀고, 여러 명이 와서 나를 벌거벗긴 채 몸무게를 쟀습니다. 그들 역시 나를 비웃고 침을 뱉었습니다. 가끔 간수가 나에게 공개적으로 재판을 받을 수 있을 거라고 말했습니다. 나는 그 말에 크게 위로받으며 재판이 열리기를 기대했습니다. 내 상황에 대해 거리낌 없이 얘기할 수 있을 것으로 생각했기 때문입니다. 그러나 어느 날 내가 저지른 죄가 어떤 성격인지, 아니 죄를 저지르기는 한 건지 아무런 얘기도 듣지 못한 채 풀려나고 말았습니다.

두 번째는 평양에 사는 21살의 기독교 신자 소녀의 이야기이다.

나는 3월 3일 평양의 거리에서 체포되어 경찰서로 연행되었습니다. 그곳에는 많은 남녀가 잡혀 있었습니다. 그들은 우리에게 담배를 피우고 술을 마시는지, 그리고 기독교 신자인지 물었습니다. 얼마 지나지 않아 12명의 감리교 여신자, 2명의 장로교 여신자 그리고 1명의 천도교 여신자를 제외하고 다른 사람은 모두 처벌 없이 풀려났습니다. 감리교 여신자 중 3명은 전도사였습니다. 그들은 많은 남자가 보는 앞에서 여성 전원의 옷을 벗겼습니다. 그들은 내가 거리에서 '만세'를 외친 것 외에 아무런 혐의를 찾지 못했습니다. 그들은 내 온몸이 땀으로 흠뻑 젖을 때까지 나를 때렸습니다. 그리고는 "더운가?"라고 비웃으며 나에게 찬물을 끼얹었습니다. 그리고 내 몸을 담뱃불로 지졌습니다.

나의 죄는 깃발을 만들거나 독립운동 시위에 참여한 사람들에 비하면 크지 않은 것으로 간주되었습니다. 어떤 사람들은 의식을 잃을 때까지 맞았습니다. 젊은 여성 한 명이 옷을 벗기는 것에 저항했습니다. 그들은 그녀의 옷을 찢어버리고 더욱더 심하게 때렸습니다. 4일 후 우리는 감옥으로 끌려갔습니다. 감방에는 남녀 가리지 않고 투옥되었습니다. 어느 날 나이 든 사람 한 명이 구타당해 죽었습니다. 여전도사 한 명이 그의 옆자리에 사슬로 묶여 있었습니다. 그녀는 옮겨달라고 요청했지만, 그들은 그녀가 밤새도록 시체를 보도록 놔두었습니다. 여전도사 중 한 명은 손뿐만 아니라 발도 받침대에 묶어 놓았습니다. 그들은 우리가 말을 하거나 기도하는 것도 허락하지 않았습니다. 그들은 우리에게 사악하고 외설적인 욕을 퍼부었습니다.

이 모든 것은 일본인들에 의해 자행되었습니다. 한국인 경찰이 있었지만, 그들은 구타나 사악한 행위에 가담하지 않았습니다. 일본인들은 성경을 알고 있었으며 신의 이름을 모독했고, 감옥에 갇혔던 사울이라는 남자가 있지 않았냐고 물었습니다. 무엇보다도 그들은 외국인들이 무어라 말했는지 알고 싶어 했고, 선교사와 같이 있었거나 미션 스쿨에서 가르친 적이 있는 사람에게 더욱 잔인하고 사악하게 굴었습니다. 몇몇 소녀는 모습이 너무 바뀌어서 사람 같아 보이지 않을 정도였습니다.

공적인 음란함에 대한 이러한 혐오스러운 사례는 한국 여성의 정숙함이 종교적 차원의 문제임을 이해하면서 생각해야 한다. 수천 명의 한국인이 기독교를 받아들인 이면에는 남녀 모두에게 지나치다 싶을 정도로 순결을 요구하던 수천 년간의 전통이 있었다. 일본 경찰은 자신의 업무를 즐거움으로 만들 수 있고, 억압하면서 만족감을 느낄 수 있는 이러한 기회를 결코 놓치지 않았다. 한국인은 여성성에 대한 지고한 이상을 가지고 있다. 성적 약자에 대한 공손함이야말로 그들의 타고난 성품이다. 여성 수감자들(그들 중에는 명문가 출신 여성도 있었다)은 벨기에와 북프랑스에 주둔하던 독일군이 부끄러워 얼굴을 붉힐 정도로 모욕을 당했다. 일본 장교들은 그녀들을 이루 말할 수 없는 이름으로 부르며, 임신했다고 비난했다. "우리 배를 갈라 확인해 보시오." 한 소녀가 이렇게 절규하며 항의했다. 체포된 여성 중 몇 명은 바닥에 무릎을 꿇고 몇 시간 동안 팔을 뻗어 무거운 판자를 들고 있는 벌을 받았다. 그녀들은 팔이 떨릴 때마다 매를 맞았다. 어느 소녀는 기도하기 위해 머리를 숙였다가 세 시간 동안 서서 벌을 받았다. 한 소녀는 미국인 교사에게 자신의 투옥 경험을 다음과 같이 말했다. "우리들이 시련을 겪었던 순간을 생각하면 고통으로 눈물이 납니다. 그러나 나라를 위한 행동이었기 때문에 우리는 기꺼이 그 수치를 받아들였습니다. 다른 이유였다면, 우리는 가장 먼저 죽음을 택했을 것입니다."[34]

C. V. 에먼스(C. V. Emmons)는 잡지에 실린 "훈족 왜놈 – 그의 기록을 보라!"라는 기사에서 위와 같은 종류의 이야기를 들려준 뒤 다음과 같이 말했다.

미국과 상관없는 일이라고? 만약 이러한 행동이 일본이 세상에 가장 좋은 모습을 보여 주던 지난 몇 달 동안 일본이 저지른 짓이라면, 비밀리에 통치해 온 수년간의 기록은 과연 어떠한 것일까? 같은 피부색을 가진 사람들에게도 이런 끔찍한 짓을 저지르는데, 과연 다른 민족에게는 어떤 짓을 할 것인가? 일본이 지닌 예술과 문명 그리고 서구적 이상이 평화 시에 일본을 이렇게 행동하도록 방치한다면, 전쟁 시에는 어떻게 행동하도록 할까?[35]

---

34) 내가 위에 제시한 두 증언은 1919년 12월 25일 자 "*Sacramento Bee* (Sacramento, Calif)"에 "Korean Girls Suffer Japanese Prison Torture."라는 제목으로 게재되었다.

35) C. V. Emmons, "The Jap Hun—Read His Record," in *Uncle Sam* (New York), a monthly

실제적인 구타와 고문이 없는 경우에도 수감자들은 극도로 혐오스러운 대우를 받는다. 예를 들면, 남자와 여자가 같이 더러운 물로 몸을 씻도록 강요받는다. 소녀 수감자 중 한 명은 이렇게 말했다. "한 개의 욕조를 가지고 140명이 목욕해야 했습니다. 물이 너무 더럽고 냄새가 나서 어지러울 지경이었습니다." 1919년 8월 극동에서 돌아온 '신문기업협회(Newspaper Enterprise Association)'의 소녀 전쟁 특파원 페기 헐(Peggy Hull)은 한국의 감옥에 관해 얘기한 뒤, 한국 수감자를 이렇게 처우한 일본 관료를 변호하면서 다음과 같이 덧붙였다.

일본에 관해 공정하게 말하자면, 일본 자국 내에서는 남자와 여자가 같은 탈의실을 사용하며 성별과 관계없이 같은 욕조에서 목욕한다는 점을 지적하지 않을 수 없습니다. 심지어 그들은 이웃 사람이 목욕하는 시간에 방문하기도 하는데, 우리가 머리 빗는 정도 이상으로 그것에 대해 생각하지 않습니다. 반면, 한국 여성들은 극도로 정숙해서 한국 가정에는 그런 정도의 자유로운 친밀감은 존재하지 않습니다.[36]

불결과 과밀은 한국 내 일본 감옥의 또 다른 특징이다. 일본인 죄수와 한국인 죄수는 서로 다른 구역에 수감된다. 일본인이 수감된 방은 조명과 환기가 양호하며 겨울에는 난방도 된다. 그리고 방 하나에 소수가 수감된다. 반면, 한국인은 지하 감방보다 더 안 좋은 방에 마구 쑤셔 넣듯이 수감된다. 한국의 옛날 감옥도 상태가 좋지는 않았지만, 지금 일본 통치하의 상황보다는 훨씬 좋았다. 1919년 3월 경성에서 수많은 남녀가 체포되었는데, 어느 감옥에서는 여성 5명이 벌레가 들끓는 담요 한 장을 같이 덮고 잠을

published for service men, by Guy Empey, January, 1920.

36) Peggy Hull in *San Bernardino Index* (San Bernardino, Calif.), August 8, 1919.

자야 했다. 다른 감옥에서는 "가로 14피트(4.3m), 세로 8피트(2.4m)의 방에 60명이 수감되었기 때문에 앉거나 누울 수 없어 온종일 서 있어야 했다. 먹거나 자는 것도 서로 기대서서 할 수밖에 없었다. 용변마저도 선 상태로 해결해야 했다. 미션 스쿨에서 총무로 근무하던 어떤 사람은 16일간 수감된 후 풀려났는데, 그중 7일을 이런 방에서 지냈다."[37] 《시카고 데일리 뉴스(Chicago Daily News)》 베이징(北京) 특파원 윌리엄 R. 자일스(William R. Giles)는 1919년 4월에 한국에 있었다. 그는 평양에 있는 한 감옥에서 가로 10피트(3m), 세로 6피트(1.8m)의 방에 30명이 수감되어 있는 것을 보았다. 고문은 취조실에서 받는데 이 방은 꽤 넓었다. "최근 일본의 공식 잡지는 한국 감방에 관한 기사를 실으면서 이곳이 헬스클럽과 같은 곳이며, 기술학교처럼 장비가 잘 갖춰져 있다고 주장"하는 위선과 만행을 저질렀다.[38]

허버트 조지 웰치(Herbert George Welch) 주교는 "감옥은…… 가장 추운 겨울날에도 난방이 되지 않는다. 이로 인해 수감자들이 큰 고통을 겪으며 사망하기도 한다"라고 말했다.[39] 경성의 세브란스 병원에서 근무하는 J. W. 허스트 박사가 1920년 4월에 나에게 말한 바에 따르면, '만세'를 외친 혐의로 체포된 세브란스 병원 소속 간호사 4명이 1919년 겨울 동안 손과 발이 동상에 걸렸으며, 다른 한 명은 얼굴이 동상에 걸렸다고 한다. 평양의 장로교 선교사가 LA 성서연구원의 A. W. 길리스(A. W. Gillis) 씨에게 보낸 1920년 2월 25일 자 편지를 보면 한국 감옥의 상태를 분명히 알 수 있다. 공식적인 박해에도 불구하고 한국인의 믿음은 확고하며 교회의 전망도 밝다고 얘기한 후 선교사는 다음과 같이 덧붙였다.

---

37) F. A. McKenzie, *Korea's Fight for Freedom*, p. 285.

38) Peggy Hull in *San Bernardino Index* (San Bernardino, Calif.), August 8, 1919.

39) *Central Christian Advocate* (Kansas City, Mo.), May 12, 1920, p. 11.

이런 고무적인 사실 외에, 우리를 분노하게 만드는 마음 아픈 소식도 함께 전해졌습니다. 어제 동해안 지역으로부터 블레어(Dr. Blair) 박사에게 전보가 왔는데, 그 지역의 정부 관료들이 기독교인을 박해하고 전진 운동을 방해하고 있다는 내용이었습니다. 그저께는 블레어 박사 관할 지역 교회의 몇몇 여신자가 아픈 사람들을 위해 기도했다는 이유로 체포되어 기소되었다는 내용의 전보도 왔습니다. 해당 교회 목사가 어제 평양에 와서 보고한 바에 따르면, 그곳 경찰이 그를 소환해서 다시는 아픈 사람을 위해 기도하지 않겠다고 적힌 서류에 서명하라고 명령했습니다. 그는 그 명령을 거절하면서, 자신은 평생 아픈 사람을 위해 기도해 왔고 앞으로도 계속 그럴 예정이라고 말했습니다. 수천 명의 현지인이 독립만세운동에 참여했다는 혐의로 감옥에 갇혔습니다. 비록 기독교인이 비기독교인보다 독립만세운동에 더 많이 관여한 것은 아니지만, 체포된 사람 중 다수가 기독교인입니다. 일본 경찰이 특히 기독교인을 체포하는 데 열성적이기 때문입니다. 감옥에 갇힌 기독교인은 일본인의 압박에도 불구하고 자신들의 신앙을 굳건히 지키고 있으며, 아침과 저녁 기도를 빠뜨리지 않고 있습니다. 감옥에서 풀려난 사람들이 전하는 감옥의 상태는 거의 믿을 수 없을 정도인데, 모든 사람이 말하는 내용이 대부분 같습니다. 그리고 그들의 말을 뒷받침할 만한 충분한 증거도 수집되어 있습니다. 이런 상황은 소위 개혁이 시행되고 몇 달이 지난 현재에도 변함이 없습니다. 우리는 기온이 화씨 영하 15도(섭씨 영하 26도)에 이를 정도로 추운 겨울을 보냈습니다. 이렇게 추운 날씨에도 감옥에는 거의 난방이 되지 않고 있습니다. "거의"라고 말한 것은 몇몇 감옥이나 (환자가 있는 병실이 아니라) 병원 복도에 몇 개의 난로를 피워 영하가 되지 않을 정도로만 온도를 유지하기 때문입니다. 감옥 대다수는 일본 관료의 명령으로 난방을 하지 않습니다. 수감자 중 몇몇은 실제로 얼어 죽기도 합니다. 구체적으로 말씀드리겠습니다. 지난주 며칠간 영하의 날씨가 계속되었습니다. 하루 이틀 전 감옥에서 풀려난 한 남자가 사무엘 오스틴 모펫(Samuel Austin Moffett) 박사에게 자기 옆에서 자던 남자가 얼어 죽었다고 말했습니다. 얼마나 많은 사람이 이런 식으로 죽어가는지 아무도 모릅니다. 우리는 많은 사람이 손과 발에 동상이 걸린 것을 알고 있습니다. 그들이 감옥에서 풀려난 뒤 우리에게 자신의 손과 발을 보여 주었기 때문입니다. 당신은 이런 것이 일본인의 유별난 악의나 잔인함을 보여 주는 것은 아니라고 말할 수 있습니다. 아마도 일본인이 떠벌리는 개혁이나 문명에 관한 흥미로운 언급일 수도 있겠지요. 그럼 몇 가지 사례를 더 인용해 보겠습니다. 지난 수요일은 영하의 날씨였고, 설상가상으로 걷는 것이 불가능할 정도로 매서운 바람이 불었습니다. 내가 직접 걸어 봤기 때문에 잘 알고 있습니다. 그날 한 여인이 형기가 만료되었는데, 일본인들은 그날 밤 그녀를 석방하는 행정 절차를 거쳐야 한다는 이유로 한 감옥에서 다른 감옥까지 약 1㎞를 맨발로 눈길을 걷게 했습니다. 형기가 만료되었는데도 말입니다! 감옥에서는 매일 밤 남녀 모두 한 건물에서 옷을 벗은 후 발가벗은 채로 옥외 마당을 약 30m 가로질러 숙소 건물로 달려갑니다. 그곳에서 차가운 잠옷을 입은 후 난방이 되지 않는 방에서 얇은 담요를 덮고 잠을 잡니다. 아침이면 다시 잠옷을 벗고, 발가벗은 채 마당을 달려 다른 건물로 간 뒤 밤새 차가운 방에 놓여 있던 옷을 입습니다. 남녀 모두 이러한 일을 강요당하고 있습니다. 이 일은 아무리 추운 날도 빠짐없이 행해지는 일과라는 점을 기억해 주시기 바랍니다. 수감자는 음식과 관련하여 자신이 하는 일에 따라 여덟 개의 집단으로 나뉩니다. 첫 번째 집단은 가장 많은 음식을 배급받지만, 이것도 평상시 그들이 먹는 양의 반 정도에 불과합니다. 다음 집단은 이것보다 적은 음식을 배급받고, 세 번째 집단은 더 적은 양을 받습니다. 이렇게 배급량이 줄어들어 마지막 여덟 번째 집단은 극도로 적은 양을 받게 됩니다. 여성은 일곱 번째 집단입니다. 네 번째 집단에 속했던 한 소년은 나에게 항상 배가 고팠다고 말했습니다. 불쌍한 여덟 번째 집단 사람들이 음식 부족으로 얼마나 고통을 받았을지 상상이 가실 겁니다. 형을 선고받은 사람에게는 외부로부터의 음식 차입이 허락되지 않습니다.

수감자가 감옥 규칙에 따라 받게 되는 가장 미묘한 고문 중 하나가 한국의 관습과 다르게 일본식으로 앉도록 강요받는 것입니다. 한국의 관습은 양쪽 다리를 교차하여 포개고 앉는 양반다리 자세입니다. 반면, 일본의 관습은 무릎을 꿇고 발뒤꿈치 위에 앉는 자세입니다. 아무리 이 자세가 어려워도 고문이라고까지 할 정도는 아니라고 생각한다면, 한번 30분간 해 보시기 바랍니다. 우리와 별반 다를 바 없이 이 자세에 익숙하지 않은 한국인이 한 번에 수 시간을 이런 자세로 앉아 있어야 합니다.

...

그러나 이런 일이 한국인에게 어떠한 결과를 초래했을까요? 감옥에서 이러한 대우를 받았던 사람들은 그 어느 때보다 더욱 결연하게, 죽을 때까지 독립을 위해 싸우겠다는 각오를 다집니다. 그저 재미로 3월의 독립만세운동에 참여했던 소년들은 감옥에서 풀려나면서 일본을 불구대천의 원수로 여기게 됩니다.

위의 글을 쓴 이후에, 반드시 언급해야 할 새로운 사실이 생각났습니다. 나는 위에서 일본이 새 정권 집권 이후 고문을 폐지했다고 주장한다는 것을 말씀드렸습니다. 그런 문장을 쓴 이후에 다음과 같은 새로운 사실이 나의 주의를 끌었습니다. 한 남자가 몸이 아프고 의식이 혼미하여 병원에 입원을 한 상황임에도 불구하고 체포되어 경찰서로 연행되었습니다. 그리고 차가운 방에 수감되었다가 의식이 돌아올 때까지 난방이 되는 방으로 옮겨진 후, 다시 취조실로 보내어졌습니다. 그가 독립운동에 참가한 다른 사람들에 관해 얘기하는 것을 거부하자 경찰은 그를 차가운 방으로 돌려보냈습니다. 그는 그곳에 열흘간 수감되었고, 거의 죽음 직전에 이르러서야 풀려났습니다. 결국 그는 석방된 다음 날 운명하고 말았습니다. 그는 죽기 직전 자신이 겪었던 일과 다음의 이야기를 전해 주었습니다. 그가 죽기 전날 신학생 한 명이 그의 방에 같이 수감되었는데, 그 신학생도 거의 죽어가는 상태였습니다. 이 신학생은 모든 종류의 고문을 당했습니다. 경찰은 그에게 독립운동과 관련된 사람들의 이름을 자백하라고 강요하면서 콧구멍에 세 주전자 분량의 물을 부었습니다! 이 일은 작년이 아니라 지난 2주간, 1920년 2월의 첫날 이후에 벌어진 일이란 점을 기억해 주시기 바랍니다! 일본은 고문을 폐지했다고 주장하고 있습니다! 최근에 감옥에서 풀려난 어떤 사람이 말한 바에 따르면, 최근 감옥에서 4명이 얼어 죽었다고 합니다. 나의 한국인 친구는 감옥에 있는 모든 사람의 발이 동상에 걸렸다고 말했습니다. 가장 훌륭하고 신실한 목회자 중 한 명인 우리 장로교 총회 의장이 2년 형을 선고받고 감옥에 갇혔습니다. 일본 경찰의 발포로 사망한 사람을 위해 장례식을 거행하던 도중 사람들이 "만세!"를 외쳤다는 이유에서였습니다. 우리는 방금 이 분이 발에 동상이 걸렸고, 감옥의 환경이 아주 열악하기 때문에 그곳에서 죽을지도 모른다는 소식을 들었습니다!

내가 이런 사실을 말씀드리는 것은 일본이 미국 신문에 한국의 상황이 개선됐다고 끊임없이 선전함으로써 미국인이 그렇게 믿도록 만들려 하기 때문입니다. 나는 당신이 영향력을 행사해서 신문과 대중 모임을 통해 가능한 한 광범위하게 이런 사실을 알려주시기를 바랍니다. 필요하면 내 이름을 비밀리에 사용하셔도 되지만, 출판물에는 이름을 밝히지 말아 주시기 바랍니다.

당신의 진실한 벗으로부터

_____

한국 장로교 선교사

# 제6장
# 경제적 수탈

 일본인과 미국에서 일본을 대변하는 자들은 한국에 대한 일본의 통치가 한국에 물질적 이익을 가져왔고, "고요한 아침의 나라"는 현재 그 어느 때보다 경제적으로 더 좋은 상태라고 주장하고 있다. 그러나 "더 좋은"이 의미하는 것은 무엇인가? 누가 이러한 개선을 위해 돈을 내고, 누가 그것을 만들기 위해 빚을 떠안는가? 일반적인 한국인 개인이 이전보다 더 잘살고 있는가?

 이러한 주장을 들은 적이 있는 사람은 일본이 한국의 국가 채무를 실질적으로는 무(無), 정확히는 368,256.50달러에서 1918년 말에 52,461,827.50달러로 늘렸다는 사실을 알아야 한다. 국가 채무를 143배 늘린 것이 한국의 상태를 "더 좋게" 만든 것인가?

 또한 일본이 징수한 토지세와 재산세가 1905년 3,561,907.50달러에서 1919년 19,849,128달러로 늘었다는 사실도 기억해야 한다. 한국인 한 사람

한 사람이 자유와 독립을 구가하던 한국인 통치 아래에서와 달리 독립도, 자유도, 의회 대표자도 없는 일본의 통치 아래서 세금을 5.5배 더 내게 된 것이 "경제적으로 더 좋은" 것을 의미하는가?

이 "좋아지는 과정" 및 막대한 "물질적 이익" 때문에 한국인은 추가로 66,386,098달러의 세금을 더 내게 되었고, 그들이 지고 있는 52,093,571달러의 빚은 총 118,479,669달러로 늘어났다. 이 정도 금액이면 상당히 "좋아지고" 꽤 큰 규모의 "이익"을 창출해야 할 것이다.

그러나 일본이 한국을 강점한 이후 공공 개선에 쏟은 금액은 아무리 상상의 나래를 펼치더라도 75,000,000달러 이상이라고 할 수 없다. 실제로, 일본이 선전용으로 출판하는 《개혁과 발전 보고서 (*Report on Reforms and Progress*)》에 기재된 금액은 총 66,649,735달러이다. 이 총액의 최소 1/3은 뇌물과 부패 자금으로 사용되었다. 예를 들면, 철도 부설 비용은 마일 당 75,000달러로 청구되었는데 부지 비용과 인건비가 무시할 수 있는 정도임을 고려하면 아무리 많이 잡아도 마일 당 35,000달러를 넘을 수는 없다. 편견 없이 평가 작업을 수행한 "평가 위원회"는 이 부풀려진 개선과 개량의 실제 비용은 40,000,000달러를 넘을 수 없다고 추정했다.

실질적으로 40,000,000달러의 가치가 있는 개선·개량 작업에 118,479,669달러를 사용하는 것이 경제적으로 합리적인 행동인가? 일본은 한국에 군사 통치를 위해 수백만 달러를 사용했지만, 이 간접비용은 한국의 물질적 개선과는 전혀 관계가 없다. 그리고 한국인이 자신을 탄압하기 위한 비용을 낼 이유도 없는 것이다.

도로가 건설되고, 길이 넓어지고, 위생 설비가 개선되고, 전신과 우편 통신이 확대되고, 식목 사업이 장려된 것은 사실이다. 그러나 그 비용은 한국인이 내고 있으며, 식목 사업이 이루어지는 것보다 백배는 더 빠르게 한국의 원시림이 파괴되고 있다. 게다가 한국에서 이루어진 물질적 개선 사항을 자세히 조사해 본 결과, 단지 일본인이 이익을 받는 쪽으로 이러한 개선이 이루어졌다. 한국인이 이익을 받은 것은 우발적이거나 부수적인 경우인데, 일본 정부는 이것마저도 최소화하려는 조치를 취하고 있다.

일본은 자신의 밝은 면을 보여 주고 한발 앞서 나가는 방법을 잘 알고 있다. 그래서 외국인에게 깊은 인상을 주기 위해 관광 명소마다 국가의 경제력에 맞지 않는 화려한 공공건물을 세우고 관리하고 있다. 일본인의 수법을 잘 알고 있는 어느 작가는 다음과 같이 말했다. "일본은 한국의 일상생활에 많은 개선이 이루어졌다는 점을 광고하기 위해 세심한 주의를 기울이고 있다. 경성(京城)에는 거대한 전시장이 마련되어 한국의 활기찬 모습을 보여주는 사진 자료를 전시하고 있다. 예를 들면, 진흙 길을 대신하여 도로가 정비되고, 그 길을 따라 갈색 옷을 입은 우체부가 아주 작은 마을까지 우편물을 배달하는가 하면, 사람들이 이전에는 자신의 마을에서밖에 팔 수 없었던 물건을 나무 수레에 싣고 그 도로로 먼 시장까지 가는 풍경을 담은 사진 같은 것이다. 그러나 실제로 중요한 거래는 거의 일본인의 수중에 넘어가 있다."[40]

일본은 아시아 대륙에서 전쟁이 일어날 경우 한국을 군사 작전의 거점으로 활용하기 위해 한국 전역에 걸쳐 훌륭한 도로를 건설했다. 이 도로는 바니 올드필드(Barney Oldfield)[41]도 불평하지 않을 정도로 뛰어난 도로이다. 그러나 이 도로는 한국인의 효용은 전혀 고려하지 않고 철저하게 군사 도로로 건설되었다. 최근 한국을 방문한 어느 미국인 여행자가 아주 외진 지역에서 잘 닦인 도로를 발견했는데, 이 도로는 한국인에게 상업적으로나 수송수단으로 전혀 가치가 없었다. 미국인 여행자는 이 도로를 묘사하며 다음과 같이 말했다.

---

40) Sidney Greenbie, "Korea Asserts Herself," *Asia*, September, 1919, p. 922.

41) 20세기 초반 최고의 자동차 경주 선수(역자 주)

완벽한 도로가 텅 빈 고원 지대를 그 어느 때보다 더 황량하게 만들고 있다. 이렇게 누추한 오두막에 사는 사람이나 이웃 마을과 물물 교환 때에나 도로를 가끔 사용하는 계곡 거주자가 이런 도로를 만들려 하지는 않았을 것이다. 고개 너머 멀리 떨어진 마을과의 소박한 거래라면 큰길 옆 잡초밭에 대충 만들어진 구불구불한 시골길 정도면 충분하다. 그럼 이 도로는 무엇을 의미하는 것일까? 한국의 상업 때문에 이 도로가 필요한 것은 아니다. 이 고속도로의 목적은 한 가지일 수밖에 없다. 그것은 정복자의 힘을 강화하기 위한 군사 도로인 것이다.[42]

부산(釜山)에서 선양(瀋陽)까지 이어지는 직통 철로 위를 달리는 고급 열차는 '브로드웨이[43]'나 '트웬티 센츄리[44]'와 맞먹는다. 세계 각지를 다녀본 여행자라면 이 엄청난 수송 체계에 깊은 감명을 받지 않을 수 없다. 그러나 그는 이 길을 건설하고 유지하기 위해 그 이면에 얼마나 많은 비극이 존재하는지 알지 못할 것이다. 이 모든 도로와 철도는 한 푼의 보상도 주지 않고 몰수한 부지와 무보수로 노동을 강요당한 한국인에 의해 건설되었다.

일본이 사유 재산을 몰수하며 내세우는 구실이 병합 전에는 "군사적 필요성"이었다면, 지금은 "토지 수용권"이다. 정부가 행하는 이러한 도둑질에 어떤 이름을 붙이든 간에, 보상 없는 재산의 손실이라는 결과는 똑같다. 길을 넓힌다는 명목으로 아무런 보상도 받지 못하고 정부에 집과 재산을 몰수당한 도시 거주민이나, 가장 바쁜 농번기에 자신에게는 필요도 없는 군사 도로를 닦기 위해 무보수로 징용된 농민이 겪을 곤경을 상상하여보라. 물질적 개선이 이루어진 곳이면 어디든 한국인은 이런 운명에 놓이지만, 일본은 자신을 자랑하기에 여념이 없다.

---

42) Alice Tisdale, "A Korean Highroad," *Asia*, ⅩⅩ, 789-794, September, 1920.

43) 펜실베이니아 철도 회사가 운영하던 승객 전용 열차(역자 주)

44) 뉴욕 중앙 철도 회사가 운영하던 승객 전용 특급 열차(역자 주)

일본의 양심이 아직은 살아있어서, 일본 정부가 한국에서 저지른 이러한 몰수 및 강제 노동 정책을 비판하는 학자가 있다. 그는 1916년 한국을 방문했었던 도쿄제국대학(東京帝國大學)의 저명한 교수 요시노 사쿠조(吉野作造) 박사이다. 요시노 박사는 도쿄(東京)에서 발행되는 《중앙공론(中央公論)》에 일본 정부의 이런 행태에 관해 기술했다.

일본은 별다른 고려 없이 무자비하게 토지 몰수를 위한 법을 고수함으로써 한국인에게 자신의 재산을 아무런 대가 없이 내놓도록 강요하고 있다. 또한, 그들은 임금도 받지 못하고 도로 건설의 고된 노역을 강제당하고 있다. 설상가상으로 그들은 자신이 무임금으로 노동해야 하는 날짜가 아무리 불편하더라도 일본 관료의 편의에 맞춰진 날짜에 노동해야만 한다.

이것이 일본 정부가 한국에서 물질적 개선을 이루고 이를 빌미로 칭찬과 평판을 이끌어 내려고 하는 일반적인 방법이다. 한국에 거주하는 어느 미국인은 다음과 같이 쓰고 있다. "새 도로는 좋은 것이지만, 강제 노동을 강요하는 거대한 폭력 집단의 무력에 적절한 임금도 받지 못하고 도로를 건설한 한국인은 그 도로를 별로 환영하지 않는다. 일본 정부 관료 체제 전반에 걸쳐 일본인은 같은 일을 하는 한국인보다 2배의 임금을 받는다. 그러나 세금을 내는 것은 한국인이다. 배가 높은 파도를 헤치며 전진해 가는 것은 좋지만, 선창에서 노를 젓는 노예에게는 참을 수 없는 고통일 뿐이다."[45]

물질적 개선을 추구하는 이런 제도는 한국인 개개인에게 불공평과 큰 비용을 강요하고 있다. 그뿐만 아니라, 일본인 이민자에게 제공하기 위해 대량의 토지를 몰수하거나 한국인을 경제적 노예로 전락시키기 위해 상공업 분야에서 정부 주도로 무자비한 차별이 이루어지는 등 불평등이 만연하고

---

45) *The Korean Situation*, pp. 106-107.

있다. 특별히 반일 감정을 가진 것은 아닌 피츠버그 대학교 T. A. 크레인(T. A. Crane) 교수는 《뉴욕 타임스(New York Times)》에 다음과 같이 기고했다.

나는 한국에 있었을 때나 지금이나 변함없이, 일본의 의도는 모든 한국인을 실질적인 노예로 만들려 하는 것이라고 생각한다. 즉 한국인과의 거래는 농산물과 예술품으로 한정하고, 정부의 행정 업무와 금융 및 상거래 그리고 기타 이익이 많이 나는 분야는 일본인 이민자에게 맡기는 것이다. 달리 말하자면, 한국은 현지인에 대한 의무감 같은 것은 전혀 없는 일본의 이익을 위해 전면적으로 착취당하고 있는 것이다.

일본이 한국을 점령한 이후 국부(國富)의 총량은 증가했지만, 한국인의 경제적 지위는 과거보다 훨씬 나빠졌다. 한국이 일본에 병합된 후 150만 명 이상의 한국인이 일본의 군사적 압제를 피하거나 일본의 통치로 야기된 경제적 압박에서 탈출하기 위해 중국과 시베리아로 이주했다.

한국인이 통치하던 시절에 모든 토지는 네 가지 형태로 구분되었다. (1) 사유지 (2) 왕실 토지. 종종 개인에게 영구적으로 임대했으며, 소유권과 상속권은 없지만 매각 권리는 인정 (3) 문중이나 마을 촌락 소유지. 명목상으로는 여러 소유였지만 실질적으로는 개인이 소유 (4) 사원(寺院) 소유지

사유지 소유자는 정부에 세금을 납부했고, 왕실 토지 보유자는 왕실에 경의를 표했다. 촌락 소유지를 가진 사람은 그 이름에 해당하는 각각의 촌락에 요금을 지불했으며, 사원 소유지는 모든 세금이 면제되었다. 사원 소유지는 불교 신자들의 공동체적 계획에 따라 관리되었다. 일본은 한국을 병합한 뒤 토지 조사를 시행했고, 개인 소유가 아닌 토지는 정부의 재산으로 편입되어야 한다는 논리를 내세우며 왕실 토지, 자치단체 소유지, 사원 소유지를 몰수했다. 이 전면적인 몰수로 인해 부유했던 수천 명의 한국인이 빈궁한 처지가 되고 말았다. 일본 정부는 이렇게 몰수한 토지를 한국인이

아니라·일본인 농민에게 임대하거나 매각했다.

일본 정부의 정책은 한국인이 무장봉기하더라도 이에 맞설 수 있을 만큼 강한 토대를 구축할 수 있도록 일본인을 대규모로 한국에 정착시키는 것이다. 이에 따라 이미 한국에는 30만 명이 넘는 일본인이 거주하고 있으며, 그 숫자는 꾸준히 증가하고 있다.

비스마르크는 폴란드를 프로이센화하려는 의도에서 수백만 명의 독일인을 독일계 폴란드 지역으로 이주시키고 폴란드인의 동화를 추진했다. 독일 정부는 새로운 이주자가 정착할 땅을 사기 위해 예산도 책정해 놓았지만, 폴란드인은 땅을 고수하고 동화되기를 거부했다. 결과적으로 독일계 폴란드 지역의 땅값이 상승했고, 폴란드인들은 부유해졌다.

일본은 이와 같은 정책을 좀 더 효율적으로 전개하고 있다. 한국에 평화적인 방식으로 침투하기 위해 정부 주도하에 동양척식주식회사(東洋拓殖株式會社)를 설립했는데, 이 회사는 한국의 일본 식민지화를 촉진하고 반도의 미개척지를 개발하는 데 그 목적이 있다. 그러나 이 회사는 한국인의 재산을 불법적인 방법으로 강탈하고, 한국인을 희생시키면서 정부 차원의 한국 착취 활동을 수행해 왔고 지금도 수행하고 있다. 다음의 사례는 이 회사가 한국인의 재산을 강탈하기 위해 사용하는 치밀한 여러 방법 중 하나이다. 독자들은 관공서에 준하는 이 회사가 어떤 방식으로 일하는지 분명하게 그려볼 수 있을 것이다.

쌀은 한국의 가장 중요한 농산물로, 농업용수는 대개 하나의 논을 적시고 그다음 논으로 흘러간다. 동양척식주식회사의 대리인이 농업용수가 흘러가는 중심 논을 구매한다. 그리고 이 일본인 대리인 또는 "농부"는 다른 논으로 물이 흘러가는 것을 막는다. 이에 대해 한국인 농부가 일본 당국에 항의하지만, 일본 당국은 이를 가볍게 무시해 버린다. 그런 뒤 한국인 농부는 그의 논이 가치가 없어졌으니 동양척식주식회사에 그 논을 파는 것이 어떠냐는 얘기를 듣는다. 일본인이 제시하는 가격은 한국인 농부가 원하는 금액이나 물이 흘러갈 때 그 논이 가지는 가치에 훨씬 못 미치는 액수다. 동양척식주식회사는 이런 식의 불법적인 방법으로 한국에서 가장 좋은 농지 수천 에이커를 손에 넣고 있다. 한국인은 이러한 정부의 수작을 알고 있지만, 그것을 막을 수단이 없다. 이런 문제로 동양척식주식회사의 대리인이나 일본인에게 용기 있게 물리적으로 대항하는 한국인에게는 재앙이 닥친다. 그의 재산은 몰수의 대상이 되고, 그의 삶은 위험에 처하게 될 것이기 때문이다. 한국인이 일본인 착취자로부터 자신의 집과 재산을 보호하려다가 일본 군인의 총을 맞은 사례가 매우 많다. 이미 한국에서 가장 좋은 농지의 1/3이 일본인의 손에 넘어갔으며, 그 양은 빠른 속도로 늘어나고 있다.

집과 재산을 빼앗긴 한국인은 생계를 위해 만주와 시베리아의 미개척지로 이주할 수밖에 없다. 어느 미국인은 자신이 관찰한 내용을 다음과 같이 기록했다. "경성에서 가장 애처로운 광경은 남성과 여성과 아이들 무리가 자그마한 봇짐을 지고 미지의 세계로 떠나기 위해 역에서 기차를 기다리는 모습이다."[46] 실제로는 훨씬 많은 한국인 이민자가 걸어서 이동한다. 일본 당국은 한국인이 다른 나라로 출국하는 것을 허용하지 않지만, 두 가지 이유에서 한국인이 만주나 시베리아로 이주하는 것을 장려하고 있다. 첫 번째는 한국에 입국하는 일본인 이민자를 위한 공간을 마련하기 위한 것이고, 두 번째는 한국인을 이 지역으로 분산시킴으로써 일본이 한국인 신민을 보호한다는 명분으로 이 지역에 군사를 주둔시키려는 것이다. 펏남 윌(Putnam Weale)은 이런 방법을 "침투 전략"이라 불렀다.[47] 이주 과정에서 한국인 이민자들이 겪는 고통과 어려움을 선양 주재 만주기독대학의 웰링 토마스 쿡(Welling Thomas Cook) 목사가 잘 묘사하고 있다.

---

46) Sidney Greenbie, "Korea Asserts Herself," *Asia*, September, 1919, p. 922.

47) Cf. Putnam Weale, "Forces Behind Japan's Imperialism," New York Times Current History, II, pt. 2: 165-168, January, 1920.

만주로 이주하는 한국 이민자가 겪는 말할 수 없는 고통은 그들의 고통을 실제로 목격한 사람조차 완전히 이해하기 어려울 것이다. 한겨울 영하 40도에 이르는 추위 속을 하얀 눈을 뒤집어쓴 사람들이 10명, 20명 또는 50명씩 떼를 이루어 얼음으로 덮인 산길을 기어가듯 오르고 있다. 그들은 생존을 위해 새로운 세상을 찾아 돌과 풀뿌리로 뒤덮인 만주 구릉 지역의 황량한 땅을 맨손으로 일구며 삶과 죽음의 기회를 엿보고 있는 것이다. 이곳에서 그들은 중국 들판 위쪽의 황폐한 산기슭을 호미와 곡괭이로 개척하고, 뿌리와 뿌리 사이에 손으로 직접 곡물을 심고 거두며, 삶을 유지하기에 턱없이 부족한 적은 수확량에도 불구하고 포기할 줄 모르는 노력으로 삶을 꾸려가고 있다.

많은 사람이 식량 부족으로 죽고 있으며, 여자와 아이뿐만 아니라 젊은 남자도 얼어 죽고 있다. 이러한 체온 저하 상태에서 질병 또한 급증하고 있다. 강가의 부서진 얼음 위에 맨발로 서서 헐렁한 바지를 말아 올린 뒤 2피트 깊이의 넓은 얼음물을 헤치고 나아가 반대편 물기슭에서 서둘러 옷과 신을 추스르는 한국인의 모습이 종종 목격되기도 한다.

옷감이 부족해서 몸의 일부가 노출된 여성이 어린아이를 등에 업고 간다. 체온 때문에 서로 약간의 온기를 느끼기도 하지만, 포대기 밖으로 나온 아이의 발이 동상에 걸려 곪다가 발가락이 서로 붙어버리는 경우도 생긴다. 굽은 허리와 주름진 얼굴의 노인이 팔다리가 허용할 때까지 불평도 하지 못하고 걸어간다.

늙은이와 젊은이, 약한 자와 튼튼한 자, 큰 규모와 작은 규모…… 이렇게 그들은 가구 단위로 움직이고 있다.

이런 식으로 작년 한 해 동안 75,000명이 넘는 한국인이 이주했으며, 현재 만주의 북부와 서부 지역에 살고 있는 한국인은 50만 명에 육박하고 있다.[48]

일본인이나 미국의 친일 작가들이 한국의 화폐 개혁을 일본 정부의 자랑

---

48) Report to the Presbyterian Board of Foreign Missions.

거리로 떠벌려 왔으므로, 내가 이에 관해 한마디 하는 것이 그렇게 부적절한 행동은 아닐 것이다. 일본 정부는 1910년 한국을 병합한 뒤 조선은행(朝鮮銀行)에 반관적(半官的) 금융 신탁을 설정했다. 이 정부 은행은 모든 정부 자금을 예탁하는 곳으로, 영국은행이 영국 정부와 연관되어 있는 것처럼 이 은행은 일본 정부와 연관되어 있다. 두 은행의 차이점이라면 영국은행은 영국인의 사업적 이익을 촉진하는 반면, 이 은행은 한국인 기업가의 목을 조르고 있다는 점이다. 비공식적으로 재무부 역할을 수행하는 이 은행은 서울의 제일은행(第一銀行) 및 한국 전역의 주요 경제 거점에 있는 식산은행(殖産銀行) 등 일본 은행들과 협력하여 업무를 수행한다. 한국의 은행들은 경영에 대한 통제권을 가진 일본인 "고문"을 고용해야 하며, 지급 준비금을 조선은행에 예탁해야 하는데, 이 준비금은 해당 기관 관계자의 동의 없이는 인출할 수 없다. 따라서 한국의 모든 은행은 이 정부 위임 기관의 손아귀에 놓여 있다고 할 수 있다.

금과 은의 합금, 니켈, 구리, 청동으로 만들어진 한국 화폐는 전부 14,000,000엔(7,000,000달러)에 달하는데 모두 수거되어 일본으로 보내졌고, 아무런 가치도 없는 지폐로 대체되었다. 사실 한국의 모든 통화는 준비금이 뒷받침되지 않기 때문에 실질적인 가치가 없다. 20,000,000엔의 자본금을 가진 조선은행은 1910년 10월 1일 끝나는 회계 연도 말 현재 81,317,000엔의 미지급 어음을 발행하고 있다. 이 은행의 총부채는 114,291,000엔으로 81,317,000엔의 미지급 어음 외에 3,000,000엔의 차입금과 29,974,000엔의 예금이 포함되어 있다. 반면, 우량하거나 악성이거나 별문제가 없는 모든 대여금과 지급 준비금 및 현금을 포함한 전체 자산은 76,000,000엔을 초과하지 않기 때문에 38,000,000엔 이상의 적자를 보이고 있다.[49] 일본 본토라면 은행은 파산으로 문을 닫을 것이다. 그러

---

49) 통계 수치는 1919년 1월 조선총독부가 한국의 일본인 관료를 위해 일본어로 발행한 "Review of Recent Events in Korea," pp. 310-312에서 인용하였다.

나 한국에서는 일본 정부가 이를 허용하고 있다. 한국에 금화는 전혀 없으며, 은화도 거의 찾아볼 수 없다.

조선은행은 1엔 미만의 통화(通貨)에 대한 요구에 맞춰 미국 돈으로 5센트, 10센트, 20센트에 상당하는 10전, 20전, 50전짜리 지폐를 발행했다. 이것 역시 한국에서만 특별히 공급된 것으로 일본 본토에서는 1엔 미만의 화폐가 사용되지 않는다. 1916년 6월 12일부터 1918년 10월 1일까지 조선은행이 발행한 이 소액권의 총액은 1,023,610엔이다.

한국에서 유통되는 화폐가 가치가 없다는 뚜렷한 증거는 그것이 일본 본토에서 인정받지 못한다는 점이다. 일본은 캘리포니아가 미국에 필수불가결한 지역인 것처럼 한국도 일본에 절대적인 지역이라고 주장하지만, 일본에서는 교환할 수도 없고 법정 통화도 아닌 화폐를 한국에 마구 뿌려대고 있는 것이다.

모든 한국인 갑부는 재정 감독을 위해 일본인 집사를 고용해야 하는데, 이들은 회계사와 재정 고문을 합친 역할을 수행한다. 이들 일본인 집사는 가계의 수입과 지출을 기록한다. 한국인은 이 집사의 이해와 승인이 없으면 자신의 돈을 사용할 수 없기 때문에, 정부가 뒤를 받쳐주는 이 집사는 실질적으로 그의 주인이나 마찬가지이다. 돌아가신 전(前) 황제는 한국이 병합된 이후 일본 정부로부터 명목상 1,500,000엔(750,000달러)의 연금을 받았지만, 실제로 자신이 마음대로 쓸 수 있는 돈은 막일꾼보다 더 적었다. 만약 갑부가 일본인 집사의 허락 없이 많은 돈을 사용한다면, 그는 반정부 행위에 가담하고 있을지 모른다는 혐의로 재산을 몰수당할 수도 있다. 나는 일본인 집사가 제기한 혐의 때문에 재산을 몰수당한 사례를 많이 알고 있다. 1915년 매우 부유한 한국인인 조 메이저(Cho Major) 씨가 젊은 한국인을 교육하기 위해 중국 베이징(北京)에 한국인 학교를 설립했다. 일본 당국은 그가 일본 정부에 대해 음모를 꾸몄다고 고발하고 그의 모든 재산을 몰수했다. 중국 정부는 치외법권 문제 때문에 이 한국인을 보호해 줄 수 없었다.

일본인 집사 제도와 함께 적용되는 또 다른 규칙은, 한국인은 자신의 은행 계좌에서 한 번에 1,000엔 이상을 인출할 수 없다는 것이다. 1911년 경성에서 이길상(Yi Kil Sang)이라는 한국인 자본가가 제일은행에 1,000,000엔을 예금했다. 그는 100,000엔을 인출하고자 했으나, 그 돈을 인출하는 충분한 이유가 없다는 명목으로 인출을 거부당했다. 그는 당국에 항의했지만, 하급 직원에게 무시당하기만 했다. 그는 매우 흥분해서 거친 표현을 내뱉었다. 그는 위험한 인물로 낙인찍혔고, 그의 돈은 정부에 의해 몰수되었다.

일본이 이 규칙을 주장하는 논거는 한국인에게 많은 현금을 보유하도록 허용하면 그들이 반정부 음모를 꾸밀 수도 있다는 것이다. 아마 그럴지도 모른다. 그러나 이러한 규제는 한국인에 대한 경제적 차별이다. 한국 상인이 상품을 사기 위해 천 달러의 현금이 필요한 경우 이 규정 아래에서는 돈을 조달할 수 없으며, 결국 일본인 경쟁자에게 구매 기회를 빼앗기고 만다. 한국과 중국에서 사업을 했던 어느 미국인의 편지에서 발췌한 다음 글을 통해 이러한 경제적 제약을 분명히 확인할 수 있다.

일본이 한국인에게 행하는 또 다른 형태의 박해는 분명히 전 세계를 놀라게 할 것이다. 한국인 갑부는 일본 당국의 허락 없이 자신의 돈을 사용할 수 없다. 일본 정부는 모든 한국인 갑부의 집에 집사 겸 출납원 자격으로 일본인 관료를 배치했는데, 이들은 모든 비용을 떠넘기며 가정 살림의 전권을 휘두른다. 한국인은 이 일본인 집사의 허락 없이는 자신의 돈을 사용할 수 없다. 이곳 서울에 주재하는 미국 영사가 나에게 이곳에서 미국 회사가 부유한 한국인에게 자동차를 팔려고 하고 그 한국인도 자동차를 사고 싶어 하지만, 일본인 관료가 구매를 허락하지 않을 것이라고 말한 적이 있다. 나는 나중에 이러한 사실을 이곳에 위치한 미국 회사에서 확인했다. 이 외에도 일본 당국은 가능한 모든 방법으로 미국 사업가를 방

해하고 있다.[50]

일본 정부는 조직적으로 한국인의 역할을 나무를 하거나 물을 긷는 정도로 줄이는 정책을 추진해 왔다. 한편, 일본인은 정부의 지원을 받아 모든 상업과 산업의 통제권을 손에 넣는 데 성공했다. 한국 상인은 일본 국적자가 받는 특혜 때문에 일본인과 경쟁하는 것이 불가능하다. 국가의 자원을 개발할 수 있는 모든 권리는 일본인에게 주어진 반면, 한국인 기업가는 아무리 하찮은 종류의 사업이라도 면허 보류나 그와 비슷한 장애물로 암암리에 방해를 받고 있다. 현재 한국은 일본인 대부업자와 투기꾼의 천국이다. 내가 한국의 친구들로부터 받은 비밀 편지에는 사람들이 일본 투기꾼에게 자신의 재산을 저당 잡히고 연 70%의 높은 이율로 돈을 빌리는 등 재정난에 허덕이는 모습이 묘사되어 있다. 시드니 L. 그린비(Sidney L. Greenbie)는 다음과 같이 적고 있다. "한국인은 정부 차원이든 개인 차원이든 보조금을 지원받는 일본 기업에 비해 공정한 기회를 전혀 얻지 못하고 있다. 일본은 모든 외국인에게 문호를 개방하겠다고 약속했지만, 한국을 병합한 뒤 18개월 간 모든 외국인에게 문을 닫아 일본인을 보호하고 실질적으로 다른 모든 사람을 배척했다. 지금 한국의 모든 것은 오로지 '정부'뿐이다."

한국이 독립 국가였던 당시에는 모든 국가가 한국에서 동등한 상업적 권리를 누렸다. 한국 최초의 철도인 경성-제물포 노선은 미국 기업이 건설하고 소유했다. 최초의 전기 발전소는 '보스틱 앤드 콜브란 회사(Bostick and Colbran Company)'가 1895년 설치했다. 이 회사는 최초이자 최대 규모의 전선망과 수도 시설을 건설하기도 했다. 이전 정부 시절 한국의 관세 업무를 책임지고 있던 단호한 원칙의 소유자 영국인 맥리비 브라운(McLeavy Brown)은 한국이 문호를 개방하는 데 도움을 주었다. 오늘날 일본 상인들

---

50) Quoted by Sidney Greenbie, *Asia*, September, 1919, p. 922.

은 실질적으로 모든 외국인을 몰아내고 시장을 독차지하고 있다. 예를 들면, 한국에서 가장 성공한 외국 기업이던 '브리티시-아메리칸 토바코 회사(British-American Tobacco Company)'는 정부 독점 사업을 수행하는 일본 기업과 경쟁할 수 없었고, 결국 1915년 한국에서 사실상 퇴출당하고 말았다. 외국인에 대한 이러한 차별은 감내하기 어려운 환경을 초래하여 한국에 투자된 모든 외국 자본을 몰아낼 뿐만 아니라 나라 발전에 사용될 더 많은 자금이 들어오는 것을 막고 있다. 1908년 정주(定州)의 자본가 이승훈(李昇薰)은 이탈리아의 파르마 회사(Parma Company)와 한국-이탈리아 수출입 회사를 설립하기로 합의했다. 파르마 회사 직원이 조사를 위해 한국을 방문했다. 일본 당국은 새로운 회사가 직면하게 될 규칙과 규제를 강조함으로써 이 회사가 겁을 먹고 한국을 떠나도록 만들어 버렸다.

차별 정책은 정부와 민간을 포함한 일본 통치 체제 전반에 걸쳐 이루어지고 있다. 이전에 보스틱 앤드 콜브란 회사가 소유했다가 현재는 일본인이 소유주인 한미전기회사(韓美電氣会社)는 한국인에 대한 일본의 산업 차별을 보여 주는 좋은 사례다. 이 회사는 미국인이 관리하던 당시, 고용인 대부분이 한국인이었다. 현재 이 회사에는 전부 400명이 고용되어 있지만, 한국인은 단지 4명뿐이고 나머지는 전부 일본인이다. 일본인의 평균 급여는 60엔인 반면, 같은 일을 하는 한국인의 급여는 20엔에 불과하다. 미국인이 관리하던 때에는 자동차 요금이 2전이었지만, 일본인이 소유주인 지금은 5전이다. 동시에 한국인 차장의 월급은 평균 30엔에서 12엔으로 줄어들었다. 이러한 차별이 벌어지지 않는 산업 분야는 단 한 곳도 없다. 한국인은 왜 자신의 사업을 시작하지 않는지 질문할 수도 있지만, 일본 정부가 그것을 허락하지 않는다. 몇 년 전 한국인 자본가 몇몇이 조선은행과 동양척식주식회사의 불법적 착취를 견제하기 위해 대구에 농민 은행을 설립하는 계획을 추진했다. 그러나 이 사업은 정부에 의해 즉시 중단되었다.

한국에 거주하는 어느 미국인은 다음과 같이 적고 있다.

당신이 어떤 관점에서 조선총독부를 관찰하더라도, 한국을 일본 관료 집단의 전유물로 삼고 일본과 일본 식민주의자들의 이익을 위해 한국을 착취하려는 일본의 목표가 대낮처럼 뚜렷이 눈에 띌 것이다. 큰 항구에 가보면, 부두에 인접한 땅은 일본인이 독점하고 있으며 한국인은 일본인 구역에 건물을 지을 수 없다는 사실을 알 수 있다. 농민에게 여러 세대에 걸쳐 영구적으로 임대되던 왕실 소유 토지는 정부에 의해 거의 배타적으로 일본인 정착민에게만 판매되었다. 이 때문에 만주로의 이민은 해마다 증가하고 있다. 반도의 은행 체계가 크게 확장되고 개선되어 이곳 토박이들에게 대단한 이득이 되고 있음은 분명하다. 그러나 유감스럽게도, 한성은행(漢城銀行)을 제외하고, 모든 관리자와 사무원의 10분의 9는 일본인이다. 이렇게 한국 젊은이를 불합리하게 대우하는 것이 최근 드러난 민심 이탈의 주원인이다. "민족 차별 금지" 정책을 강력하게 주장해 온 일본이 이런 행동을 하는 것은 일본의 진정성에 치명적 오명을 안겨줄 뿐이라는 말은 결코 과장된 얘기가 아니다.[51]

---

51) *The Korean Situation*, pp. 115-116.

# 제7장
# 지적 탄압

일본은 한국의 영토와 국민을 일본의 재산으로 간주하는 정책을 취하고 있다. 그러므로 가능한 한 한국인을 무지하게 만드는 것이 일본의 이익에 부합한다. 피지배 민족은 자신의 과거를 잊어버려야 하고, 세상사에 무지해야 하며, 자신은 신의 뜻에 따라 주인을 섬기도록 만들어졌다고 믿어야한다. 즉 일본의 하등 국민이자 충성스러운 일본 신민으로 재탄생해야 하는 것이다. 그들은 나무를 하거나 물을 긷는 데 필요한 정도의 기술 훈련은 받아야 하지만, 그 이상의 교육은 바람직하지 않거나 오히려 위험하다.

이러한 정책 기조하에 한국인에 대한 정신적 탄압이 정치적, 경제적 억압 못지않게 체계적으로 진행돼 왔다. 병합 이후 데라우치 마사타케(寺內正毅)의 조선총독부가 가장 먼저 했던 일 중 하나는 학교나 도서관, 민간 가정에서 한국 역사서와 저명한 인물의 전기를 거둬들여 불태운 일이었다.[52] 이처럼 쓸데없는 일본인의 비문화적 야만 행위로 값을 매길 수 없는 보물 같은 역사 기록들이 파괴되었다. 한국에서 이 지역 신문부터 과학 잡지에 이르는 모든 정기간행물은 철저하게 검열받고 있다.[53] 이를 처리하는 일본식 방법은 다음과 같다. 총독부는 한국인이 그들 자신을 위해 그 무엇도 출판할 수 없다고 직접 말하지 않는 대신에, 규정과 규칙을 까다롭게 제정하여 한국인이 출판하는 것을 불가능하게 만들어 놓았다. 우선 신문이나 잡지 그리고 책을 출판하기 위해서는 검열 허가를 받아야 하는데, 이것이 불가능에 가깝다. 이 난관을 극복하면, 발행인은 혹시 모를 벌금에 대비하여 일정 금액을 경찰에 예치해야 한다. 잡지 발행물을 인쇄하려면 교정쇄 2권을 검열관에게 보내야 하며, 모든 페이지에 검열관의 승인 도장이 찍히면 최종적으로 인쇄를 할 수 있다. 만약 검열관이 놓친 것이 있다면, 인쇄가 끝난 후라도 출판물의 발행이 금지된다. 이러한 공식적 통제 때문에 한국인의 모든 출판 시도는 실패로 끝나고 만다. 이 규정은 정기간행물뿐만 아니라 책에도 적용된다. 일전에 제임스 스카스 게일(James Scarth Gale) 박사가 한국 아이들을 위해 조셉 러디어드 커플링(Joseph Rudyard Kipling)의 한국어로 번역한 적이 있다. 검열관은 이 이야기에 코끼리가 두 번째 주인을 섬기는 것을 거부하는 장면이 있다는 이유로 출판을 금지했다. 한국 아이들이

---

52) 한국에 파견된 캐나다인 의료 선교사 프랭크 윌리엄 스코필드(Frank William Schofield) 박사가 예일 신학교 교장 J. W. 그레이브스(J. W. Graves)에게 보낸 편지. 이 편지에서 스코필드 박사는 일본의 한국 역사서 파괴에 관해 언급했다. 이 편지는 1919년 12월 30일 *New Haven Journal-Courier*에 수록되어 출판되었다.

　　나다니엘 페퍼(Nathaniel Peffer)는 팸플릿 *The Truth About Korea*에서 다음과 같이 말했다. "이처럼 한국 역사는 가르침이 허용되지 않았다. 병합 즉시 모든 한국 역사서는 몰수되어 파괴되었다. 민가는 조직적으로 수색 되었고, 한국의 발전을 얘기하는 모든 책은 불태워졌다. 그리고 책을 소유하고 있던 사람은 감옥에 갇혔다. 현재 한국 역사서를 소장하는 것은 범죄이다. 나는 자신의 조국에 관한 책을 읽은 죄로 구타당하고 감옥에 15~30일간 갇혔던 한국인들과 얘기를 나누었다."

53) 소형 출판물은 말할 것도 없고, 가장 중요한 9개 일간지와 6개 월간지가 1910년 폐간되었다. (*Korean History*, Chinese and Korean edition, pp. 228-229).

외국인 주인인 일본인을 섬기는 것을 거부해야 한다는 인상을 받을 수 있다고 추론했기 때문이다.

일본 정부 보고서에 따르면 "1916 회계 연도 말에 조선에서 발행된 신문은 20개였는데, 그중 18개는 일본어, 1개는 한국어, 1개는 영어였다." 그러나 발행인은 모두 일본인이었고, 마지막 두 개를 포함한 세 개의 신문은 총독부 기관지였다. 총독부의 영문 기관지인 《서울 프레스(Seoul Press)》의 기능에 대해서는 다른 장에서 자세히 설명하겠다. 그러나 총독부 기관지로 유일하게 한국어로 발행되는 일간지 《매일신보(每日申報)》에 관해 한마디 하지 않을 수 없다. 이 신문이 뉴스라는 걸 제공한다면, 그 뉴스는 전부 뻔뻔스러운 일본의 선전물일 뿐이다. 너무나 뻔뻔해서 아무도, 완전히 무지한 사람조차 속지 않을 정도이다. 내국인이든 외국인이든 한국 내의 모든 사람은 이 총독부 대변지에 진실이 거의 없다는 사실을 알고 있다.

한국어로 발행되는 출판물은 오로지 종교적 주제를 다루는, 선교사들이 제작하는 출판물뿐이다. 이런 출판물조차 검열로 방해받고 있다. 몇 년 전 '크리스천 메신저(The Christian Messenger)'가 봄을 주제로 한 연작시(소네트를 출판했다. 이 출판물은 새해가 다시 온다는 내용이 한국인에게 국가의 재탄생을 암시함으로써 반정부 폭동을 선동한다는 이유로 검열에 걸려 출판이 금지되었다. "얼마 전 발행된 '트랙트 소사이어티(Tract Society)' 팸플릿에 모든 기독교인은 그들 안의 악마를 쫓아내라는 문장이 들어 있었다. 이 팸플릿은 대단한 분노를 사며 출판이 금지되었다. 악마? 검열자가 편집인에게 말했다. 악마? 네가 말하는 악마는 일본을 지칭하는 것으로, 너는 한국인에게 반란을 일으키라고 선동하고 있다! 그리고는 책이나 논문을 포함한 모든 종교 출판물에 악마를 나타내는 상징은 허용하지 않는다는 지침이 내려졌다."[54] 좀 더 뚜렷한 경우 한국인은 처벌을 받는다. 평양(平壤)의

---

54) Peffer, *The Truth About Korea*, pp. 19-20.

어느 여대생은 한국의 자유에 관한 곡을 쓰고, 1919년 3월 독립만세운동에서 이 노래를 불렀다는 이유로 징역 2년을 선고받았다.

언론 탄압과 동시에 모든 한국의 단체가 정치적이든 아니든 가리지 않고 해산되었다. 일본 정부 보고서에 따르면 "병합 당시 대부분의 정치 단체 및 이와 유사한 단체는 해산 명령을 받았다. 평화와 질서 유지를 위해서는 이러한 조치가 필요하다고 여겨졌기 때문이다. 그 이후 한국인의 정치 단체나 협회는 존재하지 않는다." 그러나 실제로는 병합 당시 해산된 저명한 기관 중 단지 10분의 1만이 정치적 단체였다.[55] 나머지는 학문의 발전, 지식의 확산, 사회 복지의 촉진, 사업 환경의 개선 등을 목표로 하는 단체들이었다.

집회 결사 및 언론의 자유에 관해 총독부 기관지는 다음과 같이 말하고 있다. "정치적 문제와 관련된 공청회 또는 야외 군중 집회를 개최하는 것 역시 금지되어 있다. 다만 옥외 종교 모임이나 학교의 소풍은 경찰의 허가를 받아 시행할 수 있다." 막강한 힘을 휘두르는 경찰이 한국인에게 어떤 종류의 모임을 허락할 것인지 결정할 권한을 가지고 있는 것이다. 혹자는 "종교 모임"이나 "학교 소풍"은 경찰의 간섭에서 자유로울 것이라는 인상을 받을 수도 있다. 그러나 "두 개 이상의 학교가 참가를 고려하는 야외 모임"은 허용되지 않는다. "YMCA는 경찰의 승인을 받기 위해 모임의 날짜, 시간, 연사, 토론 주제 등을 미리 보고해야 했다. 몇 년 전 '법률경제협회(Law and Economics' Association)'라는 순수한 학술 단체는 해산하라는 '조언'을 받았는데, 그 누가 이런 조언을 무시할 수 있겠는가?"[56]

언론의 자유? 한국인은 공식적인 허가 없이는 어떠한 목적으로도 모임을 할 수 없다. 허가를 받았더라도 스파이가 없으면 모임은 열리지 않는다. 스파이가 없으

---

55) Korean Historical Commission, *Korean History*, pp. 223-228.

56) Hugh H. Cynn, *The Rebirth of Korea*, p. 119.

면 목회자 회의도 할 수 없고 예배도 볼 수 없다. 언론의 자유? 한국인 감리교 목사가 한국에서는 고전이라 할 수 있는 하나님 왕국에 관해 설교했다. 그는 예배 직후 체포되었다. 그는 심하게 질책을 받았고, 만약 위반이 계속된다면 심각한 결과를 초래하게 될 것이라고 위협받았다. 그가 들은 말은 오직 하나의 왕국, 즉 일본 왕국만이 존재한다는 것이었다.

평양의 어느 고등학교 졸업식에서 한 소년이 우연히 줄리어스 시저(Julius Caesar)를 언급했다. 경찰은 그의 공책과 교과서를 압수했고, 모든 교직원이 조사를 받았다. 교장은 위험한 사상이 전파되는 걸 허용했다는 이유로 징계를 받았다.[57]

어떤 경우라도, 설사 그것이 그의 몸과 마음에 치명적인 영향을 미치더라도 한국인은 정치에 개입해서는 안 된다. 그는 그 무엇도 보거나 듣거나 말해서는 안 된다. 한국에서 세계 인류가 나아가는 방향에 관심을 두는 것은 범죄다. 도대체 왜 한국인이 시대정신에 관심을 두거나 정치에 참여하기를 원하는가? 모든 정치적 결정은 탁월한 역량을 지닌 일본인 주인이 결정해 줄 것이다. 이렇게 공식적인 일본의 정신이 한국을 경영해 나간다. 한국에 거주하는 어느 영국인이 기술한 다음의 문장은 정신적으로 억압받는 한국의 상황을 잘 요약하고 있다.

군사 점령, 군사 정부, 일본과 일본인 정착민의 이익을 위해 한국인을 착취하려는 총독부의 명백한 목적, 이러한 것들이 섬세한 한국인을 원한에 사무치게 하고 있으며, "국민적 열망이 최상의 기쁨과 합치"하게 될 "그날"에 모든 희망을 걸도록 만들고 있다. 군사 통치는 한국인에게 자유의 흔적조차 남기지 않고 있다. 경찰과 헌병은 모든 사람의 움직임을 종교 재판관처럼 철저히 조사하고 있다. 모든 공개 모임과 사회단체가 법으로 통제되고 있으며, 세상사를 논하는 모임은 불

---

57) Nathaniel Peffer, *The Truth About Korea*, p. 20.

가능하다. 민주적인 발언은 관료 집단과의 충돌을 의미하며, 언론 자유는 꿈도 꿀 수 없다. 2년 전 평양의 숭실대학 학생 3명이 고별사에서 자유 발언을 한 혐의로 체포되었고, 이 대학 문학회는 폐쇄되었다. 언론에 재갈을 물리고 있는 것은 말할 필요도 없다. 진보적인 젊은이가 자신의 생각을 표현할 수 있는 매체를 찾는 것은 불가능하다. 한국에서 가장 명석한 젊은이 중 한 사람인 최남선(崔南善)은 다섯 개 이상의 잡지를 편집했지만, 차례차례 출판을 금지당했다. 그는 지금 독립선언 서를 쓴 혐의로 감옥에 갇혀 있다.[58]

미국 내 일본 대변인들은, 일본 점령 이전에는 한국에 이렇다 할 만한 학교가 없었지만 일본 정부가 한국 젊은이를 교육하기 위해 좋은 학교를 많이 세웠다고 수시로 말하고 있다. 이는 사실과 전혀 다르다. 동양에서 가장 교육을 중시한 사람들이 한국인이다. 과거의 한국인 정부하에서는 모든 촌락과 마을에 그 지역 사람들이 후원하는 학교가 있었다. 한국은 아주 오래전부터 조정에 타부서와 동급의 기관으로 교육부를 두었다. 병합 직후 일본은 교육부를 국(局)으로 축소하고 내무부 산하에 배치했다. 과거 한국에서는 고전 교육 학자가 되는 것이 모든 야심찬 젊은이의 목표였다. 고전 학문만이 명예와 영광을 얻을 수 있는 유일한 길이었기 때문이다. 조지 히버 존스 (George Heber Jones) 박사는 극동 삼국 국민의 특징을 구분하며 다음과 같이 말했다.

한국인은 선천적으로 친절한 성격이다. 존경과 신뢰로 그들을 격려하는 사람들에게 한국인은 관대한 우애로움의 화신이다. 한국인은 지적인 성향이 강하며 국가 차원에서 학자를 이상형으로 보고 있다. 중국인은 상인 기질이 강하여 중국은 상인의 나라라는 인상을 주며, 일본인은 군인 기질이 강하여 일본은 사무라이

---

58) *Congressional Record*, Vol. 58, p. 2862, July 17, 1919.

(무사)의 나라라는 인상을 준다. 반면, 한국인은 학문적 기질이 강하여 한국은 선비의 나라라는 인상을 준다.[59]

병합 당시 한국인에 의해 한반도 전역에 근대식 학교가 설립되었다. 사람들은 근대 교육의 필요성을 깨닫기 시작했고, 자식을 교육하는 데 돈과 수고를 아끼지 않았다. 일본 정부 보고서에 따르면 "몇 년 전 한국인 사이에 사립 학교 설립이 인기를 끌어서, 한때는 한반도에 2천 개 이상의 사립 학교가 존재했다." 그러나 일본은 국민을 계몽하는 경향이 있는 기관을 호의적으로 보지 않았다. 정부는 수많은 교육 관련 규정을 통과시켰는데, 이는 거의 모든 사립 학교를 폐쇄하는 것과 같은 조치였다. 그리고 일본화한 교육 과정이 도입되었다. 한국인에 대한 교육 목표가 1911년 8월 23일 공포된 칙령 제229호에 제시되었다. "조선에서의 교육의 근본 목표는 충성스럽고 선량한 국민을 육성하는 데 있다." 이것은 한국인을 충직한 일본 국민으로 만들기 위해 모든 것을 희생해야 한다는 뜻이다. 일본 정부는 한국 젊은이들의 머릿속에 일본에 대한 애국심을 세뇌하는 정책을 거침없이 강요하고 있다. 한국에 거주하는 영국인이 미국기독교교회연방협의회를 통해 의회에 제출했던 보고서에 제시된 다음의 표와 설명을 보면 상황을 분명히 이해할 수 있을 것이다.

한국 내 한국인 학교와 일본인 학교의 비교 통계(미션 스쿨 포함)

### 공립 한국인 학교

| 학교 종류 | 숫자 | 학생 | 지원자 |
|---|---|---|---|
| 보통학교 | 447 | 67,629 | |
| 고등보통학교 | 3 | 537 | 2,651 |

---

59) Quoted by Horace G. Underwood, *The Call of Korea*, p. 46.

| 학교 종류 | 숫자 | 학생 | 지원자 |
|---|---|---|---|
| 여자고등보통학교 | 2 | 164 | 187 |
| 전문학교 | 3 | 277 | 844 |

### 공립 일본인 학교

| 학교 종류 | 숫자 | 학생 |
|---|---|---|
| 국민학교 | 324 | 34,100 |
| 중등학교 | 3 | 375 |
| 여자고등학교 | 9 | 526 |
| 전문학교 | 2 | 91 |

### 기독교 학교

| 학교 종류 | 숫자 | 학생 |
|---|---|---|
| 국민학교 | 601 | 22,542 |
| 중등학교 | 17 | 2,125 |
| 여자고등학교 | 14 | 1,352 |
| 전문학교 | 4 | 250 |

공립 한국인 학교

정부 보조금 · · · · · · · · · · · · · · · · · · · · · · · · · · · 602,888엔

인구 · · · · · · · · · · · · · · · · · · · · · · · · · · · · 17,500,000명

공립 일본인 학교

정부 보조금 · · · · · · · · · · · · · · · · · · · · · · · · · · · 339,660엔

인구 · · · · · · · · · · · · · · · · · · · · · · · · · · · · 300,000명

기독교 학교

정부 보조금 · · · · · · · · · · · · · · · · · · · · · · · · · · · 없음

인구 · · · · · · · · · · · · · · · · · · · · · · · · · · · · 300,000명

위 표에 보듯, 총독부는 한국인 17,500,000명을 위해 단지 447개의 학교를 제
공했고, 겨우 인구의 300분의 1에 해당하는 67,629명의 학생만이 교육을 받았

다. 반면, 300,000명의 일본인 거주자를 위해 324개의 학교를 제공했고, 거주자의 9분의 1에 해당하는 34,100명의 학생이 교육을 받았다. 이것은 한국인이 그들의 자식을 교육하고 싶어 하지 않는다는 것을 의미하는 것은 아니다. 조선총독은 구식 마을 학교가 최소한 21,800개 존재하며 500,000명의 아이들에게 교육을 제공하고 있다고 보고했다. 거기에 기독교 학교에 다니는 22,542명의 아이들이 추가되어야 한다. 그러나 한국인이 가장 많이 비난하는 것은 상급 학교 제도이다. 일본 소년 소녀가 한국 원주민들보다 높은 수준의 교육을 받을 뿐만 아니라, 그들 규모에 비해 더 많은 상급 학교가 준비되어 있기 때문이다. 일반 보통학교 이상의 학교로 한국인을 위한 학교는 3개의 전문학교를 포함해서 겨우 7개밖에 없으며, 978명의 학생만이 학교에 다니고 있다. 반면, 일본인은 14개의 학교에 992명이 다니고 있다. 확실히 이것은 총독부가 차별을 하고 있고, 특히 한국인에게 고등 교육의 혜택이 돌아가지 않게 하고 있다는 혐의를 받게 한다. 1916년에 3,682명이 상급 학교에 지원하여 그중 978명이 진학한 점을 고려하면, 한국인이 고등 교육에 무관심하다는 변명도 받아들이기 어렵다. 한편, 의심과 비방을 받고 있는 기독교 교회들이 31개의 상급 학교와 4개의 전문학교를 운영하며 매년 4,000여 명의 학생을 교육함으로써 그 공백을 메우고 있다. 총독부가 젊은 한국인에게 일본 본토에서의 고등 교육을 장려하고 있다고 주장할지도 모르지만, 그 비용을 마련하는 것은 거의 모든 젊은이에게 불가능한 일이다. 한국인 젊은이에게 적용되는 것은 일본인 정착민 자녀에게도 동일하게 적용되어야 한다. 정부가 일본인 정착민을 위해 하는 것과 똑같이 한국인 토박이를 위해 공공 자금을 사용할 때에만 일본은 제국 내에서 "민족 차별"을 하고 있다는 오명에서 벗어날 수 있을 것이다.[60]

일본 정부가 모든 학교 교육은 일본어로 진행하고 한국인을 충성스러운

---

60) *Congressional Record*, Vol. 58, No. 47, p. 2863, July 17, 1919.

국민으로 육성하는 데 교육의 목표를 두라고 명령하면서도 일본 학생을 위한 학교와 한국인을 위한 학교라는 두 학교 체제를 만든 것은 이상한 일이다. 한국의 일본인 학교는 일본 본토의 학교와 다르지 않기 때문에 그 수준이 매우 높다는 점은 의심의 여지가 없다. 그러나 총독부가 설립한 한국인학교는 그 수가 적을 뿐만 아니라 질도 많이 떨어진다. 일본 정부 보고서에따르면 "한국인의 취학 연령은 8세로 일본인보다 2년 늦다. 보통학교의 수업 연한은 4년이지만, 지역 여건에 따라 3년으로 단축할 수도 있다." 그러나 이에 해당하는 일본인 학교의 경우 수업 연한은 6년이다. 이 보고서를좀 더 인용하자면, "고등보통학교는 12세 이상의 한국인 소년에게 4년의교양 교육을 제공한다." 그러나 이에 해당하는 일본인 중등학교 과정은 5년이 필요하다. 신흥우(Hugh H. Cynn) 교수는 다음과 같이 말했다. "일본 젊은이에게는 11년의 초중등 교육 과정이 제공되지만, 한국인에게는 겨우 8년만 허용된다. 게다가 법적으로 어떤 상황에서도 수업 연한이 연장될 수 없으며, 오히려 7년으로 줄어들 수 있다."[61]

선교사들이 직접 관리하는 학교를 제외하면 다른 모든 학교의 교장은 일본인이며, 미국인의 재정적 지원을 받는 학교를 포함해서 모든 학교는 세명 이상의 일본인 교사를 고용해야 한다. 게다가 정부는 일본인 교사의 급여가 한국인 교사의 두 배가 되도록 요구하고 있으며, 일본인 교사는 교육부를 통해 여러 학교에 고용되고 있다. 한국인 사립 학교나 미션 스쿨에 선발된 일본인 교사가 유능하거나 학교에 우호적이면 학교는 그 사실에 대해감사를 표명해야 한다. 그렇지 않은 경우라도 학교는 그를 똑같이 대우해야하고 급여를 주어야 한다. 일본인 교사의 존재에 분개하는 한국인 학교는재난을 겪게 된다. 학교 문을 닫게 되는 처벌을 받게 될 것이기 때문이다. 공립 학교에 관해서는 할 말이 거의 없다. 5개 공립 고등학교에 일본인 교

---

61) For fuller discussion, see Hugh H. Cynn, *The Rebirth of Korea*, Chap. Ⅴ.

사는 82명이지만, 한국인 교사는 19명뿐이다. 그런데도 한국인만이 학교 운영을 위한 세금을 내고 있다.

보통학교에서도 교과서와 학습 과정이 정부에 의해 규정된다. 이것을 미션 스쿨에 적용하는 데 어려움이 발생한다. 미션 스쿨은 모든 과정을 완전히 한국어로 진행하기 때문이다. 이 문제는 다른 장에서 논의하겠다. 1920년인 지금까지 모든 교사가 교실에서 칼을 착용하도록 요구되었다. 여덟아홉 살 먹은 소년 소녀를 가르치는 교사가 덜커덕거리는 칼을 차고 거드름을 피우며 교실로 들어서는 광경을 상상하이 보라! 일본의 유머 부족을 보여 주는 재미있는 사례가 아닐 수 없다.

조선총독부가 발행한 역사와 지리 교과서는 가망 없을 정도로 왜곡되어 있다. 시드니 그린비(Sydney Greenbie)는 "일본은 민족학적 사실마저 조작하고 있다."라고 말한다. "일본은 영국을 모방하여, 영국이 미국의 모국(母國)인 것처럼 일본이 한국의 모국이라고 주장하고 있으며, 항상 그러한 태도를 고수하고 있다."[62] 이러한 행동은 한국을 멸시하고 일본을 미화하려는 의도에서 나온 것이다. 일본은 한국이 4,000년이 아니라 2,000년밖에 안된 나라로 일본에 뒤처진다고 가르친다. 일본과 한국의 황제는 한때 형제였고, 일본은 역사적으로 항상 한국을 보호해 왔다. 한국인은 항상 야만인이었으며, 그동안 한국이 도입한 모든 문명은 일본에서 왔다. 병합은 모국과 다시 하나가 되기를 원하는 한국인의 열망 때문에 이루어졌다. 한국을 병합하는 책임을 일본이 지는 것은 매우 관대한 행동이다. 동양 문명과 역사를 전공한 저명한 미국인 학자 윌리엄 엘리엇 그리피스(William Elliot Griffis)는 이러한 역사 왜곡에 대해 강력한 이의를 제기했다. W. E. 그리피스 박사는 다음과 같이 말했다.

---

62) Sidney Greenbie, "Korea Asserts Herself," *Asia*, September, 1919, p. 923.

한국이 일본에 정복되어 속국이 되었다는 동화가 진실인 것처럼 받아들여지고 있지만, 이는 역사와 전혀 관계가 없는, 일본의 허영심과 자만심을 반영한 거울일 뿐이다……. 일본은 문학과 글쓰기에 관해 한국에 깊은 은혜를 입었다. 수백 명의 호의적인 한국인 사절, 문인, 화가, 공예가, 승려 등과 함께 귀족 가문이나 궁녀의 예절을 교육하던 정숙하고 세련된 여성들이 천황(天皇)의 땅으로 건너갔다.[63]

학습 상황을 보아도 터무니없기는 마찬가지다. 보통학교는 미국의 문법학교와 비슷하게 일주일에 32시간의 수업을 하는데, 일본어 8시간, 산수 5시간, 한국어와 일본어 및 중국어의 근간인 한자 5시간, 체육 5시간, 공업 3시간, 농업 2시간, 서예 2시간, 음악 1시간, 일본의 신성한 천황을 숭배하는 법을 배우는 윤리라 불리는 과목 1시간이다. 한국 아이들은 자신의 언어와 역사를 공부할 수 없다. 적으나마 고등보통학교에서 가르치는 역사는 일본인이 편집한 일본의 역사이다. 이러한 편집에 따르면, 전 세계는 일시적으로 상속권을 박탈당한 일본의 자손으로, 천상의 지배자인 일본 천황은 자애로운 날개 아래 원래의 세습 질서가 복원되기를 간절히 바라고 있다. 총독부가 편집한 지리 교과서는 일본 열도를 우주(宇宙) 조개가 품고 있는 진주로, 한국은 일본의 일부분이 됨으로써 그 빛을 반사하여 광채를 공유하는 존재로 묘사하고 있다. 일본의 교육 제도 아래에서 한국 아이들은 미개인 호텐토트[64]의 아이들처럼 다른 나라의 역사나 세계의 흐름에 대해 무지할 수밖에 없다.

이러한 일본화 교육 과정 외에도 학교와 관련한 수많은 관료적 형식주의가 한국인을 괴롭히고 있다. 이 말은 전혀 과장이 아니다. 모든 학교에는 "충성의 방(Loyalty Room)"을 두고, 일본이 세계에서 가장 오래되고 강한

---

63) William Elliot Griffis, "Japan's Debt to Korea," *Asia*, August, 1919, pp. 742-748.

64) 남아프리카공화국의 한 부족(역자 주)

나라라는 인상을 주기 위한 도표와 그림을 전시하고 있다. 이를 통해 천황이 진짜로 신에게 인류 통치를 위임받은 존재라는 점을 한국인에게 각인시키려는 것이다. 《뉴 리퍼블릭(New Republic)》의 고(故) 월터 에드워드 윌(Walter Edward Weyl)은 1917년 한국을 방문한 뒤 다음과 같이 적었다. "나는 한국인을 세뇌해서 불온한 독립을 폐지하고 그들을 충성스러운 일본인으로 만들려는, 인내심 강한 일본의 용의주도한 음모를 이 '충성의 방'에서 엿볼 수 있었다."[65] 한국의 아이들은 공휴일마다 '충성의 방'에 있는 천황의 편액에 절을 해야 한다. 이 천상의 지배자 상(像)에 경배하기를 거부했던 어느 한국인 청년은 7년간 감옥에 갇혔다.

시시콜콜하고 짜증나는 공무상 간섭도 이러한 괴롭힘 중 하나다. 매일 학교의 공식 점검이 있으며, 생각할 수 있는 모든 세부 사항을 총독부에 보고해야 한다. 이 때문에 교사, 심지어 교장까지도 많은 시간을 허비하고 있다. "사용된 분필의 종류와 가격에서부터 교사의 혈통에 이르기까지 모든 것을 보고하고 빈번하게 점검해야 한다. 이것이 사람들, 특히 기독교 학교에 있는 외국인들을 몹시 화나게 하고 있다. 공식적인 허가 없이는 교사를 고용하거나 해고할 수 없다. 그리고 모든 교사의 기록은 여권 신청서보다 세 배 이상 상세하게 기록되어야 한다. 공식적인 허가 없이는 관리인의 급여를 올릴 수 없으며, 칠판지우개 12개를 살 수도 없다. 조선기독교대학에서 9시에 물리를, 10시에 화학을 가르치고 있다고 하자. 학교가 편의상 수업 순서를 바꾸려 해도 공식적인 허락이 없으면 그렇게 할 수 없다. 이렇게 끊임없이 점검이 이루어지고 있다."[66] 이러한 규칙을 조금만 위반해도 학교는 문을 닫아야 한다.

개인 기부로 운영되는 사립 학교도 공립 학교와 마찬가지로 이러한 공식

---

65) Walter E. Weyl, "Korea-an Experiment in Denationalization." *Harper's Magazine*, February, 1919, pp. 392-401.

66) Nathaniel Peffer, *The Truth About Korea*, p. 13.

규정을 준수해야 한다. 또한, 학교 비용으로 정부에 의해 배치된 일본인 교사는 준공무원의 역할을 하고 있으며, 학교가 어떤 일을 하든 그들의 의견과 요구를 고려해야만 한다. 학교 재량으로 그들을 해고할 수도 없다. 근대 교육을 하는 사립 학교가 1910년 2,000개에서 1916년 말 970개로 줄어든 것이 그리 놀랄 만한 일도 아니다.

왜 한국 젊은이들은 교육을 위해 외국에 나가지 않는가 라고 질문할 수도 있다. 첫째, 대다수 한국인은 자녀를 외국으로 유학 보내는 것이 경제적으로 불가능하다. 둘째, 자녀를 미국이나 유럽에 유학 보낼 수 있는 사람에게는 일본이 그런 계획을 허락하지 않는다. 미국이나 유럽에 공부하러 가는 한국인에게는 여권이 발급되지 않는 것이다. 그래도 외국에 가려 한다면 총독부에 체포되어 처벌받을 위험을 감수하면서 나라를 탈출해야만 한다. 한번은 잡지 기자로, 그다음에는 미국 감리교 감독 교회 100주년 위원회 관련으로 두 번 극동을 방문했던 타일러 데닛(Tyler Dennett)은 "한국은 프로이센화 되었다"라고 말했다. "일본은 심지어 한국 학생이 교육을 끝내기 위해 미국으로 오는 것까지 금지하고 있다. 알자스-로렌 지방의 프로이센화도 이 정도까지는 아니었다."[67]

한국 학생이 일본으로 갈 수 있는 것은 사실이다. 그러나 그곳에서 그들은 다시 어려움에 봉착하게 된다. 그들은 일본의 대학이나 전문학교에 입학하기 전에 다음 중 어느 한 가지를 해야만 한다. 첫 번째는 일본에서 문법학교부터 모든 것을 다시 시작하는 것으로 16~17세의 극소수 소년이 시도해 볼 만한 방법이다. 두 번째는 입학시험을 통과하는 것으로 한국 학생에게는 극도로 어려운 방법이다. "그가 입학시험을 거쳐 본인의 능력을 검증하더라도, 과정을 마칠 때 그는 학위 대신 자격증만을 받게 된다. 동일한 교육 제도하의 하급 학교 졸업장을 가지고 있지 않기 때문이다. 말할 나위

---

67) Tyler Dennett, "The Road to Peace, via China," *Outlook*, 117: 168-169, October 3, 1917.

없이 자격증 소지자는 정규 학위 소지자가 받는 특권을 누리지 못한다."[68] 이러한 차별과 악조건에도 불구하고, 일본에 있는 수천 명의 한국 학생은 일본 학교에서 꿋꿋이 버텨 나가고 있다. 조선총독이 몇몇 한국 학생을 일본에 유학 보내는 것은 거의 말할 가치가 없다. 서양인에게 일본 정부가 한국인의 교육을 장려하고 있다는 것을 보여 주기 위한 선전 활동의 일환이기 때문이다. 이 정부 장학생들은 학업 능력이나 경제적 지원의 필요성 때문에 뽑힌 것이 아니다. 오히려 일본의 통치에 적대적이지 않은 부유한 한국인 자녀가 선발되고 있다. 그들이 다닐 학교와 학습 과정은 총독부가 정하기 때문에 그들에게 선택권은 없다. 원칙적으로 그들은 실업 학교에 다녀야 하며, 고등 교육 기관에 다니는 것은 금지되어 있다.

이 모든 사항을 고려해 볼 때, 한국에서 운영되는 일본식 교육 제도는 한국인을 가능한 한 무식한 상태로 유지하기 위한 제도라고 생각해도 무방할 것이다. 그들의 언어는 금지되고, 그들의 역사는 잊히며, 그들의 문명은 멸시받고 있다. 그들은 외부 세계를 알 수 없으며, 그들에게 인류의 방대한 지식은 문이 잠겨 있다. 한국 아이들은 미래에 일본인에게 훌륭한 하인이 될 수 있을 정도의 훈련만 받으면 된다. 모든 한국 아이들은 이러한 사실을 알고 있기 때문에 방과 후에 서너 명씩 모여 한국어를 공부한다. 한국 아이들이 매우 진지하게 자신의 국적에 집착하는 것은, 고무적인 본보기는 아니라 할지라도, 흥미로운 주제임이 분명하다. 마찬가지로, 일본 정부가 한국인의 정신을 억압하면서 이 사실을 은폐하고, 외부 세계에 한국이 일본의 가르침을 받아 문명화하고 있다고 선전하는 방식도 매우 흥미롭다. 미국인 기자의 글에서 발췌한 다음의 내용은 독자들에게 한국에서 이루어지는 일본 교육의 실상을 분명하게 보여줄 것이다.

---

68) Hugh H. Cynn, *The Rebirth of Korea*, pp. 107-108.

아마도 일본은 한국에서 "자랑스럽게 강조"하기보다는 "불안하게 관찰"하는 일을 더 많이 하고 있을 것이다. 그러나 뭔가 강조해야 할 일이 있을 때면 일본은 항상 정부가 주도하는 교육 제도를 선택한다. 무상 교육이 미국인에게 어떤 효과를 주는지 잘 알고 있는 일본 관료들은 항상 이 부분을 강하게 강조한다. 경성(京城)에 있는 대규모 학교 한두 곳을 보면 상황이 나빠 보이지 않지만, 조금만 속을 들여다보면 교육 제도의 성공이 일종의 신화임을 금방 알 수 있다. 첫째, 일본은 직업 훈련에 중점을 두고 있는데, 이것은 한때 동양 최고의 학자이자 일본의 스승이었던 한국인에게는 대단히 모욕적인 행위임을 기억해야 한다. 둘째, 일본은 여덟 살 이하의 한국 아이들이 학교에 다니는 것을 허락하지 않는데, 이것은 2년의 낭비를 의미한다. 혹시 어린 나이에 교육을 마칠 수밖에 없는 상황에 부닥치기라도 한다면 이것은 대단히 심각한 문제이다.

상대적으로 4년 이상의 학업을 제공하는 학교는 매우 적다. 매우 신뢰할 수 있지만 특별한 사유로 인용할 수 없는 정보원에 따르면, 취학 연령기 한국 아동의 10분의 1만이 실제로 학교에 다니고 있다. 일본인은 인구의 2%밖에 되지 않지만, 그들의 자녀는 교육 예산의 60% 이상을 사용하고 있다.

일본의 한국 통치는 처음부터 끝까지 오류로 가득 찬 비극이다. 일본은 처음부터 폰 비싱(Von Bissing)의 방식을 따라 정복 정책을 추진하는 잘못을 저질렀다. 게다가 다른 사람의 심리 상태를 파악하지 못하는 이 특이한 독일인의 근시안적 성격을 모방한 듯 보인다. 만약 일본 관료들이 한국인에게 인기 없는 방식을 고안하기 위해 밤을 새웠다면 더 완전한 성공은 불가능했을 것이다.[69]

---

69) Elsie McCormick, "The Iron Hand in Korea," *Christian Herald* (New York), Vol. 43, pp. 469, 493, April 17, 1920.

# 제8장
# 사회악 조장

 

도덕은 상대적인 개념으로 사람과 시대에 따라 그 해석이 달라진다. 한 시대에 받아들여지는 것이 다른 시대에는 용서할 수 없는 것이 되기도 하고, 누군가에게 비도덕적인 것이 다른 사람에게는 도덕적인 것이 되기도 한다. 그러므로 한 민족의 도덕적 기준을 따질 때 우리는 우리 것이 아닌 그들 자신의 전통문화를 척도로 그것을 평가해야 한다. 진정한 도덕은 명령과 복종이 아니라 문제와 그에 대한 자유로운 선택을 통해 만들어진다. 따라서 모든 사람은 무엇이 도덕적이고 무엇이 그렇지 않은지 스스로 결정할 수 있는 폭넓은 권한을 가져야 한다. 그러나 개화된 사람이 보기에 결정적으로 비도덕적인 사회적 기준을 가진 사람이 자신의 윤리 강령을 원치 않는 다른 사람에게 강요한다면 문제는 심각해진다.

모든 국가에는 어느 정도 퇴치해야 할 사회악이 존재한다. 그러나 일본에서 사회악은 제거되지 않는다. 오히려 사상이나 국정을 이끄는 자들이 이를 장려한다. 따라서 일본은 세계에서 가장 부도덕한 국가라고 말하는 것이 그렇게 단순한 주장만은 아니다. 규모가 큰 어느 보통학교의 일본인 교장이 도쿄(東京) YMCA 총무인 게일런 W. 피셔(Galen W. Fisher) 씨에게 공개적으로 말한 바에 따르면, 그는 사창가에 단골로 다니고 있는데 그의 학교 선생들에게도 그렇게 할 것을 권하고 있으며, 심지어 선생들에게 표를 나누어 주고 월말에 대금 지급을 위해 급여 공제를 하고 있다고 한다. 17년간 일본을 여행한 베첼(Bechel) 대위는 107곳의 지역을 조사했는데, 그중 96곳이 치명적으로 부도덕하다는 점을 발견했다. 그는 여전히 많은 불교 사원에서 남근 숭배가 이루어지고 있으며, 일부 지역에서는 거의 모든 성인이 부도덕에 오염되어 있다고 보고했다. 여러 명의 정부(情婦)를 두고 있으며 그 사실을 학부모와 학생이 알고 있는 학교 교장, 공개적으로 두 명의 첩을 둔 국회의원, 두 명의 아내와 각각 자녀를 두고 두 집 살림하면서 게이샤(芸者)와 여행 다니는 지방 의원, 부모가 기를 능력이 없는 12살짜리 소녀를 마을이 맡아서 키우게 될 지도 모른다는 이유로 10엔에 팔아넘긴 손쵸(村長) 등이 베첼 대위가 언급한 사례이다.[70]

일본에 오래 거주하며 일본 사회 환경에 대해 깊은 안목을 쌓은 어니스트 윌슨 클레멘트(Ernest Wilson Clement)는 자신의 책 "현대 일본 안내서"에 다음과 같이 적고 있다.

잘 알려진 바와 같이, 일본에서는 사회악이 면허를 받고 합법화되어 있다. 즉 사회악이 단지 비난 받지 않는 수준이 아니라 실제로 허용되고 있는 것이다. 과거 일본에서는 부모의 가난과 고통을 덜어주기 위해 자신의 몸을 팔아 수치스러운 삶에 기꺼이 뛰어드는 소녀의 행동이 고결한 것으로 간주되었다. 육체적 순결보

---

70) *Japanese Young Men in War and Peace*, published by the International Committee of the Y. M. C. A., New York, and "Japan's Need and Response," in the *Missionary Review of the World*, January, 1917, pp. 5–6.

다 부모에 대한 헌신을 더 훌륭한 가치로 여겼기 때문이다. 가족의 행복이 개인의 생활보다 더 중요했기 때문에 딸에게 그러한 도움을 받는 부모도 심하게 비난받지 않았다. 법의 관점에서 볼 때, 근대 일본에서조차 등록된 사창가에 가는 것은 범죄가 아니다. 그런 곳에 가는 사람은 마치 일반적인 공개 행사에 참석하는 것처럼 자신의 명패를 제출하고 이름을 등록한다. 아니, 그 이상이다. 당대 최고의 철학자이자 교육자인 제국대학 전(前) 총장이 대중적 출판물에 과학과 철학의 관점에서 보면 매춘 그 자체는 악이라 할 수 없다고 단언할 정도이니…….[71]

근대 일본에서 가장 개화하고 저명한 정치가인 고(故) 이토 히로부미(伊藤博文) 공작은 낮에는 중대한 국가 사무에 열심이었지만, 밤에는 악덕으로 점철했다고 한다. 그가 총리대신이었을 때, 어느 외국인 선교사는 그의 행동이 젊은이에게 나쁜 영향을 끼친다며 그를 비난했다. 총리대신은 이렇게 대답했다. "색(色)의 즐거움을 포기하느니 차라리 총리대신과 총재를 그만두고 사람들의 존경을 잃는 편을 택하겠다."

일본과 해협으로 분리된 한국은 유교적 도덕 규범을 근간으로 하는 나라로 아무리 방탕한 시기에도 2,000년의 역사에서 일본이 현재 보여 주는 도덕적 타락 수준까지 결코 떨어져 본 적이 없다. 18세기의 위대한 지리학자 J. B. 뒤 알드(J. B. Du Halde)는 한국 사람에 대해 "일반적으로 매우 우수하며 부드럽고 유순한 기질을 지닌 사람들로 한문을 이해하고, 학문을 좋아하며, 음악과 춤을 사랑한다"라고 묘사했다. 그는 다음과 같이 덧붙여 말했다. "한국은 예의범절을 잘 갖춘 나라여서 절도나 간음죄 같은 것이 없으며, 밤에 문을 닫을 필요조차 없다. 모든 나라에 치명적인 격변이 일어 이러한 순진무구함을 훼손한다고 할지라도, 한국인은 아직 이런 모습을 충분히 가지고 있어 다른 나라의 귀감이 된다."

---

71) *A Handbook of Modern Japan*, pp. 166-167.

일본인이 한국에 밀어닥치기 전에 이 나라에는 가장 큰 도시인 한성에 약 500명의 기생(무희)이 있었지만, 사창가는 존재하지 않았다. 기생은 어린 시절부터 음악과 춤을 몸에 익힌 사람들로, 전반적으로 미국의 코러스 걸(합창 단원)과 매우 비슷하다. 이들 중 몇몇은 미심쩍은 평판을 받기도 하지만, 이들의 활동 영역은 상대적으로 부도덕한 도시인 한성에 거의 한정되어 있었다. 그러나 사교 모임에서 음악과 춤으로 여흥을 제공하던 기생의 역할은 일본인의 유입과 함께 사라졌고, 전국은 면허를 받은 매춘부로 넘쳐나게 되었다. 일본은 본토에서 수천 명의 매춘부를 데리고 왔을 뿐만 아니라, 한국의 모든 도시에 일본인과 한국인 매춘 업소를 세웠다. 사창가는 도시의 핵심부와 사람이 많이 모이는 지역으로 퍼져 나갔는데, 종종 주거 지역을 침범했기 때문에 예민한 사람들은 자신의 소유지를 일본인에게 명목 가격으로 처분하고 그곳을 떠나지 않을 수 없었다.

어리고 무지한 한국 소녀들이 종종 경찰의 도움을 받는 일본 사기꾼의 마수에 걸려 수치스러운 삶의 늪에 빠진다. 일본은 이런 식으로 한국에 "홍등가"를 대대적인 규모로 퍼뜨렸다. 가장 화려한 거리를 만들기 위해 한성에서만 50만 달러가 사용되었다. 세브란스 병원의 내과 의사인 캐나다 출신 프랭크 W. 스코필드(Frank W. Schofield) 박사는 홍등가를 세밀히 조사하고 수천 번의 혈액 검사를 시행했다. 그는 "일본만큼 여성이 부도덕한 나라는 그 어디에도 없다"라고 증언하며 다음의 수치를 제시했다.[72]

| 도시 | 매춘부 비율, 한국인 | 매춘부 비율, 일본인 |
|---|---|---|
| 송도(松島) | 남자 894명당 1명 | 남자 60명당 1명 |
| 춘천(春川) | 남자 558명당 1명 | 남자 62명당 1명 |
| 경성(京城) | 남자 228명당 1명 | 남자 60명당 1명 |

---

72) Frank W. Schofield, "What Korea Suffers from Japan," *The Christian Register*, September 16, 1920, pp. 914-915.

위의 표를 보면, 한국에 거주하는 일본인의 부도덕성은 모든 지역에서 거의 비슷하지만, 한국인은 지역의 "일본화" 정도에 따라 수치가 증가함을 알 수 있다. 경성은 한국에서 가장 철저하게 "일본화"한 도시이기 때문에 인구 대비 매춘부의 비율이 높다. 미국 장로교 외국 선교 위원회 총무인 아서 저드슨 브라운(Arthur Judson Brown) 박사는 일본제국의 사회악을 관찰하고 기록하면서, 일본의 통치를 받는 한국의 부도덕한 상황에 대해 다음과 같이 진술했다.

한국 내 모든 일본인 거주지는, 규모는 작더라도 실질적으로 거의 같은 환경이 조성되어 있다. 일본인 숫자가 아무리 적어도 매춘부는 항상 포함되어 있는 것이다. 악은 "홍등가"에 한정되어 있지 않다. 게이샤(무희)는 웬만한 도시에 다 퍼져 있으며, 여관이나 식당, 주점에서 근무하는 여급은 전부는 아니더라도 대부분 매춘을 하는 것으로 알려져 있다. 내가 두 번째 방문 기간에 입수한 공식 자료에는 경성과 평양의 부도덕한 여성들을 "매춘부", "게이샤", "여관, 살롱, 식당의 여급" 등으로 표시하고 있는데, 이런 점을 보면 당국도 이러한 사실을 명백히 알고 있는 것으로 보인다. 공식 기록에는 매춘부와 게이샤에게 매달 세금을 징수한 내용도 나와 있다. 나는 당국이 보고한 경성의 한국인 매춘부 숫자도 알고 있다. 그 수치를 비교한 결과 일본인은 31명당 1명꼴로 부도덕하다고 할 수 있지만, 한국인은 부도덕한 경우가 730명당 1명꼴이었다…….

이러한 사회악 앞에서는 민족 차별도 자취를 감춘다. 한국인은 이러한 공공연한 호객 행위에 노출되는 것만이 아니다. 믿을 만한 소식통에 따르면, 일본인 포주가 매춘부 몇 명을 데리고 시골 마을 구석구석을 돌아다니는 일도 드물지 않다고 한다. 《코리아 리뷰(Korea Review)》 편집자의 다음과 같은 확인이 없었다면, 이런 천인공노할 짓을 절대 믿을 수는 없었을 것이다. "이것은 논쟁의 여지가 없다는 점을 내외국인 목격자가 증명해 주었다. 어떤 마을에서 주둔하게 된 부대가 일부 병사는 한국인 가정에, 다른 일부는 일본인 매춘부와 숙영하도록 했다. 한국

기독교인 중 다수가 매춘부에게 집의 일부분을 제공하라고 강요당했고, 매춘부들은 그곳에서 사악한 장사를 계속했다. 우리가 이러한 말할 수 없는 무도함에 대해 신중하게 조사해보니 그 내용은 전부 사실이었다."[73]

재판을 받게 된 어느 한국 여학생 "반역자"는 판사 앞에서 일본의 사회악에 대해 신랄한 비판을 가했다. "당신들은 우리에게서 학교를 빼앗은 대신 매음굴을 선사했다. 교사 자격증은 가장 얻기 어려운 자격증인 반면, 매춘부 자격증은 가장 쉬운 자격증이다."

일본의 군사 점령이 초래한 또 다른 결과는 당국이 마약 상인을 승인하고 보호한다는 점이다. 한국이 독립 국가였던 당시에는 아편 밀수를 사형으로 다스리며 엄격히 금했고, 경성의 몇몇 은밀한 경우를 제외하면 전국적으로 아편 중독자를 찾아볼 수 없었다. 그러나 일본이 이 나라를 점령하자마자 일본 마약 상인이 들끓기 시작했다. 《런던 데일리 메일 (London Daily Mail)》전쟁 특파원 프레더릭 아서 매켄지(Frederick Arthur McKenzie)는 일본 점령 직후 한국에서 개인적으로 관찰한 내용을 기록했다.

일본의 한 가지 행동이 그들을 가장 잘 아는 사람들조차 놀라게 만들고 있다. 일본에서 아편 흡연은 무거운 처벌의 대상으로 금지되고 있으며, 어떤 형태로든 국외로 반출하는 것을 막기 위해 정교한 예방 조치가 취해지고 있다. 한국의 이전 정부도 강력한 아편 방지법을 시행했었다. 그러나 일본은 현재 자국민이 한국에 건너가 한국인에게 마약을 판매하는 것을 허용하고 있다. 이 때문에 특히 서북 지역에서 마약 중독자가 양산되고 있다.[74]

---

73) A. J. Brown, *The Mastery of the Far East*, pp. 383-384.
74) F. A. McKenzie, *The Tragedy of Korea*, p. 114.

일본 정부는 아편 거래에서 거둘 수 있는 세금과 아편 거래를 통해 토착민을 타락시킬 수 있다는 점에 영감을 받아 어떤 형태로든 아편을 사용하도록 꾸준히 부추겨 왔다. 일본은 한국에서 양귀비를 재배하면 이익이 더 많아질 것이라는 데까지 생각이 미쳤다. 그들은 한국에 양귀비를 소개하고 한국인과 일본인 농부들에게 재배를 장려했다. "정부가 양귀비 경작을 촉진하는 데 사용한 연간 예산은 182,000달러이다."[75]

이러한 정부의 보조금과 격려에 힘입어 양귀비 경작은 놀라운 비율로 증가했다. 중국 베이징(北京)의 국제 개혁국 동방지부장인 E. W. 트윙(E. W. Thwing) 목사가 1917년 여름 한국을 방문하여 마약 중독 상황을 조사했다. 다음은 그의 보고서에 포함된 내용이다.

올해 봄에 나는 중국에서 거래되는 아편이 한국에서 재배되고 있다는 소문을 들었다. 나는 그 보고의 진위를 알 수 없었다. 중국의 재배가 대세가 된 이후 일본이 국제적 위험을 안고 있는 이 약용 식물을 재배할 가능성은 없어 보였다. 나는 올해 여름에 조사를 위해 한국을 방문했다. 그 보고는 사실이었다. 내가 만난 한국인은 그것이 자라는 것을 보았다고 했다. 한 선교사는 자신의 구역 내에 양귀비를 재배하는 밭이 열세 곳 있다고 했다. 나는 일본 관료들이 한국인에게 돈을 더 많이 벌 수 있다고 말하면서 양귀비 씨앗을 제공하고 경작을 독려했다는 얘기를 들었다.[76]

뉴욕의 한 종교 주간지는 "어느 선교사가 자신의 구역에 양귀비 밭이 약 천 에이커에 이른다고 보고할 정도로 한국의 양귀비 밭은 급속하게 증가하고 있다."고 보도했다. 일본 정부는 "한국에 대한 새로운 아편 조례"를 통해 실질적인 아편 거래 독점 체제를 구축했다. 이 조례에서 다루는 가장 중요한 약물은 모르핀으로,

---

75) *The Bulletin of International Reform Bureau*, Washington, August 15, 1919.

76) *Peking Gazette*, October 3, 1917.

제4조는 한국 농부가 납품한 아편이 충분한 양의 모르핀을 함유하고 있지 않다면 대금 지불 없이 폐기 처분하도록 규정하고 있다. "또 다른 규제 항목은 판매되는 아편이 모르핀 및 다른 약물의 제조에만 사용되어야 하며 모르핀 확보가 매우 중요하다는 점을 강조하고 있다……. 한국에 대한 새로운 규제는 이 문제의 통제권을 마약 상인과 경찰의 손에 넘겼는데, 이들은 과거에 가장 많이 법을 위반하던 자들이다……. 많은 사람은 이러한 새로운 아편 정책이 일본에 더 큰 위험과 불명예를 가져올 것으로 생각하고 있다."[77]

아서 저드슨 브라운(Arthur Judson Brown) 박사는 한국의 모르핀 현황을 다음과 같이 요약했다.

한국의 상황은 심각하다. 한국인 대부분은 이런 상황에 무관심하지만, 각성한 사람들과 진정으로 국민을 생각하는 사람들은 이에 대해 심각하게 고민하고 있다. 마약 거래는 일본법 위반이지만, 다소 공공연하게 일본인에 의해 행해지고 있으며, 특히 시골 지역은 행상인들에 의해 모르핀과 아편 중독이 퍼져나가고 있다. 일본 본토에서는 이 법이 엄격하게 집행되고 있다. 한국의 치안 판사도 이런 거래를 직접적으로 인지하여 사건의 책임 소재가 자신에게 있는 경우라면 마약 밀매업자를 처벌할 것이지만, 그래야만 하는 경우가 아니라면 좀처럼 문제를 표면화하려 하지 않는다. 그런 행동이 자기 자신을 불쾌하게 만들기 때문이다. 수천 명의 한국인이 일본 행상인에게 모르핀 주사기의 사용법을 배우고 있다……. 한국의 모든 병원은 이제 아편과 모르핀 중독자를 치료해야 한다. 아편 흡연은 오래전에 중국인이 들여왔지만, 이 사회악이 지금처럼 광범위하게 퍼졌던 적은 없었다. 선교사들의 항의가 어느 정도 영향을 주기 시작했지만, 한국인의 도덕적 타락은

---

77) *The Continent* (New York), October 2, 1919.

계속되고 있다.[78]

일본이 만든 아편금지법은 어떤 것이든 대개 마약 거래에 관한 관료들의 주의가 요구될 때 외국인에게 보여 주기 위해 고안된 것에 불과하며, 결코 시행될 의도로 만들어진 것이 아니다. 일본은 한국에서 아편 거래를 공식적으로 장려함으로써 (1) 상당한 규모의 수입을 얻고, (2) 체계적인 중독을 통해 점진적이며 조용하게 한국인을 말살하는 두 가지 목표를 이루어 나가고 있다.

술의 문제는 아편이나 모르핀만큼 해롭지는 않지만, 언급할 가치가 있다. 한국은 주류 거래에 관해 모든 마을이 자체적으로 권한을 갖는 오랜 관습을 지켜왔다. 이전 정부 시대에는 거의 모든 대도시에 주점이 있었지만, 마을에는 술집이 거의 없었다. 일본 통치하에서는 이 모든 것이 바뀌었고, 지역 거주자의 의지와 관계없이 모든 촌락과 마을에 주점이 허용되었다. 1919년 9월 29일 한국 개신교 복음주의 선교 위원회는 조선총독 사이토 마코토(齋藤實) 해군 대장에게 청원서를 제출하고, 한국에서의 공식적인 주류 거래 허가 제도에 대해 다음과 같이 항의했다.

우리는 주류 거래에 관한 법률 개정을 요구하며, 과거 한국 정부 시대에 존재했던 지역의 선택 권한, 즉 마을 사람들이 자기들 주변에 주점 설립을 금지할 수 있는 권한을 복원 시켜 줄 것을 요청한다. 지금은 경찰의 보호 아래 허가증이 발급되어 마을 주민의 의지에 반하는 주점이 세워지고 있다.

위의 언급과 관련하여 소소한 사회악이 여러 가지 존재한다. 이전에 한국에는 카바레나 술집이 지금처럼 많지 않았다. 비슷하게 소년들의 흡연도

---

78) A. J. Brown, *The Mastery of the Far East*, p. 390.

증가하고 있다. 한국인은 수 세기 동안 담뱃잎을 사용했으며, 궐련은 일본인이 들여온 이후에 알려지기 시작했다. 한국의 오랜 관습에 따르면, 나이 어린 사람이 연장자 앞에서 담배를 피우는 것은 몹시도 무례한 행동이다. 오늘날 이런 관습은 모두 사라졌고, 이를 대신할 만한 것도 나타나지 않았다. 아홉 내지 열 살쯤 되는 소년이 담배 피우는 모습은 거리에서 쉽게 찾아볼 수 있다. 몇 년 전, 평양의 길(吉) 목사가 소년들에게 담배 흡연의 해악에 대해 설교한 죄로 체포되어 처벌받은 일도 있다. 당시 한국에 있었던 유명한 미국의 종교 작가 윌리엄 T. 엘리스(William T. Ellis)는 이 사건을 다음과 같이 분석했다.

> 최근 한국의 북부 지역에서 보고된 터무니없는 체포 사건 중 하나가 평양 중앙 장로교회 길 목사의 사건이다. 나는 이 이야기를 장로교 선교사에게 들었는데, 교회는 마흔 한 번의 조사로 "쑥대밭"이 되었다고 한다. 길 목사는 반역죄로 체포되었다. 그가 소년 신자들에게 담배를 피우지 말라고 충고한 것이 체포 원인으로 제시되었다. 일본인의 논리에 따르면, 담배 제조는 정부의 독점 사업이기 때문에 담배에 대해 부정적으로 얘기하는 것은 정부 기관에 해를 가하는 행위이다. 정부 기관에 해를 가하는 행위는 정부에 대항하는 일이며, 정부에 대항하는 것은 반역이다. 그러므로 길 목사는 반역죄에 해당한다.[79]

위에서 언급한 사회악만큼 한국인의 건강을 해치는 것은 아니지만, 한국 사회의 윤리를 좀먹는 것이 대중목욕탕이다. 일본에서는 대중목욕탕에서 남녀가 함께 목욕한다. 이 풍습은 일본이 한국에 들여온 것으로, 한국의 모든 도시에 대중목욕탕이 들어섰다. 물론, 한국 여성은 이런 장소에 가지 않는다. 그러나 이런 장소의 존재 자체가 사회를 타락시키고 있다. 그러나 이

---

79) William T. Ellis, "Christianity's Fiery Trial in Korea," *The Continent*, June 27, 1912, p. 897.

런 사회악이 한국인에게 아무런 보상을 주지 않는 것은 아니다. 그들의 문화가 정복자의 문화보다 확실하게 수준이 높다는 것을 깨닫게 해주기 때문이다. 30년 이상 한국에 거주한 영국인 선교사 제임스 게일(James S. Gale) 박사는 이를 한국과 일본이 대조를 이루는 특징 중 하나로 간주하고 있다.

게일 박사는 이렇게 말했다.

한국인은 자신의 가족 특히 여성을 대중의 눈으로부터 매우 엄격하게 보호한다. 반면, 일본인은 음란하다는 생각 없이 나체로 다니며, 마치 보티첼리의 이브가 보여 주는 순진한 모습처럼 대중목욕탕에서 남자와 여자가 함께 목욕한다. 이것은 한국인에게 외설의 극치이며, 일본인의 생각을 전혀 이해할 수 없게 만드는 것이다.[80]

일본에 공평하게 말하자면, 대중목욕탕은 위에 언급한 아편이나 다른 사회악처럼 한국인의 인격을 파괴하려는 의도에서 들여온 것은 아니다. 그것은 그들의 국민적 관습이며 한국을 일본화하는 과정의 일환으로 강요하고 있을 뿐이다. 그렇기는 하지만, 그것은 분명히 공동체에 풍기 문란의 영향을 미치고 있다.

일본은 잘 베끼는 나라이다. 빠른 지각 능력과 놀라운 모방 능력으로 일본은 미국과 유럽으로부터 편리하고 효과적인 모든 것을 따라 했다. 그러나 지금까지 그들은 서양 문명의 그 어떤 근본 원리도 완전히 소화하지 못했다. 물질적인 면-특히, 육군과 해군-에서 일본은 세계의 "5대" 강대국 중 하나이다. 그러나 우리가 문화라 부르는 높은 수준의 문명을 달성하는 데 있어서 일본은 근대 국가 중 가장 뒤떨어진 나라이다. 일본은 정치적·산업적 혁명을 겪었지만, 아직 도덕적·정신적 혁명은 오지 않았다. 양심의 개혁

---

80) James S. Gale, "The Missionary Outlook in Korea," *The Missionary Review of the World*, February, 1920, p. 118.

을 거치지 않는 한 일본은 계몽 국가의 일원이 될 수 없을 것이다.

헨리크 입센(Henrik Ibsen)은 다음과 같이 말했다. "인간은 아직도 특별한 혁명을 요구한다. 정치적 혁명은 겉만 번지르르한 외피에 지나지 않는다. 봉기해야 하는 것은 인간의 정신이다."

# 제9장
# 교회 박해

1919년 7월과 8월, 오하이오 주(州) 콜럼버스 시(市)에서 유명한 감리교 감독 교회 100주년 기념식이 개최되었다. 이곳에서 열린 허버트 웰치(Herbert Welch) 주교와 그의 부인을 기리는 연회에서 어느 한국인 지도자가 극동 지역에서의 한국 민족의 사명에 관해 연설했다. "우리가 이루고 싶은 것은 두 가지입니다. 우리는 한국을 민주주의와 기독교 민주주의로 만들고 싶습니다." 기독교는 아주 먼 옛날부터 민주주의의 씨앗을 뿌렸다. 기독교는 인간의 존엄성과 인권의 신성함을 가르쳤고, 가는 곳마다 독재자의 강력한 적이 되어 왔다. 독재자 일본과 한국의 기독교도 예외는 아니다.

한국 교회는 그 조직과 활력 넘치는 모습이 매우 특이하다. 명목상 선교사의 감독 아래에 있지만, 자치 형태로 운영된다. 한국 교회는 본인의 목회 활동은 물론, 다른 나라에 선교사를 파견하기도 한다. 1918년에 장로교 단독으로 48명의 선교사를 파견했는데, 그중에는 중국 동포를 개종시키기 위해 산둥반도(山東半島)로 파견된 3명도 포함되어 있다. 한국 기독교인은 수입뿐만 아니라 봉사도 십일조를 낸다. 요컨대, 한국에서 기독교인은 효모와 같은 존재이다. 그들은 한국인 중에서 가장 진보적이고 자립적이며 역량 있는 사람들이다. 비록 일시적으로 불의에 굴복하거나 일본의 법에 순종할 수도 있지만, 그들은 결코 자신의 신앙을 부정하거나 자신이 한국인임을 잊지 않는다. 그들은 정의를 위해서라면 기꺼이 목숨을 바칠 수 있음을 증명해 보였다. 일본은 이렇게 자립적인 사람을 키워내는 기관을 못마땅해한다. 일본은 다른 어떤 기관보다 기독교가 한국인의 도덕성을 굳건히 하고, 잠들어 있던 지적 삶을 일깨우며, 죽은 것처럼 보이는 이 나라의 인성을 되살릴 것으로 생각했다. 즉 기독교의 확대를 막고 이미 퍼져있는 교회의 영향력을 파괴하기 위해서는 무언가 조치가 필요하다는 점을 깨달은 것이다.

처음에는 평화적인 방법이 사용되었다. 종교 복장으로 무장한 반관반민(半官半民) 단체인 일본 회중교회(會衆敎會) 소속 "선교사" 및 신도(神道)와 불교의 승려가 한국인을 변화시키기 위해 일본에서 파견되었다. 일본 회중교회 "선교사"의 특수 임무는 한국 기독교인을 개종시킴으로써 한국 교회의 기반을 약화하는 것이었고, 신도와 불교 승려는 비기독교인을 목표로 하고 있었다. 이 종파의 거대한 사원이 세워졌고, 정부는 편의를 제공하겠다고 유혹하며 이 조직에 한국인의 가입을 유도했다. 그러나 한국인은 일본의 모든 의도를 알아차리고, 일본 정부의 종교적 선전에 귀를 기울이지 않았다. 한국 기독교를 평화적으로 정복하겠다는 일본의 계획은 모두 실패로 끝났다.

데라우치 마사타케(寺內正毅) 총독은 신속하게 한국인이 저항할 수 없는 가장 쉬운 방법, 즉 무력을 사용하기로 결정했다. 1911년 가을, 총독 살해 음모를 꾸몄다는 혐의로 전국적으로 저명한 주요 기독교인이 대규모로 체포되었다. 그들은 통상적인 "예심" 과정을 거치며 조사를 받았다. 경찰은 대개 공개 법정에서는 피고에 의해 부인(否認)되던 비밀 고문을 통해 수감자에게 서명을 받아내는 "자백" 절차를 마련했다. 9명은 재판 없이 유배되었고, 3명은 고문의 직접적인 결과로 사망했으며, 123명은 1912년 6월 28일 경성지방법원에서 열린 재판에 회부되었다. 변호인은 알리바이를 입증할 수 있는 증인 신청이 허락되지 않았고, 판사는 고문에 의한 "자백"에 근거한 경찰의 결정을 편들었다. 9월 28일 피고인 중 106명이 5년에서 10년의 징역형을 선고받았다.[81]

일본 정부에는 불행하게도 정의의 모조품 같은 이런 졸렬한 행위는 서양에서 상당한 비판을 불러일으켰다. 미국 장로교 외국선교위원회 총무인 아서 저드슨 브라운(Arthur Judson Brown) 박사는 명쾌하게 서술된 소책자 《한국 음모 사건(The Korean Conspiracy Case)》에서 경찰이 한국의 가장 진보적인 지도자들을 잡아넣기 위해 어떻게 이 사건을 조작했는지 낱낱이 밝혀냈다. 하버드 대학교 명예 총장 찰스 윌리엄 엘리엇(Charles William Eliot) 박사는 1912년 9월 4일 도쿄(東京)에서 다음과 같이 적었다. "일본은 범죄 혐의자에 대한 예심 절차를 분별력 있게 수정할 때에만 서방 세계에서의 지위가 향상될 수 있을 것이다."[82] 《뉴욕 헤럴드(New York Herald)》의 소유주 제임스 고든 베넷(James Gordon Bennett)은 신임하던 베이징(北京) 특파원 J. K. 올(J. K. Ohl)을 경성에 파견하여 이 사건을 보도하도록 했다. 그는 일본 경찰이 조작하고 법원이 결탁한 모든 내용을 가차 없이 폭로한 일련의 기사를 신문사로 송고했다. 남감리교교회 외국 선교 위원회 총무인 W. W. 핀슨(W. W. Pinson) 박사는 이 사건을 조사하기 위해 한국을 특별 방문했다. 그는 다음과 같이 보고했다.

이 죄수 무리에 관해 놀라게 되는 것은 그 구성원 하나하나이다. 이 무리에서

---

81) Cf. *Current Literature*, December, 1912, pp. 631-633.

82) Quoted by Brown in the pamphlet mentioned.

나약하고 비겁한 겁쟁이 또는 뻔뻔한 악당을 찾으려 한다면 실망하고 말 것이다. 대신 강건하며 남자답고 자존심이 세며 총명한 사람을 보게 될 것이다. 많은 사람이 흔치 않은 용기와 고귀함을 지니고 있다. 전반적으로 이 무리는 이 나라 어디에서도 그 정도 숫자의 사람들이 보여줄 수 없는, 훨씬 높은 수준의 모습을 보여주는 사람들이다. 자세히 조사해 보니, 경찰이 가장 키가 큰 밀밭에 낫을 들이밀어 넣은 것 같다. 그들은 범죄자나 무책임한 사회 계층에 속하는 사람들이 아니다. 그들 대부분은 가장 엄격한 소교리문답(小敎理問答) 종파를 따라 훈련한 장로교 신도이다. 그들은 본인들의 체포 이유인 그런 종류의 범죄를 저지를 유형의 사람들이 아니다. 그들은 너무 똑똑하다. 그들은 대의를 위해 목숨을 건 모험을 할 수 있을지 모르지만, 도저히 바보 같은 짓을 저지를 것 같지는 않다.[83]

외국의 비난 때문에 일본은 이 재판의 항소를 허용했다. 총독부는 항소 법원에 "회유적인 방법"을 사용하라고 지시했고, 그 결과 여섯 명을 제외한 모든 수감자가 석방되었다. 그중 다섯 명은 6년, 나머지 한 명은 5년의 징역형을 선고받았는데, 전(前) 조정 대신이자 송도 남부 감리교 대학 총장 그리고 YMCA 부총재를 역임한 윤치호(尹致昊) 남작과 가장 유명한 작가이자 언론인인 양기탁(梁起鐸) 등 매우 뛰어난 지도자가 포함되어 있었다.[84] 이들이 기소된 범죄 혐의는 석방된 사람들의 범죄 혐의와 동일하며, 이들에 대한 판결은 일본 정부의 체면치레에 지나지 않았다. 미국 주재 일본 정부의 반관반민 대표자들이 한국 "음모 사건"과 관련하여 워싱턴 주재 일본 대사관에 공식적으로 항의한 미국 장로교 외국선교위원회와 접촉했다. 그들은 미국 장로교회가 한국인 수감자의 죄를 인정하고 일본 정부에 "자비"를 호소한다면 모든 수감자를 석방할 수 있다고 제안했다. 이 제안은 단호하게

---

83) Full report published in the New York *Herald*, September 29, 1912.

84) Cf. "Korea's Plight Under Japan," The Presbyterian Banner, July 16, 1914.

거절되었다. 일본 정부는 한국에서 기독교의 영향력을 줄이려던 공식 계획이 실패한 것을 분하게 여겼다. 1915년 2월 천황 즉위에 즈음하여 제국의 "자비"의 상징으로 모든 피고인이 석방되었다.[85]

"음모 사건"은 한국 기독교인의 기세를 꺾지 못했다. 이상한 얘기지만, 한국 교회의 지위는 약해지기는커녕 오히려 강화되었다. 기독교 안에서 한국인은 손상된 국가의 명예와 개인의 상처를 치유할 수 있는 위로와 지지를 얻었다. 증오스러운 정복자에 의해 외부 세계와 단절되고 갇혀 버린 한국인은 기독교를 통해 일본보다 훨씬 관대한 이상(理想)을 향유하는 먼 나라들과 접촉할 수 있었다. 무엇보다 기독교는 한국인에게 "계속"할 수 있다는 희망을 주었다. 그들은 운명에 체념하지 않았다. 오히려 그들은 끊임없이 활동했다. 동양의 정적(靜的)인 이상주의가 갑자기 역동적인 힘으로 바뀌었고, 자신의 신앙과 민족적 자유의 대의를 위해 순교자의 죽음을 맞이하는 것이 모든 진정한 기독교인의 의무로 여겨졌다. 유명한 미국의 종교 작가 윌리엄 T. 엘리스(William T. Ellis)는 한국 기독교인의 기질을 다음과 같이 아주 적절하게 묘사했다. "광범위한 지역에서 외국 선교가 이루어지고 있지만, 한국 기독교인만큼 개가를 올리며 박해의 불길을 헤쳐나가는 개종자는 찾아보기 힘들다. 기독교 증거의 관점에서 볼 때, 한국의 이 무시무시한 박해 이야기는 낭만적이며 영광스러운 이야기이다."

이렇게 되자 일본 당국은 덜 노골적인 방법으로 한국 교회의 목을 조르기 시작했다. 1915년 공포된 "교육령"은 교육과 종교를 분리한다는 명분으로 미션 스쿨에서 종교 교육을 금지했고, 모든 미션 스쿨에 교육부가 임명한 일본인 감독관을 배치하도록 했다. 그리고 매일 모든 세부 업무를 정부에 보고하도록 의무화했다. 총독부의 허가 없이는 새로운 학교를 설립할 수 없으며, 기독교 성직자가 설교하기 위해서도 총독부의 허락이 필요했다.

---

85) A complete record of the "Korean Conspiracy Case," published by *Japan Chronicle* in a pamphlet.

총독부에게 허가를 받는 것은 거의 불가능했고, 한국인은 총독부로부터 자녀를 미션 스쿨에 보내지 말라는 충고를 들었다. 모든 수업은 일본어로 진행해야 하고, 이러한 요건을 충족하지 못하면 그 학교는 총독부에 의해 문을 닫을 수밖에 없었다.

교육령 공포 이후 총독부의 허가를 받은 학교들에는 새로운 요건에 적응하는 데 10년의 시간이 주어졌다. 그 외의 학교들은 즉각 순응하거나 문을 닫아야 했다. 남학생이 다니던 선천(宣川)의 장로교 학교와 순천(順天)의 남(南) 장로교 여학교는 법이 시행되기 전에 설립되었지만, 엄밀한 법 해석에 따른 지연으로 허가를 받지 못했고, 결국 치안 판사에 의해 문을 닫고 말았다. 이렇게 선교사와 기독교 사역자들은 옛 한국 정부하에서 누리던 권리를 박탈당했고, 일본 본토에서 일하는 동료들이 누리는 특권을 누릴 수 없게 되었다. 한국교육재단평의회 총무인 제임스 에드워드 애덤스(James Edward Adams) 목사는 다음과 같이 올바른 판단을 하고 있다. "상황은 일본 본토와 완전히 다르다. 일본 본토의 보통학교는 의무 교육이기 때문에 미션 스쿨이 거의 없지만, 이 학교에서 종교 교육은 금지되어 있지 않다. 미션 스쿨이 정부 제도를 따르고 세속화하며 다른 조건들을 충족한다면, 이 학교는 다른 학교가 가지지 못한 특권을 가질 수 있다. 반대로 정부 제도를 따르지 않고 자신의 방식을 고수한다면, 최고의 재량을 발휘하여 교과 과정에 종교 교육을 편성할 수 있다. 메이지 가쿠인(明治学院)과 감리교 아오야마 가쿠인(青山学院)이 이런 유형의 학교이다. 주어진 선택권은 '순응 또는 유지'이다. 그러나 이곳에서 선택권은 '순응 또는 폐교'이다. 하나는 허가의 선택권이고, 다른 하나는 억압의 선택권이다. 이것이 근본적으로 다른 점이다. 그리고 지금까지 한국의 상황은 일본보다 더욱 심각하다. 선택의 자유는 없다. 세속화가 아니면 문을 닫는 길밖에 없다."[86]

---

86) Cf. "Japanese Nationalism and Mission Schools in Chosen," *The International Review of Missions*, Vol. VI, No. 21, January, 1917, pp. 74-98.

이러한 제한을 두기 위해 한국의 일본 정부는 두 가지 방책을 취했다. 첫 번째는 세부 사항에 관해 끝없이 번거로운 절차를 거치게 하여 업무를 방해함으로써 선교사들이 압박감에 서서히 한국을 떠나게 만드는 것이었다. 일본의 이러한 시도는 부분적으로 성공을 거두었다. 오랜 기간 한국에 거주했던 상당수의 유명한 선교사가 현장을 떠났기 때문이다.[87] 총독부가 이루고자 했던 두 번째 목표는 미션 스쿨을 없애고, 한국 아이들을 달라진 환경에서 교육받도록 강제하는 것이었다. 이런 식으로 밀어붙이면 한 세대 안에 한국을 일본화할 수 있을 터였다. 그러나 이러한 시도는 크게 실패하고 말았다.

한국 아이들을 충성스러운 일본인으로 만들려는 시도는 한국 젊은이의 마음에 정반대의 영향을 미쳤다. 일본에 대한 한국 아이들의 전형적인 태도를 다음의 일화가 잘 보여 주고 있다.

어느 교회에서 예배를 보는데 군인 두 명이 불쑥 들어와 여신도 옆으로 갔다. 여신도 옆에는 언제나처럼 어린이 여럿이 앉아 있었다. 작은 소녀가 집게손가락으로 그들을 가리키며 소리 내어 말했다. "저 일본놈들 좀 봐!" 다른 소녀는 교회 안의 가스등을 세고 있었다. "하나, 둘, 셋, 넷, 가스등이 네 개야." "쉿" 옆에 있던 소녀가 말했다. "'가스'라고 말하지 마. 그건 일본말이야!"

열 살짜리 남학생이 일본인 교장을 혐오스럽다는 듯이 묘사하고 있다. "그는 갸름한 얼굴에 목이 짧다. 그것은 짐승이 점점 사람으로 변한 것 같은 얼굴이다. 그는 우리에게 칼을 휘두른다. 그의 눈은 풀밭 사이로 번쩍이는 뱀의 눈 같다. 그는 사냥꾼에게 쫓기다 바위 틈새로 피신한 여우의 표정을 하고 있다. 그가 눈을 크게 뜨고 우리를 내려다볼 때면 그의 모습에서 사랑이란 찾아볼 수 없다. 오직

---

87) Cf. *The Missionary Review of the World*, June, 1913, pp. 450-453.

자만심과 분노만이 있을 뿐이다."[88]

일본 관료들은 자신의 실패에 대해 절박한 심정이었다. 그들은 다음에 어떤 조치를 취해야 할지 혼란스러웠다. 그들은 관대함이나 심정적 이해가 부족했기 때문에 적절한 관점에서 문제를 바라볼 수 없었다. 그들은 자신의 지위에 기고만장해 있었고 한국인의 능력을 과소평가했기 때문에 그들의 시도가 실패한 것에 분노했고, 근본적인 원인을 찾기 위해 심혈을 기울였다. 그들은 한국인과 기독교 선교사에게 책임을 전가했지만, 결코 자신을 탓할 생각은 없었다. 관료가 독립 시위에 참가했다는 이유로 체포된 14세 소년에게 물었다. "누가 너를 그렇게 하도록 만들었느냐?" 소년은 손으로 경찰서장을 가리키며 재치 있게 대답했다. "저 사람이 저를 그렇게 하도록 했습니다." 일본인들은 단지 그 소년이 미쳤다고만 생각했다.

1919년 3월 독립운동이 일어나자 일본 관료의 억눌린 증오와 의혹이 모두 기독교인에게 분출되었다. 교회를 훼손하고 미션 스쿨을 파괴하는 것이 일본 군인들의 가장 좋아하는 여흥거리가 되었고, 기독교인은 학대를 위해 선별되었다. 큰길로 여행하는 사람은 일본 군인에게 멈춰 세워져 기독교인 인지 아닌지 검문을 받았다. 기독교인이 아니라면 풀려나지만, 기독교인인 경우 치명적으로 구타당하거나 그 자리에서 총에 맞았다.

어느 캐나다 선교사가 1919년 4월 25일 다음과 같이 게시 글을 올렸다.

그들은 모든 수감자에게 선교사들이 봉기를 주도했는지 강조해서 물었다. 모진 고문에도 우리가 진실을 말할 수 있도록 힘을 주신 하나님께 감사드린다. 우리 읍에서만 천 명이 넘는 한국인이 감옥에 갇혔다. 그들은 선교사들의 지도를 받아 독립운동을 하게 되었다는 진술을 얻기 위해 많은 기독교인을 구타하고 고문했

---

88) "Warring Mentalities in the Far East," *Asia*, August, 1920, pp. 693-701.

다. 여자들은 남편과 아들이 어디에 있는지 말하라고 발길질 당하고 얻어맞았다. 어제 한 여인이 이곳으로 보내졌는데, 그녀의 몸은 박차가 달린 구두로 짓밟히고 심하게 손상되어 있었다. 최근 며칠간 일곱 명이 맞아 죽었다.[89]

다른 곳에 거주하는 여성 선교사가 캐나다 장로교 외국선교위원회 부총무 A. E. 암스트롱(A. E. Armstrong) 목사에게 다음과 같이 편지를 썼다.

많은 교회가 불타고 있습니다. 당국이 기독교인들을 한 곳에 몰아넣고 군인들이 그곳을 에워쌌습니다. 그리고 그곳에 불을 지르고 총을 난사하였습니다. 탈출하려고 했던 사람은 총검과 맞닥뜨릴 뿐이었습니다. 건물은 불에 휩싸였고 총에 맞지 않은 사람은 불에 타 죽었습니다. 모두 서른한 명이었습니다. 훈족보다 더 나쁘고, 튀르크가 넘볼 수 없는 대학살입니다. 감옥 안의 고문은 그날그날의 일과입니다. 많은 사람이 채찍 자국을 지닌 채 죽어 갑니다. 기독교인을 표적으로 삼는 공포의 시대입니다. 이곳에 수감된 가여운 기독교인들은 매를 많이 맞습니다. 선교사들이 한국인에게 독립 만세를 외치도록 사주했다고 말하라고 강요당할 때 특히 더 매를 맞습니다. 학교는 문을 닫았습니다. 다른 곳의 교회는 불에 타고 폐쇄되었지만, 우리 교회는 아직 문을 열고 있습니다. 3월 4일 내 남편은 '만세'를 외치며 시내로 달려 나갔다가 약 한 시간 후 크게 울부짖으며 돌아왔습니다. "세상에! 이런 잔혹한 일이! 쇠갈고리와 곤봉으로 무장한 일본 깡패들이 무기도 없는 불쌍한 한국인들을 갈기갈기 찢어발기고 있어!" 그는 머리에 깊은 상처를 입고 다리를 절뚝거리며 두 명의 깡패에게 끌려가는 여전도사의 남편을 보았다고 했습니다.

이런 형태의 기독교 박해는 한국의 선교사는 물론 미국과 캐나다의 여러

---

89) Quoted by Rev. A. E. Armstrong in an article published in *The Toronto Globe*, Toronto, Canada, July 12, 1919.

교파에서도 격렬한 항의를 불러일으켰다. 1920년 5월 아이오와 주(州) 디모인 시(市)에서 감리교 총회가 개최되었는데, 25일 통과된 결의안은 "군사적으로든 경제적으로든 다른 나라의 주권을 침해하는 모든 형태의 국가적 침략"을 강력히 규탄했다. "우리 기독교인은 군국주의 정신으로 제국주의 목표를 추구하는 그 어떤 나라, 그 어떤 집단에도 단호히 반대한다." 결의안은 "일본의 잔학 행위, 살인, 방화, 고문 등이 벌어진 지난 15개월의 참혹한 한국의 상황"을 비난한 뒤 다음과 같이 단호하게 결론을 내렸다. "우리는 교회 재산을 잃고 종종 목숨마저 빼앗기는 고통을 당하는 동료 기독교인에게 연민을 느끼지 않을 수 없다. 우리는 그들이 기독교인이라는 이유로 특별히 어떤 의무를 면제해 달라고 요구할 수는 없지만, 그들이 단순히 기독교인이라는 이유로 폭력에 시달리거나 감옥에 갇히는 고통을 받아서는 안 된다고 요구할 권리는 가지고 있다."[90]

1919년 한국에서 일본이 저지른 기독교 박해에 관해 자세히 설명한다면 책 한 권을 채우고도 남을 것이다. 다음의 요약문은 평양(平壤)에 있는 미국 장로교 선교국이 발간한 연례 보고서(1918-19)에서 발췌한 것으로, 독립운동과 관련한 교회의 전형적인 상황을 보여 주고 있다. 한 구역에서 처한 곤경을 묘사하고 있지만, 독자들은 이 내용으로부터 한국 전역의 기독교 공동체의 운명을 유추해 볼 수 있을 것이다.

평양 지역에서 경찰, 헌병, 군인이 교회에 저지른 만행을 위에 언급한 취지에 따라 요약하면 다음과 같다.

1. 그들은 목사, 후원자, 학교 교사 등 많은 교회 지도자를 체포했다. 체포되지 않은 사람들 대부분은 안전을 위해 몸을 숨겼다. 교회 지도자는 죄의 유무에

---

90) Submitted by Titus Lowe, Chairman of Committee on Foreign Missions, and unanimously adopted by the Conference. Full text found in *The Daily Christian Advocate* (official organ of the General Conference), May 26, 1920.

상관없이 처벌과 박해의 대상으로 지목되기 때문이다.

2. 그들은 19개의 교회 건물을 심각하게 훼손했고, 다른 교회의 종을 부수었다.

3. 그들은 적어도 한 교회 건물을 사용 요청이나 허가 없이 다른 용도로 사용하기 위해 수용했다.

4. 26개의 교회가 3개월 혹은 그 이상 문을 닫도록 강요받았다.

5. 도시와 시골 지역 모두에서 많은 교회 학교가 선생님의 체포로 3개월 혹은 그 이상 문을 닫아야 했다.

6. 후원자, 목사, 여전도사는 여러 장소에서 설교하는 것을 중단하라는 명령을 받았다.

7. 여러 곳에서 기독교 문헌이 압수되어 폐기되었다.

8. 경찰은 여러 곳에서 비교독교인에게 그들의 집에 기독교인이 거주한다면 쫓아내라고 명령했다.

9. 경찰서장은 범죄 유무와 관계없이 숭실대학과 숭실중학에 다니는 모든 학생을 체포했다.

10. 기독교인은 여러 측면에서 차별을 받고 있다. 대표적인 것은 다음과 같다.

    (a) 봄(春)의 "말소" 작전에서 기독교인에게 보인 유별난 가혹함

    (b) 공무 수행 과정에서 경찰이 행하는 구타의 빈도와 격렬함

    (c) 교회 지도자들이 그대로 독립운동의 지도자라는 전제하에 그들을 체포하고 처벌하려는 각별한 노력

11. 여성 기독교 신자들이 경찰, 헌병, 군인에게 폭행당하고 있다.

12. (일본이 통제하는) 한국인을 위한 회중교회의 목사 다카하시(高橋) 씨(氏)가 몇몇 장로교회를 방문했다. 그는 경찰의 도움을 받아 기독교인을 모은 다음 선교사와 교회를 모략하는 설교를 듣도록 강요했다. 그리고 회중교회로 개종하도록 유도했다. 이런 일은 속 좁은 총독부 관료의 용인과 도움으로 이루어졌다.

# 제10장
# 선교사 모욕

일본이 한국에서 외국인에 대해 취한 정책은 서서히 그러나 확실하게 그들을 배제하는 방안이었다. 1905년 보호국 체제가 된 이후 F. A. 매켄지(F. A. Mckenzie) 씨는 《런던 데일리 메일(London Daily Mail)》 특파원으로 한국 곳곳을 여행했다. 1907년 매켄지 씨는 그의 책 《대한제국의 비극(Tragedy of Korea)》에 다음과 같이 기술했다.

백인에게 남아 있는 마지막 위엄과 신망을 빼앗기 위해 생각할 수 있는 모든 수단이 동원되고 있다. 한국에서 가장 영향력 있는 백인은 선교사로 많은 사람이 그들을 열정적으로 따르며 그 수는 계속 늘어나고 있다. 영국인, 미국인 교사의 지도를 받는 한국인을 전환시켜 일본과 운명을 같이하도록 만들려는 시도가 조심스럽고도 세심하게 진행되고 있다. 일본이 편집권을 쥔 현지 언론은 조직적으로 반(反) 백인주의를 조장하고 있다. 한국인과 잘 어울리는 사람들은 종종 일본이 한국인을 적극적으로 교육하려 한다는 얘기를 듣는다. 나는 전직 조정 대신과 젊은 사람들 그리고 이곳 출신 하인들에게 이런 이야기를 들었다.

...

한국에서 백인의 지위가 낮아진 것은 그들을 대하는 일본인의 태도를 보면 분명하게 알 수 있다. 나는 내 친구들, 시골 주민들, 조용하고 사려 깊은 사람들로부터 내 피를 끓게 만드는 여러 이야기를 들었다. 예를 들면, 여자 선교사가 길을 걷는데 갑자기 일본 군인이 그녀를 거칠게 떠밀며 고의로 그녀의 가슴을 때렸다는 얘기를 들었을 때 분노를 참을 수 없었다. 로마 가톨릭 주교가 자신의 성당에서 일본 군인에게 노골적으로 모욕당하고 구타당했는데도 아무런 조치가 없었던 경우도 있었다. 위걸(Weigall) 씨와 위걸 부인의 이야기는 또 다른 경우를 대표한다. 위걸 씨는 호주 출신 광산 기술자로, 1905년 12월 아내와 조수 테일러(Taylor) 씨 그리고 몇몇 한국인 하인과 함께 북쪽 지역을 여행하고 있었다. 그는 완전한 허가증과 여권을 가지고 있었고, 아무런 하자 없이 자신의 사업을 벌이고 있었다. 여행 도중 한 무리의 일본군이 그들을 멈춰 세웠다. 그리고 도저히 말로 표현할 수 없는 방식으로 그들을 다루었다. 그들은 모욕당하고 총검에 찔렸으며 체포되었다. 군인 한 명이 위걸 부인에게 총을 들이밀었고, 그녀가 살짝 움직이자 꽉 쥔 주먹으로 그녀의 가슴을 사정없이 내리쳤다. 그 군인은 생각하기조차 싫은 가장 모욕적인 이름으로 그들을 호칭했고, 그 숙녀에게는 일부러 선택한 그 문구를 계속 사용했다. 하인들은 발길질을 당했다. 그들은 험한 날씨에 계속 모욕받으며 오랫동안 지체된 후에야 간신히 떠나는 것을 허락받았다. 영국 정부가 이 사건을 맡았다. 증거는 풍부했고, 사실 여부는 논쟁의 여지가 없었다. 그러나 위걸 씨가 얻을 수 있었던 것은 명목적인 사과뿐이었다.

한국 북동 지역에 거주하던 캐나다 선교사 맥레(McRae) 목사가 겪었던 일은 다음과 같다. 맥레 씨는 사역 활동을 위한 약간의 땅을 얻었는데, 일본군이 이 땅을 탐냈다. 그들은 사유지인 이곳 일부분에 말뚝을 박았다. 맥레 씨는 이에 대해 일본 관료에게 의견을 전달하고, 군 당국에는 말뚝을 제거해 달라고 두 번 이상 요청했다. 그리고 몸소 말뚝을 뽑아 버렸다. 일본인들은 기회를 엿보았다. 맥레 씨 집에 거주하던 동료 선교사가 여행으로 집을 비우자 여섯 명의 군인이 그의 부지로 침입하여 그를 공격했다. 그는 한 병사가 쏜 소총에 맞아 심한 상처를 입었지만, 결국 그들을 몰아내는 데 성공했다. 그는 당국에 항의했고, 일본은 이례적으로 관계자 처벌을 약속했다. 그러나 영사부터 단순 방문자까지 모든 계층의 유럽인이 피해를 받은 사례는 수십 건에 달한다. 대개 이런 항의에 대해 일본은 그저 부정하는 것으로 일관한다. 죄를 인정하고 처벌을 약속한 경우라도, 수감되어 있어야 할 범죄자가 곧바로 의기양양하게 길을 걷고 있는 모습을 볼 수 있다. 오늘날 한국에서는 대만에서와 마찬가지로 수단과 방법을 가리지 않고 백인을 모욕하는 정책이 시행되고 있다.

무역 차별을 통해 유럽과 미국의 사업가를 몰아낸 뒤 일본은 서구 강대국과 맺은 조약을 기술적으로 위반하지 않으면서 남아 있는 외국인, 특히 400여 명에 달하는 선교사를 쫓아내는 방법을 모색했다. 한국과 일본을 방문한 선교회 총무나 저명한 교회 인사들은 일본 당국이 한국에서의 선교 활동을 방해하기는커녕 오히려 장려하고 있다는 말을 듣게 된다. 이것은 일본 당국과 선교사 사이에 문제가 생겼을 때 그 모든 것은 선교사의 경솔한 행동 때문이지 일본 정부의 잘못은 아니라는 인상을 다른 선교 본부에 주기 위한 것이다. 이렇게 선교회는 그들의 선교사가 한국에서 직면한 실제 어려움에 대해 속고 있다. 그들이 본국의 선교회에 일본에 대한 불만을 제기해도 이러한 불만을 처리하는 것은 원칙에 따라 보류된다. 선교사 자신도 선교회에 불만을 제기하기보다는 사소한 성가심과 일본 당국의 공식적 간섭을 조용히 받아들이는 쪽을 선호한다. 이들이 일본 당국을 비판하는 것을 꺼리는 이유를 브라운 박사는 다음과 같이 설명했다.

이것은 자신의 편지가 일본인에 의해 검열된다고 믿기 때문일 수도 있지만, 그보다는 자신이 직접 부당한 대우를 받는 경우가 아니라면 일본을 비판하는 데 주 저하게 되기 때문이다.[91]

한국에서 선교사가 잘못된 일—어떤 너그러운 사람도 묵인할 수 없는 종 류의 나쁜 행동—을 반대할 경우, 그는 조선총독부를 반대하는 것이 아니라 는 점을 명심해야 한다. 그의 반대는 인륜과 정의에 바탕을 두고 있는 것이 다. 그는 사도이기 때문이다. 아마도 한국에서 활동하는 선교사들은 동양 에서 가장 순종적인 서양인일 것이다. 그들은 각 선교회로부터 정치적 문제 에는 엄격히 중립을 지키라는 지시를 받고, "가이사의 것은 가이사에게"라 는 말씀을 따르고 있다. 극동 지역에 미국인이나 영국인 거주자 집단이 형 성되는 것을 참을 수 없는 일본 하급 관료들이 선교사의 일에 끊임없이 간 섭하는 것은 당연한 일로 여겨진다. 어느 선교사는 다음과 같이 말했다. "일본 관료의 잡다한 괴롭힘을 견뎌내는 이유는 기독교 신앙과 관계없이 한국인들이 우리에게 보여 주는 존경과 신뢰에 보람을 느끼기 때문이다. 그 것은 끊임없는 영감의 원천이다."

서구인의 관심을 끌던 일본 정부의 은밀한 선교사 박해는 1912년 "음모 사건"을 계기로 공개적인 방향으로 선회했다. 이 사건에서 많은 저명한 선 교사가 데라우치(寺內) 총독 암살 "계획"을 공모한 혐의로 기소되었다. 미 국과 극동 지역의 선교사들 사이에서 똑 부러지는 성격으로 유명한 펜실베 이니아 주(州) 비버 폴스 시(市) 출신 조지 S. 맥퀸(George S. McCune) 목사 는 총독을 암살하도록 한국인을 선동한 미국인 선교사들의 우두머리라는 혐 의로 기소되었다. 하버드 대학교의 찰스 W. 엘리엇(Charles W. Eliot) 박사는 1912년 9월 4일 도쿄(東京)에서 다음과 같이 적었다. "미국인 선교사가 그 음모에 조금이라도 관여하고 있다고 생각하는 미국인은 아무도 없다." 미국

---

91) A. J. Brown, *The Korean Conspiracy Case*, p. 11.

인을 고발한 혐의는 너무나 터무니없어서 서구의 여론에 일본 정부에 대한 불신을 더욱 가중시켰다.[92]

공공연한 박해가 불가능해지자 일본은 선교사들이 일할 수 없는 상황과 환경을 만들었다. 한 선교사는 1912년까지의 상황을 다음과 같이 적고 있다.

> 일본의 목표는 우리를 방해해서 우리가 떠나지 않을 수 없도록 만드는 데 있다. 그들은 항상 우리의 영향력을 질투하면서 우리가 하려는 일을 터무니없이 의심해 왔기 때문에 우리가 떠난다면 무척 기뻐할 것이다. 일본은 우리가 사람들을 기독교인으로 개종함으로써 자신들의 국민을 계몽하고 있으며, 이렇게 계몽된 사람들은 미개인보다 노예로 만들거나 말살하는 것이 훨씬 어렵다는 사실을 잘 알고 있다……. 우리의 유일한 무기는 이 주제에 대한 미국의 대중적 정서와 사실에 관한 광범위한 지식이다.[93]

이 선교사의 선택권은 두 가지였다. 하나는, 비록 참기는 어렵지만 일본의 자잘한 폭정을 견디고 환경에 복종하는 것이었고, 다른 하나는 한국을 떠나는 것이었다. 그는 한국을 떠나지 않았고, 일본은 그에게 더 심한 증오와 적의를 품게 되었다.

한국에서 독립운동이 시작되자 당국은 선교사들에게 한국인을 진정시키기 위해 그들의 위신과 영향력을 행사해 달라고 요청했다. 다시 말해, 선교사들은 일본 편에 서서 도덕적 설득이라는 무기로 독립운동을 분쇄해 달라는 유혹을 받은 것이다. 허버트 웰치(Herbert Welch) 한국 주재 감리교 주교가 선교사들의 대변인으로 행동했다. 한국의 선교사들이 웰치 주교처럼 도량과 인격을 지닌 인물을 그들의 지도자로 둔 것은 정말 다행스러운 일이

---

92) Cf. *The Continent* (New York), June 13, 27, July 25, 1912.

93) Quoted by William T. Ellis, *The Continent*, June 27, 1912.

었다. 저명한 학자이자 탁월한 행정가인 웰치 주교는 오하이오 웨슬리안 대학교 총장을 마치자마자 한국에 왔다. 그는 한국인에게는 신뢰를, 일본 관료에게는 존경을 받고 있다. 그는 정부 당국과의 회의에서 다음과 같이 말하면서 일본의 제안을 단호히 거절했다. (1) 선교사들이 독립운동과 관련하여 한국인에게 아무런 자문도 하지 않았기 때문에 일본의 제안을 따르는 것이 독립운동에 아무런 영향을 미치지 않을 것이다. (2) 일본의 제안을 따른다면 선교사들에 대한 한국인의 신뢰가 무너지고 선교사들이 일본 편을 든다는 인상을 줄 것이다. (3) 일본의 제안은 정치적 문제에 엄격히 중립을 유지하는 선교 정책과 반대되기 때문에 본국의 선교회가 승인하지 않을 것이다.

일본 정부는 공식적으로 선교사들이 독립운동에 연루되어 있지 않다고 인정했다. 이것은 고위 당국의 지시 아래 언론과 하급 관료들이 추진할 음모와 박해에 대한 책임을 회피하기 위한 조치였다. 곧 한국과 일본의 언론은 선교사들이 봉기와 적극적으로 연관되어 있다고 비난하는 선동적인 기사를 싣기 시작했다. 한국, 일본, 미국에서 발간되는 일본 대표 일간지에서 발췌한 다음 기사는 일본이 선교사들에게 어떤 감정을 품고 있는지 명확히 보여준다.

제물포(濟物浦)에 있는 경찰과 헌병의 공식 기관지 《조선신문(朝鮮新聞)》은 1919년 3월 12일 자 사설에 다음과 같이 적고 있다.

유령 같은 인물이 이 봉기의 배후에서 마술 지팡이를 흔들고 있다. 이 유령은 증오에 가득 차 있으며 악의적이고 흉포하다. 검은 옷을 입고 있는 이 유령은 누구인가? 선교사와 천도교 지도자들이다. 선교사들은 미국에서 왔다. 이들은 연 300엔(150달러) 정도의 보잘것없는 돈에 몸을 팔면서 파충류처럼 배로 기어서 한국까지 온 것이다. 이들의 지식이나 성품, 성향에 관해서는 좋게 말할 수 있는 것이 하나도 없다.

신의 전령이라는 자들이 돈만을 좇으며 배부른 돼지처럼 집에서 빈둥거리고 있다. 세상의 나쁜 일은 모두 이런 인간쓰레기로부터 시작된다. 이들은 더러운 일을 획책하며 천도교와 결탁하고 있다. 이 모든 것을 고려한다면, 이 선교사들은 증오해야 마땅할 짐승일 뿐이다.

저명한 일본 자유주의 기관지 중 하나인 《오사카아사히신문(大阪朝日新聞)》은 30년간 한국에 거주하며 평양(平壤)에서 활동 중인 사무엘 A. 모펫(Samuel A. Moffett) 박사에게 사설의 포화를 겨냥했다. 사설은 평양의 선교본부와 독립운동의 "관련" 여부를 묘사한 뒤 다음과 같이 논조를 이어가고 있다.

군중의 우두머리는 모펫이다. 그곳의 기독교인들은 예수에게 복종하듯 그에게 복종하고 있다. 모든 사람에게 종교의 자유가 주어졌던 메이지 29년, 모펫은 기독교를 가르치기 위해 한국에 왔다. 그는 30년간 평양에 거주하며 많은 땅을 사들였다. 그는 실질적으로 외국인 공동체를 만든 사람이다. 그의 노력에 힘입어 이 공동체는 병원과 초등 과정부터 대학까지 학교를 설립할 수 있었다. 그들은 한편으론 한국 아이들을 교육하고 병자를 치료하면서, 다른 한편으론 교묘하게 어두운 그림자를 감추었다. 한국인조차도 이러한 사실을 언급하고 있다.

이 공동체는 현재 봉기의 중심이며, 경성이 아니라 평양에 위치하고 있다.

이러한 진술이 참인지 거짓인지 알 수 없지만, 우리는 평양에서, 미션 스쿨—특정 대학과 특정 여학교—에서, 외국인이 모여 사는 곳에서 이런 점을 확실히 느끼고 있다. 진정으로 외국인 공동체는 사악한 집단이다.[94]

우리는 당연히 미국에서 출간되는 일본 출판물의 관점이 자유롭고 민주

---

94) Editorial in Osaka *Asahi*, March 17, 1919.

적일 것으로 생각한다. 그러나 실제로 그들의 관점은 일본 정부의 공식 기관지와 다를 바 없이 철저하게 일본적이다. 1919년 5월 16일 로스앤젤레스 《데일리 뉴스(Daily News)》에 "우상(Images)"이라는 제목으로 한국의 독립운동과 관련하여 미국과 영국의 선교사를 비방하는 글이 실렸다. 다음은 그 사설의 일부를 번역한 것이다.

우리가 가장 혐오하는 것은 소위 전도사 또는 종교인이라 자칭하는 자들이 이 야비하고 독특한 운동에 참여하면서 일본을 "우상 숭배자"라 부르며 불명예스럽게 만들려 하는 작태이다. 우리는 살을 찢어 피를 빨고 싶은 심정이다. 세상사에 물들어 악덕 덩어리가 되어 버린 일부 전도사가 조선(한국) 독립운동에서 대중의 애국심에 불을 지핌으로써 이들의 선의를 확보하는 기회를 잡았을 개연성이 매우 크다. 이것은 정말로 나쁜 음모이며, 오만과 탐욕의 결과이다. 우리는 그들의 저주가 조만간 그들 자신에게 되돌아갈 것으로 믿는다. 하늘의 뜻(불교 등)은 영원하며, 진실은 절대 변하지 않을 것이기 때문이다. 우리는 이른바 기독교 정신이란 것이 파괴를 향한 마지막 걸음을 내디디고 있다는 점을 믿어 의심치 않는다.

선교사를 향한 경찰과 군인의 행동은 일본 언론의 이러한 편집 정서와 완전히 일치했다. 경성 주재 미국 총영사는 당국이 신변 보호를 하지 않을 테니 자국민에게 해가 진 뒤 거리에 나가지 말라고 알리라는 취지의 경고를 받았다. 당시 선교사를 테러하기 위해 200여 명의 폭력배가 일본에서 건너왔다고 알려져 있었기 때문에 이러한 경고는 매우 의미심장했다. 평양에서는 매일 밤 모펫 박사의 집을 그의 친구들이 경호했다. 두 명의 미국 여선교사인 아이오와 출신 모드 트리슬(Maud Trissel) 양과 뉴욕 출신 J. Z. 무어(J. Z. Moore) 부인이 일본 군인에게 아무런 이유도 없이 얻어맞았고, 또 다른 미국 여성은 조용히 자기 길을 가던 중 일본군에 의해 도랑에 내던져

졌다.[95]

경성 주재 미국 총영사 L. A. 버그홀츠(L. A. Bergholz)는 즉각 하세가와 요시미치(長谷川好道) 총독을 방문하여 자신은 일본의 경고를 받아들이지 않을 것이며, 미국인이 일본 폭력배에게 폭행당할 경우 그 책임을 묻겠다고 말했다. 그는 미국 시민의 안전에 대한 서면 보증을 요구했고, 이 요구가 관철될 때까지 총독부를 떠나지 않았다.

버그홀츠 씨의 행동으로 미국 선교사들의 안전은 보장받았지만, 일본인에 의한 모욕과 무례를 멈추지 않았다. "3월 17일 검찰관이 이끄는 일군의 경찰 무리가 세브란스 의과대학에 와서 모든 출입구와 연결 통로에 감시 요원을 배치하고 여러 건물을 압수 수색했다."[96] 평양에서는 스테이시 L. 로버츠(Stacy L. Roberts) 목사와 E. W. 트윙(E. W. Thwing) 목사가 경찰서까지 거리를 공개 행진하며 끌려갔지만, 재판 없이 풀려났다. 평양, 선천(宣川), 함흥(咸興), 부산(釜山)에서는 미국인 집에 영장도 없이 마구 들어가 수색하는 일도 있었다. 부산진에서는 호주 장로교 선교회 회원 데이비스(Davies) 양과 호킹(Hocking) 양이 한국 여학생에게 반란을 일으키라고 선동했다는 터무니없는 혐의로 감옥에 끌려갔다. 그들은 일본 감옥의 일반적인 "예우"를 받으며 이틀간 감옥에 갇혔다가 재판 없이 풀려났다.[97]

오하이오 맨스필드 출신 엘리 M. 모우리(Ely M. Mowry) 목사와 오리엔탈 선교회의 영국인 회원 존 토마스(John Thomas) 목사는 그중에서도 혹독한 일을 겪었다.

모우리 목사는 숭실대학의 교수이자 숭실중학(평양남학교), 숭의여학교

---

95) Letter written by Miss Grace L. Dillingham of Pyeng Yang to her friend, Mrs. I. L. Lomprey of Flushing, Long Island, published in the New York *Tribune*, May 6, 1919.

96) From a report published in Congressional Record, Vol. 58, No. 47, pp. 2847-48, July 17, 1919.

97) Cf. Bishop Herbert Welch, "The Korean Independence Movement of 1919," *The Christian Advocate*, July 31, 1919, p. 973.

(평양여학교) 교장으로 1911년부터 그곳에서 가르쳤다. 그는 "범죄자들"을 자신의 집에 숨겨준 혐의로 체포되었는데, 그중 한 명은 그의 한국인 비서였다. 체포된 다섯 명의 소년은 모두 그가 가르치는 대학의 학생으로 이전부터 그의 집에 머무르고 있었다. "경찰이 그들을 체포하려 한다는 것을 알면서도 그들을 숨겼다면, 그것은 내가 잘못한 일일 것이다." 모우리 씨는 재판에서 이렇게 말했다. 그러나 그는 그들이 경찰에게 "범죄자들"로 낙인찍혔다는 사실을 전혀 모르고 있었다. 그의 "재판은 개최 하루 전에 피고인에게 고지"되었기 때문에 그가 변호인을 선임하는 것은 불가능했다.[98] 그의 재판이 유죄 판결로 끝난 후에 그의 친구들은 재판을 연기할 수도 있었다는 통보를 받았다.

평양지방법원에서 열린 모우리 목사의 공판에 참석했던 모펫 박사는 경성의 버그홀츠 미국 총영사에게 자세한 보고서를 올리면서 다음과 같이 의견을 달았다. "나는 모우리 씨가 법적 책임을 질 만한 행동은 하지 않았다고 생각한다."[99]

모우리 목사는 중노동을 해야 하는 6개월 징역형을 선고받았다. 그는 이 판결에 항소하여 징역 4개월로 감형을 받았다. 그는 다시 상급 법원에 항소했고, 이 사건은 결국 일본 관료의 체면을 세우기 위한 100엔 벌금형으로 마무리되었다.

영국인인 존 토마스 목사에게 일어난 일은 더욱 폭력적인 성격을 띠고 있다. 충청남도를 여행 중이던 토마스 목사는 3월 20일, 길가에 조용히 서 있다가 갑자기 일본인 군인과 민간인에게 공격을 당했다. 당시 그가 그들을 화나게 한 행동은 전혀 없었다. 그가 여권을 내밀자 그들은 여권을 땅에 내던지고 발로 짓밟았다. 일본 정부로부터 받은 설교 허가증도 마찬가지였

---

98) Report of trial published in the New York *Times*, June 8, 1919.

99) Report published in *Congressional Record*, July 17, 1919, pp. 2854-55.

다. 그는 좋은 체격을 가진 사람이었지만, 잔인한 구타로 그의 몸은 만신창이가 되고 말았다. 선교 병원에서 검사해보니 29군데에 심한 상처를 입고 있었다. 결국 그는 육체적으로 더는 활동이 불가능하여 한국의 선교 현장을 떠날 수밖에 없었다.

경성 주재 영국 총영사는 즉각 이 문제를 일본 당국과 협의했다. 일본은 폭행에 대해 사과하고 배상금으로 5,000엔(2,500달러)을 지급했다. 일본 군인들이 미국 여성들을 폭행했을 때 명목상의 사과조차 하지 않았던 점을 고려하면, 이것은 일본 정부가 영국 국민에게 존경심을 갖고 있다는 사실을 보여준다.

《재팬 크로니클(Japan Chronicle)》에 수록된 "토마스 씨 공격"에 관한 언급은 주목할 만하다.

선교사의 악행을 열심히 보도하던 한국 주재 일본 특파원들이 3월 20일 벌어진 오리엔탈 선교회 소속 존 토마스 목사에 대한 공격에 관해서는 완전히 입을 다물고 있다. 토마스 씨는 풀려날 때 일본어로 된 문서에 서명해 달라는 요청을 받았지만, 문서의 내용을 이해할 수 없었기 때문에 현명하게 이를 거절했다. 그것은 분명히 문제를 일으킨 자들이 죄가 없다는 내용을 담고 있었을 것이다.

이 사건을 처리한 방식은 중국에서 일본 신사에게 이런 일이 발생했을 때 취하게 될 요구 사항과 비교해보는 것이 좋을 것이다. 또한, 이 주제에 대한 일본 언론의 침묵은 다른 나라 사람에게 이런 일이 일어났을 때 몰아닥칠 폭풍에 비교할 수도 있을 것이다. 경성 언론조차 토마스 씨의 사건에 대해 아무것도 듣지 못했다.[100]

한국을 외부 세계로부터 완전히 격리하는 것이 일본의 정책이지만, 선교

---

100) *Japan Chronicle*, June 5, 1919.

사들이 그 길을 방해하고 있다. 그들은 비록 정치적 문제에서 중립을 유지하고 일본의 감시를 받고 있지만, 한반도에서 무슨 일이 벌어지고 있는지 관찰하지 않을 수 없는 것이다. 이런 이유로 일본 당국은 이들의 존재를 원치 않고 있다. 미국의 극동 문제 권위자 W. W. 윌러비(W. W. Willoughby)는 다음과 같이 적고 있다. "조약 준수 의무나 다른 고려 사항의 방해만 없다면, 일본은 기꺼이 한국에서의 기독교 선교 활동을 금지할 것이다."[101]

---

101) W. W. Willoughby, "Japan and Korea," *The Unpartizan Review*, January, 1920, pp. 24-42.

# 제11장
# 독립운동

일본은 진정한 의미에서 한국을 정복하지 못했으며, 한국도 일본을 자기 나라의 정당한 지배자로 인정하고 있지 않다. 일본은 러일전쟁 초기 한국의 정치적 독립과 영토 보전을 확실하게 보장하는 조건으로 군대를 이끌고 한국에 들어온 후 평화롭게 획득한 군사적 점령을 이용하여, 우호적인 이웃에서 조언자로, 조언자에서 보호자로, 보호자에서 최종 병합에 이르기까지 입장을 바꾸며 그대로 눌러앉아 버렸다. 일본은 교묘한 선전 선동과 외교 공작을 통해 일본이 한국인의 이익을 위해 한국을 흡수했다는 인상을 서양에 심어주었다. 동시에 한국인의 민족주의 운동을 분쇄하기 위해 혹독한 군사적 탄압을 시행했다.

한국인은 서양인이 생각하는 것처럼 순순히 일본의 지배를 받아들이지 않았다. 1907년 7월 한국 군대가 해산되자 박승환(朴昇煥) 참령은 압도적인 일본군에 맞서 최후의 일인까지 싸우다 전사했다. "그들의 용맹함은 적군마저도 감탄을 자아내게 했고, 적어도 며칠 동안은 일본인에게 한국과 한국인에 대해 그 어느 때보다도 존경을 표하도록 만들었다는 사실은 주목할 만하다."[102]

수천 명의 한국인이 무기도 없이 일본군과 싸우기 위해 의병을 조직했다. 일본 언론은 그들을 비적(匪賊)으로 표현했다. 그러나 그들은 워싱턴의 미국 독립군이나 가리발디의 자원병처럼 비적이 아니었다.

내가 아는 바로는 한국 의병이 싸우는 지역에 가 본 사람은 F. A. 매켄지 (F. A. Mckenzie) 씨가 유일한 백인이다. 2만 명에 달하는 일본 정규군과 승산 없는 전투를 치르는 한국인의 영웅적인 모습과 고통을 묘사한 뒤 매켄지 씨는 다음과 같이 결론지었다.

일본은 반란이 1915년에 최종 진압되었다고 공식 발표했는데, 한국인은 이때까지 투쟁을 계속했다. 이들 화전민들과 평범한 젊은이들, 호랑이 사냥꾼, 노병(老兵)이 겪었을 고난에 대해서는 그저 어렴풋이 상상할 수 있을 뿐이다. 한국인을 "겁쟁이"나 "무관심자"라고 비난하는 것은 이제 상황에 맞지 않는 일이 되었다.[103]

그러나 한국의 외진 지역에서는 여전히 전투가 계속되고 있다. 1920년 2월 은진(恩津)에서 2천 명의 한국인과 일본군 사이에 충돌이 있었고,[104] 최근에는 만주의 훈춘(琿春)에서 한국인과 일본 주둔군 사이에 전투가 벌어져 5천 명의 일본 지원병이 만주의 해당 지역으로 파견되기도 했다.[105] 일본 정부는 전투에 참여하는 한국인을 더는 비적이라 부르지 않는다. 일본 정부

---

102) F. A. McKenzie, *The Tragedy of Korea*, Chapter XⅢ.

103) F. A. McKenzie, *Korea's Fight for Freedom*, p. 170.

104) London Dispatch, February 9, 1920 (Chicago *Daily Tribune*, February 10, 1920).

105) Press Dispatch from Tokyo, October 17, 1920.

는 잃어버린 나라를 되찾기 위해 투쟁하는 한국인을 볼셰비키라고 부르는데, 이것은 볼셰비키라는 명칭이 미국과 서유럽 사람들에게 혐오감을 불러일으킨다는 사실을 잘 알고 있기 때문이다. 사실 그들은 볼셰비키도 아니고 비적도 아니다. 그들은 일본의 통치 아래 살기보다는 죽음을 선택한 열렬한 민족주의자들이다. 이 호전적인 민족주의자 대부분은 현재 만주와 시베리아에 살고 있으며, 외국의 지배로부터 나라를 해방하기 위해 어떠한 희생이라도 치를 준비가 되어 있다. 《뉴욕 트리뷴(New York Tribune)》지(紙) 극동 특파원은 최근 기사에서 한국인 애국자 투사 집단에 관해 다음과 같이 간결하고 명확하게 묘사했다.

만주와 시베리아에는 고국을 떠날 수밖에 없었던 약 1백만 명의 한국인이 살고 있다. 무력을 주장하는 사람들이 이들 한국인과 함께 일을 추진하고 있다. 그들은 이들 한국인을 훈련하고 이들과 함께 한국-시베리아 국경 지역의 외딴 일본군 초소들을 공격했다. 이들은 국내외의 한국인이 자발적으로 기부한 돈으로 시베리아에서 무기를 구입하고 장비를 갖췄다. 이 한국인들의 희망은, 요원한 것이긴 하지만, 언젠가 병력이 충분히 늘고 훈련을 통해 강력한 군사력을 확보하여 조직적으로 일본을 한국에서 몰아내는 것이다.

한국인이 볼셰비키와 연합하고 있다는 보도가 나온 것은 이러한 집단이 있기 때문이다. 이것은 어떤 측면에서는 사실이다. 러시아가 이 한국인들을 선동한 것은 사실이다. 러시아인 자신들도 모든 수단을 동원해서 일본에 반대하고 일본의 활동을 방해하려고 하기 때문이다. 또한, 그들은 시베리아에 있는 일본인에게 대항하기 위해 함께 할 수 있는 동료를 찾고 있다. 한국인이 시베리아 사람에게 도움을 받고 있는 것도 사실이다. 그러나 그들이 볼셰비키의 신조를 받아들였기 때문에 그런 행동을 하는 것은 아니다. 그들은 일본의 지배에서 벗어나 나라를 자유롭게 하겠다는 단 하나의 목적에 따라 행동한다. 그러한 목적을 달성하기 위해서라면 그들은 붉은 러시아건 하얀 미국이건 상대를 가리지 않고 어떠한 도움이라

도 받을 것이다.[106]

그러나 양식(良識) 있는 한국인들은 처음부터 일본과의 무력 투쟁에 승산이 없다는 점을 잘 알고 있었다. 그들은 일본을 축출하고 한국을 되찾아야 한다는 방향성에 관해서는 무력 투쟁을 주장하는 사람들과 의견이 같았지만, 추구하는 방법론은 달랐다. 그들은 여러 여건상 혁명적 방법보다는 점진적인 방법을 사용해야 지속적인 결과를 얻을 수 있다고 생각했다. 우선, 한국인은 철저하게 교육받아야 하고, 물질적으로도 일본과 동등한 수준까지 향상되어야 한다. 그리고 서구 문명 세계가 한국인의 열망에 익숙해지도록 해야 한다. 그렇게 함으로써 자유를 향한 마지막 싸움에서 개화한 서구의 도덕적 지원을 받을 수 있기 때문이다.

미국과 유럽에서 일본을 선전하는 사람들은 1919년 한국의 독립운동이 외국에 거주하는 한국인들의 영향을 받아 시작되었다고 선동하고 있다. 이것은 전혀 사실이 아니다. 반대로 외국에 거주하는 한국인들은 고국의 동포들이 보여 주는 의연한 용기와 애국심에 자극과 감명을 받고 있다. 1919년 한국의 독립운동은 1905년 일본이 무력으로 한국을 피보호국으로 만들었을 때 이미 태동하였다. 한국인은 나라를 잃음으로써 애국심을 배웠고, 자유를 박탈당함으로써 그 가치를 알게 되었다. 일본이 강압적으로 한국의 독립을 빼앗아 간 과정이 오히려 한국인의 애국심을 더욱더 단단하게 만드는 용광로로 작용했다. 15년간 압제적으로 통치하면서 일본은 자신도 모르는 사이에 한국에 새로운 희망과 이상과 투쟁 정신을 심어준 것이다. 이제 한국은 옛날의 나태한 한국이 아니다. 한국 전역에 새로운 자극이 일고 있으며, 활기찬 민족주의가 깨어나고 있다. 사람들은 진정한 국가의 의미를 깨닫게 되었고, 그것을 실현하기 위해 기꺼이 자신을 희생하려 한다. 그들은

---

106) New York *Tribune*, October 24, 1920.

한반도 밖의 세상에 눈을 뜨고, 그 발걸음에 보조를 맞추기 위해 노력하고 있다. 군인의 총이나 헌병의 칼로 더는 그들을 위협할 수 없게 되었다. 이것은 새로운 한국의 정신이며, 1919년의 독립운동을 만든 정신이다.

세계대전은 커지고 있는 한국의 민족주의에 적지 않은 영향을 미쳤다. "어떤 민족도 원하지 않는 통치를 강요당해서는 안 된다"는 연합국 정치인들의 전쟁 목표는 한국 국민의 투지를 더욱 강화했다. 폴란드 등 주권을 상실한 많은 나라가 베르사유 평화 회의에 조정을 요청하자 피압박 민족의 권리를 대변해 오던 윌슨(Wilson) 대통령은 다음과 같이 연설했다.

우리는 세상 모든 사람이, 우리 방식이 아니라 자신이 원하는 방식으로, 자신의 주인을 선택하고 스스로 운명을 개척해 나가는 것을 보기 위해 이곳에 모였습니다.

세상 모든 사람이 민족 자결권을 가질 자격이 있다면, 한국인도 그럴 자격이 있는 사람들이다. 오래된 문화, 독립된 역사, 단일 민족, 그들의 의지에 반하는 일본의 불법 점령, 그에 따른 폭정과 탄압으로 다른 나라의 통치권을 박탈하는 것―이 모든 것이 그들의 요구가 정당하다는 것을 뒷받침하고 있다. 그들의 대의명분은 국제연맹 국제사법재판소에 제출되어야 한다. 그들이 이러한 의도를 갖게 된 것은 일본 정부의 행동이 촉발한 결과이다. 흥미로운 점은 영리한 사람이 더욱 영리해지려는 욕심에서 자주 어리석음을 범하며, 남을 속이려는 간교한 사람이 종종 자기 꾀에 빠지게 된다는 것이다. 일본인은 한국인을 다루면서 이러한 특징을 빈번하게 보여 주고 있다.

종전이 선언되고 약 한 달 후인 1918년 12월 일본 정부는 전국의 한국인에게 탄원서를 돌렸다. 그것은 평화 회의에 제출할 탄원서로, 한국인은 일본의 자애로운 통치에 진심으로 감사하고 있으며 한국인과 일본인은 가장 인자한 통치자인 천황의 지배 아래 하나로 굳게 뭉쳤다는 내용이었다. 다른 나라는 자결권을 요구할지 모르지만, 한국인은 일본의 충성스러운 신하가 되는 것을 간절히 소망하고 있기 때문에 한국인에게 그 원칙을 적용하는 것은 바람직하지 않다는 것이다.

각 지역 공동체 주요 인사들은 이 탄원서에 서명하도록 헌병에게 강요받았는데, 달리 피할 방도가 없었다. 황제는 백성들의 운명을 봉쇄하느니 차라리 죽음을 택하겠다며, 이 탄원서에 서명하기를 거부했다. 황제에게는 보호국을 강요당했던 1905년 목숨을 끊지 못한 일이 평생의 후회로 남아 있었다. 이제 그는 온 힘을 다해 그것을 보상하고 백성들에게 헌신할 모든 준비가 되어 있었다. "너희 마음대로 해라. 모든 것을 각오하고 있다." 황제가 일본인들에게 이렇게 말했고, 그들은 그렇게 했다. 황제는 1919년 1월 20일 독살당했다. 일본은 처음에는 이 소식을 감추려 했으나, 그것이 불가능해지자 1월 22일 전(前) 황제가 뇌일혈로 사망했다고 발표했다. 한국인 의사든 외국인 의사든 누구도 그의 시신을 살펴볼 수 없었다. 황제의 신체 상태를 잘 알고 있던 경성의 외국인 의사들은 그가 비대하지도 않고 혈압도 높지 않았다고 입을 모았다. 게다가 황제는 이전에도 뇌일혈의 징후를 보인 적이 없었다. 일본 관료들은 황제에게 탄원서가 제출된 것과 황제가 독살되었다는 사실을 즉각 부인했다.[107] 물론, 일본 관료의 말을 믿는 한국인은 한 사람도 없었을 것이다.

이때 또 다른 이야기가 돌기 시작했다. 황제가 황태자인 그의 아들과 일본의 나시모토노미야 마사코(梨本宮 方子, 이방자) 황녀의 결혼을 반대하여 스스로 목숨을 끊었다는 소문이었다. 일본 정부는 한국의 합병과 동화 과정을 가속하기 위해 한국인과 일본인의 혼인을 장려했다. 이 황실 결혼은 국민들이 따라야 할 선례를 만들기 위해 일본 정부가 주선한 것이었다. 이것은 전 황제와 국민 모두를 분노하게 했지만, 어쩔 도리가 없었다. 공교롭게

---

107) 이것은 처음에는 소문이었지만, 나중에 궁궐에 출입하던 사람이 확인해 주었다. 그는 일본인의 행위와 황제의 시신을 목격한 사람이다.

도 황실 결혼 바로 전날 전 황제가 사망했기 때문에 그가 항의의 표시로 자살을 선택했다는 해석이 그럴듯하게 생각되었다. 어쨌든 한국인들은 전 황제가 일본의 실질적인 포로이며 일본이 마음대로 주무를 수 있는 상태였기 때문에 그가 자연사한 것이 아니라고 확신했다.

황제의 사망과 관련한 이야기는 한국인 사이에 들불처럼 퍼졌다. 백성들은 황제가 1905년 일본과 싸울 기회가 있었지만, 그 기회를 놓쳤다는 이유로 그를 별로 좋아하지 않았다. 확실히 그가 싸웠다 하더라도 승산은 없었고, 결과는 뻔한 것이었다. 그러나 그는 죽음을 두려워하지 않고 싸웠어야 했다. 일본의 병합을 인정하지 않았다는 사실만으로는 백성의 사랑과 신뢰를 받기에 부족했다. 그러나 황제는 이제 백성에게 진 빚을 완전히 갚았다. 늦긴 했지만, 나라를 위해 목숨을 바친 것이다. 그뿐만 아니라, 한국인들은 하나의 통치 체제로서 나라의 독립을 구가했던 과거 한국의 상징으로 그를 바라보았다. 사람들은 그의 죽음에서 다정한 기억과 애잔한 감상을 느끼며 구(舊) 왕조의 몰락을 실감했다. 일본 정부의 어리석음은 전 황제의 사망과 관련하여 한국인의 감정을 더욱 자극했다.

1912년 메이지(明治) 천황이 사망하자 이 소식은 즉시 한국 전역에 알려졌고, 모든 한국인은 사망한 일본 통치자에게 애도를 표하도록 강요받았다. 그러나 한국 전(前) 황제의 죽음은 정부의 관보에도 게재되지 않았다. 1912년 메이지 천황 사망 당시에는 모든 학교, 상점, 관청이 애도의 표시로 하루 동안 문을 닫았지만, 이번에는 그러한 지시가 내려오지 않았다. 또한, 일본 당국은 황제의 장례식을 성내에서 일본식으로 거행하고, 성 밖으로 나온 뒤에 한국인에게 황제의 시신을 넘겨주기로 결정했다. 말할 것도 없이 이러한 모든 일은 한국인의 민족적 모욕감을 격화시켰다.

긴장감이 고조되었고, 파리평화회의에 한국의 사정을 호소하기 위해 대표를 파견한 한국 지도자들은 이 상황을 활용하고자 했다. 이미 훨씬 전에 각 지역에 집행 위원회를 갖춘 독립운동 기구가 완벽하게 조직되어 있었다.

이제 이 비밀 조직이 메이지행동을 개시했다.

동양의 오랜 관습에 따라 한국인에게 각 도시에 모여 죽은 통치자를 조문하는 것이 허용되었다. 내가 아는 한 이것은 한국이 병합된 이후 다수의 모임이 허용된 최초의 일이다. 일본 당국은 그때까지 한국인이 집단으로 모이거나 여행하는 것을 금지했다. 사람들은 같은 도(道)를 여행하더라도 경찰의 허가를 받아야만 했다. 일본 당국은 한국인에게 죽은 통치자를 애도하는 형태로 불만 표출 기회를 주면 그들의 억눌린 민족적 모욕감을 완화할 수 있을 것으로 생각했던 것 같다. 장례식은 3월 3일로 정해졌다. 개인이든 집단이든, 비공식적이든 공식적 조문이든 애도할 수 있는 자유가 한국인에게 주어진 것이다.

한편, 지도자들은 중요한 회의를 열었다. 자유를 되찾고, 한국의 민족성에 활기를 불어넣으며, 세상에 한국의 실정을 알리기 위해서는 장례식 날에 무언가를 해야 한다는 것이었다. 무슨 방법을 취해야 하는가? 두 가지 방안이 제시되었다. 하나는 무력을 사용하는 것이고, 다른 하나는 도덕적 용기에 호소하는 것이었다. 무력을 옹호하는 부류는 한국인이 오랫동안 고통을 받아왔으므로 날을 정해서 한국인 모두가 봉기하여 이 땅의 모든 일본인을 죽이자고 주장했다. 한국에 상주하는 일본인 1명당 한국인의 비율은 60명이므로 이 방안은 성공할 수 있다는 것이다. 그들은 어떤 일이 벌어져도 그 결과를 받아들일 터였다. 그러나 기독교의 영향을 받아 도덕적 방법을 주장하던 기독교인들은 이 대량 학살 계획에 반대했다. 그들은 그런 행동이 근본적으로 잘못되었을 뿐만 아니라, 한국인이 그에 대해 큰 대가를 치러야 하며, 결국 아무것도 얻지 못할 것이라고 무력 옹호론자를 설득했다. 무력 사용은 일본이 육군과 해군 전 병력을 동원하여 한국인을 살육하는 충분한 구실이 될 뿐만 아니라, 세상은 일본의 행동을 정당하다고 인정할 것이기 때문이다. 반면, 한국인은 무기도 없고 무기를 조달할 곳도 없다. 한국인이 무력에 의지하여 무언가를 얻을 수 있는 가능성은 천분의 일도 안 된다. 결국, 기독교인들의 정책이 채택되었다. 그들은 전 황제의 장례식 날에 한국은 자유 국가라는 독립선언서를 발표하기로 결의했다. 사람들은 태극기를 휘날리며 '만세'를 외쳐 그들의 자유를 장대하게 찬양할 터였다. 사람들은 일본의 통치를 차분히 거부하고, 어떤 일이 있어도 폭력에 의존하지 않을 것이었다.

모든 지도자가 이 계획에 동의한 뒤, 각 도에 이런 취지의 지시가 내려갔다. 국민을 대표하여 선언서에 서명하도록 저명한 지도자 33명이 선출되었다. 종교별로 나누면 기독교 15명,[108] 천도교 15명, 불교 3명이었다. 천도교는 보호령 체제가 성립된 직후 손병희(孫秉熙)에 의해 정치-종교적 단체로 설립되었다. 천도교를 글자 그대로 번역하면 하늘의 길을 숭상하는 종교라는 뜻이다. 이 종교는 한국인이 항상 믿어왔던 오직 하나의 최고의 정신, 즉 하느님의 존재를 인정하는 종교이다. 그 안에는 기독교의 사랑, 유교의 존엄성, 불교의 철학이 구현되어 있다. 일본 정부는 기독교의 반대 세력으로 천도교의 전파를 장려했기 때문에 1919년 독립운동이 시작되던 무렵에는 천도교 신도가 150만 명에 이를 정도였다. 천도교 지도자 손병희는 매우 흥미로운 인물이다. 그는 젊은 시절 유교 경전과 불교 철학을 연구하는 데 몰두했다. 그런 다음 일본으로 건너가 서양에서 들어온 물질문명을 연구하는 데 여러 해를 보냈다. 이후 그는 성경에 담긴 원리를 깊게 묵상했다. 그는 일본 편을 들지 않으면 자신의 활동이 제약될 수밖에 없다는 점을 깨닫고, 일본에 반대하지 않는 호의적 인물이라는 인상을 심어주었다. 일본은 한국에서 기독교 세력과 싸우는 데 손병희가 강력한 동료가 될 것으로 생각했다. 그러나 막상 때가 되자 그는 완전히 다른 사람임이 밝혀졌다. 그는 이상주의자이자 몽상가인 동시에 행동력과 실질적 사고를 갖춘 사람이었다. 그는 동료들의 정신적 안내자일 뿐만 아니라 정치적 지도자였던 것이

---

108) 16명이다. 정한경이 착각한 듯 하다.(역자 주)

다. 이제 그는 불멸의 33인을 대표하는 인물이 되었다.

그와 동등한 명성을 지닌 두 인물이 길선주(吉善宙) 목사와 이상재(李商在)였다. 길 목사는 여러 해에 걸쳐 한국에서 가장 큰 교회의 목사를 맡아왔다. 그의 이름은 기독교인의 입에 늘 오르내렸고, 그의 도덕적 리더십은 기독교인뿐만 아니라 비기독교인 모두에게 인정받고 있었다. 한때 주미 공사관 서기로 근무했던 이상재는 당시 YMCA의 간부를 맡고 있었는데, 한국인만이 아니라 한국에 사는 서양인들에게도 존경을 받고 있었다.

계획이 거의 완성되는 와중에 일본 관료들은 분명하진 않지만 무언가 은밀한 일이 진행되고 있다는 것을 눈치챘다. 당국은 전국 경찰에 3월 3일 발생할지 모르는 만일의 사태에 대비하여 준비를 철저히 하라는 지시를 내렸다. 한국의 지도자들은 경찰의 행동을 피하고자 독립 시위 날짜를 3월 3일에서 3월 1일로 재빨리 변경했다.

계획은 완벽하고 조직은 정비되었으며 시위를 위한 무대도 준비된 그 날이 되자, 당시 3월 첫째 주를 한국에 머물렀던 《새크라멘토 비이(Sacramento Bee)》의 발행인 밸런타인 맥클러치(Valentine McClatchy)가 "세계 역사에서 가장 위대하고 조직적인 소극적 저항"이라고 부른 운동이 전개되었다. 3월 1일 토요일 오후 2시, 전국의 모든 도시에서 우렁찬 만세, 만세, 만세 소리와 함께 독립선언서가 낭독되었다. 독립선언서는 다음과 같다.

### 독립선언서

우리는 이에 우리 조선이 독립한 나라임과 조선 사람이 자주적인 민족임을 선언한다. 이로써 세계 만국에 알리어 인류 평등의 큰 도의를 분명히 하는 바이며, 이로써 자손만대에 깨우쳐 일러 민족의 독자적 생존의 정당한 권리를 영원히 누려 가지게 하는 바이다.

5천년 역사의 권위를 의지하여 이를 선언함이며, 2천만 민중의 충성을 합하여 이를 두루 펴서 밝힘이며, 영원히 한결같은 민족의 자유발전을 위하여 이를 주장함이며, 인류가 가진 양심의 발로에 뿌리 박은 세계 개조의 큰 기회와 시운에 맞추어 함께 나아가기 위하여 이 문제를 내세워 일으킴이니, 이는 하늘의 지시이며 시대의 큰 추세이며, 전 인류 공동 생존권의 정당한 발동이기에, 천하의 어떤 힘이라도 이를 막고 억누르지 못할 것이다.

낡은 시대의 유물인 침략주의 강권주의에 희생 되어, 역사 있은 지 몇 천년만에 처음으로 딴 민족의 압제에 뼈아픈 괴로움을 당한지 이미 10년을 지났으니, 그 동안 우리의 생존권을 빼앗겨 잃은 것이 그 얼마이며, 정신상 발전에 장애를 받은 것이 그 얼마이며, 민족의 존엄과 영예에 손상을 입은 것이 그 얼마이며, 새롭고 날카로운 기운과 독창력으로써 세계 문화에 이바지하고 보탤 기회를 잃은 것이 그 얼마나 될 것이냐?

슬프다! 오래 전부터의 억울함을 떨쳐 펴려면, 눈앞의 고통을 헤쳐 벗어나려면, 장래의 위험을 없애려면, 눌려 오그라들고 사그라져 잦아진 민족의 장대한 마음과 국가의 체모와 도리를 떨치고 뻗치려면, 각자의 인격을 정당하게 발전시키려면, 가엾은 아들, 딸들에게 부끄러운 현실을 물려주지 아니하려면, 자자손손에게 영구하고 완전한 경사와 행복을 끌어대어 주려면, 가장 크고 급한 일이 민족의 독립을 확실하게 하는 것이니, 2천만의 사람마다가 마음의 칼날을 품어 굳게 결심하고, 인류공동의 옳은 성품과 이 시대를 지배하는 양심이 정의라는 군사와 인도라는 무기로써 도와주고 있는 오늘날, 우리는 나아가 취하매 어느 강자를 꺾지 못하며, 물러가서 일을 꾀함에 무슨 뜻인들 펴지 못하랴?

병자수호조약 이후 때때로 굳게 맺은 갖가지 약속을 배반하였다 하여 일본의 배신을 죄주려는 것이 아니다. 그들의 학자는 강단에서, 정치가는 실제에서, 우리 옛 왕조대대로 닦아 물려온 업적을 식민지의 것으로 보고 문화민족인 우리를 야만족 같이 대우하며, 다만 정복자의 쾌감을 탐할 뿐이요, 우리의 오랜 사회기초와 뛰어난 민족의 성품을 무시한다 해서 일본의 의리 없음을 꾸짖으려는 것도 아니다.

스스로를 채찍질하고, 격려하기에 바쁜 우리는 남을 원망할 겨를도 없다. 현 사태를 수습하여 아물리기에 급한 우리는 묵은 옛일을 응징하고 잘못을 가릴 겨를이 없다. 오늘 우리에게 주어진 임무는 오직 자기 건설이 있을 뿐이요, 그것은 결코 남을 파괴하는데 있는 것이 아니다. 엄숙한 양심의 명령으로써 자기의 새 운명을 개척함일 뿐이요, 결코 묵은 원한과 일시적 감정으로써 남을 시새워 쫓고 물리치려는 것이 아니로다. 낡은 사상과 묵은 세력에 얽매여 있는 일본 정치가들의 공명에 희생된, 불합리하고 부자연에 빠진 이 어그러진 상태를 바로잡아 고쳐서, 자연스럽고 합리로운 올바르고 떳떳한, 큰 근본이 되는 길로 돌아오게 하고자 함이로다.

당초에 민족적 요구로부터 나온 것이 아니었던 두 나라 합방이었으므로, 그 결과가 필경 위압으로 유지하려는 일시적 방편과 민족 차별의 불평 등과 거짓 꾸민 통계 숫자에 의하여 서로 이해가 다른 두 민족 사이에 영원히 함께 화합할 수 없는 원한의 구덩이를 더욱 깊게 만드는 오늘의 실정을 보라!

날래고 밝은 과단성으로 묵은 잘못을 고치고, 참된 이해와 동정에 그 기초를 둔 우호적인 새로운 판국을 타개하는 것이 피차간에 화를 쫓고 복을 불러들이는 빠른 길인 줄을 밝히 알아야 할 것이 아닌가? 또 원한과 분노에 쌓인 2천만 민족을 위력으로 구하는 것은 다만 동양의 영원한 평화를 보장하는 길이 아닐 뿐 아니라, 이로 인하여서 동양의 안전과 위태함을 좌우하는 굴대인 4억만 중국 민족이 일본에 대하여 가지는 두려움과 시새움을 갈수록 두텁게 하여, 그 결과로 동양의 온 판국이 함께 넘어져 망하는 비참한 운명을 가져 올 것이 분명하니, 오늘날 우리 조선의 독립은 조선 사람으로 하여금 정당한 생존과 번영을 이루게 하는 동시에 일본으로 하여금 그릇된 길에서 벗어나 동양을 붙들어 지탱하는 자의 중대한 책임을 온전히 이루게 하는 것이며, 중국으로 하여금 꿈에도 잊지 못할 괴로운 일본 침략의 공포심으로부터 벗어나게 하는 것이며, 또 동양 평화로써 그 중요한 일부를 삼는 세계 평화와 인류 행복에 필요한 단계가 되게 하는 것이다. 이 어찌 사소한 감정상의 문제이리요?

아! 새로운 세계가 눈앞에 펼쳤도다. 위력의 시대가 가고 도의의 시대가 왔도다. 과거 한 세기내 갈고 닦아 키우고 기른 인도적 정신이 이제 막 새 문명의 밝아오는 빛을 인류 역사에 쏘아 비추기 시작하였도다. 새봄이 온 세계에 돌아와 만물의 소생을 재촉하는구나, 혹심한 추위가 사람의 숨을 막아 꼼짝 못하게 한 것이 저 지난 한 때의 형세라 하면, 참한 봄바람과 따뜻한 햇볕에 원기와 혈맥을 떨쳐 펴는 것은 이 한때의 형세이니 천지의 돌아온 운수에 접하고 세계의 새로 바뀐 조류를 탄 우리는 아무 주저할 것도 없으며, 아무 거리낄 것도 없도다.

우리의 본디부터 지녀온 권리를 지켜 온전히 하여 생명의 왕성한 번영을 실컷 누릴 것이며, 우리의 풍부한 독창력을 발휘하여 봄기운 가득한 천지에 순순하고 빛나는 민족문화를 맺게 할 것 이로다.

우리는 이에 떨쳐 일어나도다, 양심이 우리와 함께 있으며, 진리가 우리와 함께 나아가는 도 다, 남녀노소 없이 어둡고 답답한 옛 보금자리로부터 활발히 일어나 삼라만상과 함께 기쁘고 유 쾌한 부활을 이루어 내게 되도다, 먼 조상의 신령이 보이지 않는 가운데 우리를 돕고, 온 세계의 새 형세가 우리를 밖에서 보호하고 있으니 시작이 곧 성공이다. 다만 앞길의 광명을 향하여 힘차게 곧장 나아갈 뿐이로다.

### 공약 3장

1. 오늘 우리의 이번 거사는 정의, 인도와 생존과 영광을 갈망하는 민족 전체의 요구이니, 오직 자유의 정신을 발휘할 것이요, 결코 배타적인 감정으로 정도에서 벗어난 잘못을 저지르지 말라.

1. 최후의 한 사람까지 최후의 일각까지 민족의 정당한 의사를 시원하게 발표하라.

1. 모든 행동은 가장 질서를 존중하며, 우리의 주장과 태도를 어디까지나 떳떳하고 정당하게 하라.

조선건국 4252년 3월 1일 조선민족대표

손병희 길선주 이필주 백용성 김완규

김병조 김창준 권동진 권병덕 나용환

나인협 양전백 양한묵 유여대 이갑성

이명룡 이승훈 이종훈 이종일 임예환

박준승 박희도 박동완 신홍식 신석구

오세창 오화영 정춘수 최성모 최　린

한용운 홍병기 홍기조

※ 출처: 네이버 지식백과 (21세기 정치학대사전, 정치학대사전편찬위원회)
　한글풀이 – 이희승 박사

# 제12장
## 독립운동(계속)

《로스앤젤레스 타임스(Losangeles Times)》는 한국의 독립선언서에 관해
다음과 같이 논평했다. "우리가 생각하기에 이 선언서는 미국의 독립선언
문과 같은 수준으로 인간의 정신을 고양하고 있다. 손병희의 목소리를 들어
보라. 광야에서 외치는 선지자의 목소리이다……. 멈춰 서서 그 목소리에
귀 기울일 수 있는 신의 은총을 이 미친 세상에 허락하시옵소서."[109] 시드니
그린비(Sidney Greenbie)는 잡지 기사에서 한국의 독립운동과 관련하여 다
음과 같이 말했다. "전체적인 계획은 유교의 오래된 경구(警句)와 풍부하
고 강렬한 성서의 어법이 절묘하게 조화된 생각과 말의 고결함과 위엄을
지니고 있다. 이것은 역사상 가장 놀라운 혁명으로 다른 기독교 국가를 부
끄럽게 만들 정도이다. 이 혁명의 가르침은 혁명의 역사에서 영원불멸할

---

109) Editorial, "The Dignity of Life," *Los Angeles Times*, April 6, 1919.

것이다."[110]

선언서에 서명한 33인의 행동은 진정으로 상찬(賞讚)할 만한 가치가 있다. 독립 선언이 발표되기 전날 이 소식을 세상에 알리기 위해 두 명이 상하이(上海)로 파견되었다. 평양에서 출발한 길선주 목사는 늦게 도착했다. 나머지 30명은 마지막으로 같이 식사하기 위해 한국에서 가장 유명한 식당인 '태화관'에 모였다. 그것은 역사상 가장 중요하고 낭만적인 연회였다. 참석한 사람 모두는 자기 앞길에 무엇이 놓여 있는지 알고 있었다. 주사위는 던져졌고, 시간은 다가오고 있었다. 그들 중 다수는 1912~13년 음모 재판의 희생자였다. 그들은 길선주 목사의 아들을 비롯한 많은 사람이 일본이 가한 고문의 여파로 죽었다는 사실을 똑똑히 기억하고 있었다. 그리고 앞으로 말할 수 없는 고문과 매질에 시달리게 되고, 최악의 경우 죽을 수도 있다는 사실을 잘 알고 있었다. 그들은 어떠한 망상도 없었으며, 매우 차분하고 침착했다. 그들은 다가오는 운명을 기꺼운 마음으로 맞이했다.

한국인의 자유와 독립을 위해 건배한 후 독립선언서가 낭독되고 '만세'를 외쳤다. 계속해서 서명자들이 찬사를 보낸 후, 선언서 사본을 총독부로 보냈다. 그리고 종로경찰서에 전화하여 놀란 당직자에게 자신들이 한 일을 알리고, 자신들은 체포를 기다리고 있다고 덧붙였다. 경찰차가 식당으로 달려와 그들을 경찰서로 연행했다. 새로운 자극에 약동한 군중이 경찰서로 향하는 그들에게 밀려들며 환호했다. 오래된 태극기가 사방에 나부꼈다. 국민들이 부활한 것이다. 평양으로부터의 여정이 잠시 지체된 길선주 목사는 도착하자마자 경찰서를 찾아가 동료들과 같이 있겠다며 자신을 체포하라고 요청했다.

얼마 지나지 않아 전국의 모든 도시와 마을에서 독립 시위가 전개되었다. 모든 외국인의 눈에는 이 운동이 맑은 하늘에 벼락이 치는 것처럼 전개

---

110) Sidney Greenbie, "Korea Asserts Herself," *Asia*, September, 1919, pp. 921-926.

된 듯 보였다. 한국 기독교인의 신뢰를 받고 있는 선교사들은 일본 정부와 복잡한 문제가 생기지 않도록 의도적으로 이 계획의 이면에서 모습을 드러내지 않았다. 한국인의 목을 완전히 틀어쥐고 있으며 한국인은 조직적인 대규모 운동을 할 능력이 전혀 없다고 확신하던 정부 관료들은 놀라움을 금치 못했다. 그들은 어쩔 줄 몰라 했고, 무력 진압 외에 그 운동을 억누를 방도를 알지 못했다. 그들이 어떻게 억압했는지는 다음 장에서 설명하고, 여기서는 운동의 범위만을 논하겠다.

세계 어느 나라에서도 찾아볼 수 없는 일본 통치의 특징이 스파이 제도이다. 서양인의 관점에서 보면 믿을 수 없는 일이지만, 그것은 더도 덜도 아닌 사실이다. 한국에서는 모든 사람이 등록을 해야 하며 이때 번호를 부여받게 된다. 이 번호는 경찰이 항상 인지하고 있다. 모든 사람은 마을을 떠날 때마다 경찰서에 신고해야 하며, 어디에서 무슨 일을 하려고 하는지 정확히 명시해야 한다. 경찰은 목적지에 전화를 걸어 그의 행동을 확인하는데, 만약 신고한 내용과 다를 경우 그는 체포되어 고문을 받게 된다. 사람들은 교육 정도, 영향력, 지위 등에 따라 엄격하게 구분되어 관리된다. 누군가가 지도자적 자질이나 능력을 보이게 되면 그 즉시 "A"급으로 분류되어 형사들의 추적이 시작되고, 그때부터 그는 어디를 가든 사냥개에 쫓기는 처지가 된다. 아이들마저 정보를 위한 매수나 감시의 대상이 되고 있다. 누군가 외국으로 탈출하면 그의 번호가 추적되고, 그의 가족이나 친척은 체포되어 그의 행방이 밝혀질 때까지 고문을 받게 된다. 어느 날 누군가가 갑자기 사라져 다시는 소식을 들을 수 없게 되는 경우도 있다. 모든 도시와 마을에 공식 권한을 가진 스파이가 배치되어 있다. 그들은 심지어 사적인 가족 행사에서도 자신의 존재감을 과시한다. 일본 헌병이 그들의 행동을 뒤에서 봐주기 때문에 그들의 무법적 행동에 분개하는 사람에게는 슬픈 일이 벌어질 뿐이다. 당국에 대항했다는 혐의로 반역죄로 기소될지도 모른다. 일본은 다수의 건달을 스파이 졸개로 고용했다. 이 쓰레기들은 높은 급료를 받고 있으며, 자신이 한 일의 대가로 보상을 받는 경우도 매우 많다. 스파이들이 부유한 토박이를 협박하여 금품을 갈취하고, 정부는 이런 범죄를 눈감아 주는 일도 자주 발생하고 있다.

당연히 이런 수단이 악용되리라 예상할 수 있지만, 가장 나쁜 것은 정부가 이런 수단을 민족주의 정신을 가차 없이 짓밟는 도구로 사용하고 있다는 점이다. 누군가가 선조들의 유구한 정신을 이어가고 있다고 판단되면, 정부는 스파이들에게 그를 고발하라고 지시한다. 스파이들의 증언에 따라 그는 감옥에 갇히고, 재산을 몰수당하며, 평생 불구가 될 정도로 처벌을 받게된다. 최악의 경우 반역죄로 처형될 수도 있다. 살육하지 않고도 정적을 분쇄해 버린 중세의 "철의 여인"처럼, 일본의 스파이 제도는 일본제국의 식민지 정책 규정을 교묘하게 위반하지 않으면서 한국에서 가장 능력 있고 폭넓은 학식을 지닌 사람들을 제거해 나가고 있다.[111] 실제로, 최근 새 총독 사이토 마코토(齋藤實) 남작은 《아사히(朝日)》 대표에게 한국인 중 지력이 뛰어나거나 국민을 이끌 지도력을 지닌 인물은 모두 감옥에 있거나 외국에 망명 중이라고 말했다. 《재팬 크로니클(Japan Chronicle)》은 다음과 같이 논평했다. "지난 1년간 쓰인 모든 글보다 이 한 문장이 사회적 폐단을 정확히 표현하고 있다."

한국인은 정부의 스파이가 곳곳에 깔려 있고 군인과 경찰과 헌병의 그물망으로 둘러싸인 나라에서 마지막 순간까지 일본이 아무것도 눈치채지 못하도록 따돌리면서 국가 규모의 혁명을 조직했다. 이것은 운동에 참여한 사람들의 단결성뿐만 아니라 지도자들의 능력과 올바른 방향으로 그들을 따르는 대중의 의지를 잘 보여 주고 있다. 3월 17일까지 한국에 머물렀던 캐나다 장로교 외국 선교 위원회 부총무 A. E. 암스트롱(A. E. Armstrong) 목사는 《뉴욕 타임스(New York Times)》에 다음과 같이 기고했다. "이 운동을

---

111) 일본이 한국에서 행한 스파이 제도에 관한 자세한 논의는 나의 다른 책 "The Oriental Policy of the United States"의 Part Ⅱ를 참조하라.

조직하고 실행한 한국인의 능력과 철저함에 외국인들은 감탄을 금치 못하고 있다. 가장 오랫동안 한국에 있었던 영국인, 미국인조차 한국인이 이렇게 광범위한 반란을 계획하고 실행할 줄은 꿈에도 몰랐다."[112]

시위는 독립선언서를 낭독하고, 대표 1~2인이 짧게 연설한 후, 태극기를 흔들며 '만세'를 외치는 방식으로 진행되었으며, 경성의 모든 외국 영사관 앞에서 거행되었다. 이 시위를 위해 전국이 지역 단위로 구분되고, 구역마다 지도자가 배치되었다. 경성이나 평양 같은 도시에서는 동시에 도심 여러 곳에서 시위가 열렸다. 종로의 오래된 '보신각'이 오랜 침묵을 깨고 다시 울렸고, 경성 외곽에 있는 독립문의 태극기도 새롭게 채색되었다. 경성 남산 꼭대기의 봉수대와 평양 모란봉의 봉수대도 다시 한번 자유의 불꽃을 피웠다.

얼마 지나지 않아 모든 계층의 사람이 이 운동에 참여했다. 가게 주인은 가게 문을 닫았고, 일본인 밑에서 경찰로 일했던 사람마저 제복을 벗고 시위에 동참했다. 공립 및 사립 학교는 학생들의 결석으로 문을 닫는 경우도 발생했다. 시골의 농민들은 각자의 구역에 모여 이 운동을 칭송했고, 독립이 보장되지 않으면 작물을 재배하지 않겠다고 엄포를 놓았다.

국유 철도에 근무하는 한국인 직원과 시가 전차(市街電車) 회사 직원들이 동조 파업에 나섰다. 병원에 이송된 부상자를 조사해 본 바로는 막노동꾼 계층도 일정 비율 이상으로 시위에 참석했음을 알 수 있다.

추가적인 증거가 필요하다면 감옥에서 벌어진 일을 예로 들 수 있다. 운동에 관한 소식을 들은 수감자들조차 태극기를 만들어 시위를 벌였지만, 결국 강제로 진압되고 말았다.[113]

---

112) New York *Times*, April 23, 1919.

113) From an unpublished manuscript of an American missionary in Korea.

한국인 중 가장 보수적인 집단인 문인(文人) 역시 시위에 동참했다. 그들은 일본군의 철수와 한국의 독립 회복을 요구하는 청원서를 총독부에 제출했다. 말할 것도 없이, 그들은 곧바로 체포되었다.

일본으로부터 작위를 받아 일본의 진정한 친구로 여겨졌던 사람들이 자신의 작위를 버리고 시위대의 편에 선 점을 생각하면 이 운동의 범위와 어떻게 이 운동이 사회 모든 계층에 퍼졌는지 쉽게 이해할 수 있을 것이다. 이 귀족 중 가장 유명한 두 사람이 김윤식(金允植) 자작과 이용직(李容稙) 자작이다. 김윤식 자작은 고위 귀족으로 경학원 대제학을 지냈고, 70여 년간 한국 문제와 관련한 활동을 적극적으로 해 왔다. 이제 그는 85세로 연로하고 자리보전하는 처지였다. 그와 그의 동료 이용직 자작은 총독에게 현 상황에 대해 동정심을 갖고 무방비한 사람들을 잔혹하게 다루지 말아 달라는 내용의 품위 있는 청원서를 제출했다. 청원서에 총독이 화낼 만한 내용은 전혀 없었다.[114]

두 귀족은 그들 일가의 몇몇 남성과 함께 즉시 체포되었다. 김윤식은 몸 상태가 너무 안 좋아 움직일 수 없었기 때문에 감시원이 그의 집에 배치되었다. 7월에 경성에서 열린 재판에서 김윤식 자작은 징역 2년, 이용직 자작은 18개월을 선고받았다.

무력 진압에도 불구하고 그 운동은 계속 진행되었다. 한국인들은 자유를 위해 끝까지 가겠다고 굳게 마음먹고 있었다. 이를 위해서는 그 기능을 수행할 조직체를 만드는 것이 급선무였다. 박해가 극에 달했던 1919년 4월 23일, 전국 13개 도(道)의 대표들이 경성에 모여 공화국을 세우기 위한 약법(約法)을 입안하고 첫 번째 내각을 구성했다.

약법은 대의제 정부 형태를 표방하면서 언론의 자유, 종교의 자유, 청원권, 법 앞의 평등 등과 같은 권리를 보장했다. 내각은 집정관총재, 국무총

---

114) See full text of petition, Appendix Ⅵ.

리총재, 외무총장, 내무총장, 군무총장, 재무총장, 법무총장, 학무총장, 교통총장, 노동국총판, 참모부총장으로 구성되었다. 내각 인사들의 면면은 의미심장했다. 선출된 모든 사람은 과거 공적(公的) 영역에서 활발히 활동했던 사람들로, 새로운 공화국 임시 정부의 집정관총재를 맡은 이승만(李承晩) 박사가 그 단적인 예이다.

이승만 박사는 체코슬로바키아 공화국의 토마시 마사리크(Tomáš Garrigue Masaryk)처럼 정치가이자 학자이다. 그는 1894년 갑오개혁에 적극적으로 참여했는데, 그 결과로 오랫동안 감옥에 투옥되었다. 감옥에서 풀려난 뒤 미국으로 건너와 하버드 대학교를 졸업하고, 프린스턴 대학교에서 토머스 우드로 윌슨(Thomas Woodrow Wilson)에게 사사하여 철학 박사 학위를 받았다. 1910년 존 R. 모트(John R. Mott)는 이승만을 국제 YMCA 대표로 한국에 파견했다. 그러나 그는 일본의 방해로 그 일을 포기해야만 했다. 이승만은 하와이로 가서 《대한태평양잡지(The Korean Pacific Magazine)》를 발간하고, 한국 학교를 운영했다. 1919년 4월 전국 13개 도 대표들이 경성에 모였을 당시, 이승만은 만장일치로 공화국 임시 정부의 집정관총재로 선출되었다. 그는 많은 책을 저술했으며, 그의 이름은 모든 한국인의 입에 한 가족처럼 오르내리고 있다.

일본을 대변하는 자들은 한국 임시 정부의 소재지 및 각료 대부분이 국내에 있지 않고, 강대국들이 새로 조직된 정부를 인정하지 않는다는 이유로 한국 정부를 "종이 공화국"이라 비웃으며 즐거워한다. 그러나 그들은 1776년의 미국 "대륙 의회"가 강대국들로부터 인정받지 못했던 사실과 세계 전쟁 기간 벨기에 정부가 벨기에 안에 있지 않았다는 사실을 잊고 있다. 미국 정부가 1918년 9월 3일 체코슬로바키아가 교전국임을 인정했을 때, 체코슬로바키아 국민의회 위원은 단 한 사람도 체코슬로바키아에 있지 않았다. 마사리크 씨는 워싱턴에, 스테파니크(Milan Rastislav Štefánik) 씨는 블라디보스토크에, 베네시(Edvard Beneš) 씨는 파리에, 그리고 다른 사람들은 런던이나 로마에 있었다. 국민 위원회 자체도 나라 안에 물리적으로 한 줌의 땅도 가지고 있지 않았다. 그러나 사람들은 국민 위원회 위원들을 선출하고 조직하여 자신들의 임시 정부 역할을 하도록 했다. 이러한 사실에 확신을 얻은 미국은 체코슬로바키아 정부의 지위를 인정했다.

한국인에게 이 새로운 정부는 실질적이며 합법적인 존재이다. 그들은 이 정부를 위해 기꺼이 싸울 것이며, 흔쾌히 목숨을 바칠 것이다. 한 성직자는 다음과 같이 표현했다. "우리의 의무를 다하고, 나머지는 신께 맡기겠습니다." 자유를 위한 투쟁에서 그들이 견딜 수 없는 희생이나 어려움은 없다. 전 국민이 자유의 이상을 믿고 있다면, 일본인보다 경험 많고 넓은 시야를 가진 사람이라도 그들을 억압하기는 쉽지 않을 것이다. 다음 장에 소개할 대량 학살과 마을 방화 사례는 상황에 형편없이 대처하는 일본의 무능력을 잘 보여줄 것이다. 남을 다스릴 능력이 없는 나라를 꼽으라면 그것은 바로 일본이다. 일본이 한국에서 한 행위 자체가 일본의 통치 능력 부재를 명백하게 반증하고 있다. 한국인의 용기와 능력과 애국심에 갈피를 못 잡고 있는 일본은 자신들의 탐욕과 기만이 야기한 상황에 전혀 대처하지 못하면서, 엄청난 압력으로 폭발 직전에 놓인 보일러를 그저 깔고 앉아 있기만 할 뿐이다.

## 제13장
## 미쳐 날뛰는 일본

1919년 3월 1일에 시작된 독립 시위는 문자 그대로 소극적이었다. 그것은 "자유를 열망하는 사람들이 제국 전역에서 동시에 벌인, 대단히 질서 정연한 시위였다. 일본 사람이나 재산에 대한 공격은 전혀 없었다. 단순한 파업과 구름같이 모여든 사람들이 '만세'를 외치며 질서 있게 시위하는 것이 전부였다. 일본인이 그들을 공격할 때에도 집단적인 보복을 시도조차 하지 않았다. 그들은 몽둥이나 무기가 될 만한 어떤 것도 사용하지 않았다. 일본은 이렇게 애처로운 위엄과 고귀함을 지닌 사람들의 저항에 대해, 벨기에와 아르메니아에서 그들의 경쟁 상대가 보여준 잔학 행위로 응수했다."[115]

대한민국임시정부의 공식 기관지인 《독립신문(独立新聞)》은 어떤 상황에서도, 심지어 정당방위라 하더라도 폭력을 사용하지 말라고 끊임없이 사람

---

115) *Asia*, September, 1919, p. 925.

들을 일깨웠다. 3월부터 5월까지 매일 발간되었고, 지금도 정기적으로 발간되고 있는 이 신문은 낭만적이고 과감한 출판물로 《라 리브르 벨지끄(La Libre Belgique)》에 필적할 만하다. 등사판으로 인쇄된 이 신문의 편집 과정에서 엿볼 수 있는 한국인의 독창성은 흥미로운 탐정 소설의 재료로 활용할 수 있을 정도이다. 신문 발행 조직은 한 명의 동료가 군인에게 체포되거나 운신이 어렵게 되면 다른 동료가 그의 자리를 대신하는 방식으로 구성되어 있다. 신문은 동굴이나 고기잡이배, 교회 뒤뜰에 가짜로 만든 무덤 등의 장소에서 제작되었다. 신문은 전국에 걸쳐 한국인뿐만 아니라 서양인과 일본인에게도 배달되었는데, 총독이 매일 아침 자신의 책상에 놓인 신문 2부를 봐야 할 정도였다. 일본인들은 완전히 당황해서 어찌할 바를 몰랐다.

길모퉁이 초소에 근무하러 온 순경이 의자 위에 놓인 신문을 발견하거나, 간수가 감방 안에 뿌려진 신문을 발견하는 일이 비일비재하다. 신문을 배포하다 잡힌 사람이 수백 명에 이르고, 그보다 더 많은 사람이 신문 제작에 관여했다는 혐의로 체포되고 있다. 그러나 설령 신문 편집자들이 이런 식으로 체포된다고 하더라도 신문 제작 및 배포를 멈추게 할 수는 없다. 일부 발행 조직을 적발하고 유죄 판결을 받아내 만족해할지도 모르지만, 곧 검거를 주도한 검사의 책상에 이 신문이 다시 나타나게 될 것이다.[116]

일본 군인이나 경찰보다 한발 앞선 한국인의 민첩한 행동이 그들을 더욱 잔악한 행위로 몰고 갔다. 일본이 처음 시도한 방법은 모여 있는 사람들을 공격하여 분산시키고, 시위에 참여하거나 시위대와 손을 잡았다고 의심되는 사람은 모두 체포하는 것이었다. 전국의 모든 감옥이 가득 차고, 경찰서가 넘쳐나고, 체포된 사람을 밀어 넣을 만한 모든 공간이 전부 사용되기까

---

116) "Korea's Rebellion, the Part Played by Christians," *Scribner's Magazine*, May, 1920, pp.

지 그리 오랜 시간이 걸리지 않았다. 군인과 경찰과 헌병에게는 시위 군중에게 발포하거나 칼을 자유롭게 사용하라는 명령이 하달되었다. 군중이 모일 때마다 병사들은 총검을 겨눈 채 그들에게 돌진했고, 무기도 없이 그저 태극기를 흔들며 "만세"를 외치는 무방비한 남자, 여자, 아이들을 사정없이 베고 찔렀다.

말 탄 자들이 앞줄에 있는 사람들을 칼로 베고 말로 짓밟으면, 다음 줄에 있는 사람들이 "만세"를 외치며 앞으로 나아갔다. 그들은 앞줄에 있던 사람들에게 어떤 일이 벌어졌는지, 그들이 어떤 고통을 받았는지 두 눈으로 똑똑히 보고 있었다. 앞으로 나아가는 것은 잔인한 구타, 체포, 고문, 심지어는 죽음을 의미하는 것이었다. 그러나 그들은 두려워하지 않았다. 한 줄이 무너지면 다른 사람들이 열을 이루어 그들 앞에 있는 부대를 향해 곧장 행진했다. 그저 만세를 부르고, 태극기를 흔들고, 만세를 부를 뿐이었다. 우리 서양인들은 그동안 동양인은 육체적 용기가 없다는 말을 들어 왔다. 그러나 나는 저항하지도 않고 저항 수단도 없으며 그들 앞에 끔찍한 운명이 놓여 있다는 사실을 알면서도 위축되지 않고 두려움이나 후회도 없이 앞으로 나아가는 이 사람들보다 더 훌륭한 용기나 영웅적인 행동을 생각할 수 없다.[117]

전국 각지에서 동시에 진행된 시위를 해산시키기에는 군인과 헌병과 경찰의 수가 모자랐다. 당국은 일본 민간인들에게 폭력적 통치를 돕도록 재량권을 부여했다. 소방대원들도 투입되었는데, 그들은 끝에 소방용 갈고리를 단 장대를 들고나왔다. 이 갈고리에 걸어 잡아당기면 신체가 끔찍하게 절단되거나 심한 경우 죽을 수도 있었다.

미국인 목격자가 경찰을 대행하여 투입된 이 소방대원들의 행동을 다음

---

117) Nathaniel Peffer, *The Truth About Korea*, p. 23.

과 같이 묘사했다.

두 여학생이 선교 병원 근처의 집에서부터 머리채를 잡혀 끌려갔다. 그리고 전봇대에 머리카락을 묶인 채 소방대원들에게 가혹하게 구타당한 뒤 감옥으로 넘겨졌다. 군중이 거리를 행진하는 동안 경찰과 군인은 구경꾼들이 우연히 그들의 길을 막았다는 이유로 구경꾼들에게 무기를 사용했다. 도청 앞에서는 두 명의 소방대원이 무장하지 않은 한국인을 쫓아가 창으로 찔러 죽였다. 살인자들은 시체를 땅바닥에 질질 끌며 어딘가로 사라졌다. 노인과 여자, 어린아이들도 무차별적으로 학대당하고, 구타당하고, 칼에 베이고, 창으로 무장한 소방대원에게 맞고, 총검에 찔렸다. 그래도 군대에 저항하는 사람은 없었다. 이것은 말 그대로 소극적 혁명이었다. 우리 외국인은 이런 상황을 모두 목격했기 때문에 일본의 기피 대상일 뿐만 아니라 우리 자신의 목숨도 진짜 위험에 처해 있다. 고용된 폭력배들이 누군가를 급습하기 위해 밤마다 도시를 배회하고 있다는 소문이 돌고 있다. 문제가 계속되는 동안 우리 외국인이 이곳에 남아 있을 수 있을지 의문이 점점 더 커지고 있다.[118]

군인, 경찰, 헌병, 소방대원 외에 일본 민간인들도 학살 작업에 본격적으로 참여했다. 시위 조짐이 보일 때마다 일본 민간인들은, 요청이 없어도, 하던 일을 멈추고 군인과 경찰을 돕기 위해 달려 나갔다. 그들은 그 일을 하는 것이 즐거워 보였다. 당시 경성에 거주했던 한 영국인은 다음과 같이 적었다. "경성 등지에서 일본 민간인들이 추가적인 물리력을 제공하고 있다. 그들은 몽둥이와 갈고리로 무장하고 시위대에 돌진하는데, 이런 행동이 자발적으로 이루어지는 것이어서 민족 전쟁의 징후를 보이고 있다."[119]

---

118) Philadelphia *Evening Ledger*, April 16, 1919.
119) Quoted in the *Literary Digest*, May 31, 1919.

이것은 일본이 아무리 속죄의 보상을 하더라도 한국이 일본을 용서하기 어려운 부분이다. 공동체에 조직 폭력단이 행동할 낌새가 보일 때, 이런 불량배들이 법과 질서를 지키도록 도움을 주는 것은 모든 선량한 시민의 의무이다. 그러나 일본 민간인들이 자발적으로 천인공노할 만행을 저지른 이번 경우는 어떠한 이유도 제시할 수 없다. 세브란스 병원의 미국인 의사가 일본의 잔혹한 행위에 희생당한 사람들의 사진을 찍었는데, 너무나 참혹하고 끔찍해서 도저히 출판할 수 없을 정도이다. 시위 진압 과정에서 보여준 일본의 악랄한 행동은 미국기독교교회연방협의회의 조사 보고서 《한국의 상황, 최근의 사건을 직접 본 목격자의 진술(*The Korean Situation, Authentic Accounts of Recent Events by Eye-Witnesses*)》에 잘 나와 있다. 그 보고서에서 발췌한 다음의 사례를 증거로 제시한다.

### 구낙서(具洛書)라는 한국 청년의 죽음

3월 27일 오후 9시경, 한 무리의 젊은이들이 경성 안국동에 모여 "만세"를 외쳤다. 몇 분 후 많은 경찰, 헌병, 군인이 도착하여 그들을 해산시켰다. 구낙서 씨는 다른 사람들과 마찬가지로 평화롭게 집으로 돌아가고 있었다. 홀로 좁은 길을 걷고 있을 때, 갑자기 누군가가 뒤에서 그를 거칠게 밀쳐 넘어뜨렸다. 그를 공격한 사람은 군중 속에서 그를 눈여겨보다가 공격하기에 적합하다고 생각되는 지점까지 그를 쫓아온 경찰관이었다. 그를 땅에 쓰러뜨린 후 경찰관은 칼을 빼 들고, 문자 그대로 "나무꾼이 떡갈나무를 후려치듯이" 그를 난도질했다. 두개골이 깨져 뇌척수가 다 보일 지경이 되었다. 칼로 같은 곳을 적어도 세 번 이상 내리쳐서 이런 상태를 만들어 버린 것이다. 그의 손도 심하게 베어져 왼쪽 손목은 뼈가 보일 정도였다. 시신을 본 사람들은 스무 군데 정도 칼자국이 있었다고 진술했지만, 사진에는 열 군데밖에 되지 않았다.

무기도 없는 무방비 상태의 청년을 이렇게 잔인하게 공격한 뒤 경찰관은 도망쳤고, 홀로 남은 피해자는 극심한 고통에 시달리다 몇 분 후 숨을 거두었다. 마침 그곳을 지나가던 몇몇 한국인이 그를 가까운 한의원(국제병원, Kuck Chai Hospital)으로 데려갔지만, 할 수 있는 일이 거의 없었다. 아직도 그를 살릴 수 있을 것으로 생각했던 한국인들은 그를 들것에 싣고 세브란스 연합 의과대학으로 출발했다. 그들은 세브란스 병원으로 급히 가던 중 혼마치(本町, 명동) 경찰서의 한 경찰관에게 제지당했다. 경찰관은 위협적인 말투로 얘기하며, 그가 외국 병원으로 옮겨지는 것을 막기 위해 온 힘을 다했다. 그들은 상황이 매우 심각하며, 멀리 떨어진 일본 병원으로 청년을 데려갈 경우 치료가 늦어져 치명적인 결과를 초래할 것이라고 항의했다. 일본은 본질적으로 이런 사례가 외국인에게 노출될까 봐 노심초사하고 있다. 세브란스 병원에 도착해 검사해 보니 청년은 이미 죽어 있었다. 그의 사망 시각을 정확히 말하는 것은 불가능하다. 그의 시신은 너무나 가련한 모습이었다. 그의 머리와 손은 수많은 칼자국으로 훼손되고 그의 옷은 피로 완전히 물들어서 결코 잊을 수 없는 광경을 연출하고 있었다.

다음 날 온종일 미션 스쿨 여학생인 그의 사촌이 그의 시신을 지켜보았다. 그녀에게 사랑하던 사람의 곁을 떠나라고 말할 수 있는 사람은 아무도 없었다. 한국의 자유를 위해 또 하나의 목숨이 희생되었다. "불쌍한 우리나라를 지켜보시는 위대한 신께서 하루빨리 강림하시어 정의와 공명정대함으로 심판하여 주시기를 바라옵니다."

(참고 - 지금까지 사망한 사람은 약 1,000명, 감옥에 갇힌 사람은 6,000명 정도로 추산된다. 그들 중 소총이나 칼을 가지고 있었던 사람은 아무도 없다. 그들은 빈손을 들어 신을 부르고 정의와 공명정대를 사랑하시는 신을 찬양했다.)


이전에 보스턴에서 근무했었던 중국 베이징(北京) 국제 개혁국 동방지부장 에드워드 W. 트윙(Edward W. Thwing) 목사는 3월에 한국의 평양에 가 있었다. 그는 베이징으로 돌아온 뒤 다음과 같이 서술했다.

한국 독립운동은 많은 사람을 경탄케 한 기술과 용기와 조직을 놀라운 방식으로 드러냈다. 그것은 이 땅에서 일본의 무력 통치가 얼마나 불합리하고, 정의롭지 못하며, 잔인하고, 잔혹한지 그 무엇보다 잘 보여 주고 있다. 내 눈으로 직접 보지 않았다면 나는 이런 것들을 믿지 않았을 것이다.

경찰과 군인들은 노인과 아이들을 체포하고 잔인하게 구타했다. 열 살밖에 안 된 어린 소녀나 여학생을 포함한 모든 여성은 단지 평화로운 열정으로 나라를 위해 만세를 외치고 일본이 엄숙한 조약으로 보장한 독립을 부르짖은 것 외에는 아무런 죄가 없는데도 수치스러운 대우를 받고 체벌과 고문에 시달렸다.

이런 일은 한두 명이 아니라 3월에 한국의 여러 지역에서 수많은 선교사가 목격했다. 이런 일이 세상에 알려졌다면, 세상은 이 억압받는 사람들의 고통스러운 외침에 주의를 기울였을 것이다. 그러나 일본은 세상에 진실이 알려지지 않도록 모든 수단을 다하고 있다. 어느 도시에서 선교사들이 편지를 보내자 일본은 그들에게 추방을 암시하기까지 하면서 그들이 외부 세계에 진실을 알리지 못하도록 편지 보내는 것을 어렵게 만들고 있다는 보고가 방금 들어왔다.

다음은 내가 직접 목격한 몇 가지 사실이다.

일본 군인들이 쓰러져 있는 작은 남학생을 잔인하게 구타했다. 이것은 체포의 문제가 아니라 야만스럽고 정당화될 수 없는 만행일 뿐이다.

군인들이 멈춘 자세로 단순히 "만세"를 외치는 소녀와 여자들을 정조준하여 발포했다.

열 살 정도 되는 소년이 등에 총을 맞았다.

65세의 온순한 노인이 여러 명의 일본 군인에게 걸을 수 없을 때까지 발로 차이고 두들겨 맞았다.

큰길을 따라 조용히 걷고 있던 스무 명 가량의 여학생이 "만세"를 부른 것도 아닌데 쫓아온 군인들에게 총으로 얻어맞고 쓰러져 불미스러운 대접을 받았다. 정말 피를 끓게 만드는 장면이었다.

소방대원이 소년과 소녀를 쫓아가며 긴 철제 갈고리로 그들을 잡으려 한다.

어떤 사람은 이 갈고리에 맞아 머리가 깨지고 온몸이 마비되어 병원에 입원했다.

등에 총을 맞은 사람이 죽어가고 있다.

찢어지고 피투성이가 된 옷을 입은 백여 명의 남자들이 줄줄이 묶여 감옥으로 끌려갔다.

걸을 수 없을 정도로 부상당한 한국인 두 명이 덜컹거리는 수레에 묶인 채 감옥으로 이송됐다.

시위와 무관하게 그냥 서 있던 사람이 군인들에게 얻어맞았는데, 이 군인들은 누가 무슨 일을 하든 상관없이 무조건 공격한다.

자신의 집 마당에서 아무 일도 하지 않고 시위를 바라보기만 하던 미국인 선교사가 거칠게 체포되었다.

여자들이 총에 맞아 쓰러진 뒤, 발길질을 당해 도랑으로 굴러떨어졌다.

이 외에도 많은 것을 내 눈으로 직접 보았다. 다른 외국인들도 이와 비슷하거나 더 나쁜 상황을 목격했다. 일본 평화 대표단이 "모든 인류의 평등과 정의와 인간애"를 이야기하는 바로 그 시점에 이곳에서는 공포 통치가 펼쳐지고 있다는 사실을 상상하기는 쉽지 않을 것이다. 그들은 이 단어의 뜻을 모른다. 경찰서와 감옥에서 벌어지는 처벌과 고문은 더 끔찍한 이야기이다. 나는 일본인에 의해 나무 십자가에 못 박히는 고통을 당하는 사람들을 보고 있다.

왜 이렇게 잔인한 처벌을 받아야 하는가? 폭동을 일으켰거나 체포에 저항했기 때문이 아니다. 그런 경우를 보지 못했다. 위험한 무기를 운반했기 때문도 아니다. 그들은 무기 자체가 없다. 단지, 마음에서 우러나는 독립에 대한 열망을 소리 높여 외쳤기 때문이다.[120]

이렇게 극악한 진압 방식에도 독립운동은 약해지지 않았다. 오히려 그

---

120) Associated Press Correspondence by mail (Philadelphia *Inquirer*, May 25, 1919).

움직임은 점점 더 강해지기만 했다. 사실, 박해의 정도는 솟아오르는 자유의 정신을 따라가지 못했다. 4월에 총독은 소급 적용법을 통과시켜 3월에 체포된 지도자들을 처벌하도록 했다. 이 지도자들은 외국인 사회에 광범위한 친분이 있었기 때문에 일반적인 시위자의 경우처럼 즉결로 처리할 수 없었다. 한편, 일본 정부는 독립운동을 체계적으로 탄압하기 위해 6,000명 이상의 군인과 400여 명의 헌병을 추가로 파병했다.

한국인은 계속해서 소극적으로 저항했다. 《독립신문》은 "일본인을 때리지 마시오. 보복도 하지 마시오"라고 조언했다. 나는 수십 명의 미국인, 영국인 목격자와 일본의 잔학 행위에 관해 이야기를 나누었고, 한국인은 절대 저항하지 않았다는 점에 의견 일치를 보았다. 한 가지 예외가 있는데, 그것은 미국인 선교사를 통해 나에게 전달된 다음의 사건이다.

시위 나흘째, 서울연합기독교대학 학생이 길거리에서 일본 민간인이 한국인 소녀의 머리채를 잡아끌고 가면서 구타하는 모습을 보았다. 그녀는 기독교 집안 출신으로 거리에 나와 "만세"를 외친 것이 분명했다. 어떠한 종류의 폭력도 삼가라는 지도자들의 엄격한 가르침이 있었음에도, 이 잔악한 장면은 청년이 참을 수 있는 수준을 넘어서고 있었다. 군인과 헌병의 잔학 행위도 진저리가 나는데, 하물며 민간인이 무고한 소녀를 구타하는 모습은 지도자들의 가르침을 잊게 만들 정도였다. 한국인 학생은 일본인을 움켜잡고 거칠게 후려친 뒤 마구 짓밟아 버렸다. 그때 헌병이 나타나 일본인을 때렸다는 이유로 그의 두 팔을 자르고 그를 감옥으로 끌고 갔다. 다음날 미국인 선교사는 청년의 아버지를 만나 위로했다. 청년의 아버지는 눈물을 흘리며 말했다. "그렇게 고귀하고 남자다운 행동 때문에 두 팔을 잃게 된 것에, 아니 목숨을 잃게 되더라도 여한이 없습니다."

일본의 맹렬한 잔학 행위를 벗어난 한국인은 없었다. 학자부터 막노동꾼까지, 도시 상인부터 시골 농부까지, 여덟아홉 살의 학생부터 고희(古稀)를 넘긴 노인까지 일본의 폭력은 모두에게 거의 똑같이 행사되었다. 그중에서도 가장 혐오스러운 것은 여성과 여학생에 대한 폭력이었다. 세상은 일본 지배하의 한국 여성이 겪은 모든 고통과 영웅적 행위를 결코 알지 못할 것이다. 한국에 거주하는 외국인들이 목격한 것은 한반도 전체에서 벌어지는 잔학 행위 중 극히 일부에 지나지 않는다. 독립운동이 진행되는 동안 한국에 머물렀던 영국인 로버트슨 스콧(Robertson Scott) 여사는 다음과 같이 쓰고 있다.

이제 시작된 투쟁에는 엄청난 육체적, 정신적, 도덕적 용기가 필요하다. 주로 일본의 가장 미천한 계층에서 모집된 경찰의 손에 넘겨진 한국의 애국 소녀들은 더 이상의 육체적 수치나 개인적 모욕이 없을 정도로 곤욕을 치렀다. 용감해 보이는 14세 정도의 어린 소녀는 서울 경찰서에서 며칠간 구금 생활을 하고 막 풀려난 동료 학생들에 대해 "사람처럼 보이지 않았다"라고 말했다.

한 농민 여성이 압제적인 일본 관료에게 쏟아낸 멋진 말에서 근대 한국의 최고 정신을 엿볼 수 있다. "이렇게 넓고 빛나는 번영의 땅을 일구기 위해 얼마나 고생해야 하는지 전혀 알지 못하는 너희 일본인에게 그저 유감스러울 따름이다……." 봉기가 일어났을 당시, 어느 일본인 교장이 많은 한국 여학생에게 연설했다. "우리는 이 학교에서 너희들을 수년간 교육했다. 나는 여러분이 일본인과 결혼하기를 바란다." 여학생들은 웃으면서 "그렇게 하겠다"고 대답했다. 다음날 여학생들은 모두 거리로 나가 "만세"를 외쳤다.[121]

《시카고 데일리 뉴스(Chicago Daily News)》 베이징 특파원 윌리엄 R. 자일스(William R. Giles)는 봉기 직후 한국을 방문했다. 자일스 씨는 신문사에 보낸 기사에서 피를 끓게 만드는 끔찍한 상황에 관해 설명했다. "나는 규정에 따라 90대의 매를 맞고 감옥에서 풀려난 사람들을 만나 사진을 찍

---

121) "Warring Mentalities in the Far East," *Asia*, August, 1920, pp. 693-701.

었다. 감옥에서 풀려난 지 몇 시간 만에 만난 사람 중에는 명문가 출신이거나 고등 교육을 받은 사람도 있었다. 일흔에서 여든 살 먹은 노인도 핏덩어리가 될 정도로 매를 맞았는데, 그들 중 많은 사람이 끝까지 회복되지 못했다. 의사에게 적절한 치료를 받지 못하면 괴저가 발생하고 상황은 절망적으로 변해간다. 너무나 신경이 예민해져서 결코 정상적인 기력을 찾지 못하는 사람도 있다. 수감자가 풀려날 때는 이런 핏자국이 보이지 않도록 모든 방법이 시도되며, 계속해서 더욱 심한 고통을 유발할 수 있는 모든 과학 기술이 동원된다."

자일스 씨는 남성에게 자행되는 처벌보다 더욱더 끔찍하고 극도로 혐오스러운 것이 여성을 다루는 방식이라고 말했다.

그들이 견뎌야 하는 잔인함과 고통에도 불구하고, 아직도 그들은 그 고통이 언젠가는 끝날 것이며, 그들이 세상의 지지를 얻어 결국에는 더 좋은 형태의 정부를 갖게 되리라고 굳게 믿고 있다. 그들이 감옥에서 어떤 대우받았는지 얘기할 사례는 많지만, 18살의 결백한 소녀가 겪었던 다음의 사건을 통해 독자 여러분은 일본군 당국이 어떻게 여성을 다루고 있는지 충분히 상상하이 볼 수 있을 것이다. 이이야기는 내가 직접 그녀에게 들은 것이다.

그녀는 아버지로부터 집에 오라는 전보를 받고 4월 말에 평양에 돌아왔다. 그녀가 기차에서 내리자마자 일본 경찰이 그녀를 붙잡아 경찰서로 데려갔다. 그들은 그녀가 한국의 독립을 외치고, 사악한 삶-일본 경찰이 가장 좋아하는 혐의-을 살았으며, 일본의 통치에 반대하는 말을 했다고 주장했다. 소녀는 모든 잘못에 대해 자신은 무죄라고 말했다. 그러자 경찰은 그녀의 머리를 때렸다. 이것이 별효과가 없자, 그들은 그녀의 손가락 사이에 나무 조각을 끼운 뒤 손가락을 꽉 잡고 나무 조각을 비틀기 시작했다. 결국, 그녀는 기절하고 말았다. 정신이 들자 경찰은 그녀에게 고백하라고 명령했다. 그러나 고백할 것이 없었던 그녀는 그들의 요구에 응할 수 없었다. 그러자 경찰은 그녀를 벌거벗기고 가혹하게 매질했다. 그리고 그녀의 머리 위에 무거운 물건을 얹고 3시간 동안 벌거벗은 채로 서 있게 했다. 그녀는 피를 토하고 다시 기절했다. 그녀는 14일 동안 똑같은 고문을 7번 받았다. 그녀의 상태가 너무 안 좋아지자 경찰은 어쩔 수 없이 일본인 의사를 불러 약을 주게 했다. 의사는 경찰에게 소녀가 매우 아프기 때문에 집이나 병원으로 보내야 한다고 말했다. 그리고 나서야 경찰은 그녀를 풀어 주었다. 내가 소녀를 만났을 때 그녀는 완전히 건강을 해친 상태였다.[122]

공포 통치가 진행되는 동안 한국 내의 재팬 어드버타이저들은 잔인한 논조의 사설을 게재하며 제국 정부에 협력했다. 그들은 소극적 혁명을 억누르는 일본 정부와 일본 국민의 행동을 정당화했을 뿐만 아니라, 끊임없이 한국인을 비방했다. 그들의 관점에서 볼 때 매우 진보적이라 여겨졌던 일간지들조차 이러한 잔학 행위에 대해 단 한 건의 불만도 제기하지 않았다. 오히려 그들은 만장일치로 당국에 더 가혹한 조치를 취하라고 촉구했고, 당국의 한국인 억제 정책에 협력하라고 자국민에게 조언했다. 경성에 거주하는 한 영국인은 《재팬 어드버타이저(The Japan Advertiser)》에 실린 통신문에서 자신의 관찰 내용을 다음과 같이 요약했다.

1. 야만적인 힘으로 억누르는 정책이 아니라 뭔가 새로운 해결책을 찾아야 한다. 독일식 방법은 시대에 뒤처진 것이다.
2. 한국인을 퇴폐적이고 타락한 국민으로 매도하는 고의적 왜곡을 중단해야 한다. 동등한 기회가 주어진다면, 한국인도 일본과 동등한 수준의 행정 체계를 구축할 수 있다.
3. 미국이 영향력을 행사하여 한국에서 시위가 벌어졌다는 광범위한 믿음은 근거가 없는 것이므로 강력히 대처해야 한다. 독자 여러분은 엉뚱하게 미국인

---

122) Chicago *Daily News*, October 13, 1919.

이라는 인상 때문에 감옥에 갇힌 세 명의 영국인 이야기를 들어보았는가? 그들 중 한 명은 일본 민간인 폭력배와 헌병에게 심하게 얻어맞기까지 했다. 이런 일은 일본 지역 언론들이 계속해서 외국인에 관한 악의적 기사를 싣는 와중에 꾸준히 증가하고 있다.

한국의 외국인 공동체는 중립적인 태도를 유지하고 있다. 그러나 그들은 사실을 직시하고 있으며, 이 불행한 반도의 무방비한 사람들에게 행해지는 잔혹함에 대해 이의를 제기하고 있다.[123]

일본이 한국 독립운동을 분쇄하기 위해 사용한 수많은 방법을 속속들이 기술하는 것은 불가능하다. 독자들은 이 장에서 제시한 증거들로부터 나머지 상황을 추론할 수 있을 것이다. 캐나다 장로교 외국 선교 위원회 부총무 A. E. 암스트롱(A. E. Armstrong) 목사가 1919년 7월 12일 캐나다 토론토에서 발간된 《토론토 글로브(Toronto Globe)》에 기고한 장문의 기사에서 발췌한 다음의 내용으로 이 장을 마무리하려 한다. 암스트롱 목사는 1919년 3월에 한국에 머무르면서 여러 상황을 직접 목격했다. 그는 일본이 한국 내에서 한국인을 핍박하는 것에 만족하지 않고 만주에 정착한 한국인에게까지 그들의 사악한 행동을 확대하고 있다고 보고했다.

...

어떤 행동은 너무 끔찍해서 여기에 쓸 수 없을 정도다. 일본인들은 한 장소에서 무장하지 않은 한국인 45명을 살해한 후 다음 날 묻기 위해 시체를 아무렇게나 쌓아놓았다. 그날 밤 살해당한 사람들의 친구 몇몇이 살아있는 사람이 있는지 보려고 몰래 다가갔는데, 시체 더미 아래에서 5명이 숨을 쉬고 있었다. 그들 중 2명은 결국 사망했고, 3명은 살아났다. 이곳에서 75마일(120km) 떨어진 다른 장소에

---

123) Quoted in *The Literary Digest*, May 31, 1919.

서는 30명이 살해당했다.

...

어느 여성 선교사가 다음과 같이 기록했다.

"나는 3월 4일 일본 소방대원들이 끝에 갈고리가 달린 나무 장대, 철제 봉, 장창(長槍) 등으로 한국인들을 구타하는 모습을 보았습니다. 이 천박한 사람들은 경찰과 군인의 보호를 받고 있습니다. 한국인들이 한 행동이라고는 몇 사람이 만세를 외친 것이 전부였습니다. 그때 소방대원들이 나타나 그들 눈에 띄는 한국인들을 공격하기 시작했습니다. 그들은 남자, 여자, 어린아이를 가리지 않고 무차별로 공격했습니다. 소방대원들은 사람들의 두개골이 갈라지고 목과 어깨가 찢어져 피가 철철 흐를 때까지 몽둥이로 내리쳤고, 그 상태로 사람들을 감옥까지 끌고 갔습니다. 내 평생 그런 자리에 있어 본 적이 없었습니다. 내가 현장으로 다가가자 헌병 대장이 꺼지라고 소리쳤습니다. 그러나 나는 그곳을 떠날 수 없었습니다. 가련한 한국인들이 자기 자신을 방어하기 위해 뭔가 할 것 같은 광경이었지만, 그들은 무기도 없었고 분노의 말도 내뱉지 않았습니다. 그들은 자기 자신을 완벽하게 통제하고 있었습니다. 우리가 아는 한 한국인은 폭력을 사용하지 않았습니다. 폭력에 관해 말하려면, 한국인이 먼저 살해되었다는 사실을 기억해야 합니다.

숭덕에서는 시장에서 '만세'를 외쳤다는 이유로 헌병이 발포해서 4명이 죽었습니다. 신흥에서도 똑같은 일이 발생해서 4명이 죽고 4명이 다쳤습니다. 물 항아리를 들고 지나가던 한 여성은 목에 총을 맞고 즉사했습니다. 여기서 가까운 다른 장소에서는 환호성을 질렀다는 이유로 두 명이 살해당했습니다. 죽은 사람들로 피바다가 된 광경에 분노한 한국인들은 담당 헌병을 잡아 포박했습니다. 다음날 헌병을 풀어 주자, 그는 감금되었던 집으로 총을 난사했습니다. 결국, 많은 사람이 죽고 다쳤습니다. 오늘 시골 지역인 그곳 전체 마을에서 마치 사슴을 사냥하듯 사람들이 잡혔고 감옥으로 보내졌습니다. 이번 주에 내가 목격한 것은 다른 곳에 비하면 아무것도 아닙니다. 그것은 시작에 불과하며, 만행은 계속되고 있습니다. 일본은 외국인이 한국인을 부추겼다고 생각하지만, 한국인은 우리에게 깊은 호의를 보이며 우리가 다치지 않도록 자신들의 계획을 우리에게 알리지 않았습니다. 모든 교회의 한국인 지도자들은 모두 감옥에 갇혔습니다. 우리는 예배를 위해 정기적으로 모이고 있지만, 우리 동료의 반이 감옥에 갇혀 있습니다."

...

이번에 언급할 곳은 한국이 아니라, 먼 북쪽 중국의 만주 지역 동쪽에 있는 간도 지방이다. 이곳에는 한국인이 수만 명 이주하여 살고 있다. 이곳은 일본이 어떠한 통제력도 행사할 수 없는 중국 영토이긴 하지만, 현재 일본 군인과 경찰은 한국인이 일본 신민이라는 명목으로 한국에서처럼 프로이센 방식의 잔학 행위를 자행하고 있다.

5월 24일 작성된 편지에 다음의 내용이 적혀 있다.

"현재까지 15개의 마을이 불타고, 탈출하던 한국인들은 총에 맞았다는 소식을 들었습니다. 생존자는 겨우 7명이라고 합니다. 이미 30여 개의 기독교 교회가 불타 버렸고, 교회 안에서 예배를 보던 신자들이 불타 죽었습니다. 우리 병원의 한국인 의사와 간호사는 목숨에 위협을 느껴 피신했으며, 약사와 두 명의 외과 보조원은 구타당하지 않기 위해 병원에서 생활하고 있습니다. 나는 심하게 얻어맞고 팔이 빠질 정도로 비틀린 많은 사람의 사진을 가지고 있습니다. 지하 세탁실에 놓인 한국인 19명의 시체 사진도 가지고 있습니다. 이들은 일본 경찰의 강요로 총을 쏜 중국인들에게 살해당한 사람들입니다. 기독교 학교 선생의 부인이 체포되었는데, 경찰은 조사 과정에서 그녀의 옷을 전부 찢고 심하게 구타했습니다. 그녀의 남편이 어디에 숨어 있는지 모른다는 이유에서였습니다."

...

전술한 내용은 현재 한반도에 만연한 공포 통치의 몇몇 사례일 뿐이다. 나는 최근 한국의 수도 경성에서 캐나다로 돌아왔기 때문에 일본 군국주의의 본질을 정확하게 이야기할 수 있다. 일본 군국주의는 철저하게 프로이센식이다. 아니, 그보다 더 나쁘다. 일본은 독일 방식을 본떠 군사 체계를 구축하고, 거기에 동양식 잔인함을 더했다. 그 결과물이 현재 한국에서 운영되고 있는 통치 체제이다. 이 체제야말로 훈족과 튀르크를 능가하는 독창적 야만성과 사악한 잔인함을 보여 주고 있다.

# 제14장
# 대량 학살

앞 장에서는 주로 도시에서 외국인이 목격한 일본의 만행에 관해 서술했다. 사건을 기록할 만한 외국인이 없는 시골 지역에서는 마을이 전소하고 전면적인 대량 학살이 벌어졌다. 외국인이 외딴 지역에서 목격한 몇몇 경우는 한국 전 지역에서 벌어지는 방화와 대량 학살의 극히 일부분에 지나지 않는다. 한국에 거주하는 어느 미국인은 미국기독교교회연방협의회에 제출한 보고서에 평양 맹산군에서 자행된 일본의 대량 학살을 다음과 같이 묘사했다.

3월 초 이곳 사람들이 독립을 외친 뒤, 56명이 헌병대로 오라는 연락을 받고 그곳으로 갔다. 그들이 헌병대 구내로 들어서자 문이 잠겼고, 헌병들은 벽 위로 올라가 아래에 있는 사람들에게 총을 난사했다. 그리고 쓰러진 사람들에게 내려가 아직 살아있는 사람들을 총검으로 찔렀다. 56명 중 53명이 죽었고, 3명은 나

중에 시체 더미 속에서 기어 나올 수 있었다. 그들이 살았는지 죽었는지는 알려지지 않았다.[124]

앞 장에서도 인용한 윌리엄 R. 자일스(William R. Giles) 씨는 한국 방문을 마치고 베이징(北京)으로 돌아가 1919년 6월 14일 발표한 기사에서 다음과 같이 주장했다.

부산(釜山)에서 50마일(80km) 정도 떨어진 한국의 남쪽 지역 산골 마을에서 일본군이 높은 봉우리로 둘러싸인 말발굽 모양의 계곡을 위쪽에서 봉쇄한 후, 가파른 비탈길로 탈출을 시도하는 마을 사람들을 향해 총기를 난사했다. 이 참극으로 백 명 이상의 사람이 죽었다……

한국 사람들은 마치 도살장으로 내몰린 양과 같다. 오로지 이러한 독자적인 조사만이 세상에 한국의 실제 상황을 알릴 수 있다. 현재 2천만 명이 내뱉는 고통의 신음 소리는 그저 귀머거리에게 전달되고 있을 뿐이다.

경성에서 약 30마일(48km) 떨어진 수원(水原) 지역 인근의 마을 15개가 일본 군인과 헌병에 의해 완전히 사라졌다. 영국과 미국의 영사관 직원을 포함한 많은 외국인이 이 황폐한 지역을 방문한 뒤, 총독에게 직접 항의했다. 당시 경성에 거주하던 어느 미국인은 다음과 같이 기록했다. "일본이 이들의 항의를 반박할 만한 근거를 제시하기는 불가능했다. 많은 외국인이 살인과 방화의 현장을 방문한 사실이 정부에게 필요한 조치를 취하도록 만들었다. 아마 현장 방문이 없었다면, 총독부는 결코 이런 조치를 하지 않았을 것이다. 총독부는 다른 사건에서 그랬던 것처럼 비인간적 잔학 행위는 없었다고 우기는 것이 전혀 효과가 없다는 점을 충분히 깨닫고 있었다. 증

---

124) *The Korean Situation*, p. 33.

거가 너무나 명백했기 때문이다." 불탄 현장을 방문한 외국인들의 보고를 받은 후 총독은 유감의 뜻을 표하고 범죄자들을 처벌하겠다고 말했다. 그러나 이것은 어느 서양인이 지적했듯이 "가해자들이 승진될 가능성이 매우 높다"는 것을 의미했다.

무고한 사람들을 학살한 군인들이 실제로 승진했는지 군에서 쫓겨났는지 알려지지는 않았다. 그러나 당시 총독이 그러한 잔학 행위가 다시는 일어나지 않을 것이라고 확답했음에도 불구하고 방화와 대량 학살이 계속된 것을 보면 그들이 결코 처벌되지 않았다는 점은 확실하다. 파괴된 수원 지역을 방문했던 미국인이 묘사한 마을 세 곳의 모습을 통해 1919년 3월 1일 이후 한국의 외진 지역에서 어떤 일이 벌어지고 있는지 생생하게 느낄 수 있을 것이다.

### 제암리(提巖里)

4월 17일 목요일, 한 외국인이 수원에서 남쪽으로 50리(17마일) 정도 떨어진 작은 마을에서 끔찍한 비극이 발생했다는 소식을 서울에 전했다. 군인들이 많은 기독교인을 교회에 가두고 총을 난사하여 모든 사람이 죽거나 다쳤고, 교회는 불길에 휩싸여 전소해 버렸다는 내용이었다. 이야기가 너무 끔찍했기 때문에 진지한 성격인 나는 개인적으로 사실을 확인해 보기로 마음먹었다. 다음날 나는 기차를 타고 수원까지 간 다음 거기서부터 마을까지 몇 마일을 자전거로 이동했다. 당국이 그곳 방문을 강력하게 방해하리라 예상한 나는 마을 근처의 경찰서와 헌병대를 피해 산길로 몇 마일을 돌아서 갔다.

마을에 들어가기 전에 나는 많은 사람에게 마을의 화재에 관해 물었다. 그러나 아무도 정확한 정보를 가지고 있지 않았고, 모두 그 사건에 관해 얘기하는 것을 두려워했다. 나는 마지막으로 대량 학살이 벌어진 마을에 살던 소년을 만났지만, 그는 나에게 아무것도 말하려 하지 않았다. 소년은 아무것도 모른다고 항변했다. 폭력이 결실을 본 것이다. 사람들은 공포로 거의 마비 상태가 되어 있었다.

급커브 길을 돌자 갑자기 마을이 나타났다. 놀랍게도 정부 관료, 군인, 민간인 여러 명이 조사를 벌이고 있었다. 관료 몇 명과 대화를 나눈 후, 나는 마을을 더 둘러보고 사진을 몇 장 찍을 수 있었다. 한국인들로부터는 아무런 정보도 얻을 수 없었다. 그들은 멍하고 얼빠진 것처럼 보였는데, 특히 여자들이 심했다. 젊은 사람들은 세부 내용을 전혀 모르는 척했다.

마을은 완전히 폐허가 되어 있었다. 여덟 채 정도의 집이 남아 있고, 서른 한 채 정도의 나머지 집과 교회는 완전히 불타 버렸다. 간장, 된장, 김치를 담은 장독들만 폐허 위에 가지런히 줄을 맞춰 서 있을 뿐이었다. 사람들은 여기저기 짚이나 돗자리를 깔고 앉아 있었다. 언덕배기에 거적으로 임시 거처를 만든 사람들도 있었다. 그들은 행복했던 집의 잔해를 망연하게 바라보며 조용히 앉아 있었다. 그들은 말하는 법을 잃어버린 것 같았다. 그들은 왜 이런 끔찍한 심판이 그들에게 내려졌는지, 왜 그들이 갑자기 과부와 고아가 되었는지, 그 이유를 곰곰이 헤아리고 있는 것 같았다. 그들은 그들을 덮친 재앙에 완전히 압도된 채 무력하고 쓸쓸하게 앉아 있었다.

이윽고 정부 관료 패거리가 마을을 떠났다. 관료들이 보이지 않게 되자, 이 가없는 사람들 가운데 몇몇이 입을 열기 시작했다. 그들이 들려준 일본의 잔학 행위는 다음과 같다.

4월 15일 목요일, 이른 오후, 군인 몇 명이 마을에 들어와 담화가 있을 예정이니 모든 성인 남자 기독교인과 천도교인은 교회에 모이라고 명령했다. 모두 스물아홉 명의 남자가 명령받은 대로 교회에 모여, 무슨 일인지 궁금해하며 앉아 있었다. 군인들의 음모는 곧 밝혀졌다. 그들은 즉각 교회를 에워싸고, 창호지를 바른 창문으로 교회 안에 총기를 난사했다. 한국인 대부분이 죽거나 다쳤다. 냉혹한 일본 군인들은 나무와 초가로 지어진 교회 건물에 불을 질렀다. 안에 있던 사람 중 일부가 문으로 돌진하며 탈출을 시도했지만, 즉각 총검에 찔리거나 총을 맞았다. 헛되이 탈출을 시도했던 여섯 명의 시체가 교회 밖에서 발견되었다. 남편이 교회에 불려간 뒤, 총소리에 놀란 여성 두 명이 남편에게 무슨 일이 벌어졌는지 확인하려고 달려와서 군인들을 뚫고 교회에 들어가려 했다. 둘 다 잔인하게 살해당했다. 열아홉 살의 젊은 여자는 총검에 찔렸고, 마흔 살이 넘은 다른 여자는 총에 맞았다. 둘 다 기독교인이었다. 군인들은 마을에 불을 지르고 떠났다.

이것이 제암리 대량 학살에 관한 간략한 이야기다. 이에 대한 책임을 무지하고 천박한 일개 군인에게 물을 수는 없다. 고위 관료들이 이 음모에 직접 가담하지는 않았다 하더라도 그것을 인지하고 있었기 때문이다. 일본군에 통용되는 엄격한 규율하에서 사병이나 하사관이 이런 일에 대한 책임을 지는 것은 불가능한 일이다.

### 수촌리(水村里)

수촌은 위에 언급한 제암리에서 4~5마일(6~8km) 정도 떨어진 수려한 계곡에 자리 잡은 아름답고 작은 마을이다. 그러나 약탈자의 손이 그곳을 스치면서 아름다운 풍경을 잔혹하고 어두운 손자국으로 덧칠해 버렸다. 좁은 길은 잿더미로 가득 찼고, 마흔두 채의 집 중 여덟 채만이 남았다. 살아남은 사람들은 생명과 재산에 대한 경계심을 잃은 듯 건물 잔해를 치울 생각도 하지 못했고, 자신의 물건을 긁어모으려다 또 다른 재난에 휘말릴지 모른다는 두려움에 싸여 있었다. 노파 몇 명이 얼마 안 되는 물건을 가지고 무관심한 표정으로 무기력하게 앉아 있었다. 하지만 그 물건이 그들의 슬픔을 달래주지는 못했다. 나는 그들이 자신의 집과 세상의 안락함을 빼앗아 간 잔혹한 불길 속에서 차라리 죽는 편이 나았다고 생각하는 것은 아닌지 하는 느낌이 들었다. 들판에는 아이들 몇 명이 풀뿌리를 캐고 있었다. 먹을 것이 필요하지만, 쌀과 기타 음식물이 먹을 수 없게 엉망이 되었기 때문이다. 경찰과 군인이 사라지자 사람들은 내 주위로 몰려와 자신들이 겪은 불행을 얘기해 주었다. 그들은 처음의 충격에서 벗어나긴 했지만, 군인들이 다시 돌아와 이전과 똑같은 방식으로 잔인하게 파괴를 자행할까 봐 끊임없이 두려워하고 있었다.

다음은 마을 파괴에 관한 이야기이다.

4월 6일, 모든 사람이 잠들어 있던 새벽에 한 무리의 군인들이 마을로 들어섰다. 그리고 집집마다 돌아다니며 초가지붕에 불을 질렀다. 집들은 순식간에 화염에 휩싸였다. 집 밖으로 뛰어나온 사람들은 마을 전체가 불타고 있는 것을 발견했다. 몇몇 사람이 불을 끄려고 했지만, 군인들이 그들에게 총을 쏘거나 총검으로 찌르고 때리며 그들을 저지했다. 그들은 무기력하게 마을이 잿더미로 변하는 것을 지켜볼 수밖에 없었다. 극악한 행위를 한 군인들은 사람들의 목숨에는 전혀 관심이 없었다. 사망자는 한 사람뿐이었지만, 많은 사람이 심하게 다쳤다. 나는 바람 때문에 불이 집에서 집으로 옮겨붙었는지 물어보았다. 불은 여러 곳에서 동시에 발생했으며, 군인들이 성냥으로 여기저기 초가지붕에 불을 질렀다는 대답이 돌아왔다.

나는 일본인들이 쓸데없이 마을을 전소시키고 많은 사람의 집을 없애버린 진정한 이유를 찾을 수 없었다. 이런 행동은 한국인의 일본에 대한 감정을 악화할 뿐이다. 이제 사람들은 자신이 잘못했든 안 했든 상관없이 일본인들이 자신을 죽이려 한다고 느끼기 시작했다. 그리고 죽음을 피할 수 없다면, 조국의 자유를 위해 목숨을 바치는 것이 낫다는 결론에 이르렀다. 어차피 죽어야 한다면, 그리고 어떠한 형태로든 정의를 쟁취하는 것이 불가능하다면, 법의 테두리 안에서 살려고 애쓰는 것이 무슨 소용이 있단 말인가?

## 와수리(瓦水里)

와수리는 잔인한 천황의 군대가 잿더미로 만들기 전에는 그림 같은 마을이었을 것이다. 이곳은 비옥한 논밭이 펼쳐진 계곡을 경사진 숲이 둘러싸고 있는 마을이다. 마을 중앙에는 기와지붕과 대문을 갖춘 멋진 "시골 저택"이 있었다. 이제 그것은 부서진 기와와 흙과 벽돌이 아무렇게나 쌓인 거대한 폐기물 더미에 불과했다. 주인이 달아났다고 생각하는 사람도 있고, 주인이 감옥에 갇혔다고 말하는 사람도 있지만, 그 "주인 나리"에게 무슨 일이 있었는지 실제로 아는 사람은 아무도 없었다. 40채 정도 있었던 집 가운데 18채가 남아 있었다. 불을 번지게 만든 건 바람이 아니라 좀 더 확실하고 절대적인 것, 더욱 자인한 그 무엇이었다. 그것은 바로 일본 군인의 손이었다. 그들의 마음은 살의로 가득 차 있었다. 이런 취지로 사람들이 증언하는 내용은 별개로 하더라도, 이에 대한 확실한 증거가 남아 있었다. 불타 버린 집들이 그것이다. 어떤 곳에서는 불탄 집과 불타지 않은 집이 번갈아 나타났다. 그리고 불탄 집과 불타지 않은 집 사이의 거리가 꽤 떨어져 있었다. 다른 곳과 마찬가지로, 남아 있는 건 김치와 된장을 담는 데 사용하는 옹기 항아리뿐이었다. 이런 항아리와 시커멓게 그을린 목제 가구, 재와 파편 같은 것만이 행복했던 옛 가정의 흔적으로 남아있었다. 화재를 피한 것은 아무것도 없었다. 일본 군인들이 가만히 놔두지 않았기 때문이다. 모든 것이 완전히 불타 버렸다. 사람들은 죽을지도 모르기 때문에 담요 한 장, 쌀 한 자루, 그릇 한 벌, 숟가락 한 개도 꺼낼 수 없었다. 그러므로 이들이 절대 궁핍의 상황에 놓였다고 얘기해도 무방할 것이다. 화재로 집을 잃은 사람 중 짚으로 만든 대피소에 거처를 정한 사람도 있었지만, 많은 사람이 자신보다는 운이 좋았던 이웃으로부터 음식과 잠자리를 제공받으며 따뜻한 보살핌을 받았다.

다음은 마을 방화에 관한 이야기이다.

4월 11일, 동이 트기 전, 마을 사람들은 갑작스러운 사격 소리와 뭔가 타는 냄새에 잠에서 깨어났다. 밖으로 나와 보니 군인과 경찰이 집을 불태우고, 사람들을 총으로 쏘거나 때리고 있었다. 그들은 모든 것을 버리고 살기 위해 도망쳤다. 늙은이와 젊은이, 가슴에 아기를 안은 엄마, 아이를 업고 가는 아버지, 모든 사람이 산으로 도망쳤다. 그러나 무사히 탈출하기 전에 많은 사람이 총에 맞고, 다치고, 구타당하고, 살해당했다. 그리고 체포되어 감옥으로 끌려간 사람도 많았다.

긴 이야기는 아니지만, 잠시 멈춰서서 생각해보면 그 장면이 눈에 선하게 떠오를 것이다. 이런 일이 당신의 집에, 당신의 마을에 일어났다고 상상하이 보라. 어둠, 총격, 구타, 여자와 아이들의 울부짖음, 화염, 그리고 도망가는 사람에게 군인들이 발포하는 모습을 마음속에 그려 보라. [125]

---

125) 한국에서의 대량 학살과 방화에 관한 상세한 내용은 다음을 참조하라. *The Independence Movement in Korea* (pamphlet), published by the *Japan Chronicle*, Kobe, Japan, 1919.

일본에 거주하는 알베르투스 피에터스(Albertus Pieters) 목사는 "한국에서의 일본의 도덕적 실패-일본 정부와 국가의 책임"이라는 논문에서 일본이 저지른 대량 학살을 "정당한 이유 없이 고의로 저지른 냉혈한의 살인 행위이며, 정상 참작 또는 용서의 대상이 될 수 없는 만행"이라고 비난했다. "이것은 전투 행위가 아니다. 한국에는 전쟁 상태가 존재하지 않으며, 존재할 수도 없다. 사람들이 완전한 비무장 상태이기 때문이다. 이것은 통제하기 어려운 무뢰한이나 술 취한 군인 몇 명이 저지른 난동이 아니라, 정규군 장교들의 명령에 따라 조직적으로 파견된 부대가 자행한 폭력 행위이다. 당시 진압해야 할 저항이나 폭동은 없었다." 피에터스 목사는 총독과 그 휘하 관료들이 이 범죄의 책임을 피할 수 없다고 서술한 뒤 다음과 같이 글을 이어갔다.

그러나 총독의 책임 이외에 더 이상의 책임은 없는가? 일본인의 도덕적 책임은 전반적으로 어떠한가? 나는 많은 일본 친구를 알고 있기 때문에 일본인들도 이러한 잔학 행위에 대해 대중적 항의의 형태로 도덕적 감정과 용기를 충분히 보여줄 것이라고 확신하며 지난 1개월을 기다렸다. 그러나 나의 기다림은 헛된 것이었다. 한국에 거주하는 일본인은 외국인보다 몇 배나 많으며, 그중에 교육 수준이 높고 중요한 위치에 있는 사람도 다수이다. 그들도 외국인과 마찬가지로 사실에 접근할 수 있었다. 그러나 총독을 만나 이 범죄 행위에 대해 다시 항의하는 것은 외국인의 몫으로 남겨졌다. 왜 지각 있는 일본인들은 사람들을 대표하여 이런 일을 하지 않는가?

도쿄(東京)는 모든 종류의 모임과 시위가 벌어지는 제국의 중추 같은 곳이다. 나는 이곳에서 일본인들의 분노 표출이 시작되기를 기대했다. 그러나 아무 일도 일어나지 않았다. 분노의 모임도 없었고, 언론의 불같은 항의도 없었으며, 정당(政黨)의 비난도 없었다. 한국인의 안녕이나 정의 추구 또는 제국의 명예와 관계된 그 어떠한 일도 벌어지지 않았다. "음모 사건" 당시 친구가 나에게 했던 말이 강하게 떠오른다. "일본인의 문제점은 타인이 불의에 시달릴 때 도덕적으로 분노하는 능력이 부족하다는 점이다." 정말 그런 것 같다. "도덕적 분노 능력"이 부족하기 때문에 일본제국의 제복을 입은 사람이 비무장 한국인을 총으로 쏘고, 총검으로 찌르고, 불태우는 행위가 일본인에게는 관심의 대상조차 되지 않는 것이다.

일본은 그런 것들이 그들에 대한 세상의 판단에 궁극적인 영향을 미친다는 사실을 모른단 말인가? 일본군에 의한 잔학 행위는, 개별적인 경우라 하더라도, 즉시 군이 손을 떼고 적절한 처벌이 이루어진다면 용서받을 수도 있을 것이다. 그러나 이의를 제기하는 작은 수고조차 하지 않는 이러한 무관심은 절대 용서받을 수 없다. 그것은 민족성의 척도이자, 그 민족이 문명국가들과 평등한 관계를 유지하며 미개발 민족의 운명 개척을 돕는 역할에 적합한지 측정하는 지표이다. 결국, 모든 사람은 자신들이 가질 만한 정부를 갖게 된다고 한다. 같은 논리로, 모든 사람은 자신들이 가질 만한 군대를 갖게 된다고 말할 수 있을 것이다. 역사에 비친 독일을 존경하고 사랑하는 사람들은 독일인과 독일의 무력 사용을 구별하기 위해 오랫동안 노력했다. 그러나 무력 사용을 승인한 것은 결국 국민이라는 누적된 증거 앞에 그러한 시도는 무너지고 말았다. 독일군이 그러한 독일군이며 그러한 행동을 한 것은 독일인이 그러한 독일인이며 그러한 행동을 사랑했기 때문이다. 적어도 한 세대나 두 세대 안에 세상이 예전의 존경심을 가지고 독일을 바라보는 일은 없을 것이다. 이와 똑같은 길이 일본 앞에 열려 있다. 그리고 그들이 그 길을 걸어가는 것을 두려워해야 할 이유가 너무도 많다.[126]

---

126) *The Shanghai Gazette*, June 5, 1919.

# 제15장
# "공식 발표"

수감자에 대한 고문과 학대 이야기가 선교사들 사이에 널리 퍼지자 《서울 프레스(Seoul press)》는 이에 관한 기사를 두세 편 게재했다. 학대에 관한 취재가 이루어졌고, 형무소 측은 고문이 전혀 없었음을 확인해 주었으며, 한국인은 "형편없는 거짓말쟁이"라는 내용이었다. 한 선교사가 이 기사를 일본인에게 보여 주자, 그는 수감자들이 특정 감옥에 보내진 이후 고문이 없었음을 의미하는 것이라고 순진하게 대답했다. 다른 외국인이 그 신문 편집자와 기사에 관해 토론했는데, 그 편집자는 학대 행위가 있었음을 알고 있지만 그 기사는 "공식 발표"라고 답변했다. [127]

이 장에서는 일본의 다양한 선전 전술 전반에 관해 다루지 않는다. 이 주

---

127) From a report of a Committee of American Missionaries, published in *Congressional Record*, Vol. 58, p. 2847, July 17, 1919.

제는 일본의 선전 전술을 철저하게 조사한 나의 다른 책《미국의 동양 정책 (The Oriental Policy of the United States)》을 참고하기 바란다. 여기서는 한 국 문제에 직접 관련이 있는 핵심 사항만 언급할 것이다.

수년간 일본제국은 나라 안팎으로 들어오고 나가는 뉴스들을 통제했는데, 이 뉴스들은 선전 목적에 맞춰 편집되고 채색되었다. 고쿠사이(国際, 일본 국영 통신사)는 정부 보조금을 받는 기관으로 일본 정부의 직접적인 감독 아래 운영되고 있다. 일본의 모든 전신 전화 통신은 정부가 소유하고 관리한다는 점을 기억해야 한다. 고쿠사이는 나라 안팎으로 들어오고 나가는 뉴스거리를 정부가 원하는 대로 확대 또는 축소하거나 생산 또는 억제할 수 있다.

우편 제도 역시 엄격하게 통제되고 있다. 개인 편지를 열어 보는 것도 일본 정부 제도의 하나로 전쟁 중이거나 평화로운 시기이거나 관계없이 상시로 시행되고 있다. 미국에 거주하는 한국인이 한국의 친구나 친척에게 일본 정부에 관한 편지를 쓴다면, 관료들이 이 편지를 파기하는 것은 물론이고 수신자도 처벌을 받게 된다. 이러한 정책은 정부에 일석이조의 효과를 준다. (1) 국내에 있는 한국인은 외국의 친인척에게 편지를 보낼 때 국내 정치 상황에 대해 말할 수 없으며, 국내 정치와 관련된 편지를 받을 수도 없다. (2) 한국에 거주하는 외국인이 평온하게 살기 원한다면, 국내에 있든 국외로 나가든 정부를 비난해서는 안 된다. 예를 들어 한국에 거주하는 미국인이 미국에 와 있는 동안 일본 정부를 비난하는 기사를 잡지에 싣거나 대중 강연을 하면, 미국에서 암약하는 일본 비밀 요원에 의해 이러한 기사나 강연이 한국에 보고된다. 이 미국인이 다시 한국에 입국할 때 관료들이 이 건에 대해 질문하는데, 그의 설명이 만족스럽지 못하면 정부 차원의 차별이 시작되고, 결국 그는 한국을 떠나지 않을 수 없게 된다. 1919년 한국의 독립운동에 대한 일본의 잔학 행위를 다룬 방대한 양의 보고서와 진술서가 비밀 경로를 통해 미국에 전해졌고, 한국에 파견된 선교사의 친구들이나 여러 선교 위원회가 이러한 자료를 잡지나 신문 또는 팸플릿 등으로 출간했는데, 이 출판물들이 대개 필명(筆名)으로 출간된 것은 이런 이유 때문이었다.

일본 정부는 그들이 한국에서 하고 있는 일에 관한 뉴스를 억누를 뿐만 아니라, 그들의 정책에 유리한 뉴스를 만들어내고 있다. 보호령 체제가 성립된 후 일본이 한국에서 가장 먼저 한 일은 영문 연보 《조선의 개혁과 진보에 관한 연차 보고서》를 발간하는 부서를 설립한 것이다. 이 영문 출판물은 매력적인 사진을 많이 싣고 있으며, 미국과 영국의 모든 도서관과 유력자들에게 무료로 배포되고 있다. 이 보고서는 열등한 한국 민족이 현명하고 인도적인 일본 정치가들에 의해 어떻게 근대 문명의 길로 들어서게 되었는지, 그리고 일본의 통치 아래 완전한 행복과 만족을 느끼며 어떻게 번영하고 있는지를 보여 주고 있다.

미국과 영국의 정치인이나 정치 기자 대부분은 일본 정부의 공식 발표를 사실에 근거한 것으로 받아들인다. 그렇지만 그들은 일본 정부가 사실을 보여 주기보다는 그들의 가설을 증명하기 위해 통계를 편집하고 있으며, 일본의 공식 발표가 순진한 서양인에게 진실을 알리기보다는 그릇된 정보를 주고 있다는 점을 계속해서 조사하고 있다. 몇몇 미국인과 영국인은 일본의 전술을 잘 알고 있으며, 일본 정부가 던지는 공식 미끼를 쉽게 삼키지 않고 있다. 1917년 한국을 방문했던 《뉴 리퍼블릭(New Republic)》의 고(故) 월터 E. 윌(Walter E. Will)은 다음과 같이 적었다.

전반적으로 일본은 설득보다는 무력을, 자유보다는 억압을 선호하는 경향이 있다. 일본은 예전부터 엄격한 정치적 검열을 시행했는데, 이런 상황은 현재도 여전하다. 잔학 행위를 은폐하고 표현의 자유와 여론을 무자비하게 억누르는 공식적 폭력이 없었다면, 그리고 반도에 더 큰 자유가 주어졌다면, 한국에서 일본이 거둔 성공은 더 쉽게 확인되고 순조롭게 인정될 수 있었을 것이다. 우리는 한국의 발전에 관한 일본의 공식적 자료만을 가지고, 훌륭하게 성취된 업적을 무시하지 않는 동시에, 최소한 한국의 신민들이 기본적 시민의 정치적 권리를 박탈당한 채 불만을 표시하지도 못하고 억압된 상태로 입을 다물고 있어야 한다는 점을 상기하면서, 모든 보고서를 줄잡아 가감해서 받아들일 수밖에 없는 상황이다. 이런 상황에서 사람들이 마지못해 일본을 칭찬하고 있는 것이라면, 모든 잘못은 이런 상황에 대한 증거를 청취하지 못하게 하는 것이 최선이라고 생각하는 일본 군사 당국에 있다.[128]

《천황의 제국(The Mikado's Empire)》과 《은자의 나라(Corea, The Hermit Nation)》의 저자 윌리엄 엘리엇 그리피스(William Elliot Griffis) 박사는, 공식 보고서를 통해 자신들의 잔혹함을 은폐하는 일본의 행위에 대해 비난의 말을 아끼지 않았다. 다음은 그의 말이다.

사실, 일본이 한국에서 저지르는 잔학 행위에 대해 문명국들이 항의하는 것을 "내정 간섭"이라며 분개하는 시대는 이미 지나갔다. 유서 깊은 문명이 파괴될 위기에 처한 한국에서 일본 하급 관료들이 저지른 만행은 더 이상 감출 수 없다. 도쿄(東京) 정부 또는 홍보 관련 부처가 위장을 시도하고 있지만, 전쟁 중 적에게 봉쇄된 나라에서나 적용하던 검열 같은 것으로도 그런 사실을 은폐할 수는 없다. "고요한 아침의 나라"에서 오랫동안 거주한 많은 목격자가 가장 잔혹한 전쟁에나 견줄 수 있는 행동을 목격하고 자국어로 얘기한 일관된 증언은, 결국 "개혁"에 관한 연보나 공보물의 도덕적 가치를 능가할 것이다.[129]

한국 유일의 영문 일간지 《서울 프레스》는 《연차 보고서》와 궤를 같이하고 있다. 이 일간지는 총독부의 보조금을 받고 있으며, 일본이 원하는 대로

---

128) *Harper's Monthly Magazine*, February, 1919, p. 397.

129) William Elliot Griffis, "An American View," *The Nation* (New York), Vol. 108, No. 2812, p. 830.

서양에 일본을 알리는 역할을 수행하고 있다. 한국에 거주하는 외국인들은 《서울 프레스》의 편집자인 M. 야마가타(M. Yamagata) 씨는 양심이 두 개라고 말한다. 하나는 공적인 것이고 하나는 사적인 것인데, 야마가타 씨도 이를 인정하고 있다. 그가 "사실"을 만들거나 기삿거리를 왜곡할 때면 그의 공적 양심이 지배적이며, 사적 양심은 후퇴해 버린다. 그러므로 그는 책임이 없다는 것이다. 1919년 독립 시위 당시 일본 관료들과 저명한 미국인 선교사들의 모임이 개최되었다. 그 자리에서 "잔학 행위의 실상에 관한 문제가 제기되었다. 사무엘 A. 모펫(Samuel A. Moffett) 박사가 직접 목격했던 경험담을 얘기했다. 야마가타 씨는 모펫 박사와 개인적으로 나눈 대화에서 자신도 실제로 잔학 행위가 있었음을 확신한다고 기꺼이 인정했지만, 《서울 프레스》에 실린 것처럼 '공식적' 입장은 잔학 행위가 없었다는 것이라고 말했다."[130]

뉴욕에 있는 미국 장로교 본부가 공개한 정주(定州)의 기독교 교회 화재에 관한 설명을 보면, 《서울 프레스》에 게재되는 "사실"이 어떤 모습인지 잘 확인할 수 있다.

### 정주의 교회 화재

우리는 평안북도 정주에서 발생한 교회 화재 사건과 관련하여 여기에 두 가지 설명을 제시한다. 하나는 정부의 통제를 받는 《서울 프레스》지가 게재한 내용이며, 다른 하나는 미국 선교사인 교회 목사가 목격하고 세심하게 조사하여 전달한 내용이다. 결론은 독자의 자유에 맡긴다.

기독교 교회 불타다(서울 프레스, 1919년 4월 13일).
"화요일 오전 6시, 평안북도에 있는 군청 소재지 정주의 한 교회에서 화재가

---

130) *The Korean Situation*, p. 28.

발생하여 건물 전체가 잿더미로 변했다.

손실은 10,000엔 정도로 추정된다.

무의미한 선동을 혐오한 일부 한국인이 분노를 참지 못하고 교회에 방화를 저지른 것으로 의심된다."


다음은 교회 목사가 전달한 내용이다.

"정주의 교회 화재-4월 8일, 헌병들이 정주시(市)에 새로 크게 지은 교회로 다가와 거적과 가구를 쌓은 뒤 불을 질렀다. 그들은 잠시 뒤 그 불을 껐다. 기독교인들은 이 건물을 짓기 위해 돈을 내고 모든 힘을 쏟아부었다.

4월 9일 밤, 8일처럼 불에 잘 타는 물건이 설교단에 잔뜩 쌓였고, 거기에 불이 붙었다. 교회 집사가 교회 종을 울렸고, 몇몇 기독교인이 달려와 함께 불을 껐다. 다음 날 아침 경찰이 교회 근처에 사는 기독교인들에게 교회에 불을 질렀다는 구실을 대며 멀리 떠나라고 명령했다.

4월 10일, 교회 여기저기에 불에 잘 타는 물건이 놓이고, 기름이 부어진 뒤, 불이 붙었다. 이번에도 교회 종이 울렸지만, 아무도 오지 않았다. 결국 교회는 완전히 불타 재로 변하고 말았다.

4월 11일, 경찰은 목사의 아내와 몇몇 교회 관계자를 소환하여 교회 화재에 대해 비난했다. 그들은 또한 불을 끄는 데 단 한 사람도 도우러 오지 않았던 점을 지적하며, 기독교인이 얼마나 저급한 악당인지 일장 훈시를 늘어놓았다. 사실, 밤에 거리에 나가면 심하게 구타당하거나 호되게 괴롭힘을 받는다.

일본 언론에는 독립운동에 참여한 교회 지도자들에게 반대를 표명하기 위해 기독교인들이 교회에 불을 질렀다는 기사가 실렸다. 언급할 가치가 없다."

...

더 말할 필요가 없다. 이 기사는 자기 자신을 변호하고 있을 뿐이다. 총독부가 이런 기사를 허락할 때 언론이 어떤 자세를 취할지 독자 여러분이 판단할 수 있을 것이다. 언론은 항상 검열을 받고 있으므로, 이런 기사가 실릴 때 도덕적 책임은 총독부에게 있다. 진실은 금지되어 있다. 거짓과 비방은 허용된다. 이러한 행동 방침은 다른 정부들과의 관계를 위태롭게 할 뿐이다.[131]

한국을 방문한 외국인은, 일본인이 안내할 수 있는 상황이라면, 현실을 알아서는 안 된다. 예를 들어 보자. 유명한 미국인이 한국에 도착하면, 서양의 예절과 관습을 잘 알고 있는 세련된 공식 안내인이 부두에서 그를 영접한다. 그는 곧장 호텔로 향한다. 대개 일본제국철도가 소유한 조선호텔이 목적지이다. 그는 일본 관료와 면담을 하게 되는데, 이때 관료가 그에게 한국의 상황을 설명해준다. 그는 여기저기 방문하고, 자기 자신이 엄청난 인물이라고 착각할 만큼 과분한 접대를 받는다. 일본인들이 너무나 능숙하게 그를 다루고 추켜세우기 때문에 그는 그가 받은 환대와 정중함 그리고 그가 목격한 경이로움에 취해 행복한 기쁨의 안개 속을 허우적거리며 한국을 떠난다. 그는 일본이 한국에서 행한 멋진 일을 칭찬하며 미국으로 돌아온다. 1920년 3월 한국을 방문했던 엘시 매코믹(Elsie McCormick)이 기록한 다음의 글이 매우 재미있다.

예상했던 대로, 상냥한 일본 젊은이가 우리에게 다가와 자신은 총독이 개인적으로 보낸 사람이라고 소개했다. 그는 고귀한 미국 여성들이 온다는 말을 들었고, 자신이 그녀들을 안내하게 된다면 무척 행복할 것이라고 했다. 이 도시에 오래 머무를 예정인가? 아마 그녀들은 가장 흥미로운 곳을 볼 수 있도록 그가 일정을 짜주는 것을 좋아할 것이다. 적어도 그녀들은 교육자이므로 공립 학교 방문을 좋아할 것이다. 그가 그녀들을 데리고 간다면 무척 즐거울 것이다. 이렇게 말한 뒤 그는 총독 내외가 오찬에서 숙녀들과 만나는 즐거움을 고대하고 있다고 덧붙였다.
일본 젊은이가 수없이 절하고 미소지으며 떠나자 서울에 거주하는 미국인이

---

131) New York *Times*, July 13, 1919.

이렇게 말했다. "선전은 일본의 가운데 이름(middle name)이다."[132]

다행히 매코믹 양은 한국에 가기 전에 일본의 수법을 잘 아는 친구들에게 미리 경고를 들었다. "경성에서 일본인에게 너를 안내하도록 허락하면, 너는 그들이 보여 주고 싶은 곳만 보게 될 거야. 보고 싶은 곳은 네가 직접 살펴보겠다고 주장해." 결과적으로, 그녀는 자신이 어떤 상황에 직면하게 될지 알고 있었다. 그러나 의심하지 않는 방문객 대부분은 일본 정부의 공식 선전이라는 덫에 걸리고 만다.

미국에서 친일 선전에 협력하는 세력을 확보하지 못했다면, 바다 건너편에서 일본의 이러한 왜곡된 선전이 그렇게 성공하지는 못했을 것이다. 일본은 선전 게임의 법칙을 잘 알고 이를 능수능란한 솜씨로 처리해 나가는 국가이다. 파리평화회의 기간에 일본은 유럽의 여러 나라에서 선전 활동에만 1천만 달러를 사용했다. 현재 일본은 "미국의 여론을 정복"하기 위해 미국에서만 매년 수백만 달러를 사용하고 있다.[133] 《새크라멘토 비이(Sacramento Bee)》 편집인 V. S. 맥클러치(V. S. McClatchy)는 다음과 같이 말했다. "우리가 전쟁에 참여하기 전에 독일이 미국에서 필사적으로 선전 활동을 했던 것처럼 일본도 결연하게 선전 활동을 펼치고 있다."

표면적으로는 일본과 미국의 우호 관계 증진을 목표로 하는 다양한 사회적 관계나 모임이 존재한다. 그러나 이런 모임이나 관계의 실제 목적은, 일본의 선전 활동을 적극적으로 도와주면서도 일본의 속마음은 알지 못하는 미국인 유력자를 확보하는 데 있다. 예를 들면 다음과 같다. 선전에 활용되는 상업 및 무역 조직. 일본에서 미국인 유력자에게 제공되는 접대(이런 접대를 받은 미국인 유력자는

132) *Christian Herald* (New York), April 17, 1920, p. 469.
133) 미국에서 일본이 행한 선전 방법에 관한 상세한 내용은 다음을 참조하라. Montaville Flowers, *Japanese Conquest of American Opinion* (New York, 1916).

차폐막의 한쪽 면에 현혹된 채 미국으로 돌아오지만, 차폐막의 다른 쪽 면은 전혀 알지 못한다). 대중 연설장이나 회견장에서 자신의 의견(극동 상황을 잘 아는 사람이 보기에 완전히 잘못된 주장)을 피력하는 사람들. 모든 종류의 홍보 활동이 가능한 축하연이나 연설회. 미국 신문들의 연례적인 일본 특집호(特輯號). 고용된 선전원(일본인과 미국인)이 진행하는 공개 강연이나 회견. 재팬 어드버타이저사와 잡지.[134]

샌프란시스코 《태평양신문(Pacific Press Bureau)》의 책임자이자 일본 선전원인 K. K. 카와카미 씨(K. K. Kawkami)나 뉴욕 《동서신문(East and West News Bureau)》의 임원인 T. 이예나가(T. Iyenaga) 박사 같은 사람은 전국적인 지명도를 가지고 있으며, 미국에서 이루어지는 일본 선전 활동의 중심에서 영향력을 행사하고 있다. 정기적으로 급여를 받는 일본인, 미국인 선전원 외에도 일본의 좋은 측면에 진심으로 감동한 사람이 많이 있다. 그리고 자신들의 활동을 미묘한 아첨과 사회적 야망의 수단으로 활용하는 단체도 있다. 뉴욕 일본 협회 회원들은 대개 이런 단체 출신이다. 현재 이 협회는 전국에서 거의 2천 명에 달하는 남녀 기업인과 전문직이 회원으로 가입해 있음을 자랑하고 있다. 매년 뉴욕 애스터 호텔에서 이 협회의 연례 만찬이 열리는데, 이 자리에서는 미국과 일본의 "진정한 우정" 및 다른 아시아 국가들에 대한 일본의 "이타주의"를 상찬하는 연설이 식사 후 와인 건배로 무르익은 훈훈한 분위기 속에서 이어진다.

1919년 3월 만세 시위가 시작되자, 어느 일본 선전원은 곧바로 한국 애국자들을 비난했다. 그는 시위가 "악당과 건달들"의 작품이라며 다음과 같이 덧붙였다. "한국인들은 그 선동에 진절머리를 치고 있으며, 자녀 교육에 방해가 된다며 화를 내고 있다. 그들 중 다수는 학생들의 결석을 강요한 혐

---

134) From the *Sacramento Bee*, June 9, 1919; also cf. pamphlet, *The Germany of Asia*, part Ⅱ, article 1, by McClatchy.

의로 동네 사람을 체포한 정부의 조치를 환영하기도 한다." 그는 선교사들이 미국에 보낸 보고서에 대해 "엄청난 과장"이라고 비난하면서, 일본 군인들의 잔학 행위를 두둔했다. 그는 다음과 같이 말했다. "파렴치한 건달들이…… 특정 장소에 자리를 잡고 '만세'를 몇 번 외치면, 수고의 대가로 각각 30전씩 받게 된다. 그리고 경찰서를 공격하거나 일하고 있는 사람들에게 돌을 던지도록 지시받는다. 이런 상황이라면, 일본 군인보다 좀 더 인도적이고 평정을 유지하는 군인이라도 누군가를 해치기 마련이다."[135]

더 이상 설명이 필요 없을 것이다. 일본인이 보기에 한국에서의 목숨값은 매우 싸다. 정말로 싸다. 그러나 나라를 위해 사람들의 용기를 북돋우다 총이나 칼을 맞는 대가로 30전(15센트)은 너무나 싸다. 매우 기쁘게도 미국의 많은 홍보 담당자와 학자들이 돈에 매수되거나 편견으로 진실을 왜곡하는 행동을 하지 않고 있다. 일본 정부가 한국 독립운동을 왜곡하기 위해 사용한 다양한 방법을 설명한다면 책 한 권을 채우고도 남을 것이다. 따라서 본 장의 나머지 부분에서는 일본 정부가 연속적으로 취한 조치를 개략적으로 다루겠다.

앞 장에서 지적했듯이, 한국 독립운동은 전체 인구가 참여한 전국적 규모의 운동이었다. 사실, 이 운동은 한국의 최근 역사상 가장 큰 대중 운동이었다. 그러나 일본은 전신 전화 시스템을 완전히 통제하여 외부 세계가 이 사실을 모르도록 철저히 관리했다. 한국 내 일본 언론도 정부와 협력하여 이러한 사회 동요(動搖)에 관한 내용을 전혀 보도하지 않았다. 반도에서 무슨 일이 벌어지고 있는지 적고 있는 한국 거주 외국인들의 편지를 베이징과 상하이의 신문들이 비밀리에 입수하여 보도하기 시작하자, 《서울 프레스》는 심각한 소요에 관한 보도를 즉각 부인하면서 한국 북부의 한 시골 지역에서 약간의 폭동이 있었지만 경찰이 곧 진압했다는 짧은 기사를 게재했

---

135) New York *Times*, May 11, 1919.

다. 한편, 일부 선교사가 일본의 검열을 피하기 위해 중국으로 특별 여행을 가서 집으로 편지를 부쳤다. 미국 언론이 이러한 개인 서신을 공개하면서 일본의 잔학 행위가 드러나자 도쿄 외무성은 일본 경찰과 군인이 한국에서 저지른 만행에 대한 모든 혐의를 부인했다. 워싱턴 주재 일본 대사관은 "폭동이 시작된 이후 최근까지 경성에서 1명이 숨지고 6명이 다쳤다"는 취지의 공식 급송 공문을 언론에 보냈다. 급송 공문 내용은 다음과 같이 이어진다.

당국은 이 지역 공인 병원과 자선 단체에 옮겨진 모든 부상자를 적십자의 도움을 받아 완벽하게 보살피고 있다. 폭동이 일어난 교회와 집과 학교가 당국에 의해 파괴되었다는 소문은 완전히 근거 없는 얘기이며, 폭동을 주도한 자들이 고문받은 일은 전혀 없다.[136]

워싱턴 주재 일본 대사관이 발표한 이 공식 발표문은, 군부가 아니라 하라 다카시(原敬) 총리대신과 그의 유능한 참모인 외무대신 우치다 고사이(內田康哉) 남작이 이끄는 도쿄의 민간 정부로부터 받은 통신문을 근거로 하고 있다. 이 발표문이 언론에 제공된 것은 한국에서 공포 통치가 최고조로 향해 가던 1919년 4월 24일이었다. 그러나 영국 총영사 W. 매시 로이즈(W. Massy Royds) 씨와 미국 영사 R. S. 커티스(R. S. Curtice) 씨의 조사 때문에 총독이 인정하지 않을 수 없었던 제암리 대량 학살이 터진 것은 이보다 겨우 9일 전인 4월 15일이었다. 그리고 부상당한 사람들이 의사들의 항의에도 불구하고 세브란스 병원에서 다른 곳으로 옮겨서 추가 고문의 희생자가 되었던 것은 "당국이 부상당한 사람들을 완벽하게 보살폈다"는 급송 공문이 발송되기 불과 2주 전인 4월 10일 발생한 일이었다.

워싱턴 주재 일본 대사관뿐만 아니라 미국 전역의 모든 일본 영사관은

---

136) New York *Times*, April 25, 1919.

한국의 독립운동과 관련한 일본군의 잔학 행위를 전면적으로 부인하는 공식 성명을 발표했다. 그러나 잔학 행위에 관한 증거가 너무나 확실했기 때문에 이러한 주장에 귀를 기울이는 사람은 거의 없었다. 그러자 일본 정부는 한국의 독립운동이 러시아 볼셰비키의 지휘와 영향을 받고 있기 때문에 이를 완전히 분쇄하기 위해서는 어느 정도 억압이 필요하다는 새로운 공식 성명을 발표했다. 이 주장 역시 미국 언론의 주목을 받지 못했다. 《뉴욕 선 (New York Sun)》지는 다음과 같이 논평했다.

일본은 자신들이 취해온 억압적인 조치에 대해 솔직한 태도를 보이고 말았다. 이것은 그들이 봉기를 볼셰비키와 연계시켰기 때문이다. 그러나 분쟁은 여기서조차 계급투쟁보다는 민족주의적 성질을 띠고 있는 듯하다. 결국, 일본은 이런 사정을 인정한 셈이다. 즉 군대 파견, 대규모 체포, 미국 선교 병원에서 다른 곳으로 이송되다가 탈출한 부상자에 관해 우리가 듣게 된 이야기, 반란을 도운 혐의로 체포된 미국인 선교사 등의 사실을 고백한 꼴이어서 일본을 의심의 눈으로 보지 않을 수 없게 만든다. 왜냐하면, 일본은 정복한 땅의 민족정신을 길들이려던 모든 노력이 실패했음을 선언한 것이나 마찬가지이기 때문이다.

한국에서의 잔학 행위에 대해 다른 변명을 할 수 없게 되자 일본 정부는 한국에서 "개혁"을 추진하겠다고 발표했다. 그리고 서양에 적용하던 홍보 전략의 원칙을 변경하여 단순한 부정보다는 더욱 세심한, 그래서 순진한 사람들이 더욱 받아들이기 쉬운 프로그램을 채택했다. 이제 일본은 한국인에게 잘못을 저질렀다는 점을 인정하고 있다. 그러면서도 모든 잘못은 군국주의자들의 탓이며, 민간 총리대신은 그들을 통제할 수 없었고 일본 정부는 그들이 무슨 일을 하는지 알지 못했다고 변명하고 있다.

이것은 일본 정부가 지금까지 고안한 것 중 가장 미묘한 속임수이다. 이러한 수법은 일본이 순수하게 회개하는 것처럼 보이게 했고, 한국에서 일본이 무슨 일을 했는지 알고 있는 사람조차도 속게 만들었다. 그러나 면밀히 조사해보면, 소위 일본의 민간 정당과 군부 정당이 추구하는 일본제국의 명분은 동일하다는 사실을 명확하게 알 수 있다. 일본 관료나 일본을 대변하는 자들은 부정할 수 없는 일본의 불공정과 공격 행위가 부각될 때마다 "군부 정당"이나 "군국주의자"라는 용어를 희생양처럼 사용한다. 한국에서 일본이 저지른 모든 잔학 행위는 여러 사건이 증명하듯이 군 당국자가 자발적으로 저지른 것이 아니라, 의심의 여지 없이 일본 정부의 명령에 의해 저질러진 것이다.

1919년 3월, 조선총독부 정무총감 야마가타 이시부로(山県伊三郎) 씨가 정부 회의를 위해 도쿄에 불려갔다. "자유주의적"인 민간 정당의 수장 하라 다카시 총리대신은 그동안 저질러진 잔학 행위에 반대하는 입장을 표명할 것으로 크게 기대되었다. 그러나 하라 총리대신과 그의 "자유주의적"인 동료들은 지금까지보다 더욱 가혹한 조치를 취하기로 결정했다. 6,000명의 군인과 400명의 헌병이 인간 도살 작업을 위해 즉각 한국으로 파병되었다. 그리고 이렇게 파병된 신참자들에 의해 최악의 잔학 행위와 대량 학살이 저질러졌다. 외국인 목격자들이 그에게 직접 대량 학살에 관해 이야기하자, "자유주의적"인 총리대신은 악어의 눈물을 흘렸다.

한국에서 "자유주의적"인 총리대신의 명령을 수행하던 사람들은 이중적인 태도로 공포 통치에 임했다. 주한일본군사령관 우쓰노미야 다로(宇都宮太郎) 장군은 뒤로는 부하들에게 방화와 살인을 명령하면서도 공식적으로는 다음과 같이 혁명가들을 다루라고 지침을 내렸다.

범죄 행위를 저지른 불운한 동네 사람에게 온정과 계도가 필요한 것처럼, 잘못을 저지른 한국인에게도 따뜻한 동정심을 베풀어야 한다.

무기는 절대적으로 필요한 마지막 순간까지 사용하면 안 된다. 예를 들면, 시위 중 단지 행진하며 만세를 외쳤을 뿐 폭력은 사용하지 않았다면, 시위대 진압은 평화로운 방식의 설득으로 군중을 해산하는 것에 한정되어야 한다.

어쩔 수 없이 무력을 사용해야 한다면, 사용 범위를 최소화하기 위해 노력해야 한다.

무력을 쓸 필요가 없어지면, 즉시 무력 사용을 중단해야 한다…….

폭동에 참여하지 않은 사람, 특히 노인과 어린이와 여성에게 피해가 가지 않도록 각별히 주의해야 한다. 선교사나 다른 외국인에 대해서는, 현장에서 체포되는 경우처럼 명백한 증거가 있는 경우가 아니라면, 최대한 관용을 베풀고 신중하게 다뤄야 한다.

이렇게 너희의 부하 한명 한명이 소부대 단위까지 청렴하고 품위 있는 삶을 살며 충성심과 용기를 잃지 않고 겸손하고 예의 바르게 행동함으로써 우리 역사의 고귀한 무사도 전통에 하나의 본보기가 될 것임을 확신한다…….[137]

이 공식 지침이 내려온 것은 3월 12일이었지만, 가장 심각한 방화와 대량 학살은 3월 말부터 4월까지 이어졌다. 이것은 이 지침이 그저 겉치레용이며, 실제로 실행되지 않았다는 결정적인 증거다. 이처럼 요란한 선언과 지침은 《서울 프레스》에 실렸고, 미국과 유럽의 일본 선전원들은 이 기사를 잔학 행위가 거짓이라는 증거로 활용하였다.

"호의적인 한국 병합"에 관한 최근의 "공식 발표"는 1920년 7월과 8월에 있었던 의회 의원들의 극동 방문에 맞춰 이루어졌다.

한국은 방문 일정에 포함되었다. 가능하다면, 미국의 현자들이 한국에 와서는 안 된다. 미국 의회 의원들이 한국의 상황을 직접 알 수 있는 기회를 갖게 된다면 일본의 명성에 해가 될 것이기 때문이다. 일행이 한국에 도착하기 몇 주 전부터 일본 정부 통신사들은 아시아 콜레라가 한국을 뒤덮고 있다는 소식을 부지런히 보도했다. 전염병이 만연한 나라에 방문하는 것은

---

137) Quoted by Bishop Herbert Welch, "The Korean Independence Movement of 1919," *The Christian Advocate* (New York), July 31, 1919, p. 971.

어리석은 일일 것이다. 그러나 이런 상황이 미국의원단 동양유람단을 신경 쓰이게 하는 것 같지 않았다. 그러자 갑자기 한국인들이 의원들에게 폭탄 테러 음모를 꾸미고 있다는 소식이 전해졌다. 이 또한 강한 의지의 미국인들을 성가시게 하지 않았다. 콜레라나 폭탄 테러 위험에도 불구하고 의회 의원들의 한국 방문이 확실시되자, 베이징(北京)에 있던 일본 대신은 그 위험이 "진짜"라고 확언했다. 그리고 의원들이 한국을 방문하기로 결정했으므로, 당국은 그들의 안전을 위해 모든 예방 조치를 취하겠다고 덧붙였다. 그는 의원들이 한국을 방문하는 동안 폭탄 테러범을 피하기 위해서는 경찰의 지시에 절대복종하는 것이 필수적이라고 강조했다.

어느 미국인 목격자가 의원들이 도착한 날(8월 24일)의 광경을 《재팬 어드버타이저(Japan Advertiser)》에 다음과 같이 묘사했다. "역 부근부터 우체국에 이르는 거리에서 한국인의 모습을 찾아볼 수 없었다. 손님들을 환영하기 위해 시내 중심에서 이곳까지 온 미국인과 다른 외국인들조차 경찰의 칼 앞에 등을 돌려야 했고, 겨우 몇몇 사람이 뒷골목으로 역으로 향했다. 그러나 일본 민간인들은 원하는 대로 자유롭게 거리를 거닐 수 있었다. 이윽고 손님들이 도착했다. 그들은 차에 올라탄 후, 일반인은 거의 없고 경찰들만 대규모로 도열한 거리를 따라 조선호텔로 이동했다. 의원들의 도착을 볼 수 있도록 한국인에게 허락했다면, 호텔까지 가능 동안 틀림없이 환호의 박수가 거리를 메웠을 것이다."[138]

일본과 오랜 접촉을 통해 일본 외교와 선전의 특징을 잘 알고 있는 호놀룰루의 《태평양 무역 신문(Pacific Commercial Advertiser)》은 일본 정부가 만들어낸 소문과 흔적 외에는 콜레라나 폭탄 테러의 징후가 전혀 발견되지 않았다고 논평했다.

---

138) Quoted in the *Literary Digest*, November 13, 1920.

# 어리석은 음모

일본 군국주의자들에게 조금이라도 유머 감각이 있었다면, 비참한 한국의 상황과 일본의 악정을 미국 의원들과 외부 세상에 감추려고 시도했던 그 어리석은 수고를 피할 수 있었을 것이다.

의원들이 단기로 한국을 방문하기 위해 북쪽으로 출발하기 며칠 전, 일본 정부 관료들은 그들이 한국에 들어오지 못하게 하려고 미친 듯이 노력했다. 물론, 의원들의 한국 방문을 단호하게 거절할 수는 없었다. 대신 의원들은 사악한 한국인들이 미국과 일본의 분규를 목표로 그들을 납치하기 위해 끔찍한 음모를 꾸미고 있으며, 폭탄으로 그들을 날려버릴지도 모른다는 이야기를 들었다.

미국 의원들이 그런 말도 안 되는 소리에 전혀 놀라지 않고 여전히 경성을 방문하기로 했다는 소식을 들은 일본은 다른 방안을 내놓았다. 의원들의 한국 방문을 막을 수 없다면, 적어도 한국인이 그들 곁으로 가도록 놔두지 않겠다는 것이었다.

그래서 일본 당국은 미국인들을 보호하기 위해 일본군이 경호를 담당할 것이라고 발표하고, 모든 일을 그렇게 진행했다.

즉 의원들 주위로 군대의 저지선을 형성하여, 그들에게 한국의 사정을 전하고 싶어 하는 한국인의 접근을 차단한 것이다. 한국인이 의원들에게 진실을 말할 기회를 없애라! 의원들이 실제 조사를 수행할 가능성도 없애라! 물론, 일본은 정중한 태도를 유지하되 의원들이 경호원 곁을 떠날 수 없도록 조치했다.

그러나 우리의 추측이 그렇게 틀리지 않는다면, 일본 관료들의 행동은 일본 정부에 좋지 않은 영향을 미칠 것이다. 우리는 위에 언급한 것 같은 노골적인 책략에 넘어갈 미국 의원은 거의 없을 것으로 생각한다. 그들을 속이려는 그러한 시도가 일본의 지위를 더 높게 만들지는 못할 것이다.[139]

그동안 《태평양 무역 신문》이 한 예측은 별로 틀리지 않았다. 일본 정부가

---

139) *Pacific Commercial Advertiser* (Honolulu, T. H.) August 26, 1920.

준비한 호화로운 접대와 떠들썩한 환대 속에서도, 적어도 한 명의 의원이 밝은 면만 보여 주는 관료들의 친절에 얽매이지 않고 한국의 형편을 직접 두 눈으로 목격했다. 그는 캘리포니아 출신 휴 S. 허스먼(Hugh S. Hersman) 의원으로, 자기 주(州)에서는 독립적인 판단으로 유명한 인물이다. 허스먼 씨는 일본 관료들의 안내를 정중히 거절하고, 경찰의 호위도 받지 않은 채, 한국 폭탄 테러범의 표적이 될 위험, 즉 "금방"이라도 닥칠 듯한 "진짜" 위험에 용감하게 대면했다. 그는 경성 YMCA에서 연설해달라는 요청을 기꺼이 수락했다. 강당은 사람들로 붐볐고, 미국 의회 의원은 열광적인 환호를 받았다. 그는 연설에서 "한국을 떠나기 전에 한국인에 관한 무언가 보게 되어 무척 기쁘다"고 의미심장한 발언을 했다. 그의 연설이 끝나자 군인과 경찰이 강당에 난입했다. 그리고 허스먼 의원에게 강당을 떠나라고 요구하면서 한국인들을 체포하기 시작했다. 허스먼 씨는 누군가 체포되어야 한다면 그건 한국인이 아니라 자기여야 한다고 주장하면서 떠나기를 거부했다. 의원의 강경한 태도 때문에 일본 경찰은 체포했던 모든 한국인을 풀어주지 않을 수 없었다.

이 사건으로 넌더리가 난 허스만 씨는 일본 정부의 환대를 받고 있던 무리를 떠나, 남은 여행 일정 동안 비공식적으로 아시아 지역을 돌아다녔다.

10월 2일 샌프란시스코에 돌아온 허스먼 씨는 신중하게 준비한 내용을 언론에 발표했다.

물론, 정치적 문제에 대해서는 신중하게 언급을 자제했다. 5~6분 동안 나는 가장 열정적이고 진지하며 기대에 찬 청중들에게 연설했는데, 그것은 내가 경험한 일 중 가장 큰 행운이었다. 윤치호 씨가 나의 연설을 통역해 주었다. 일본인보다 한국인이 통치하는 것을 선호한다는 이유로 3년간 감옥에 갇혔던 덕망 높은 이상재(李商在) 씨가 짧게 응답했다.

...

사람들이 밖으로 나갈 것이라 기대하며 우리를 따라 로비로 나왔다. 그러나 그들은 경찰에게 붙잡혀 발길질 당하고 거칠게 다뤄졌다. 그레그(Gregg) 씨와 내가 그러한 거친 대우에 격렬하게 항의했다. 책임자인 듯한 경찰이 나에게 한국인들은 모두 체포되었으니 그곳을 떠나라고 말했다. 나는 그들에게 누군가 체포되어야 한다면 그건 한국인이 아니라 나여야 한다고 말했다. 그들은 매우 끈질겼다. 나는 모든 한국인이 풀려나지 않는다면 절대 움직이지 않겠다고 말했다. 한 시간 가량 논쟁한 끝에 결국 모든 한국인이 풀려났다.

그곳을 떠난 외국인들로부터 내가 체포될 위치에 처해 있다는 소식을 들은 미국 영사가 때마침 그곳에 도착했다. 거리를 메운 군중과 강당의 무질서 때문에 경찰의 행동이 정당하다는 기사가 재팬 어드버타이저들에 실렸다. 이 기사는 물론 사실이 아니다. 나는 그렇게 질서정연한 군중을 본 적이 없다.

나는 중국과 한국과 일본의 많은 외국인 거주자, 사실상의 정부 관료, 한국인 본인들과 많은 이야기를 나누었다. 일본제국 정부의 정책은 한국인이 결코 평화롭게 복종할 성질이 아니라는 것이 나의 생각이다.[140]

의원들이 베이징을 떠나 일본에 도착할 때까지 반관적(半官的)인 일본 통신사들은 의원 일행을 암살하려는 한국인들의 "음모"에 관한 지긋지긋한 보도를 타전하느라 정신이 없었다. 일본 당국은 "한국인이 특별 열차를 탈선 시켜 미국 의원들을 해치려고 남만주 철도의 6개 철로를 부수었다는 사실을 알게 되었다"고 전했다.

한국 "아나키스트들"로부터 의회 의원들을 보호하기 위해 취한 특별 예방 조치를 감안할 때, 귀환한 의원 중 어느 누구도 끔찍한 열차 파괴 및 폭탄 테러 음모나 의원들에 대한 한국인의 적대적 태도에 관해 말하지 않은 것은 일본정부에게는 매우 불쾌한 일이었다. 오히려 의원 모두는 한국인이

---

140) *San Francisco Chronicle*, *San Francisco Examiner*, October 3, 1920.

자유를 위한 투쟁을 전개하며 미국의 도덕적 지지와 동정을 구하고 있다고 말했다.

동양방문단의 일원이었던 캘리포니아의 헨리 Z. 오즈번(Henry Z. Osborne) 씨는 1920년 12월 23일 하원에서 행한 연설에서, 한국인의 "음모"에 관한 일본의 공식 보도는 조리에 맞지 않는다며 다음과 같이 말했다. "우리는 그 주제에 관해 이야기조차 하지 않았습니다. 사실, 우리는 그들(한국인)이 중국인처럼 미국을 유일한 희망으로 간주한다는 것을 알고 있었습니다……. 일본 당국은…… 가능하면 우리가 한국인을 만나지 못하게 하려고 많은 노력을 기울였습니다. 아무도 역 근처에 올 수 없었고, 어디를 가나 군인뿐이었습니다." 오즈번 씨는 한국인에 대한 인상을 다음과 같이 말했다.

그들은 훌륭한 외모를 지니고 있었으며, 우리가 만난 사람들은 대체로 밝고 지적(知的)이었습니다. 그러나 앞에 말한 이유로 우리는 한국에서 많은 사람을 만나지는 못했습니다. 8월 24일 화요일, 우리는 온종일 자연의 축복을 받은 이 아름다운 나라를 여행했습니다. 도중에 여러 번 잘 건축된 역에 멈추었는데, 항상 제복을 입은 군인과 경찰들이 포진해 있고 멀리 떨어진 곳에는 남자, 여자, 어린아이들로 이루어진 한국인 무리가 아쉬운 듯 열차를 바라보고 있었습니다. 가끔 소리를 지르거나 환호하는 사람도 있었지만 대부분은 조용히 서 있었기 때문에 우리는 그들이 무슨 생각을 하는지 짐작할 수밖에 없었습니다. 나에게는 다른 나라가 자신들의 나라를 점령한 것에 대해 조용히 항의하는 것으로 보였는데, 말로 표현하는 것보다 더욱더 인상적이었습니다. 설령 그들이 역에 몰려와 우리를 둘러싸고 말과 서면으로 탄원과 항의를 했다 하더라도 우리가 이렇게 깊이 인상을 받았을지는 의문입니다.[141]

---

141) "China, Korea and Japan as seen with the Congressional Party of 1920," *Congressional Record*, Vol. 60, No. 17, pp. 781-802, December 27, 1920.

하원 외교 위원장인 펜실베이니아의 스티븐 G. 포터(Stephen G. Porter) 씨는 공개 연설에서 다음과 같이 말했다.

필리핀인, 중국인, 한국인은 미국을 우상처럼 여기지만, 일본은 아무리 좋을 때라도 본심은 미국을 싫어합니다……. 중국인과 한국인은 실제로 우리를 부처 옆자리에 위치시킬 만큼 미국을 좋아합니다.

다른 한편으로, 포터 씨와 여러 사람은 일본에서 느낀 특별한 감정을 지적했다. 포터 씨는 계속해서 다음과 같이 말했다.

우리는 일본에서 정성껏 받아들여졌지만, 그들의 감정 밑바닥에는 우리에 대한 반감이 흐르고 있습니다. 일본 열도를 방문하는 모든 미국인은 이것을 분명히 느낍니다. 일본의 많은 신문과 공적 인물들은 지배욕에 불타는 그들의 마음속에 미국을 가장 큰 적으로 상정하면서, 지금 이 시간에도 미국과의 전쟁에 대해 이야기하고 있습니다…….[142]

한국에서 일본의 공포 통치가 계속되고 있던 1919년 4월, 나는 미국에서 가장 큰 통신사 대표와 긴 시간 동안 면담하면서, 한국의 상황을 보도하기 위해 특파원을 파견해 달라고 요청했다. 내 이야기를 들은 뒤, 그는 이렇게 대답했다.

할 수만 있다면, 상황에 능숙히 대처할 만한 인력을 파견하고 싶다. 그러나 지금은 유능한 모든 기자가 평화 회의 보도를 위해 파리에 가 있다. 한국에 특파원을 파견한다면, 청렴함과 능력에 의심의 여지가 없으며 국제적 신인도를 가진 인

---

142) Philadelphia *Public Ledger*, October 14, 1920.

물이어야 한다. 그렇지 않다면, 특파원이 쓴 기사가 기자 자신이 직접 목격한 것이라 하더라도, 일본은 총리대신 차원에서 그 기사가 사실이 아니라는 성명을 발표할지도 모른다.

일본이 외교와 대중 선전에 활용하는 수상쩍은 방식을 서양의 홍보 담당자들이 깨닫기 시작한 것은 매우 고무적인 일이다. 기만술의 명수인 일본조차도 "언제나 모든 사람을 속일 수"는 없는 것이다.

# 제16장
## 일본이 주장하는 개혁

언론은 억압받는 자의 벗이자 압제자의 적이다. 오늘날의 민주주의는 언론의 도움 없이는 건전한 균형을 유지할 수 없다. 자유를 위한 한국의 투쟁에도 언론은 도움이 되었다. 언론이 없었다면, 하세가와 요시미치(長谷川好道) 육군 원수는 범죄 행위에도 불구하고 여전히 한국의 최고 통치자였을지도 모른다. 일본이 한국에서의 과도한 통치 행위를 인정하고 명목상이나마 변화를 추구하도록 만든 것은 언론 덕분이었다.

한국에서의 대량 학살에 관한 소식이 미국과 유럽에 전해지면서 일본은 난처한 입장에 놓이게 되었다. 그때는 마침 파리평화회의에서 일본 대표단이 민족 평등의 원칙을 옹호하고, 일본이 약자와 억압받는 자의 권리를 수호하는 정의의 기사 역할을 자임하던 시기였다. 일본은 검열의 봉쇄를 피한 보도 자료가 공개되는 것을 막기 위해 무언가 조치가 필요했다. 최소한 일본이 원하는 것을 얻을 수 있도록 평화 회의가 끝날 때까지는 서양이 일본의 잔학 행위를 알아서는 안 된다. 일본은 잔학 행위에 관한 뉴스를 막기 위해 필사적으로 노력했지만, 그 시도는 실패로 끝나고 말았다.

뉴욕에 있는 미국 장로교 본부는 한국 상황에 관한 신랄한 보고서를 발표했다. 그리고 캘리포니아의 여러 종교 단체는 "미국과 그의 동맹국이 엄청난 규모로 세계 전쟁을 벌이는 바로 그 고귀한 목적에 위배되며 모든 정의에 어긋나는 일본의 통치 행태에 엄숙히 항의"하는 목소리를 높이기 시작했다. 샌프란시스코 장로교 측은 항의문에서 "장로교 외국선교위원회에서 워싱턴 정부에 모든 영향력을 행사하여 이러한 잔학 행위를 신속하게 종식시킬 것을 간곡히 촉구한다"는 말까지 할 정도였다.

종교 잡지들도 일본 정부의 공포 통치를 격렬히 비난했다. 뉴욕에서 발간되는 《기독교 옹호자(Christian Advocate)》는 다음과 같이 말했다. "미국은 어떤 국가가 대규모로 폭력, 고문, 비인간적 대우, 종교적 박해, 대량 학살 같은 만행을 저지른다면 침묵할 수도 없고, 침묵해서도 안 된다. 튀르크가 오랫동안 불가리아와 아르메니아를 탄압하도록 묵인한 것은 기독교 세계의 수치다. 튜턴인이 벨기에 사람에게 공포 통치를 시작했을 때 그에 대항하여 무기를 든 것은 기독교 세계의 자랑이다. 저항하지 않는 한국인에게 저지른 끔찍한 행위에 대해 일본의 책임을 묻는 것은 인류의 의무이다." 《필라델피아 장로교회(Philadelphia Presbyterian)》는 다음과 같이 지적했다. "이 무고한 사람들의 신음 소리가 천국까지 닿고 있다. 이제 기독교 국가들이 일어서서 항의해야 할 때다. 그들의 폭력을 용납하거나 항의하지 않는 선교 위원회는 이미 비난받고 있다." 뉴욕의 《기독교 전령(Christian Herald)》은 누구보다도 한국의 자유를 옹호하며 다음과 같이 말했다. "한국은 복음을 전하는 데 있어 아직 아이와 같은 존재이지만, 빛을 발하는 신실한 믿음으로 갑자기 모든 동양 민족에게 영적인 본보기가 되었다. 세계 모든 나라의 기독교인은 한국이 완전한 자유와 그 실현을 위한 구체적 방안을 가까운 미래에 얻을 수 있기를 기도하며 소망한다."

일반 출판물들도 종교 잡지 못지않게 일본의 잔학 행위를 비난했다. 1919년 5월 31일 발간된 《문학 다이제스트(Literary Digest)》는 한국에 거주하는 영국인이 쓴 통렬한 편지를 실었다. 1919년 6월 16일 자 《뉴욕 헤럴드(New York Herald)》에는 "훈족 같은 만행에 박해받는 한국 기독교인"이라는 제목 아래 한국에 거주하는 미국인들의 목격담이 게재되었다.

노골적인 부정은 더 이상 가능하지 않았다. 서양에 새겨 놓은 좋은 인상을 그대로 유지하기 위해 일본은 잘못을 시인하고 개선을 약속할 필요가 있었다. 그리하여 한국에서 "개혁"을 하겠다는 발표가 이루어졌다. 8월 19일 도쿄(東京)에서 발표된 칙령은 8월 20일 워싱턴의 일본 대사관에 의해 미국 언론에 배포되었다. 이 칙령은 "우리 영토인 한국의 안전과 복지를 증대하고, 이런 점을 반도의 원주민에게까지 확대하여 그들을 우리의 사랑스러운 신민으로서 공정하고 공평하게 대우함으로써, 그들이 모든 면에서 마지막까지 차별 없이 평화와 만족 속에 삶을 영위할 수 있도록 하겠다"고 약속했다.

이 칙령은 하라 다카시(原敬) 총리대신의 성명서와 짝을 이루어서 지방 자치 및 내정 개혁을 폭넓게 약속하고 있었다. 이에 따르면, 민간 정부가 군인 정부의 뒤를 잇고, 헌병 경찰 제도는 민간이 통제하는 민간 경찰 제도로 변경되며, 보통 선거에 기반한 마을과 도시의 지방 자치 체제가 도입되고, 한국인은 지금까지의 특권 계급인 일본인과 동등한 특혜와 법적 권리를 갖게 될 터였다.

9월 1일, 하세가와 장군의 뒤를 이어 전 해군대신 사이토 마코토(齋藤實) 제독이 조선총독에 취임하고, 야마가타 이시부로(山県伊三郎) 정무총감의 자리를 미즈노 렌타로(水野錬太郎) 씨가 이어 받아 새로운 총독부가 출범했다.

한국과 일본에 이해관계가 없는 나라들은 새 총독부가 여러 진보적인 개혁 조치를 도입하여 추진하기를 기대했다. 그러나 일본제국주의 정책의 관점에서 보자면, 독립은 고사하고 한국의 자치권조차 일본의 외부에서 강제되지 않는 한 기대할 수 없을 것이다. 그럼에도 공식 성명과 제국 칙령에 언급된 약속을 고려할 때, 상식적인 서양인이 일본인에게 다음의 사항을 기대하는 것, 즉 학교에서 한국어로 공부하는 것을 허락하고, 청원권·집회권·언론의 자유·출판의 자유를 허용하며, 법 앞의 평등·사회 정의·정치적 사면을 실행하고, 수감자에 가해지는 모든 형태의 고문을 폐지하는 등 기본적인 정치적·시민적 권리를 한국인에게 부여하리라고 기대하는 것은 매우 합리적이었다.

이러한 기대는 합리적이기는 했지만, 결국 실망감으로 귀결되고 말았다. 추진된 개혁은 "군인" 정부가 "민간" 정부로, "헌병"이 "경찰"로 이름을 바꾼 것이 전부였다. 1919년 4월 공포 통치를 위해 한국에 파견되었던 6,000명의 군인과 400명의 헌병은, 우치다 고사이(內田康哉) 외무대신과 하라 총리대신이 "자신들은 조선 정부의 개혁에 깊은 관심을 가지고 있다"며 미국 국민을 설득하는 전보를 보내던 바로 그 시점에도, 여전히 한국인을 살해하는 애국적 의무를 수행하기 위해 한국에 남아 있었다. 1920년 1월 12일 경성에서 발송된 보고서에 따르면, 이외에도 총독부는 경성, 송도, 부산을 포함한 14개 지역에 파견하기 위해 196명의 장교와 3,055명의 경찰 병력을 증원했다.

아직까지도 한국에서는 생명이나 재산의 안전이 보장되지 않고 있으며, 군정 법령이 어느 때보다 엄격하게 적용되고 있다. 다음에 소개하는 내용은 "개혁"이 추진된 이후인 1919년 9월 29일과 10월 3일에 사이토 총독이 지시한 공식 명령이다.

다이쇼(大正) 8년(1919년), 9월 29일

**특별 지시에 따라 지방 경찰서장에게 내리는 명령**

가을 연휴−음력, 이번 달 14일과 15일−를 이용하여 대중의 반란이 다시 발생할 것이라는 소문이 있다. 이런 범법 행위를 저지른 자에게는 자비를 베풀 필요가 없으며, 범법자는 그 자리에서 사살해도 좋다. 연휴 이틀 동안 이런 일이 발생하지 않도록 대중에게 이 경고를 널리 전파하라. 즉시 다섯 가구를 한 단위로 조직하고, 각 단위마다 감독관을 두도록 하라. 각 단위는 책임지고 음주를 단속하고, 관습처럼 허용하던 음악도 금지한다. 이 모든 일은 지방 경찰서장에게 책임을 맡긴다.

다이쇼 동년(同年), 10월 3일

**무질서 예방을 위한 경고 및 명령**

당국이 며칠 전 지방 경찰서장에게 내려진 명령에 따라 다섯 가구 단위 편성 관련 보고서를 꼼꼼히 점검해 본 결과, 금성리 외에는 접수된 보고가 없는 것으로 판명되었다. 이렇게 위험한 순간에 그곳 주민들은 술에 취해 꿈속을 헤매고 있었을 것이다. 당국은 불안 요소를 점검하고 충성스러운 신민을 보호할 필요성을 느끼고 있다. 이런 이유로, 우리는 대중에게 경고하기 위해 새로운 명령을 내린다. 음악, "달맞이", 씨름, 고싸움 등을 불허하며, 산이나 평야에서 술 마시는 것을 금지한다. "흑심"을 품은 사람이 "만세"를 선창하면, 술에 취해 극도로 흥분한 수백 명이 이를 따라 하거나 부적절한 행동을 벌일 수 있기 때문이다. 이런 일이 벌어진다면, 당국이 방금 개정한 "공공 안전 조례"에 따라 총기 사용이 주된 예방 수단으로 활용될 것이다.

이전에는 군인과 헌병이 당국의 구두 명령에 따라 한국 독립을 외치는 사람에게 발포했지만, 지금은 문서 명령에 따른다는 점이 개선된 사항의 전부다.

새 총독부 산하의 사법 제도 개선 역시 이와 비슷한 형태로, 그 단순함은 주목할 만하다. 1919년 3월 1일 이후 체포된 정치범의 재판은 모든 법적 절차가 중단되었다. 피고에게 묻는 것은 단지 "그 일(한국 독립을 외치는 것)

을 다시 하겠는가?"라는 질문뿐이다. 이에 대해 '아니다'라고 대답하면 피고는 풀려난다. '그렇다'라고 대답하면 그는 다시 감옥에 갇히고, 정신이 완전히 피폐해질 때까지 고문을 받게 된다. 경성의 미국 장로교 여자전문학교인 연동여학교에 다니는 여학생이 판사에게 "그런 기회가 생기면 곧바로 똑같은 일을 할 것이다"라고 말했다. 그녀는 즉시 감옥으로 끌려갔다.

감옥에서 고문과 매질을 행하는 야만적 방식은 "개혁"된 체제 아래에서도 여전히 존재한다. 일본 천황의 생일 하루 전인 10월 30일, 죄수 한 명이 재판 없이 석방되었다. 경찰은 그가 "위험한 생각"을 해서는 안 된다는 것을 점잖게 경고하기 위해 그를 석방하기 2주 전에 그의 발톱 네 개를 뽑았다. 한 소녀 수감자는 7개월간 감옥에 갇혀 있다가 재판 없이 풀려났는데, 그동안 네 차례에 걸쳐 고문을 받았다. 한번은 6시간 동안 계속해서 고문을 받았다. 고통으로 정신을 잃을 정도로 다리를 비틀고, 연약한 살을 빨갛게 달군 인두로 지지고, 옷을 벗기고 발로 차는 행위는 "공손한" 일본 경찰이 그녀에게 가한 고문의 일부였다. 이 모든 일은 "개혁"된 정부의 허락과 인지 아래 자행된 것이다.

한국에서 "개혁"이 이루어진 지 1년 이상이 지난 1920년 10월에 한 선교사가 다음과 같이 적었다.

최근에도 많은 한국인이 체포되어 예전과 동일한 방식으로 취급받고 있다. 내가 어떻게 그런 사실을 알게 되었을까? 외국인 의사가 경찰서로 불려갔는데, 고문을 받아 거의 죽어가는 젊은 한국인 의사를 살리기 위해서였다. 상황이 최악이었던 것은 이 젊은이가 이러한 "조사"를 받은 뒤에야 무죄가 판명되어 풀려났다는 것이다.

얼마 전에 목사 한 명과 장로 네 명 그리고 다른 교회 관계자 몇 명이 "임원 강습"을 운영했다. 일요일까지 머물렀던 교회에서 장로 한 명이 강론 중 한국인을 "고난의 백성"이라고 표현했다. 다음날 모든 신자가 체포되어 지역 감옥에 갇혔다. 그들은 그곳에서 한국인은 고난의 백성이 아니라고 강요받으며, 3일간 매를 맞았다. 내가 지금 있는 교회는 경찰서와 가깝다. 경찰이 와서 자기들에게 방해가 되니 기독교인은 종을 울리거나 노래를 부르지 말라고 명령했다. 기독교인들이 보고한 바에 따르면, 수감자들은 예심 과정에서 심하게 구타당하고 있으며, 최근 만주에서 온 비기독교인 한 명이 맞아 죽었다고 한다.[143]

《서울 프레스(Seoul press)》는 사설에서 《재팬 어드버타이저(Japan Adver-tiser)》에 게재된 위 편지 내용을 언급하며 다음과 같이 논설했다.

우리는 그가 조선의 일본 정권에 반대하는 편집광적 적대자에 불과하다고 감히 말할 수 있다. 그는 좋은 것이든 나쁜 것이든 일본에 관계된 것이라면 무조건 적대시하는 강한 편견을 가지고 있다. 불행하게도 그는 한국의 반일 운동을 선동하는 외국인 무리에 속해 있다.[144]

"개혁"이 《서울 프레스》의 편집자인 야마가타 씨의 양심에 영향을 미치지 않은 것은 분명하다. 그는 아직도 "공식적으로" 말하고 있을 뿐이다.

일본 정부는 "개혁" 조선총독부 체제 아래 언론과 출판의 자유를 약속해 왔다. 그러나 아직까지 이것은 서방 언론에 보여 주기 위한 공허한 약속일 뿐이다. 한국인에게 주어진 자유는 어떤 것이든 한 손으로 주고 다른 한 손으로 빼앗아 가 버렸다. "민간 정부"가 "언론의 자유"를 약속하자 북한 지역 기독교인들은 평양에 본부를 둔 "대한국민회(The Great Korean National Association)"를 조직했지만, 당국은 이들의 "반일적 태도"를 문제 삼아 조

---

143) A letter published in the *Japan Advertiser*, October 14, 1920.

144) Editorial, "Missionary Meddling in Politics," *Seoul Press*, October 20, 1920.

직을 해산시키고 구성원 대부분을 체포했다.[145]

1920년 봄, 도쿄는 마치 한국에 선심이라도 쓰듯이 세 개의 한국어 신문 발행을 허용한다고 발표했다. 심지어 그중 한 개는 한국 민족주의자가 편집하게 될 것이라고 발표했다. 실제로 세 개의 신문이 모습을 드러냈다. 그러나 그중 두 개는 일본 정부의 앞잡이가 편집했고, 그들의 사설은 한국 독립 옹호자들의 사기를 꺾기 위한 일본의 선전을 공공연히 포함하고 있었다. 나머지 하나인 《코리안 데일리 뉴스(Korean Daily News)》는 한국 민족주의자가 편집을 맡았다. 그러나 다른 두 신문이 당국의 간섭을 전혀 받지 않는 동안, 《코리안 데일리 뉴스》는 6개월간 23차례 이상의 탄압을 받았고, 모든 간행물이 압수되었다. 결국, 이 신문은 1920년 9월 폐간되었고, 편집자는 현재까지 감옥에 갇혀 있다.[146]

선교사들이 발행하는 주간 종교 잡지들도 하세가와 장군의 군인 정부 시절과 마찬가지로 사이토 제독의 민간 정부 아래에서도 똑같은 박해를 당했다. 하세가와 장군의 허락을 받아 "한국기독교문학회(Christian Literature Society of Korea)"가 발간하던 《크리스천 메신저(The Christian Messenger)》는 9월 3일 몰수되어 경찰이 모든 간행물은 파기했다. 이 잡지의 편집자인 제럴드 본윅(Gerald Bonwick)은 1920년 9월 14일 《서울 프레스》의 편집자에게 보낸 편지에 다음과 같이 적었다. "우리는 정부의 방침을 위반할 의도가 전혀 없으며, 다른 속셈을 가진 것도 아니다. 우리의 목적은 공정하고 솔직한 방식으로 뉴스와 정보를 제공하는 것이다. 우연히 정권에 불쾌한 내용이 포함되었다면, 그걸 몰수하는 것보다는 무시하는 게 더 현명한 정책일 것이다."

여성에 대한 학대 행위는 사라지지 않았다. 1920년 11월 초에 106명의

---

145) *St. Louis Globe Democrat*, November 7, 1920

146) New York *Tribune*, October 24, 1920.

여성이 "체포"되었는데, 단지 그녀들이 "대한애국부인회(Korean Women's Patriotic League)"의 회원이라는 것이 죄목이었다.[147] 말할 것도 없이 그녀들은 감옥에서 일본의 통상적인 고문을 당했다.

학살은 여전히 계속되고 있다. 1920년 10월 30일, 일본 보병대가 장옌(姜堰) 지역 인근의 룽핀춘(Lungpin-Tsun) 마을을 포위하고, "반역자"로 의심되는 20명의 한국인을 사살했다. 그리고 군인들은 도시의 학교와 기독교 시설에 불을 질렀다.[148]

만주의 한국인 공동체는 파괴의 대상이다. 만주 남부의 용정(龍井)에 거주하는 캐나다 장로교 선교사 S. H. 마틴(S. H. Martin) 박사는 AP 통신에 일본 보병대가 마을을 방화하고 농작물을 불태우며 거주자를 학살하는 내용의 기사를 투고했다. 그는 학살이 벌어진 32개 마을의 이름을 밝혔다. 한 마을에서는 148명이 살해되었다. 마틴 박사는 다음과 같이 말했다. "일본은 15,000명의 병력을 이 지역에 파견했는데, 기독교 공동체 전체, 특히 젊은이들을 쓸어버리려는 의도가 엿보였다. 매일 마을이 차례차례 불에 타올랐고, 주민들은 사살되었다. 용정은 방화와 대규모 살인으로 고통받는 마을들로 완전히 둘러싸여 있다."[149]

W. R. 푸트(W. R. Foote) 목사와 많은 캐나다 선교사는 일본 군인들이 "죄 없는 한국인, 특히 많은 기독교인을 재판도 없이 학살"하고 있다며 선양(瀋陽)에 있는 일본 영사관에 항의했다.[150]

만주의 일본군사령관 미즈마치(水町) 대좌(大佐)는 깜짝 놀랄만한 답변을 내놨다. 선교사들이 일본제국의 정무를 방해하고 있다고 비난하면서, 조사나 재판 없이 한국인을 처형한 적이 없다는 내용이었다. 그는 단호하게 결

---

147) *Los Angeles Times*, November 7, 1920.

148) Associated Press cable from Tokyo, November 9, 1920.

149) *Washington Post*, November 30, 1920.

150) *Des Moines Register*, November 27, 1920.

론지었다. "한국 안팎에서 당신의 선전이 성공할지 실패할지 여부는 오로지 일본 정부와 협력하겠다는 당신의 의지에 달려있다."[151]

도쿄에서 발행되는 《재팬 어드버타이저(Japan Advertiser)》은 만주 거주 한국인에 대한 일본의 학살을 다룬 긴 사설에서 부분적으로 다음과 같이 말했다.

우리는 선교사들이 겪은 일이 정확하다고 결론을 내릴 수밖에 없다. 이 보고서들은 다른 많은 경우에도 동일한 효과를 가질 수 있다는 점을 기억해야 한다.

그들의 서술은 처형이 이루어지기 전에 어떤 종류의 조사가 진행되었다는 주장과 완전히 다르다. 노래바위(Noraebawie)에서 진행된 일이 정확하게 보고되었다면, 암시된 것 이상의 차별이 있었으며, 신체 건강한 남자들만 살해되었다.

마을을 태우는 것이 처벌이라고 주장하면서 신체 건강한 남자를 사살하라는 명령을 내렸다면, 조사나 재판 없이 어떠한 처형도 없었다는 해명은 가치가 없는 것이 분명하다. 고소나 재판의 요구가 없을 때는 처형이라는 단어는 사용할 수 없다.

살인과 대량 학살이 의도적으로 이루어진 것이라면, 그것은 폭력적인 작전이라는 의견 외에 어떤 다른 의견이 다른 나라에서 나올 수 있겠는가?[152]

칙령과 하라 총리대신의 공식 발표에 약속되어 있던 지방 자치는 한국인에게 자치권을 보장하는 수단이 아니라 일본 첩보 시스템의 일환으로 시행되었다. 한국인은 지방 문제를 논의하기 위해 서로 만나 논의하는 것이 허용되었지만, 그 회의는 일본인이 주재했다. 만약 한국인이 반일 정신의 조

---

151) 1920년 11월 30일 일본 군용 전신을 통해 서울로 전송된 후, 일본과 미국으로 전송된 급보(急報)

152) Quoted by Frederick Smith, Far Eastern correspondent of the Chicago *Tribune*, in a dispatch to his paper, December 4, 1920.

짐이 보이면, 그는 감옥으로 끌려간다. 각 지역마다 회의 의장은 "위험한 생각"을 하는 사람을 경찰에 보고해야 한다. 그가 보고하지 않은 것이 발각되면 그는 적절한 처벌을 받아야 하는데, 대개 재판 없이 감금당하고 매를 맞게 된다. 그러므로 일본이 한국에서 허용한 "자치"는 자유의 정신을 보이는 한국인을 걸러내는 또 다른 수단이다.

한국에서 일본식 "개혁"이라는 신화는 한국인에게 전혀 놀라운 사건이 아니다. 과거의 슬픈 경험을 통해 한국은 일본의 맹세를 믿을 수 없다는 사실을 알게 되었다. 1895년 일본 정부의 지시에 따라 미우라 고로(三浦梧楼) 백작이 한국의 왕비를 살해했을 때 서방 세계는 경악했다. 일본의 체면을 지키기 위해 미우라 백작이 자리에서 물러났고, 당시 일본 총리대신이었던 이토 히로부미(伊藤博文) 후작은 범인을 처벌하겠다고 공언했다. 히로시마(広島)의 일본 법원은 다음과 같이 밝히고 있다. "새벽이 되자 모든 무리(일본 암살자들)가 광화문을 통해 궁전으로 들어가 곧장 내실로 향했다. 이러한 사실에도 불구하고 피의자들이 원래 계획했던 범죄를 실제로 저질렀다는 것을 증명할 증거가 충분하지 않다."[153] 그렇게 그 사건은 기각되었다. 그리고 미우라 백작과 동료 암살자들은 일본제국 전역에서 국민적 영웅으로 칭송받았다.

이와 똑같은 일이 지금 벌어지고 있다. 일본은 한국인에 대한 범죄의 두 주역인 하세가와와 야마가타의 지시 아래 군인들이 타당한 이유 없이 대량학살을 자행했다는 사실을 더 이상 부인할 수 없게 되었다. 그래서 두 사람은 일본의 체면을 세우기 위해 한국에서 맡고 있던 그들의 자리를 사퇴했다. 그들은 자신의 범죄에 따라 재판을 받고 처벌을 받았어야 했다. 그렇게 하는 대신 하라 총리대신은 이 두 사람의 사퇴에 대해 다음과 같이 말했다. "나는 몇 년 동안 중요한 보직을 맡아 훌륭하게 업무를 수행한 조선총독 하

---

153) Appendix Ⅰ.

세가와 육군 원수와 정무총감 야마가타 씨의 사퇴를 발표하게 되어 매우 유감스럽다."[154]

실제 살인 행위를 한 헌병과 군인은 이름만 바뀐 공포 통치를 수행하기 위해 여전히 한국에 남아 있으며, 무방비의 남성, 여성, 어린아이를 죽이는 영웅적 행동으로 일본제국의 대의를 위해 일한 노고와 계급에 따라 일본 정부로부터 150~400엔의 포상금을 받았다.

사이토 남작과 면담을 해본 사람들은 새 총독이 아직 자신의 선한 의지를 보여줄 만한 일은 하지 않았지만, 매우 진지하게 한국의 상황 개선을 바라고 있다고 말한다. 그가 비록 선한 의지를 가지고 있다 하더라도, 위로부터 자유 재량권을 부여받지 못하고 아래로부터 도움을 받지 못한다면 그는 아무것도 할 수 없다. 현재 그는 이 두 가지 모두를 가지고 있지 않다. 일본 정부는 그를 한국의 민간 총독으로 임명하면서, 그의 해군 전역(轉役)을 철회하고 해군 현역 명단에 그의 이름을 다시 올렸다. 실제로 이것은 한국인 민간 정부를 과거처럼 일본 군인 정부의 일부로 만들고, 민간 총독을 군부의 손아귀에 넣는 것과 같다. 사이토 남작은 도쿄의 공식 지시에 따라 그의 전임자였던 데라우치와 하세가와가 한국에서 취했던 일본의 한국 흡수 또는 말살 정책을 계속하는 것 외에 다른 대안을 가지고 있지 않다.

사이토 남작의 길을 가로막는 두 번째 장애물은 병합 이후 한국에 존재해 온 일본의 식민 관료주의 체제이다. 한국의 상황 개선을 위해서 총독이 아무리 좋은 의지를 가지고 있다 하더라도, 지위 고하를 막론하고 현직 관료들을 완전히 바꾸지 않으면 아무런 변화도 가져올 수 없다. 이런 관료들은 명령을 받는다고 해도 이전보다 나아지지 않는다는 점은 의문의 여지가 없다. 사이토 남작이 내린 바람직한 명령 중 일부를 아랫사람들이 조용히 묵살해 버린 경우가 이미 존재하고 있다. 한국에 있는 일본 장교는 그의 지

---

154) 하라 총리대신의 공식 발표는 1919년 8월 20일 워싱턴의 일본 대사관이 언론에 배포했다.

위가 아무리 보잘것없어도 자신의 영역에서는 독재자이다. 그는 행정에 관한 지식도 거의 없고, 관심도 없다. 그는 자신이 우월하다고 생각하며, 덜커덕거리는 칼을 차고 거들먹거리며 길을 활보한다. 도중에 걸리적거리는 한국인이 있으며 사소한 핑계를 잡아 그를 겁박하거나 강탈하기도 한다. 한국에 있는 일본 관료들에게는 한 줌의 상식이나 인간 본성에 대한 지식이 전혀 없다. 사이토 남작이 이런 관료들을 데리고 진정한 개혁을 시도한다면, 그에게 동정하는 마음을 가지지 않을 수 없다.

개혁에 관한 현란한 약속과 거창한 공식 선언의 이면에 있는 진실은 무엇이며 개혁은 어디에 있는가? 민간 정부는 단지 일본식 미끼일 뿐이라는 증거가 바로 이런 관료들이다. 일본이 주장하는 개혁의 생생한 모습을 보여주는 미국인 목격자의 말을 인용하겠다.

무엇이 사실인가? 어디에서 전체 관료 사회의 모습이 바뀌는지 공정한 관찰자가 알기는 쉽지 않다. 앞에서도 말했지만, 고문은 아직 멈추지 않고 있다. 일본은 부정하고 있지만, 그것을 알아보려는 사람에게는 증거가 도처에 깔려 있다. 경성, 평양, 제물포, 선천(宣川), 대구(大丘) 그리고 다른 여러 도시에서 매일 무고한 사람들이 체포되고 있다. 그들은 매일 터무니없는 혐의로 체포되고, "자백"하도록 고문당하고, 며칠 또는 몇 주 동안 감금되었다가 아무것도 발견되지 않으면 설명이나 사과도 없이 풀려난다. 이렇게 금방 밝혀진다. 이걸 부정하지는 않는다. 나는 이런 일을 겪은 많은 사람과 직접 이야기해 보았다. 나는 어느 도시에 있는 내 방에 앉아, 한 번에 한 사람씩 들어오게 해서 그들의 이야기를 들었다. 더욱 확실하게 나는 그들의 몸에 난 상처, 비틀린 팔, 밧줄에 꽉 묶여 찢긴 피부, 거친 끈으로 묶어 만든 대나무 몽둥이로 90번을 맞아 검게 썩어가는 살 등을 직접 보았다. 말로는 속일 수 있지만, 이런 상처는 속일 수 없다. 그들이 단지 기자 한 명을 속이기 위해 자해를 했을 리는 없다.

수천 명의 젊은 남녀가 단지 "만세"를 외쳤다는 이유만으로 한국의 혹한 속에 아직도 감옥에 갇혀 있다. 사면이나 감형의 기미는 전혀 보이지 않는다. 대신 혹독한 환경의 감옥에서 학대가 있을 뿐이다.

한 도시의 어느 소녀 단체가 짚신을 많이 만든 뒤, 그것을 수감 중인 여성들에게 보내게 해 달라고 요청했다. 요청은 승인되지 않았다. 여성 수감자들은 아직도 밤낮으로 얼음장 같은 바닥을 맨발로 걷고 있다.

형사와 스파이들은 죄의 유무와 상관없이 잡아들인 사람 수에 따라 많은 돈을 받고 있다. 음모 사건이 반복되고 있다는 것은 공공연한 비밀이다. 사업가나 경쟁자, 학자, 기독교 목사 등 다른 이유로 제거하고 싶은 사람들도 정치적 구실을 내세워 감옥에 가둬버린다. 이들은 독립운동과 관련이 있을 수도 있고 없을 수도 있다. 그 목적은 비정치적인 분야에서도 한국의 지도자들이 성장하는 것을 막는 것이다.[155]

병합 이후 한국에서 일본의 통치는 속임수, 협박, 감언이설, 탄압, 배반의 연속이었다. 한국인은 일본인의 본성을 잘 알고 있기 때문에 어떠한 개혁도 기대하지 않았다. 일본의 한국 지배 역사는 서양에서 일본의 실정에 대한 비판이 있을 때마다 개혁을 하겠다고 발표했던 사실로 도배되어 있다. 1905년 보호령 체제가 성립되었을 때 개혁이 있었으며, 1907년 이토 공작이 정부로 돌아왔을 때 개혁이 있었다. 또한, 1910년 공식적으로 한국을 병합했을 때 개혁이 있었고, 1912~13년 악명 높은 음모 사건이 발생하자 개혁이 뒤따랐다. 이제 다시 한번 개혁이 있을 것이다. 타산적이고 냉혹한 일본 지배 계층은 외국의 압력이나 내부 혁명에 의해 강요받지 않는 한 한국에 진정한 개혁을 도입하지 않을 것이다. 현재 외국의 압력이나 내부 혁명의 징후는 전혀 없다. 우리가 미국에서 듣고 있는 일본의 자유주의는 내수용이 아니라 수출용, 특히 미국을 향한 수출용으로 조작된 것이다. 실제로,

---

155) Nathaniel Peffer, "A Japanese Idea of Reform," China Press, December 16, 1919.

헨리 캐벗 로지(Henry Cabot Lodge) 상원의원은 상원에서 산둥(山東) 문제를 주제로 연설하면서, 다음과 같이 말하며 일본 정치인이 한 약속의 핵심을 찔렀다. "일본이 한 약속은 모두 심각한 결함을 가지고 있다. 그것은 바로 시간이다." 하라 총리대신은 한국에서 "궁극적으로" 개혁이 이루어질 것이며, "적절한 시기라고 판단될 때" 시행하게 될 것이라고 말했다. 이 모호한 문구는 일본 정부의 편의와 의도에 따라 여러 가지로 해석될 소지가 있다. 한국의 민간 정부 총독인 사이토 남작은 민간 정부가 개혁을 시작한 지 거의 2년이 지난 1921년 2월 23일 일본 국회에 제출한 한국 정세 보고서에서 다음과 같이 총리대신의 의견을 반영한 말을 했다. "한국인이 시민의 의무를 수행할 만큼 성숙해지면 한국에 일본 선거법을 적용하겠다."[156]

에모리 대학교 명예총장 워런 A. 캔들러(Warren A. Candler) 주교는 "동쪽 벨기에의 동양 훈족(The Hun of the Orient in the Belgium of the East)"이라는 논문에서 한국의 일본 정부가 발표한 개혁에 관해 가장 잘 알고 있는 사람들의 의견을 소개했다.

일본이 최근 발표한 성명서는 한국에서 군국주의자들이 저지른 비행을 고백하면서 민간 정부 아래 더 나은 질서를 약속하고 있지만, 이 성명서는 지적이거나 많은 정보를 가진 사람을 속일 수 없다. 사람은 바뀌어도 정책은 전혀 바뀌지 않을 것이다. 한국과 관련한 일본의 약속은 지켜진 적이 없다. 일본이 한국의 독립을 보장하겠다고 약속한 조약은 체결된 지 3년도 되지 않아 뻔뻔스러울 정도로 지켜지지 않고 있다. 독일도 그렇게 짧은 기간에 벨기에를 다루는 것에 대한 신뢰를 잃거나 비난을 사지는 않았다. 일본이 정의와 인간애를 가지고 한국을 대우한다고 믿을 수 없다.

1906년 일본과 한국을 방문했을 때 나는 일본이 한국인을 어떻게 억압하는지

---

156) New York *Times*, February 25, 1921.

똑똑히 보았었기 때문에 최근 몇 년 동안 저질러진 잔학 행위가 그렇게 놀랍지는 않다. [157]

반면, 진정한 개혁이 한국에 도입되더라도 한국인은 만족하지 못할 것이다. 한국은 완전한 독립을 원하고 있다. 무기가 부딪치는 소리, 살해당한 왕비의 울부짖음, 무장한 사람들의 발소리가 한국을 깊은 잠에서 깨어나게 하고 있다. 그들은 조상의 업적에 자부심이 있으며, 과거의 영광스러운 유산을 이어가려 하고 있다. 그들은 정치적 독립의 특권이 무엇인지 잘 알고 있으며, 그에 따른 책임을 기꺼이 짊어지려 하고 있다. 한국은 자유에 대한 민족적 자각과 일본에 대한 격렬한 적개심으로, 이 섬나라와 관계가 적으면 적을수록 상황이 더 나아지리라는 점을 피부로 느끼고 있다.

---

157) *The Atlanta Journal*, September 7, 1919.

# 제17장
## 한국인과 일본인의 특성 비교

"현재의 한국은 또 다른 브라이스 조사 위원회가 해야 할 일이 무궁무진한 곳이다." 이 먼 나라에서 벌어지는 일을 면밀히 관찰한 사람이 기록한 내용이다. 그러나 한국은 비극의 땅, 그 이상이다. 그곳은 숭고한 정념과 감동적인 영웅의 이야기가 끝없이 펼쳐지는 곳이다. 이러한 이야기의 배경이 되는 인간 내부의 열정과 미묘한 민족적 심리의 상호 작용은 결코 눈에 보이지 않는다. 그 자체만으로도 흥미로운 연구 주제인 강제 병합 문제는 차치하더라도, 한국인과 일본인 사이의 근본적 차이점 및 같은 문제를 전혀 다른 관점에서 바라보는 시각차는 충분히 연구할만한 가치가 있다.

한국인은 우주를 주관하는 유일한 최고 통치자인 하느님을 경배해 왔다. 이러한 유일신 사상이 한국에서 기독교가 놀라운 성공을 거둔 이유 중 하나임은 의심할 여지가 없다. 한국인에게는 육체적 용기보다 도덕적 용기가 더 우월한 가치이며, 대의를 향한 의무 의식과 정신 통일이 바로 힘이다.

한번은 법정에서 판사가 소녀 "반역자"에게 "독립은 무엇인가?"라고 질문했다. "독립?" 그녀는 고루한 법정을 바라보며 대답했다. "독립은 무엇일까요? 아! 독립은 행복한 생각입니다." 대의를 향한 헌신이라는 이러한 정신적 이해가 한국의 성인은 물론 소년, 소녀들까지도 경찰과 군인에 맞서 "나의 몸은 죽일 수 있지만, '만세'를 외치도록 하는 나의 정신은 죽일 수 없다"라고 외치게 만드는 것이다.

1919년 독립운동 당시 한국에 머물렀던 영국 소설가 로버트슨 스콧(Robertson Scott) 여사는 한국의 "상무(尚武) 정신"을 분석하면서 다음의 경우를 전형적인 한국의 정신으로 기록했다.

케임브리지의 다과회 같은 곳에서 만날 수 있을 듯한 서울의 젊은 성직자가 깊이 확신하며 다음과 같이 말했다. "한국인은 매우 용감하지만, 일본인은 그것을 이해하지 못합니다. 나는 한국인이 성서적 의미에서 진정으로 '온순'한 이 세상의 유일한 사람들이라고 생각합니다. 일본인은 한국인의 온순함을 비겁함이라고 생각하지만, 그것은 도덕적인 힘입니다."[158]

일본인에게 유일한 힘은 물리적인 힘으로, 이를 구현한 것이 육군과 해군이다. 민간이든 군부든 일본 관료들이 약자를 다스리는 데 있어, 신분에 따른 도의적 의무(노블레스 오블리주, Noblesse Oblige) 같은 것은 없다. 그 대신 그들은 강자에게는 비굴하고 약자에게는 거만한 거짓 위엄과 자만심으로 똘똘 뭉쳐있다. 이렇게 일본인은 서양인에게는 친근함과 미소를 보이지만, 자신보다 약한 사람에게는 타산적인 배반을 일삼는 극악한 본성과 가차 없는 잔혹성을 드러낸다. 일본의 무사도(武士道)를 감동적으로 해석하여 서양 세계에 소개한 니토베 이나조(新渡戶稻造) 교수는 한국에 대해 이렇

---

158) "Warring Mentalities in the Far East," by Mrs. Robertson Scott, *Asia*, August, 1920, pp. 693-701.

게 말했다. "나는 이웃에 미치는 결과와 상관없이 자기가 하고 싶은 일을 자기가 원하는 대로 하는 것이 모든 사람의 권리라고 생각한다."[159] 니토베 교수는 무사도를 두 가지 방식으로 해석하고 있다. 서양에 대해서는 무사도란 아름답고, 자제심이 넘치며, 예의 바른 모습을 지닌 것이지만, 동양에 무사도란 힘이 곧 정의라는 원칙에 충실한 모습을 지닌 것이다.

개인이 국가를 위해 존재하는 것이지, 국가가 개인의 복지를 위해 존재하는 것은 아니라는 것이 일본의 정치 철학이다. 따라서 도덕성, 양심, 인간성, 솔직한 표현—이 모든 것은 대일본의 대의명분을 위해 희생되어야 한다. 일본의 폭정이 가장 극심했고 가장 악독한 공포 통치가 시행되었던 1919년 3월과 4월에 일본 정부의 잔학 행위를 중단해야 한다는 생각으로 항의하거나 비판했던 일본 시민이나 민간인 관료는 단 한 명도 없었다. 외국인들이 인도주의를 내세우며 항의하기 시작하자, 체면을 세우기 위해 약간의 시민과 민간인 관료가 군인과 경찰을 희생양으로 삼아 군부 관료들의 "가혹함"을 비판했다.

독립운동 당시 정치적 박해의 불길 속에서 한국인과 일본인의 기질이 근본적으로 다르다는 점이 뚜렷하게 드러났다. 일본인은 한국인이 능력이 없다고 생각한다. 한국인은 일본인을 싫어할 뿐만 아니라 경멸한다. 일본인은 한국인의 애국심을 자신들의 강철 군화로 밟아 끌 수 있다고 생각했지만, 오히려 끓는 불에 부채질한 격이었다. 같은 문제에 대해 서로 다르게 반응하는 한국인과 일본인이 행동 양식은, 암울한 비극이 연관되어 있긴 하지만 매우 흥미로운 연구 주제이다.

내가 이 주제를 다룬 문헌과 미발표 원고를 광범위하게 조사해 본 결과, 한국인과 일본인의 성향 및 한국의 상황에 대한 각각의 관점을 다음에 소개할 두 익명 기사보다 더 강력하고 정확하게 제시한 것은 없다는 결론을 내

---

159) From an article by Inazo Nitobe in *Japan Magazine*, April, 1920.

렸다. "한국인의 용기"는 미발표 원고이며, "일본의 문제"는 1919년 7월 11일 자 《재팬 애드버타이저(Japan Advertiser)》에 "관찰자"라는 필명으로 실린 것이다. 이 두 글의 저자는 30년 이상 동양에 거주한 영국인으로 동양 역사 와 정치에 관해 탁월한 안목을 지닌 학자이다.

### 한국인의 용기

한국인을 가장 잘 아는 사람들도 한국인은 용기가 부족하다고 생각한다. 한국 인은 엄청난 압박을 받으면 끝장을 볼지도 모를 일종의 광기를 품고 있다. 한국인 은 공갈이나 협박을 웃어넘길 수 있는 냉정한 용기를 가지고 있지만, 아직 그것을 널리 인정받지는 못했다. 최근 한국인은 국민으로 새롭게 태어나면서 외국인이 놀라움을 금치 못하는 특징을 보여주고 있다. 쥐를 보고 테이블 위에 뛰어오를 만 큼 소심했던 엘리자베스 여왕처럼 한국인도 작은 위험 앞에서는 소심할지도 모른 다. 그러나 엘리자베스 여왕이 영국해협을 항해하는 스페인 무적함대를 보고 "나 는 연약한 여자의 몸이지만, 왕의 심장과 용기, 그중에서도 영국 왕의 심장과 용 기를 가지고 있다"라고 말했던 것처럼, 기념비적이었던 지난 두 달간 한국인은 결 코 두려워하지 않는 모습을 보여 주었다. 그 심장과 용기는 바로 한국인의 것이었 다. 무적함대에 대한 작전을 수행하는 해군 제독이 갖기 원했을 법한 조용하고 냉 정하며 철두철미한 용기를 한국인이 보여준 것이다.

한국은 시간이 지나면서 자신을 호의적으로 통치하던 기관이 실제로는 훈족 같은 족속이었다는 사실을 알게 되었다. 그들은 법을 만든다. 그들은 하늘 아래 있는 모든 것을 규정하고 규제하며, 사람이 숨 쉬는 것까지 포함하여 이것저것 모 두 금지한다. 그들은 모든 행동을 감시하며, 명령을 내리면 바로 달려가는 스파이 와 경찰과 헌병을 운영한다. 낮말은 새가 듣고 밤말은 쥐가 들어 경찰이나 헌병에 고자질한다. 이 야만인들은 아무 때나 당신의 집을 수색한다. 장화를 신은 채 방 으로 들어오거나, 먹는 물에 더러운 손을 씻는다. 만약 당신이 그들이 가는 길을 방해한다면, 칼집으로 배를 사정없이 찌르거나 총의 개머리판으로 귀 뒤쪽을 가격하여 별이 보일 지경이 되게 한다. 그들은 구두에 징을 박아 그들 앞을 얼쩡거리는 남자, 여자, 어린아이들을 발로 차거나 짓밟아 버린다. 그들의 뒤쪽에는 아무리 강인한 애국자라도 질려 버리는 쇠창살과 고문실을 갖춘, 타르타로스와 별반 다르지 않은 지옥이 기다리고 있다. 한국은 이러한 사실을 알고 있다. 한국은 10년도 안 되어 괴물이 자신의 목줄을 죄고 있다는 사실과, 누군가 분연히 몸을 일으켜 "너희를 받아들이지 않겠다."라고 외치는 것의 의미를 깨달았다.

이런 상황에서 3월 1일 전국 곳곳의 지도자 33인이 대담하게 몸을 일으킨 것은 대단히 용기 있는 행동이다. 그들은 무기를 전혀 가지고 있지 않았다. 벨기에는 군대를 조직하여 수백만의 독일군에 맞서며 용감함을 과시했다. 그러나 한국인은 다음과 같이 말하며 더욱 용감한 모습을 보였다. "우리는 무기도 없고, 싸울 힘도 없다. 신 이외에는 호소할 사람도 없으며, 보상도 없다. 내 육체도 나의 것이 아니다. 오직 정신뿐. 나의 정신만 유일하지만, 결코 굽히지 않을 것이다." 그들은 이 말을 되뇔 뿐이다. 그리고 독립운동을 계속한다. 그들은 웃는 얼굴로 사방을 향해 감사의 기도를 올린다. 그리고 조용히 걸어와 체포된 뒤, 저항하지 않고 수감된다. 뒤에서 감옥 문이 철컹 소리를 내며 닫히면 그 후로는 아무 말도 하지 않는다. 우리는 그들이 죽음의 고통을 겪고 있다는 얘기를 듣지만, 집에 있는 그들의 아내조차 밝은 얼굴로 말한다. "신경 쓰지 마십시오. 대의를 위한 것이니까요."

필자처럼 현장을 누비는 사람들은 이것이 일차적인 용기라는 것을 알고 있다. 16세기에 화형대로 향하던 순교자나 네로 시대에 순교한 사람도 이보다 더 용감하지는 못했다.

첫날에 사람들은 무슨 일이 그들을 기다리는지 잘 알지 못했기 때문에 많은 사람이 부지불식간에 앞으로 나아갔다. 그 밤이 끝나기 전에 수많은 사람이 칼에 베이고, 소방용 갈고리에 채이고, 몽둥이로 얻어맞고, 총에 맞고, 다른 사람에게 깔리고, 짓밟혔다. 이런 난폭한 행동은 현장이 조용해질 때까지 계속되었다.

한국을 지배하는 악마들은 틀림없이 이렇게 말했을 것이다. "이 바보들에게 가르침을 주었으니, 이제 일본의 힘에 반항하는 모험을 하기 전에 두 번은 생각할 것이다.”

그들은 거의 모르고 있었다. 한국인은 오늘도 행동을 멈추지 않고 있다. 낮이건 밤이건, 여기저기에서, 사람들은 보이지 않던 군대가 갑자기 번쩍하고 나타나듯 그렇게 모이고 있다. “대한독립만세!”

“일본을 타도하라!”는 외침도 없었고, 분노를 표출하지도 않았다. 둘째 날, 한국인은 피 흘리고 짓밟히는 자식들의 모습이나 악귀 같은 일본인이 감옥에서 그들을 다루는 모습에 자극받아, 그럴 마음만 있었다면, 몽둥이나 돌로 자신들을 무장하고 외진 곳에 있는 일본인을 모두 죽이거나 일본인의 집을 불 질러버렸을 수도 있었다. 이렇게 했다면 단지 ‘자유’를 부르짖는 것보다 오히려 난폭한 취급을 덜 받았을지도 모른다. 그러나 그것은 그날의 방침이 아니었다. “아무도 해지지 마라. 폭력은 안 된다. 우리의 대의를 알려야 한다. 그것이 정의로운 일이다.”

일본이 여러 나라에서 친절한 마음을 보여주는 것은 분명하기 때문에 일본을 비난할 수는 없다. 그러나 한국을 통치하는 기관은 이런 친절함을 보여주지 않고 있으며, 한국인에게는 이 기관이 일본, 즉 일본의 모든 것이다. 정부는 이런 식으로 몇 차례 대응하면 한국인을 사로잡았던 광란의 열풍을 종식시키고 정부를 당면한 문제에서 벗어나게 해 줄 것으로 생각했지만, 그런 결과는 오지 않았다.

한 무리가 칼과 총과 쇠막대에 쓰러지면, 다른 무리가 그 자리를 메우고 외침을 계속했다. 고대 스코틀랜드의 불타는 십자가처럼 그 외침은 차례차례 사람들에게 전달되었다. 마치 모든 곳이 그 정신에 사로잡힐 때까지 모든 사람이 그것을 전달하는 것만 생각하는 듯했다.

특히 젊은 여성들이 두드러진 용기는 보여주었다. 그녀들은 잡히면 어떤 고문이 기다리고 있는지 잘 알고 있었지만, 남자들 못지않게 두려움이 없었다. 3월 5일 태극기를 흔들며 가던 중 체포된 몇몇 사람이 자신들의 이야기를 들려주었다. 차이고 얻어맞고 경찰서에 갇혀, 가장 용감한 자도 기죽게 만들 정도의 고문을 당했다.

서양의 젊은 여자들처럼 세심한 환경에서 자란 소녀들이 이러한 고통에 시달리고 있지만, 그녀들은 웃는 얼굴로 이런 시련에 맞서고 있다. 며칠 전 한 소녀에게 들은 얘기다. 경찰이 그녀를 뒤에서 쫓아와 위협했다. "몸조심해. 시위에 참가하지 않는 게 좋을 거야." 그녀는 편안하고 위축되지 않은 모습으로 웃음 지으며, 예의 바르게 고맙다고 말하고 그곳을 떠났다.

내가 어린 시절부터 알고 지낸 25세가량의 젊은 여성 김마리아는 현재 감옥에 갇혀 있다. 그녀는 아시아의 숨겨진 풍경처럼, 꿈꾸는 듯한 눈과 검은 속눈썹을 지닌 동양적 아름다움을 지닌 여성이다. 그녀는 일본에 몇 년 동안 살았기 때문에 일본어를 모국어처럼 구사한다. 그녀는 무슨 죄를 지었는가? 브레쉬코프스키 (Breshkovsky) 부인이 시베리아의 소금 광산에 유배된 것과 같은 죄다. 그녀는 애국자이며, 한국이 자유롭게 되는 것을 보기 위해 그녀의 목숨을 바칠 것이다. 마리아는 다른 사람들이 겪은 고통을 잘 알고 있으며, 그런 고통이 대의에 헌신한 그녀를 절대 막을 수 없다는 점도 잘 알고 있다. 그녀는 "주의 영광을 위한 고문대와 화형대"라는 테니슨(Tennyson)의 노선을 선택했다.

한국인의 용기를 볼 수 있는 다른 예로, 세상의 큰 문제를 접할 기회가 거의 없이 평범하게 살아가는 어느 시골 농부를 들 수 있다. 그의 조용한 영혼 속에는 공자의 가르침이 자리하고 있다. 그는 결코 볼셰비키가 아니다. 그는 동아시아 사회를 하나로 묶는 오륜을 철저히 마음에 새기고 있다. 그렇지만 그는 모든 사람이 어떤 고유한 권리, 생각하고 말하고 기도할 권리를 가지고 태어났다는 사실을 깨닫고 있다. 그는 자유의 함성을 외치며 거리를 행진하는 수백만 명의 한국인 대열에 합류했다. 그는 최근 《데일리 뉴스(Daily News)》의 보도를 통해 자유를 외치는 사람은 90대의 매를 맞게 된다는 사실을 잘 알고 있다. 그는 후대에 남길 만한 것이라곤 아무것도 없는 평범한 사람이지만, 그럼에도 굴하지 않고 만세 대열에 참여했다. 반쯤 이성을 잃고 무엇을 해야 할지 갈팡질팡하는 헌병과 군인들은 이 무방비 상태의 십자군들에게 실탄을 발사하며 이들을 짓밟아 버렸다고 생각하지만, 상황은 전혀 그렇게 진행되지 않았다.

나는 어제 나를 방문한 전(前) 도지사에게 이런 처벌에도 불구하고 행동을 멈추지 않는 한국 사람들의 마음에는 도대체 무엇이 있는지 물어보았다. 그는 "절대적인 확신"이라고 대답했다. "대의는 옳고, 옳은 것은 승리한다는 불가사의한 믿음이 우리나라 모든 사람의 마음을 사로잡고 있다. 그들은 압제자를 증오하지 않으며, 복수할 생각도 없다. 만약 그런 마음이 있었다면 바로 행동에 옮겨, 1884년에 그랬던 것처럼 눈에 띄는 모든 일본인을 죽였을 것이다. 그러나 그런 일은 벌어지지 않았다." 기독교인이든 비기독교인이든, 신은 정의의 편이며 신이 그들의 대의를 승리로 이끌어 줄 것이라는 굳은 믿음을 갖고 있다. 그렇게 그 농부는 일본인 개개인에게 원한을 느끼지 않으며 죽었다.

나는 어린 조카가 헌병의 총에 맞아 죽은 사람을 알고 있다. 마을 사람들이 무고한 소년에게 총을 쐈던 일본인을 잡아 목숨을 위협했다. 그때 서둘러 도착한 늙은 농부가 말했다. "그를 풀어줘. 살인은 범죄를 가중시킬 뿐이야. 그를 풀어줘." 가해자에게 이런 관대한 태도를 보인 그들은 오히려 목에 총을 맞고, 복부를 관통당하고, 총검에 찢기고, 칼로 난도질당한 채 세브란스 병원에 실려 왔다.

이것은 농부의 경우인데, 그렇다면 양반은 어떠한가? 이전 통치자들은 강철 같은 심장을 가지고 있었는가? 예가 될 만한 사람이 한 명 떠오른다. 그는 이상재(李商在)이다. 그는 키치너(Kitchener) 경(卿)과 같은 해인 1850년에 태어났다. 그는 키가 그렇게 크지 않고, 칼도 차고 다니지 않던, 키치너보다 훨씬 온화한 인물이지만, 키치너만큼 영향력 있는 사람으로 백만 명의 젊은이가 그를 존경하고 그의 부름에 응할 정도였다.

이상재는 수년간 개혁을 주장해 왔으며, 주미공사 서기관으로 워싱턴에 파견되기도 했다. 후에 이전 정권의 내각에 관료로 참가했다. 일본은 항상 그를 위험 인물로 간주했는데, 그의 연설가로서의 능력 때문이었다.

다음의 일화는 그가 얼마나 겁이 없는 인물인지 알게 해 줄 것이다. 한국에서 경찰을 우습게 보는 것은 다이너마이트를 가지고 노는 것과 같다. 최근 경찰 몇 명이 이상재를 방문하여, 한국 독립운동의 배후 인물이 누구인지 물었다.

"왜 나에게 묻습니까?" 그가 질문했다.

"당신이 알 것이라고 생각하기 때문이오. 알고 있지요?"

그가 대답했다. "왜 모르겠소. 압니다. 그걸 운영하는 독립 운동본부의 지도자를 의미하는 거죠?"

"바로 그거요."

"그렇군요." 이상재가 대답했다. "말하게 되어 기쁘오. 그의 이름은 전능하신 하느님이오. 그가 배후요."

경찰이 대답했다. "말도 안 돼! 우리는 그런 뜻이 아니야. 그걸 운영하는 사람이 누구냐고. 그들을 알고 있잖아?"

"알고 있소." 이상재가 대답했다. "그들 모두를 알고 있소."

"잘, 어서 말해." 그들은 필기할 준비를 했다.

"한국인 모두" 이상재가 말했다. "부산에서 백두산까지 그리고 그 너머까지. 그들 모두가 참여하고 있다. 그들이 이 시위를 주도하는 배후 인물들이다."

이상재의 얼굴에 비친 건조한 웃음에 압도당한 듯 일본 경찰들은 필기도구와 그 밖의 장비를 챙겨 그곳을 떠났다.

3월 26일 내무부장 우사미 카츠오(宇佐美勝夫)는 한국어에 능숙한 일본인을 이상재에게 보내 다음과 같이 질문했다.

(1) 시위의 원인은 무엇인가?

(2) 한국인은 일본 정부에 대해 어떻게 생각하는가?

(3) 문제를 바로잡기 위해 당신이 제안하는 것은 무엇인가?

이상재가 대답했다. "첫 번째 질문에 대한 답이다. 다른 나라 사람을 사로잡는 데에는 두 가지 방법이 있다고 생각한다. 하나는 신뢰이고, 다른 하나는 무력이다. 신뢰는 정부가 모든 일을 공정하게 처리할 것이라는 확신과 상호 믿음에 달려 있다. 그러나 일본은 '일본제국 정부는 대한제국의 독립과 영토 보전을 확실하게 보장한다.'고 약속했던 1904년의 조약에 역행하며 신뢰를 깨뜨렸다. 한국인은 메이지(明治) 천황이 거짓말을 했다고 생각하며, 이제는 모든 일본인을 거짓말쟁이로 여기고 있다. 더 이상 일본을 신뢰하지 않는다. 이제 우리를 잡을 수 있는 건

짐승 같은 힘뿐이며, 그것이 스스로를 파괴로 이끌고 있다. 야만적인 일본 정부와 그에 대한 우리의 불신이 최근 시위의 원인이다.

두 번째 질문에 대한 답이다. 한국인 중 일본 편은 단 한 명도 없다. 한국인은 지금 겪고 있는 시련을 통해 단결된 국민이 되었다. 즉 일본에 대항하는 이 한 가지 일에 일치단결하고 있는 것이다. 일본의 불성실하고 억압적인 행동 때문에 한국인의 마음은 일본에서 멀어져 돌아올 수 없는 강을 건넜다.

해결책으로 제안할 것은 없다. 내가 제안을 하더라도 당신이나 하세가와가 그것을 실행할 힘은 없다. 그냥 그대로 나둬라. 파멸이 있을 뿐이다."

나는 유대인이 선지자 아모스를 두려워했던 것처럼 일본인이 이상재를 두려워한다는 사실을 알아차렸다. 그는 그들을 두려워하지 않았다.

4월 4일 체포된 그는 현재 서대문감옥에 갇혀 있다. 얼마 전 비밀리에 활동하는 어느 전령(傳令)이 내무대신에게 이상재의 죄에 관해 물었다. "매우 위험한 입을 가졌다"는 것이 그 답이었다.

내가 그를 마지막으로 본 건 3월 30일이었다. 20년간 그와 사귀었지만, 그가 미소를 띠지 않은 모습을 본 적이 없다. 그는 역풍이 불거나 궂은 날씨에 항상 활기차게 얘기했었다. 그러나 마지막으로 그를 보던 날 그의 눈에는 눈물이 고여 있었다. 체포되는 것이 두려워서였을까? 아니다. "이런 날 나 같은 늙은 개가 여기저기 헐떡거리며 무슨 일을 할 수 있겠나? 감옥에 들어가서 나의 70년 생애를 대의에 맡겨야 하지 않겠나." 그는 눈물지으며 말했다. "우리의 소녀와 젊은 여성들이 인간애라곤 전혀 없는 야만인의 손안에 놓여 있어."

아이들도 작은 손을 들어 하늘나라에 도움을 청한다. 여섯 명 중 한 아이가 아버지에게 묻는다. "아버지, 그들이 아버지도 감옥에 가두나요?"

"아마도 그럴 것이다." 아버지가 대답했다.

"그럼 이름에 서명하지 마세요." 이것은 잘못을 고백하는 문서에 강제로 날인하도록 하는 것을 의미한다.

아버지는 며칠 후 잡혀갔지만, 결국 풀려났다. 그가 집에 돌아왔을 때, 어린 소년은 기뻐하기도 전에 질문부터 했다. "아버지, 서명 안 하셨죠, 그렇죠?"

"안 했다." 아버지가 말했다. "서명하지 않았다." 그제야 소년이 기뻐했다.

...

큰 위기는 인간의 본성을 드러낸다. 한때 한국인은 용기가 부족하다고 생각했던 우리 외국인은 이제 완전히 다른 견해를 갖고 있다. 현재의 독립운동은 한국 민족의 실체를 보여준다. 우리는 이제 한국인이 세계 역사상 타의 추종을 불허하는, 냉정한 자제력과 결합한 용기를 지니고 있음을 알게 되었다.

## 일본의 문제

1910년 "한국 병합"을 발표하면서 일본은 역사상 전례가 없는 영광의 길에 들어섰다고 느꼈을 것이 분명하다. 8만 제곱마일(128,700㎢)의 영토에 일장기가 휘날리고 있다. 대륙에서 발판을 마련하고, 동아시아 정복을 위한 확실한 출발을 시작한 것이다.

한국이 영혼도, 감각도, 느낌도 없는 물건이었다면 틀림없이 일본의 생각대로 되었을 것이다. 겨울의 건조하고 살을 에는 듯한 환경을 극복하고, 칙칙한 갈색 언덕은 잘 정비되어 길과 수로가 놓이고, 장미처럼 꽃을 피운 경이로운 세상—방금 한국이 병합되었다는 소식을 들은 평범한 일본인이 마음에 그렸을 듯한 기분 좋은 그림이다.

그러나 서툰 손을 써보기도 전에 심판의 날이 도래하고 그런 그림이 얼마나 형편없는 것인지 일본인도 종종 우리처럼 생각할 것이다.

그렇게 현재가 되었다. 일본인은 그들 자신으로부터도 사실을 숨기려 하지만, 한국에서 그들은 실패했고 그래서 한반도가 병합 당시보다 더 자신들의 소유물이 되지 않았다는 것이 진실이다. 지난 4개월 동안 한국이 일본을 좋아하도록 강요한 노력이 오히려 친구를 쫓아낸 꼴이 되었으며, 일본의 행동을 멈추지 않을 수 없도록 만드는 문제만을 남겼다.

문제는 어디에 있는가? 무엇이 문제인가?

한국을 방문한 외국인들은 엄청난 물질적 발전을 목격했다. 잘 정비된 거리, 훌륭한 건물, 크게 개선된 위생 상태, 계속되는 번영. 그들은 일본이 전례 없는 성공을 거두었다는 소식을 외국에 알렸다.

이것은 정신보다 물질을, 영혼보다 육체를 더 중요시하는 피상적인 견해다. 셰익스피어의 짧은 대사 "좋은 것이든 나쁜 것이든 생각하기 나름이다"라는 말을 아직 모르는 사람의 견해다.

필자는 일본인 자신이 동양인이며 동양의 일원이므로 일본인이 한국인의 마음을 읽는 데 전문가일 것이라고 상상했다. 그러나 생각이 바뀌었다. 일본은 한국이 무엇을 의미하는지, 무엇이 문제인지 전혀 모르고 있다. 일본이 채택한 방법, 일본이 하는 말, 일본의 공식 발표는 일본의 무지를 보여주고 있다. 일본은 다루어야 할 존재에 대해 전혀 알지 못하며, 그래서 오늘날 문제를 풀기 위해 총검과 개머리판에 의지하고 있다고 말해도 전혀 과언이 아니다.

산탄에 손을 맞은 노파, 두개골이 박살 난 12살 소년, 구정물에 머리를 눌려 질식사한 노인 등이 그들이 선택한 방법의 비근한 예이지만, 이런 방식으로는 아무런 문제도 풀지 못했다.

일본은 불리한 조건을 안고 시작했다. 천 년 이상 한국은 일본을 철천지원수로 여겨왔다. 300년 전 이 적들이 한국에 상륙하여 나라를 불과 칼로 휘젓고 다니며, 그의 이름이 모든 악의 화신임을 확인시켰다. 도요토미 히데요시(豐臣秀吉)의 침략 이후 악의 화신이란 명칭은 굳어져 버렸다. 지금 일본은 자상한 가장(家長) 같은 겉모습으로 통치하고 있다. 처음부터 이러한 과거의 빚을 지고 있으므로, 일본이 한국과 우호적인 관계를 희망한다면 마땅히 지혜와 공감 능력을 가지고 신중하게 나아가야 한다.

그러나 일본은 병합을 결심한 첫 단계부터 문제를 잘못 읽었다. 일본은 실제로 한국인을 일본인으로 만들 수 있다고 생각했다. 한국어를 사용하지 못하게 하고, 역사를 다시 쓰고, 한국의 문학을 눈에 띄지 않게 치워버리고, 일본 문명과 맞먹는 4,000년의 문명을 잊도록 강요했다. 한국이 일본보다 오래된 민족이며, 일본에 종교와 도덕을 가르쳤고, 일본을 유명하게 만든 예술과 공예에서 일본의 스승이었다는 사실을 일본은 잊고 있다. 한국인은 완전히 다른 이상을 가진 민족이지만, 정신적으로 일본과 동등한 존재라는 사실을 잊은 것이다. 이런 것에 대한 개념도 없이 일본은 마치 연어를 통조림으로 만들어 버리듯, 한국인을 두들겨 패고 망치질해서 갓 만들어진 일본인으로 만들고 무사도 애국심을 그들의 정신에 욱여넣으려 했던 것이다. 완전한 실패의 흔적을 남기며 이렇게 다른 민족을 오도한 경우는 없었다. 오늘날 한국인은 일본의 선전에 반대하여 단결해 있으며, 그 선전과 아무런 관련도 없다. 이것은 기독교인만의 문제가 아니다. 동료, 문인, 농부, 노동자 모두에게 연관된 문제인 것이다.

일본은 자신들의 문명이 한국을 이긴다고 생각한다. 일본은 잘 조직된 국가이지만, 한국은 그렇지 않다. 일본은 국제연맹에서 이사자리를 차지 했지만, 한국은 가입도 못했다. 그들은 질서 있고 부지런하지만, 한국인은 정반대다. 그러나 이런 것 역시 모두 실패했다.

일본 문명과 함께 뚜렷한 해악도 같이 흘러들어 왔는데, 한국인은 이 사실을 잘 알고 있다. 예를 들면 전국적으로 매춘 제도를 도입하고 타락한 여인을 착취하는 백만 달러 규모의 사업은 한국인에게는 새로운 것임에도 빠르게 퍼져 나갔다. 한국인은 이렇게 말한다. "우리 자신도 부도덕한 민족이지만, 결코 이만큼 나쁘지 않았다." 한국 역사를 조금이라도 아는 사람은 이 말이 옳다는 것을 금방 알 수 있다.

일본이 자신의 임무가 무엇을 의미하는지 조금이라도 이해하고 한국을 이기기 원했다면, 타락한 여인이나 부당한 판사, 공식적인 토지 강탈자, 그 외 여러 악의 근원이 이 땅에 스며들지 못하도록 문에 빗장을 걸었어야 했다.

일본은 한국이 보고, 적고, 생각하고 있다는 것을 잊고 있다. 젊은이가 모든 국가적 야망을 금지당한 채, 가장 악랄한 조직의 교활한 올가미에 육체와 정신을 굴복시키려는 입소문과 전단지로 유혹받는다면 그것을 모르겠는가? 조금이라도 생각이 있는 사람은 이렇게 말할 수밖에 없다. "일본에 대해 말하지 말라. 일본은 문명국이 아니다."

한국인도 다른 사람들처럼 거짓말을 한다. 그러나 거짓말이 품위를 떨어뜨린다는 것을 잘 알고 있으며, 자신이 열등한 존재가 아니라면 그의 스승이나 총독, 치안 판사가 거짓말을 하는 것을 허용하지 않을 것이다. 일본은 이것을 모르는 것 같다. 여기서도 일본은 한국인의 마음을 잘못 읽고 있는 것이다. 일본은 자신들이 좋아하는 것은 무엇이라도 정부 문건에 넣을 수 있으며, 되든 안 되든 무엇이라도 처벌받지 않으면서 보고할 수 있다고 생각한다. 일본은 한국인이 예리한 눈과 상식으로 이런 내용을 읽고 "일본인은 모두 지독한 거짓말쟁이다."라고 말하는 것을 잊고 있다. 경학원 대제학이자 오랫동안 일본의 친구였던 원로 김윤식(金允植) 자작이 3월 초에 벌어진 운동에 참여했지만, 한국의 언론에는 이에 대한 아무런 언급이 없다. 또한, 곽종석(郭鍾錫)이 지식인들과 함께 기차에 실려 감옥으로 끌려간 사실에 대해서도 아무런 논평이 없다. 신문은 아직도 기독교 신자와 천도교 신도가 이 운동의 전부인 것처럼 말하고 있다. 그러나 모든 한국인은 일본이 공식적으로 진실을 말하지 않고 있다고 확신하고 있다.

할 일은 아직 남아 있다. 일본은 어떻게 할 것인가? 일본은 결코 한국인을 강제로 일본인화할 수 없다. 필자는 한국인을 잘 알고 있다. 일단 깨우치면 그들은 단호하다. 한국인은 일본의 모든 폭력에 담담하게 미소 지으며 다음과 같이 말한다. "최악의 행동을 하라. 발포하고 죽여라. 형세가 역전될 때가 올 것이다. 그때를 준비하겠다."

일본은 한국을 강하고 두려움 없는 나라로 만들고 있으며, 2천만 명을 불구대천의 원수로 만들고 있다. 이것이 현재 일본이 추구하고 있는 길이다.

일본이 그 문제를 해결할 수 있을까? 아니면 그 문제는 이미 일본이 해결할 수 있는 범위를 넘어섰을까? 식견이 있는 사람 대부분은 해결 범위를 넘어섰다고 본다. 그러나 필자는 일본이 의지만 있다면 문제를 해결할 수 있다고 본다.

카토의 질서를 옹호하는 일군의 일본인을 고려해 보자. 그들은 한국인처럼 겁 없이 일을 추진하는 사람들이다. 그들은 다른 사람을 공감하며 바라보며, 다른 사람이 어떤 면에서는 일본인에 못 미치더라도 다른 면에서는 더 우수할 수 있다는 점을 인정한다. 그들은 자기가 대우받기 원하는 것처럼 다른 사람을 대우하려 한다. 그러면 우리는 문제 해결을 위한 첫발을 내디딜 수 있다. 그러나 단지 "자유를 달라!"고 외치는 군중에게 실탄을 난사하거나, 미소 지으며 "한국이여! 영원하여라."라고 말하는 사람을 개머리판 또는 곤봉으로 구타하거나, 단지 두려워하지 않는다는 이유로 예의 바른 소녀를 모욕하는 것은 언젠가 훗날 총구가 일본 자신을 향하도록 만드는 행위가 될 것이다.

# 제18장
# 결 론

"일본은 끝내지 못할 일을 시작했다!" 한국의 정세를 관찰한 어느 서양인이 이렇게 논평했다. 정곡을 찌르는 말이다. 서양의 대중은 한국에 민간 정부가 들어섰고, 다양한 개혁이 시작되었으며, 반도의 상황은 1919년 3월과 4월에 최고조에 이르렀지만 지금은 단순히 고질적 불만을 표출하는 정도로 가라앉았다는 이야기를 일본 정부의 선전을 통해 알게 되었다. 일본은 서양인에게 지금은 한국이 매우 평화롭고 모든 것이 잘 돌아가고 있다고 믿게 만들 것이다.

그러나 문제의 본질은 독립운동이 1919년 3월과 4월에 시작되었고, 한국인들은 끝까지 가기로 결심했다는 점이다. 일본은 모든 힘과 잔인함으로 한국 독립이라는 판도라의 상자를 열어 버렸다. 실제로 독립운동은 작년보다 현재에 한국인에게 더 보편적인 일상이 되었으며, 체포와 고문과 무력 탄압은 아직도 계속되고 있다. 일본이 사이토 마코토(齋藤實) 제독의 민간 정부 아래 개혁 조치를 시작한 이후에 유능한 관찰자가 다수 한국을 방문했다. 이 목격자들이 공통적으로 증언하는 한국의 현재 상황이 현실 자체를 얘기해 주고 있다.

중국에서 가장 영향력 있는 미국 일간지인 상하이의 《차이나 프레스(China Press)》 특파원 나다니엘 페퍼(Nathaniel Pepper)는 1919년 12월 한국에 있었다. 그는 "한국에 관한 진실(The Truth About Korea)"이라는 제목의 연재 기사를 실었다. 페퍼 씨는 반일파도, 친한파도 아니다. 그는 단지 자신이 목격한 한국의 현재 상황에 대해 적었을 뿐이다. 다음의 글은 일본 민간 정부하의 한국의 현재 상황을 조명한 그의 기사 중 하나에서 인용하였다.

지금 한국의 마음, 모든 한국인의 마음에는 일본에 대해 최소한 한 세대 동안은 지워지지 않을 쓰라림이 있다. 이 쓰라림은 병합 이후 10년간의 압제 속에서 서서히 쌓여온 것으로, 3월의 비무장 평화 시위를 잔혹하게 분쇄함으로써 영원히 고착화 된 쓰라림이다. 일본은 자신의 잘못을 깨닫고 보상을 할지도 모른다. 이런 상황은 이론적으로는 한국의 기쁨, 심지어 한국의 승리로 간주될 수도 있다. 그러나 민족적 태도는 본능의 문제이다. 한국인에게도 이것은 본능의 문제이다. 그들은 이치를 따지지 않는다. 논리적이어야 한다고 주장하지도 않는다. 쓰라림은 그들에게 이식되었고, 그들의 핏속에 흐르고 있다. 이 쓰라림 앞에서는 개혁, 그들이 요구했었고 이전이라면 만족했을지도 모를 개혁조차 이젠 아무것도 아니다. 그들은 독립을, 오직 독립만을 원하고 있다. 그들은 승리하지 못할지도 모른다. 수십 년간 아니 그 이상 승리하지 못할 수도 있다. 그러나 그들은 더 이상 바라는 바 없이 만족해할 것이다. 그들은 공개적이든 비밀로든 민족 전체가 죽어 나갈 때까지 계속해서 투쟁할 것이다. 그것은 한국이 법적으로 독립의 권리를 얻을 수 있는가 아닌가, 현재의 국제도덕에 따라 일본이 이성적으로 한국의 독립을 허용할 것인가 아닌가, 한국이 독립할 자격이 있는가 없는가의 문제는 아니다. 한국인을 그런 질문은 생각조차 하지 않는다. 그들은 생각하기를 거부한다. 그것은 증오의 문제이지 이성의 문제가 아니다. 그들이 정당한지 아닌지 타인이 말할 수는 없다. 그러나 근본적이고 중심적인 사실로서 그 문제에 직면하지 않을 수 없으며, 그 사실을 진술하고 그 결과를 실현할 필요가 있다. 그에 관한 대의를 찾고 진술하는 것은 가능하다.

그러나 실수를 해서는 안 된다. 본능적으로 결정을 내렸더라도 맹목적으로 실행해서는 안 된다. 외부 세계에는 한국이 조용해 보일 수 있다. 그러나 내부에서는 활동으로 펄펄 끓고 있다. 최근 상하이(上海)에 자리를 잡은 "임시 정부"는 희가극(喜歌劇)의 환상이 아니다. 한국은 현재 수면 아래에서 완전하게 조직되어 있고, 조직은 말 그대로 지하에서 기능하고 있다. 그것의 존재는 일본에도 알려져 있다. 그러나 그에 관한 어떤 비밀도 드러나지 않았다. 그 조직의 구성원, 활동 방법, 위치, 후원자 등이 일본을 완전히 당황하게 했다. 많은 한국인 변절자가 포함된 일본의 스파이 부대는 아무런 도움이 되지 않고 있다. 일본은 수백 명을 체포했지만, 그들을 전혀 알지 못하고 있으며 무고한 사람을 범죄자로 처벌하고 있다. 체포되든 체포되지 않든 그 조직은 계속 살아 있다. 그 조직에 소속된 한국인조차 그 조직의 비밀을 거의 모르고 있다. 그들은 자신이 속한 부분만을 알고 있을 뿐이다. 일본의 스파이로 활동하는 한국인 변절자 중에도 일본을 속이거나 일본의 의도를 보고하는 방식으로 그 조직에 도움을 주고 있는 자도 있는 것으로 알려져 있다. 이것 역시 비밀이 아니다. 일본도 알고 있다. 그런 일을 하는 몇몇 사람을 체포하기도 했다. 마치 통속극 같은 분위기로, 지금 한국에서 산다는 것은 매우 긴장감 넘치는 짜릿한 일일 수도 있다. 마지막은 비극으로 끝날지도 모른다. 아마 그렇게 될 것이다. 그러나 그것은 역사적인 비극이 될 것이다.

...

한국 독립운동과 관련하여 두 가지 사실이 매우 인상적이다. 첫 번째는 이것이 "전문 선동가"의 작품이 아니라는 점이다. 진정한 국민 차원의 운동이다. 두 번째는 이 운동 뒤에는 뛰어난 조직이 있으며, 매우 효율적으로 운영되어 오고 있다는 점이다. 나는 모든 외딴 마을의 모든 농민이 그 운동의 모든 원인과 함축된 의미를 스스로 이해했다고 말하려는 것이 아니다. 나는 모든 마을의 농민이 독립의 완전한 의미를 이해한다고 말하려는 것이 아니다. 나는 모든 한국인, 혹은 압도적인 다수가 그것을 느끼고 있다고 말하려는 것이다. 본능은 논리적인 과정은 아니지만, 매우 강하다는 것이다. 그리고 개인은 물론 민족도 이성뿐만 아니라 본능에 따라서도 움직이고 있는 것이다. 비록 3월에는 이 운동이 전국적이지 않았더라도, 지금은 전국적인 규모임이 분명하다. 일본이 그렇게 만든 것이다. 전에는 눈을 감았던 사람도 이제는 눈을 뜨고 있고, 전에는 움츠렸던 사람도 이제는 반항적이다. 일본은 그들이 원하던 대로 한국인을 애국자로 만들었다. 그러나 일본을 위한 애국자가 아니라 한국을 위한 애국자인 것이다. 일본은 오히려 한국을 위해 위대한 일을 해낸 것이다. 순간의 흥분으로 결과는 생각지도 않고 시위에 참여했던 무지한 사람들과 별생각 없는 소년 소녀들이 감옥을 나오면서 후회하는 것이 아니라, 오히려 독립의 대의에 더욱 헌신하게 된다. 나는 순교자의 정신을 혼미하게 만들 정도의 고통을 참아내고 감옥에서 나온 지 겨우 열 시간밖에 안 된 사람들과 이야기를 나누었다. 그들은 그것이 무엇을 의미하는지 잘 알고 있었으며, 대의를 위해서라면 출감한 바로 그날이라도 기꺼이 감옥으로 다시 돌아가겠다고 말했다. 그들은 가볍게 말하거나 허세를 부리는 게 아니었다. 나는 그들이 내게 말하는 동안 넓은 옷자락에 종잇조각을 숨기고 있다는 사실을 알고 있었다. 아마 그 종잇조각은 그들을 6개월 정도 감옥으로 돌려보낼 수 있는 내용을 담고 있을 것이다. 이들은 타고난 급진주의자도 아니고 지식인도 아니다. 그저 평범한 장삼이사, 상인, 농부, 아내, 어머니일 뿐이다. 일본은 그들이 무엇을 휘저었는지 어렴풋이도 알지 못하고 있다.

이 운동이 철저하고 효과적으로 계획되고 실행되었다는 사실 역시 주목할 만하다. 최고의 정보기관을 지휘하는 관료나 한국인과 가깝게 접촉하는 외국인 중 누구도 앞으로 닥칠 일에 대한 최소한의 지식이나 경고조차 가지고 있지 않았다. 불안한 기운이 있었던 것은 모두가 알았지만, 그걸로 끝이었다. 지도자와 계획을 수행하던 사람들만이 알고 있었다. 수천 장의 독립선언서 사본이 제작되어 전국으로 배포할 준비가 되었다. 수천 개의 태극기가 제작되어 배부되었는데, 태극기를 소지하는 것 자체가 이미 범죄로 취급되고 있었다. 회의가 소집되고, 연사가 선정되었으며, 각 도시마다 정확한 시간이 정해졌다. 외국에는 이미 선전이 되었고, 독립선언서 사본과 한국의 입장 표명이 독립선언이 있던 바로 그날 《차이나 프레스》 사무실로 보내져 내가 받아보게 되었다. 자금도 모이고 있다. 《독립신문(Independence Newspaper)》이라는 일간지가 《라 리브르 벨지끄(La Libre Belgique)》와 같은 방식으로 긴장감 넘치게 비밀 제작되었다. 복잡한 국가 차원의 조직이 부드럽게 작동하고 있었다. 한국인은 역사상 처음으로 협동과 단결된 행동 능력을 보여주었다. 이 모든 것이 엄청난 위험 속에서 비밀리에 진행되었다. 그것은 눈부신 성과였다.

그 조직은 여전히 기능하고 있으며, 그 정신도 여전히 살아 있다. 이 건에 관해서는 이미 이전 기사에서 다루었다. 나는 나라가 어떻게 분열되고 비밀 정부가 가동되고 있는지 언급했다. 명령이 하달되고, 대개 여행하는 소녀나 여성이 옷에 서류를 숨기는 방식으로 비밀리에 전달되고, 비밀리에 실행된다. 연락은 상하이(上海)는 물론 영국과 미국과도 유지되고 있다. 자금을 모아 송금한다. 수백만 엔이 압록강을 넘어 만주나 중국으로 밀반입되고 있다. 자금 운송 중 일본인에게 적발되어 수천 엔을 몰수당하고 소지자는 가혹한 처벌을 받는 경우도 있다. 남자와 여자가 사라졌다가 다시 나타나기도 한다. 《독립신문》은 비정기적이긴 하지만, 아직도 간행되고 있다. 이 신문은 등사판으로 인쇄되어 전국 각지로 배포되고 있다. 사람들은 책상 위에 놓인 신문을 발견하지만, 그것이 언제 어떻게 배달되었는지 알지 못한다. 등사판을 어디서 구하는지, 어디에 숨기는지, 언제 작업을 하는지, 이 모든 것은 떠도는 여행자처럼 일본을 당황하게 했다.

이 배후에는 "국민회(National Society)"라 불리는 조직이 있다. 관련 인물이 나에게 설명한 바에 따르면, 이 조직의 목적은 독립을 위해 사람들을 적응시키고 그들에게 자치의 의미 및 책임과 의무를 가르치는 것이다. 이 조직의 존재는 비밀이 아니지만, 전체 구성원이 누구고 그들이 무슨 일을 하는지는 모든 구성원에게조차 알려지지 않았다. 이 조직과 관련되어 있다는 혐의로 수백 명이 체포되었지만, 이 조직은 여전히 잘 운영되고 있다. 체포는 이제 한국에서 흔한 일이 되었다. 사람들은 설명이나 경고 없이 갑자기 붙잡혀 감금되고, 정보를 넘기라고 구타당하며, 경우에 따라 형을 받거나 석방된다. 결국, 이 운동과 관련하여 아무런 죄도 없이 체포되어 구타당했던 사람들은 즉시 이 운동에 동참하게 되는 것이다.

신문 기사에 아무런 내용이 실리지 않는다고 해서 한국은 모든 것이 조용하다고 생각해서는 안 된다. 그렇지 않다. 내가 한국에 있는 동안에도 평양과 몇몇 다른 곳에서 시위가 있었다. 지난봄에 있었던 것과 같은 성격의 전국적 시위가 이번 달 중순에 계획되어 있었지만, 경찰이 그 사실을 알고 시위가 시작되기 전에 강력한 무력시위를 통해 그 계획을 중단시켰다. 공공이 슬픔을 표하는 전국적인 애도의 날도 편의상 취소되었다. 내가 한국에 있는 동안 대부분의 학교가 파업으로 문을 닫았고, 학생들은 정해진 시간 동안 일본어를 공부해야 하는 의무를 거부하면서, 일본어는 외국어로 가르쳐야 한다고 주장했다.

경성의 한 학교에 다니는 소년들이 학교의 규칙에 따라 군대 대형으로 정렬하여 일본인 교장을 기다렸다. 일본인 교장이 오자 그들은 더 이상 일본어 교과서로 공부하지 않겠다고 말했다. 교장은 소년들에게 일단 명령에 복종해야 하며, 나중에 정부가 그들의 요구를 들어줄 것이라고 말했다. 소년들은 조용히 구석으로 행진하여 일본어 교과서를 찢어버렸다. 그리고 교장 앞으로 돌아와 일본어 교과서를 더 이상 사용하지 않게 되면 학교에 돌아오겠다고 말했다. 그리고 패기 있게 경례를 한 후 밖으로 나가버렸다. 이런 일은 주기적으로 일어났다. 그리고 앞으로도 계속 일어날 것이다. 지난달에는 시위가 연기된 것 같다. 이번 달이나 다음 달에는 열리지 않을 것 같다. 그러나 계속 열릴 것이다. 그리고 그들은 대항하기 가장 어려운 종류의 저항, 즉 소극적 저항을 계속할 것이다. 그들의 대항 방식은 전혀 일본식이 아니다. 만약 한국인이 무기를 들고 싸운다면 일본은 그들에게 총질을 하고 완전히 분쇄해 버릴 것이다. 소년들이 단지 교과서를 찢고 걸어 나가고, 어른들이 단지 팔짱을 끼고 "대한독립만세!"를 외치면 일본은 오리무중일 수밖에 없다. 그들은 방어 전략이 없다. 고문조차도 소용없다는 것이 판명되었다.

조건과 상황을 신중히 판단하는 유능한 언론인 엘시 매코믹(Elsie McCormick) 양은 1920년 봄, 현지 여성을 위해 일할 수 있는 선교지역 조사를 위해 극동 지역을 방문한 미국 여성 단체 대표와 동행했다. 그녀는 한국에서 관찰한 내용을 다음과 같이 기록했다.

우리는 4개 교파로부터 지원을 받는 선교 단체인 세브란스 연합 의학전문학교 간호사 기숙사를 찾아가는 것으로 하루의 일정을 시작했다. 기숙사는 완전히 혼란한 상태였고, 수간호사의 눈에는 눈물이 흥건히 고여 있었다. 한 시간 전에 일본 경찰이 간호사 한 명을 증인이라며 데려갔는데, 이 젊은 여성이 그녀를 도울 수 있는 사람의 손이 미치지 않는 시골의 감옥으로 보내졌다는 소식이 방금 들어온 것이다. 그녀는 돈이나 개인 소지품을 하나도 가져가지 않았기 때문에 수감 생활의 불편함을 완화할 수 있는 수단이 전혀 없었다. 그녀에 대한 기소도 없었다고 한다. 선교사들도 기소 같은 것은 없었을 가능성이 상당히 높다고 말했다.

경성 감리교 감독 교회 여학교 학생 2명은 5개월 동안 독방에 감금된 후 최근 무죄로 풀려났다. 감옥에 갇혀 있는 동안 재판을 여는 시늉조차 없었다. 미미한 불만의 기미 정도도 일본의 눈에는 체포하기에 충분한 증거다. 오랫동안 괴롭히고 위협함으로써 한국인의 사기를 떨어뜨리려는 체계적인 시도가 있는 것 같다.

다음 차례로 우리는 장로교 여학교를 방문했다. 여기는 더 혼란스러웠다. 한국인 교사 5명이 일본 경찰에 방금 체포되어 독방에 감금되었다. 한 젊은 여성은 이전에 수감되었을 때 구타당해 고막이 파열되는 고통을 겪고 있었다. 한 선교사는 학생과 교직원에 대한 지속적인 박해로 학교 등록자가 80명에서 26명으로 줄었다고 주장했다. 현지 출신 교사를 전부 잃는 것은 잠정적인 휴교를 의미하는 것이다.

우리는 세브란스 연합 의학전문학교 부속 병원에서 한국인 의사를 만났다. 그는 그날 아침 그의 여동생이 감옥에 끌려갔으며, 겨우 다섯 달 된 갓난아기와 헤어졌다며 몹시 괴로워했다. "하지만, 우리는 이 도시의 다른 학교보다 좋은 상황입니다." 담당 의사는 빈정대는 기색 없이 말했다. "우리 의대생 중 겨우 5명만이 감옥에 갇혔습니다."

다음날 방문한 교회는 사람이 꽤 많아 보였다. 그러나 우리를 안내하던 사람들은 신자가 별로 모이지 않아 미안하다며, 많은 신자가 감옥에 갇혔고 만주로 피신한 사람도 많다고 말했다. 그리고 현지 출신 장로교 목사 여덟 명 중 단 한 명만 감옥에서 풀려났는데, 이것이 교회 사역에 결정적인 장애라고 말했다.

아직도 계속되고 있는 일본의 구타와 고문에 대해 언급한 후 엘시 매코믹 양은 다음과 같이 결론지었다.

이런 행위를 옹호하기 위해 일본은 구타가 한국의 옛날 법에서 인정한 가장 가벼운 처벌이며, 이런 처벌을 하는 행위는 단지 한국의 관습을 따르는 것일 뿐이라고 항변한다. 그러나 어떤 변명을 늘어놓더라도, 최근 두 명의 어린 한국 학생이 미미하게 불만을 표출했다는 이유로 거의 죽을 만큼 매를 맞았다는 사실은 일본의 조선 지배에 영원한 오점으로 남을 것이다.

《시카고 트리뷴(Chicago Tribune)》 외신부 극동 특파원 프레이저 헌트 (Frazier Hunt)는 1920년 4월 한국에 있었다. 그는 경성에서 4월 20일 자로 보낸 기사에 다음과 같이 적었다.

### 봉기로 뒤덮인 한국

독립과 혁명의 정신은 한국의 모든 계층과 영역에 구석구석 스며들었다. 이 불길은 신임 일본 총독이 약속한 개혁으로 가라앉기는커녕 증오의 잿더미 아래서 더욱 활활 타오르고 있다.

일본은 먼저 경찰의 고문과 헌병의 잔인함으로 반란을 잠재우려 했지만, 이러한 시도는 실패했다. 그러자 일본은 여러 개혁을 약속하면서 반란을 피하려 했다. 그러나 대부분의 약속에 너무 많은 조건이 얽혀 있어서 이것 역시 독립운동이 커져 나가는 것을 견제하지 못했다.

내가 한국에 있는 동안, 나는 독립에 대한 결의를 가슴 깊이 호소하는 수많은 사람을 만났다. 자유에 대한 이런 요구가 얼마나 깊게 자리 잡고 있는지, 대의를 위해 어떠한 희생도 감수하겠다는 의지가 얼마나 광범위하게 퍼져있는지, 나는 거듭하여 이런 사실을 깨달으며 놀라지 않을 수 없었다.

혁명의 시작된 이후 첫 4개월 동안 28,934명이 감옥에 갇히고, 9,078명이 태형를 당했으며, 수천 명이 경찰의 잔인한 고문을 받았지만, 투쟁 정신은 더욱 강해지고 있다.

나는 불에 탄 기독교 교회 몇 군데를 직접 내 눈으로 보고, 한국 농부들의 맥박을 직접 내 손으로 느끼고 싶어서 오토바이로 100마일에 달하는 거리를 달리고 오늘 돌아왔다. 울퉁불퉁한 길을 18시간 동안 달리는 여행이었지만, 그만한 가치가 있었다. 일본에 대한 증오가 얼마나 깊은지, 자유에 대한 결의가 얼마나 강한지, 농부들의 증언을 직접 인용하고 싶었기 때문이다.

단순하고 교육을 받지 못한 땅의 사람들과 자유롭게 이야기하는 것은 매우 어려웠다. 가슴 아플 정도로 먹구름처럼 그들을 둘러싸고 있는 스파이와 헌병에 대한 두려움 때문이었다. 이 가난한 사람들을 돕는 데 평생을 바친 강직한 선교사 한 분이 나를 위해 통역해 주었다. 그러나 우리가 미국인이라고 그가 확인해 주었음에도 농부들이 우리에게 마음을 열기까지는 약간의 달램이 필요했다.

마침내 한 노인이 입을 열었다. "저 폐허가 교회의 잔해요. 기독교인이었던 마을 사람 24명이 작년에 군인들에게 살해되었소. 모두 교회로 소집되어 총살당했지. 그리고 군인들이 건물에 불을 질렀소."

"아직도 자유를 꿈꾸십니까?" 내가 물었다.

"우리는 무식한 농부요. 그러나 우리 자신을 위한 나라를 원하오. 우리 자신의 땅을 원할 뿐이오." 그가 대답했다.

그것은 그렇게 대단한 것이 아니다. 그러나 자신들을 위한 자신들의 나라를 바라는 이 꿈은 혁명을 승리로 이끄는 불꽃이었다. 수백만 명의 사람이 기꺼이 그것을 위해 싸우려고 한다.

이 여행 중 만났던 다른 사람과 나눈 대화가 기억난다. 그는 전의에 불타오르는 15살의 소년이었다. 우리는 경성 근교의 길에서 그를 만나 이야기를 나누었다. 그는 보통학교를 졸업하고, 지금은 변두리의 작은 공장에서 일하고 있었다. 우리는 그가 하는 일에 대해 물은 뒤 곧바로 혁명에 대해 질문했다.

"시위에 참가해서 독립만세를 외쳤나요?" 내가 물었다.

"물론이죠." 그가 대답했다.

"앞으로도 시위에 참가할 생각인가요?"

"물론이죠."

"그렇지만 체포되어 매를 맞을 수도 있어요." 내가 말했다.

"그게 무슨 상관이죠?" 그는 간단히 대답했다.

"죽을 수도 있어요. 당신은 어리고, 앞으로 할 일이 많잖아요? 죽을 수도 있어요."

"정말, 그렇다면 나는 진정으로 영원히 사는 거예요." 그가 대답했다. "나는 한국의 영웅이 되고 싶어요. 사람들이 영원히 나를 기릴 거예요."

혁명에 대한 자부심! 영웅적의 죽음에 대한 꿈!

영원한 독립의 노래를 부르며 자라나는 소년들!

모든 한국인의 가슴에 혁명의 불길이 타오르고 있다고 여기에 다시 한번 적는다. 어떤 면에서는 흐릿한 빛일 뿐이지만, 어떤 면에서는 절대 꺼지지 않는 불타는 정신이다.

일본은 불가능에 직면해 있다. 독립을 부르짖는 요구에 대해 독립 그 자체 이외에는 답이 없기 때문이다.


위에 제시한 미국 목격자들의 진술을 통해 독자들은 한국의 현재 상황을 이해할 수 있을 것이다. 다음과 같이 질문할 수 있겠다. 이 모든 것의 결과는 무엇인가?

한국에서 일본이 특정한 위상을 차지하는 것은 불가능하다. 일본은 반세기 전 메이지유신(明治維新) 시기에 그러했던 것처럼 지금도 다른 민족을 통치할 능력이 없다. 일본 군국주의자들은 질서정연하고 무저항적인 한국의 독립운동을 억누르기 위해 군인의 총과 경찰의 칼 이외에는 다른 방법을 상상할 수 없는 사람들이다. 일본이 무력을 사용하면 할수록 독립운동을 더욱 강해질 뿐이다. 사실, 일본이 한국에서 저지른 어리석고 잔인한 행위에 대해 느끼는 폭풍 같은 분노와 그 뒤에 감춰진 암울한 비극이 없었다면, 일본에 어느 정도 연민을 느낄 수도 있을 것이다.

다시 깨어나고 다시 살아난 사람들의 짜릿한 기적 앞에서 일본은 완전히 당황하고 조금은 겁에 질려 있다. 일본은 동아시아에 대해 믿고 꿈꾸던 생각, 즉 독일식 군사력이 정의를 만든다는 생각이 더는 세상을 지배하지 못한다는 사실에 어찌할 바를 모르는 것처럼, 무너지고 짓밟힌 민족이 갑자기 부활한 것에 어찌할 바를 모르고 있다.

하라 다카시(原敬) 정권이 이끄는 일본 민간 정당은 과거부터 일본 정치가들이 그 분야의 달인이었던 오랜 전술-뇌물-을 시도했다. 그러나 현재의 한국 지도자들은 그들이 능란하게 다루어왔던 과거 한국 정부 관료들과 다르다는 사실과, 세계의 모든 부와 명예로도 한 명의 한국 민족주의자를 매수할 수 없다는 사실을 깨닫고 매우 놀라며 후회했다. 그래서 1919년 11월 한국 임시 정부의 일원이자 한국 독립운동의 지도자 중 한 사람인 여운형(呂運亨)을 일본으로 불러 한국 정세에 관해 일본 당국과 비공식적으로 협의하도록 했다.

여운형은 일본 당국으로부터 일본 및 한국 여행을 방해하지 않겠다는 보증을 받고 중국을 떠나 일본으로 갔다. 그는 11월 26일 도쿄(東京)의 제국 호텔에서 언론과 관료를 대상으로 연설했다. 그리고 척식국장관 코가 렌조우(古賀庚造), 육군대신 다나카 기이치(田中義一), 조선총독부 정무총감 미즈노 렌타로(水野錬太郎), 내무대신 도코나미 다케지로(床次竹二郎), 체신 대신 노다 우타로(野田卯太郎), 그리고 여러 내각 관료들을 방문했다. 이들과 회담에서 여운형은 한국인의 목표와 열망, 그리고 일본 측 입장에서 한국이 독립을 회복해야 하는 타당성에 관해 설명했다. 일본의 보호 없이 한국이 홀로 설 수 있을 만큼 강한지 묻는 말에 여운형은 한국에게는 두려워할 적(敵)이 없다고 답했다. 한국은 중국과는 극도로 친밀한 관계를 유지해왔고, 일본과도 서로 보호하며 상호 모두에게 이익이 되는 그러한 이해심을 키울 수 있었다는 것이다. 여운형은 각각의 대화에서 대한민국임시정부는 한국의 완전한 독립을 인정하지 않는 어떠한 타협이나 합의를 할 수 없다고 말했다. "우리는 무기도 없고 방어력도 없지만, 우리는 대의를 믿는다. 어떠한 방식이나 형태든 무력에는 의존하지 않으며, 우리가 임시정부를 수립한 기본 원칙, 즉 국민을 위한, 국민에 의한, 국민의 정부라는 기본 원칙을 잃지 않을 것이다. 대의를 믿는 힘은 위대하며, 우리는 이를 믿어 의심치 않는다."[160]

일본은 그를 융숭하게 대접했다. 그에게 부족한 것이 없는지 세심하게 배려했다. 그리고 한국인의 요구를 독립에서 일본 통치하의 자치로 바꿔 준다면 여운형이 원하는 좋은 자리를 주겠다는 암시도 했다. 그러나 이 모든 노력도 완고한 민족주의자의 마음을 바꿀 수는 없었다. 이렇게 한국의 지도자에게 뇌물을 주어 화해를 이끌어내려던 일본 정부의 계략은 실패했다. 그결과, 일본인들은 정부가 여운형은 일본에 데려온 것을 맹렬히 공격했다. 《야마토(大和)》, 《추그와이(The Chugwai)》, 《아사히(朝日)》 등 현지 언론은 일본 정부가 "반역자와 시간을 끌며" 폭동을 선동하고 있다고 맹비난했다. 여운형 사건으로 촉발된 현 정부 탄핵 촉구 공개회의가 12월 18일 외교문책동맹회(외교 실책에 대한 정부 탄핵 협의회) 주관으로 도쿄에서 열렸다.

---

160) A complete description of Lyuh's mission given in *Japan Advertiser*, November 27, 1919.

이 회의에서 연사들은 현 정부를 "최악의 내각"으로 규정하고, 여운형의 일본 방문을 "일본 역사상 가장 어처구니없는 사건"이라고 묘사했다.[161]

일본 정부는 여운형의 여행에 관한 약속을 제대로 이행하지 않았다. 그는 일본으로부터 한국을 통과하여 중국으로 돌아가는 것을 허락받지 못했다. 그는 시모노세키(下関)로부터 중국으로 직접 돌아올 수밖에 없었다. 일본은 그가 한국 땅을 밟게 되면 또 다른 시위가 우려되기 때문에 한국을 통해 돌아가는 것을 허락하지 않는다고 변명했다. 일본 방문과 관련하여 여운형은 다음과 같이 말했다.

내가 일본에서 얻은 유일한 희망적 신호는 육군대신 타나카 씨가 지난 10년간 한국에 관한 정책에 약간의 실수가 있었음을 시인한 점이다. 그것이 나에게 용기를 주었다.

내가 어떻게 할 생각이냐고 묻자, 그는 일본이 이전의 잘못을 고치려 노력 중이라고 말했다. 어떤 식으로 고칠 것인지 물었지만, 그는 더 이상 설명하려고도, 설명할 수도 없었다. 나는 그가 인정한 것 자체가 희망적이었다고 말하고 있는 것이다.

내 가슴 속에 있었을지도 모를 어떤 희망은 몇 달 후 사라졌다. 일본이 한국에 더 많은 병력을 파견하고, 한국 경찰 인원을 25,000명에서 50,000명으로 늘려, 마을의 크기와 상관없이 모든 마을에 상주하도록 한 사실을 알았기 때문이다.

일본은 경찰 역할을 하는 군대의 존재가 한국인을 분노케 한다는 점을 깨달았다. 그래서 경찰만 남기고 군대는 철수하는 것으로 위장을 한 것이다. 대신 일본은 군인들이 군복에서 경찰복으로 갈아입도록 만들었다. 그리고 한국에 더 많은 병력을 파견했다. 나는 일본이 한국의 상황이 매우 심각하다는 점을 깨달았다고

---

161) 외교문책동맹회의 회의에 대한 묘사와 언론 평은 1919년 12월 25일 자 《재팬 크로니클》에 실렸다.

확신한다. 나는 또한 일본이 두려워하고 있다고 확신한다.[162]

일본의 공식 통계에 따르면, 정치범 10,592명이 구타당했고, 631명이 사망했으며, 5,156명이 수감되었다. 그리고 11,831명이 체포된 지 거의 2년이 지난 지금도 재판을 기다리고 있다. 이 "공식적인" 숫자는 일반적으로 일본이 자신들에게 유리하게 해석할 수 있는 부정확성이라는 특징을 가지고 있다. 일반적으로 병원에서든 집에서든 의사가 구타나 다른 공식적 처벌에 의해 사망한 경우라는 것을 드러내는 사망 증명서를 발급하는 것이 허용되지 않는다는 사실은 잘 알려져 있다. 예를 들면, 만주를 포함하지 않고 한국에서만 살해되거나 처형된 사람의 한국 측 통계는 7,000명을 넘어선다. 일본 측 통계와 대조할 때 엄청난 차이가 난다는 점은 의심의 여지가 없다. 그러나 일본의 "공식적인" 통계조차도 그 숫자에 이르는 동안 수많은 끔찍한 내용으로 이루어진 슬픈 이야기를 전해주고 있다. 일본 당국은 지도자들의 재판과 선고를 유보하면서 독립운동을 예의주시하고 있다. 독립운동이 진정되면 일본 정부의 공식적 복수는 손병희(孫秉熙), 길선주(吉善宙), 최남선(崔南善) 같은 저명한 지도자에게 향할 것이다. 반면, 이 운동이 계속된다면 사람들의 마음을 달래기 위해 이 지도자들에게 가벼운 형량을 내리거나 완전히 풀어줄 것이다.

일본이 무슨 일을 하던 지도자들에게는 중요하지 않다. 그들은 그들 앞에 놓인 끔찍한 운명을 알면서도 독립운동을 이끌 뿐이다. 그들은 전임자들이 겪었던 일본 감옥의 고문과 죽음을 모르는 것이 아니다. 그들은 엄청난 용기와 불굴의 영웅적 태도로 지나온 길을 불태우고 독립운동을 조직했다. 그 운동은 그들이 죽더라도 계속될 것이다. 일반적인 사람들은 이미 돌아가셨거나 현재 살아있는 지도자 모두에게 최고의 존경심을 표하고 있으며, 그들의 소망을 실현하고자 하며, 그들이 1919년 3월 1일 고귀하게 시작한 이

---

162) From the *China Press*, December 12, 1919.

운동을 계속해 나갈 것이다. 이렇게 독립운동은 1919년 봄보다 현재가 더욱 강력하다. 한국 독립 선언 1주년을 맞아 전 세계적으로 한국인들의 축하 행사가 있었다. 폭죽을 터뜨리고 소리 높여 연설한 것이 아니라, 조국의 자유를 위한 대의에 그들의 삶을 헌신하겠다는 마음을 표출하며 축하 행사를 거행했다.

한국에서 경찰과 군인들은 가능한 모든 시위를 막기 위해 적절한 예방 조치를 취했다. 이에 따라 공개 모임은 열리지 않았지만, 사람들은 그날을 "한국의 자유가 세워진 날"로 집에서 지켜봤다. 그러나 충동적인 학생들에게 번쩍이는 총검은 별 의미가 없었다. 경성의 배재학당(培材學堂)에서는 군인들의 저지선 한 가운데서 공개적인 시위가 열릴 정도였다. 결국 학교는 문을 닫았다. 일본에서는 경찰의 감시에도 불구하고 한국인들이 축하 모임을 가졌다. 결국 도쿄에서 50명의 한국 학생이 감옥에 갇혔다.

일본 정부는 모든 곳에서 한국 독립운동을 근절하겠다고 결심한 것 같다. 만주에 살고 있는 한국인들은 전 세계의 동포와 마찬가지로 자연스럽게 이 운동에 동조했다. 일본 정부는 중국 관할인 이 지역의 한국인 거주자가 미래에 문제의 근원이 될 것으로 생각했다. 그들은 반드시 추방되어야 한다. 1920년 가을, 일본 정부는 중국 지역에서 한국 독립운동의 싹을 잘라버리기 위해 만주의 한국인 사회를 쓸어버리는 극단적인 정책을 결정했다. 중국 정부의 강력한 항의에도 불구하고 일본은 15,000명 이상의 군인을 만주의 간도에 파견했다. 막 시작된 한국 독립운동을 근절하기 위한 조치였다.[163] 이 군인들은 한국에서 독립운동 초기에 보고되었던 최악의 공포와 잔인함에 맞먹는 잔학 행위를 서슴지 않았다.[164] 군인들은 사람을 죽였을 뿐만 아니라, 조직적으로 마을을 불태우고, 밭을 파괴하였으며, 곡물을 황

---

163) 일본 정부는 5,000명의 군인을 파견했다고 주장했다.

164) For full description, see "Korean Massacres Testified by British Missionaries," *China Press* (Shanghai), December 8, 1920.

폐화시켰다. 1920년 10월과 11월에 일본군이 간도에서 저지른 파괴와 학살의 통계가 공개되어 있다. 3,128명의 주민이 살해당했고, 가옥 2,404채, 학교 31개, 교회 10개 그리고 818,620부셀(1부셀은 약 28kg)의 곡물이 불에 탔다.[165]

이 마지막 장을 쓰고 있는 지금 시점에 극동에서 들어온 최신 뉴스는 1921년 2월 4일 자 《연합 통신사(Associated Press)》 기사이다. 이 기사에 따르면, 일본 정부는 다른 사단을 한국에 보내 주둔군을 보강하기로 결정했다고 한다. 이것은 억압과 잔학 행위가 앞으로도 계속된다는 것을 의미한다.

이 모든 것의 결과는 무엇이 될까? 일본은 문제를 해결할 수 있을까? 프레이저 헌트(Fraser Hunt)는 경성에서 보낸 기사에서 다음과 같이 말했다. "날이 갈수록 해결은 어려워진다. 일본은 즉각적이고 극적인 개혁과 준독립이라는 관대한 선물로 한국 독립 혁명을 빗겨갈 수는 있을 것이다. 그러나 현재의 일본은 민주주의나 국제 정의, 공정한 시합 같은 단어를 입에 올리지 않고 있기 때문에 해결책을 생각하는 것 자체가 시간 낭비다. 일본이 선언한 개혁마저도 혁명 운동과 행보조차 맞추지 못하고 있다."

이 모든 개혁이 한국에 주어진다 해도, 영국이 캐나다나 호주를 통제하는 것보다 일본이 한국을 더 심하게 통제하지 않는다 해도 한국인은 만족하지 않을 것이다. 한국인은 자신들의 나라가 일본의 지배로부터 완전히 자유로워질 때까지 혁명을 계속할 것이다. 한국은 그들을 지배하는 다른 나라로부터 잔인한 대접을 받으며 민족의식과 민족적 단결감에 어렴풋이 눈을 뜨고 있다. 정치적 자유에 대한 이러한 열망은 병합 이후 10년간 자행된 일본 지배의 잔인함, 폭정, 불평등 및 그동안 쌓인 증오와 함께 갑작스러운 폭발로 나타나고 있다. 아무리 노련한 일본이라도 일단 칼이 피로 물들면, 그 칼을 환영받는 쟁기로 다시 바꿀 수 없다는 사실을 기억해야 할 것이다. 한

---

165) New York *Tribune*, February 7, 1921.

국에서 해야 할 일본의 과제는 절망적이다. 한국인이 남아 있는 한 독립에 대한 절규는 계속될 것이다. 일본은 독립운동을 막기 위해 계속해서 총검을 사용할 것인가? 한쪽에는 무장도 하지 않고 방어력도 없는 사람들의 무뚝뚝하고 소극적인 방어가 있고, 다른 쪽에는 잘 조직된 무력 탄압이 있는 이 악순환이 한국인이 소멸하는 시점까지 계속될 것인가? 일본은 2천만 명의 한국 민족을 전멸시킬 수 있을까?

한국인의 상황은 무심한 관찰자의 눈에 비치는 것처럼 그렇게 절망적이지 않을 수도 있다. 모든 것이 잉태되는 금세기에 인간사에 불가능이란 없다. 10년 전만 해도 폴란드가 독립을 쟁취하거나, 크로아티아와 슬로베니아가 가까운 미래에 그들의 민족적 열망을 달성하리라 꿈꿨던 사람은 없었다. 일본이 현재 우월한 군사력을 보유하고 있다고는 하지만, 그것이 아시아에서 일본의 지배적 위치를 영원히 보장하는 것은 아니다. 극동의 문제는 해결되지 않았고, 일본은 홀로 행동하고 있다. 문명 세계가 일본이 아시아에서 한 행동의 본질을 완전히 깨닫고, 정의와 공정한 경쟁에 근거한 설명과 해결 방안을 요구할 때가 반드시 올 것이다.

극동의 정치 무대에서 무슨 일이 일어나더라도, 비록 무장도 하지 않고 방어력도 없는 상태지만 한국인은 자기 민족의 독특한 특성을 형성하는 의연한 용기와 확고한 낙천주의로 생명과 자유를 위한 투쟁을 계속할 것이다.

"희망을 향해, 희망이
계획한 것을 자신의 잔해로부터 만들어 낼 때까지"

# 1. 미우라 고로(三浦梧楼) 자작 재판

◆ 히로시마 지방재판소 예심종결결정서(외무성 필사본)

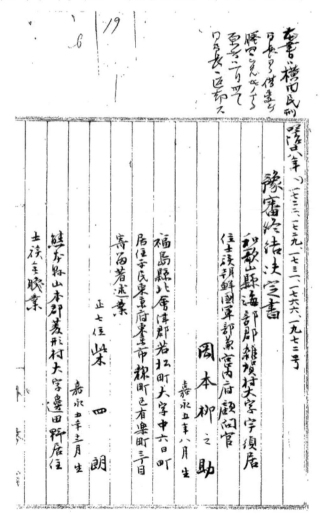

國友尚章
文久元年十二月生

業

福島縣福島市大名町居住平民雜

月成光
文久二年正月生

業

熊本縣飽田郡城山村大字上代居住
士族農業

廣田止善
文久元年三月生

福島縣福島市瓦町居住士族素敎

業

藤勝顯

岩手縣紫波郡見前村大字東見前居

安政六年十二月生

住乎氏吉田長治四男　東京府下東京市麹町

慶應五年正月生

旦下二番町寄留　新聞記者

吉田友吉

族籍後業

徒々本泉飽田郡黑髮村大字坪井居住

平山岩夫

慶應三年八月生

士民春職業

富澤縣桃生郡浮牛村大字大窪居住

大崎正吉

熊本縣託麻郡出水村大字今居住

主簿賣藥商

慶應元年二月生

佐々正之

文久二年四月生

熊本縣熊本市上林町居住主簿金澤業

澤村雅夫

明治六年三月生

同縣託麻郡大江村大字大江居住

主簿片野喜次男金融業

片野猛雄

明治六年青月生

同縣玉名郡大原村大字小原居住農民

隈部庄伝次男農業

　　　　　　隈部　米吉　慶応元年三月生

千葉縣上埴生郡土村大字豊原居住

半民東京府東京市下谷区上根岸寄留

當新寺託者

　　　　　　山田　烈盛　文久二年五月生

雙葉縣八代郡鏡町大字鏡村居住農民

東京府東京市麹町区三番町寄留新聞

記者

　　　　　　菊池　謙譲　昭和三年十月生

同縣宇土郡宇土町大字宇土居住

新聞記者

佐々木　正
慶應六年二月生

福岡縣山田郡草野町大字草野居住

平民ニ主職業武田範之事

武田範治
文久三年二月生

熊本縣ト益城郡海東村大字南海東

居住平民農業

前田俊藏
明治七年土月生

同縣宇土郡宮地村居住主後参後業

家入嘉吉

昭和雄基市市長妻牙町在住士族新聞販売者
昭和十年四月生

牛島英雄

昭和阿蘇郡内牧村大字内牧在住士族
昭和六年十月生

松村辰喜

胡郡忠桂洞公學校教員松村龍定事
昭和元年三月生

鈴木順見

京都府京都市下京區東積殼馬場
七條上ル三町目若松町在住平民呉服業
昭和元年九月生

熊本縣熊本市北坪井町廣信士族

新聞記者

小早川秀雄

安政二年三月生

京都府愛宕郡廣畑村大字保田灘廣信士

雜貨商

中村楯雄

文久三年四月生

神奈川縣愛甲郡萩野村大字下萩野

廣信難波悳平妻氏寧吉雜貨

行商

難波春吉

元治元年四月生

熊本縣山鹿郡中富村大字下令田居住
上甑農業

信藤　敬太
壬戌五年三月生

熊本縣球磨郡岡原村大字岡本居住
平民農業

田中　賢道
安政三年十二月生

岡山市新田屋村大字來懐居住上甑
新聞社員

平山　勝熊
慶應三年四月生

東京府東京市神田区中富坂町居住

華族隊備陸軍中将
正三位勲一等子爵　三浦梧樓
弘化三年□月生

公使館□等書記官
□府□市四谷區四谷須賀町居住民
正六位　杉村濬
嘉永元年正月生

新潟縣古志郡長岡市大字東神田町
居住士族　領事官補
従七位　堀口九萬一
慶応元年正月生

長野縣北佐久郡□町居住平民外務省警部
荻原秀次郎

東京府東京市淺草區聖天町居住平民

慶應三年四月生

外務省巡査

渡邊鷹次郎

明治四年二月生

鹿兒島縣日置郡日置村居住士族

外務省巡査

成相喜四郎

明治九年七月生

長崎縣長崎市上龍町居住士族

外務省巡査

横尾勇太郎

慶應三年十月生

外務省

廣島縣廣島市塩屋村長住士族

外務省巡査

小田俊光

文久元年十二月生

和歌山市西口町居住主従外務省巡査

木服祐則

明治五年三月生

長崎縣南高来郡神代村居住士族

境劫作長男外務省巡査

境益太郎

明治元年九月生

廣島縣廣島市冷水通可居住士族

外務省巡査

神奈川縣横濱市相生町五百居住士族

賣藥商高楢源次事

寺崎茶吉

文久二年二月生

白石由太郎

明治四年十月生

長崎縣五島郡久田道町居住士族

朝鮮國補佐官

惠七事 浅山顕蔵

嘉永三年四月生

熊本縣飽田郡力合村大字島新居

住士族 新聞記者

安達謙蔵

外務省

滋賀縣東淺井郡大郷村大字難陂店

住ス民蓮元憲岳兄祖鮮ゟ通辞當蓮本安

丸又蓮元康丸事

蓮元泰丸

慶應三年七月生

新潟縣中頸城郡高城村大字木簗店

士族晒業

鈴木重元

嘉永六年二月生

熊本縣熊本市山幅町寄住士族寓住

守男ゟ次男新倒社員寓住ゟ記事

宮住勇喜

明治六年二月生

右岡本柳之助外四十七名ニ対シ謀殺及先清聚衆

事件平山岩彦ニ対スル謀殺事件等拘事情

来ニ依リ添審ヲ遂ケル處

被告ニ浦梧樓ハ朝鮮見題劃牧年全権公使トナリ

明治二十八年九月一日着任ニ速住セシ當宣時四王ノ

形勢漸々吾運ニ傾キ當中ノ勢横日ニ甚タシ毒

毛政ニ干渉シ戎和府ノ啟憤ニ因ヲ梢ノ阻良ヲ諸ニ脱

キル政ヲ害ヲ遂ケ我達事士官ノ尽力ニ成シル

訓練隊ヲ解散シ甘士官ヲ黙罰セントスル等頤ハ我

毛ノ跡外ナルノ形題アリノヲナラス團政ノ進歩ヲ図リ

稽立ノ實ヲ舉クル鋭意セル内宮美等ヲ免黙又

殺戮ニ以テ政權ヲ當中ニ収メントシヌカヌキ計圖ア尸

リト聞キ憤慨措ク能ハス圭シ多年残忍ノ努力

資賊ハ勢ニ同ジ為ニ經營セン好テニ員キ内政
一政良ノ姉ケ五家相立ノ基礎ヲ危クスル者ニシテ
彩ノ同ジヲ不利ナルノミナラス我ニ帝室ヲモ害ヲ受ルヽ
勘カラス依テ来ニ其契書ヲ信キ従ノ他ニ之ヲ枝柱シ
弟ヲ同室ニ於ケル我忠ノ感代ノ保持セヤンヲラスト考
電ン折柄舍ニ大院君時契ノ憤慨シ自ラ起テ宮
中ヲ牽新シ輔翼ノ住ヲ居ンニサント欲スル喜ヲ殺シ隠
三助カヲ求ノ来ラルヨリ同年十月二二神告拉村濟
罢夲柳之助ト兰佐兼ニ曾シ三各謀儀ヲ上帝ニ
宮中ニ為ニ忌マシ自ラ危ム府ノ訓練隊ト時勢ヲ慷
慨シ壮年輩ヲ刈用シ晴ニ我亰城ノ守備隊ヲモ
之ニ聲援セシノ以テ大院君ノ入闕ヲ援ケ支棧ニ身
ニ宮中ニ在テ最モ權勢カヲ揮ニスル王后陛下ヲ殪ス

ト決意シタリ然シテ大院君ハ日頃此ノ治ニ容喙
セハ其契害却テ高日ヨリ去シキモノアラン事ヲ慮リ

豫メ之ヲ防カサル可ラストシテ被告等ハ要項四ト題シテ
約款ノ起草シ被告柳之助ハ大院君ト親シ善スルテ

之ヲ携ヘ同月五日孔德里ノ別邸ニ赴キ方今ノ形勢
再ヒ太公ヲ煩スモノアラン而シテ三浦ヲ使ノ要ムル山

ト讀書ヲ相示シタルニ大院君ハ子孫ト寿ニ欣然トシテ
之ヲ諾シ自ラ誓約書ヲ裁シタリ因テ被告柳橋等ハ

時期ハ同月中旬ト豫定シ柳之助ハ孔德里ニ趨リ
ニハ他ノ拾ヲ悪キ事ノ霊顕スヘキ処シアレハ畢竟帰

ルハ告別ノ追ノサリシ事ヲ表セン為メ仁川ニ下ラシ
被告柳之助ハ翌ノ東城ヲ晨ニタリ然ルニ同月

七日軍部大臣安駉寿宮中ノ使 ヲ帯ヒ来テ訓

縲縷伜敢ノ事ヲ告ケ公使ノ意見ヲ問ハ……タルヨリ

時機ハ切迫シ一日ヲ猶豫ニ屬キ以テ被告樓橋殺

告ケ濬ハ協議ノ上同夜事ヲ舉クヘシ以テ決シ直ニ電信

以テ柳之助ヲ歸ラシム一面ハ被告濬ロ九第一ハ大

院君入闕ニ尋シ方黒書ヲ授ケ柳之助ヲ龍山ニ待

受ケ兵ヲ入闕ニつき事ヲ舉ケ方被告ハ京城守

備隊ノ大隊長馬尾原救本ニ訓練隊ヲ掩ひシ且守

任隊ヲシテ之ニ声援セシメ大院君ノ入闕……ナラシム

……諸兵ハ指揮ノ令シ又被告ハ予遽玉友章……

……住鈙ハ根救ヒ丈知人ヲ紛合シテ龍山ニ柳ニ助ト會

シ共ニ大院君ノ闕ニ護衞……事ヲ寄属シ且

萬……二十年末ノ禍根ハ絶ハ實ニ此一舉ミアリト……決

壹ヲ以シ闕ノ際王妃陛下ヲ殺害スヘキ旨ノ教唆シ被

告萩原秀次郎ハ部下ヲ遂置ヲ引率シ龍山ニ赴キ

柳之助ト惣議シ大院君ノ入闕ヲ計ルヘキ旨ヲ令

シ尚ホ被告潘モ亦被告鈴木重元津山顯荒ヲ招キ大

院君ノ入闕ノ事ヲ告ケ重元ニハ通弁ノ為メ被告鈴木順

見ヲ龍山ニ置スル事顯荒ニハ隊ヲ大院君ノ入闕ニ艶望

セシ朝鮮人李周會ニ報知スヘキ事ヲ托シ且大院君ノ入

闕ニ趣ク意者ノ起草シ被告九第一ニ渡スヘキ為シ被告

秀次郎ニ交付シヲリ荒シ於テ被告九第一ニ直ニ寫ヲ

駈ヲ龍山ニ赴キ被告秀次郎ニハ皆ノ趣ヲ大院君

ノ闕守ヲ私服ヲ着シ刀劍ヲ用意シ龍山ニ到ルヘシト令

自身モ亦龍山ニ赴キ被告渡邊鷹次郎成相喜四郎

山田俊光木脇祐別境益太郎ハ被告秀次郎ノ

令ニ依リ各龍山ニ赴キ被告楳尾勇太郎ハ同所

ミテ之ニ加リ被告題蔵ハ李周會ニ面會シ今夜大院君

入闕ナルベシト告ヶ彼ニ刀杖名ノ朝鮮人ヲ糾合シ孔徳里
ニ斜ヶヲ見屋ヶ直ニ龍山ニ赴キ被告重元ニ被告順見
ト共ニ龍山ニ赴キ被告謹養重章ノ兩人ハ被告梧樓

ノ敎唆ニ應シ王后陛下ヲ殺害セント決意シテ同志者ノ
相集リ盡力シ被告平山岩壽信ニ四之松村辰喜信ニ

本圧牛島英雄小早川秀雄宮住勇喜信藤敷大
淨村雅夫庁野猛雄蘇曉顕廣田止善勤沢謹譲

吉田友吉中村楯雄荘波春吉寺崎泰吉宗へ嘉吉
田中賢道隈部朱吉月成光山田烈盛信漱雄藏渋

谷嘉藤次吉ハ大院見入闕府ニ浦ロ使ノ官ニ作リ
被告謹養重章ニ其處懦者ヲ募ル由ヲ聞キ之ニ

同意シ女内被告岩壽外十杖名ハ被告謹養重章

寺ヨリ玉座階下ヲ襲撃スヘキ被告標榜ノ煽咬ノ侭ニ

ウシ各々殺害ヲ決シ其他右等ノ事実ヲ示シテ一時ノ好

青心ニ駆ラレ附和セシ者ニ至ルマテ各兇器ヲ携ヘ被告

寛章并ニ被告光ノ以下二名ノ外ハ皆被告謹屯ト共

三龍山ニ赴キタリ又被告柳之助ハ仁川ニ在テ時機切

迫セリトノ電報ニ接シ即チ到着後帰京シ金次全ノ夜

半ニ次麻浦ニ於テ被告九美一龍山ニ待受タル朴吉ヲ浮

ウヘヨリ直ニ同所ニ立壽ヘ前記ノ者言ト相会シ被告

九金一ヲ以テ標準トシ書画ノ嘱題云云書ノ草案等ヲ受

取リ二三者ト入城ノ方法等ヲ懐儀ニ兇後一同ハ柳之

助ヲ恐捕捧者トシ孔徳里ニ科リ李圓雲ノ一行ト共

ニ三八日午前ノ頃大院君ノ轎輿ヲ擁シテ兇装シ

クリ尚ヲ被告柳之助ハ支陳表門者ニ一同ヲ集メ入城

、上狐ニ除檄電参スヘしトシ諸舍ニ於テ王后陛下殺
害ノ事ヲ教唆シ来タ女事實ヲ知ラサレシ被告益
太郎外詩名ヲシテ殺意ヲ決セシメ夫ヨリ城ニ向ニ係
々前進シ西大門外ニ於テ訓練隊ニ出逢し妓ヲ守属ノ
本ヘヲ待ヲ同気ヨリ訓練隊ニ前衛トシ王城ヲ急進
スル金中被告ヲ重ニ先烈盛熊鐵が屢次ニ相か
リ又被告連元泰丸大浦両夫ハ馬屋原務本ヨリ預
弈ノ如ク訓練隊與視ノ陸軍志官ニ随行ヲ甚属ヤ
ラレ亦此一行ニ加り同曉ノ頃光代よリ一同王城
内ニハ直ニ後官ニ城ヨリ其ノ事實アリト居モ前
記ノ被告人中其犯罪ヲ實行シタルモノアリト認ハヘキ
証憑十分ナラス又被告平山岩彦カ右ノ城ノ隊乾清
宮前ニ於テ宮内府大丞李耕植ヲ殺害シタリトノ事

其ノ事実証憑十分ナラス

被告栄四郎文晴正吉武田範治前田後蔵平山勝

然レ白石由太郎ハ本案被告事件ニ罪候ヲト認

ムヘキ証憑十分ナラス

以上ノ理由ニ依ニ刑事訴訟法第百二千五條ニ

依ト各被告人偏ヲ免訴シ且被告三浦梧楼杉村

濬岡本柳之助安主薫憲國友重章寺時泰吉

平山岩彦中村楠雄産勝顕家\加吉木脱訴判

境益太郎ハ各放免ス

但シ押収シタル書芸物件ハ各丈可者ニ畏付ス

明治二十九年一月二十日

廣島地方裁判所ニ於テ

豫審判事吉岡美秀 ⬜

右原本ニ攙リ此謄本ヲ作ルモノ也

明治三十九年一月二十日

於廣嶋地方裁判所

裁判所書記　田村義治

裁判所書記　田村義治

※ 출처: 아시아역사자료센터(https://www.jacar.go.jp)

## 조선 사건 예심 종결 결정서(朝鮮事件豫審終結決定書)

오카모토 류노스케(岡本柳之助, 1852년 8월생, 조선 궁내부와 군부 고문관), 미우라 고로(三浦梧樓, 1846년 11월생, 자작, 육군 중장), 스기무라 후카시(杉村濬, 1848년 1월생, 공사관 서기관)을 비롯하여, 이하 45명에 대한 모살과 및 흉도를 취당한 사건과, 히라야마 이와히코(平山岩彦)에 대한 고살(故殺) 사건 등을 검사의 청구에 의하며 예심을 마무리한다.

피고인 미우라 고로는 조선국 주차 특명전권공사가 되어 메이지 28년(1895) 9월 1일에 경성에 도임하였다. 이때에 조선국 형세가 점점 비운에 이르고, 궁중에 온전한 권세가 날로 심하여, 망녕되이 나라의 정사에 간섭하며, 우리 정부로 인도하여 점점 혁신하기에, 나아가는 정법을 어지러이하고, 드디어 우리 육군 사관의 힘으로 이루었던 훈련대를 흩어지게 하였다. 그 사관을 내치고자 하는 무리가 자못 우리나라를 박대하는 형적이 있었다. 뿐만 아니라 국정에 나아감을 도모하여 독립의 실상을 들고자 하는 내각 관원들을 내치고, 혹은 살육함으로써 정권을 궁중에 거두고자 하는 계획이 있음을 듣고 분함을 이기지 못하였다. 이는 다년 간 우리나라의 세력과 재물을 허비하여 조선국을 위하여 경영한 호의를 저버리고, 국정의 혁신함을 방해하여, 국가 독립의 근본을 위태롭게 하였다. 이는 유독 조선국에 불리할 뿐만 아니오, 우리나라도 해를 받음이 적지 아니하였다. 이로 인하여 속히 그 폐단을 제거하여 저들의 독립을 부식하고, 우리나라의 위엄과 믿음을 부득이하게 보전하기로 생각하던 차에, 때마침 대원군이 시폐를 분히 여겨 스스로 궁중을 혁신하여, 보익하는 소임을 극진히 하고자 하는 뜻을 가지고, 가만히 와서 조력을 구하였다.

그해 10월 3일에 피고인 스기무라 후카시, 오카모토 류노스케와 공사관에 모여 세 사람이 모의한 후에, 항상 궁중에 시기함을 받아 스스로 위태한 훈련대와 시세를 슬피 여기는 건장한 소년들을 취하며, 경성에 있는 우리 수비대도 서로 응하도록 하였다. 대원군이 궐내에 들어감을 구원하고, 그

기틀을 타서 궁중에 있어 권세를 가장 임의로 하는 왕후폐하를 해칠 뜻을 결단하였다. 그러나 대원군이 훗날 만일 정사에 간섭하면, 그 폐단이 전일보다 도리어 심할 염려가 있어서 미리 방비하지 아니함은 불가하다고 했다. 피고인 후카시는 긴요한 일로 언약하는 글을 지어 가지고 피고인 류노스케가 대원군과 절친하므로, 데리고 10월 5일에 공덕리로 갔다. 현재 형세가 태공(太公, 대원군)을 또 수고롭게 함이 있으리라 하고, 미우라 공사의 의향이 이렇다 하여 그 글을 보여주었다. 대원군은 그 자손과 함께 흔쾌히 허락하였고, 언약하는 글을 스스로 작성하였다. 이로 인하여 피고인 고로 무리는 10월 중순으로 기약을 정하였다. 류노스케가 공덕리에 가면 다른 사람들이 의심을 해서 일이 탄로가 날 염려가 있었기 때문에, 본국으로 돌아간다고 작별하는 일을 드러내고자 하여 인천으로 가도록 했다. 피고인 류노스케는 그 이튿날 6일에 경성을 떠났다. 7일에 군부대신 안경수(安駉壽)가 궁중에 사명을 받아 와서, 훈련대를 해산할 일을 고하면서 공사의 의견을 요구하였다. 시기가 이미 절박하여 하루도 지체하기 어려웠다. 피고 고로와 피고 후카시는 함께 의논하고, 그날 밤에 거사하기로 결단하였다. 곧 전보로 류노스케를 재촉하여 서울로 들어오라고 하였다. 한편으로는 피고인 호리구치 구마이치(堀口九萬一)에게 대원군이 대궐에 들어갈 방략서(方略書)를 주었고, 류노스케를 용산에서 영접하여 함께 대궐로 들어오도록 명하였다. 피고 고로는 경성 수비대 대대장 마야바라 쓰토모토(馬屋原務本)에게 훈련대를 지휘하고 , 또 수비대로 하여금 소리를 서로 응하도록 하여, 대원군이 대궐에 들어감을 용이하게 하도록 모든 지휘를 명하였다. 또한 아다치 겐조(安達謙藏), 구니토모 시게아키(國友重章)를 공사관으로 불러서 저들 무리를 모아 용산에서 류노스케와 함께 대원군이 대궐에 들어갈 때 호위하라고 부탁하였다. 또 조선국 20년 이래의 화근을 없애려 하면, 실로 이 한 번의 거동에 있을 줄로 결단한 뜻을 보였다. 대궐로 들어갈 즈음에 왕후폐하 살해할 뜻을 가르쳤다. 피고인 오기와라 히데지로(荻原秀次郎)에게는 휘하의 순사를 이끌고 용산에 가서 류노스케와 상의하여, 대원군이 대궐에 들어갈 때 극진히 힘을 쓰라고 명하였다. 후카시는 또 피고인 스즈키 준켄(鈴木順見), 아사야마 겐조(淺山顯藏)를 불러 대원군이 대궐에 들어갈 일을 알렸다. 준켄에게는 통역을 위해서, 피고인 스즈키 준켄을 용산에 보낼 일과, 겐조에게는 미리 대원군이 대궐에 들어가기를 바라던 조선사람 이주회(李周會)에게 기별할 일을 부탁하였다. 또 대원군이 대궐에 들어갈 의사로 글을 지어 피고인 구마이치에게 전하라고 피고인 히데지로에게 교부하였다. 이에 피고인 구마이치는 곧 말을 타고 달려 용산에 갔다. 피고인 히데지로는 비번이었던 순검에게 대원군이 대궐에 들어가기 위해서 평복을 입고 칼을 가지고 용산에 가라 명했다. 자기도 또한 용산으로 갔다. 피고인 와타나베 다카지로(渡邊鷹次郎), 나리아이 기시로(成相喜四郎), 오다 도시미쓰(小田俊光), 기와키 스케노리(木脇祐則), 사카이 마스타로(境益太郎)는 피고인 히데지로의 명을 받아 각각 용산으로 갔다. 피고인 요코오 유타로(橫尾勇太郎)는 그곳에서 붙였고, 피고 겐조는 이주회를 만나 오늘 밤에 대원군이 대궐로 들어가리라고 했다. 그가 조선 사람 몇 명을 규합하여 공덕리로 간 것을 보고 곧 용산으로 갔다. 피고인 시게모토도 피고인 준켄과 함께 용산으로 갔다. 피고 겐조와 시게아키 두 명은 피고인 고로의 교사에 응하여 왕후 폐하를 살해하고자 결의하여 동지를 모으는데 힘썼다. 피고인 히라야마 이와히코(平山岩彦), 삿사 마사유키(佐佐正之), 마쓰무라 다쓰키(松村辰喜), 사사키 다다시(佐佐木正), 우시마 히데오(牛島英雄), 고바야카와 히데오(小早川秀雄), 미야즈미 유키(宮住勇喜), 사토 게이타(佐藤敬太), 사와무라 마사오(澤村雅夫), 가타노 다케오(片野猛雄), 도 가쓰아키(藤勝顯), 히로타 시젠(廣田止善), 기쿠치 겐조(菊地謙讓), 요시다 도모키치(吉田友吉), 나카무라 다테오(中村楯雄), 난바 하루키치(難波春吉), 데라자키 다이키치(寺崎泰吉), 이에이리 가키치(家入嘉吉), 다나카 겐도(田中賢道), 구마베 요네키치(隈部米吉), 쓰키나리 코우(月成光), 야마다 렛세이(山田烈盛), 사세 구마테

쓰(佐瀬熊鉄), 시부야 가토지(澁谷加藤次)는 대원군이 대궐에 들어갈 때, 나아가 미우라 공사의 명을 받고, 피고인 겐조와 시게아키는 호위할 자를 불러 모음을 듣고 동의하였다. 그 가운데 피고인 이와키치 외에 십수 명은 피고인 겐조, 시게아키 등과 더불어 왕후폐하를 살해하기로, 피고 고로의 교사를 전하여 각각 흉모를 결단하였다. 그외에 이 위의 무리들의 사실은 알지 못하고, 한때의 호기심으로 따라온 자들까지 각각 흉기를 가지고 피고 시게아키와 피고 코우 이하 세 사람 외에는 또한 다 피고 겐조와 함께 용산으로 갔다. 또 피고 류노스케는 인천에 있으면서 시기가 절박하다는 전보를 접하고 즉시 떠나 서울로 올라오는 길이었다. 그날 밤중에 마포에서 피고 구마이치가 용산에서 기다린다는 기별을 듣고, 곧바로 출발하여 서로 만났다. 피고 구마이치에게 고로가 부쳐서 보낸 글을 받고, 두 세 사람과 서울로 들어갈 방법을 논의했다. 그 후에 모든 무리들은 류노스케의 지휘대로 공덕리에 이르러 이주회 일행과 함께 그 이튿날 8일 오전 3시 무렵에 대원군의 교자를 옹위하고 떠났다. 그때에 피고 류노스케는 바깥문 앞에서 무리를 모아 성에 들어간 후에 임시로 일을 처리함이 좋겠다고 명령을 내림으로써 왕후폐하를 살해할 일을 교사했다. 그러나 그 사실은 알지 못한다 하였다. 피고 마스타로 외에 여러 명으로 하여금 흉모를 결단하여 경성을 향하여 천천히 나오다가 서대문 밖에서 훈련대를 만나 잠깐 수비대를 기다려서 훈련대를 앞세우고 왕성으로 급히 들어오던 길에 피고인 시게아키와 코우, 렛세이, 구마테쓰, 가토지를 추가하였다. 또 피고인 하스모토 야스마루(蓮元泰丸), 오우라 시게히코(大浦茂彦)는 마야바라 쓰토모토(馬屋原務本)가 통역을 위하여 훈련대를 감독하는 육군사관을 따라다니도록 부탁하였기 때문에 이들도 일행에 가담했다. 그날 첫새벽에 광화문으로 모든 무리들이 왕성 안에 들어가 곧 후궁까지 간 사실은 있다. 그러나 앞서 기록한 피고인 가운데에는 그 범죄를 실행한 자가 있는 줄로 알 만한 증거가 명백하지 않다. 또 히라야마 이와히코가 궁성에 들어올 즈음에 건청궁(乾淸宮) 앞에서 궁내부대신 이경직(李耕稙)을 살해하였다고 하는 일 역시 그 증거가 명백하지 않다.

피고인 시바 시로(柴四郎), 오자키 쇼키치(大崎正吉), 다케다 한시(武田範治), 마에다 준조(前田俊藏), 히라야마 가쓰쿠마(平山勝熊), 히라이시 요시타로(白石由太郎)는 이 피고 사건에는 관계한 줄로 알 만한 증거가 명백하지 않다.

이상의 이유로 형사소송법 제165조에 따라 각 피고인들을 다 면소(免訴)한다. 또 피고인 미우라 고로, 스기무라 후카시, 오카모토 류노스케, 아다치 겐조, 구니토모 시게아키, 데라자키 다이키치, 히라야마 이와키치, 나카무라 다테오, 도 가쓰아키, 이이에리 가키치, 기와키 스케노리, 사카이 마스타로는 각기 방면한다.

다만 압수했던 서류와 물건은 각기 임자에게 돌려준다.

메이지(明治) 29년 1월 20일

히로시마 재판소(廣島裁判所)

예심판사 요시오카 요시히데(吉岡美秀)

서기 다무라 요시하루(田村義治)

※ 출처: 을미사변 관련 국제 관계 컬렉션 구축 연구 용역 사업 최종 보고서
  - 해제·번역 자료집(대한민국역사박물관)


## 2. (a) 미국과 한국의 조약(조미수호통상조약)

### ◆ 朝美條約

大朝鮮國與大亞美理駕合衆國, 切欲敦崇和好, 惠顧彼此人民. 是以大朝鮮

國君主, 特派全權大官申櫶全權副官金宏集, 大美國伯理璽天德, 特派全權大臣水師總兵薛斐爾, 各將所奉全權字據, 互相較閱, 俱屬妥善, 訂立條款, 臚列於左.

第一款 嗣後大朝鮮國君主, 大美國伯理璽天德, 竝其人民, 各皆永遠和平友好. 若他國有何不公輕藐之事, 一經照知, 必須相助, 從中善爲調處, 以示友誼關切.

第二款 此次立約通商和好後, 兩國可交派秉權大臣, 駐紮彼此都城, 竝於彼此通商口岸, 設立領事等官, 均聽其便. 此等官員, 與本地官交涉往來, 均應用品級相當之禮. 兩國秉權大臣與領事等官, 享獲種種恩施, 與彼此所待最優之國官員無異. 惟領事官, 必須奉到駐紮之國批準文憑, 方可視事. 所派領事等官, 必須眞正官員, 不得以商人兼充, 亦不得兼作貿易. 倘各口未設領事官, 或請別國領事兼代, 亦不得以商人兼充, 或卽由地方官, 照現定條約代辦. 若駐紮朝鮮之美國領事等官, 辦事不合, 須知照美國公使, 彼此意見相同, 可將批準文憑追回.

第三款 美國船隻在朝鮮左近海面, 如遇颶風, 或缺糧食煤水, 距通商口岸太遠, 應許其隨處收泊, 以避颶風, 購買糧食, 修理船隻, 所有經費, 係由船主自備. 地方官民, 應加憐恤援助, 供其所需. 如該船在不通商之口, 潛往貿易拿獲, 船貨入官. 如美國船隻在朝鮮海岸破壞, 朝鮮地方官, 一經聞知, 卽應飭令將水手先行救護, 供其糧食等項, 一面設法保護船隻貨物, 竝行知照領事官, 俾將水手送回本國. 竝將船貨撈起一切費用, 或由船主, 或由美國認還.

第四款 美國民人在朝鮮居住, 安分守法, 其性命財産, 朝鮮地方官, 應當代爲保護, 勿許稍有欺凌損毁. 如有不法之徒欲將美國房屋業産搶劫燒毁者, 地

方官一經領事告知, 卽應派兵彈壓, 竝查拿罪犯, 按律重辦. 朝鮮民人, 如有欺凌美國民人, 應歸朝鮮官, 按朝鮮律例懲辦. 美國民人, 無論在商船在岸上, 如有欺凌騷擾, 損傷朝鮮民人性命財産等事, 應歸美國領事官或美國所派官員, 按照美國律例, 查拏懲辦. 其在朝鮮國內, 朝鮮美國民人, 如有涉訟, 應由被告所屬之官員, 以本國律例審斷, 原告所屬之國, 可以派員聽審, 審官當以禮相待. 聽審官如欲傳訊查訊分訊訂見, 亦聽其便. 如以審官所斷爲不公, 亦許其詳細駁辨. 大美國與大朝鮮國, 彼此明定. 如朝鮮日後改定律例及審案辦法, 在美國視與本國律例辦法相符, 卽將美國官員在朝鮮審案之權, 收回以後, 朝鮮境內美國人民, 卽歸地方官管轄.

第五款 朝鮮國商民竝其商船, 前往美國貿易, 凡納稅船鈔, 竝一切各費, 應遵照美國海關章程辦理, 與征收本國人民及相待最優之國稅鈔, 不得額外加增. 美國商民竝其商船, 前往朝鮮貿易, 進出口貨物, 均應納稅, 其收稅之權, 應由朝鮮自主. 所有進出口稅項及海關禁防偸漏諸弊, 悉聽朝鮮政府設立規則, 先期知會美國官, 布示商民遵行. 現擬先訂稅則大略, 各色進口貨, 有關民生日用者, 照估價値百抽稅不得過一十, 其奢靡玩要等物, 如洋酒, 呂宋煙, 鍾表之類, 照估價値百抽稅不得喎三十. 至出口土貨, 槪照値百抽稅不得過五. 凡進口洋貨, 除在口岸完納正稅外, 該項貨物, 或入內地, 或在口岸, 永遠不納別項稅費. 美國商船進朝鮮口岸, 須納船鈔, 每頓銀五錢, 每船按中歷一季抽一次.

第六款 朝鮮國商民前往美國各處, 准其在該處居住, 賃房買地起蓋棧房, 任其自便, 其貿易工作, 一切所有土産, 以及製造之物, 與不違禁之貨, 均許買賣. 美國商民前往朝鮮已開口岸, 准其在該處所定界內居住, 賃房租地建屋, 任其自便, 其貿易工作, 一切所有土産, 以及製造之物, 與不違禁之貨, 均許賣買. 惟租地時, 不得稍有勒逼, 該地租價, 悉照朝鮮所定等則完納, 其出租

之地, 仍歸朝鮮版圖. 除案此約內所持, 明歸美國官員應管商民錢産外, 皆仍歸朝鮮地方官管轄. 美國商民不得以洋貨運入內地售買, 亦不得自入內地採買土貨, 併不得以土貨由此口販運彼口. 違者將貨物入官, 竝將該商, 交領事官懲辦.

第七款 朝鮮國與美國, 彼此商定, 朝鮮商民, 不准販運洋藥, 入美國通商口岸, 美國商民, 亦不准販運洋藥, 入朝鮮通商口岸, 竝由此口運往彼口, 亦不准作一切買賣洋藥之貿易. 所有兩國商民, 無論僱用本國船別國船, 及本國船爲別國商民僱用販運洋藥者, 均由各本國自行永遠禁止, 查出從重懲罰.

第八款 如朝鮮國, 因有事故, 恐致境內缺食, 大朝鮮國君主, 暫禁米糧出口, 經地方官照知後, 由美國官員轉飭在各口美國商民一體遵辦. 惟於已開仁川一港, 各色米糧, 概行禁止. 運出紅蔘一項, 朝鮮舊禁出口, 美國人如有潛買出洋者, 均查挐入官, 仍分別懲罰.

第九款 凡砲位鎗刀火藥鉛丸一切軍器, 應由朝鮮官自行采辦. 或美國人奉朝鮮官准買明文, 方准進口. 如有私販, 查貨入官, 仍分別懲罰.

第十款 凡兩國官員商民, 在彼此通商地方居住, 均可僱請各色人等, 勷執分內工藝. 唯朝鮮人遇犯本國例禁, 或牽涉被控, 凡在美國商民寓所行棧及商船隱匿者, 由地方官照知領事官, 或准差役自行往挐, 或由領事派人拿交朝鮮差役. 美國官民不得稍有庇縱揹留.

第十一款 兩國生徒往來 學習語言文字律例藝業等事, 彼此均宜勷助, 以敦睦誼.

第十二款 茲朝鮮國初次立約所訂條款, 姑從簡略, 應遵條約, 已載者, 先行辦理, 其未載者, 俟五年後, 兩國官民, 彼此言語稍通, 再行議定. 至通商詳細

章程, 須酌照萬國公法通例, 公平商訂, 無有輕重大小之別.

第十三款 此次兩國訂立條約, 與夫日後往來公牘, 朝鮮專用華文, 美國亦用華文, 或用英文, 必須以華文註明, 以免岐誤.

第十四款 現經兩國議定嗣後, 大朝鮮國君主, 有何惠政恩典利益, 施及他國, 或其商民, 無論關涉海面行船通商貿易交往等事, 爲該國幷其商民從來未霑, 抑爲此條約所無者, 亦准美國官民一體均霑. 惟此種優待他國之利益, 若立有專條互相酬報者, 美國官民, 必將互訂酬報之專條, 一體遵守, 方准同霑優待之利益. 其上各款, 現經【大朝鮮, 大美】國大臣, 同在朝鮮仁川府, 議定繕寫【華, 洋】文各三分, 句法相同, 先行畫押蓋印, 以昭憑信, 仍俟兩國御筆批准, 總以一年爲期, 在朝鮮仁川府互換. 然後, 將此約各款, 彼此通諭本國官員商民, 俾得咸知遵守.

大朝鮮國開國四百九十一年卽中國光緖八年四月初六日
全權大官經理統理機務衙門事 申櫶
全權副官經理統理機務衙門事 金弘集
大美國一千八百八十二年五月二十二日
全權大臣水師總兵 薛斐爾

『高宗實錄』卷19, 19年 4月 6日(辛酉)

#### ◆ 조미조약(朝美條約)

대조선국과 대아메리카 합중국은 우호 관계를 두터이 하여 피차 인민을 돌보기를 간절히 바란다. 그러므로 대조선국 군주는 특별히 전권대관(全權大官) 신헌(申櫶), 전권부관(全權副官) 김홍집(金弘集)을 파견하고, 대미국 대통령은 특별히 전권대신 수사총병(水師總兵) 슈펠트(Robert W. Shufeldt, 薛裴爾)를 파견하여, 각각 받들고 온 전권 위임장을 상호 대조하여 살펴보고 모두 타당하기에 조관을 체결하여 아래에 열거한다.

제1관 이후 대조선국 군주와 대미국 대통령 및 그 인민은 각각 모두 영원히 화평하고 우애 있게 지낸다. 타국의 어떠한 불공평이나 경멸하는 일이 있을 때에 일단 통지하면 서로 도와주며, 중간에서 잘 조처하여 두터운 우의를 보여 준다.

제2관 이번에 통상 우호 조약을 맺은 뒤 양국은 병권 대신(秉權大臣)을 서로 파견하여 피차의 수도에 주재시킬 수 있으며, 아울러 피차의 통상 항구에 영사 등의 관료를 두는데 서로 그 편의를 들어 준다. 이들 관원이 해당국의 관원과 교섭하기 위하여 왕래할 때에는 서로 같은 품급(品級)에 상당하도록 하는 예로 대한다. 양국 병권대신과 영사 등 관원들이 받는 갖가지 우대는 피차 최혜국(最惠國)의 관원과 다름이 없다.

영사관은 주재국의 비준 문서를 받아야만 일을 볼 수 있다. 파견되는 영사 등의 관원은 정규 관원이어야 하고 상인으로 겸임시킬 수 없으며, 또 무역을 겸할 수도 없다. 각 항구에 아직 영사관을 두지 못하여 다른 나라 영사에게 대신 겸임시킬 것을 청하는 경우에도 상인으로 겸임시킬 수 없으며, 혹 지방관은 현재 체결된 조약에 근거하여 대신 처리할 수 있다. 조선 주재 미국 영사 등 관원들의 일처리가 부당할 경우에는 미국 공사(公使)에게 통지하여, 피차 의견이 일치하여야 비준 문서를 회수할 수 있다.

제3관 미국 선척이 조선의 근해에서 태풍을 만났거나 혹은 식량·석탄·물이 모자라고 통상 항구와의 거리가 멀리 떨어졌을 때에는 곳에 따라 정박하는 것을 허락하여 태풍을 피하고 식량을 사며 선척을 수리하도록 한다. 경비는 선주가 자체 부담한다. 지방관과 백성은 가엾게 여겨 원조하고 필요한 물품을 제공한다. 해당 선척이 통상하지 않는 항구에 몰래 들어가 무역을 하다가 잡힌 경우 배의 화물은 관에서 몰수한다. 미국 선척이 조선 해안에서 파손되었을 경우 조선의 지방관은 그 소식을 들은 즉시 명령하여 선원들을 우선 구원하고 식량 등을 공급해 주도록 하며, 한편으로 대책을 세워 선척과 화물을 보호하고, 아울러 영사관에게 통지하여 선원들을 본국으로 송환하게 한다. 아울러 배의 화물을 건져낸 일체 비용은 선주나 미국에서 확인하고 갚는다.

제4관 미국 인민이 조선에 거주하며 본분을 지키고 법을 준수할 때에는 조선의 지방관은 그들의 생명과 재산을 대신 보호하고 조금도 모욕하거나 손해를 입히는 일이 없도록 해야 한다. 법을 지키지 않는 무리가 미국 사람들의 집과 재산을 약탈하고 불태우려는 자가 있을 경우 지방관은 일단 영사에게 통지하고 즉시 군사를 파견하여 탄압하며 아울러 범죄자를 조사·체포하여 법률에 따라 엄중히 처벌한다. 조선 인민이 미국 인민을 모욕하였을 때에는 조선 관원에게 넘겨 조선 법률에 따라 처벌한다.

미국 인민이 상선이나 항구를 막론하고 모욕하거나 소란을 피워 조선 인민의 생명과 재산에 손해를 주는 등의 일이 있을 때에는 미국 영사관이나 혹은 미국에서 파견한 관원에게 넘겨 미국 법률에 따라 조사하고 체포하여 처벌한다. 조선국 내에서 조선과 미국의 인민 사이에 소송이 있을 경우 피고 소속의 관원이 본국의 법률에 의하여 심의하여 판결하며, 원고 소속의 나라에서는 관원을 파견하여 심의를 들을 수 있다[聽審]. 심관(審官)은 예로 서로 대해야 한다. 심의를 듣는 관원[청심관(聽審官)]이 소환하여 심문하거나, 현지에 나가 조사·심문하거나, 나누어 심문하거나 검증하려고 할 때에도 그 편의를 들어 준다. 심관의 판결이 공정하지 못하다고 인정될 경우에는 역시 상세하게 반박하고 변론하는 것을 허용한다. 대미국(大美國)과 대조선국은 피차간에 명확하게 정하였다. 조선이 이후에 법률 및 심의 방법을 개정하였을 경우 미국에서 볼 때 본국의 법률 및 심의 방법과 서로 부합한다고 인정될 때에는 즉시 미국 관원이 조선에서 사건을 심의하던 권한을 철회하고, 이후 조선 경내의 미국 인민들을 즉시 지방관의 관할에 귀속시킨다.

제5관 조선국 상인과 상선이 미국에 가 무역할 때에 납부하는 선세(船稅) 와 일체의 각 비용은 미국의 해관 장정(海關章程)에 따라 처리한다. 본국 인민 및 상대 최혜국의 세금을 거두어들이는 것은 정해진 액수 외에 증가할 수 없다. 미국 상인과 상선이 조선에 와서 무역할 때 입출항하는 화물은 모두 세금을 바쳐야 하며, 그 수세하는 권한은 조선이 자주적으로 한다. 입항 세·출항세에 관한 항목과 해관이 금지해도 탈루하려는 모든 폐단에 대해서는 모두 조선 정부에서 제정한 규칙에 따른다. 사전에 미국 관원에게 통지하여 상인들에게 널리 알려 준행하도록 한다. 현재 미리 정한 세칙(稅則)은, 대략 민생의 일상용품과 관계되는 각종 입항 화물의 경우 시장 가격에 근거하여 100분의 10을 초과하여 세금을 징수할 수 없으며, 사치품과 기호품인 양주·여송연(呂宋煙)·시계와 같은 것들은 시장가격에 근거하여 100분의 30을 초과하여 세금을 징수할 수 없다. 출항하는 토산물은 모두 그 가격에 근거하여 100분의 5를 초과하여 징수할 수 없다. 입항하는 모든 서양 화물은 항구에서 정규의 세금을 납부하는 외에 해당 항목의 화물이 내지(內地)로 들어가거나 항구에 있으나 영구히 다른 항목의 세금을 물지 않는다. 미국 상선이 조선 항구에 들어올 때에는 선세(船稅)로 매 톤에 은(銀) 5전을 납부하되 매 선박마다 중국력(中國曆)에 의거하여 한 분기에 한 번씩 거둔다.

제6관 조선국 상인이 미국의 각 처에 갔을 때에는 해당 지역에 거주하는 것을 허락하며, 가옥을 세내고 토지를 사고 가게를 짓는 일은 그 편리한대로 한다. 무역 업무에 있어서는 일체 소유한 토산물 및 제조한 물건과 위반 사항을 어기지 않는 화물은 모두 매매할 수 있다. 미국 상인이 이미 개항한 조선 항구에 가서 해당 지역의 정해진 경계 안에 거주하는 것을 허락하며, 가옥을 세내고 토지를 사고 가게를 짓는 일은 그 편리한 대로 한다. 무역 업무에 대해서는 일체 소유한 토산물 및 제조한 물건과 위반 사항을 어기지 않는 화물은 모두 매매할 수 있다. 다만 토지를 빌릴 때에는 조금도 강요할 수 없다. 해당 토지를 빌리는 값은 모두 조선에서 정한 등칙(等則)에 비추어 완납하며 그 빌려 준 토지는 계속 조선의 판도(版圖)에 속한다. 이 조약 내에서 명백히 미국 관원에게 귀속하여 관리해야 할 상인들의 재산을 제외하고 모두 그대로 조선 지방관의 관할에 귀속한다. 미국 상인은 서양의 화물을 내지(內地)에 운반해 판매할 수 없고, 또 스스로 내지로 들어가 토산물을 구매할 수 없으며 아울러 토산물을 이 항구에서 저 항구로 운반해 팔수도 없다. 위반하는 자는 그 화물을 관에서 몰수하고 해당 상인을 영사관에게 넘겨 처벌케 한다.

제7관 조선국과 미국은 피차 논의 결정하여 조선 상인이 아편을 구입 운반하여 미국 통상 항구에 들여 갈 수 없고, 미국 상인도 아편을 구입 운반하여 조선 항구에 들여 갈 수 없으며, 아울러 이 항구에서 저 항구로 운반하는 경우에도 아편을 매매하는 무역을 일체 허락하지 않는다. 양국 상인이 본국의 배나 다른 나라의 배를 고용하거나 본국의 배를 다른 나라 상인에게 고용되어 아편을 구입 운반한 자에 대하여 모두 각각 본국에서 영구히 금지하고 조사하여 중벌에 처한다.

제8관 조선국이 사고로 인하여 국내의 식량이 결핍될 우려가 있을 경우 대조선국 군주는 잠시 양곡의 수출을 금한다. 지방관의 통지를 거쳐 미국 관원이 각 항구에 있는 미국 상인들에게 지시하여 일체 준수하도록 한다. 다만, 이미 개항한 인천항에서 각종 양곡의 수출을 일체 금지한다. 홍삼은 조선에서 예로부터 수출을 금하고 있다. 미국 사람이 몰래 사서 해외로 내가는 자가 있을 경우에 모두 조사 체포하여 관에 몰수하고 분별하여 처벌한다.

제9관 무릇 대포·창·검·화약·탄환 등 일체의 군기(軍器)는 조선 관원이 자체 구입하거나 혹 미국 사람이 조선 관원의 구매 승인서를 갖고 있어야 비로소 입항을 허락한다. 사사로이 판매하는 물화가 있을 경우에는 화물을 조사하여 관에서 몰수하고 분별하여 처벌한다.

제10관 양국 관원과 상인이 피차 통상 지방에 거주할 때에는 두루 각색의 사람들을 고용하여 자기 직분 내의 일을 돕게 할 수 있다. 다만 조선 사람으로서 본국의 금령을 범했거나 피소(被訴)된 자와 연루되어 미국 상인의 주택·가게 및 상선에 숨어있는 자는 지방관이 영사관에게 통지하면 파견된 관원이 직접 잡아 가는 것을 허락하고 혹은 영사가 사람을 파견하여 붙잡아 조선에서 파견한 관원에게 넘겨주며, 미국 관원과 백성은 조금이라도 비호하거나 억류할 수 없다.

제11관 양국의 생도(生徒)가 오가며 언어·문자·법률·기술 등을 배울 때에는 피차 서로 도와줌으로써 우의를 두텁게 한다.

제12관 지금 조선국이 처음으로 조약을 제정 체결한 조관은 아직 간략하나 조약을 준수해야 한다. 이미 실려 있는 것은 우선 처리하고 실려 있지 않은 것은 5년 뒤에 양국 관원과 백성들이 피차 언어가 조금 통할 때에 다시 논의하여 결정한다. 상세한 통상 장정은 만국 공법(萬國公法)의 통례를 참작하여 공평하게 협정(協定)하여 경중과 대소의 구별이 없다.

제13관 이번에 양국이 체결한 조약과 이후에 교환할 공문에 대해서 조선은 한문을 전용하고 미국도 한문을 사용하거나 혹은 영문(英文)을 사용하되 반드시 한문으로 주석을 하여 착오가 없게 한다.

제14관 현재 양국이 논의하여 결정하고 난 이후 대조선국 군주가 어떠한 은혜로운 정사와 은혜로운 법 및 이익을 다른 나라 혹은 그 상인에게 베풀 경우, 배로 항해하여 통상무역을 왕래하는 등의 일을 해당국과 그 상인이 종래 누리지 않았거나 이 조약에 없는 경우를 막론하고 미국 관원과 백성이 일체 균점(均霑)하는 것을 승인한다. 이러한 타국의 이익을 우대하는 문제에서, 이것과 전적으로 관련된 조항으로 상호 보답을 규정할 경우, 미국 관원과 백성도 반드시 상호 체결한 보답하는 해당 조항을 일체 준수해야 비로소 우대하는 이익을 동일하게 누리는 것을 승인한다.

위의 각 조항은 【대조선국과 대미국의】 대신들이 조선의 인천부에서 논의해 정하고 【한문과 영문으로】 각각 세 통을 작성하여, 조문 구절이 서로 같기에 우선 서명을 하고 도장을 찍어 증빙함을 밝히고, 양국의 어필(御筆) 비준을 기다려 모두 1년을 기한으로 조선의 인천부에서 상호 교환한다. 이후 이 조약의 각 조항들을 피차 본국의 관원과 상인들에게 널리 알려 다 알고 준수하게 한다.

대조선국 개국 491년, 즉 중국 광서(光緒) 8년 4월 초6일

전권대관 경리통리기무아문사(經理統理機務衙門事) 신헌(申櫶)

전권부관 경리통리기무아문사(經理統理機務衙門事) 김홍집(金弘集)

대미국 1882년 5월 22일

전권대신 해군 총병 슈펠트[薛斐爾]

『고종실록』권19, 19년 4월 6일(신유)

※ 출처: 국사편찬위원회 우리역사넷(http://contents.history.go.kr)


## (b) 다른 나라들과의 조약 목록[166]

한국은 미국과 맺은 조약과 비슷한 내용의 우호 통상 조약을 다른 여러 나라와 체결했다. 각 조약의 의도와 목적이 거의 동일하기 때문에 본문은 인용하지 않고, 아래에 목록을 나열한다.

| 오스트리아–헝가리 | 1892년 6월 23일 |
|---|---|
| 벨기에 | 1901년 3월 23일 |

---

166) 조약의 전문(全文)은 나의 다른 책 "*Korean Treaties* (New York, 1919)"를 참조하라.

| 중국 | 1899년 9월 11일 |
|---|---|
| 덴마크 | 1902년 7월 15일 |
| 프랑스 | 1886년 6월 4일 |
| 독일 | 1883년 11월 26일 |
| 영국 | 1883년 11월 26일 |
| 이탈리아 | 1884년 6월 26일 |
| 일본 | 1876년 2월 26일 |
| 러시아 | 1884년 7월 7일 |

## (c) 일본의 한국 독립 보장

◆ 일본이 한국의 독립을 인정하거나 주장했던 조약에서 발췌

**1876년 2월 26일 – 한국과 일본이 체결한 조약**

독립국 조선(한국)은 일본과 동일한 주권을 누린다.

**1894년 7월 14일 – 한국과 일본이 체결한 조약**

동맹의 목적은 한국의 독립을 확고한 기반 위에 유지하는 것이다…….

한국은 일본 군인의 이동과 물자 보급에 관하여 가능한 모든 편의를 제공할 것이다. 이 조약은 중국과 평화 조약이 체결되면 그 효력이 종결된다.

**1895년 4월 20일 – 중국과 일본이 체결한 조약(시모노세키 조약)**

중국은 한국의 완전한 독립과 자치를 분명하게 인정한다.

**1898년 4월 25일 – 러시아와 일본이 체결한 조약**

러시아 제국 및 일본제국 양 정부는 한국의 완전한 독립과 주권을 분명하게 인정하며, 한국의 내정에 직접적인 간섭을 하지 않기로 상호 서약한다.

**1902년 1월 30일 – 1차 영일 동맹**

중국과 한국의 독립을 상호 인정하는 고위 계약 당사국(인 영국과 일본)
은 중국과 한국에서의 어떠한 공격적 경향에도 절대로 영향 받지 않는다는
점을 선언한다.

**1904년 2월 23일 – 한국과 일본이 체결한 조약**

일본제국 정부는 대한 제국의 독립과 영토 보전을 분명하게 보장한다.


## 3. 한국과 일본 사이의 대차대조표[167]
## (1905년 11월 17일 ~ 1917년 12월 31일)

◆ **일본의 특별 수입**

(달러)

| | |
|---|---:|
| 한국의 국가 부채 증가액 | 46,475,158.50 |
| 일본이 한국에서 보통세를 초과해 징수한 세금 | 50,098,877.50 |
| 한국 몫인 동양척식주식회사 주식 배당금 | 782,925.00 |
| 한국 몫인 압록강 및 두만강 벌목 사업 수익의 절반 | 1,163,140.50 |
| 한국 몫인 철도 운영 배당금 | 1,967,505.50 |
| 전차 및 협궤 철도 운영 배당금 | 32,000.00 |
| 인삼 무역 수익 | 2,213,969.50 |
| 탄광 운영 수익 | 578,516.50 |
| 염전 운영 수익 | 347,794.00 |
| 철광 운영 수익 | 165,481.50 |
| 보호림 및 공원에서 몰수한 금액 | 586,305.50 |
| 서울, 제물포, 평양, 진남포 수도 시설 운영 수익 | 370,354.00 |
| 총 수입 | 104,782,028.00 |

---

167) 부록 3~5는 일리노이 변호사 출신인 F. A. Dolph의 *Japanese Stewardship of Korea*에
서 인용한 것으로, 저자의 허락을 받았다. 이 자료는 Dolph가 주로 일본의 공식 보고서
에서 구한 것이다.

### ◆ 일본의 특별 지출

(달러)

| | |
|---|---|
| 철도 확장 | 37,645,123.00 |
| 벌목 사업 자본금 | 406,000.00 |
| 탄광 자본금 | 627,981.50 |
| 염전 자본금 | 582,143.50 |
| 전차 자본금 | 1,203,000.00 |
| 수도 시설 자본금 | 3,472,996.00 |
| 도로와 길 | 5,721,999.50 |
| 다리 | 2,650,000.00 |
| 항구 | 4,108,414.50 |
| 건물 | 1,162,572.00 |
| 토지 측량 | 8,331,539.50 |
| 삼림 조사 | 183,768.50 |
| 병원 | 474,197.50 |
| 해저 케이블 | 80,000.00 |
| 총 지출 | 66,649,735.50 |

◆ 한국이 과도하게 지불한 금액: 38,132,292.50달러

## 4. 일본의 통치 기간 중 한국의 국가 부채 증가액

(달러)

| | |
|---|---|
| 1917년 12월 31일까지 일본이 보고한 국가 부채 총액 | 46,843,415.00 |
| 일본의 통치 개시 시점의 국가 부채 | 368,256.50 |
| 일본의 통치 기간 중 부채 증가액 | 46,475,158.50 |

| 날짜 | 채권자 | 이자율 | 금액 |
|---|---|---|---|
| 1908년 12월 1일 | 일본 흥업은행 | $6\frac{1}{2}$ | 6,481,960.00 |
| 1913년 3월 1일 | 일본제국 재무부 | 4 | 526,325.00 |
| 1913년 4월 1일 | 일본제국 재무부 | 5 | 15,000,000.00 |
| 1914년 10월 1일 | 일본 회계부 예금과 | $5\frac{1}{2}$ | 2,500,000.00 |
| 1915년 3월 1일 | 일본 회계부 예금과 | $5\frac{1}{2}$ | 1,320,435.50 |
| 1915년 8월 1일 | 일본제국 재무부 | $5\frac{1}{2}$ | 1,500,000.00 |
| 1915년 8월 1일 | 한국 조선은행 | 6 | 750,000.00 |
| 1915년 10월 1일 | 일본제국 재무부 | $5\frac{1}{2}$ | 1,250,000.00 |
| 1915년 10월 1일 | 일본 회계부 예금과 | $5\frac{1}{2}$ | 155,556.00 |
| 1916년 3월 1일 | 한국 조선은행 | 6 | 3,000,000.00 |
| 1916년 3월 1일 | 일본제국 재무부 | $5\frac{1}{2}$ | 1,567,163.50 |
| 1916년 7월 1일 | 일본제국 재무부 | $5\frac{1}{2}$ | 1,500,000.00 |
| 1916년 9월 1일 | 일본제국 재무부 | $5\frac{1}{2}$ | 2,500,000.00 |
| 1917년 3월 1일 | 일본제국 재무부 | $5\frac{1}{2}$ | 1,292,500.00 |
| 1917년 12월 1일 | 일본제국 재무부 | $5\frac{1}{2}$ | 7,499,475.00 |
| 총액 | | | 46,843,415.00 |
| 연간 이자액 | | | 2,522,063.37 |

## 5. 일본의 통치 기간 중 거둔 초과 세금

◆ 한국이 통치하던 마지막 해에 거둔 세금 3,561,907.50달러와 일본의

통치 기간 중 거둔 세금 비교

(달러)

| 연도 | 일본의 통치 기간 중 거둔 총액 |
|---|---|
| 1906 | 3,699,372.00 |
| 1907 | 4,951,436.00 |
| 1908 | 6,144,100.50 |
| 1909 | 6,747,817.00 |
| 1910 | 7,393,666.00 |
| 1911 | 6,595,492.00 |
| 1912 | 6,842,432.00 |
| 1913 | 7,642,303.00 |
| 1914 | 10,101,815.00 |
| 1915 | 10,575,029.00 |
| 1916 | 10,731,620.50 |
| 1917 | 11,416,684.50 |
| 총액 | 92,841,767.50 |

◆ 일본의 점령 이전에 한국에서 거둔 연간 최대 세금액을 기준으로 같
은 기간 한국에서 거두었을 것으로 예상한 정상적인 세금:
42,742,890.00달러

◆ 정상적인 세금 이상으로 거둔 금액: 50,098,877.50달러

# 6. 김윤식(金允植) 자작과 이용직(李容稙) 자작이 조선총독 하세가와 요시미치(長谷川好道) 장군에게 보낸 청원서(1919년 3월 27일)

## 對日本長書(獨立請願書)

道貴隨時, 政在安民, 道不隨時, 非達道也, 政不安民, 非善政也, 日韓合倂, 于茲十年, 興利祛弊, 雖有多少改良, 未可謂之安民也, 近者獨立之聲, 一唱于街上, 而萬衆同聲和之, 旬日之內, 全國派動, 至於婦人孺子, 亦皆掖腕爭奮, 前仆後繼, 不顧死生, 此曷故焉, 意必有忍痛含冤, 積中而不敢發者, 一朝吐氣, 如決黃河之水, 滔滔湯湯, 有一往不返之勢, 雖云大同之興情, 豈非天耶, 今日鎭定之道, 非寬則猛, 寬則說諭慰撫, 將無所畏憚而息鬧無日, 猛則芟夷撲滅, 將愈增激烈而不可勝誅, 若不解決根本, 終無善策矣, 今群動之民, 其所願者, 欲復舊有之物, 而得免奴隷之恥也, 其所持者, 空拳單舌, 表白其冤鬱之情也, 其無悖惡之志, 斷可知也, 仁人君子, 所宜矜恕而涵宥者也, 此聞逮捕相屬, 囹圄充溢, 鞭笞之下, 鐐鎖之中, 往往不得其死, 又或使用武器, 積屍相枕, 情狀慘怛, 有不忍聞, 然而列郡騷擾, 愈往愈甚, 豈非根本未解, 徒事撫勦之故歟, 假使群動者, 隨現誅戮, 只能革面而不能革心, 人人心中, 皆有獨立二字, 暗室獨唱者, 不知爲幾百萬人, 又可盡搜而殺之乎, 夫人命非可以草菅視也, 昔孟子謂齊宣王曰, 取之而燕民悅則取之, 取之而燕民不悅則勿取, 齊王不能用, 終有甚慙之語, 此足爲前車之鑑也, 夫時者, 聖人之所不能違也, 天心之向背, 驗之於民, 民不安而能保有其疆土者, 自古未之有也, 僕等, 遭時艱劇, 老頑無恥, 旣受爵拜官于倂合之初, 而革面久矣, 今當此會, 無辜赤子, 入於水火之中, 不忍默視, 僕等, 亦暗室獨唱者中一人也, 不避猥越, 披瀝肝膽, 幸望閣下, 將此事狀, 轉達天陛, 議及于內閣諸公, 目今解決之策, 非說諭之所可回, 威力之所可服, 惟在上順天時, 下察民情, 自日本先認朝鮮獨立, 以示廓然大公之義於天下, 遍告于前日有約各國, 各國諒亦無不

允準, 夫如是則如日月之食而復更, 光明之德, 照映八表, 孰敢不瞻仰而讚頌
哉, 僕等, 閉戶調痾, 不識世情, 敢陳蒭蕘, 言之採也, 實爲億萬民之幸福也,
言不見採, 罪在僕等一身, 僕等, 景迫桑楡, 爲民請命, 死亦何恨, 病枕昏憒,
言不知裁, 惟閣下, 深察而恕諒之, 草草不備。

金允植
李容稙
內閣總理大臣 原敬 閣下

## 대일본장서(독립청원서)

도(道), 즉 천리(天理)는 시기(時期)에 맞추어야 하고 정치는 백성을 편안
히 함에 있나니 시기를 맞추지 못하면 천리에 어긋나고, 백성을 편안히 못
하면 잘하는 정치가 아니다. 일한합병이 우금 십 년에 이로운 일은 일으키
고, 폐습을 버려 비록 다소 개량함이 있다 하나, 백성을 편안하게 하였다고
는 할 수 없다. 근자에 한번 독립만세를 부르짖는 큰 소리가 거리에 울리자
만민이 화동하여 10일 이내에 온 나라에 파동하고 부인, 소년들도 모두 팔
을 걷어붙이고 다투어 나아가 앞사람이 넘어져도 뒷사람이 이어지며 사생
불고(死生不顧)하고 나아가니, 이 무슨 까닭인고. 아픔을 참고 원한을 품은
것이 속에 쌓였어도 감히 발동 못하다가 하루아침에 기운을 토하는 것이 황
하(黃河)의 물결이 둑을 허물고 호호탕탕 흘러가듯이 한번 가면 돌이킬 수
없는 사세이니, 비록 온 나라 사람들의 여론으로 말미암은 것이되 이 어찌
하늘의 뜻이 아니랴. 이제 이를 진정시킬 방도는 설유(說諭) 아니면 강압이
니 너그럽게 타이르고 위로하면 두려워하는 바가 없어 소요가 그칠 날이 없
을 것이오, 강압하여 박멸하면 장차 더욱 반항이 격렬하여 살상을 헤아릴
수 없을 것이다. 오직 근본을 해결치 아니하면 끝끝내 좋은 방책이 없을 것
이다. 지금 군중이 원하는 바는 옛것을 다시 찾아 노예의 수치를 면하고자

함이요, 그 가진 것은 빈주먹과 혀 하나뿐으로 원통하고 억울한 심정을 표명하는 것이니, 패악한 뜻이 없음은 단연코 알고 남을 것일진대, 인인군자(仁人君子)는 마땅히 불쌍히 여겨 용서하고 포용할 일이거늘 요사이 듣건대 체포가 계속되어 감옥이 넘치고 매질로 묶여 가는 중에 왕왕 죽는 자가 있고, 또는 마구 무기를 사용하여 죽은 사람들의 시체가 길에 즐비하다고 하니 정상이 참혹하여 차마 들을 수가 없도다. 그러나 각 고을의 소요는 날이 갈수록 더욱 심하니 이 어찌 근본 문제는 해결 않고 헛되이 무찌르기만 하는 까닭이 아니겠는가. 가령 독립 운동하는 사람들을 닥치는 대로 죽인다 하여도 다만 그 겉으로 얼굴이나 바꿀 수 있지, 그 마음이야 바꿀 수는 없는 것이다. 사람들 마음에 모두 '독립(獨立)' 두 글자는 있는 것이고, 방 안에서 독립을 외치는 자 몇 백만인지 모르는 것을, 또 깡그리 뒤져내서 죽일 수 있는 것이랴. 무릇 인명(人命)은 초개(草芥) 같이 여기지 못하는 것이니, 예전에 맹자(孟子)가 제선왕(齊宣王)에게 이르되 "연(燕)나라를 취할 때 백성이 기꺼이 하면 취하고, 백성이 기꺼워하지 않거든 취하지 말라." 하였으나 제왕(齊王)이 듣지 않다가 마침내 심히 부끄러워하였다는 말이 있으니, 이것이 거울로 삼을 만한 예전 일이다. 무릇 때(時期, 天時, 天理)라는 것은 성인(聖人)이 어기지 못하는 바이니, 도리에 어긋난 정치를 하면서 천심(天心)이 자기편에 있나 없나 시험 삼아 백성을 다스린다면 백성은 불안하며, 그 국토가 보존된 것은 자고(自古)로 있어 본적이 없도다. 우리는 험난한 때를 만나 늙고 어리석어 부끄럼 없이 합병 초에 이미 작위와 벼슬을 받아 낯가죽을 바꾼 지 오래이나, 지금 무고한 적자(赤子, 즉 국민)들이 물불 속에 들어가는 참경(慘景)을 차마 보고만 있을 수 없도다. 우리 또한 어두운 방에서 독립만세를 부르는 자 중의 한 사람이다. 외람됨을 무릅쓰고 진정(眞情)을 피력하노니, 바라건대 각하는 이 말을 천왕에게 전달하고 내각 제공과 의논하라. 지금 해결 방책은 빈 말로 타일러서 될 일이 아니고 무력으로 복종시킬 수 있는 일이 아니다. 오직 위로 천시(天時)에 순응하고 아래로 국민의 사정을 살펴서 일본이 먼저 조선 독립을 승인하여 탁 트인 대공(大公)의 의리를 천하에 보이고, 전날 조약이 있던 각국에 두루 통고하면 각국도 따라 옳다 할 것이니 이같이 한즉 일식(日蝕), 월식(月蝕) 같이 광명(光明)한 덕(德)을 다시 거푸 세계에 비추리니 누가 감히 우러러 찬송치 아니하리오. 우리는 오랫동안 문 닫고 병 조섭(調攝)하기에 세정(世情)을 알지 못하고 감히 조잡한 글을 올리오니 이 말을 채용할진대 진실로 억만민(億萬民)의 행복이 될 것이고, 채용이 안 될진대 그 죄는 우리에게 있도다. 우리는 이미 해가 서산에 걸려 있음과 같으니 백성을 위하여 죽은들 무슨 한이 있으리오. 병으로 혼미하야 두서없는 말로 이만 줄이니 오직 각하는 깊이 살펴 양해하여 주기 바라며 이만 줄이노라.

김윤식

이용직

내각총리대신 하라 다카시 각하

※ 출처: 雲養詩選集(金允植 著, 金象壽 飜譯·補遺), 이회문화사, 서울, 2004. pp. 632-635.

## 7. 잔학 행위 통계와 목격자들이 보고한 특별 사건에 대한 기록

◆ 한국 통계(1919년 3월 1일 ~ 1920년 3월 1일)

| | |
|---|---|
| 사망자 | 7,645 |
| 부상자 | 45,562 |
| 수감자 | 49,811 |
| 소실(燒失)된 가옥 | 724 |
| 소실된 교회 | 59 |
| 소실된 학교 | 3 |

## ◆ 일본 통계(1919년 3월 1일 ~ 1919년 7월 20일)

| | |
|---|---|
| 무사히 진압한 시위 | 341 |
| 무력으로 진압한 시위 | 51 |
| 무력과 화력으로 진압한 시위 | 185 |

※ 진압한 시위 총계: 577

## ◆ 사상자

| | |
|---|---|
| 한국인 사망자 | 631 |
| 일본인 사망자 | 9 |
| 정부 병원에서 치료 받은 한국인 부상자<br>(다른 병원에서 치료 받은 부상자 제외) | 1,409 |

## ◆ 체포와 처벌

| | |
|---|---|
| 헌병의 명령으로 구타당한 사람 | 9,078 |
| 법원의 명령으로 구타당한 사람 | 1,514 |
| 징역형을 받은 사람 | 5,156 |
| 재판을 받은 사람 | 8,993 |
| 항소가 받아들여진 사람 | 1,838 |
| 형을 면제받은 사람 | 282 |
| 석방된 사람 | 7,116 |

※ 사망자, 부상자, 체포된 사람 총계: 36,026

## ◆ 재산 피해

| | |
|---|---|
| 완전히 파괴된 교회 | 17 |
| 부분적으로 파괴된 교회 | 24 |
| 그 외 파괴된 건물 | 168 |

## ◆ 1919년 10월 총회에 보고된 장로교 교회 통계(회원만 집계)

| | |
|---|---|
| 파괴된 교회 | 12 |
| 총에 맞아 죽은 사람 | 41 |

| | |
|---|---|
| 구타당해 죽은 사람 | 6 |
| 체포된 목사, 장로, 지도자 | 336 |
| 체포된 남자 | 2,125 |
| 체포된 신자 | 812 |
| 체포된 여자 | 531 |
| ※ 체포된 사람 총계 | 3,804 |
| 구타당한 사람 | 2,162 |
| 현재 감옥에 갇혀 있는 사람 | 1,642 |

## 목격자들이 보고한 특별 사건에 대한 기록(연대순)

### ◆ 1919년 3월 1일

서울 - 파고다 공원에서 집회가 열린다는 공고문이 게시되었고, 인쇄된 독립 선언서가 배포되었다. 사람들은 공공건물 및 영사관 앞에 모여 "만세'를 외치고, 선언서를 전달했다. 한국인은 무장하지 않았으며, 폭력 행위도 없었다. 헌병이 칼을 휘두르며 돌진하여 많은 사람이 다쳤다. 경찰은 가능한 한 많은 사람을 체포했다. 다음 날인 일요일은 황제의 장례식 이틀째였다. 5일까지 더 이상의 시위는 없었다.

### ◆ 1919년 3월 2일

주 - 무장하지 않은 한국인 4천여 명이 모여 "만세"를 외쳤다. 일본 장교 7명이 나와 사람들에게 총을 난사했다. 8명이 죽고 20명이 부상을 당했다. 부상자 중 2명이 세브란스 병원에서 치료를 받았다. 왼쪽 다리에 총상을 입은 19살의 학생과 오른쪽 다리에 총상을 입은 61살의 농부였다.

평양 - 군인들이 대검을 꽂은 총을 들고 남자와 소년 무리에 돌진했다. 말을 탄 두 사람이 한 남자를 공격했고, 곧이어 4명의 군인이 그 남자에게 달려들어 짓밟고 정신을 잃을 때까지 개머리판으로 때린 후 질질 끌고 갔다. 네 명의 군인이 22살의 청년을 공격하여 개머리판으로 얼굴을 난타했다. 군인 30명이 소년들에게 돌진하여 4명을 사로잡았다. 한 소년(14살)은 손이 묶인 후 얼굴을 구타당했다. 군인 3명이 군중 속에 있지도 않았던 노동자를 심하게 때렸다. 2명의 여자가 총부리에 맞아 쓰러졌다. 그중 한 명은 50살이었는데, 그녀가 절뚝거리며 떠나려 하자 군인들이 총을 조준하여 발포했다. 수십 명의 남자와 소년이 심하게 구타당했다. 막 도착한 5명의 신학생이 자신의 방에서 체포되어 각각 29대의 채찍질을 당했다. 두 소녀가 머리채를 잡혀 전봇대까지 끌려갔다. 그리고 전봇대에 머리카락을 묶인 채 가혹하게 구타당했다. 65살의 노인이 걷지 못할 정도로 구타당하고, 경찰서에 끌려가서 두 번째로 의식을 잃을 만큼 구타당했다. 소방대원이 갈고리로 한국인 1명을 살해하고 시신을 갈고리로 끌고 갔다. 노인과 여자, 아이들도 무차별적으로 학대 받고 경찰서에서 공식적으로 구타당했다. 두 여자가 주먹으로 맞고 발길질을 당해 도랑에 내던져졌다. 군인들이 여자 군중에게 사격을 가했다. 경찰은 기록을 남기지 않기 위해 부상자가 병원에 가지 못하도록 막았다. 그래도 인근 마을에서 총상을 입은 사람이 11명 병원에 이송되었다.

◆ **1919년 3월 3일**

구미포 – 교회가 심하게 파괴되었다. 마을 사람들이 장로의 집 앞에 모였다. 경찰은 "이것은 기독교인들의 책임이다."라고 말하며 사람들을 해산시키고, 교회로 돌진하여 모든 유리창을 깨고, 난로를 부수고, 종을 뜯어내고, 교회에 불을 질렀다. 불은 교회 안에도 지르고 밖에도 질렀다. 계속해서 학교로 이동한 후 모든 문과 창문을 부쉈다. 한국인 3명이 체포되어 평양 감옥으로 보내졌다.

맹산 - 사람들이 모였는데, 대부분 천도교 신도였다. 군인들이 나타나 지도자를 체포한 뒤 그를 지독하게 다루었다. 이를 본 사람들은 분노하며 담장으로 둘러싸인 경찰서까지 따라갔다. 59명의 한국인이 문 안으로 들어서자, 군인들이 문을 닫고 그들을 조준하여 사격했다. 56명이 죽고 3명은 탈출했다. 총탄에 죽지 않은 사람들은 총검에 찔려 죽었다. 군인들은 시체를 쌓고 숫자를 센 후 3명이 탈출했다는 사실을 발견하고 그들을 찾아 나섰다. 난투가 벌어진 와중에 군인 한 명이 총에 맞았고, 한국인이 총을 빼앗았다. 도망친 한국인은 발견되지 않았다. 군인들은 평양에서 파견된 여전도사 1명을 체포했다. 그녀는 잔인한 대접과 고문을 받았고, 전도를 중단하라는 지시를 받았다.

### ◆ 1919년 3월 4일

모럽실 - 군중이 4명의 헌병에게 공격을 받았다. 한국인 2명이 즉사했고, 5명은 나중에 사망했으며, 20명이 부상당했다. 부상자 중 10명이 선교병원에서 치료받았는데, 1명은 무릎 아래가 잘게 부수어져 다리를 절단했고, 1명은 총알이 척추를 관통하여 척추골 하나를 잃었다.

함흥 - 이틀 전에 교사 1명과 학생 여러 명이 체포되었다. 3월 3일 상점들은 문을 닫았고, 일본인 소방대원이 소방용 창을 들고 군중을 해산시켰다. 이 와중에 여러 명이 다치고 체포되었다. 4일에 군중이 다시 모이자 갈고리와 소방용 창으로 무장한 일본인 소방 부대가 공격했다. 많은 사람이 심하게 다쳤다. 한 학생은 이마에 심한 상처를 입고 왼쪽 다리를 절었는데 며칠간 치료도 받지 못하고 갇혀 있었다. 다른 사람은 두개골이 부수어져 거의 죽어가는 상태로 풀려났다. 7명의 한국인이 체포되었으며, 여러 명의 소녀도 체포되어 불쌍한 모양새로 경찰서에 끌려갔다.

## ◆ 1919년 3월 5일

순안읍 – 헌병들이 군중에게 발포하여 5명이 죽고 많은 사람이 부상당했다. 부상자들은 음식과 물도 없고 치료도 받지 못한 채 감옥에 갇혔고, 많은 사람이 괴저로 죽었다. 한 노인이 이러한 처사에 대해 항의하다 총살당했다. 그의 아내가 시체를 수습하러 왔다가 역시 살해당했다. 후에 딸이 찾아왔으나, 칼에 심하게 베임을 당하고 쫓겨났다.

서울 – 9시 정각에 시위가 시작되었다. 상점들은 문을 닫았다. 전차 회사 직원들이 일을 중지했다. 지식인들은 총독에게 보낼 청원서를 준비했다. 총독의 집무실에 제출하자 경찰서에 가라는 말을 들었고, 경찰서에 제출하러 가자 경찰은 청원서 제출자들을 체포했다. 시위가 반 마일 정도 진행되자 놀란 경찰이 시위를 막아섰다. 경찰은 칼을 빼 들고 군중에게 돌진했다. 성별에 차이를 두지 않았다. 수백 명이 체포되었다. 적십자 간호사들이 부상자를 돌보기 위해 붕대를 가지고 나왔다. 그러나 간호사들은 경찰서에 억류되어 부상자들을 도울 수 없었고 오후 늦게 풀려났다.

## ◆ 1919년 3월 6일

함흥 – 상점들은 아직 문을 열지 않았고, 4일에 있었던 시위가 다시 열렸다. 일본인 소방 부대가 다시 군중에게 돌진했다. 여러 명이 몽둥이에 맞고 부상당했다. 한 사람은 거의 죽어가는 상태로 경찰서에 끌려갔지만, 사망 기록을 남기지 않기 위해 풀려났다.

## ◆ 1919년 3월 7일

반석 – 군인들이 와서 교회 종탑을 끌어내리고, 창문을 박살내고, 성경책을 불태웠다. 남녀 5명을 체포하고, 모든 옷을 벗긴 후 몽둥이와 총으로 구타했다. 그들은 학교 교사의 집에 침입했다. 한 남자가 죽을 때까지 구타당했다. 교회 장로 한 명을 찾지 못한 경찰은 장로의 아내와 두 살 먹은 아이를 붙잡았다. 여자의 옷을 벗긴 후 남편이 어디에 있는지 말하라고 아이와 여자를 구타했다. 많은 사람이 체포되었다.

## ◆ 1919년 3월 8일

강계 — 몇백 명이 모여 사는 산속 마을이다. 경찰이 경고 없이 발포하여 4명이 죽고 8명이 다쳤다. 나중에 경찰이 떠나면서 강가에서 빨래하던 두 여자에게 총을 발포했다. 한 여자는 머리에 총을 맞았지만, 다른 여자는 총알이 빗나갔다.

신창 — 군인들이 교회 종을 파괴하고, 임신한 감리교 목사의 아내를 공격하고 구타했다. 부인은 회복되지 못했다.

## ◆ 1919년 3월 10일

순안 — 군중이 모였고, 군인들이 그들에게 돌진했다. 오직 기독교인만 체포당했다. 장로 한 명은 100대나 맞았다. 체포된 교사 한 명은 총검으로 여덟 번이나 베였다.

평양으로부터 다음의 교회들이 파괴되고 부수어졌다는 보고가 들어왔다. 진남포의 감리교 감독 교회와 장로교회, 겸이포, 반석, 이천, 남산모루, 대태령의 장로교회. 미림에서는 장로들이 체포되어 각각 29대의 채찍을 맞았다. 중화에서는 교회 집사들이 체포되어 각각 15대의 채찍을 맞았다. 8일 토요일에 두 무리의 수감자들이 선교 단지를 지나갔다. 첫 번째 무리는 남자 12명, 두 번째 무리는 88명이었다. 그들 모두 평양에서 47마일(75㎞) 떨어진 천도교의 중심지 선천 출신이다.

## ◆ 1919년 3월 12일

배백 – 기독교 학교 교사들이 총검에 부상당한 후 체포되었다. 난투 중에 군인들이 군중에게 발포하여 5명이 죽고 많은 사람이 다쳤다.

## ◆ 1919년 3월 13일

신흥 – 장날에 경찰이 군중에게 발포하여 4명이 죽고 4명이 부상당했다. 사망자 중 1명은 머리에 물동이를 이고 가던 여자였다.

## ◆ 1919년 3월 15일

함흥 근처 숭덕 – 경찰이 군중에게 돌진하여 한국인 4명을 죽였다.

## ◆ 1919년 3월 16일

투금 – 헌병이 군중 500여 명에게 발포했다. 1명이 사망하고 8명이 부상당했다.

## ◆ 1919년 3월 18일

온창 장터 – 600여 명이 모여 "만세"를 외쳤다. 헌병들에게 구타당하고 총에 맞았다. 3명이 죽고 20명이 부상당했다. 72세의 김광은은 어깨에 총상을 입었다. 서울 병원에 가려고 했지만, 진남포에서 체포되어 결박당하고 구타당한 후 풀려났다. 재경읍에서 똑같은 일이 벌어졌지만, 그는 세브란스 병원에 갈 수 있었다. 다른 부상자 3명도 병원에 도착했다. 그들 중 1명(21세)은 얼굴에 총을 맞았는데, 위턱뼈에서 총알을 뽑아냈다. 다른 사람은 몇 시간 후 죽었고, 몽둥이에 맞았던 세 번째 사람(노인)은 다음날 사망했다.

◆ 1919년 3월 22일

서울 동소문 안 - 수백 명이 모였다. 군인들이 총을 난사했다. 여러 명이 죽고 많은 사람이 다쳤다. 한 사람은 눈에 총을 맞고 세브란스 병원에 이송 되었지만, 눈을 잃었다.

서울 - 대규모 시위. 신속히 진압되었고 많은 사람이 체포되었다.

◆ 1919년 3월 23일

서울 - 도시 전 구역에서 동시에 조직적인 시위가 벌어졌다. 총검을 자유롭게 사용하면서 많은 부상자가 발생했다. 여러 명이 사망했다.

영순기리(里) - 군인들이 남자와 소년 무리에게 돌진했다. 16살의 소년 송영이 뒤쳐져 총검에 손을 다쳤다. 다친 손을 잡고 앉아있는데, 두 번째 군인이 다가와 총검으로 배를 찔렀다.

황해도 - 헌병들이 몽둥이, 칼, 총을 사용하여 수백 명의 군중을 공격했다. 3명이 죽고 20명이 다쳤다. 다리에 총상을 입은 25살의 남자가 세브란스 병원에서 치료받았다.

◆ 1919년 3월 27일

독산 - 300여 명이 모여 소리치며 태극기를 흔들었다. 15명의 헌병이 공격했다. 나중에 서울에서 자동차로 병력이 강화되었다. 군중에게 발포하여 1명이 사망하고 15명이 다쳤다. 세브란스 병원에서 치료받은 사람은 다음과 같다. 발에 총을 맞은 23살의 남자, 다리에 총을 맞은 27살의 남자, 팔과 옆구리에 총을 맞은 35살의 남자, 총알이 입술을 관통한 21살의 남자, 몸에 심각한 부상을 입고 다리가 박살 난 35살의 남자, 머리에 총을 맞고 정신을 잃은 신원 불명의 1인.

호린말 – 교회의 종이 울리고, 모두 교회에 모이라는 명령을 받았다. 명령에 따른 사람 중 26명이 체포되었다. 6명은 풀려났지만, 20명은 감옥에 수감되었다. 후에 90대씩 매를 맞도록 선고받았다.

안동 – 젊은 사람 다수가 모였으나, 경찰에 의해 해산되었다. 한 사람은 경찰에게 칼로 20번 베였는데, 문자 그대로 조각이 났으며, 병원에서 사망했다.

## ◆ 1919년 3월 28일

모락 – 많은 사람이 모였다. 3명의 경찰이 군중에게 발포하여 수많은 사람이 죽고 다쳤다. 헌병이 도착하여 군중에게 발포했다. 어느 장로의 아들 2명이 죽었다. 차 장로는 팔에 총을 맞았고, 집사 1명은 어깨에 총을 맞았으며, 다른 사람은 다리에 총을 맞았다. 평양의 기홀(紀忽) 병원에서 치료받았다. 차 장로의 동생은 총검에 등을 찔려 죽었다. 헌병이 차 장로의 집은 찾아가 그의 아내를 때리고 도서관과 교회의 모든 기록을 태웠다.

광주읍 – 600명이 모였다. 헌병이 발포하여 3명이 죽고 많은 사람이 다쳤다. 총에 맞아 턱뼈가 사라진 34살의 한 농부가 병원에서 치료받았다.

파주 – 서울에서 65리 떨어진 곳으로 1,000명이 모여 "만세"를 외쳤다. 헌병은 달아나는 군중에게 쫓아가며 발포했다. 8명이 죽고 3명이 다쳤다.

고양군 – 5,000명이 모였다. 기마경찰 및 제복과 사복을 착용한 헌병에게 공격받았다. 많은 사람이 죽고 다쳤다. 목격자들이 정확한 숫자를 보고

하지 않았다. 54살의 남자가 칼집으로 팔을 구타당하고 심하게 맞았다. 세브란스 병원에서 치료받았다.

고상 – 상점들이 문을 닫았지만, 열라는 명령을 받았다. 약 70명의 한국인이 모였다. 헌병이 군중에게 발포했다. 26살의 남자가 왼쪽 팔에 총상을 입었다. 세브란스 병원에서 치료받았다.

강웅 – 장날에 무장하지 않은 1,000여 명이 모여 외쳤다. 헌병이 군중에게 발포하여 4명이 죽고 4명이 다쳤다. 한 명은 어깨에 총상을 입고 세브란스 병원에서 치료받았다.

◆ 1919년 3월 30일
서울 – 일본 경찰은 헌병이 군중에게 38회 발포했으며, 경찰 9명 사망, 한국인은 361명이 죽고 860명이 다쳤다고 보고했다. 한국인의 통계에는 3월 중 서울에서 600명 이상이 죽었다고 되어 있다.

동창 – 장날 시위가 있었다. 경찰이 17명을 체포했는데, 그중 5명이 여자였다. 여자들은 옷을 벗긴 후 몽둥이로 구타했다. 그리고 일본인 장교들이 그녀들을 세워 놓고 차를 마시며 희롱했다.

견소 – 주일 학교에서 25명 정도의 사람이 기도하고 있을 때 군인들이 교회로 들어왔다. 창문으로 총을 들이대고, 지도자를 구타한 후 남자 4명, 여자 3명을 포로로 잡아갔다.

◆ 1919년 4월 2일
동창 – 인근 광산의 광부 무리가 찾아와 30일에 여자들이 당한 수모에 분개하며, 그런 야만인들을 혼내지 않을 수 없다고 말했다. 그들 중 2명이 총에 맞았고, 1명은 부상당했다.

#### ◆ 1919년 4월 6일

수촌 - 군인들이 나타나 마을에 총격을 가했다. 군인들이 파괴한 것으로 보고된 15번째 마을이다.

#### ◆ 1919년 4월 8일

강계 - 작은 산속 마을로 시위가 있었다. 2명이 죽고 12명이 부상당했다.

#### ◆ 1919년 4월 11일

화수리 - 마을이 불탔다. 일본 경찰과 군인들에 의해 많은 사람이 다치고 부상당했다.

#### ◆ 1919년 4월 15일

도추리 - 군인들이 마을에 들어왔다. 한 가정의 아들과 손자 6명이 죽었다. 그들의 시체를 짚으로 덮은 후 불을 질렀다. 76살의 노인이 자식들을 애도했다.

제암리 - 일본 군인들이 마을에 들어와 거주민들에게 교회에 모이라고 명령했다. 사람들이 교회에 모이자, 군인들이 교회 안으로 총격을 가했다. 한국인 대부분이 죽었고, 교회는 불에 휩싸였다. 탈출을 시도했던 6명이 교회 밖에서 총검에 찔린 채 발견되었다. 여자 2명이 살해당했는데, 1명은 총검에 찔렸고 1명은 총에 맞았다. 그리고 마을 전체가 불에 휩싸였다.

제암리 학살 사건으로 이 끔찍한 기록을 마치려 한다. 한국이 독립 복원을 주장했던 1919년 3월 1일 이후 지난 2년간 매일 발생한 사건을 계속해서 말할 수 있지만, 그러면 이 부록이 합리적인 양을 초과할 것이다. 독자는 지금까지의 기록으로 어떤 내용이 추가될 것인지 판단할 수 있을 것이다. 이 잔학 행위가 계속되고 있다는 것을 보여주기 위해 최근의 사건 중 몇 가지를 인용한다.

일본 군인들의 공포 통치는 한국뿐만 아니라 그런 행위를 보고 기록할 외국인이 거의 없는 만주의 한국인 정착민에게도 행해졌다. 만주의 한국 거주민들은 세계 도처의 동포들과 마찬가지로 독립운동에 정신적·물질적 지원을 아끼지 않았다. 결과적으로 일본 군인들의 대규모 학살, 마을 방화, 들판 황폐화가 일상이 되었다. 남만주 용정에 머무르던 캐나다 의료 선교사 S. H. 마틴 박사는 1920년 10월 31일 일본 군인들의 손에 파괴된 불운한 마을 중 하나인 노라바위를 잔학 행위 이틀 뒤 방문했다. 다음은 마틴 박사가 토론토에 위치한 캐나다 장로교 외국 선교 위원회에 제출한 보고서의 일부이다.

10월 29일 새벽, 일본군 보병이 기독교인 마을을 포위하고 계곡 위쪽부터 탈곡하지 않은 수수와 보리와 짚더미를 태운 뒤, 주민들에게 집을 비우라고 명령했다.

아들과 아버지가 집을 나설 때마다 총이 난사되었고, 죽지 않은 사람에게조차 불타는 짚더미를 덮었다. 그들이 불길에서 벗어나기 위해 발버둥 치면 총검으로 찔렀다. 그런 후 일본 군인들이 집에 불을 질렀다…….

나는 방화와 고의적인 살인이 저질러진 32곳 마을의 이름과 정확한 보고 자료를 가지고 있다. 한 마을에서는 145명이 살해되었을 정도다. 나는 여자와 아이들이 안에 있는 채로 불타버린 집의 잔해를 보았다. 소노영에서는 흙을 덮지 않은 무덤 옆에 남자 4명을 세우고 총살했다. 일본인 장교들은 안전을 보장할 수 없다는 이유로 외국인들이 이곳에 여행하는 것을 허락하고 있지 않다.

다른 캐나다인 선교사 W. R. 푸트 목사는 보고서에 다음과 같이 적고 있다.

남고아우 - 10월 19일, 지도자의 집과 학교는 전소하고, 교회는 불탔지만 심하
　　　　게 손상되지는 않았다.

구세동 - 10월 19일, 기독교인의 집이 불탔다.

올도구오 - 10월 26일, 기독교인의 집 4채가 불탔다.

명동 - 10월 26일, 100피트에 달하는 벽돌 학교 건물이 불탔다. 어느 장로의
　　　　집도 불탔다.

노페이 - 10월 26일, 교회(30명이 앉을 수 있는 규모)와 학교가 불탔다.

간장암 - 10월 30일, 10월 30일, 교회와 학교 그리고 집 9채가 불탔다. 25명
　　　　이 총살되었고, 시체는 불태워졌다.

이 모든 사건은 진짜로 일어난 일들이다. 5명(선교사 4명, 세관원 1명)이
주민과 함께 시간을 보내며 이틀간 조사했다.

청산 - 교회와 학교 그리고 집 몇 채가 불탔다. 30명이 죽었는데, 그중 23명은
　　　　총에 맞아 죽었고, 7명은 자신의 집에서 불타 죽었다.

운동자 - 교회와 학교가 불타고 80명이 총에 맞았다.

이곳 모두는 기독교인 마을이다.

이곳에 오는 부대장과 병사들은 일반적으로 주민들과 어떠한 대화도 하지 않
고 악마 같은 행위만을 한 뒤 떠나간다.

예를 들면, 노페이에서는 군인들이 마을을 통과해 반대편 교회에 다다른 뒤 말
에 탄 장교가 부대의 행군을 중지하고 교회와 학교에 불을 지른 후 다시 행군을
계속했다.

구세동은 유일하게 모든 행동의 이유가 알려진 곳이다. 군대와 동행한 한국인

한 명이 사람들에게 장교가 한 얘기를 전해 주었는데, 집주인이 한국인의 애국 활동을 위한 자금을 모으고 있다는 증거를 그 장교가 가지고 있다는 얘기였다. 나쁜 짓을 한 사람만 고통받았다면 한국인들이 그렇게 심하게 반대하지는 않았을 것이다. 그러나 이곳은 아무런 죄도 없고 힘도 없는 사람들이 변명 한마디 할 기회조차 없이 죽임을 당한 불의와 고통의 장소였다. 간장암에는 매서운 겨울이 찾아오고 있는데, 자신과 아이를 돌볼 물품 하나 없는 불쌍한 여인들이 남겨져 있다. 남자들은 총살당하고, 집과 가재는 모두 불탔다. 추수하여 보관해 둔 곡식도 모두 불탔다. 신발조차 없는 여인과 아이들도 있다. 일출 직후에 군인들이 이웃 마을에서 남자 6명을 데리고 이 마을에 들어왔다. 이들과 간장암의 젊은이들을 어느 한국인의 집 앞에 모은 뒤 어떠한 조사도 없이 총살해 버렸다. 어느 집에서는 아버지와 아들이 죽었다. 다른 집에서는 25살의 두 형제와 아들이 죽었다. 시신은 두 개의 더미로 쌓은 뒤 장작을 덮고 불을 질렀다. 그들 위에 기름을 부을 때 부상자 몇 명이 일어서려 했지만, 총검에 맞아 다시 쓰러졌고 불 속에서 운명을 맞이했다.

나는 이 사람들을 잘 알고 있다. 그들은 구석진 협곡에 살았다. 땅은 비옥하지 않고, 땔감도 매우 부족하다. 그들은 조용하고 열심히 일하는 마음 착한 사람들로 생계를 위해 고군분투하는 사람들이다. 그들에게는 교회와 학교, 성경과 찬송가, 주일의 예배, 무엇보다도 구세주가 삶의 기쁨이었다.

용정에 거주하는 캐나다 장로교 선교회 소속인 온타리오 출신 엠마 M. 팰리토프(Emma M. Palethorpe)는 수칠고 마을에서 5명의 남자가 일본 군인들에 의해 용정에서 3마일 정도 떨어진 언덕 위로 끌려가 죽임을 당한 내용을 그녀의 기록에 전하고 있다. 팰리토프는 다음과 같이 적고 있다.

언덕 위에는 길이나 마을에서 보이지 않는 꽤 큰 웅덩이가 있다. 희생자들은 이곳 바닥에 앉혀진 후 칼로 난도질당했다. 목격자에 따르면, 칼 두 자루가 부러졌고 이 잔인한 작업은 총검으로 마무리되었다. 그런 후 웅덩이 옆의 흙으로 훼손된 시신을 덮어버렸다.

가장 최근의 연합 통신사 보도 중 하나(1920년 12월 11일)에 따르면, 간도 인근에서 375명의 한국인이 재판 없이 처형되었고, 1,500명이 체포되고 교회 2개와 학교 5개가 파괴되었다. 1920년 12월 8일 자 보도에는 한 마을에서 집 70채, 다른 마을에서 130채가 파괴되었다는 내용이 있었다.

시카고 데일리 뉴스의 극동 특파원 주니어스 B. 우드(Junius B. Wood)가 간도 지역을 방문하고 보내온 1920년 12월 14일 자 보도 내용은 다음과 같다.

내가 일본군 19사단 본부에서 받은 자료에 따르면, 일본군의 만주 동남부 지역 작전 중 한국인 375명이 죽고 집 193채가 불에 탔다.

간도와 훈춘을 포함한 8개 지역을 관장하는 타오(Tao) 지사는 4개 지역에서 올라온 불완전한 보고에 따르면 한국인 800명이 죽고 집 300채와 수확한 곡물 그리고 가축이 불에 탔다고 며칠 전 나에게 말해 주었다.

같은 지역을 담당하지만 거친 산길로 겨우 연결된 외떨어진 마을이나 부락에 찾아갈 공식적인 기구나 다른 시설을 가지고 있지 않은 캐나다 장로교 선교사들의 보고에 따르면, 중국인 지사가 알려준 수치는 매우 보수적인 수치라는 사실을 알 수 있다.

1920년 12월 15일 자 보도에서 우드 씨는 사건을 명확하게 전달하고 있다.

보고에 따르면, 여기저기 흩어진 마을을 포함한 장산 지역에서 집 130채와 교회 및 학교 여러 채가 불에 탔으며, 90명이 총살당했다. 그중에는 주민 70여 명과 집 30여 채로 이루어진 비기독교인 마을도 있었다. 그곳은 완전히 파괴되었다. 집 지하 감자 저장고에 숨어있던 한 가족은 모두 질식사했다……

일본 부영사가 자리한 두도고에서는 처형된 6명의 시신이 개들의 먹이가 될 때까지 마을 밖에 방치되었다. 그제야 시신 매장이 허가되었다…….

룽힝툰에서 북쪽으로 100마일 떨어진 나자고아 계곡에서는 1000여 채의 집 중 500여 채가 불에 탔으며, 600명이 처형되었다. 몇몇 경우는 시신이 토막으로 난도질당하고 더미로 쌓여 생존자들이 유해를 알아볼 수 없을 정도였다…….

캐나다 장로교 관할인 한국인 소유의 학교와 교회 120여 채 중 20채가 파괴되었다……. 간도와 훈춘 지역의 한국인 소유 중학교 3채가 모두 파괴되었다. 10,000엔(5,000달러) 가치의 벽돌 건물인 문동 학원이 불탔다……. 춘곤 학원은 약탈당했으며, 지도와 도표와 실험실 도구와 책은 파괴되었다. 이런 장비는 수 천 달러의 가치가 있는 것이었다. 이 학교의 교사들은 외국에서 교육을 받았다. 훈춘 지역의 완고 학원도 불탔다.

# The Case of Korea

# The Case of Korea

A Collection of Evidence on the Japanese
Domination of Korea, and on the Devel-
opment of the Korean Independence
Movement :: :: :: :: ::

By
## HENRY CHUNG, A. M., Ph. D.

*Member of Korean Commission to America
and Europe*

*Author of "The Oriental Policy of the United States,"
"Korean Treaties," etc.*

With Foreword by
HON. SELDEN P. SPENCER
*U. S. Senator from Missouri*

NEW YORK      CHICAGO

## Fleming H. Revell Company

LONDON   AND   EDINBURGH

W

New York : 158 Fifth Avenue
Chicago : 17 North Wabash Ave.
London : 21 Paternoster Square
Edinburgh : 75 Princes Street

*To the memory of those*

*BRAVE MEN AND WOMEN*

*who suffered martyrdom in the national movement of 1919 that Korea might have restored independence this volume is respectfully inscribed*

There is blood that is silent and blood that cries aloud : The blood of the battle-fields is drunk in secret by the earth ; the peaceful blood that is shed rises moaning toward the heavens : God receives and avenges it.
—*Chateaubriand.*

# Foreword

**By** HON. SELDEN P. SPENCER,
*U. S. Senator from Missouri.*

AMERICANS want facts. Justice is not
founded upon mere emotion or sentimental
enthusiasm. Right follows truth, sometimes
slowly, but always eventually.

The history of this book is illuminating and thrill-
ing. It is well worth the thoughtful consideration of
all Americans. It deserves and demands attention.

Korea, the historic patriarch of the world,—more
than four thousand years old when the United States
was born—has a particular appeal to the conscience
and heart of our country.

On June 4, 1883, there was proclaimed a " Treaty
of Peace and Amity and Commerce and Navigation "
between the United States of America and the King-
dom of Korea or " Chosen," which had been agreed to
by the representatives of the respective Governments
on May 22, 1882, and was formally ratified by the
President of the United States (President Arthur) on

7

February 13, 1883, after its approval by the Senate of the United States on January 9, 1883.

This Treaty *inter alia* provided:

" There shall be perpetual peace and friendship between the President of the United States and the King of Chosen and the citizens and subjects of their respective Governments. *If other powers deal unjustly or oppressively with either Government, the other will exert their good offices, on being informed of the case, to bring about an amicable arrangement, thus showing their friendly feelings."* (Italics mine.)

This Treaty gave to Korea a " big boy " friend upon whose strength and justice the twenty millions (present population) of Koreans instantly relied with a confidence that was pathetic in its intensity and devotion.

The " Hermit Kingdom " had lifted the latch and at once opened the door in welcome to the world. Other treaties followed, but the Treaty with the United States was the first.

We built the first railroad, the first electric light plant, the first water works in Korea; we constructed the first large Korean steamboats, we equipped her mines with modern machinery.

Korea, both in spirit and in letter, lived up to her Treaty agreement, though, as a matter of fact, it entirely transformed her custom in regard to foreigners

—a custom which had been established for decades of centuries.

The Korean people never changed this Treaty. It was and it is now their star of hope. Neither their Emperor nor their Prime Minister ever consented to its abrogation. Whatever may be the diplomatic situation of to-day, this fact cannot be morally overlooked.

How Japan secured control of Korea and in 1905 became the " protector " and diplomatic spokesman for these intelligent and independent people, and how later Japan completely annexed Korea and made of it a province, and how the Korean people proclaimed the independence of the Korean Republic, are graphically recited—from the standpoint of Korea—in a manner that indicates both historic accuracy and statesmanlike impartiality.

No nation on earth can indefinitely mistreat those over whom it happens for a time to have control.

There is a world public opinion that in the last analysis is absolutely controlling. This opinion may be slow in forming, but woe be to that nation whose conduct is such as to bring upon it the anathema of world condemnation. It would be better for that nation if a millstone were hanged about its neck and that it were drowned in the depth of the sea.

Propaganda skillfully directed, vigorously promulgated, may temporarily deceive, but in God's own time the truth shines through the parted clouds and instantly the world recognizes the fact.

I commend this book to the careful thoughts of my fellow Americans. Its record of diplomatic and current events places upon Japan the burden of explanation—a burden which no Government ought either to hesitate or refuse to instantly assume before the judgment bar of the world.

Civilization demands the truth—the whole truth and nothing but the truth—and no part of the civilized world ought to be more insistent for it, either from the standpoint of history or justice or its own honor, than the American people.

SELDEN P. SPENCER.

*Senate Office Building,*
*Washington, D. C.*

# Preface

THE world is full of tragedy, and the conscience of mankind is already overburdened with the groans of suffering humanity. But the greatest of national tragedies to-day is little known to the civilized world. And that is the case of Korea. We have wept over Armenia and Belgium, but from neither of these lands does international injustice cry more loudly than from the little Hermit Kingdom of the Far East.

To the unsuspecting Western peoples, kept ignorant by the Japanese Government of conditions in Korea, the Independence Movement of 1919 and Japanese atrocities in connection with it came as a surprise. But the spirit of nationalism, as exhibited by the Koreans in 1919, is simply a blaze from the smouldering fire that is and has been burning ever since Japan usurped Korea. The atrocities committed by Japanese are nothing more than a part of the system that has operated since the protectorate was established in 1905.

As to Korea's right to self-determination, no fair-minded man would raise a question. Of all the nations that obtained their independence after the World

11

War, none has a better title to freedom than Korea. The Korean race is, perhaps, the most homogeneous in the world. Their history extends back some four thousand years. They have a civilization as great as China's in many ways, and greater than Japan's in most. During the long years of their independent existence, they have created a literature, an art, and culture of their own. In short, they constitute a nation in every ethnic, historical and cultural sense of the word. And to-day the whole nation is united in asserting its right to determine its own destiny according to its own will and choice.

Japan advances many arguments to justify her domination of Korea. They are (1) self-defense, (2) necessity for colonization, (3) benevolent motive to aid Korea. But none of these stands the test of close investigation and international justice.

"An independent Korea, liable to become a possible strategic foothold for a hostile, powerful foe, would be dangerous for Japan," argue the Japanese statesmen; therefore, Japan must hold Korea for self-defense. But who would take Korea in case Japan releases her? The danger of Russian aggression or Chinese "imperialism" is out of the question. The only nation that has a direct interest in that part of the Orient, outside of Russia and China, is the United States. Would it be possible for the United States to take possession of Korea by force of arms, as soon as Japan releases her, for the purpose of imperial aggrandizement? That question can be left to the judgment of the reader.

The pretext that Japan must have Korea for colonization is equally flimsy. Korea is already densely populated, and the Korean farmer cultivates the soil intensively. Furthermore, if the industry and capital now applied by Japan to foreign aggression were used instead for internal development, room for surplus population could be found within Japan proper. Hokkaido (northern Japan) and the southern half of Saghalien Island, though no further north than the states of Oregon and Washington, are sparsely settled. According to the *Japan Year Book* for 1918–19, a semi-official publication edited by Japanese, these regions have unexcelled climate and soil and are rich in fisheries and mineral resources. The area of these partly developed districts of Japan is about 49,000 square miles. This is over four times the size of Belgium, and yet Belgium has a population of seven and a half millions, which is five times as great as the combined population of Hokkaido and the southern half of Saghalien.

The three hundred thousand Japanese, who are in Korea, came there as exploiters, not as immigrants. The tens of thousands of acres now in Japanese possession were the best watered and cultivated lands when taken over by the Government. The loudly advertised claim that Japanese settlers in Korea are reclaiming waste regions or improving uncultivated soil is nothing more than a smoke screen to cover the illegitimate methods employed by the Government to deprive the Koreans of their land. Korea has proved a fertile field for Japanese grafters and land-grabbers,

but as an outlet for colonization on an honest basis, it
has proved of no value to the Japanese Empire. The
Japanese are no pioneers; they do not have the spirit
of enterprise and adventure. They only take over, by
underhanded methods, what other people have accom-
plished. As a field for surplus population, without
illegitimate exploitation, an independent Korea would
be of no hindrance to Japan. On the contrary, it
would be an asset, as then the Japanese immigrants
would be welcomed as immigrants and not hated as
exploiters.

The third claim that Japan holds Korea for the
humanitarian purpose of aiding the Koreans along the
path of modern civilization is a nauseating hypocrisy.
Ever since Japan went into Korea she has been practis-
ing upon the Koreans Turkish cruelty, with German
efficiency and Japanese cunning. Yet she claims that
she loves the Koreans as her own people. At the very
moment when the Japanese statesmen are making pub-
lic statements that they love the Koreans as their
brethren, villages are being wiped out, innocent men
and women are being beaten to death behind prison
bars. The promises of reform, almost before they
have left the mouth of official Tokyo, are being washed
away in blood.

Why, then, does Japan want to hold Korea? It is
for the same reason that Hideyoshi invaded Korea
over three centuries ago. Hideyoshi's real objective
was the Asiatic mainland. Korea is the bridge be-
tween China and Japan, so it was necessary for the
Japanese Shogun to conquer Korea first before march-

ing his armies to the Middle Kingdom. So it is to-day. The ultimate objective of Pan-Nipponism is to consolidate all Asia under Japanese domination, after which will come the settlement of the mastery of the Pacific. In order to dominate the continent of Asia, it is necessary for Japan strongly to entrench herself in Korea so that she may use that territory as a base of military operations. In this respect, and in it alone, the holding of Korea is essential to Japan.

Thus, we see the real object of Japan in holding Korea permits no argument. To the conqueror, whether he be an exponent of Pan-Germanism or Pan-Nipponism, justice has no argument and humanity presents no appeal. He listens to but one reason—that of strategy and cunning; and obeys but one command—that of force. Hence, the Korean question from the Japanese point of view has no argument to present and no appeal to make.

There are some American and European disciples of physical force, though small in number, who still believe that a nation that is not strong enough to maintain its integrity against its aggressive neighbours has no right to enjoy the privileges of independence. Therefore, if the Koreans are not in a position to drive out the Japanese from their land, they should suffer the thraldom of alien domination. This is, indeed, a cynical and callous sentiment based upon the worn-out idea that might makes right. The finer promptings of humanity and generous impulses of good faith are given no voice in the council of force. To those who subscribe to this doctrine—the doctrine of might—the only plea that I, as a Korean, have to make is the same that Daniel Webster made in his address to the jury in the case of Dartmouth College a century ago: "It is a poor little country, but there are those who love it."

H. C.

*Washington, D. C.*

# Contents

17

18 CONTENTS

# Appendices

# Illustrations

23

## Maps

# I

## INTRODUCTION

### I. The Land and the People

KOREA, the land of Morning Calm, is a country that lies between China, Japan and Russian Siberia. It has an area of 84,000 square miles, not including the " Ten Thousand Islands," that cluster thickly along its western and eastern shores, and give a total area of nearly 90,000 square miles. In length it is about 660 miles with an average width of 130 miles, forming a peninsula that divides the Yellow and Japan Seas.

The coastline extends about 1,940 miles, greatly varying in its configuration. The principal harbours are Wonsan (Gensan) on the northeast coast, Fusan and Masanpo at the southern end of the peninsula, and Mokpo, Chemulpo, Chinnampo, and Yongampo on the west coast.

There are no mighty streams in Korea. The Yalu, the longest of them, flowing from the Paik Tu San (White-head Mountain) into the Korea Bay in the Yellow Sea, is navigable about sixty miles from the sea, and forms part of the boundary between Korea and Manchuria. In former years it has been crossed by innumerable armies in marches and counter-marches, and this fact has led to the soubriquet—the

25

Rubicon of the Orient. The Tumen River rises from the same mountain and following a northeasterly course, empties into the Gulf of Peter the Great in the Japan Sea. These two rivers separate Korea from northeastern Manchuria and Siberia.

A mountain range runs the entire length of the peninsula like the backbone of a fish, and abounds in wild game—tigers, deer, antelopes, leopards, wild boars, bears and pheasants. The most famous of the Korean mountains is the Paik Tu San (White-head Mountain) which lies on the boundary line of Korea and Manchuria. The highest peak of the Paik Tu San is about nine thousand feet above sea level and is an extinct volcano. In its crater lies a beautiful lake, the Dragon Prince's Pool, and on its sides grow primeval forests. The grandeur and beauty of the Paik Tu San have been sung not only by the Koreans and the Chinese, but also in the literature of Japan.

The Diamond Mountains, mother of the River Han, in Kang Wun Province, compare favourably with the Yosemite Valley of California. Of the cliffs and canyons from the monastery of Chang An Sa, Mrs. Isabella Bird Bishop says: "Surely the beauty of that eleven miles is not much exceeded anywhere on earth." A more recent visitor describes the scenery as worth travelling around the earth to behold. These mountains are full of monasteries, centuries old, adorned with relics of ancient art. It was to the Diamond Mountains, according to native traditions, that Buddhism first came direct from India, and where fifty-three Buddhists landed with a shipload of scriptures

BIRD'S-EYE VIEW OF PICTURESQUE SEOUL

on the east coast and built the first Buddhist temple, Yu Chum Sa.

Of the climate in Korea, an American who has lived in nine states says that he is " of the opinion that the most delightful all-the-year-round climate to be found anywhere is in this peninsula-kingdom." Winters are dry, clear and crisp, although the summers are hot and rainy. Lying between the thirty-fourth and forty-third parallels of north latitude, the climate is that of the north temperate zone, resembling that of Nebraska and Kansas. The sea surrounding the three sides of the Korean peninsula tends to stabilize the climate; hence the winters are not severely cold nor the summers oppressively hot. The average rainfall is about thirty-six inches a year, affording the exuberant growth of vegetation of the temperate zone, and making intensive agriculture highly profitable. Millet, beans, peas, rice, potatoes, Indian corn, wheat, barley, buckwheat, rye, cotton, silk, tobacco, sorghum and a variety of garden truck have been successfully grown for centuries. Korea has always produced more grain than her people could consume, and in the past has had the least number of famines of any country in the East.

The country is not less rich in its mineral resources. Gold, silver, tungsten, graphite, copper, iron, coal and chalk have been found in Korea, some of them in abundant deposits. The Unsan mine alone, a gold mine controlled by an American firm, produced within a dozen years after the concession was granted in 1896, 1,637,591 tons of ore, valued at $10,701,157.

The origin and classification of the Korean race is more or less a baffling problem tó the ethnologists of the world. The Korean scholars themselves are uncertain as to the origin of their ancestors. Racial characteristics of the Malays, the Mongols and the Caucasians are found among the people of Korea. It will be of interest to note the opinion of the various Western observers on this point. Prof. A. H. Keane, a distinguished ethnologist of Great Britain, maintains that the Korean people were originally of Caucasian stock intermingled with the Mongolian race. In his discussion of the racial stock of the Asiatic peoples the great English authority on races states:

In the adjacent Korean Peninsula the Caucasian element is even more marked than among the Tunguses. European features—light eyes, large nose, hair often brown, full beard, fair and even white skin, tall stature—are conspicuous especially amongst the upper classes and in the south. The presence of Neolithic Caucasians from the Far West is, also, attested by their works, megalithic structures, which look like duplicates of the European dolmens and cromlechs. The Koreans take their present name from the Koryo dynasty (918–1392 A. D.), which marks the most flourishing epoch in the national records. For about five hundred years they were the dominant people in northeast Asia; trade and the industrial arts were highly developed, and it was in Korea that the Japanese first acquired that skill in porcelain and bronze work which they afterwards brought to such great perfection.[1]

[1] Cf. A. H. Keane, *The World's Peoples*, p. 163; *idem, Ethnology*, p. 314.

Professor Homer B. Hulbert, formerly an American educationalist, after his stay of over twenty years in Korea, says concerning the people:

They are overshadowed by China on the one hand in respect of numbers, and by Japan on the other in respect of wit. They are neither good merchants like the one nor good fighters like the other, and yet they are far more like Anglo-Saxons in temperament than either, and they are by far the pleasantest people in the Far East to live amongst.[1]

It is fairly certain that the aborigines of Korea intermingled with other Asiatic races—the Manchus, the Mongols, the inhabitants of China proper, and the Aryan race of Hindustan. They had formed the racial consciousness and national solidarity of Korea long before the birth of the modern nations in Europe.

This discussion of Korean ethnography will not be complete without a word about the racial distinction between the Koreans and the Japanese. This is especially important because the Japanese are now inventing ethnological facts and are creating historical data to prove to the Koreans that Japan was their mother country, as England was to America, and that everything in Korean civilization originally came from Japan. Here I can do no better than to quote the following from the pen of Dr. James S. Gale, one of the greatest Western scholars on Korean history.

Korea remained a single undivided kingdom from 669 A. D. till August, 1910, twelve hundred and forty-one

[1] Homer B. Hulbert, *The Passing of Korea,* Preface.

years. Only twice in all that time did her ruling House change, once in 918, and again in 1392, and never did she have any internal wars as great as those of the Roses of. England. Scholars and writers lived and flourished, an army of them, when our fathers had only Chaucer. In 1600 an assembly of as brilliant literati as the world has ever seen, gathered in Seoul, unconscious that on the other side of this little planet Shakespeare was writing *Hamlet.*

The works of one great scholar crossed the path of the writer recently, and he offered twenty-two yen ($11.00) for it, but a Japanese bought it over his head for forty-four. The Japanese fairly worship the literature of this little kingdom and long that they may write such lines as these.

Great in letters, great also was she in porcelain, in paper, in printing, in brass and iron work—a highly gifted people, untouched by the outer world. True, she was nominally under the suzerainty of China, but that was only a gentleman's agreement between the Imperial and Royal Houses. The Chinese never thought of interfering with Korea's internal affairs for all these fourteen hundred years.

In 1910 Korea's independence was lost, not by conquest, but by half a dozen officials handing over the State to Japan. They were liberally pensioned off and to-day enjoy the fruits of their labours while the awakened people behold their land in bondage. . . .

Korea and Japan find it impossible to live together in harmony, so different are they. The Japanese are worshippers of the Emperor and count him semi-divine. The Koreans laugh at the idea. . . . The Koreans, even the lowest classes, are all more or less gentlemen imbued with the saving truths of Confucianism, while the lower class Japanese are closely allied to the naked South Sea Islanders. . . .

The Korean is a man of the pen while Japan is a nation of warriors. Military officials in Korea have always been rated second class, while Japan is ruled by the sword, and admires beyond measure the Hohenzollern with his clicking spurs.

The prominence of the prostitute in Japan is shocking to Korea. When a candidate for Parliament can issue a manifesto as proof of his worth and fitness for office, stating that he is backed up by the lawyers of the town, by the rice merchants, and by the head of the prostitutes' guilds, without giving any offense or calling forth any remarks, we can judge of the peculiar view Japan has as to the "strange women." Korea's view of her is just what the American view is, or should be. From these illustrations it will be seen how difficult it is for Korea and Japan to walk together.[1]

Suffice it to say that the racial and cultural distinction between Korea and Japan is, and always has been, greater than that between France and Germany. And in so far as I am able to judge, this distinction will remain despite the desperate effort of the Nipponese to Japanize the Hermit Kingdom. Korea will remain Korea and, like the Frenchman's chameleon, the more it changes the more it becomes the same.

The population, as given out by Japan, on December 31, 1918, was 17,412,871, which included foreigners 19,956, classified as follows: Chinese 18,972, Americans 597, British 223, French 107, Germans 57. It will be noted that no data are given as to the number of Japanese, but the census of 1915 gave the number

[1] James S. Gale, "The Missionary Outlook in Korea," *The Missionary Review of the World*, February, 1920, pp. 117–122.

of Japanese as 303,659.   Both the census of 1915 and
of 1918 were published by Japan for the world's bene-
fit, with the number of Koreans purposely misstated.
Japanese military records, which approach German
precision and methods, give the total number of Ko-
reans as 18,383,446.   If we add to this figure the mil-
lion and a half or more Koreans living in Siberia and
Manchuria, we have a grand total of 20,000,000 people
who are citizens of Korea.

The Christianity of Korea is predominantly Protes-
tant.   Just before Japan began its policy of destroying
the churches and schools, there were 3,164 Christian
churches, with 6,690 ministers.   The Buddhists had
258 places of worship with 313 priests, and the Japa-
nese maintained sixty-five Shinto places in which to
worship the picture of the Mikado.   The Christian
missionary field in Korea is highly developed, and is
more or less self-supporting, reaching out into activi-
ties that are carried on by the citizen adherents.   The
Presbyterians have twenty-one Mission centers all told
with full complements of churches, schools, hospitals,
etc.   The Methodists have eight and the Catholics
have from twenty to thirty.   The Chuntokyo or
" Heaven Worshippers " have a numerical strength
about equal to that of the Buddhists, though they are
not mentioned in Japanese statistics.

## II.   HISTORY AND CIVILIZATION

The history of Korea dates back to the founding of
Korea by Tan-Koon, 2333 B. C., in the basin of Sun-
gari River, which is now known as Southern Man-

churia. The founding of the Fuyu Kingdom by this king of Korea is recognized by Du Halde, the French geographer and historian on the authority of ancient manuscripts which he translated, and the coming of the King Kija from China in 1122 B. C. is recognized in all written history. To this day the inhabitants of Pyeng Yang preserve the tomb of this Chinese sage, who gave them law and civilization, as a sacred shrine, and pilgrims pay annual visits to this Mecca of Korea.

The history of Korea is not a peaceful one; there have been invasions and counter-invasions from China and Japan, such as the invasion of Korea by Gengis-Khan in 1218, and the Japanese invasion under Hideyoshi in 1592. But sooner or later Korea succeeded in driving out foreign invaders and maintained the country free and independent.

The Yi dynasty, which ended August 29, 1910, was founded by Yi Taijo in 1392. He was the commanding officer of the Korean army sent out to invade China. But the ambitious general turned his forces against his ruler, thereby usurping the Korean throne. He promptly formed an alliance with China securing the friendship and support of the Chinese Emperor. From then on Korea maintained these relations with her more powerful neighbour. But she made treaties with other nations and administered her own laws independent of China.

Korea made her first treaty with Japan in 1876, the first article of which reads: "Chosen, being an independent state, enjoys the same sovereign rights as does Japan." The Korean-American treaty was made in 1882; the treaty between Korea and Great Britain was made in 1883; one with Germany in the same year; with Italy and Russia in 1884; with France in 1886; with China in 1895, in which China definitely recognized the independence of Korea, as had all other countries up to that time; with Belgium in 1901, and with Denmark in 1902. In the meantime on November 12, 1897, the King of Korea was raised to the title of Emperor and was so recognized by all the Powers.

In 1882 the King of Korea wrote to the President of the United States saying:

Now as the governments of the United States and Korea are about to enter into treaty relations, the intercourse between the two nations shall be carried on in every respect on terms of equality and courtesy, and the King of Korea clearly assents that all of the articles shall be acknowledged and carried into effect according to the laws of independent states.

Thus it is clear that Korea had always maintained her independence and national entity during the forty centuries of her history until a protectorate was forced upon her by Japan in 1905.

During the dynasty of Tan-Koon Korea seems to have developed a degree of civilization rarely found among primitive people, such as the art of writing, cultivation of the soil and the domestication of animals. This civilization was materially advanced by that which the Chinese brought over by Kija, 1122 B. C. This Chinese noble introduced a new written language—Chinese ideographs, established a stable government, enacted wise laws, and also stabilized a civilization that was even higher than that which at that time prevailed in China.

During the period of the Sila dynasty, the people imbibed much of the Hindu civilization through Buddhism, which was then the prevailing religion of the peninsula. They cultivated the arts; built walls around their cities; fortified strategic points; used horses, oxen and wagons; made silk; smelted ore; manufactured iron; and traded with other kingdoms. Koradadbeh, an Arab geographer of the ninth century, describes the Koreans as familiar with manufacture of nails, and states that they rode on saddles, wore silk, and were skilled in the making of porcelain. According to another Western authority:

Japanese records show that the Japanese themselves first learned from Koreans the cultivation of the silkworm, the weaving of cloth, architecture, the printing of books, the painting of pictures, the beautifying of gardens, the making of leather harness, and the shaping of more effective weapons. . . . Whereas the Chinese invented the art of printing from movable wooden blocks, the Koreans invented metal type in 1403. They used a phonetic alphabet in the early part of the fifteenth century. They saw the significance of the mariner's compass in 1525. They devised, in 1550, an astronomical instrument which they very properly called "a heavenly measurer." Money was used as a medium of exchange in Korea long before it was employed in Northern Europe. They used cannon and explosive shells when the Japanese invaded in 1592. The first iron-clad warship in the world was invented by a Korean, Admiral

Yi-Sun-Sin, in the sixteenth century. He called it the *Tortoise Boat*, and he commanded it with such effectiveness against the Japanese that it was largely instrumental in defeating the fleet of Hideyoshi. . . .

While the Japanese proved themselves to be stronger in war, they were deeply influenced by the Koreans in religion and the arts of peace. Korea gave Buddhism to Japan in 552 A. D. . . . Many people praise the Japanese for their exquisite Satsuma ware without knowing that the Koreans long ago taught the Japanese the art of its manufacture.[1]

From time immemorial coöperative associations for business enterprise and insurance companies for mutual protection in the form of various guilds were known in Korea. A paragraph from the pen of Mrs. Isabella Bird Bishop on the Korean *Kyei* (guild) is illuminating:

The faculty of combination, by which, in Korea as in China, the weak find some measure of protection against the strong, is being turned to useful account. This *Kyei*, or principle of association, which represents one of the most noteworthy features of Korea, develops into insurance companies, mutual benefit associations, money-lending syndicates, tontines, marriage and burial clubs, great trading guilds and many others.

With its innumerable associations, only a few of which I have alluded to, Korean life is singularly complete, and the Korean business world is far more fully organized than ours, nearly all the traders in the country being members of guilds, powerfully bound together, and having the common feature of mutual helpfulness in time of need. This habit of united action, and the measure of honesty which is essential to the success of combined

[1] A. J. Brown, *The Mastery of the Pacific*, pp. 53-54.

undertakings, supply the framework on which various joint-stock companies are being erected, among which one of the most important is a tannery.[1]

William Elliot Griffis, a profound American scholar on Oriental history and civilization, writes as follows on the educational system of Korea:

She fosters education by making scholastic ability, as tested in the literary examination, the basis of appointment to office. This " Civil Service Reform " was established in Chosen by the now ruling dynasty early in the fifteenth century. Education in Korea is public, and encouraged by the government in this sense, that it is made the road to government employ and official promotion. By instituting literary examinations for the civil and military service, and nominally opening them to all competitors, and filling all vacancies with the successful candidates, there is created and maintained a constant stimulus to culture.[2]

Indeed, the Korean civilization which the Westerners found when Korea was first opened to Western intercourse was decidedly lower than what it had been. This, of course, does not mean that Korea was decadent. The history of Italy, Greece and Egypt shows that the civilization of a people has its ebb and flow. *The potential genius of the present-day Korean is awakening under the guiding influence of Western culture and Christian democracy. That is the spirit of the new Korea.*

[1] Isabella Bird Bishop, *Korea and Her Neighbors*, pp. 440–441.
[2] William Elliot Griffis, *Corea, the Hermit Nation*, p. 339.

### III. Inauguration of the "Open Door"

Korea opened its doors to the outside world with the treaty that it made with the United States in 1882. Prior to that time it had been known as the "Hermit Kingdom," and the policy of the nation had been to isolate itself from all outside intercourse; its statesmen believing that such contact led to strife and war. The "Open Door" treaty with the United States of 1882 was followed by similar Treaties with Great Britain, Germany, Austria, Russia, Italy, China, Belgium and Denmark. The diplomatic relations thus inaugurated continued for twenty-three years, until 1905, and would still be in existence but for Japanese ambition to dominate Asia to the exclusion of other Powers.

Each of the Treaties contained the clause that:

If other Powers deal unjustly or oppressively with either Government, the other will exert their good offices, on being informed of the case, to bring about an amicable arrangement, thus showing their friendly feelings.

No one has ever had the hardihood, not even the Japanese, to contend that Korea ever violated any of these Treaties in the smallest detail. She kept her covenants and would still be fulfilling her international obligations to the world but for Japan; and, outside of Japan, it must be said that up to 1905 when Japan took its bold stand as to Korea, the other Powers, in many instances, actively and conscientiously fulfilled their obligations towards Korea.

In 1895 at the making of the Shimonoseki Treaty

between Japan and China, the United States, according to the late Secretary of State John W. Foster, intervened to insure the writing into that Treaty of a clause that provided for the explicit recognition by both Japan and China of the independence and territorial integrity of Korea. Prior to that time Acting Secretary of State, A. A. Adee, had made a ruling denying the suzerainty of China. In 1898 Russia actively opposed Japanese aggression in Korea and in the Treaty between Russia and Japan, April 25, 1898, again forced Japan to acknowledge the independence of Korea.

However, in 1905 all this active and aggressive assistance from the other Powers with which Korea had treaty relations ceased. But Korea is fair enough to assume that the other Powers have been misled by the intrigue and deceptive methods of Japan, and that when " the truth, the whole truth, and nothing but the truth " stands out before the world, the other Powers will fulfill their covenants as fully and freely as they did prior to 1905.

The foregoing is the political side of the " Inauguration of the Open Door " in Korea. There is also a practical, commercial side. America, the first western nation with which treaty relations were made, naturally had the lead and maintained precedence in the commercial development of Korea. Americans built the first railroad, the first electric light plant, first electric railway and the first water works; installed the first modern arsenal and powder plant, built Korea's first steamboats of any size, and furnished her mines with the first modern machinery. America by no means had exclusive concessions, though it may have held the lead; Great Britain, France and other Powers took a part in this development.

There are 1,066 miles of standard gauge railroads, consisting of a main line running diagonally the length of Korea from Fusan, on the southeast, to Wiji, on the northwest, via the capital city, Seoul, and the next largest city, Pyeng Yang, with branch lines to the port cities of Chinnampo, Chemulpo, Kunsan, Mokpo, Masanpo and Wonsan.

There is also a narrow gauge railroad, eighty miles long, from the east coast city of Chun-chin, to Hoi-ryung in the northeast of Korea, and electric street railways are in operation in Seoul, the capital, and Pyeng Yang. In 1898 Korea was formally admitted into the International Postal Union, and throughout the country there has been maintained an efficient postal, telephone and telegraph service.

Of course, these things are all now dominated and controlled by Japanese; nevertheless they are there, a nucleus for a still greater and more liberal development when Korea is restored to her rightful international status.

## II

## DIPLOMATIC RELATIONS BETWEEN
## KOREA AND JAPAN

KOREA and Japan have been traditional enemies from time immemorial. "There has never been a time in history, from 600 B. C to the present time, when Japan has not exhibited a hostile and aggressive spirit towards the Korean people and government," says Homer B. Hulbert, the author of *Korean History* and the *Passing of Korea.*

For 2,000 years it was a series of robber raids and attempted extortions on the part of Japan, until in 1390 A. D. a Korean general succeeded in inflicting such punishment upon the corsairs that they ceased for a time their raids. But in 1592 the Japanese invaded the country with an immense army, and it was only after seven years of sanguinary strife that the combined Korean and Chinese armies finally expelled the invaders. It is said that twenty per cent. of the Korean population perished in this conflict. It put a stop to Japanese aggression for 300 years.[1]

At the time of Hideyoshi's invasion, 1592, Korea had a standing army of 50,000. Nearly 3,000,000 people, men, women and children, were killed by Japa-

[1] From a report, printed in the *Congressional Record,* August 18, 1919.

41

nese, and ninety per cent. of the perished were non-combatants.[1]   The Japanese army literally " scooped the country," as one historian puts it, carrying away whatever they could, and destroying what they could not take with them.  Priceless treasures of Korean art and porcelain were destroyed by the invading hordes, and since then the Korean art never regained its ancient glory.  Even to-day a traveller in Japan can see in a street of Kyoto, the old capital of Japan, the famous, or rather infamous, " Ear and Nose Monument," beneath which are buried the severed ears and noses of several thousand Koreans as a grim evidence of Japanese methods of waging war upon Koreans over three centuries ago.

The Koreans have hated the Japanese ever since this struggle.  After the " Restoration " in Japan, a letter was sent to the Koreans notifying them of the fact and asking for commercial intercourse.  The Koreans sent a contemptuous reply.  This aggravated the situation, and in 1875 armed conflicts between two countries occurred, but war was not formally declared.  In the following year, February 26, 1876, the Koreans were compelled to sign a treaty with Japan, the provisions of which were, to quote an eminent authority, " in almost every detail precisely similar to those in the treaties which Japan had herself, when ignorant of international law and custom, originally concluded with Western Powers, and which she afterwards so bitterly resented as a stain on her national dignity.

[1] Cf. *Korean History* prepared by Korean Historical Commission, published in Shanghai, China, 1919, pp. 187-188.

SUR JAI-PIL. KIM OAK-KYUN.

YI YONG-CHIK. YUN CHI-HO. YI SANG-JAI.

A GROUP OF EARLY REFORMERS SOME OF WHOM ARE STILL
ACTIVE IN THE NATIONAL MOVEMENT

As the Western Powers had done with herself, so did she now, without one particle of compunction, induce Korea to sign away her sovereign rights of executive and tariff autonomy, and to confer on Japanese residents within her borders all the extra-territorial privileges which were held to violate equity and justice when exercised by Europeans in Japan." [1]

With the signing of this treaty, Japan laid her plans for the final absorption of Korea. But she saw that China was in the way. Korea had been the buffer state between China and Japan for centuries, and the domination of Korea by Japan would mean tearing down the wall that kept the Japanese out of China. In order to control Korea China must be compelled to stay neutral. With characteristic celerity, Japan made preparations for what she deemed to be inevitable conflict with China. When she felt that she was sufficiently prepared, she struck the blow and China was completely prostrated. [2]

In the treaty of peace, signed at Shimonoseki, 1895, it was provided that " China and Japan recognize definitely the full and complete independence and autonomy, and guarantee the complete neutrality of Korea." Again, in the treaty of alliance which Japan negotiated with Korea at the opening of the war with China, it had been declared that its object was " to maintain the independence of Korea on a firm footing." [1] Japan,

[1] J. H. Longford, *The Evolution of New Japan*, p. 105.
[2] For the causes and events of the war and peace negotiations thereof, see the list of references given in the author's *The Oriental Policy of the United States*, pp. 47-48.

then, as well as now, spared no pains to conceal her ulterior designs.

After removing the Chinese obstacle, however, Japan was surprised to find that she had one more to remove. This time it was the Korean Queen. Queen Min is considered by many Korean historians as the Elizabeth of Korea. She, like the illustrious Queen of England, had many personal shortcomings, such as feminine vanity, love of flattery, extravagance and intolerance of opponents. But she was a woman of iron will, of intense patriotism, and of astute judgment. It was said that she could decide in ten minutes what took the Cabinet members ten months to debate over. She firmly believed that the Koreans should manage their own affairs and determine their own destiny independent of foreign influence. She perceived instinctively that beneath all the expressions of good will and official guarantees of Korean independence Japan had ulterior designs with regard to Korea. She vigorously opposed the spread of Japanese influence as endangering Korean sovereignty. Japanese officials approached her with their familiar tactics of reasoning, threats, bribes and cajolery. But nothing could move her. She stood like a rock against beating waves. Finally the Japanese concluded that the only way they could carry out their plans in Korea was to remove the Queen; there was no alternative. It was not a pleasant thing to kill the Queen of a neighbouring country, yet the policy of Greater Japan was paramount; nothing must stand in its way. So the Japanese Minister at Seoul, Viscount Miura, under the instruction of his Government at Tokyo, brought over from Japan *soshi* (professional assassins) to execute the plans of the Imperial Government. The following succinct paragraph from a competent Western witness gives the description of the murder:

The murder of the Korean Queen in 1895 is ascribed directly to this project (project of ultimately annexing Korea to Japan), as the anti-Japanese influence of the Queen was an obstacle in its path. Japanese assassins, said to be acting under instructions from the accredited representatives of Japan at the Korean Court, penetrated within the palace precinct, killed the Queen, and set the palace on fire. Meanwhile, a group of the murderers went to the King, brandishing their weapons and uttering threats; the King, himself, however, was not injured. The Minister of the Household Department, who had been wounded, fled to the presence of the King, and was stabbed before the King's eyes. On the following morning, while still fearing for his life, the Korean ruler was forced to sign documents that gave over all power into the hands of men who were under Japanese domination. Virtually a prisoner in the hands of the Japanese, he finally made his escape and took refuge within the walls of the Russian Legation; here he called together his friends, reorganized his government and punished his enemies.[1]

It was a gigantic blunder, as well as a crime of the first magnitude. The Japanese authorities at Tokyo and Seoul at first tried to suppress the news. At that

[1] From the *New York Times Current History*, September, 1919, p. 546. For full description of the murder, see F. A. McKenzie, *Tragedy of Korea*, Chapters V and VI; *idem, Korea's Fight for Freedom*, Chapter III.

time Colonel Cockerill, the famous correspondent of the New York *Herald,* was in Seoul. He immediately cabled the news to his paper, but the message was stopped by the Japanese, and the money returned to him. But gradually the news leaked out to Europe and America, and was published in the leading daily papers. Then the Japanese Minister, Viscount Miura, tried to disclaim responsibility for the crime, but that became manifestly impossible in view of the fact that many foreigners in Seoul knew the part he played in the murder, and the very man who hacked down the Queen was Okamoto, one of the two right-hand men of Viscount Miura. The Japanese Court of Preliminary Inquiries at Hiroshima held a farcical trial of the murderers in order to give to the West an impression that the guilty were to be punished. But the case was dismissed, and Viscount Miura and his accomplices became national heroes.[1] The side of the defense, as advocated by Mr. Masujima, attorney for Viscount Miura, illustrates better than anything else the Japanese legal conception of justice—that killing is no murder when it is done to secure political supremacy. Mr. Masujima wrote:

Whatever may be thought by weaker minds, the result of the *emeute* has been most happy for the peace and progress of the world. Had the Queen been successful in her conspiracy, all the efforts made by Japan for the resuscitation of Korea would have been fruitless. The only political party which could reform Korea, and thereby maintain her independence, would have been ex-

[1] For details of the trial, see Appendix I.

tirpated. The Queen was Korean at heart, and was accustomed to violent and treacherous methods. Supported by a foreign power in her policy, she was ready to resort to any means to execute her program. The promise of any foreign assistance to her was inciting and dangerous. Such a course of diplomatic procedure must be put down. The *emeute* crushed the mischief. The form of the Queen's conspiracy was criminal, and the Japanese Minister was justified in preventing the execution of the criminal attempt. He did only his duty as soon as he was in charge of the peace and order of Korea. The root of political troubles, the effects of which would have lasted for a long time to come, was torn up. Considering the class of diplomacy prevailing in Korea, Viscount Miura has accomplished only a triumph.[1]

Regardless of what the Japanese thought of the murder, and in spite of the attempt of the Japanese officials to minimize their responsibility therefor, the incident did more harm to Japan before the Western world than anything else at that time. Realizing their mistake, the Japanese Government immediately put on the soft pedal. They abandoned their aggressive tactics and initiated conciliatory methods in their relations with Korea. The Korean King was allowed to be restored to power, and Count Inouyé, a liberal Japanese statesman, was sent to Korea as Envoy Extraordinary to smooth things over. This prevented the rising of the Korean people against the Japanese.

In the following year, on May 14, 1896, Japan gave her definite pledge to Russia, that " the most complete and effective measures will be taken for the control of

[1] Published in *The Far East*, February, 1896, Vol. I, p. 20.

Japanese *soshi*," and that the Japanese troops would be withdrawn from Korea as soon as there was no apprehension of attack on Japanese settlements by the angry Korean populace.

On April 25, 1898, a formal agreement was signed between Russia and Japan, the first article of which reads: " The Imperial Governments of Russia and Japan recognize definitely the sovereignty and entire independence of Korea, and pledge themselves mutually to abstain from all direct interference in the internal affairs of that country." [1]

Next came the first Anglo-Japanese Alliance of January 30, 1902. In it the Japanese Government united with that of Great Britain in declaring that the sole purpose of the Alliance was to preserve the *status quo* and general peace in the Far East, and that they were especially interested in maintaining the territorial integrity of the Empire of Korea as well as of the Empire of China. " The High Contracting Parties, having mutually recognized the independence of China and Korea, declare themselves to be entirely uninfluenced by any aggressive tendencies in either country," says the opening sentence of the first article of the memorable document.[1]

In his rescript, declaring war against Russia in 1904, the Emperor of Japan asserted the integrity of Korea to be " a matter of greatest concern to the Empire," and that the " separate existence of Korea is essential to the safety of our realm." A few days later, an offensive and defensive alliance was formed between

[1]Appendix II, (c).                    [2]Appendix II, (c).

Korea and Japan against Russia in the signed protocol of February 23, 1904. Article III of the protocol contained Japan's pledge: " The Imperial Government of Japan definitely guarantees the independence and territorial integrity of the Korean Empire." [1] In return for this guarantee, and on the strength of the alliance, the Japanese army was given the use of Korean territory as a base of military operations against Russia. The physical labour, the use of the harbour, the communication and transportation facilities and the resources of Korea contributed no small amount of aid in winning the war. And, as the former Emperor of Korea said in his letter to the American Government, had Russia won the war " she could have seized Korea and annexed her to Russian territory on the ground that we were active allies of Japan." [2]

With all these treaty pledges and official declarations of the Japanese Government that Japan was fighting to preserve Korean independence, the reader will get a clear idea of Japan's seizure of Korea if he could imagine that the American Expeditionary forces, after driving the Germans out of French territory, seized France as the prize of victory. After the Japanese army, with its usual camp followers, the scum of the Japanese population, entered Korea, they remained. The treaty of February 23, 1904, cited before, was the last treaty that the Korean Government made with Japan of free will and choice. From that time on treaties and agreements were of the " made in Japan "

[1] Appendix II, (c).
[2] *Congressional Record*, August 18, 1919, p. 4194.

brand to which the Korean officials were compelled to put their signatures at the point of the sword. The Japanese officials knew at this time that the ultimate annexation of Korea was a foregone conclusion, and they talked about it freely among themselves. But it was as yet a secret to the simple-minded Korean officials, who were advised by the Japanese Government, at the time of the Korean-Japanese Alliance at the beginning of the Russo-Japanese War, to place " full confidence in the Imperial Government of Japan, and adopt the advice of the latter in regard to improvements in administration." Japan could have annexed Korea outright then. But the Japanese wanted to go through the formality of " agreements " so that they could say to the world that Korea " voluntarily " surrendered her sovereignty to Japan.

How Japan managed these formalities is told by an American authority on Oriental Politics:

Acting nominally as a free agent, but actually without an option, Korea agreed, in August, 1904, to engage, as financial and diplomatic advisers, Japanese subjects recommended by the Japanese, and that all matters concerning finance and foreign relations should be dealt with only after the counsel of these advisers had been taken. Furthermore, the Korean Government agreed to consult the Japanese Government " previous to concluding treaties or conventions with foreign powers and in dealing with other diplomatic affairs such as granting concessions to or contracts with foreigners."

In April, 1905, came an agreement under which the postal, telegraph and telephone services of Korea were surrendered into the control of Japan. And in August of the same year it was claimed by Japan and recognized by Great Britain, as stated in the renewal of the Anglo-Japanese Alliance, that Japan possessed "paramount political, military and economic interests in Korea."[1]

The next month in the Portsmouth treaty of peace between Russia and Japan, Russia made a similar acknowledgment as her war indemnity to Japan. There were three nations—Great Britain, Russia and the United States—that could have made some objection to Japan's absorption of Korea. The United States was eliminated as a factor by reason of its having acted as peacemaker between Russia and Japan. Russia consented to Japan's domination of Korea as her war indemnity, Great Britain welcomed the advance of the influence of her Eastern ally, so as to checkmate the Russian influence and protect the commercial interests and territorial possessions of the British Empire in the East, and to concentrate the British fleet in the North Sea as a counterbalance to Germany. With the foreign obstacles out of the way now Japan was ready to take the definite step in destroying the sovereignty of Korea.

Early in November, Marquis Ito, the most distinguished statesman of Japan, arrived in Seoul as a special envoy from the Emperor of Japan. On November 15 Marquis Ito was received in formal audience, and there presented a series of demands drawn up in treaty form. They would in effect establish the Japanese protectorate over Korea. They provided

[1] W. W. Willoughby, "Japan and Korea," *The Unpartizan Review*, February, 1920, pp. 26–27.

that the Japanese Department of Foreign Affairs was henceforth to have " control and direction of the external relations and affairs of Korea," and Japanese diplomatic and consular officials were to have charge of Korean interests in foreign countries; further, Japan was to be represented at the Korean capital by a " Resident-General," and by " Residents " at the several open ports or at such other places as the Japanese Government might deem necessary. The last article provided that " The Japanese Government guarantees to maintain the security and respect the dignity of the Korean Imperial House."

The Korean Emperor and his Cabinet Ministers were aghast, and the demands were met with blank refusal. The conversation between the Emperor and the Marquis follows:

The Emperor said,

Although I have seen in the newspapers various rumours that Japan proposed to assume a protectorate over Korea I did not believe them, as I placed faith in Japan's adherence to the promise to maintain the independence of Korea which was made by the Emperor of Japan at the beginning of the Russo-Japanese War and embodied in a treaty between Korea and Japan. When I heard you were coming to my country I was glad, as I believed your mission was to increase the friendship between our countries, and your demands have, therefore, taken me entirely by surprise.

To which Marquis Ito rejoined,

These demands are not my own; I am only acting in accordance with a mandate from my Government, and if Your Majesty will agree to the demands which I have presented it will be to the benefit of both nations, and peace in the East will be assured forever. Please, therefore, consent quickly.

The Emperor replied,

From time immemorial it has been the custom of the rulers of Korea, when confronted with questions so momentous as this, to come to no decision until all the Ministers, high and low, who hold or have held office, have been consulted, and the opinion of the scholars and the common people has been obtained, so that I cannot now settle this matter myself.

Said Marquis Ito again,

Protests from the people can easily be disposed of, and for the sake of the friendship between the two countries Your Majesty should come to a decision at once.

To this the Emperor replied,

Assent to your proposal would mean the ruin of my country, and I will, therefore, sooner die than agree to them.

After five hours of arguing with the Emperor, the Marquis left the palace without accomplishing anything. He at once tackled the Cabinet Ministers individually and collectively. He argued with them; offered them bribes of immense fortune; threatened to kill them if they refused to yield. One of the arguments used by the Marquis, which might be of particular interest to the Western reader, was that the union of Korea and Japan would create the basis of a great nation, composed of all yellow races, to checkmate the spreading influence of the white man who was ever bent to exploit and subdue all other races. Thus, the union of two nations would be not only a blessing but a necessity for the future welfare of the Asiatic peoples. To the Occidental mind the cunning of the Japanese is almost incomprehensible. In trying to induce the Cabinet Ministers to sign the treaty no stone was left unturned. Every phase of intimidation, cajolery, reasoning and bribery was resorted to. Marquis Ito, Minister Hayashi, Japanese Minister in Seoul, and Marshal Hasegawa, the Commander of Japanese soldiers in Korea, took their turns in grilling the ministers through this "third degree," using every means short of actual violence. But every one of the Ministers stood firm. The Japanese were determined to give the Cabinet no time to gather its strength, and the grilling went on till the night of November 17 when the Cabinet meeting was held in the palace.

Meanwhile, the Japanese soldiers in Seoul were fully prepared to carry out the plans of Marquis Ito. The army in the district was mobilized; streets were guarded with machine guns; the field guns commanded strategic points; the soldiers marched through the streets and around the palace, and the Government buildings, fully armed. All this had a sinister meaning to the Emperor and his Cabinet Ministers. They well remembered the fateful night in 1895 when the Japanese surrounded the palace of the Queen and murdered her. Japan had done this before; why could she not do it again?

That night Japanese soldiers and gendarmes threw a cordon around the palace where the ill-fated Cabinet meeting was being held. The very courtyard of the palace was filled with gleaming bayonets of the soldiers, and the rattling of the swords could be heard in the Cabinet Chamber. Now Marquis Ito arrived with Marshal Hasegawa, Commander of the Japanese army in Korea, and demanded an audience with the Emperor. This was refused. Thereupon the Marquis went outside to the Ministers and said, " Your Emperor has commanded you to confer with me and settle this matter." A fresh attack was started on the Ministers. Finally the argument boiled down to "Agree with us and be rich, or oppose us and perish," and thereupon Marshal Hasegawa drew his sword. " Cut us down if you dare!" said the Prime Minister Han Kew Sul, the ablest Korean statesman at that time. " We will show you," retorted the Marshal, and the Japanese officers dragged the Premier out into a side room. The rest of the Cabinet members thought that the Premier was killed, and their turn would come next. They had fought for days and fought alone. No single foreign representative had offered them help or counsel. Now their leader was gone, and their cause was a lost one. They saw submission or destruction before them. " Nothing can be saved by our dying," said one of them. At the end of the all-night conference in the palace, three of the Ministers gave their signatures to the treaty. The Emperor and Premier Han Kew Sul never consented to it.

The news of the signing of the treaty was received with horror and indignation by the people. In many places people rose *en masse* to fight the Japanese, but of this I shall speak later in another chapter. The *literati* of the country petitioned the Emperor to annul the treaty and punish the traitors. But the three Ministers who gave signatures to the foreclosing of the life of their nation were protected by Japanese soldiers; they were the most abject creatures in the land, hated even by the members of their own families. Many high officials, the most distinguished of whom was Prince Min Yong Whan, a former Minister of War and special Korean Ambassador at Queen Victoria's Diamond Jubilee, committed suicide as a means of protest—an Oriental custom of passive resistance. All this carried no effect. Japan had the most invincible of all arguments—force. The *Whang Sung News*, a Korean daily in Seoul, expressed the sentiment of the people in its editorial as follows:

When it was recently made known that Marquis Ito would come to Korea, our deluded people all said with one voice that he is the man who will be responsible for the maintenance of friendship between the three countries of the Far East (Japan, China and Korea), and believing that his visit to Korea was for the sole purpose of devising good plans for strictly maintaining the promised integrity and independence of Korea, our people, from the seacoast to the capital, united in extending to him a hearty welcome.

But, oh! How difficult is it to anticipate affairs in this world. Without warning a proposal containing five clauses was laid before the Emperor, and we then saw how mistaken we were about the object of Marquis Ito's visit. However, the Emperor firmly refused to have anything to do with these proposals, and Marquis Ito should then, properly, have abandoned his attempt and returned to his own country.

\* \* \* \* \* \* \*

Is it worth while for any of us to live any longer? Our people have become the slaves of others, and the spirit of a nation which has stood for 4,000 years, since the days of Tan-Koon and Kija, has perished in a single night. Alas! fellow-countrymen, alas!

The paper was promptly suppressed, and the editor put in prison.

Korea was Japan's ally instead of an enemy, so it was not even a vindictive action on the part of the victor. It was a plain case of Japan's breaking her sacred pledge and betraying an ally and friend who trusted her implicitly in order to carry out her program of imperial expansion. " We must have Korea as an integral part of our Empire, regardless of everything else, so that we may realize our national dream of Pan-Asiatic doctrine," said Japanese statesmen among themselves at that time. Subsequent events have proved that they were right.[1]

. In the summer of 1907 the Emperor of Korea, virtually a prisoner at the hands of the Japanese, secretly sent a delegation to the Hague Conference to appeal to the Powers for the restoration of the independence of

[1] For fuller details on the establishment of the Japanese Protectorate over Korea, see F. A. McKenzie, *Tragedy of Korea*, Chap. XI, " Treaty-making and Treaty-breaking," *idem, Korea's Fight for Freedom*, Chap. V, " The New Era." For Chinese and Korean sources on the subject, Park In Sick, *The Tragic History of Korea* (Chinese edition, Shanghai, 1915, and *Korean History* (Korean edition, Shanghai, 1919), prepared by the Korean Historical Commission, are among the best.

Korea. The envoys failed in securing a hearing, but that instance furnished an ample excuse to the Japanese authorities in Korea to complete their iron rule. Pressure was brought to bear upon the old Emperor to abdicate in favour of his son, who was mentally deficient, and whom the Japanese knew they could surround with controlling influences. Arguments and threats were used, the old Emperor was told that if he did not consent he and the Royal Family would be forcibly dethroned and perhaps executed. Such threats being without sufficient force, the Japanese threatened to do dire things to the people and the country. Finally, worn out and bewildered, the old Emperor did abdicate in favour of this mental incompetent on July 19, 1907. Five days later, with this mental deficient on the throne, Japan published an alleged treaty with Korea, by the provisions of which Japan took control of all the branches of the Korean Government. The Government of Korea must " act under the guidance of the Resident-General in respect to reforms in administration;" it must not "enact any laws, ordinances or regulations or take any important measures of administration without the previous assent of the Resident-General." Further, the consent of the Resident-General was to be obtained for the appointment or removal of high officials, and the Korean Government was to " appoint as Korean officials the Japanese subjects recommended by the Resident-General." [1]

At the time of the establishment of the Japanese

[1] For full text of the treaties between Korea and Japan, see the author's *Korean Treaties* (New York, 1919).

alleged Protectorate over Korea, the Japanese Government assured the outside world, and especially the Korean people, that the Protectorate was more or less a temporary measure better to insure peace in the Orient and to assist the Korean Government until the latter should be more stabilized. Further, it was explicitly provided that the Japanese Government should " guarantee to maintain the security and respect the dignity of the Korean Imperial Household." Even these pledges were swept aside when Japan forced the abdication of the former Korean Emperor in 1907, and finally annexed the country to the Japanese Empire in 1910, making it into a province, Chosen. W. W. Willoughby, the well-known diplomat and historian, commenting on this period of Korean history, says:

It is evident that Korea had now, to all intents and purposes, passed completely under the control of Japan. Japanese high officials continued to assert, however, that there was no intention upon the part of their Government to annex Korea. In 1908 this was publicly asserted by Prince Ito, the Resident-General at Seoul. In 1910, nevertheless, Japan deemed that the time had come formally to take Korea unto herself, and this was made known to the world in the treaty of August 29.[1]

If this whole case of Japan's occupation of Korea were put up to an international jurist, his first question would be: How did Japan secure this militaristic grip on Korea? Under what right or authority, or how did she get her armies into Korea in the first place?

[1] W. W. Willoughby, " Japan and Korea," *The Unpartizan Review,* January, 1920, p. 28.

The reply would be that Japan entered Korea with her armies under the treaty of February 23, 1904, which provided that:

> *Article III.* The Imperial Government of Japan definitely guarantees the independence and territorial integrity of the Korean Empire.

The conclusion would then be that Japan's original entry into Korea and her original possession of Korea was that of a guardian taking possession of the property and person of his ward.

The international jurist would then want to know whether Japan has ever surrendered the property back to the ward, leaving the ward free to act without coercion, and the answer would be that she has not, that her armies are still there. The next question would be: What has become of the property of the ward entrusted to the care of the guardian, and the answer would be that the guardian has embezzled and converted it to his own use. Then would come the final question: What has become of the person of the ward? And the world will have to answer: Japan is strangling her to death.

# III

## POLITICAL AND JUDICIAL OPPRESSION

AFTER the country was formally annexed, all the impediments which had hitherto stood in the way of Japanese administrative policy were swept aside. Extra-territoriality was abolished, and foreign residents, who had enjoyed the protection of their own Governments, were placed along with the Koreans under Japanese laws. General Seiki Terauchi, the former Minister of War of Japan, came to Korea to assume the title of the Governor-General of Korea. He is a professional militarist by training and experience and an ardent believer in the policy of carrying out the will of Dai Nippon by sword and fire. He was given unlimited power by the Japanese Government to accomplish this end. He was made responsible neither to the Cabinet nor to the Diet, but only to the Emperor of Japan. Nominally, important measures adopted by him in his administration of Korea had to be approved by the Emperor before they became permanent, but not a single act of his was ever vetoed by the Emperor. Thus, he was, in practice, the lawgiver, the chief executive, the commander-in-chief of army and navy, and the highest tribunal.

With this authority of dictatorship, General Terauchi promptly reversed the lenient policy of assimilation first adopted by Marquis Ito, and launched his mailed-fist method of moulding Koreans into Japanese

61

—an inferior brand of Japanese—by force and coercion. "The Koreans must submit to our rule or perish," was the slogan of both General Terauchi and his successor, Marshal Hasegawa, in their administration of Korea. With systematic thoroughness they sought to change everything that was Korean into Japanese. They even went so far as to change the names of places. Thus, Korea became Chosen; Seoul (the capital), Keijo; Pyeng Yang, Heijo; etc., according to Japanese pronunciation of Chinese characters. And woe to any one who stood in their way, for a mysterious method would soon be found to make him "disappear." And in Korea under Japanese rule if a Korean incurs the displeasure of Japanese authorities and is made to "disappear," he seldom reappears.

Korean officials in important positions were swept aside, and Japanese were introduced to take their places. In case Koreans were left in responsible positions, which was done occasionally to have a pretext in official year books and to show Western tourists that Japan allows Koreans a share in the administration of Korea, their actions were governed absolutely by a Japanese "Adviser" and the Korean Governor or Magistrate could not do the least thing without the sanction of his "Adviser." In case a Korean Governor or a Magistrate disregarded the will of the Japanese "Adviser" under him, he would be removed from his office promptly. From time immemorial every Korean town has elected its own mayor, and the Central Government has never interfered with this privilege of local self-government. The

THE INDEPENDENCE ARCH OUTSIDE SEOUL

Erected by the Independence Club at the time the Korean King was Crowned Emperor of Korea on October 12, 1897, at Imperial Round Hill.

GRANITE BUDDHA

70 Feet High and 20 Feet in Diameter, of the Sila Dynasty, over a Thousand Years Ago. It Took Koreans Twenty Years to Build this Stone Image.

Japanese have taken away even this right. In a number of large cities Japanese mayors were placed in control of affairs, and in other cities the local gendarmerie (now police) conduct the administration. In a remarkable paper prepared by a British resident of Korea and presented to the Federal Council of the Churches of Christ in America in 1919, the writer states:

It was fondly hoped by Koreans that as the years went by and their stronger men acquired more experience and were educated under the Japanese administration, the higher official positions would be thrown open to them. The opposite has been the policy and practice of the Japanese. In 1910 six out of thirteen provincial governors were Korean, now there are only three. At that time all district magistracies were held by Koreans, now at least one-seventh of the largest districts are governed by Japanese magistrates, and even in some places the village provostship has been transferred to Japanese hands. The number of judgeships that have gone to the Koreans is very small, and all school principals are Japanese. The story is the same in every public department. But it is not only in the filling of offices that the discrimination appears, but also in the dignity and the remuneration attaching thereto. The Japanese officials of the same rank receive forty per cent. higher salaries than the Koreans, and in addition, allowances for colonial service. This may happen in the case of men who graduate from the same school.[1]

Laws that govern Japanese subjects in Korea are identical with those in Japan proper. But for Koreans the Japanese administration applies a different code

[1] *The Korean Situation* (pamphlet issued by the Council), p. 115.

of justice. Their explanation is that the Korean is
not advanced enough to enjoy the high code of legal
justice as is the Japanese. The laws and regulations
that govern the minutest phase of the Korean's life
must be made and administered by the Japanese over-
lords. And he is not permitted to complain. The
country is completely covered with a network of offi-
cialdom, so that not only overt acts, but secret
thoughts that are in any way inimical to Japanese,
must not be entertained by Koreans. An American
writer, who visited Korea after the alleged Reforms
of 1919 were introduced by Japanese to abolish the
old abuses, writes:

> Fair promises have come repeatedly both from Tokyo
> and the Governor-General in Seoul, but the reforms have
> been slight. What relief there has been has served only
> to throw into higher light the lack of any change of real
> value, and such as it is, it has been hedged about with
> so many reservations as to be well-nigh meaningless. The
> basic grievances of the Koreans remain untouched. They
> are still at the mercy of the military officials and of the
> numberless police. The most minute phases of their ex-
> istence are still in the absolute control of a multitudinous
> and autocratic bureaucracy: 17,000 officials for a popu-
> lation of 17,000,000, compared with 1,200 in India for a
> population of 300,000,000.[1]

Habeas corpus is unknown in Korea, and every
man is considered guilty until he proves his innocence.
The law courts in Korea are a part of the administra-
tive system under the Governor-General. The ju-

[1] Nathaniel Peffer, "Korea," in the *New Republic*, March 10,
1920, p. 56.

diciary, instead of being independent and a bulwark of liberty for those oppressed by other branches of the administration, as it is in America and Great Britain, forms a part and parcel of the system. The judges, the nominees of the Governor-General, cannot be expected, under the circumstances, to be unbiased. They have the absolute authority to select the evidence they will admit. The defendant has no right to call witnesses on his own behalf. He may have a complete defense and not be allowed to present it. He can only make request that witnesses be called, and the judges grant the application or not as they see fit. The judges' action is not subject to review by a higher court. The absurd extent to which this discretionary power of the trial judges is carried is illustrated in the following judicial decision:

> It belongs to the authority exclusively of the judges concerned to decide whether in the trials of a criminal case the examination of a given evidence is necessary or not. This authority of the judges is not to be circumscribed at all by the nature, kind or degree of importance of the particular evidence.

This discretionary power of the judges applies also to the production of documents or other like evidence. Furthermore, the Japanese language is the official language of the land, and all court proceedings must be carried on in that tongue. In a recent case where a British subject was prosecuting a number of Japanese policemen and gendarmes for an unprovoked and murderous assault, the Japanese interpreter persistently spoke of a British passport as a pocketbook, presumably to make the crime less obnoxious and punishable. If this could occur in open court, where the interests of an alien were involved, how often must it occur where Korean interests are involved, where the person doing the interpreting is of less high standing, and it is known to all that the Korean is without redress in case of injustice? Then, all of the judges and procurators (state's attorneys) are Japanese, for since the annexation a Korean lawyer has become a very rare person. In cases where Koreans and Japanese are involved, it is a foregone conclusion that the Koreans do not obtain a shadow of justice.

Perhaps the worst feature of the Japanese legal system in Korea is the judiciary power given to the police. Police officers of a dominating power in a dependent country are seldom of high calibre. They are prone to ride roughshod over the helpless natives. But in Korea the Japanese police are given power to treat the native as their legitimate victim. The following extract taken from the Japanese Government report, *The Annual Report on Reforms and Progress in Chosen*, will give the reader some idea of the extraordinary power given to the police:

> The police authorities sometimes have to participate in judicial affairs; to act as public bailiffs in distraining property and often to serve as procurators in district courts.
> The police authorities can inspect the residence of any private individual wherever there

is a suspicion of the concealment of firearms or gunpowder, or *when they deem it necessary.*

That the authorities thus boldly publish such items as this in a book given up to extolling their good works in Korea, would seem to indicate an utter ignorance that such actions by the police are infractions of human rights common to the people of all civilized countries. But a comment more to the point is taken from the *Japan Chronicle:*

In the course of interpellations put forward by a certain member in the last session of the Diet, he remarked on the strength of a statement made by a public procurator of high rank in Korea, that it was usual for a gendarme, who visits a Korean house for the purpose of searching for a criminal, to violate any female inmate of the house and to take away any article that suits his fancy. And not only had the wronged Koreans no means of obtaining redress for this outrageous conduct, but the judicial authorities could take no proceedings against the offender as they must necessarily depend upon the gendarmerie for acceptable evidence of crime.

The Japanese procurator may assert that such action by the gendarmerie is usually a gross exaggeration. There is certainly nothing to prevent such abuses, and the statement that the Korean people have no redress against the police oppression is literally true. Since the police are empowered to search any home without warrant " *when they deem it necessary,*" is there any reason to assume that they would not do it?

A most serious phase in the matter of judicial administration in Korea is the fact that the system gives no assurance for justice to any one who may be caught in its toils. Nowhere in the whole process has there been any attempt to safeguard the innocent, but, on the other hand, there are six things that make it practically impossible to clear a person against whom a case has been made. They are as follows:

1. The right of the police to arrest without due process of law. No warrant is required for arrest. Neither the prisoner, his attorney, his family, nor his friends have any way of ascertaining the charge, if any, on which the arrest and detention is made. Bail is not often allowed, and not at all during the preliminary investigation. The right of habeas corpus is unknown.

2. Presumption of guilt. Instead of following the true legal maxim that "every man is considered innocent until proven guilty," the official and popular attitude is the very reverse of this, and the Japanese newspapers refer to the accused as criminals. The expression "proving the guilt" of the accused is never heard. In case of acquittal, it is said that he "proved his innocence" or was pardoned.

3. Right of counsel is denied. An accused person is not allowed to talk with a lawyer or with others about his defense until after the police investigation and the hearing before the procurator (prosecuting attorney) has been concluded. During this period of investigation the accused is in the hands of the police with all access to the outside world completely cut off, and the sole object of the police is to make a case that will insure conviction. Indeed, before a lawyer can participate in the case a written record is made up which is used as evidence, and in the discretion of the judges may be the only evidence that can be introduced at the trial. Under

such circumstances, the accused, being without counsel, is in a pitiable situation, for who will shape his defense; who will match the trained minds and shrewd wits of the officers of the law; who will keep him from being an easy prey to legal traps; and who will there be to challenge illegal acts and procedure?

4. Secret police investigation. Here is the very citadel of this iniquitous system. It is beyond dispute that the police use threats, deception and all forms of physical and mental torture to secure admissions of guilt or in their efforts to gain incriminating evidence against others. When such admission or evidence is obtained, it is reduced to writing, signed by the accused, and becomes the basis for inquiry both before the procurator and the trial judge. One would expect that the court would look upon such testimony with suspicion, and that unless it was confirmed or corroborated in open court, it would be thought an insufficient basis for conviction. On the contrary experience shows that it is almost impossible to get the judges to give credence to evidence tending to overthrow false admissions made under the pressure of the secret police investigation. The police court has practically the determination of the guilt or innocence of the accused. The police can and do hold accused persons in their custody for months without trial or giving them an opportunity to consult with counsel or friends. During this time they apply such methods as they choose in order to secure from the accused admissions of guilt. The one official reply to the charge that torture is practiced during police examination is that the law does not permit of such practice, and therefore, it cannot exist.

When "police" are thus mentioned it should be recalled that this term includes the vast secret service and espionage system built up by the Japanese in Korea, than which a more extensive or oppressive system, it is safe to say, does not exist anywhere else in the world.

5. Collusion between police and procurator. The procurator acts as prosecuting attorney when the case is tried, but in advance of this the prisoners are brought before him for preliminary examination. After this examination he has the authority to reverse the police findings. However, the police report quoted above is authority for the statement that the police often serve as procurators. In such cases the hearing must be mere empty form. A Japanese lawyer in the course of his argument on a very important case said: " This case convinces me that the police and procurators are one and the same." This makes the procurators only the mouthpiece of the police. Once in the hands of the police, the result is a foregone conclusion.

6. Biased Judges. The process verbal from the police court and procurator is used as evidence on the trial before the judges. Judges are required to familiarize themselves with this record before the hearing begins. Thus they form their opinions before the defendant or his counsel can be heard. Such bias is sufficient to disqualify a juror under American or British systems, but in Korea, it is required of those who are to be both judge and jury.[1]

To this must be added the fact that the accused has no right to set up and develop his defense in open court as has been referred to. We already have a

[1] Taken from an unpublished manuscript prepared by an American who has been a long resident of Korea, and who has personally witnessed the workings of the Japanese legal machinery in Korea.

fairly good outline of the Japanese legal system in Korea. If the whole system is thus deficient in theory, what could be expected in the way of practical results? Is it any wonder that the Koreans look upon the courts as machinery of oppression? The judicial power given to the police to execute judgments without trial on minor offenses is known as " Summary Judgment." The following table will indicate the proportion of the number of cases handled by the police in this fashion.

> In 1913 there were 21,483 convictions without a trial out of 36,953.
> In 1914 there were 32,333 convictions without a trial out of 48,763.
> In 1915 there were 41,236 convictions without a trial out of 59,436.
> In 1916 there were 56,013 convictions without a trial out of 81,139.

The number of those who proved their innocence in the years above tabulated were, respectively, 800, 93, 47 and 30.  To quote from the Japanese official report for 1916-17, page 126:

> The total number of criminal cases decided during the year 1916 by police summary judgment reached 56,013, involving 82,121 offenders, being an increase of 14,777 cases and 21,750 offenders over those of the preceding year.  Of the persons implicated in these cases, 81,139 were sentenced, 30 proved their innocence, and the remaining 952 were pardoned.[1]

It is evident that crime, or what the Japanese consider

[1] Quoted by Senator George W. Norris, *Congressional Record*, October 14, 1919.

crime, is increasing, and yet the number of those who prove their innocence is correspondingly decreasing under the Japanese legal system in Korea. That only thirty proving their innocence out of 82,121 accused is unparalleled in any other legal record in the whole world. Especially is it significant when we consider that the Korean people are noted for their peaceful and patient nature, and that Japan assured the outside world that she went into Korea with the professed intention of uplifting the welfare of the Koreans.

The secret torture during " preliminary examinations," and the flogging ministered by the police as means of punishment are described in the following chapters and are omitted here in the discussion of the administrative system. The most powerful witness that I can summon to my assistance to corroborate the foregoing statements is Bishop Herbert Welch, formerly the President of Ohio Wesleyan University, now the Resident Methodist Bishop for Korea and Japan, at Seoul, Korea. Bishop Welch's close relations with Japanese officials naturally make him very conservative in his statements regarding what the Japanese are doing in Korea, and, of course, he would not say anything over his signature that could not be proved beyond all question. Says the Bishop:

The judicial system prevailing in Korea demands extended discussion by itself. . . . The Government-General, and, on occasion, the Governor-General, may issue laws and ordinances which become immediately effective. They are subject to the veto of the throne, but are operative until thus countermanded. The establishment and abolition of the courts are in the hands of the Governor-General, who seems, on occasion, to direct what decisions shall be reached.

Police summary judgment, as the system is called, disposes of tens of thousands of cases of minor offenses each year. In the last year for which statistics are available, 82,121 cases were handled by this plan, which gives the power of judgment to police officers rather than to any court. Of these, thirty persons proved their innocence, 952 were pardoned, and 81,139 were sentenced. A large proportion of these were punished by flogging. The handicaps on the chance of securing justice from the Korean courts themselves have been enumerated as seven: first, arrest without due process of law; second, presumption of the guilt of any person arrested; third, no right of counsel until after the first hearing; fourth, secret investigations and torture by the police; fifth, unity of action between the procurator, who hears the case, and the police; sixth, judges biased by the use of the written record from the procurator's examination before the hearing in their own court begins; and seventh, the power of the judges to give absolute and final decision as to the admission of any offered evidence.

When the various facts to which I have thus briefly referred are taken together, it becomes apparent that the conditions under which Americans have been willing to live in war time are very much the conditions which prevail in Korea all the time; in other words, that we live there under what is practically martial law.[1]

" The Korean Independence Movement of 1919," *The Christian Advocate* (New York), 94: 1006, August 7, 1919.

# IV

## THE OFFICIAL "PADDLE"

FROM the preceding chapter the reader will have formed an idea of the extraordinary judicial power in the hands of the police. It was also noted that in exercising this power "preliminary examinations," conducted before the prisoner is tried at all, and "summary judgment," rendered without due process of law, sprang up as by-products of the system. Secret tortures are applied during "preliminary examinations" to compel the prisoner to make statements that Japanese police call "confessions," on the strength of which the prisoner is convicted in open court. But this phase of the Japanese administration will be dealt with later in the book. In this chapter attention is called to the infliction of corporal punishment in the form of flogging after conviction.

Flogging is illegal in Japan proper, and it is never used to punish the Japanese subjects in Korea. But it is reserved as a special favour for Korean prisoners —especially political prisoners—to wear out the morale of the people. The Japanese excuse in maintaining this form of barbarous punishment is that it was "the old Korean custom." They do not seem to realize the incongruity of their pretexts. Their pre-

74

text for annexation was to better the condition of the Korean people. Their publications and spokesmen proclaim loudly all the benevolent reforms that have been introduced in Korea. Yet they claim that they are retaining flogging, administered only to the Korean, because it was "the old Korean custom." In that case they are discarding everything that is good and worth saving and retaining everything that is bad and barbarous.

Flogging was used by the Korean courts in the past only in the case of hardened criminals, where mere imprisonment would have little effect. The Koreans never used the system of fines. The theory was that the rich must pay the penalty and be responsible to the law as well as the poor. If fines were used as a mode of punishment in criminal cases, the rich would have preference over the poor. The entire legal system in old Korea was based on custom and precedents similar to the English Common Law. Justice was simple, and criminals were rare. Flogging was used, but it was never used on such an extensive scale as at present by the Japanese, nor to such a severe degree. Indeed, flogging in the old Korean court, compared with the present day Japanese flogging in Korea, was like a mild rash to cholera. The nature of the flogging administered by the Japanese police can better be ascertained by reading the following description given by Dr. Frank W. Schofield, a Canadian medical missionary to Korea, who has made an extensive investigation of the system and its effect upon Korean victims.

The methods employed by the Japanese in dealing with the Korean agitators have not only been severe, but unnecessarily brutal and barbarous. Their object has been to terrorize, and this has been well accomplished. I was talking to a bright young lady this morning, a school-teacher. She told me how she had been thrown to the ground by her hair, kicked all over and then tied to a tree from 10:30 in the morning to sundown—all for calling *Mansei*.[1] This by a supposedly educated Japanese gendarme! I saw an old man two days ago whose three sons and three grandsons were taken out of his house, tied in a row and then bayoneted to death for shouting, "Long Live Korea." He begged the soldiers to kill him, but they refused. He is now going insane. Think of it! The youngest grandson was only fifteen years old. But these are the methods employed by militaristic Japan in maintaining law and order amongst an unarmed people. I saw a schoolgirl who had a sword cut on her back; she had been attacked by a high officer. I have seen a boy whose leg was burnt with hot irons to make him give information, and a man who was hung up by one finger to the ceiling for the same purpose. Two women were killed; one shot and the other sabred because the officer said they were stubborn and would not obey orders. Their orders were to go home while the Japanese troops murdered their husbands.

But I am going to tell you about something else—police beatings; eleven thousand people have been beaten by the police since this movement for Independence. First, let us clearly understand what is meant by the term "police beating." The instrument of beating is a special bamboo rod, made by tightly tying together with hemp twine a number (two or more) of bamboo strips; this gives the necessary flexibility, when bruising and not

[1] *Mansei* was the old national battle cry—"May Korea Live Ten Thousand Years."

THE OLD AND THE NEW KOREA

Prince Min Yong Whan, Former Minister of War and Special Ambassador at Queen Victoria's Diamond Jubilee, Who Committed Suicide at the Time the Protectorate was Forced upon Korea in November, 1905, that He Might Not Survive His Country's Fall.

Son Byung Hi, Who Headed the List of the Thirty-three Immortals and Led the Fight for Freedom against Japanese Tyranny in March, 1919.

breaking the tissues is desired. The form or rack used in beating is made something like a cross, so that the outspread arms of the criminal can be tightly secured. The trunk and legs are also fastened in a way which makes motion impossible. The individual to be beaten is firmly secured on the cross; the clothes removed from the region of the buttocks, and the rod laid on, according to the strength of the men who administer the punishment. Before such a procedure, there is supposed to be an examination of the patient by the police doctor, but this does not often happen.

Let me recite to you the story of Mr. Sur—just as he gave it to me. Take time reading it. Try and pass through his experience; then coolly make your decision —civilized or uncivilized?

*The Demonstration:* " I am a native of Kangkei, a small town amongst the mountains, and being so far away from the town where demonstrations for Independence had occurred, we were late in starting. However, we planned for a real good demonstration on April the 8th. We had given out circulars, and had made all arrangements; then at the given time from one end of the town to the other all shouted, 'Long Live Korea.' We had no weapons, sticks or stones, but the police, without any warning, opened fire on us, killing four and wounding eight. This violent attack scattered us, and ended the demonstration. Two women were down by the river washing after this had happened, when two soldiers walking past, without provocation, fired; the younger woman was shot through the head, the second shot whizzed past the ear of the other woman and scared her badly. The soldiers did not fire any more but went away.

*Arrest and Beating:* " On April 22nd I was arrested, and after being kept some days in jail, was sent on to New Weiju with ten other young men. We had our

trial at Weiju on May 4th, and were all recommended
to get six months' imprisonment. On May 11th we re-
ceived our sentence, which had been altered to a police
beating of ninety blows. Thirty blows were to be given
on three successive days. Realizing what this meant we
all appealed, but were told that there was no such thing
as an appeal from a police beating; that we must take it,
and we would soon be home again. Our remonstrance
was useless; we had to submit and were made to put our
finger prints to a document, saying that we were satisfied
with our sentence and were justly punished.

" Beatings were given on May 16th, 17th and 18th—
thirty strokes on each day. The policemen beat us up to
the limit of their strength. They would lift up the foot,
and leaning well back, would bring the cane down with
tremendous force. Frequently, three policemen would
administer the punishment. One man would give ten
strokes, then another, and finally, a third would admin-
ister the last ten. The pain was terrible, especially the
last two beatings. Blood was drawn at the first beating,
and yet we knew that we had more to come. The ex-
pectation was in itself terrible, apart from the physical
suffering. After the second beating our flesh was like
jelly, and pain on receiving the last thirty strokes was
frightful. On May 18th we were given the last beating
and were turned loose. We could hardly walk, but finally
managed to get to a cheap boarding house. There is a
Japanese hospital in town, but we would just as soon
go back to jail as to go there. We were not allowed to
go to the Danish Hospital, as this was across the river
at Antung in China. I went out and brought some
Korean medicine which we used, but with no success.
Six of the boys seemed to be seriously ill; they could not
eat, could hardly stand, and were suffering most terribly.
On the afternoon of May 22nd, we decided that we would
go to the Mission Hospital at Syen Chun, some two

hours' ride on the train. I could walk fairly well, but some of the others were in a terrible condition, so with two of the stronger men, we three brought the six very sick men down to the hospital. They had great difficulty in getting on the train, and of course, could not sit down, but had to lie along the seat. Arriving at Syen Chun, we got the men off the train, and on wagons brought them up to the hospital."

This is briefly the story of the lad given to me on May 25th. I will continue the story of these cases from the statement of those who nursed them at the hospital.

*Nurses' Statement:* Mr. Pak—"he was a young man of twenty-one, a graduate of the Kangai Middle School and had been employed as language teacher to a newly arrived missionary. He was never a very strong man—slender in form and delicate, but mentally bright. We operated on him early May 23rd, removing large pieces of gangrenous tissue. Peritonitis had already set in, and he passed away in great pain about twelve o'clock the same day. The greater part of the buttocks had become gangrenous. Death was due to septic peritonitis and exhaustion from excessive pain."

Mr. Kim—"he, also, was from Kangkei, a well put together husky young man of nineteen years. He was in terrible pain, groaning constantly. The operation seemed to help him quite a little, and he begged to be operated on again. His buttocks were frightfully infected, and much dead tissue had to be removed. While coming out of the anæsthetic, he constantly shouted, 'Long Live Korea,' 'Long Live Korea.' At times he seemed to be better, but peritonitis developed, and on Sunday, May 25th, he died. His brother, who had been summoned, arrived a few hours before he passed away. On seeing his brother, he called out, 'I shall get well now that you have come; let's have a talk.' Constantly during the afternoon he would bite at the tips of his fingers. I did not know for what reason, and, of course, pulled his hand away from his mouth. Just before he died, he again made a great effort and managed to get his little finger into his mouth but had not the strength to bite. He looked at me so anxiously, but I could not think what he wanted, so offered him a sip of water which he refused. He whispered, 'I don't mind dying, but I had hoped to see my country free first.' Then an elder, who was standing near, prayed and asked him if he knew Jesus, to which he said, 'Yes,' then closing his eyes he passed away. I afterwards found that he was trying to bite off the tip of his little finger, so that he could write the oath of Independence in his own blood as many a patriot had done."

A Japanese police doctor saw the corpse and remarked, "They should have known that a man like this (Mr. Pak) could not have borne such punishment." He also warned the doctor in charge not to state in the death certificate that he had been beaten to death, but to say he had died of peritonitis.

The jailer at New Weiju was most annoyed when he heard that the boys had gone to a Mission Hospital, especially when two had died. He said that they could not have died of the beating. It must have been the operation.

The boys were buried together the following morning. The crowd of people sobbed with grief, and although overcome, it was all they could do to stop shouting once more, "Long Live Korea." A Korean flag was secretly placed upon the coffin, so after all they were buried like Korean patriots.

The world would never have known about these lads had they not gone to an American hospital. God only knows the hundreds who have been beaten, shot and bayoneted, to crawl home and die unattended and unknown. Is there no Japanese Red Cross, you ask? Oh yes, we read of its activities sometimes in the local press, but its presence is only camouflage. Except in the case of Suwon, I never heard of its helping any poor Korean. These Christian boys are shot to be killed, not to be succoured and nursed back to health.

*The Beaten Boys:* I went to see and photograph the remaining four who from the first had been so sick. They presented an awful sight; their backs were raw and bleeding; large areas of the skin and underlying tissue had sloughed away. Every time the nurse touched the raw surface, the exposed muscle fibres twitched, and the poor fellows groaned in agony. The doctors held out hope for three of them, but the fourth was awfully sick; peritonitis was evident, and he being a weak lad, had little chance to fight his way through. You ask if beatings like this are common. Well, since the agitation for Independence, there have been eleven thousand people beaten. At first the authorities gave them only twenty or thirty blows each, but recently many have been receiving thirty blows in each of the three successive days.

My God! What pain and suffering these people do endure at the hands of their barbarous overlords. The skinned slaves of bygone days were happy compared to these people. They were born into slavery and expected nothing better, but these poor folks were born free, only to find themselves enslaved in an Egyptian bondage.

I have spoken to many educated and respectable Japanese about these brutal beatings and as to why it is not done to Japanese, and why it is continued in this day when humanitarian principles govern more and more the acts of people? The answer is always the same, "Oh, don't you know it is an old Korean custom?" I asked how they would like the Government of Japan to revert to some old Japanese customs in governing their people? Such questions, they reply, are foolish. Japan does not do wrong, and if you think she does, you are anti-Japanese; you are a wicked alarmist.

The truth is this; the militaristic Japanese are still uncivilized and barbarous at heart, and so one constantly sees his real brutal, naked self appearing.

In this manner hundreds of thousands of Koreans have been flogged. An American resident of Korea, who is a close student of the Korean situation, writes:

In the Government report for 1913, the number of persons flogged after police trial is two-thirds of the entire number of persons put on trial. This item has not been published since, but using that as a basis for estimating the total number flogged by the police as a punishment for crime from 1913-1918 would be 294,000 persons, or about one to every fifty-nine Koreans in the land, including men, women and children. The courts also sentence to corporal punishment, but no statistics available, this number cannot be ascertained.

This estimate of the American resident in Korea is not far from actual facts. It is my information that, from January 1, 1913, to July 1, 1920, the so-called " convictions " of Koreans by the Japanese courts and by the " summary judgment " of the police, were 616,839, or one Korean in each thirty. The sentence of flogging was pronounced and administered to 278,-087, or one Korean in each sixty-six. This is the " Record " made by Japanese. If we add, as we must, the thousands who have been flogged " unofficially " and with no record made, the estimate of the American resident from which I have quoted is no doubt very conservative.

From March 1, 1919, when the "Mansei" demonstrations began for the Independence Movement to July 20 of the same year, the number flogged by order of the gendarmes at "summary judgment" is 9,078, and that by order of the court, 1,514, making a total of 10,592. An editorial in *Japan Weekly Chronicle*, "The 'Paddle' in Korea," makes an amazing revelation of the Japanese practices in the Hermit Kingdom:

We have hitherto seen no reference in the Japanese press, for instance, to the subject of flogging, but we are glad to see that the *Seoul Press* has admitted to its columns a letter on this subject from a foreign resident in Korea, and, while the editor mildly deprecates the charge of cruelty made, he expresses agreement with the desire to see this form of punishment abolished. It is one of the official assumptions in Japan that the Japanese have a great sense of personal dignity. As an observant traveller once said, "There is no false modesty in Japan, but a terrible lot of false dignity." False or not, it is undoubtedly there, and we are told that the exclusion of flogging from the penal code is out of respect to this sense of dignity. It appears, however, that the Korean has no sense of dignity—at least, it is not respected, though General Hasegawa lately declared that it was only in matters of temporary administrative necessity that there is any difference recognized between Koreans and Japanese. It seems a fairly effective kind of racial discrimination. It was apparent to General Hasegawa that the writer of the complaint in the *Seoul Press* addressed an inquiry as to why this barbarous method of punishment was still used in Korea, and he received, through an interpreter, the reply, "Flogging is an old Korean punishment which we, like yourself,

who are educated, look upon as a barbarous method of
punishment, but if we were to immediately do away with
such a custom, it would cause a great deal of trouble
and discontent amongst the Korean people.  You must
remember that we can govern only in accordance with
the will and desire of those whom we govern."

A statement like this invites a good deal of comment.
One is tempted to ask whether it is the will and desire
of the people that those who had been in the enjoyment
of occupancy of Crown lands for many generations
should be expropriated without compensation; whether it
is the will and desire of the Koreans that they be for-
bidden to start any joint-stock enterprise without Japa-
nese partnership directing it; whether they love to be
regulated in all sorts of details of their personal lives
and livelihood on a rigid Japanese plan instead of the
free and easy plan which they prefer and understand,
but which the Japanese police do not like.  Do they like
being compelled to learn Japanese and being forbidden
to travel abroad?  In these and a hundred other mat-
ters the administration has shown not the slightest desire
to consider the wishes or even the rights of the people,
but we are told that the people so like being flogged by
a Japanese jailer with a barbarous weapon that the sys-
tem cannot be abolished.  This is perfectly well under-
stood by those who devised this abominable punishment
—or, if it is not, they ought to try it for themselves.
And again, the authorities who profess to mitigate the
severity of the punishment by converting it into an ex-
quisite torture—with tortures of suspense and anticipa-
tion between—also refuse to believe that men have died
as a result of it.

\*        \*        \*        \*        \*        \*        \*        \*

But enough has been said to show how foolish is the
policy pursued, and how entirely unfit are the men in
authority to pursue the task of reconciling the people to

a change which was forced upon them. The military administrators seem utterly unable to conceive that the people for whose welfare they are responsible have any feelings at all, and they apparently fancy that everything that is right to their military minds must, also, appear right to the Koreans unless they are willfully recalcitrant. Their very excuses in this matter of flogging—that the Koreans insist upon having it, that to prolong the agony mitigates it, that it is only fatal if the victims of it are so foolish as to employ a Korean doctor to treat their wounds—show that they are incompetent to perform the task with which they are entrusted. But it must be understood that the mere appointment of a civilian instead of a soldier is not enough. A civilian with irresponsible powers and soldiers at his beck and call may conceivably be worse than a man who has had experience of war.

# V

## PRISONS AND PRISON TORTURES

IF there ever were a place on earth that could be called hell, it is the Japanese prison in Korea. When John Bunyan wrote his *Pilgrim's Progress* two hundred and forty-six years ago, he did not know that he was, in his description of the sufferings of the Faithful, prophesying the fate of the Korean political prisoners at the hands of the Japanese torturers in the twentieth century. The horrors and atrocities being committed by the Japanese officials are beyond belief, and their counterpart is found nowhere in the history of the world. The most tortuous period of the Czarist Russia never witnessed their equal. The Mediæval Inquisition was terrible, but it did not embody that scientific cruelty which the Japanese prison torturers in Korea employ, especially in dealing with political prisoners.

After a man has been arrested he is not permitted to see his friends or relatives or consult a lawyer until he is brought before the judge for trial. He may be kept indefinitely in prison and released without trial. During the confinement the prisoner is compelled to go through what is known as " preliminary examinations." This Japanized " third degree " is illegal in

86

Japan proper, nor is it practised on Japanese prisoners in Korea, but it is reserved for Korean prisoners, especially political prisoners, as a special favour. During the " preliminary examinations," unspeakable tortures are inflicted upon the prisoners, not by way of punishment after conviction, but in order to extract evidence by which to convict, which means that the innocent are tortured equally with the guilty.

Men and boys were trussed and suspended from the ceilings so that their weight hung on the shoulders. Thus they were raised and lowered till unconscious. They had their fingers pressed over red hot wires. Their naked flesh was lacerated with sharp hooks and seared with hot irons. Toe nails were torn from the flesh with pincers. Men were placed in a tight box and then screwed up. They were tied up, their heads forced back, and hot water or a solution of water and red pepper poured down their nostrils. Slivers of wood were shoved far under their finger nails. They were flogged until they had to be taken to hospitals, where big slabs of gangrenous skin had to be cut off. In many cases they were flogged to death. And some kinds of tortures employed are unprintable. This was not done once or twice, but it was done repeatedly for days and nights, hours at a time, until the victim confessed, whether he had anything to confess or not. There are cases where men have said yes to anything, ignorant even of what they had admitted.[1]

Dr. J. W. Hirst, of Severance Hospital at Seoul, related to me when he was in America in April, 1920, that in his hospital alone, during the year of 1919, they had treated seventy-six cases of gangrene and

[1] Nathaniel Peffer, *The Truth About Korea* (pamphlet), p. 24.

skin grafting—all of whom were victims of the "preliminary examinations."

Seldom, if ever, a man completely recovers from the effects of these tortures; many die in prison, and still more die after release. Those who survive become cripples for life. The following story of "a slender, timid, Christian youth, nineteen years old, employed by a shoemaker," charged with circulating the *Independent News*, and forced through the "preliminary examination" at the police station, illustrates the fate of thousands of other prisoners. This story, as told by an American missionary, who is an eye witness, was made public along with other incidents at the New York Headquarters of the Presbyterian Church in America, on July 12, 1919, with the comment that:

What is reported here can be duplicated in scores of places in Korea, and some of the reports thus far received are even more harrowing than the ones we report. But, as they have not been definitely established by competent witnesses, we omit them, but confine ourselves strictly to incidents which are known beyond the shadow of a doubt to be true.

### THE MISSIONARY'S TESTIMONY

"Word came to me soon after this that our shoe boy had been frightfully beaten and would die. . . . I went to see him yesterday at the hospital.

"The only reasons which can account for his being there are either that the police did not want him to die on their hands or wanted to prolong his torture, for he is miraculously recovering. I entered by the main office, presented my card, and was shown to his room without any police interference, at which I was greatly surprised. I went in and saw a very sallow, sick boy—what must he have looked like five weeks before? . . .

"The following is his story. . . . It certainly is a miracle that he is living. On the day following his arrest he was questioned about complicity with the Korean Independence Movement. On refusal to reveal aught of the affair he was subjected to six hours of 'examination' spelling constant torture, for his arms were put into rings above the elbows until the upper body was greatly distorted—the usual preparation for beating. Beating and kicking were then administered until he fell fainting to the ground. He was given cold water to drink, and water was poured over his body to bring him to consciousness. Then more questions were plied, but the same refusal to reveal facts followed. Then physical collapse.

"I saw one sear on the upper part of the leg. It had been seared some five inches in length with a red hot iron. Of these he bears four. I saw the dead skin line of the welts that had been raised by blows on his hands. One hand, he said, had been swollen to twice its normal size. Two joints of one finger and two finger ends showed plainly the tale was all too true. His head is still sore from the blows received.

"Shortly, the doctor called on his regular rounds and seemed to take great pains in examining him. Turning to me, he said his chest and lungs were better. Was it exposure to cold that made his chest sore? No. He pulled his clothing down to examine further, and I saw that his whole abdominal region had been involved. A wound —whether by bayonet thrust or doctor's incision I do not know—seemed to be healing. The doctor began by pressing, but after thirty-three days this boy was unable to endure even a slight touch from chest to groin and

from hip to hip.  An ice bag was at his head for 'fever,
body was quite wasted to the bone, and he was able only
just to raise himself to a sitting posture.

" During the four days of torture and the subsequent
two days of suffering at the police station a physician
had been admitted to see him only three times.  He was
expecting to die and begged them to kill him.  But God
had another plan.  After twenty days in the hospital he
has hopes of recovery.

" I rode in a ricksha, as I had little time, and delivered
him some eggs, apples, milk powder, a clean cover for his
pillow and clothes.  The transformation was wonderful,
for the clothes he had on had the marks of his experi-
ences from the first.  A Korean nurse was in attendance
during the visit; the reason I understood later.

" His soiled clothes were rolled up ready to take along.
We had prayer, and I rose and was leaving the room
when a coolie confronted us outside the door.  He spoke
to the sick boy and said, ' You must wait; you must not
go.'  About me he said I should go to see somebody.
Imagine, please, what they were trying to work up against
me—that I was trying to get the boy away in my ricksha.
I was in for arrest.

" He calmly strode into the main office.  Over a half
hour elapsed ere anything happened.  Imagine my ter-
rible plight !  I had purchased fish for dinner, and guests
were expected.  There really was little time to spare.
However, I dispatched a woman with the fish and a note,
and sat down to wait in patience.  For the last thing to
do in the Orient is to get flustered.

" I certainly was the object of much attention.  I won-
dered how many soldiers would come to take me away,
and whether they would let me ride or make we walk.
Finally, my amused meditations were broken, not by
khaki-clad, armed soldiers, but by a plain clothes Japa-
nese detective, who had come in to interview me.  I told

him all that I knew, and he was exceedingly mild towards
me, when I tell you he was the one who at the police sta-
tion almost tortured our shoe boy to death.  He is the
acknowledged spy on all foreigners and the official tor-
turer of our schoolboys.

" The interview was brief; he saying that the sick boy
was yet a prisoner and that hereafter, if I wished to visit
him, I must first apply to the police for permission.  It
was like thin ice, seeing how far I could go without
breaking through.  I was really disappointed, for I
thought I was going to get inside the jail for sure.  A
community 'phone call had been sounded, announcing
that I was missing, and a member of the legal committee
was about to set out for the police station when I re-
turned.

" We foreigners enjoy little freedom, nor are we safe
under the present Japan and United States agree-
ments. . . .

" This case is not an isolated one.  Scores, hundreds,
of similar cases could be cited and fully substantiated.
Every police station is a veritable hell on earth.  Every
human refinement in brutality is known there, and such
brutality is perpetrated as would blister the tongue to
utter.  Men are known to have been beaten to death, and
their bodies handed over to their relatives to bury.  Others
have been beaten until crippled for life, and then re-
leased, to be a burden on their families until the day of
their death. . . .

" Note that the shoe boy had been in the hospital
thirty-three days already when the interview was held.
When will he be ready for trial?  Still, it is understood
that he is to receive nine months in the penitentiary.
This was practically decided by the police officers even
before he was brought to trial.  The court simply goes
through the form of trying him, and sentences him as the
police have suggested.

" Occasionally, instead of imprisoning the men, they
are let off with only ninety blows of the bamboo rod; and
that this is no light matter you may well imagine. No
man could endure it all at once, so the ninety blows are
administered thirty per day for three successive days. A
large number of cases now coming to the private hos-
pitals are of men who have been thus beaten until they
are nearly done for.

"All this in a land which boasts before the world of its
thoroughly acquired modern civilization, an associate of
the great allied nations of the world. . . . When
will such mockery as this end and men be called what
they really are?"[1]

But by far the worst feature of the Japanese prison
system in Korea—something for which the Koreans
will never forgive the Japanese—is the treatment of
women. Refined and cultured Christian young
women, many of them college graduates, were dragged
into prison on the charge either of being members of
the Women's Patriotic League or of cheering for Ko-
rean freedom, and were subjected to unspeakable in-
sults and indignities. The following signed statement
by an American resident in Korea, dated April 22,
1919, made public by the Presbyterian Church in
America, referred to above, speaks for itself:

" The examination of women, who have been arrested
for activity in the Independence Movement, is the most
disgraceful and humiliating possible. It will have to be
remembered, however, that the Japanese feel no shame
when nude in the presence of the other sex. On the other
hand, the Korean and Chinese women have the same

[1] *New York Times,* July 13, 1919.

feeling of delicacy as Europeans. They feel intense shame when seen by another.

"The Japanese know this, and so, when they put the Korean women in the question box—this, mind you, is before they are condemned at all—they are stripped absolutely naked. They are stripped, not after they go to the room where they are questioned, but in their rooms of confinement, and that by gendarmes.

"From here they have to walk across an open court where they can be seen by any one who pleases. Sometimes they are accompanied by a Japanese female, and sometimes not. It might also be said that each time they wash they have to take off the thin kimono which they wear in prison and stand naked before others while washing.

"Their arraignment is before men, of course, and the chief part of the examination is to make the pain of the humiliation just as intense as possible. Unmarried girls, as well as Bible women who have lived in homes of refinement and who have been used to nothing else than the courtesies due their sex, are thus outrageously treated. They are called bad women in the most revolting terms just because they have shouted in the street: 'Hurrah for Korea!'

"Some women, who tried to cover themselves, had their hands tied behind them. One Bible woman had her arm wrenched out of its socket by this process. . . .

"But this is not all. Some were kicked in the stomach and otherwise roughly treated by these fiendish men. Some of us have heard terrible tales about the German treatment of women in Belgium and France, and, though the awful depths have not yet been reached here, we see the training of the same school.

"In one section of the country the women are not safe in their homes during the day. They spend the daytime in the hills, and come to their homes only at night.

" The Japanese are great sticklers for the truth when it comes from others.  So let others read and understand. We have here sworn statements from women thus treated which can be produced when needed."

Girls from Christian colleges fared the worst, and many of the girl prisoners were released without trial after indecent grilling.  They made sworn statements to their American teachers and missionary friends. These independent statements are all similar tales.  In the summer of 1919 at the Methodist Centenary Celebration at Columbus, Ohio, a returned missionary showed me six such testimonies collected from different parts of the country from witnesses who had never seen each other before.  They make one's blood boil. " Were the conditions as they actually are to be fully reported, the report would be too horrible to relate," said my informant.  The mass of documents on the Korean situation, laid before Congress and printed in the *Congressional Record,* July 17, 1919, touches this phase of the conditions in Korea.  I have selected two statements from that issue of the *Record,* made by girl prisoners—one in Seoul and the other in Pyeng Yang, and subjoin them herewith.  From these the reader may judge for himself the fate of other Korean women prisoners, thousands of them, in different parts of Korea.

One is by a girl prisoner from Ewa Hakdang, the American Methodist College for girls in Seoul:

It was on the 5th of March that I, with others, for the liberty of our land, formed into a procession at the South

Gate. As we neared the Palace, a Japanese policeman seized me by the hair, and I was thrown violently to the ground. He kicked me mercilessly, and I was rendered almost unconscious. He rushed me along by my hair, and I was led to the Chongno Police Station. At the entrance of the police office twenty or more Japanese policemen, who stood in line, kicked me and struck me with their swords and struck me in the face so many times that I did not realize whether they were beating me or some one else.

I was led into a room. They dragged me on the floor; they struck me in the face; they struck me with their swords; they flung me into one corner of the room. At this point I must have been unconscious, as I do not remember what happened after that.

On recovering my senses I found myself in a room packed with young men and women. I saw some of them handled so brutally it almost broke my heart. After some time we were cross-examined. I was made to kneel down with my legs bound together, and each question and answer was accompanied alternately by blows in the face. They spat in my face, this with curses and invectives of the worst kind.

I was ordered to expose my breasts. When I refused they tore my upper garments from me. They tied my fingers together and jerked them violently. I shut my eyes and dropped down to the floor. Thereupon, the examining officers uttered an angry roar and ordered me to kneel down as before, then rushed at me, seizing me by the breasts and shook me violently.

He said, " You want independence, eh? Preposterous thought! You will get independence when you are locked in jail. Your life will vanish with the stroke of the sword." He shook me fiercely by the hair. But he was not satisfied even with this, so he beat me on the head with a stick. He made me extend my hands and hold up a heavy chair. If I let it drop, he would strike my elbow with a stick. He made me kneel down near a window pane; he would come and strike me. An hour or so passed in this manner, when I was told to go down-stairs. I found that I could not walk. I crawled on the floor with much difficulty, even with the help of one of their professional spies who followed me. As I made the first step my strength gave out, and so I rolled down stairs. I was again unconscious.

On recovering my senses I crawled into a room. The policeman in charge of the room was very much amused to see me crawling. He laughed loudly at my misery. I spent five days in all at the police station. Then I was sent to the West Gate penitentiary. There I was stripped naked and was looked at by the men. Then I was allowed to put on my dress and was led into a room. I was sneered at and cursed beyond my power to realize. In this room there were sixteen persons who were like myself. The room was not very large, and we were densely packed together. The toilet arrangements were placed in the open room.

On the second day a person called the police doctor and several others came in and weighed me stripped naked. They, too, sneered and spat upon me. Now and then I was told by the keeper there that I would be tried publicly. I looked forward to that with a great deal of consolation, as I thought I would have some chance to state my case without reserve, but I was let out one day without trial and without being told the nature of my offense, or indeed, that there had been legal offense.

The second statement is given by a Christian girl in Pyeng Yang, who is twenty-one years of age:

I was arrested on the streets of Pyeng Yang the 3rd of March and taken to the police station. There were many others, both men and women. They asked us if we smoked, if we drank, and if we were Christians. Soon all were let out with little or no punishment, with the exception of twelve Methodist women, two Presbyterians and one Chundokyo woman. Three of the Methodist women were Bible women. They stripped all of the women naked in the presence of many men. They found nothing against me except that I had been on the street and had shouted, *Mansei.* They beat me until the perspiration stood out all over my body. Then they said, " Oh, you are hot," and then threw cold water over me. Then they stuck me with the lighted ends of their cigarettes.

My offense was considered very little compared with those who made flags, or took part in the independence parade. Some were beaten until they were unconscious. One young woman resisted having her clothes taken off. They tore off her clothing and beat her all the harder. After four days we were taken to the prison. Here we were packed in a room with men and women. One day an old man was beaten until he died. One of the Bible women was chained next to him. She asked to be moved, but they compelled her to watch the dead body all night. One of the Bible women not only had her hands bound, but had her feet put in stocks. They would not allow us to talk or pray. They made vile and indecent remarks to us.

All this was done by the Japanese. Though there were Korean policemen in the room they took no part in the beating or in the vileness. The Japanese know the Bible and blaspheme the name of Christ, and asked us if there was not a man by the name of Saul who was put in prison. They asked us most of all as to what the foreigners had said and were most vile and cruel to those who had been with the missionaries, or who had taught in the mission schools. Some of the girls were so changed that they did not look like human beings.

These disgusting instances of official lechery should be read with the consideration that in Korea female modesty is a matter of religion. Many thousands of Koreans have embraced Christianity, and behind that they have thousands of years of tradition calling for exaggerated chastity on the part of both men and women. The opportunity of combining business with pleasure, and oppression with satisfaction, was not lost upon the Japanese police. The Korean has a very high ideal of womanhood, and to be courteous to the weaker sex is his inborn trait. The women prisoners, some of them from best families in Korea, were subjected to indignities that would make the German soldiers in Belgium and Northern France blush with shame. The Japanese officers called them unspeakable names, accused them of being pregnant. "You can cut us open and see," retorted one of the girls. Some of the women arrested were compelled to kneel down on the floor and hold a heavy board at arm's length for hours. They were beaten whenever their arms trembled. One girl bowed her head to pray, and she was punished by three hours' standing. "As to what we girls passed through in heart during the ordeal makes us weep with agony," said one of the girls in relating her prison experience to her American teacher, " but as we did it for our country, we took the shame of it gladly. Had it been for any other cause we would have died first." [1]

[1] Two testimonies other than I have given above were printed in *Sacramento Bee* (Sacramento, Calif.) November 25, 1919, under the title, "Korean Girls Suffer Japanese Prison Torture."

Like the courageous Biblical Esther, who delivered her people from persecution, the Korean girls not only have exhibited the spirit of supreme sacrifice and devotion to the cause of the freedom of their people, but also have demonstrated a remarkable degree of courage and resourcefulness in their participation in the national movement.

After relating some of these tales in a magazine article—" The Jap Hun—Read His Record! " C. V. Emmons comments:

No business of America's? If this is the behaviour of Japan for a few months when she was showing the world her best behaviour—*what is her record for the years she has ruled in secret?* If she does these horrors upon people of her own colour—*what would she do to another race?* If her art and civilization and Occidental ideals let her act like this in peace—*how will she act in war?* [1]

Where actual beating and torture are not employed, the prisoners are subjected to treatment repulsive in the extreme. Compelling prisoners, men and women, to bathe together in filthy water, is one of them. " We had to bathe, 140 persons in one tub," said one of the girl prisoners. " The water was so dirty, and it smelled so bad it made me dizzy." Apologizing for the Japanese officials for this phase of their treatment of the Korean prisoners, Peggy Hull, the girl war correspondent of the Newspaper Enterprise Association, on her return from the Far East in August, 1919, adds after relating the prison conditions in Korea:

In fairness to the Japanese I must say that in their own country men and women use the same dressing rooms and bathe indiscriminately in the same tub without regard to sex. They even go calling on their neighbours during the bathing hour and apparently think no more of the proceeding than we would of brushing our hair. Ko-

[1] C. V. Emmons, " The Jap Hun—Read His Record," in *Uncle Sam* (New York), a monthly published for service men, by Guy Empey, January, 1920.

rean women, however, are extremely modest, and no such
freedom of intimacy exists in Korean homes.[1]

Filth and congestion are another feature of Japa-
nese prisons in Korea. Japanese and Korean pris-
oners are separated in different quarters; Japanese
being placed in rooms well lighted, ventilated and
heated in winter, with only a few in a room, and Ko-
reans huddled together in cells worse than dungeons.
Prison conditions in old Korea may have been bad, but
could not possibly have been as bad as now under
Japanese rule. During the wholesale arrest of men
and women in Seoul, March, 1919, in one of the
prisons five women had to sleep under one quilt in-
fested with vermin. In another prison " sixty people
were confined in a room fourteen by eight feet, where
they had to stand up all the time, not being allowed to
sit or lie down. Eating and sleeping, they stood lean-
ing against one another. The wants of nature had to
be attended to by them as they stood. The secretary
of one of the mission schools was kept for seven days
in this room, as part of sixteen days' confinement, be-
fore he was released." [2] William R. Giles, the Peking
correspondent of the *Chicago Daily News,* was in
Korea April, 1919. In one of the prisons in Pyeng
Yang he found more than thirty prisoners in one
room, ten feet by six. During torture periods the
prisoners were taken out to examination rooms which

---

[1] Peggy Hull in *San Bernardino Index* (San Bernardino, Calif.),
August 8, 1919.
[2] F. A. McKenzie, *Korea's Fight for Freedom,* p. 285.

are quite spacious.  And to add hypocrisy to brutality, " an official Japanese journal recently published an . article about the Korean prison declaring it to be equal to a health resort and almost as well equipped as a technical school." [1]

" The prisons  .  .  .  have been left unheated during the bitterest weather of winter.  This has caused suffering and loss of life," says Bishop Herbert Welch.[2]  Dr. J. W. Hirst, of Severance Hospital at Seoul, told me in April, 1920, that during the winter of 1919 four of the nurses of his hospital, arrested for shouting *Mansei,* had their hands and feet frozen and another one had her face frozen.  The following letter, written by a Presbyterian missionary in Pyeng Yang, Korea, dated February 25, 1920, to A. W. Gillis, of Los Angeles Bible Institute, gives a clear idea of the prison conditions in Korea.  After describing the loyalty of the Koreans to their faith despite official persecution, and hopeful prospects of the Church, the writer proceeds:

\*     \*     \*     \*     \*     \*     \*

Along with these encouraging reports have come others that have made our hearts sad with a mixture of righteous indignation.  From the East Coast a telegram came yesterday to Dr. Blair saying that the Government officials in that district are persecuting the Christians, and interfering with the forward movement.  Another telegram came the day before yesterday announcing that

[1] Peggy Hull, in *San Bernardino* (Calif.) *Index,* August 8, 1919.
[2] *Central Christian Advocate* (Kansas City, Mo.), May 12, 1920, p. 11.

several women Christians in a church in Dr. Blair's territory had been arrested and charged with praying for the sick.  The pastor of their church came into Pyeng Yang yesterday and reported that the police there had called him in and ordered him to sign a paper promising not to pray for the sick again.  He refused and told the police that he had been praying for the sick all his life and that he intended to continue to do so.  Thousands of natives are in prison charged with complicity in the Independence Movement.  Many of these are Christians, as the Japanese are particularly zealous in arresting Christians, though they are no more concerned in the movement than the non-Christians.  The Christians in prison remain steadfast to their faith and hold prayers morning and evening, in spite of the Japanese.  Those who have come out of prison have reported conditions in the prisons that are almost unbelievable, yet they all tell the same story, and sufficient proof has been collected to make it absolutely certain that what they say is true.  These conditions exist to-day, months after the so-called reforms have gone into effect.  We have had a very cold winter with the thermometer registering as low as fifteen degrees below zero F.  Yet in the coldest weather there have been almost no fires in the prisons.  I say " almost " because in a few prisons, in the halls of the hospitals, there have been a few small stoves that have kept the temperature of the halls (not the rooms of the hospital where the patients are) up to a few degrees below freezing.  In the majority of the prisons, by the admission of the Japanese officials themselves, there have been no fires.  Some men and women in prison have actually frozen to death.  I shall be specific.  Last week we had several days of zero weather.  A man who came out of prison a day or two ago reported to Dr. Moffett that the man who was sleeping beside him was frozen to death.  No one knows how many others have shared their fate.  We

know that many have had their hands and feet frozen,
because we have seen their hands and feet after they
came out of prison.   But you say that this does not show
any particular animus or cruelty on the part of the Japa-
nese.   Perhaps, but it is an interesting commentary on
their civilization and boasted claims of reform.   But let
me cite a few more facts.   Last Wednesday was a zero
weather day, and to make it worse there was a bitter wind
blowing that made it almost impossible to walk outdoors.
I know because I tried it.   Yet that night the Japanese
made a woman, whose term in prison *expired* that day,
walk a half mile through the snow *in her bare feet*, from
one prison to another, just for the purpose of going
through the red tape of setting her free.   And this after
her sentence had expired!   In the prison both men and
women are forced each night to remove all their clothes
in one building, and then run across a court for about a
hundred feet through the open air, naked, to their sleep-
ing quarters, where they put on their cold night clothing
and sleep under insufficient cover in unheated rooms.   In
the morning they remove their night clothing in their
sleeping quarters, run naked back across the court, under
the open air, then put on their day clothes which have
been in an unheated room all night.   Please bear in mind
that the women, as well as the men, are forced to do this,
and that it is the regular routine no matter how cold the
weather.   At meals the prisoners are divided into eight
groups, according to the work they do.   The first group
are given the most food, and this only about half enough
for an ordinary meal such as they have been accustomed
to.   The next group receives less food, the third still less,
and so on down to the eighth group, which receives the
least amount of food of all.   The women are in the
seventh group.   A boy who was in the fourth group told
me he was hungry all the time.   You can imagine how
the poor people in the eighth group suffered for the lack

of food. No food can be sent to the prisoners from the outside after they have been sentenced.

One of the most refined bits of torture to which the prisoners are subjected is by a prison rule which compels them to sit on the ground in Japanese fashion instead of according to the Korean custom. The Korean custom is to sit down, cross their feet and tuck them under the body. The Japanese custom is to kneel and then sit back on their heels. If you think this is anything less than torture for a person not accustomed to it, try it for half an hour! The Koreans, who are no more accustomed to it than we are, are forced to sit that way for hours at a time.

\*        \*        \*        \*        \*        \*        \*

But what is the result on the Koreans? The men and women who have been subjected to this treatment in prison come out more determined than ever to fight for independence to the bitter end. Boys who went into the March demonstrations for fun come out of prison the sworn enemies of the Japanese.

Since writing the above, new facts have come to my attention which I feel that I must mention. I said above that the Japanese claim to have abolished torture since the new régime went into power. Since writing the sentence referred to, the following new facts have been called to my attention. A man, who was sick and delirious in a hospital, was arrested while in that condition, taken from the hospital to the police court, put in a cold room, then removed to a warm room until he became conscious, then taken to court for examination. Upon refusing to tell what he was asked to tell about others engaged in the Independence Movement, he was sent back to the cold room for ten days, and then, when about to die, was put out of prison, and died the next day. But before his death he told his own and the following stories. He said that the day before he was turned out to die, another man, a theological student, was put into the room with him in an almost dying condition.    This theological student had been subjected to all kinds of torture. Among other things he had three kettles of water poured into his nostrils to force him to confess the names of those connected with the Independence Movement! Please bear in mind that this happened, not last year, but within the last two weeks, since the first day of February, 1920!  And the Japanese claim to have abolished torture!  Another man recently released from prison reports that four men were recently frozen to death.    A Korean friend told me to-day that all the men in prison now have frozen feet.    One of our best and most spiritually minded pastors, moderator of Presbytery, is in prison for a sentence of two years because the people at a funeral service, which he was conducting over a man who had been shot by the Japanese gendarmes, shouted "Mansei!"  We have just heard that this man has his feet frozen, and that they are in such a condition that he is likely to die there in prison!

I am telling you these things because there is a persistent propaganda being carried on by the Japanese in American newspapers to convince the American public that they have reformed conditions in Korea.  I hope you will use your influence to publish these facts as widely as possible, both in the newspapers and in the public gatherings.  Use my name in confidence, if you wish, but see to it that it is withheld from publication.

Sincerely yours,

_____  _____ ,

Presbyterian Missionary in Korea.

# VI

## ECONOMIC EXPLOITATION

IT is asserted by Japanese and their spokesmen in America that Nipponese rule in Korea has been a material boon to Korea, and that the Land of Morning Calm is economically better off to-day than ever before. But what is meant by " better "? Who has paid for these improvements, and who is to bear the burden of the debt created to make them? Is the average individual Korean any better off to-day than he was before?

Those to whom the assertion is made should also be told that Japan has increased the national debt of Korea from practically nothing, $368,256.50 to be exact, to the sum of $52,461,827.50 at the close of the year 1918. Has increasing the national debt one hundred and forty-three times " bettered " the economical condition of Korea?

It should also be known that Japan has increased the taxes collected from lands and property owned by the people from $3,561,907.50 per annum, in 1905, to $19,849,128 in 1919. Is the individual Korean any " better off economically " because he pays five and one-half times as much tax under Japanese rule, without independence, freedom and representation, as he

106

did under Korean rule with freedom and independence?

This "bettering process," this great "material boon" has cost Koreans in excess taxes $66,386,098, and has increased the burden of their debts $52,093,-571, a grand total of $118,479,669, which ought to do quite a little "bettering" and should create a "boon" of considerable size.

Yet no Japanese, in the wildest flights of imagination, will say that more than $75,000,000 has been spent in Korea for public improvements since Japanese occupation. As a matter of fact, the total, compiled from the *Report on Reforms and Progress*, published as a part of Japanese propaganda, is $66,649,735. This total includes at least one-third extra for graft and corruption fund. For instance, the railroad extensions are charged up as costing $75,000 per mile that could not by any possibility have cost over $35,000 per mile, considering that right of way costs and labour costs were negligible quantities. A valuation commission, with most liberal views, could not fix the actual cost of all these boasted improvements and betterments at over $40,000,000.

Is it economically good practice to spend $118,479,-669 for improvements and betterments that are intrinsically worth but $40,000,000? Japan has spent millions in Korea in military domination, but this overhead expense has no bearing on the material improvements of the country, and the Koreans cannot be made to pay or account for the cost of their oppression.

It is true that roads have been built, streets widened,

sanitation improved, telegraphic and postal communi-
cations extended and afforestation encouraged.  But
the Korean people have paid for them, and Korean
virgin forests have been devastated at a hundred fold
greater rate than afforestation has been accomplished.
Furthermore, a close examination of the material im-
provements made in Korea reveals that only such
improvements have been made as would profit Japa-
nese.  What benefits the Koreans have received are
incidental and accidental, and the Japanese Govern-
ment has taken proper measures to reduce even these
to a minimum.

Japan knows how to show her bright spots and put
the best foot forward.  Thus, there were erected and
maintained in show places to impress strangers elabo-
rate public buildings far in excess of the economic
strength of the nation.  "The Japanese take good care
to advertise various improvements in Korean life,"
says one writer who knows Japanese methods; "in
Seoul there is a great display hall which houses a
graphic representation of Korea rejuvenated, showing
highways substituted for muddy lanes, over which
little brown-clad postmen are bearing the mail to every
hamlet, and Koreans are jogging along in their wooden
carts bringing to far-away markets the products that
hitherto they could sell only in their villages.  The
main carrying trade, however, is now almost wholly
in the hands of the Japanese." [1]

In order to use Korea as a base of military opera-

[1] Sidney Greenbie, " Korea Asserts Herself," *Asia*, September,
1919, p. 922.

Central Park.

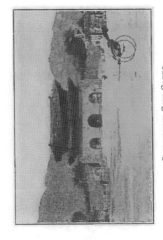

One of the City Gates.

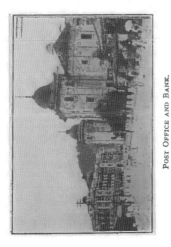

Post Office and Bank.

Main Street.

DIFFERENT SCENES OF SEOUL

tions in case of war on the Asiatic mainland, Japan
has built splendid roads throughout the length and
breadth of Korea. They are the kind of roads of
which Barney Oldfield himself could not complain.
But they are strictly military roads built without re-
gard to utility to the Korean people. A recent Ameri-
can visitor to Korea finds these splendid roads in the
remote districts in Korea, where they are of no com-
mercial or communicational value to the Korean. In
describing one of them, the American traveller com-
ments:

So perfect a road made the empty plateau look more
desolate than ever. The dwellers in these squalid huts
would never have built it; neither would the people of the
valleys who used it only occasionally when they bartered
with the people in the valleys beyond. The crooked trail
that we could half make out in the rough grass at the
side of the big road would do very well for such meager
trade as the far-away town on the other side of the pass
demanded. Just what, then, did the road mean?
Korea's commerce did not necessitate it. This highway
could be but one thing—a military road to fortify a con-
queror's power.[1]

The *de luxe* trains on the trunk line that run from
Fusan to Mukden are quite equal to the Broadway or
Twentieth Century Limited. The average globe-
trotter cannot but be impressed with this magnificent
system of communication. But he is utterly ignorant
of the grim tragedy that lies behind the building and
maintaining of these roads. Every inch of Japanese

[1] Alice Tisdale, "A Korean Highroad," *Asia*, XX, 789–794,
September, 1920.

roads and railroads is built upon confiscated property without a cent of compensation and by Korean labourers who are compelled to work without pay.

Prior to the annexation of the country, " Military Necessity " was the pretext used by the Japanese in confiscating private property; now it is " Eminent Domain." Regardless of the name they choose to give to this governmental robbery, the effect is the same to the Korean—loss of property without compensation. Imagine the predicament of a Korean in the city whose house has been torn down by the Government in order to widen the street and who is deprived of his home and property without compensation, or that of farmers commandeered without pay during the busiest time of the harvest season to build a military road for which they have no use. This is the fate of Koreans wherever material improvements have been made, and yet the Japanese take the praise to themselves.

To the credit of Japan she has one man among her scholars who denounces this system of confiscation and forced labour practised by the Japanese Government in Korea. This is none other than Dr. Yoshino, the eminent professor of the Imperial University of Tokyo, who made a trip to Korea in 1916. In an article published in the *Chuo-Koron* of Tokyo, Dr. Yoshino wrote on this phase of Japanese administration in Korea:

Without consideration and mercilessly they have resorted to laws for the expropriation of land, the Koreans concerned being compelled to part with their family property for nothing. On many occasions they have also been forced to work in the construction of roads without receiving any wages. To make matters worse, they must work for nothing only on the days which are convenient to the officials, however inconvenient these days may be to the unpaid workers.

This is generally the method by which the Japanese Government in Korea has brought about the material improvement and for which they ask credit and praise. "New roads are good, but the Koreans, who have built them, without proper remuneration, at the point of the sword in great gangs of forced labour, do not appreciate them," writes an American resident in Korea. "Japanese salaries for men in the same work throughout the whole Government system are twice what Koreans get. And yet, it is the Koreans who pay the taxes. The progress is fine, and the ship rides high on the wave, but it has become unbearable to the galley slave in the hold." [1]

This system of bringing about material improvement is not only unjust and costly to individual Koreans, but there is the injustice found in the wholesale confiscation of lands to give them to Japanese immigrants, and in the relentless discrimination practised in commerce and industry by the Government in order to reduce the Koreans to economic serfdom. With no anti-Japanese sentiment, Professor T. A. Crane of Pittsburg University writes in the New York *Times:*

It was my opinion when I was in Korea, and is my

[1] *The Korean Situation,* pp. 106-107.

opinion still, that it is Japan's intention that all the Koreans shall be practically serfs, pursuing only the trades of farmers and artisans, leaving to the Japanese immigrants the administration of Government, the mercantile and banking trades, and other more profitable callings. In other words, Korea is being exploited altogether for the benefit of the Japanese with little thought of any obligation to the natives.

The total wealth of the country has been increased since Japanese occupation, but the economic status of the Korean is worse than it was under the old administration.  Over one million and a half Koreans have emigrated to China and Siberia since Korea became a part of Japan, not only to avoid the military tyranny of the Japanese, but also to escape this economic pressure brought upon them by that rule.

Under the Korean Government all land was divided into four classes: (1) Private lands owned by private individuals; (2) Royal lands belonging to the King, but sometimes leased in perpetuity to private individuals, with the right of selling to another individual without changing the ownership and the privilege of inheritance; (3) Municipal lands, the title to which belonged to the various municipalities, but the practical ownership of which was in the hands of private individuals; (4) Lands belonging to Buddhist temples.

Owners of private lands paid taxes to the Government; holders of royal lands paid tribute to the royal household; owners of municipal lands paid fees to the respective municipalities which held the title of lands; and the lands belonging to Buddhist temples were free from all taxation. These temple lands were held according to a communistic plan among the Buddhists. When the Japanese annexed Korea, they surveyed the country and confiscated all lands belonging to the royal household, to the municipalities and to the Buddhist temples, on the technical ground that since these lands did not belong to private individuals, they must be the property of the Government. This sweeping confiscation made many thousands of formerly well-to-do Koreans paupers. After the land was thus confiscated by the new Government it was leased or sold to Japanese farmers, not to Koreans.

The policy of the Tokyo Government is to induce a large body of Japanese to settle in Korea so that they should form a body strong enough to hold Korea in the event of an armed protest on the part of the Korean people. There are over 300,000 Japanese in Korea, and the number is increasing steadily.

When Bismarck wanted to Prussianize Poland, he moved several million Germans into German Poland to help assimilate the Poles. Money was appropriated by the German Government to buy land from the Poles for these newcomers. The Poles clung to their lands and refused to be assimilated, with the consequence that the price of land in German Poland went up, and the Poles became prosperous.

Japan pursued the same policy in a more efficacious way. The Oriental Development Company was organized under the direction of the Government to carry on this peaceful penetration of Korea. Its purpose is to promote Japanese colonization in Korea and to develop the uncultivated lands in the peninsula. But its practice has been, and is still, to dispossess the Koreans of their property by illegitimate methods and to carry on the Governmental exploitation of Korea at the expense of the Korean people. The following illustration, which is one of the many subtle methods employed by the Company to get hold of the Korean property, will make clear to the reader the workings of this semi-official corporation.

Rice is the chief agricultural product in Korea, and water which irrigates the rice fields runs from one field to the other in succession. The agents of the Oriental Development Company buy the rice patch through which water must run to the other fields in succession. The Japanese agent or " farmer " cuts off the water supply to the other fields. The Korean farmer complains to the Japanese authorities, who blandly ignore him. The Korean is then told that since his land has become worthless, he might as well sell it to the Oriental Development Company, at the price the Japanese will pay, not what the Korean farmer would ask or what the land is worth when he can get water. By these and equally illegitimate methods the Oriental Development Company has acquired, and is still acquiring, thousands of acres of the best lands in Korea. The Koreans know the game of the Government, but they have no means to counteract it. And woe to the Korean who dare oppose by physical force any of the agents of this Company, or any Japanese, for that matter, for his property will be subject to confiscation, and his life will be jeopardized. There are many cases where the Koreans were shot by Japanese soldiers, because they attempted to protect their home and property from the agents of Japanese exploiters. Already one-third of the best land in Korea is in the hands of the Japanese and the amount is increasing rapidly.

Koreans, who are thus despoiled of their home and land, are compelled to emigrate into the wilds of Manchuria and Siberia to seek a livelihood. " Among the most pathetic sights in Seoul," observes one American, " are the groups of men, women and children, with their little possessions, waiting at the by-stations for trains to the outer world." [1] By far the majority of Korean emigrants make their journey on foot. Although the Japanese authorities do not allow Koreans to depart to other parts of the world, they encourage Korean exodus into Manchuria and Siberia for two reasons: (1) to make room for the Japanese immigrants into Korea; (2) to scatter Koreans into these regions so that Japan can have a claim on these regions on the pretext of " protecting " her Korean subjects and station her soldiers by what Putnam Weale calls " Infiltration Tactics." [2] The suffering and hardship that these Korean emigrants undergo in their exodus is best described by Rev. W. T. Cook of the Manchurian Christian College at Moukden.

[1] Sidney Greenbie, "Korea Asserts Herself," *Asia*, September, 1919, p. 922.
[2] Cf. Putnam Weale, "Forces Behind Japan's Imperialism," *New York Times Current History*, II, pt. 2: 165–168, January, 1920.

The untold afflictions of the Korean immigrants coming into Manchuria will, doubtless, never be fully realized, even by those actually witnessing their distress. In the still closeness of a forty below zero climate in the dead of winter, the silent stream of white clad figures creeps over the icy mountain passes, in groups of ten, twenties and fifties, seeking a new world of subsistence, willing to take a chance of life and death in a hand-to-hand struggle with the stubborn soil of Manchuria's wooded and stony hillsides. Here, by indefatigable efforts, they seek to extract a living by applying the grub axe and hand hoe to the barren mountain sides above the Chinese fields, planting and reaping by hand, between roots, the sparse yield that is often insufficient to sustain life.

Many have died from insufficient food. Not only women and children, but young men have been frozen to death. Sickness also claims its toll under these new conditions of exposure. Koreans have been seen standing barefooted on the broken ice of a riverside fording place, rolling up their baggy trousers before wading through the broad stream, two feet deep, of ice cold water, then standing on the opposite side while they hastily adjust their clothing and shoes.

Women with insufficient clothing and parts of their bodies exposed, carry little children on their backs, thus creating mutual warmth in a slight degree, but it is in this way that the little one's feet, sticking out from the binding basket, get frozen and afterwards fester till the tiny toes stick together. Old men and women, with bent backs and wrinkled faces, walk the uncomplaining miles until their old limbs refuse to carry them further.

Thus it is by households they come, old and young, weak and strong, big and little. . . .

In this way over 75,000 Koreans have entered during the past year, until the number of Koreans now living in both the north and western portions of Manchuria now totals nearly half a million.[1]

So much has been said by the Japanese themselves and by pro-Japanese writers in America about the currency reform in Korea as a distinct credit to Japanese administration that it may not be amiss for me to say a word concerning it. After the annexation of Korea by Japan in 1910, the Japanese Government established a semi-official financial trust in Korea in the Bank of Chosen. This Government bank is the depository of all Government money, and it stands in relation to the Japanese Government as the Bank of England stands in relation to the English Government, with the difference that the former has a stranglehold on the business enterprises of the Koreans, while the latter promotes the business interests of Englishmen. This unofficial treasury works in coöperation with other Japanese banks in Korea—the First Bank (Dai Ichi Ginko) in Seoul and the Agricultural and Industrial Banks located at the various trade centers throughout the country. Korean banks are required to hire Japanese " advisers," who have the controlling power in the management, and their reserves are kept in the Bank of Chosen, which cannot be taken out without the consent of the officials of the said institution. Thus, Korean banks are under the thumbscrew of this Government trust.

All the Korean money made of nickel, copper, bronze and alloys of silver and gold, to the amount of

[1] Report to the Presbyterian Board of Foreign Missions.

about 14,000,000 yen ($7,000,000), was collected and taken to Japan, and paper money substituted in the form of worthless currency. As a matter of fact, all currency in Korea is practically worthless, for it is not backed by any reserve. The Bank of Chosen, with its capital of 20,000,000 yen, had outstanding notes at the close of the fiscal year ending October 1, 1918, amounting to 81,317,000 yen. At that time the total liabilities of the bank were 114,291,000 yen, which included the 81,317,000 yen outstanding bank notes, 3,000,000 yen borrowed and 29,974,000 yen due to depositors, while its total assets, including loans, good, bad and indifferent, cash on hand and reserve did not exceed 76,000,000 yen, showing a deficit of over 38,-000,000 yen.[1] The bank would be closed in Japan proper, because insolvent. But in Korea it is permitted by the Japanese Government. No gold and very few silver yen are to be found in the country.

In order to meet the demands for circulating medium less than a yen, the Bank of Chosen has issued notes in denominations of ten, twenty and fifty sen, equivalent in American money to five, ten and twenty-five cents. Again, this is a special provision for Korea, as currency for less than a yen is not used in Japan proper. The total amount of this petty currency issued by the Bank from June 12, 1916 to October 1, 1918 is 1,023,610 yen.

---

[1] Figures taken from the *Review of Recent Events in Korea*, issued by the Government General, January, 1919, in the Japanese language, for the exclusive use of the Japanese officials in Korea, pp. 310–312.

One eloquent evidence that the bank notes circulating in Korea are worthless is the fact that they are not honoured in Japan proper. Japanese claim Korea to be an integral part of their empire, as much as the state of California is an integral part of the United States, yet they flood the country with currency which is neither redeemable nor legal tender in Japan.

In order to insure absolute financial supervision, every wealthy Korean is required to have a Japanese steward, whose function is that of the household accountant and financial adviser combined. This Japanese steward keeps account of the income and expenditure of the household. A Korean cannot spend his money without the knowledge and sanction of this steward, who is really his master, as he has the Government authority back of him. Thus, the late Emperor Yi of Korea nominally received the annual grant of 1,500,00 yen ($750,000) from the Japanese Government after Korea had been annexed. But, in reality, he had no more money at his disposal than a Korean coolie. If a wealthy man spends any significant sum of money without the sanction of his Japanese steward, his property is liable to confiscation on the charge that he may be working against the Government. I know of many cases where confiscation of property has taken place on the strength of charges made by these Japanese stewards. In 1915, Major Cho, a very wealthy Korean, founded a Korean school in Peking to educate Korean youths in China. The Japanese authorities brought charges against him of plotting against the Japanese Government and confiscated all his property. Under the right of extra-territoriality, the Chinese Government was unable to give the Korean its protection.

Another rule that runs in conjunction with Japanese stewardship is the fact that no Korean is permitted to draw from his bank account more than a thousand yen at a time. In 1911 a Korean financier in Seoul, by the name of Yi Kil Sang, had deposited one million yen in Dai Ichi Ginko (First Bank). He wanted to draw 100,000 yen, and was refused on the ground that no sufficient reason was given for drawing that much money. He applied to the authorities, only to be brushed out by underlings. He got frantic and made some ugly representations. He was branded as being a dangerous character, and his money was confiscated by the Government.

The Japanese explanation of this rule is that if a Korean were permitted to have much cash, he might plot against the Government. Perhaps he would. But this regulation works economic discrimination against the Korean. If the Korean merchant needs a thousand dollars in cash to buy merchandise, he cannot get the money under this regulation, with the result that his chance to buy is taken by his Japanese competitor. The following extract from a letter, written by an American business man in Korea, later in China, furnishes sufficient evidence to confirm some of these economic restrictions.

Another form of persecution which the Japanese are practising on the Koreans will, I am sure, startle the world. No rich Korean is permitted to spend his money except on the permission of the Japanese authorities. The Japanese Government has placed in the household of every rich Korean a Japanese officer in the capacity of a butler and cashier, who has the entire run of the house, passing on all the expenses, and no Korean can spend his money without the O. K. of this Japanese butler. I state this on the authority of the American Consul here at Seoul, who told me that an American firm here has been trying to sell automobiles to the rich Koreans, who want to buy them, but that the Japanese officials will not permit such purchases to be made. I afterwards confirmed this from the American firm located here. In addition to this the Japanese authorities are hampering the American business men in every way possible.[1]

The Japanese Government in Korea has carried out systematically their policy of reducing the Korean people to hewers of wood and drawers of water, and the Japanese, backed by their Government, have succeeded in gaining the control of every channel of commerce and industry. The Korean merchant cannot compete with the Japanese because of the preferential treatment accorded to Japanese nationals. All rights to develop the resources of the country are given to Japanese, and every Korean enterprise, even of the humblest sort, is insidiously hampered by the withholding of necessary licenses and similar obstructions. Korea, at present, is a paradise for Japanese loan sharks and speculators. I have confidential letters from my friends in Korea stating that the people are frequently in such financial straits as to mortgage their property and borrow money from the Japanese

[1] Quoted by Sidney Greenbie, *Asia*, September, 1919, p. 922.

speculators at an interest as high as seventy per cent.
per annum. " The Koreans haven't the shadow of
a fair chance against subsidized Japanese concerns,
governmental and individual," writes Sidney L.
Greenbie. " Japan guaranteed the open door to all
foreigners, but as soon as she annexed Korea she shut
the doors to all foreigners for eighteen months to en-
trench the Japanese and practically keep all others
out. And now everything in Korea is ' Government.' "

While Korea was independent, all nations enjoyed
within her boundaries equal commercial privileges.
The first Korean railway—Seoul-Chemulpo line—was
built and owned by an American concern; the first
electric plant in Korea was installed by the Bostick and
Colbran Company in 1895. This same company built
the first and largest electric road and waterworks in
Korea. The Korean Customs Service, under the old
administration, was in the hands of McLeavy Brown,
an Englishman of uncompromising principles, who
helped maintain the open door in Korea. To-day Nip-
ponese tradesmen have driven out practically all other
nationals and have the market to themselves. As an
instance, the British-American Tobacco Company,
which had been one of the most successful foreign
concerns in Korea, was unable to compete with the
Japanese trust, which is a government monopoly, with
the result that the company was virtually forced out
of the country in 1915. This discrimination against
foreigners produces an intolerable condition, and not
only drives out all foreign capital already invested in
Korea but prevents the coming of more to develop the

country.  In 1908, a Korean financier, Lee Seng-Huen of Chung Chu, made an agreement with the Parma Company of Italy to establish a Korean-Italian import and export firm in Korea.  The agent of the Parma Company went to Korea to investigate.  When he was told by the Japanese authorities some of the rules and regulations that the new firm would have to face, the firm was successfully frightened away from Korean soil.

The policy of discrimination runs through the entire system of Japanese rule in Korea, both governmental and private.  The Korean-American Electric Company, which was formerly owned by the Bostick and Colbran firm, now is in the hands of the Japanese, and can be taken as a fair example of Japanese industrial discrimination against Koreans.  While that firm was in the management of Americans, the majority of the office force was Korean.  Now, out of four hundred people employed in the office, only four are Koreans, the rest being Japanese.  The average salary of a Japanese clerk is sixty yen, while that of a Korean doing the same work is only twenty yen.  While under the American management, the car fare was two sen; now under Japanese ownership, the car fare is five sen, and at the same time the wages of the Korean conductors has dropped from an average of thirty yen to twelve yen a month.  There is not a single industry in Korea where this system of discrimination does not appear.  It may be asked why do the Koreans not start business enterprises of their own.  The Japanese Government does not let them.  Some years ago a group of Korean financiers promoted the plan of establishing a farmers' bank in Taiku to check the illegitimate exploitation by the Bank of Chosen and the Oriental Development Company, but this project was promptly stopped by the Government.

Writes an American resident in Korea:

Look at the administration from whatever point you will, the aim of the Japanese to make Korea a preserve for Japanese officialdom and exploit her for the benefit of Japan and Japanese colonists, stands out as clear as day. Visit the large harbours, and you will find that the land adjoining the docks is monopolized by the Japanese, and the Koreans denied building rights within the Japanese section. The crown lands, that have been held in perpetual lease by generations of Korean farmers, have been sold by the Government, almost exclusively to Japanese settlers. For this reason the emigration to Manchuria has been increasing year by year. The banking system of the peninsula has been greatly extended and improved, and is increasingly proving a boon to the natives. But it is surely unfortunate that, with the possible exception of the Kanjo Bank, all the managers and nine-tenths of the clerks are Japanese. It is this wholesale handicapping of the Korean youth that engenders the disaffection which has recently shown itself. This coming as it does from a people who are so strongly urging their policy of " No Race Discrimination," is, to say the least, an aspersion on Japanese sincerity.[1]

[1] *The Korean Situation*, pp. 115–116.

# VII

## INTELLECTUAL STRANGULATION

THE policy of the Japanese Government in Korea is to consider the land and the people as its property; therefore, it would be to the profit of Japan to keep the people as ignorant as possible. The subject race must forget their past, be ignorant of the affairs of the world, and believe that by divine will they were made to serve their masters. They must be made into loyal Japanese subjects—an inferior brand of Japanese. They should be given some technical training so that they may serve intelligently as hewers of wood and drawers of water, but anything beyond that is not desirable, but in fact, dangerous.

With this policy in view, the intellectual suppression of the Korean people has been as systematically carried out as political or economic subjugation. One of the first things the Terauchi administration did after the annexation was to collect all books of Korean history and biographies of illustrious Koreans from schools, libraries and private homes and to burn them.[1] Priceless treasures of historical records were

[1] Letter written by Dr. Frank W. Schofield, Canadian medical missionary in Korea, to Captain J. W. Graves of Yale School of Religion, in which Dr. Schofield mentions the destruction of

125

thus destroyed by this needless vandalism of the Japanese. All Korean periodical literature—from local newspapers to scientific journals—has been completely stamped out.[1] In true Japanese fashion the Government does not say that the Koreans shall not publish anything for themselves. But they lay down such rules and regulations as make it impossible for a Korean to start a publication of any kind. To start a publication, whether a newspaper, magazine or book, one must obtain permission from the censor, which is next to impossible. If this difficulty is overcome, the publisher must deposit a certain sum of money with the police to meet the contingency of a fine. When an issue of a magazine is to be printed, two galley proofs must be sent to the censor and his stamp of approval obtained on each page before it can finally go to the press. If the censor has overlooked anything, the entire issue, after printing, is suppressed. Every attempt made by Koreans at publication fails because of this

Korean historical books by Japanese. This letter was published in *New Haven Journal-Courier*, December 30, 1919.

Nathaniel Peffer says in his pamphlet, *The Truth About Korea*, "Korean history is not allowed to be taught as such. Immediately after annexation all books giving Korean history were confiscated and destroyed. Houses were systematically searched; any literature telling of Korea's development was burned, and frequently the man in whose possession it was found was jailed. It is to-day a crime to own a Korean history. I have talked to Koreans who have been beaten and sentenced to imprisonment of from fifteen to thirty days for committing the crime of reading about their own country."

[1] Nine dailies and six monthlies of national importance were abolished in 1910, to say nothing of minor publications (*Korean History*, Chinese and Korean edition, pp. 228-229).

official control. This regulation applies to books as well as to periodicals. Once Dr. James S. Gale translated into Korean some of Kipling's jungle stories for Korean children. It was suppressed by the censor because it contained an incident where the elephant refused to serve his second master, inference being made by the censor that the Korean children might be given the impression that they should refuse to serve their alien masters—the Japanese.

"At the end of the fiscal year, 1916," says the Japanese Government *Report,* "there were twenty newspapers published in Chosen, of which eighteen were Japanese, one Korean and one English." But they were all Japanese, and three of them, including the last two, are Government organs. Concerning the functions of the *Seoul Press,* an English organ of the Government, I will elaborate in another chapter. But it might not be amiss to say a word concerning the Government organ, the *Maiil Sinpo,* the only daily published in the Korean language. If it gives news at all, that news is unblushing Japanese propaganda, so unblushing as to deceive none, not even the densely ignorant. Everybody in Korea, both foreigners and natives, knows that truth is an unknown quantity in the sheet of this Government mouthpiece.

The only publications that are printed in Korean are those published by missionaries, devoted entirely to religious themes. Even these are hampered by the censor. A few years ago *The Christian Messenger* published a sonnet to spring. The issue was suppressed by the censor on the charge that the rebirth of the year implied the rebirth of a nation to the Korean mind, thereby inciting rebellion against the Government. "In a Tract Society pamphlet issued some time ago there appeared a sentence in which all Christian Koreans were adjured to expel the devil from within them. That pamphlet was suppressed with high indignation. Devil? said the official to the editor, devil? When you say devil you are referring to Japan, you are urging Koreans to rise in rebellion! And instructions were then issued to all religious publications never to allow the character for devil to appear in their papers or books again."[1] In more pronounced cases the Koreans were punished. Thus a college girl in Pyeng Yang was sentenced to two years in the penitentiary for writing a song on Korean liberty which she sang at a demonstration meeting in Pyeng Yang, March, 1919.

Simultaneously with the suppression of the press came the dissolution of all Korean organizations, political and otherwise. Japanese Government *Report* states that "most of the political associations and similar bodies were ordered to dissolve themselves at the time of annexation, as it was deemed necessary to take such a step for the maintenance of peace and order. Since then there has been no political party or association, as such, among the Koreans." But as a matter of fact, out of ten nationally known organizations dissolved right after the annexation, only one was purely political.[2] The others had as their aims

[1] Peffer, *The Truth About Korea*, pp. 19–20.
[2] Korean Historical Commission, *Korean History*, pp. 223–228.

the advancement of learning, the diffusion of common knowledge, the promotion of social welfare and better-ment of business conditions.

With regard to the right of assemblage and the right of free speech, the official *Report* says, " The holding of public meetings in connection with political affairs, or the gathering of crowds out-of-doors, was also prohibited, except open air religious gatherings or school excursion parties, permission for which might be obtained of the police authorities." And the police, who are all-powerful in Korea, have the au-thority to decide as to what kind of meetings they should allow Koreans to have. One might get an im-pression that " religious gatherings " and " school ex-cursion parties " were free from interference of the police. But " even a field meet, in which two or more schools contemplate participation " is not allowed. " A Y. M. C. A. meeting has to report the date, hour, speaker, topic for discussion, etc., beforehand for the police approval. A few years ago such a purely aca-demic society as the 'Law and Economics' Association' was given ' advice ' to dissolve, and who is there that can afford to be heedless of such an advice? " [1]

Freedom of speech? No meeting of Koreans can be held for any purpose without official permit. No meet-ing can be held, even with permit, without spies. There is never a pastor's conference, there is never a church service without its spies. Freedom of speech? A Korean Methodist pastor delivered a sermon on the Kingdom of God—the case is a classic in Korea. He was arrested

[1] Hugh H. Cynn, *The Rebirth of Korea*, p. 119.

immediately after the service. He was severely reprimanded and threatened with dire consequences if the offense were repeated. There is only one Kingdom, he was told—the Kingdom of Japan.

In the graduation exercises of a high school in Pyeng Yang a boy once chanced to mention Julius Cæsar. His note-books and text-books were seized by the police; the whole faculty was examined and the principal was reprimanded for allowing dangerous ideas to be propagated in his school.[1]

The Korean must, under no circumstances, meddle in politics, no matter how vitally that may affect his body and soul. He must be deaf, dumb and blind. To have an interest in the march of human affairs in the world is a crime in Korea. And why should the Korean take an interest in the spirit of the times, or wish to participate in the political affairs of his country? All the political thinking will be done for them by the Japanese masters, who are more than equal to the task. Thus runs the Japanese official mind in Korea. The following statement, made by a British resident of Korea, sums up the stifled intellectual condition of the Korean:

Military occupation and military Government and the evident purpose of the administration to exploit Korea for the benefit of Japan and the Japanese settler—these rankle in the sensitive Korean mind and force him to fix his hope upon " The Day " when his " national aspirations shall be accorded the utmost satisfaction." The military rule has not left him even the vestige of liberty. Every man's movements are under the inquisitorial scru-

[1] Nathaniel Peffer, *The Truth About Korea*, p. 20.

tiny of police and gendarme.  All public meetings and society organizations are governed by law,  A meeting to discuss world events is an impossibility; a democratic remark would inevitably mean a clash with officialdom. Free speech is unknown.  Two years ago three students of the Pyeng Yang Union Christian College were arrested for making some liberal remarks in a valedictory address, and the literary society of that college was forced to discontinue.  It goes without saying that the press is muzzled.  No progressive young Korean can find a medium for the expression of his ideas.  One of the brightest of young Koreans, Mr. Choy Namsun, is credited with having edited no less than five magazines, one after the other of which have been suppressed.  He is now in prison on the charge of having written the recent Independence Manifesto.[1]

So much has been said by Japanese spokesmen in America that Korea had no schools to speak of until Japanese went there, and that the Japanese Government is establishing magnificent schools for the education of the Korean youth.  Nothing could be further from the truth.  No other people in the Orient laid greater emphasis on education than did the Koreans.  Under the old régime, there was a school in every hamlet and village, supported by the people of each locality. From time immemorial Korea had a Ministry of State for Education, equal in rank with other Ministries in the Cabinet.  Right after the annexation the Japanese reduced the Department of Education to a Bureau and placed it under the Department of Internal Affairs. To be a scholar in classical education in old Korea was the aim of every ambitious lad, as the hall of honour

[1] *Congressional Record*, Vol. 58, p. 2862, July 17, 1919.

and glory could be reached only through the path of classical scholarship. Dr. George Heber Jones, in distinguishing the three peoples in the Far East by traits peculiar to each, states:

In character the Korean people are naturally friendly. To those who inspire them with respect and confidence, they are the soul of generous hospitality. The Koreans are intellectually inclined, the national ideal is the scholar. Whereas in China the cast of mind is commercial giving us a nation of merchants, and in Japan it is military giving us a nation of warriors, in Korea it is literary, giving us a nation of scholars.[1]

At the time of annexation, modern schools were being established by Koreans everywhere in the peninsula. The people were beginning to realize the necessity of modern education. They spared no pains or money in educating their youth. The Japanese Government *Report* admits that " several years ago the establishment of private schools became popular among the Koreans, so that one time there were more than two thousand private schools in the peninsula." But Japan does not look with favour upon agencies that have a tendency to enlighten the people. The administration passed various educational regulations which were tantamount to closing nearly all private schools, and the Japanizing educational program was introduced. The aim of education for Koreans is set forth in the Imperial Ordinance number 229, promulgated on August 23, 1911. " The essential principle of education in Chosen shall be the making of loyal and good

[1] Quoted by Horace G. Underwood, *The Call of Korea,* p. 46.

PAI JAI COLLEGE (AMERICAN MISSION SCHOOL)
At Seoul Which Has Furnished Its Quota of Prisoners during the Independence Movement.

THE KOREAN CHRISTIAN INSTITUTE AT HONOLULU

subjects," says the Ordinance.  This means that every-
thing else must be sacrificed for the cause of making
loyal Japanese subjects out of Koreans.  And the
Japanese administration in Korea ruthlessly enforced
the policy of clubbing Japanese patriotism into the
heads of Korean youngsters.  The following table and
the subjoining comment, submitted in a report pre-
sented to Congress through the Federal Council of the
Churches of Christ in America by a British resident of
Korea, is self-explanatory.

*Comparative statistics of schools in Korea for Koreans and
Japanese (with statistics of mission schools).*

GOVERNMENT SCHOOLS FOR KOREANS.

| Kind of school. | Number. | Scholars. | Applica-tions. |
|---|---|---|---|
| Elementary  public  school . . . . . . . | 447 | 67,629 | . . . . |
| High  elementary school . . . . . . . . | 3 | 537 | 2,651 |
| Girls' high school . . . . . . . . . . . | 2 | 164 | 187 |
| College . . . . . . . . . . . . . . . . | 3 | 277 | 844 |

GOVERNMENT SCHOOLS FOR JAPANESE.

| Kind of school. | Number. | Scholars. |
|---|---|---|
| Elementary school . . . . . . . . . . . . . . . | 324 | 34,100 |
| Middle school . . . . . . . . . . . . . . . . . | 3 | 375 |
| Girls' high school . . . . . . . . . . . . . . . | 9 | 526 |
| College . . . . . . . . . . . . . . . . . . . | 2 | 91 |

CHRISTIAN SCHOOLS.

| Kind of school. | Number. | Scholars. |
|---|---|---|
| Elementary school . . . . . . . . . . . . . . . | 601 | 22,542 |
| Middle school . . . . . . . . . . . . . . . . . | 17 | 2,125 |
| Girls' high school . . . . . . . . . . . . . . . | 14 | 1,352 |
| College . . . . . . . . . . . . . . . . . . . | 4 | 250 |

Government schools for Koreans:
    Government subsidies .......................... Y.602,888
    Population ..................................... 17,500,000
Government schools for Japanese:
    Government subsidies .......................... Y.339,660
    Population ....... ........................... 300,000
Christian schools:
    Government subsidies .......................... None.
    Population .................................... 300,000

The above table shows that for a Korean population of 17,500,-000 the Government has provided no more than 447 schools, capable of receiving no more than 67,629 scholars, or about one three-hundredths of the population. Compared with this there has been provided for the 300,000 Japanese residents 324 schools, capable of receiving 34,100 scholars, or one-ninth of the population. This does not mean that the Koreans are unwilling to educate their boys. The governor general reports the existence of no fewer than 21,800 old-type village schools, which must provide the elements of education to some 500,000 boys. To this must be added the 22,542 children attending Christian schools. But it is the higher-grade school system that receives most criticism from the Korean. Not only do the Japanese boys and girls in Korea get a higher standard of education than the native Korean, but more ample provision is made for their numbers. Including the three colleges, there are only seven schools for Koreans above the common public-school grade, capable of admitting no more than 978 scholars, whereas the Japanese children have 14 schools, with a capacity for receiving 992 scholars. Surely this leaves the administration open to the charge of discrimination and to the further charge of refusing the Korean the benefits of higher education. Here again the excuse cannot be made that Koreans are indifferent to higher education, for in 1916 there were 3,682 applicants for the 978 places. The much suspected and maligned Christian church has stepped into the breach and, with its 31 academies and 4 colleges, receives yearly almost 4,000 students. If it be argued that the Government encourages young Koreans to take their higher education in Japan, the answer is that for most young men the cost is prohibitive, and that what applies to the Korean youth should apply equally to the sons of Japanese settlers. Not until the Government makes a fair provision from public funds for the native Koreans as she does for the Japanese colonists will she free herself from the stigma of "race discrimination" within her own empire.[1]

Japanese administration requires that all school instructions be given in the Japanese language, and that the aim of education is to make loyal subjects out of Koreans. And yet, it is, indeed, strange that the administration has provided two school systems in Korea —one for Japanese children and the other for the Korean. The Japanese schools in Korea are identical with those in Japan proper, and therefore, their high standard is beyond question. But the schools for the Korean children, established by the Government, are not only few in number, but inferior in quality. The Japanese Government *Report* says: "The school age for Koreans being eight, is two years later than that for Japanese. The period of study for common school is four years, but it may be shortened to three years according to local conditions." But the period of study for the corresponding school for Japanese is six years. To quote further from the *Report,* "The higher common school gives a liberal education to Korean boys of not less than twelve years of age for a period of four years." But the corresponding Japanese middle school requires five years. "This shows," says Professor Hugh H. Cynn, "that while eleven years are provided for the Japanese youths for primary and secondary education, only eight years are allowed the Korean youths; and the law says that may still be lowered to

[1] *Congressional Record,* Vol. 58, No. 47, p. 2863, July 17, 1919.

seven years, while no extension whatsoever can law-
fully be made under any circumstances." [1]

Principals of all schools, except those under direct
supervision of the missionaries, are Japanese, and
every school, including those supported by American
money, must have three or more Japanese teachers.
Furthermore, it is required by the Government that the
salary of the Japanese teachers shall be twice that of
Korean teachers, and Japanese teachers are supplied to
various schools by the Government through its Bureau
of Education. If the officially selected teacher for a
Korean private or missionary school is efficient and
agreeable to school authorities, they should be thank-
ful; if not, they have to take him just the same and
pay the salary. And woe to a Korean school that re-
sents the presence of Japanese teachers, for it will
suffer the penalty of having its doors closed. Con-
cerning the Government schools, Koreans have less to
say. Of the five Government high schools in the coun-
try eighty-two teachers are Japanese and nineteen Ko-
rean. And yet the Koreans are the ones who pay the
taxes to support these schools.

Text-books and course of study even in common
schools are prescribed by the Government. Here the
difficulty of adjustment arose in missionary schools
which always have conducted the curriculum in pure
Korean. But this I will discuss in another chapter.
Up to this year, 1920, all teachers were required to
wear swords in schoolrooms. Think of a teacher of

[1] For fuller discussion, see Hugh H. Cynn, *The Rebirth of
Korea,* Chap. V.

little boys and girls of eight and nine strutting into a schoolroom rattling a sword! It is an interesting commentary on Japan's lack of humour.

The text-books of history and geography, issued by the Government, are hopelessly garbled versions. "The Japanese are taking it upon themselves to invent even ethnological facts," says Sidney Greenbie. "In imitation of England, they are trying to make it appear to Koreans that Japan is their mother country, as England was to America, and invariably speak of it in that manner."[1] It is intended to give a contemptuous view of Korea and a glorified one of Japan. It teaches that Korea is only 2,000 years old instead of 4,000 and is junior to Japan. Japanese and Korean Emperors were brothers once upon a time, and Japan always has been the historic protector of Korea. Every trace of civilization that Korea ever had was brought over from Japan, as the Koreans have always been savages. The annexation was brought about by the desire of the Korean people as a reunion with the mother country; it was a magnanimous act on the part of Japan to assume the responsibility of annexing Korea.

This warping of historical facts brought forth vigorous protest from Dr. William Elliot Griffis, the distinguished American scholar on Oriental history and civilization. Says Dr. Griffis:

The nursery tales, accepted as sober facts, which picture Korea as conquered and made tributary to Japan, are simply mirrors of Japanese vanity and conceit with

[1] Sidney Greenbie, "Korea Asserts Herself," *Asia,* September, 1919, p. 923.

no reflection in history. . . . The Japanese are deeply indebted to the Koreans for the introduction of writing and literature. Not only did hundreds of Korean peaceful envoys and men of the pen, the brush, the chisel and the sutra enter the Mikado's domain, but along with them came refined and educated women, who were governesses in the noble families and instructors of court ladies and teachers of etiquette.[1]

When we examine the course of study, it is equally ridiculous. Of the thirty-two hours a week instruction in the Lower Common School, similar to American grammar school, eight hours are given over to learning the Japanese language, five to arithmetic, five to the Chinese characters—which are the basis of the Japanese and Korean written languages as well as the Chinese—five to gymnastics, three to industrial work, two to agriculture, two to calligraphy, one to music and one to what is called ethics, which teaches how the divine Emperor of Japan should be worshipped. Korean children are not allowed to study their own language and history The little history taught in the Higher Common Schools is the history of Japan with Japanese editing; by this editing the whole world is a kind of offspring of Japan, temporarily disinherited, but eagerly awaiting restoration to its patrimony under the fatherly wing of the Heavenly Ruler, the Emperor of Japan. The Government-edited geography pictures the Japanese archipelago as the pearl in the oyster of the universe, and Korea by being a part of Japan shares the luster by way of reflection. The Korean

[1] William Elliot Griffis, "Japan's Debt to Korea," *Asia*, August, 1919, pp. 742–748.

child, under the system of Japanese education, is kept as ignorant of the history of other nations or what is going on in the world as the child of a Hottentot.

Besides this Japanizing curriculum, there is an infinite amount of red-tape in connection with the school which is annoying to the Korean, to say the least. In every school there is a " Loyalty Room " in which is a display of charts and diagrams to impress upon the Korean mind that Japan is the oldest and the most powerful nation in the world, and that the Mikado is really the divine commissioned ruler of all mankind. " What struck me in this Loyalty Room," wrote the late Walter E. Weyl of the *New Republic*, after his visit to Korea in 1917, " was the sedulous care with which these patient Japanese masters seek to indoctrinate the Koreans, whose unquiet independence they have abolished and whom they now wish to transform into patriotic Nipponese." [1] On every Japanese holiday the Korean children are required to bow down before the tablet of the Mikado in the Loyalty Room. One Korean lad, who refused to worship the image of this Heavenly Ruler, was sent to the penitentiary for seven years.

To this must be added the irksome and petty official interference. There is an official inspection of the schools every day, and every conceivable detail must be reported to the Government, which takes a large part of the teacher's time and even more of the principal's. " Everything in a school from the nature and

[1] Walter E. Weyl, "Korea—an Experiment in Denationalization." *Harper's Magazine*, February, 1919, pp. 392-401.

price of the chalk used to the ancestry of a teacher must be reported and frequently inspected. It is this that irks so terribly, especially the foreigners in the Christian schools. One cannot engage a teacher without official permission or dismiss him without official permission; and every teacher's record, in thrice greater detail than on a passport application, must be filed. One cannot raise the salary of a janitor without official permission. One cannot buy twelve new blackboard erasers without official permission. If in the Chosen Christian College physics is taught at nine o'clock and chemistry at ten, and the school wants to reverse the order for convenience, it cannot do so without official permission. And perpetually there are inspections." [1] And the slightest infraction of these rules will be followed by the closing of the schools.

Private schools, supported by private endowments, must comply with these official regulations the same as Government schools. Besides, the Japanese teachers, placed in the private institutions by the Government at the expense of the school, serve as semi-official agents of the Government, and their opinion and desire must be taken into consideration in whatever the school undertakes to do. And they cannot be dismissed by the school authorities. Is it any wonder that 2,000 private schools of modern education in 1910 dwindled to 970 at the end of the year 1916?

It may be asked why the Korean youth do not go abroad for education. In the first place, the majority of the Koreans are financially unable to send their chil-

[1] Nathaniel Peffer, *The Truth About Korea*, p. 13.

dren abroad for education; secondly, for those who can afford to educate their children in America and in Europe, the Japanese veto the plan. No passports are issued to Koreans to go to America or Europe to attend school. When they go they must escape the country, risking the peril of being caught and punished by the Government. " Korea has been Prussianized," says Tyler Dennett, who has visited the Far East twice, once as a magazine writer, and later in connection with the Centenary Commission of the Methodist Episcopal Church of America. " Japan has even gone so far as to forbid Korean students to come to the United States to finish their education. The Prussianizing of Alsace-Lorraine never went to such an extent as that." [1]

It is true that the Korean students may go to Japan. But there they are again met with difficulties. They must do one of two things before entering a Japanese college or university. They must begin all over again in Japan, from grammar school up, and very few boys of sixteen or seventeen are willing to do that, or they must take entrance examinations which are made especially difficult for Korean students. " Even if he were able to take the entrance examination and qualified himself, he is given only a certificate when he completes the course, for the reason that he does not hold the diploma from the next lower school in the same system. It goes without saying that the holder of a certificate does not enjoy any of the privileges that a

[1] Tyler Dennett, " The Road to Peace, via China," *Outlook*, 117 : 168–169, October 3, 1917.

regular diploma carries."[1]   Despite all his discrimi-
nation and handicap, there are several thousand Ko-
rean students in Japan, who are holding more than
their own in Japanese schools.  The fact that the
Government-General sends a number of Korean stu-
dents to Japan is hardly worth mentioning, as it is
done to show to the Western public that the Japanese
Government is encouraging education among Koreans.
These Government students are picked not on scholas-
tic merit, nor from deserving students who need finan-
cial aid; but from the sons of well-to-do Koreans who
are not openly antagonistic to Japanese rule.  Their
schools and the course of study are prescribed by the
Government, and they have no choice of their own.
As a rule they are directed to industrial schools, but
are barred from institutions of higher learning.

Taking all these things into consideration, is it any
wonder that the Koreans are convinced that the Japa-
nese educational system in Korea is to keep the Korean
people as ignorant as possible?  Their language is for-
bidden; their history is forgotten; their civilization is
scorned; of the outer world they are allowed to know
nothing; all the vast body of human knowledge is
locked to them.  Korean children must be given just
enough training to enable them to be intelligent serv-
ants of the Japanese in the future.  Every Korean
child knows it, so the youngsters gather in little groups
of three and four after school to study the Korean lan-
guage.  Indeed, the earnestness with which the Ko-
rean children cling to their own nationality is an inter-

[1] Hugh H. Cynn, *The Rebirth of Korea*, pp. 107–108.

esting study, if not an inspiring lesson.  Equally inter-
esting is the way in which the Japanese Government
covers up the suppression of the Korean mind, and
tries to assure the outside world that the Koreans are
being "civilized" under the intelligent guidance of
Japan.  The following excerpt from the pen of an
American journalist will give the reader a clearer idea
of Japan's educational program in Korea:

Perhaps Japan does considerably more "viewing with
alarm" than "pointing with pride" in Korea, but when-
ever she does choose to point, she picks out the Govern-
ment school system.  Knowing the appeal that free educa-
tion has for every American, Japanese officials always
lay considerable stress on this phase of the administra-
tion.  Though one or two of the larger schools in Seoul
are not bad to look upon, a little study proves that the
success of the educational system is chiefly mythical.
In the first place, the Japanese have placed most of the
emphasis upon vocational training—regarded as a deadly
insult by the Koreans, who, it must be remembered, were
once the leading scholars of the Orient and the tutors of
the Japanese.  Secondly, they do not admit any child to
school under eight years of age, which means that two
school years are wasted—a serious matter when children
are obliged to complete their education while still very
young.

Comparatively few of the schools provide for more
than four years of work.  From a source which is un-
doubtedly reliable but which for obvious reasons is un-
quotable, we learned that only one Korean child out of
ten of school age is actually in school; and that though
the Japanese make up but two per cent. of the resident
population, their children absorb more than sixty per cent.
of the educational funds.

From first to last, Japanese administration of Korea has been a tragedy of errors. Japan made the initial mistake of cutting her policy of subjugation after a Von Bissing pattern. She also seemed to copy that peculiar German near-sightedness which makes it impossible to discover the features of another's psychology. If Japanese officials had lain awake nights trying to think up ways of making themselves unpopular with the Koreans, they could not have succeeded more completely.[1]

[1] Elsie McCormick, "The Iron Hand in Korea," *Christian Herald* (New York), Vol. 43, pp. 469, 493, April 17, 1920.

# VIII

## IMPOSITION OF SOCIAL EVILS

**M**ORALITY is a relative term; its interpretation shifts with different people and with different ages. Thus, what is condoned in one age becomes unpardonable in another, and what is unmoral with one people is quite often moral with others. In weighing the moral standards of a people, therefore, we should weigh them on the scale of their traditional culture, and not on that of our own. It is not command and obedience, but problem and free choice that makes true morality. Thus, every people should have a large latitude to decide for itself as to what is moral and what is not. But when a people whose social standards are decidedly immoral in the opinion of the enlightened world attempts to force its ethical code upon an unwilling race, the matter becomes serious.

Every nation has a certain amount of social evil to combat. But in Japan social evil is not combatted; on the contrary, it is encouraged by leaders of thought and of state affairs. Thus, it is not mere assertion to state that Japan is the most immoral nation in the world. The Japanese principal of a large normal school is reported as openly stating to Mr. Galen W.

145

Fisher, Secretary of the Y. M. C. A. in Tokyo, that
he not only patronized houses of ill fame himself, but
that he advised his teachers to do so, and that he even
gave them tickets so that at the end of each month the
bills would be sent to him for payment and deduction
made from their salaries.  One hundred and seven
districts were investigated by Captain Bechel, a travel-
ler in Japan for seventeen years.  He found ninety-six
of them pestilently immoral.  He reports that phallic
worship is still practised in many Buddhist shrines, and
that in some districts almost all the adults are tainted
with immorality.  He speaks of a principal of a school
who had several paramours with the knowledge of
parents and children alike; of a member of Parlia-
ment who publicly had two concubines; of a member
of a Provisional Assembly who had two wives and two
homes, with children in each, and who travelled with
*geisha;* and of a *soncho* (chief of village) who sold
a girl of twelve years, whose parents could not support
her, for ten yen, because she might become a charge
on the village.[1]

Ernest W. Clement, a long resident of Japan, who is
familiar with the social conditions of Japan, writes in
his *Handbook of Modern Japan:*

As is well known, the social evil is licensed, and there-
fore legalized, in Japan; it is not merely not condemned
but actually condoned.  In Old Japan, the young girl will-

[1]*Japanese Young Men in War and Peace,* published by the
International Committee of the Y. M. C. A., New York, and
"Japan's Need and Response," in the *Missionary Review of the
World,* January, 1917, pp. 5–6.

ing to sell herself to a life of shame to relieve the poverty and distress of her parents, would be considered virtuous, because filial piety was regarded as a higher virtue than personal chastity. Nor would the parents who accepted such relief be severely condemned, because the welfare of the family was more important than the condition of the individual. And even in Modern Japan, in the eyes of the law, it is no crime to visit a licensed house of ill fame; and visitors to such places hand in their cards and have their names registered just as if they were attending an ordinary public function. Nay, more, an ex-president of the Imperial University and one of the leading philosophers and educators of the day, has come out in public print and affirmed that from the standpoint of science and philosophy, he can see no evil in prostitution *per se*.[1]

It was said of the late Prince Ito, the most enlightened and eminent statesman of modern Japan, that he engaged himself in grave state affairs in the daytime and spent the night in vice. While he was Premier, a foreign missionary reproved him for setting a bad example to the younger generation. The Premier replied: " I would rather give up the post of the premier, abandon the leadership of my party, and lose the respect of my people than to forego my licentious pleasures."

Although separated only by a strait, the Korean people had their social standards founded on the Confucian moral codes, and even in the most profligate period of their history, they never sank to the level of moral degeneracy that the Japanese are now and have been in, during the two thousand years of their

[1] *A Handbook of Modern Japan*, pp. 166-167.

history.  Du Halde, the great geographer of the
eighteenth century, described the people of Korea as
" generally well made and of sweet and tractable dis-
position; they understand the Chinese language, de-
light in learning and are given to music and dancing."
He further told that their manners were " so well
regulated that theft and adultery were crimes un-
known among them, so that there was no occasion to
shut street doors at night; and although the revolu-
tions which are fatal to all states may have somewhat
changed this former innocence, yet they have still
enough of it left to be a pattern to other nations."

Before the influx of Japanese into Korea, there were
no houses of ill fame in the country, although there
were about five hundred *kesang* (dancing girls) mostly
in Seoul, the largest city in Korea.  From their early
childhood the *kesang* were instructed in music and
dancing, and as a class they were remarkably similar
to the American chorus girls.  The reputations of
some of these girls were considered questionable, but
their circle was confined almost exclusively to Seoul,
comparatively speaking, the most immoral city in
Korea.  With the coming of the Japanese, the pro-
fession of *kesang*—to entertain people at social func-
tions with their music and dancing—faded away, and
the country has been flooded with licensed prostitutes.
Japanese not only brought with them thousands of
their prostitutes, but they have established Japanese
and Korean brothels in every city in the country.
They occupy the most prominent and attractive parts
of the city, quite often placed in the residential dis-

tricts so as to drive out the sensitive people, who are forced to sell their property to Japanese at nominal prices. Young and ignorant Korean girls are captured by Japanese vultures, often with the aid of the police, to lead the life of shame. In this manner Japan has propagated the " Red Light System " in Korea on an extensive scale. In Seoul alone $500,000 has been spent in establishing a superb district. Dr. Frank W. Schofield, a Canadian physician at the Union Severance Hospital, who has made a thorough investigation of the system and made thousands of blood tests, submits the following figures with the accompanying testimony that " in no nation are the women as immoral as they are in Japan."

| Town | Prostitute Ratio, Korean | Prostitute Ratio, Japanese |
|------|--------------------------|----------------------------|
| Songdo | 1 to 894 males | 1 to 60 males |
| Choonchun | 1 to 558 males | 1 to 62 males |
| Seoul | 1 to 228 males | 1 to 60 males[1] |

From the above table it is evident that immorality among the Japanese in Korea is about uniform in every district, but among the Koreans the figures increase in proportion to the degree of " Japanization " of the community. Seoul is the most thoroughly " Japanized " city in Korea, hence the high figures of prostitute ratio to its population. Dr. Arthur Judson Brown, the Secretary of the Board of Foreign Missions of the Presbyterian Church in America, in recording his observations of social evils of the Japanese

[1] Frank W. Schofield, " What Korea Suffers from Japan." *The Christian Register*, September 16, 1920, pp. 914-915.

Empire, makes the following statement on the immoral
conditions of Korea under Japan:

Conditions substantially similar, although of course
on a smaller scale, exist in practically every Japanese
colony in Korea. Even where the number of Japanese
is very small, it includes prostitutes. The evil is not con-
fined to the "Red Light" districts. *Geisha* (dancing
girls) are scattered about every considerable town, and
waitresses in many of the inns, restaurants and drinking
shops are well understood to be prostitutes, although of
course not all of them are. That the authorities know
the facts is apparent from statistics which I obtained
from official sources during my second visit, and which
listed immoral women in Seoul and Pyeng Yang as
"prostitutes," "*geisha*," and "waitresses in inns, saloons
and restaurants." The official records also showed that
there was a monthly tax collected from prostitutes and
*geisha*. The number of Korean prostitutes reported by
the authorities in Seoul was also given me, and a com-
parison of the figures showed that one person in thirty-
one of the Japanese population of the capital was then
classified as immoral, and that only one in 730 of the
Korean population was so classified.  . . .

Racial distinctions are obliterated by this social evil.
Koreans are not only openly solicited to vice, but I was
reliably informed that it is not uncommon for Japanese
panderers to conduct small travelling parties of prosti-
tutes from village to village in the country districts. The
crowning outrage I could not bring myself to believe if
the editor of the *Korea Review* had not declared that
"it is so fully proved both by foreign and native wit-
nesses that it is beyond dispute. In a certain town in
Korea, the military quartered soldiers in some Korean
houses, and in others Japanese prostitutes. In a number
of instances, Korean Christians were compelled to give

up part of their houses to these prostitutes who carried on their nefarious business on the premises. We made careful inquiries about this unspeakable outrage on decency, and the fact was verified in the positive manner." [1]

Indeed, a Korean " rebel " schoolgirl made a poignant condemnation of the Japanese vice system when she said in her trial before the judge: " You have taken away our private schools and given us public brothels. A teacher's license is obtained with the greatest of difficulty; a prostitute's license with the greatest of ease."

Another consequence of the Japanese military occupation of Korea is the morphine peddlers sanctioned and protected by the Japanese authorities. While Korea was independent, opium smuggling was prohibited under the death penalty, and the country was free from opium fiends, with the exception of a few secret cases in Seoul. But no sooner had the Japanese occupied the country than it was infested by morphine mongers from Japan. F. A. McKenzie, a war correspondent of the *London Daily Mail,* in recording his personal observations in Korea shortly after the Japanese occupation, says:

One act on the part of the Japanese surprised most of those who knew them best. In Japan itself opium smoking is prohibited under the heaviest penalties, and elaborate precautions are taken to shut opium, in any of its forms, out of the country. Strict anti-opium laws were also enforced in Korea under the old administration. The Japanese, however, now permit numbers of

[1]A. J. Brown, *The Mastery of the Far East,* pp. 383-384.

their people to travel through the interior of Korea selling morphia to the natives. In the northwest in particular this caused quite a wave of morphia-mania.[1]

The Japanese Government in Korea, moved by the desire of the revenue to be derived from opium traffic and of utilizing this agency to degenerate the native population, steadily encouraged the use of opium in all of its baneful forms. Finally, it was thought by the Japanese that the business would be more lucrative if the poppy were cultivated in Korea. They introduced the poppy and encouraged the Korean and Japanese farmers to cultivate it. "The Government's annual budget for promoting poppy culture in Korea is $182,000."[2]

With this Government subsidy and encouragement back of it, the poppy culture in Korea has increased to alarming proportions. In the summer of 1917, Rev. E. W. Thwing, the Oriental Secretary of the International Reform Bureau, of Peking, China, made a trip to Korea investigating the morphia-evil in the peninsula. His report contained the following:

This spring I heard rumours that opium was being grown in Korea to be sold to the Chinese. I could not find out as to the truth of the report. After all that China had accomplished, it did not seem possible that Japan would begin the cultivation of this drug which has become an international danger. I went to Korea this summer to make investigations. The reports proved too

[1] F. A. McKenzie, *The Tragedy of Korea*, p. 114.
[2] *The Bulletin of International Reform Bureau*, Washington, August 15, 1919.

true. I met Koreans who had seen it growing. One missionary counted thirteen fields of growing opium poppy in his district. I was told that Japanese officials had provided the seeds and had encouraged the Koreans to plant opium, saying that they would make much money.[1]

"In Korea poppy fields are being extended with increasing rapidity, one missionary reporting a thousand acres in his district," says a religious weekly of New York. The "New Opium Ordinance for Korea" practically established a Japanese Government monopoly in opium traffic. In this Ordinance, morphia stands out as the main drug wanted, and Article IV stipulates that if the opium brought in by the Korean farmers does not contain the required amount of morphia, the opium shall be destroyed without payment. "Another portion of the regulation states that the opium sold is to be for the manufacture of morphia as well as other derivatives, and indicates the importance of the morphine to be secured. . . . The new regulations for Korea put the control of the matter into the hands of drug men and police, even though these men have been the greatest offenders in the past. . . . Many believe that this new opium policy for Korea will bring much danger, and large discredit, to Japan."[2]

Dr. Arthur Judson Brown sums up the morphine evil in Korea as follows:

The situation is serious in Korea. Most of the Koreans are not sensitive about it, but the more enlightened are, and every real friend of the people is distressed by it. The traffic is contrary to Japanese law, but

[1] *Peking Gazette,* October 3, 1917.
[2] *The Continent* (New York), October 2, 1919.

it is conducted more or less openly by Japanese, particularly in the country districts, where peddlers spread the morphine and opium habit among multitudes of Koreans. The Japanese strictly enforce their law in Japan, and magistrates in Korea will usually punish a trafficker if the case is brought so directly to their notice that they cannot escape responsibility; but they will seldom press matters unless compelled to do so, and the effort to make them is apt to be unpleasant. Thousands of Koreans are learning the use of the morphine syringe from these Japanese itinerant venders. . . . Every hospital in Korea now has to treat opium and morphine fiends. Opium smoking was brought to Korea by the Chinese long ago, but the evil has never been so great as it is now. Protests of missionaries are beginning to make some impression, but the demoralization of Koreans continues.[1]

Whatever may be the anti-opium regulations framed by the Japanese for Korea, they are but designed to show to foreigners when any such call the attention of the officials to the traffic; they are never intended to be enforced. By officially encouraging opium traffic in Korea, the Japanese administration obtains what it aims at: (1) considerable revenue; (2) steady but quiet annihilation of the Korean population by systematic poisoning.

The problem of liquor, though not as baneful as that of opium and morphine, deserves mention. As old as Korean history was the custom that every town should exercise municipal jurisdiction over liquor traffic. Nearly every large city, under the old Government, had saloons, but seldom, if ever, did a village possess

[1] A. J. Brown, *The Mastery of the Far East*, p. 390.

a drinking place. Under Japanese rule, all this has been swept aside, and saloons are licensed in every town and village regardless of the wishes of the inhabitants. The petition from the Federal Council of the Protestant Evangelical Missions in Korea, presented to the Governor-General, Admiral Saito, on September 29, 1919, voices its protest against the official licensing of liquor traffic in Korea, as follows:

We request, also, the reformation of the laws concerning the liquor traffic, and ask the restoration of the power of local option which existed under the former Korean administration, by which the people of a village were able to prohibit the establishment of saloons in their vicinity. Now, under police protection, licenses are issued, and saloons established against the wishes of the people.

There are a number of minor social evils in connection with the above named. Cabaret houses and drinking shops were never as numerous in Korea as they are now. Cigarette smoking among boys has, likewise, been increased. Koreans have used tobacco for many centuries, but cigarettes were unknown until they were brought in by the Japanese. It was a grave breach of etiquette, according to the time-honoured custom in Korea, for a minor to smoke in the presence of his elders. To-day, all these customs are being swept away, and no substitutes have been introduced. It is not uncommon to see boys of nine and ten smoking cigarettes in the street. Some years ago, Pastor Kil of Pyeng Yang was arrested and punished for preaching against the evil of cigarette smoking among boys. Dr. William T. Ellis, the well-known religious writer in America, was in Korea at that time, and he gives the analysis of the charge as follows:

One of the most absurd of the recent arrests reported from North Korea—I have the story from the lips of a Presbyterian missionary—was that of Pastor Kil, the great minister of the Central Presbyterian Church of Pyeng Yang, a church which has " swarmed " forty-one times. Pastor Kil was among those arrested for treason. The charge, analyzed, was that he had advised Christian boys not to smoke cigarettes. The manufacture of cigarettes, reasoned the Japanese, is a Government monopoly; to speak against their use is to injure a Government institution; to injure a Government institution is to work against the Government; to work against the Government is treason; and therefore, Pastor Kil was charged with treason![1]

Not so devitalizing to the Korean stamina as the evils mentioned above, yet tending to lower the social morals of the country is the public bath. In Japan men and women bathe together in public bath houses. This custom has been introduced into Korea by Japanese, and public bath houses have been established in every Korean city. Of course, no Korean women ever resort to these places. But the very existence of them is demoralizing to society. However, this evil is not without its compensating benefit to the Korean, for it helps him to realize that his culture is decidedly higher than that of his conqueror. Dr. James Gale, a British missionary in Korea for over thirty years, considers

[1] William T. Ellis, " Christianity's Fiery Trial in Korea," *The Continent*, June 27, 1912, p. 897.

A Typical Korean Church and Its Congregation—Simple and Lowly, but Faithful and Active.

One of Many Thousands of Japanese Houses of Ill-fame Fostered by the Japanese Government in Korea to Corrupt the Morals of Korean Young Men.

TWO COUNTERACTING SOCIAL FORCES IN KOREA

this as one of the points of contrast between the Korean and the Japanese character.

Says Dr. Gale:

The Korean guards his person and his women folk from the public eye with the most rigid exactitude. The Japanese, on the other hand, goes nude without any thought of obscenity, and his men and women bathe together in a public bath with all the innocence of Botticelli's Eve. This to the Korean is the limit of indecency and renders him wholly incapable of ever understanding the Japanese point of view.[1]

In fairness to the Japanese, it must be said that they did not bring the public bath to Korea with the deliberate intention of destroying Korean character, as in the case of opium and other vices mentioned. It is their national custom which they have brought with them and are forcing upon the Korean people as a part of their Japanizing program. It, none the less, has its demoralizing effect in the community.

Japan is a nation of copyists. With quick perception and marvellous ability to imitate, the Japanese have copied from America and Europe all that is expedient and efficacious. But, so far, they have singularly failed to assimilate any of the fundamental principles of Western civilization. Thus, in material progress—especially in their army and navy—Japan is one of the " Big Five " powers of the world. But in the attainments of the finer qualities of civilization, which we call culture, Japan is the most backward of

[1] James S. Gale, " The Missionary Outlook in Korea," *The Missionary Review of the World,* February, 1920, p. 118.

modern nations. She has had her political and industrial revolutions, but her moral and spiritual revolutions are yet to come. And, until she has gone through a reformation of the conscience, she cannot long hold a position in the family of enlightened nations.

"Men still cry for special revolutions," says Henrik Ibsen, "for political revolutions are but trumpery and external. It is the human soul that must revolt."

## IX

## THE PERSECUTION OF THE CHURCH

AT a banquet given in honour of Bishop and Mrs. Herbert Welch at Columbus, Ohio, where the Methodist Episcopal Church held the famous Centenary Celebration during July and August, 1919, a Korean leader spoke on the mission of the Korean race in the Far East. " There are two things we hope to accomplish," he said. " We want to make Korea a democracy and a Christian democracy." Christianity from time immemorial has sown the seed of democracy. It taught the dignity of man and sanctity of human rights, and has been a powerful enemy of the tyrant everywhere it went. The Japanese tyrant and the Christian Church in Korea are no exceptions.

The Korean Church is unique in its organization and virility. Although nominally under the supervision of the missionaries, it is a self-governing body. The Korean Church not only supports itself, but has sent out missionaries to other lands. In 1918 the Presbyterian Church alone sent out forty-eight missionaries, including three to Shantung Peninsula to convert their Chinese brethren. The Korean Christians give not only one-tenth of their income, but also, one-

159

tenth of their service to the Church. In short, the Christians are the leaven in the Korean population. They are among the most progressive, self-reliant and efficient of all Koreans. They may submit to injustice and be obedient to Japanese laws, but they will not deny their faith or forget their nationality. They have demonstrated that they could die for the cause of righteousness and die willingly. Japan does not look with favour upon an agency that makes men of this independent sort. She was convinced that Christianity, more than any other institution, would stiffen Korea's moral fiber, awaken the dormant intellectual life and revitalize the manhood of the apparently dead nation. Something must be done to check the further propagation of Christianity and to crush the already existing influence of the Church.

Peaceful methods were employed at first. " Missionaries " from the Japanese Congregational Church, which is a semi-official organization in religious garb, and Shinto and Buddhist priests were brought over from Japan to convert the Koreans. The special mission of the Japanese Congregational " missionaries " was to proselytize the Korean Christians so as to undermine the Korean Church. The Shinto and Buddhist priests were to reach the non-Christian population. Magnificent temples were built to these sects, and the Koreans were approached to join these organizations with alluring promises of favour from the Government. But Koreans saw the intention of Japan in all this, and turned a deaf ear to those religious propagandists of the Japanese Government. The whole project of peaceful conquest of the Korean Christians turned out to be a fiasco.

Governor-General Terauchi promptly decided to use the easiest method at his disposal—the method against which the Koreans would have no recourse—force. In the autumn of 1911, the most prominent leading Christians throughout the country were arrested by wholesale on the charge that they had been conspiring to murder the Governor-General. They were grilled through the usual process of " preliminary examinations." " Confessions " were prepared by the police for the prisoners to sign under secret tortures, which were repudiated in open court by the prisoners. Nine were exiled without trial, three died as a direct result of tortures, and one hundred and twenty-three were brought to trial on June 28, 1912, in the district court of Seoul. The counsel for the defense was not allowed to produce witnesses who could have testified to alibis, and the judges sided with the police in basing their decisions on the strength of torture-wrung " confessions." On September 28, one hundred and six of the accused men were sentenced to terms of imprisonment ranging from five to ten years.[1]

Unfortunately for the Japanese Government, this travesty of justice aroused considerable criticism in the West. Dr. Arthur Judson Brown, the Secretary of the Board of Foreign Missions of the Presbyterian Church in America, in a remarkably clear pamphlet, *The Korean Conspiracy Case,* laid bare how the whole case was manufactured by the police to trap the most

[1] Cf. *Current Literature,* December, 1912, pp. 631-633.

progressive Korean leaders.  Dr. Charles W. Eliot, President Emeritus of Harvard University, wrote from Tokyo on September 4, 1912, " The standing of Japan among Western nations would be improved by judicious modifications of her preliminary proceedings against alleged criminals." [1]  James Gordon Bennett, the owner of the *New York Herald,* dispatched the *Herald's* trusted Peking Correspondent, J. K. Ohl, to Seoul to report the case.  Mr. Ohl cabled the proceedings to his paper, which remorselessly revealed the entire fabrication of the Japanese police with which the court was in league.  Dr. W. W. Pinson, the Secretary of the Board of Foreign Missions of the Methodist Episcopal Church, South, made a special trip to Korea to investigate the case.  Among other things, he reported:

One of the striking things about this body of prisoners is its personnel.  If one is here looking for weak and cringing cowards or brazen desperadoes he will be disappointed.  Instead, he will see men erect, manly, self-respecting and intelligent.  There are many faces that bear the marks of unusual strength and nobility of character.  As a whole they are a body of men of far better quality than one would expect to see in the same number of men anywhere in this country.  On closer investigation it is made clear that the gendarmes have thrust their sickle in among the tallest wheat.  These men do not belong to the criminal or irresponsible class of society.  Most of them are Presbyterians, trained after the strictest sect of the Shorter Catechism.  These are not the type of men to be guilty of such a plot as that with

[1] Quoted by Brown in the pamphlet mentioned.

which they are charged. They are too intelligent. They might be capable of a desperate venture for a great cause, but they could not possibly undertake anything idiotic.[1]

Foreign criticism compelled Japan to permit the appeal in the case, and the Court of Appeals was instructed by the Governor-General to use " conciliatory methods," as a result of which all the prisoners were released except six. Five of these were sentenced to six years' penal servitude, and one to five years. They were the most prominent leaders, Baron Yun Chi Ho, a former member of the Korean Cabinet, President of the Southern Methodist College at Songdo, Vice-President of the Korean Y. M. C. A., and Yang Kai Tak, the best known Korean author and journalist, being among them.[2] The alleged crimes with which they were charged were identical with those of the released; their sentence was nothing more than a face-saving device of the Japanese Government in Korea. The Presbyterian Board of Foreign Missions of America, which made official representations to the Japanese Embassy at Washington concerning the Korean " Conspiracy Case," was approached by semi-official representatives of the Japanese Government in America with the suggestion that all the prisoners would be pardoned if the American Presbyterian Church would admit their guilt and appeal to the Japanese Government for " clemency." This was flatly refused. The

[1] Full report published in the New York *Herald*, September 29, 1912.
[2] Cf. " Korea's Plight Under Japan," *The Presbyterian Banner*, July 16, 1914.

Japanese Government was chagrined at the failure of
their officially hatched scheme of reducing the influence
of Christianity in Korea, and all the accused were re-
leased in February, 1915, at the time of the coronation
of the Emperor, as a mark of Imperial " clemency." [1]

The " Conspiracy Case " did not daunt the Korean
Christians.    The position of the Korean Church,
strange to say, was strengthened rather than weakened.
In it the Koreans found comfort and support for their
wounded personal injury and national honour.    De-
nied access to the outer world, imprisoned by their
hated conquerors, they received through Christianity
a contact with far-away nations, who seemed to have
far kindlier ideals than the Japanese.    And best of all,
it gave them hope to " carry on."    They were not re-
signed to fate.    On the contrary, they were eternally
restless.    The static idealism of the Orient was sud-
denly changed into a dynamic power, and dying a
martyr's death for the sake of their faith and for the
cause of their national freedom was considered the
duty of every true Christian in Korea.    Very aptly,
William T. Ellis, the well-known religious writer in
America, described the fiber of the Korean Christian
in the following words: " In all the wide realm of
foreign missions, there is no group of converts better
qualified to pass through triumphantly the fires of per-
secution than the Korean Christians.    From the stand-
point of Christian testimony, this dreadful story of
persecution in Korea is a romantic and glorious one."

[1] A complete record of the " Korean Conspiracy Case," pub-
lished by *Japan Chronicle* in a pamphlet.

The Japanese authorities now decided to tighten their stranglehold on the Korean Church in a less obvious way. "Educational Ordinances" were promulgated in 1915, forbidding religious instructions in mission schools under the pretext of separating education from religion, and requiring of all mission schools to have a Japanese supervisor appointed by the Bureau of Education. Mission schools were required to report to the Government all the details of their work every day. No new schools were to be established without the Government permit, and no Christian clergyman was allowed to preach without a Government license. Obtaining permits from the Government was made next to impossible, and the authorities "advised" the Koreans not to send their children to mission schools. All teaching must be conducted in the Japanese language, and any school that did not meet with these requirements was to be closed by the Government.

Those schools which had a Government permit when the Ordinances were announced were given ten years in which to adapt themselves to the new requirements. Other schools must immediately conform or close. The Presbyterian Academy for Boys at Syen Chun and the Southern Presbyterian Academy for Girls at Soon Chun, although established before the law went into effect, had not received permits on account of technical delays, yet were closed by magistrates. Thus the missionaries and Christian workers were being deprived of their former rights under the old Korean Government and denied the privileges enjoyed by their fellow-workers in Japan proper. The Rev. James E. Adams, Secretary of the Senate of the Educational Foundation of Korea, rightly observes that "the situation is not at all that which obtains in Japan itself. In Japan proper, because of the common schools where education is compulsory, there are but few mission schools. In such schools as exist, however, religious instruction is not forbidden. If the mission school conforms to the Government system, secularizes and meets the other conditions, it has certain privileges which other schools do not have. It may, however, not conform and continue to operate, in which case it has the utmost freedom of religious instruction in its curriculum. Of this type is our Meiji Gakuin, and the Methodist Aoyama Gakuin. The option given is: 'Conform or stay out.' Here the option is: 'Conform or close up.' One is an option of permission, the other an option of suppression. In this they are fundamentally different, and in so far, the situation in Korea is more grave than it has been in Japan. No liberty of choice is given. It is secularize or go out of business." [1]

In laying these restrictions the Japanese administration in Korea had two things in view. First, to hinder the work of the missionaries with an infinite amount of red-tape technicalities, so that the missionaries would gradually leave the country under pressure. In this they have partially succeeded, as a number of very

[1] Cf. "Japanese Nationalism and Mission Schools in Chosen," *The International Review of Missions*, Vol. VI, No. 21, January, 1917, pp. 74-98.

prominent missionaries, long residents of Korea, have left the field.[1]  The other object the Government had hoped to attain was to eliminate the mission schools, and thereby compel all Korean children to be trained under altered conditions.  In this way they could complete their program of Japanizing Korea in a single generation.  But in this attempt they have signally failed.

The very attempt to make loyal Japanese out of Korean children produced an opposite effect on the mind of the Korean youngsters.  A few incidents typical of the Korean children in their attitude towards the Japanese will illustrate this.

On one occasion in a church two soldiers marched rudely in during the service and went right up to the women's side, where, as usual, many children were sitting with the women.  Said one small girl aloud, pointing with her thin forefinger: " Look at those Japanese rascals! "  Another small girl had been counting the gaslights in the church and was saying: " One, two, three, four gaslights."  " Hush," said a small companion, " don't say ' gas,' that is a Japanese word! "

A ten-year-old Korean schoolboy was describing a detested Japanese schoolmaster.  He said, " He is short-necked with a very thin face.  It is the face of a beast gradually changed into a man.  He shakes his sword at us.  His eye is like the eye of a snake looking through grass.  His expression is the expression of a fox unhappily pursued by hunters and taking refuge in the cleft of a rock.  When he looks down at us with wide-

[1] Cf. *The Missionary Review of the World,* June, 1913, pp. 450–453.

opening eyes, there is no love that can be found in his whole appearance, only pride and anger." [1]

The Japanese officials were getting desperate over the failure of their efforts. They were at sea as to what step they should take next. Lacking broad-mindedness and sympathetic understanding, they can never see the problem in proper perspective. They have an exalted opinion of their position and underestimate the Korean capacity. They rage at the failure of their attempts, and without stopping to find the underlying cause. They shift the blame upon the Korean and the Christian missionary, but never think of blaming themselves. Once a boy of fourteen, under arrest for participating in the Independence Demonstration, was asked by the officials, "Who put you up to this?" Pointing to the Chief of Police, he answered wittily, "There is the man who made me do it!" The Japanese merely thought the boy was crazy.

When the Independence Movement broke out in March, 1919, all the pent-up hatred and suspicion of the Japanese officials in Korea towards the Christians was given vent. Desecrating the Church and destroying mission schools at once became the favourite pastime of the Japanese soldiers. Christians were singled out for persecution. A traveller on the highroad would be stopped and questioned by Japanese soldiers whether he was a Christian. If he was non-Christian, he would be released. But if he were a Christian, he would be mortally beaten or shot on the spot.

[1] "Warring Mentalities in the Far East," *Asia*, August, 1920, pp. 693–701.

A Canadian missionary, in a report to his Home Board, on April 25, 1919, writes:

They have questioned all prisoners particularly whether the missionaries led the uprising. Thank God, so far, our people have had the strength through torture to tell the truth. In our town over one thousand Koreans are in prison. Many are Christians who are beaten and tortured in an endeavour to make them say that the missionaries led them into asking for independence. Women are kicked and beaten to make them tell where their husbands and sons are. A woman was brought in here yesterday, her body horribly mutilated, stamped on by spurred boots. Just the other day seven were beaten to death.[1]

A lady missionary, at another place, wrote to the Rev. Mr. Armstrong, the Assistant Secretary of the Presbyterian Board of Foreign Missions of Canada:

A number of churches are being burned. One, where the Christians were called together by the authorities, was surrounded by soldiers, who fired among them and shot many of them; some tried to escape, only to meet the bayonet. The building was set on fire, and the survivors burned to death—thirty-one in all. It is worse than the Hun, and a holocaust that cannot be beaten by the Turk. Torture in the prison is the order of the day. Many die under the stripes they receive. It is a reign of terror; with the Christians as marked men. Many a lash the poor Korean Christians in jail here receive, especially when they try to force them to say that the missionaries urged the Koreans in their call for independence. Schools are closed; our churches are still open, though they are closed and being burned in other places.

[1] Quoted by Rev. A. E. Armstrong in an article published in *The Toronto Globe*, Toronto, Canada, July 12, 1919.

March 4, with the first cry of *Mansei*, my husband rushed down town. He was gone about an hour. He came back crying aloud: " My God! Such a sight! Japanese coolies out with fire-hooks and clubs tearing and rending the poor, unarmed Koreans to bits!" He met my Bible-woman's husband, dragged along by two coolies, his head gashed open and one leg dragging limp.

This form of Christian persecution aroused vigorous protest not only from missionaries in Korea, but also from different denominations in America and Canada. The Methodist General Conference, which met in Des Moines, Iowa, May, 1920, in a resolution passed on May 25, vigorously condemned " all forms of national aggression, whether military or economic, which invades the sovereignty of other states. We stand, as Christians, resolutely opposed to those groups in any and every land which are militaristic in spirit and imperialistic in aim." After deploring the " lamentable outrages in Korea during the past fifteen months, when under the Japanese rule brutalities, killings, burnings and torturings have occurred," the resolution poignantly concludes: " Especially would we express our sympathy with our fellow-Christians who have suffered the loss of Church property and in some cases of life itself. While we can ask no special exemption for any because they are Christians, we have a right to ask that none suffer violence or imprisonment simply because they are Christians." [1]

[1] Submitted by Titus Lowe, Chairman of Committee on Foreign Missions, and unanimously adopted by the Conference. Full text found in *The Daily Christian Advocate* (official organ of the General Conference), May 26, 1920.

An exhaustive description of Christian persecutions by the Japanese in Korea during the year, 1919, would fill a volume. The following extract, taken from the annual report (1918–19) of the American Presbyterian Mission Station at Pyeng Yang, is typical of the conditions of the Church in its relation with the Independence Movement. From the description of the plight of this one district, the reader may form an idea of the fate of other Christian communities all over Korea.

\*     \*     \*     \*     \*     \*     \*

To sum up what has been committed against the Church in the Pyeng Yang territory by the police, gendarmes and soldiers, in line with the statements made above, we give the following:

1.  They have arrested many of the leaders of the churches, including pastors, helpers, and school teachers. Many of the rest have fled for safety, for the Church leaders seem to have been singled out for punishment and persecution regardless of guilt or innocence.

2.  They have seriously damaged nineteen church buildings and broken the bells in others.

3.  They have expropriated the property of at least one Church for other purposes without asking for or receiving permission to use the same.

4.  Twenty-six churches have been forced to close for periods up to three months and more.

5.  Many church schools have been forced to close in both city and country, because of the arrest of teachers, for periods up to three months and more.

6.  Helpers, pastors and Bible women have been ordered to stop preaching in many places.

7.  Christian literature has been seized and destroyed in many places.

8. The police have ordered the non-Christians to drive the Christians out of their homes in several places.

9. All the students in the Union Christian College and the Boys' Academy in Pyeng Yang were ordered arrested by the Chief of Police whether guilty of any offense or not.

10. Christians have been discriminated against in many ways, of which the following are typical:

(*a*) In the special severity shown Christians in connection with the spring " clean up."

(*b*) In the frequency and severity of beatings administered by police in the performance of their official duties.

(*c*) In the special effort to arrest and punish the leaders of the churches on the ground that they were *per se* leaders, too, in the independence movement.

11. Christian women in the country have been terrorized by police, gendarmes and soldiers.

12. The pastor of the Congregational Church for Koreans (under Japanese control), Mr. Takahashi, has visited certain of our churches and, assisted by police, has forced Christians to gather and listen to addresses intended to alienate them from the missionaries and their present church connection, and attempted to proselyte for his church. This was done with the knowledge and assistance of petty government officials.

# X

## INDIGNITIES TO MISSIONARIES

THE Japanese policy in Korea towards foreigners has been one of gradual, but no less sure, exclusion. After the protectorate was established in 1905, Mr. F. A. McKenzie travelled all through the interior of Korea as the special correspondent of the *London Daily Mail*. In 1907, Mr. McKenzie wrote in his book, *The Tragedy of Korea:*

Everything that is possible has been done to rob the white man of whatever prestige is yet left to him. The most influential white men in Korea are the missionaries, and they have a large, enthusiastic, and growing following. Careful and deliberate attempts have been engineered to induce their converts to turn from the lead of the English and American teachers and to throw in their lot with the Japanese. The native Press, under Japanese editorship, systematically preaches anti-white doctrines. Any one who mixes freely with the Korean people hears from them, time after time, of the principles the Japanese would fain have them learn. I have been told of this by ex-Cabinet Ministers, by young students, and even by native servants.

\* \* \* \* \* \* \* \*

The lowered status of the white in Korea can be clearly seen by the attitude of many of the Japanese towards him. I have heard stories from friends of my own, residents in the country, quiet and inoffensive peo-

173

ple that have made my blood boil. It is difficult, for instance, to restrain one's indignation when a missionary lady tells you of how she was walking along the street when a Japanese soldier hustled up against her and deliberately struck her in the breast. The Roman Catholic bishop was openly insulted and struck by Japanese soldiers in his own cathedral, and nothing was done. The story of Mr. and Mrs. Weigall typifies others. Mr. Weigall is an Australian mining engineer, and was travelling up north with his wife and assistant, Mr. Taylor, and some Korean servants, in December, 1905. He had full authorizations and passports and was going about his business in a perfectly proper manner. His party was stopped at one point by some Japanese soldiers, and treated in a fashion which it is impossible fully to describe in print. They were insulted, jabbed at with bayonets, and put under arrest. One soldier held his gun close to Mrs. Weigall and struck her full in the chest with his closed fist when she moved. The man called them by the most insulting names possible, keeping the choicest phrases for the lady. Their servants were kicked. Finally, they were allowed to go away after a long delay and long exposure to bitter weather, repeated insults being hurled after them. The British authorities took up this case. There was abundant evidence, and there could be no dispute about the facts. All the satisfaction, however, that the Weigalls could obtain was a nominal apology.

Then there was the case of the Rev. Mr. McRae, a Canadian missionary living in northeastern Korea. Mr. McRae had obtained some land for a mission station, and the Japanese military authorities there wanted it. They drove stakes into part of the property, and he, thereupon, represented the case to the Japanese officials, and after at least twice asking them to remove their stakes, he pulled them up himself. The Japanese waited until a fellow-missionary, who lived with Mr. McRae, had gone away on a visit, and then six soldiers entered his compound and attacked him.  He defended himself so well that he finally drove them off, although he received some bad injuries, especially from the blows from one of the men's rifles.  Complaint was made to the chief authorities, and, in this case, the Japanese promised to punish the officer concerned.  But there have been dozens of instances affecting Europeans of all ranks, from consular officials to chance visitors.  In most cases the complaints are met by a simple denial on the part of the Japanese.  Even where the offense is admitted and punishment is promised, the Europeans will assure you that the men, whom it has been promised to imprison, come and parade themselves outside their houses immediately afterwards in triumph.  In Korea, as in Formosa, the policy is to-day to humiliate the white man by any means and in any way.

After driving out all the European and American business men by trade discrimination, the Japanese Government sought devices by which to eliminate the remainder of the foreigners—the missionaries, some 400 of them—without technically violating the existing treaty obligations with the Western Powers. When mission board secretaries and prominent Church men visit Korea and Japan, they are assured by the Japanese authorities that the missionary work in Korea is not only unmolested but actually encouraged by the powers that be.  This is to create an impression at the different missionary headquarters that if ever trouble arose between the missionaries and the Japanese authorities, it would be all due to the indiscretion of the missionaries and not the fault of the Japanese administration. The mission board authorities were thus hoodwinked as to the actual difficulties that their workers were placed under in Korea. Any complaint that they sent in against the Japanese in Korea was pigeonholed, as a rule, at the home office. The missionaries themselves preferred rather to suffer in silence the petty annoyances and official interference of the Japanese authorities than to make any complaint to their Boards. Dr. Brown gives the reason of their reluctance to criticize the Japanese authorities in these words:

This may be due to the belief that their letters are opened by the Japanese, but it is due in larger part to their reluctance to criticize the Japanese except when forced to do so by their immediate relation to specific cases of injustice.[1]

It must be remembered that when a missionary opposes wrong in Korea—the sort in which no decent man would acquiesce—he should not be understood as opposing the Japanese Government. His opposition is on the ground of humanity and justice, of which he is the apostle. The missionaries in Korea are, perhaps, the most subservient of all Westerners in the Orient. They are instructed by their respective Home Boards to remain strictly neutral in political matters, and follow the maxim, " Render unto Cæsar the things which are Cæsar's." The constant petty meddling in their work by Japanese underlings, which would not be tolerated by any other body of American or British

[1] A. J. Brown, *The Korean Conspiracy Case*, p. 11.

residents in the Far East, is taken as a matter of course. "Our compensation in enduring the petty persecutions of the Japanese officialdom in Korea," said one missionary, "is that we enjoy the respect and confidence of all Koreans, both Christian and non-Christian, which is a constant source of inspiration to us."

The first overt act of the Japanese Government, in their insidious persecution of the missionaries in Korea that drew the attention of the West was in connection with the Conspiracy Case in 1912, when many of the prominent missionaries were charged as being accomplices in a "plot" to assassinate Governor-General Terauchi. The Rev. George S. McCune of Beaver Falls, Pa., whose unimpeachable character is well known among the missionary circles in America and in the Far East, was charged as being the ringleader of the American missionaries, instigating the Koreans to murder the Governor-General. Dr. Charles W. Eliot of Harvard wrote from Tokyo, September 4, 1912, that no American would believe "that a single American missionary was in the slightest degree concerned with the alleged conspiracy." The charges brought against the Americans were so absurd that they reflected no small amount of discredit to the Japanese Government in the public opinion of the West.[1]

When open persecutions were not possible, the Japanese would create circumstances and make conditions almost impossible for the missionaries to work under. One missionary wrote as far back as 1912:

[1] Cf. *The Continent* (New York), June 13, 27, July 25, 1912.

It would seem that what the Japanese are aiming to do is to hamper our work so that we will have to leave. They have always been jealous of our influence and incredibly suspicious of our designs, and would, no doubt, be very glad to get rid of us. Then, too, they are smart enough to know that by making the people Christians we are making enlightened people of them, who will be harder to exterminate or to reduce to serfdom than the raw heathens. . . . Our only weapon is public sentiment on the subject in the United States and widespread knowledge of the facts.[1]

The missionary had two alternatives: either to endure the petty tyranny of the Japanese and submit to conditions thus created, intolerable though they be, or to leave the country. He chose the former, thereby incurring more hatred and enmity on the part of the Japanese.

When the Independence Demonstrations began in Korea, the authorities requested the missionaries to exert their influence and prestige among the Koreans to pacify the land. In other words, the missionaries were solicited to side with the Japanese to crush the Independence Movement with their weapon of moral suasion. Bishop Herbert Welch, the resident Methodist Bishop of Korea, represented the missionary body as their spokesman. It was, indeed, fortunate for the missionaries in Korea to have as their leader a man of such high caliber and character as Bishop Welch. Thoroughly grounded in scholarship and well trained in administration, Bishop Welch went out to Korea from the Presidency of the Ohio Wesleyan Univer-

[1] Quoted by William T. Ellis, *The Continent*, June 27, 1912.

sity.  He commands the confidence of the Koreans and
the respect of the Japanese officials.  In his conference
with the Government authorities he flatly refused to
accept their proposal, saying that (1) complying with
it would have no effect upon the Movement as the mis-
sionaries were not consulted by the Koreans in the
plan of demonstration; (2) it would destroy the con-
fidence of the Koreans in the missionaries and create
an impression that the missionaries were siding with
the Japanese; (3) it would be contrary to the tradi-
tional policy of missionaries in maintaining strict neu-
trality in regard to political affairs and, therefore,
would not be sanctioned by the Home Boards.

The Japanese Government officially exonerated the
missionaries from implication in the Independence
Movement.  This was done to sidetrack all responsi-
bility for the persecutions about to be launched by the
press and the petty officials under instruction of higher
authorities.  The Japanese newspapers, in Korea and
Japan, soon came out with inflammatory articles ac-
cusing the missionaries of being actively connected
with the uprising.  The following excerpts from rep-
resentative Japanese dailies in Korea, in Japan and in
America will give the reader an idea of Japanese senti-
ment towards foreign missionaries in Korea.

The *Chosen Shimbun,* the official organ of the Police
and Gendarmery Department, at Chemulpo, remarks
editorially on March 12, 1919:

Behind this uprising, we see the ghost-like figure wav-
ing his wand.  This ghost is really hateful, malicious,
fierce.  Who is this ghost wearing the dark clothes?  The

missionaries and the head of the Chuntokyo. These missionaries have come out of the American nation. They have sold themselves for the petty salary of some 300 yen ($150) per year, and they have crept out like reptiles on their belly as far as Korea. There is nothing of good that can be said of their knowledge, character and disposition.

These messengers of God are only after money and are sitting around their homes with a full stomach. The bad things of the world all start from such trash as these. They planned this dirty work and got into league with the Chuntokyo. If we take all this into consideration, these missionaries are all hated brutes.

The Osaka *Asahi,* one of the noted organs of Japanese liberalism, directed its editorial fire against the activities of Dr. Samuel A. Moffett of Pyeng Yang, who has been in Korea for thirty years. After describing the mission station at Pyeng Yang and its "connection" with the Independence Movement, the editorial proceeds:

The head of the crowd is Moffett. The Christians of the place obey him as they would Jesus Himself. In the twenty-ninth year of Meiji, freedom was given to any one to believe in any religion he wished, and at that time Moffett came to teach the Christian religion. He has been in Pyeng Yang for thirty years, and has bought up a great deal of land. He is really the founder of the foreign community. In this community, because of his efforts, there have been established schools from the primary grade to a college and a hospital. While they are educating the Korean children and healing their diseases on the one hand, on the other there is concealed a clever shadow, and even the Koreans themselves talk of this.

This is the center of the present uprising. It is not in Seoul, but in Pyeng Yang.

It is impossible to know whether these statements are true or false, but we feel certain that it is in Pyeng Yang, in the Church schools—in a certain college and a certain girls' school—in the compound of these foreigners. Really this foreign community is very vile.[1]

We would naturally suppose the Japanese publications in America would be thoroughly liberal and democratic in their views, but, as a matter of fact, they are as thoroughly Japanese in their point of view as the official organs of their Government. In the Los Angeles *Daily News*, May 16, 1919, under the title of "Images," appears an invective against American and British missionaries in Korea in connection with the Independence Movement. The following is a translation of a portion of the editorial:

What we hate most is that the fellows who call themselves preachers and religious men participate in this low-down, characteristic movement and try to make Japan disgraceful to the world by calling her an "image worshipper." We feel like breaking the flesh and sucking the blood of such. It is highly probable that some of these privileged preachers, who have been so inoculated by the world that they are full of vice, have taken this opportunity in the movement for Chosen (Korean) independence to fan the flame of patriotism in the Korean's mind in order to secure the good will of the people. It is really a bad intrigue, which is the result of their arrogance and covetousness. We believe that sooner or later their curses will recoil upon them, since the doctrine of Heaven (Buddhism, etc.) is everlasting, and the truth is

[1] Editorial in Osaka *Asahi*, March 17, 1919.

never to be changed. We believe without a single doubt that the so-called Christianity takes the last step into destruction!

The action of the police and soldiers towards the missionaries was in thorough harmony with these editorial sentiments of the Japanese press. The American Consul-General at Seoul was notified to the effect that he should warn his nationals to keep off the streets after dark, as the authorities would not guarantee to protect them. This was significant because at that time it was known that 200 thugs were brought over from Japan to terrorize the missionaries. In Pyeng Yang, the home of Dr. Moffett was guarded by his friends every night. Two American missionary women, Miss Maud Trissel of Iowa, and Mrs. J. Z. Moore of New York, were beaten by Japanese soldiers without even a pretext, and another American woman was thrown into a ditch by a Japanese soldier while she was quietly going about her own business.[1]

The American Consul-General at Seoul, Mr. Bergholz, promptly called on the Governor-General Hasegawa, asserting that he would issue no such warning and would hold the authorities responsible in case any of his nationals were molested by the thugs. He demanded a written guarantee for the safety of the life of American citizens, and he did not leave the office of the Governor-General until his demands were satisfied.

[1] Letter written by Miss Grace L. Dillingham of Pyeng Yang to her friend, Mrs. I. L. Lomprey of Flushing, Long Island, published in the New York *Tribune*, May 6, 1919.

This action on the part of Mr. Bergholz insured the safety of the life of the American missionaries, but it did not go far enough to protect them from insults and indignities at the hands of Japanese. " On March 17, a body of police, led by a procurator, came to the Severance Union Medical College, placed guards at all the gates and at intervals through the compound, and searched the various buildings of the institution." [1] In Pyeng Yang the Rev. Stacy L. Roberts and the Rev. E. W. Thwing were marched through the streets to the police station only to be released without trial. American homes were entered and searched, without warrant, in Fusan, Pyeng Yang, Syen Chun and Hamheung. At Fusanchin, two lady members of the Australian Presbyterian Mission, Miss Davies and Miss Hocking, were dragged into prison on the absurd charge that they were inciting Korean girls to rebellion. They were compelled to stay in the prison for two days with the usual Japanese prison " courtesies " handed to them, after which they were released without trial.[2]

But the most serious cases were those of the Rev. Ely M. Mowry of Mansfield, Ohio, and the Rev. John Thomas, an English member of the Oriental Missionary Society.

The Rev. Mr. Mowry was a teacher of the Union Christian College and principal of both the boys' and

[1] From a report published in *Congressional Record*, Vol. 58, No. 47, pp. 2847-48, July 17, 1919.
[2] Cf. Bishop Herbert Welch, " The Korean Independence Movement of 1919," *The Christian Advocate*, July 31, 1919, p. 973.

girls' grammar schools at Pyeng Yang, and he had taught there since 1911. He was arrested on the charge of harbouring "criminals" in his home, one of whom was his Korean secretary. The five boys found in his home were all students of his college, and had stayed there before. "If I had been informed that the police were trying to arrest them and had concealed them it would have been wrong," said Mr. Mowry at his trial. But he was completely ignorant that they were branded as "criminals" by the police. His "trial was held after one day's notice to the accused," thus making it impossible for him to get a lawyer to defend himself.[1] After he was tried and convicted, *then* his friends were notified that they could have obtained a postponement.

Dr. Moffett, who attended the hearing in the case of the Rev. Mr. Mowry before the district court in Pyeng Yang, made a detailed report to the American Consul-General, Mr. Bergholz, at Seoul, in which he said, "I do not believe Mr. Mowry has done anything which renders him liable to law."[2]

The Rev. Mr. Mowry was sentenced to six months of imprisonment at hard labour. When he appealed from this judgment, the sentence was reduced to four months. An appeal was made to a still higher court, and finally the case ended in the fine of one hundred yen as a "face-saving" device for the Japanese officials.

[1] Report of trial published in the New York *Times*, June 8, 1919.
[2] Report published in *Congressional Record*, July 17, 1919, pp. 2854–55.

To Add Insult to Injury, the Japanese Police Led the Rev. Mr. Mowry off to Prison in the Oriental "Fool's Cap." Evidently, the American Eagle Has Lost Its Voice in Korea.

The incident that occurred to the Rev. John Thomas, a British subject, was of a more violent character. The Rev. Mr. Thomas was on a tour in South Choong Chung Province. On March 20, he was suddenly attacked by Japanese soldiers and civilians, without the slightest provocation, while he was quietly standing by the roadside. When he produced his passport, it was thrown on the ground and stamped on, as was also a preaching permit which had been given by the Japanese Government. He was formerly a man of splendid physique. But the cruel beating reduced him to a physical wreck. He displayed twenty-nine wounds on his body when examined at a mission hospital. As a result, he withdrew from the Korean mission field, being no longer physically able to carry on the work.

The British Consul-General at Seoul promptly took the matter up with the Japanese authorities. The Japanese apologized for the assault and 5,000 yen ($2,500) was paid as damages. This is a high tribute to the respect that the Japanese Government has for British subjects when we consider that not even nominal apologies were offered when American women were assaulted by Japanese soldiers.

The comment made by the *Japan Chronicle* on " The Attack on Mr. Thomas," is worthy of note:

Japanese correspondents in Korea, who are so fertile in reporting the misdeeds of the missionaries, were absolutely silent on the subject of the attack on the Rev. John Thomas of the Oriental Missionary Society, on March 20.  .   .   .    Mr. Thomas was, on his release, re-

quested to sign a paper in Japanese, but sensibly refused
to do so, as he could not understand its purport. It was
evidently for the purpose of exonerating the culprits.

The manner in which this case has been dealt with may
be instructively compared with the sort of demands which
would be made if such a thing had happened to a Japa-
nese gentleman in China, and the silence of the Japanese
press on the subject may be compared with the storm
which would have broken had the nationalities been dif-
ferent. Even the *Seoul Press* heard nothing of Mr.
Thomas' case.[1]

It is Japan's policy to keep Korea completely iso-
lated from the outside world, and the missionaries
stand in their way. Although they remain strictly
neutral in political matters and are subservient to the
Japanese, yet they cannot but observe what is taking
place in the peninsula; therefore, their presence is not
wanted by the powers that be. "There is little doubt,"
writes W. W. Willoughby, the eminent American au-
thority on the Far Eastern situation, "that if treaty
engagements and other considerations did not prevent,
the Japanese would be glad to prohibit Christian mis-
sionary work in Korea."[2]

[1] *Japan Chronicle,* June 5, 1919.
[2] W. W. Willoughby, "Japan and Korea," *The Unpartizan Re-
view,* January, 1920, pp. 24-42.

# XI

## THE MOVEMENT TO RESTORE INDEPENDENCE

JAPAN, in a true sense, has never conquered Korea, and the Korean people have never recognized the Japanese as the rightful masters of their land. After entering the country with its military forces at the beginning of the Russo-Japanese War on terms definitely guaranteeing the political independence and territorial integrity of Korea, Japan remained, gradually shifting her position, through pressure of this military occupation thus peaceably obtained in the first instance, from that of a friendly neighbour to adviser, from advisership to protectorate and from protectorate to final annexation. Through the most elaborate system of publicity propaganda and diplomatic manœuvres, Japan created an impression in the West that she was absorbing Korea for the benefit of the Korean people. Simultaneously, military suppression of the most rigid character was employed in Korea to crush the nationalistic movement of the Koreans.

The Korean people did not all submit to Japanese domination so peaceably as the West had supposed. When the Korean army was disbanded in July, 1907, the soldiers of Major Pak's battalion fought and died to the last man against the overwhelming Japanese

187

forces. "Their gallant defense excited the greatest admiration even among their enemies, and it was notable that for a few days, at least, the Japanese spoke with more respect of Korea and the Korean people than they had ever done before."[1]

Thousands of Koreans organized into volunteer bands to fight, without arms, the Japanese army. They were described in the Japanese press dispatches as bandits. But they were no more bandits than were Washington's Continental Army or Garibaldi's Volunteers. In so far as I know, F. A. McKenzie is the only white man who ever visited the fighting districts of the Korean volunteers. After describing the heroism and suffering of the Koreans in a hopeless struggle against some 20,000 regulars of the Japanese army, Mr. McKenzie concludes:

The Koreans continued their fight until 1915, when, according to Japanese official statements, the rebellion was finally suppressed. One can only faintly imagine the hardships these mountaineers and young men of the plains, tiger hunters and old soldiers must have undergone. The taunts about Korean "cowardice" and "apathy" were beginning to lose their force.[2]

But fighting still goes on in the remote districts of Korea. The clash between 2,000 Koreans and the Japanese army at Eun Chin in February, 1920,[3] and the more recent clash between Koreans and the Japa-

---

[1] F. A. McKenzie, *The Tragedy of Korea*, Chapter XIII.
[2] F. A. McKenzie, *Korea's Fight for Freedom*, p. 170.
[3] London Dispatch, February 9, 1920 (Chicago *Daily Tribune*, February 10, 1920).

nese garrison at Hunchun, Manchuria, with the sub-
sequent dispatching of 5,000 Japanese soldiers to the
troubled district in Manchuria, are the signs of it.[1]
Only the Japanese Government no longer calls these
fighting Koreans bandits. They are called Bolsheviki,
knowing that the name Bolsheviki would suggest an
odium in America and Western Europe for these
Koreans who are fighting to recover their lost country.
The truth is that they are neither Bolsheviki nor ban-
dits. They are militant nationalists who prefer death
to living under Japanese rule. A large number of
these militant nationalists now reside in Manchuria
and Siberia ready and willing to make any sacrifice
for the emancipation of their nation from alien domi-
nation. A recent dispatch from the Far Eastern Cor-
respondent of the *New York Tribune* gives a succinct
and clear description of these warring bands of Korean
patriots:

In Manchuria and Siberia are nearly a million Koreans
who have been forced to leave their native land. It is
with these the protagonists of force plan to work. That
they are drilling many of these is known, as is the fact
that raids have been made by such bands on isolated Japa-
nese posts along the Korean-Siberian border. With money
that is contributed voluntarily by Koreans inside and out-
side Korea, arms are being bought from Siberians and
bands fitted out. The hope of the Koreans of this school,
a distant hope, they realize, is that some day these bands
will be numerous enough, strong enough and well enough
trained for an organized effort to drive the Japanese out
of Korea.

[1] Press Dispatch from Tokyo, October 17, 1920.

It is the existence of such bands that has given rise to reports that the Koreans are allying themselves with the Bolsheviki. This is true only in a certain light. It is true that the Russians are egging on such Koreans, for the Russians have set themselves to oppose and obstruct the Japanese in every possible way. Also, they are looking for a possible partner when they are in a position to challenge the presence of the Japanese in Siberia. Also, it is true that the Koreans are taking what help they can get from the Siberians. This is no way because they subscribe to Bolshevik doctrine. It is because they are dominated by but one aim—to free their country from Japanese rule. To realize that aim they will accept help from any source, whether Red Russia or white America.[1]

But the saner element of the Korean people saw from the beginning the hopelessness of their cause on the field of military combat with Japan. Although they agreed with their militant brethren that the Japanese in Korea must be driven out and Korea restored to the Koreans, yet they differed in the methods to be pursued. They believed that the lasting results may be obtained, under the circumstances, from evolutionary rather than revolutionary methods. The Korean people must be thoroughly educated; they must be brought up to the level of material progress on par with the Japanese; and the civilized world in the West must be made familiar with their aspirations, so that they may depend on moral support, at least, of the enlightened West in their final struggle for freedom.

Japanese propagandists in America and Europe attempt to make it appear that the Korean Independence

[1] New York *Tribune*, October 24, 1920.

Movement of 1919 was brought about through the influence of Koreans residing outside of Korea. Nothing could be further from the truth. On the contrary, the Koreans residing outside of Korea have received stimulus and inspiration from the undaunted courage and patriotism of their brethren at home. The Korean Independence Movement of 1919 was born in 1905 when Japan forced her protectorate at the point of the sword. The Korean's love of country has been learned in the losing of it, and the value of liberty in the deprivation of it. The process of denationalization, forced upon Korea by Japan, served as a crucible in which Korean patriotism was crystallized. During the fifteen years of tyrannical domination, Japan, unconsciously, and in spite of herself, gave Korea a new hope, an ideal and a fighting spirit. Now Korea is no longer the Korea of traditional sloth. A fresh impulse has been generated throughout Korea, and the awakening of a vital nationalism has taken place. The people have become conscious of the meaning of their nationhood, and are sacrificing themselves for the realization of it. They have opened their eyes to the world outside their peninsula and are eager to fall in with its step. No longer can the soldier's rifle or the gendarme's sword cow them. This is the spirit of new Korea—the spirit which brought about the Independence Movement of 1919.

The world war had no small influence on the growing nationalism of Korea. The war aims enunciated by statesmen of Allied nations that " no people should be forced under a sovereignty under which it does not

wish to live " strengthened the fighting spirit of the
Korean people. When, to the Peace Conference at
Versailles, the claims of many of the formerly extinct
nations, including Poland, were presented for adjust-
ment, President Wilson, as the champion of the rights
of oppressed nationalities, said in an address:

> We are here to see that every people in the world shall
> choose its own masters and guide its own destinies, not
> as we wish, but as it wishes.

If any people in the world were entitled to self-
determination, the Koreans were the people. Their
ancient civilization, their independent history, their
homogeneous 'population, the illegal occupation of
their country by Japanese against their will, and the
subsequent tyranny and oppression that would forfeit
any country the right to rule another—all pointed to
the justice of their claim. Their cause must be pre-
sented to the Allied Tribunal of justice. This inten-
tion of theirs was precipitated by the action of the
Japanese Government in Korea. It is a curious fact
that clever people, in their desire to be too clever, often
show stupidity, and deceitful folk in their method of
deceiving others frequently deceive themselves. Not
infrequently the Japanese have shown these traits in
their dealings with the Korean people.

In December, 1918, about a month after the Armi-
stice was declared, the Japanese Government in Korea
circulated a petition among the Koreans throughout
the country. It was a petition to be presented to the
Peace Conference to the effect that the Korean people

were sincerely grateful to Japan for her benevolent rule over their country, and the Koreans and the Japanese were fast merging into one people under the most benign of all rulers—the Mikado. Other nationalities might claim the right to self-determination, but that principle should in no wise apply to the Korean people, since it was their explicit wish to be loyal Japanese subjects.

Leading Koreans in every community were compelled to sign this petition by the gendarmes, and they had no alternative. The old Emperor absolutely refused to sign this petition, preferring death to further sealing the fate of his people. It had been the lifelong regret of the Emperor that he did not risk his life in 1905 when the protectorate was forced upon him. Now, he was ready to go the full length towards making reparation and to give the full measure of devotion to his people. "Do your worst," he said to the Japanese, "I am ready for the inevitable." And they did. He was poisoned on January 20, 1919. The Japanese at first attempted to suppress the news, but when they found out that that was impossible, they announced on January 22 that the ex-Emperor's death was due to apoplexy. No Korean or foreign physicians were permitted to examine his body. It was the opinion among foreign physicians in Seoul, who knew something of the physical condition of the ex-ruler, that he was not a fat man and that his blood pressure was never high. Besides, he had never before shown any signs that were conducive to apoplexy. The Japanese officials promptly denied that any petition was presented to

him and that he was poisoned.[1]  But, of course, no
Korean would ever believe Japanese official statements.

Another story became current at this time.  It was
to the effect that the Emperor had committed suicide
as a protest against the marriage of his son, formerly
the heir apparent, to Princess Nashimoto of Japan.
The Japanese Government encouraged the inter-mar-
riage between Korean and Japanese to quicken the
process of amalgamation and assimilation in Korea.
This royal marriage was arranged by the Japanese
Government to set a precedent for the people to follow.
This was frowned upon both by the ex-Emperor and
the Korean people, but they had no choice.  As a
strange coincidence the death of the ex-Emperor took
place on the eve of the royal marriage, which gave the
feasible interpretation that he committed suicide as a
protest.  At any rate the Koreans were convinced that
their former ruler did not die a natural death, for he
was a virtual prisoner in the hands of the Japanese, and
they could do with him as they willed.

The story of the ex-Emperor's death spread like
wild-fire among the Koreans.  While living, the people
had little love for him because of his failure to fight
Japan in 1905 when he had a fighting chance.  To be
sure, his fight would have been a hopeless one and the
result a foregone conclusion.  But he should have died
fighting.  The mere fact that he never sanctioned Ja-
pan's absorption of his country was not sufficient to

---

[1] This was rumour at first, but later confirmed by Korean palace
attendants, who saw the Japanese committing the deed, and saw
the corpse afterwards.

hold the love and confidence of the people. But now he has paid his debt to his fellow-countrymen in full measure. He has proved a martyr, though too late. Besides, the Koreans looked upon him as the embodiment of the Korea of yesterday, when the Kingdom enjoyed an independent entity in the council of nations. In his death the people felt the passing of the old nation with its tender memories and a peculiar sense of pathos. The stupidity of the Japanese Government intensified the Korean's national sentiment in connection with the ex-Emperor's death.

When the Meiji Emperor died in 1912, it was flashed all over Korea, and the Koreans everywhere were compelled to mourn the dead ruler of Japan. But the death of the ex-ruler of Korea was not even announced in official gazettes of the Government. Schools, stores and Government offices were not ordered to close for a day out of respect, as was done in the case of the Meiji Emperor's death in 1912. It was also decided by the Japanese authorities to conduct the funeral according to the Japanese custom within the city, and turn the body over to the Koreans after it had passed outside the city wall. Needless to say, all these things enhanced the Korean sense of national humiliation.

The atmosphere was becoming tense, and the Korean leaders, who had already sent their representatives to Paris to plead the Korean case at the Peace Conference, were ready to take advantage of the situation. Long before this the country had been completely organized in districts, with an executive committee in each, to carry on the work for independence.  Now, this machinery of secret organization was set in motion.

According to the time-honoured custom of the Orient, the Koreans were permitted to gather in cities to mourn their deceased ruler with due ceremony. This, in so far as I know, was the first time since the country was annexed that the Koreans were allowed to gather in large numbers.  The Japanese authorities had, hitherto, prohibited the Koreans from congregating or travelling in groups.  The people were required to have police passports before they could go from place to place, even in the same province.  The Japanese authorities evidently thought that allowing the Koreans to air their grievances in the form of mourning the dead ruler would relieve the bottled-up feeling of national injury.  The funeral was set for March 3; the Koreans were given liberty to mourn informally or with due ceremony, individually or in large groups.

Meanwhile, important conferences among the leaders took place.  Something must be done on the day of the funeral to reconsecrate their liberty, to revitalize Korean nationality and to let the outside world know the true condition of Korea.  What method should they pursue?  Two schools were represented in the conference—that of physical force and that of moral courage.  The militant element argued that the Koreans have suffered long enough, that they should set a day on which all Korea should rise and kill every Japanese in the land.  There was only one Japanese to every sixty Koreans in the land, and it could be accomplished. Come what may, they would be ready to meet the consequences. But thanks to the influence of Christianity, the Christians, representing the school of moral suasion, opposed this program of wholesale massacres. They reasoned with the militant advocates that such a procedure was not only fundamentally wrong, but the Koreans would pay the heavy penalty and would gain nothing in the end. That would give Japan an ample excuse to bring her entire military and naval forces to massacre the Korean population, and the world would justify her action. The Koreans, on the other hand, had no arms and no place to procure arms. There was not one chance in a thousand by which the Koreans would gain anything by resorting to force. The Christian policy carried the day. It was decided that they should issue the Proclamation of Independence on the day of the ex-Emperor's funeral declaring that Korea was free. The people should have a grand celebration of their freedom—waving Korean flags and shouting *Mansei!* The people should calmly refuse to recognize Japanese authority, but no violence, under any circumstances, should be resorted to.

After this program was agreed upon by all the leaders, instructions were sent to the Provinces to this effect. Thirty-three of the most prominent leaders of the people were chosen to sign the Proclamation as the representatives of the people. Of this group, there were, according to religious classification, fifteen Christians, fifteen Chuntokyo followers and three Bud-

dhists.  Chuntokyo was founded right after the pro-
tectorate was established by Son Byung-hi as a po-
litico-religious organization.  The literal translation
of the name is the Religion of the Heavenly Way.  It
recognizes the existence of the one Supreme Mind,
Hananim, which the Korean people have always recog-
nized.  In it are embodied the principles of Christian
fellowship, Confucian dignity and Buddhist philos-
ophy.  The Japanese Government encouraged the
propagation of this cult as a counter-active to Chris-
tianity, until its membership at the beginning of the
Independence Movement of 1919 reached a million
and a half.  Its leader, Son Byung-hi, is an interesting
character.  His youth was spent in the study of Con-
fucian classics and Buddhist philosophy.  He then
went to Japan and spent many years in the study of
material civilization imported from the West.  Later,
he was absorbed in the contemplation of the principles
as found in the Bible.  When he found that his activi-
ties among his people would be limited by the Japanese
in Korea unless he sided with them, he created an im-
pression that he was pro-Korean without being anti-
Japanese.  The Japanese thought they had found a
powerful ally in Son to fight Christianity in Korea.
But when the hour struck Son proved to be an entirely
different man.  He was a man of action and of prac-
tical ideas as well as an idealist and a dreamer.  He
was not only the spiritual guide, but also the political
leader of his followers.  He now headed the list of the
thirty-three immortals of Korea.

Two other men of equal eminence were Pastor Kil

LEE DONG WHEE.          AHN CHANG HO.

TWO PROMINENT LEADERS IN THE INDEPENDENCE MOVEMENT

and Yi Sang-jai. Pastor Kil for many years has been the pastor of the largest church in Korea. His name is a household word among Korean Christians, and his moral leadership was recognized by Christians and non-Christians alike. Yi Sang-jai, once Secretary to the Korean Legation at Washington, was now a Y. M. C. A. leader, but he was held in universal esteem, not only by Koreans, but also by Westerners in Korea.

As the plans were being completed, the Japanese officials evidently had an inkling that something was brewing, although they did not know what it was. Orders were issued to the police all over the country to take due precaution for what contingencies that might occur on March 3. The Korean leaders promptly changed the date of their independence demonstrations from March 3 to March 1, thus getting ahead of the police.

When the day arrived, plans were completed, organization perfected, and the stage set for the demonstration of what Valentine McClatchy, the Publisher of the *Sacramento Bee,* who was in Korea during the first week of March, calls " The Greatest Example in World History of an Organized Passive Resistance for an Ideal." On Saturday, March 1, at two o'clock P. M., the Independence Proclamation was read to expectant crowds gathered in every city in Korea, with cheers of *Mansei, Mansei, Mansei!*

The Independence Proclamation follows:

### THE PROCLAMATION OF KOREAN INDEPENDENCE

We herewith proclaim the independence of Korea and

the liberty of the Korean people. We tell it to the world in witness of the equality of all nations, and we pass it on to our posterity as their inherent right.

We make this proclamation, having back of us a history of forty-three centuries and 20,000,000 united, loyal people. We take this step to insure to our children for all time to come, life and liberty in accord with the awakening consciousness of this new era. This is the clear leading of God, the moving principle of the present age, the just claim of the whole human race. It is something that cannot be stamped out, or stifled, or gagged, or suppressed by any means.

Victims of an older age, when brute force and the spirit of plunder ruled, we have come after these long thousands of years to experience the agony of ten years of foreign oppression, with every loss to the right to live, every restriction of the freedom of thought, every damage done to the dignity of life, every opportunity lost for a share in the intelligent advance of the age in which we live.

Assuredly, if the defects of the past are to be rectified, if the wrongs of the present are to be righted, if future oppression is to be avoided, if thought is to be set free, if right of action is to be given a place, if we are to attain to any way of progress, if we are to deliver our children from the painful heritage of shame, if we are to leave blessing and happiness intact for those who succeed us, the first of all necessary things is the complete independence of our people. What cannot our twenty millions do, with hearts consecrated to liberty, in this day when human nature and conscience are making a stand for truth and right? What barrier can we not break, what purpose can we not accomplish?

We have no desire to accuse Japan of breaking many solemn treaties since 1876, nor to single out specially the teachers in the schools or the Government officials who treat the heritage of our ancestors as a colony of their own, and our people and our civilization as a nation of savages, and who delight only in beating us down and bringing us under their heel.

We have no wish to find special fault with Japan's lack of fairness or her contempt for our civilization and the principles on which her state rests; we, who have greater cause to reprimand ourselves, need not spend time in finding fault with others; neither need we, who require so urgently to build for the future, spend useless hours over what is past and gone. Our urgent need to-day is the rebuilding of this house of ours and not the discussion of who has broken it down, or what has caused its ruin. Our work is to clear the future of defects in accord with the earnest dictates of conscience. Let us not be filled with bitterness or resentment over past agonies or past occasions for anger.

Our part is to influence the Japanese Government, dominated as it is by the old idea of brute force which thinks to run counter to reason and universal law, so that it will change and act honestly and in accord with the principles of right and truth.

The result of annexation, brought about against the will of the Korean people, is that the Japanese are concerned only for their own gain, and by a false set of figures show a profit and loss account between us two peoples most untrue, digging a trench of everlasting resentment deeper and deeper the farther they go.

Ought not the way of enlightened courage to be to correct the evils of the past by ways that are sincere, and by true sympathy and friendly feeling make a new world in which the two peoples will be equally blessed?

To bind by force twenty millions of resentful Koreans will mean not only loss of peace forever for this part of the Far East, but also will increase the ever-growing suspicions of four hundred millions of Chinese—upon whom depends the safety of the Far East—besides

strengthening the hatred of Japan. From this all
the rest of the East will suffer. To-day Korean independence
will mean not only life and happiness for
us, but also Japan's departure from an evil path and
her exaltation to the place of true protector of the East,
so that China too would put all fear of Japan aside.
This thought comes from no minor resentment, but from
a large hope for the future welfare and blessing of mankind.

A new era awakes before our eyes, the old world of
force is gone, and the new world of righteousness and
truth is here. Out of the experience and travail of the
old world arises this light on the affairs of life. Insects
stifled by their foe, the snows of winter, are also
awakened at this time of the year by the breezes of spring
and the warm light of the sun upon them.

It is the day of the restoration of all things, on the
full tide of which we set forth without delay or fear.
We desire a full measure of satisfaction in the way of
life, liberty and the pursuit of happiness, and an opportunity
to develop what is in us for the glory of our people.
In this hope we go forward.

### WE PLEDGE THREE ITEMS OF AGREEMENT

1. This work of ours is in behalf of truth, justice,
and life, undertaken at the request of our people, in order
to make known their desire for liberty. Let no violence
be done to any one.

2. Let those who follow us show every hour with
gladness this same spirit.

3. Let all things be done with singleness of purpose,
so that our behaviour to the very end may be honourable
and upright.

The 4252d year of the Kingdom of Korea, 3d Month,
1st day.

   Representatives of the people.

The signatures attached to the document are:

Son Byung Hi, Kil Sun Chu, Yi Pil Chu, Paik Long Sung, Kim Won Kyu, Kim Pyung Cho, Kim Chang Choon, Kwon Dong Chin, Kwon Byung Duk, Na Yong Whan, Na In Hup, Yang Chun Paik, Yang Han Mook, Lew Yer Dai, Yi Kop Sung, Yi Mung Yong, Yi Seung Hoon, Yi Chong Hoon, Yi Chong Il, Lim Yei Whan, Pak Choon Seung, Pak Hi Do, Pak Tong Wan, Sin Hong Sik, Sin Suk Ku, Oh Sei Chang, Oh Wha Young, Chung Choon Su, Choi Sung Mo, Choi In, Han Yong Woon, Hong Byung Ki, Hong Ki Cho.

## XII

## THE MOVEMENT TO RESTORE INDEPEND-
## ENCE (*Continued*)

"IN our opinion this Proclamation will stand on a plane of exaltation with our own Declaration of Independence," said the *Los Angeles Times* commenting editorially on the Korean Independence Proclamation. "Let us listen to the voice of Son Byung-hi. It is the voice of a prophet crying in the wilderness. . . . May God grant a mad world the grace to stop and listen to that voice."[1]  "The whole plan had a loftiness and sober dignity of thought and speech, in which some fine old strain of Confucianism mingled with rich and fervent Biblical phraseology," said Sidney Greenbie in a magazine article on the Korean Independence Movement. "It was one of the most remarkable revolutions in history—and one which might well put any Christian nation to shame. The instructions issued should be immortal in the annals of revolt."[2]

The conduct of the thirty-three signers of the Proclamation was truly worthy of these commendations. Two of their members were sent to Shanghai the day before the Proclamation was issued to carry the news

[1] Editorial, "The Dignity of Life," *Los Angeles Times,* April 6, 1919.
[2] Sidney Greenbie, "Korea Asserts Herself," *Asia,* September, 1919, pp. 921–926.

204

to the outside world. Pastor Kil was late in arriving from Pyeng Yang. The remaining thirty met in the Bright Moon, the most famous café in Korea, to dine together for the last time. It was one of the most significant and romantic banquets in history. Every one of them present knew what was before him. The die was cast, and the hour was approaching. Many of them were victims at the Conspiracy Trial of 1912-13. Well they remember that Pastor Kil's son and a number of others died from the effects of Japanese torture. They knew that at the best they must undergo unspeakable torture and flogging, and at the worst they would be put to death. They had no delusions. They were more than calm and collected; they were happy and cheerful to face the approaching fate.

After drinking a toast to the liberty and independence of the Korean people, the Declaration of Independence was read and *Mansei* cheers were given. A copy of the Declaration was sent to the Governor-General with the compliments of the signers. Then they called up the Central Police Station, informing the shocked officials of what they had done and added that they were waiting for the arrest. The police automobile rushed to the café and carried them to the police station. On their way they were cheered by the surging crowd throbbing with new impulse. Old Korean flags were seen everywhere. The nation was resurrected! When Pastor Kil arrived, having been temporarily delayed on his journey from Pyeng Yang, he went to the police station and asked to be arrested, that he might take his place with his comrades.

It was not long before the Independence Demonstration took place in every town and village in Korea. To all foreigners the movement came like a thunderbolt from a clear sky. The missionaries, who had hereto enjoyed the confidence of the Korean Christians, were purposely kept in total darkness of the plans in order to free them from any possible complication with the Japanese Government. The Government officials, who were cock-sure that they had the stranglehold on the Korean people, and that the Koreans were utterly incapable of organizing any movement on a large scale, were completely taken by surprise. They were nonplussed and knew of no other method to pursue to suppress the movement except that of force. The methods of suppression will be described in the next chapter. Here we are concerned only with the extent of the movement.

One peculiar feature of Japanese rule in Korea, which is found in no other country in the world, is its spy system. It is incredible from a Westerner's point of view. It is true, none the less. In Korea every one must be registered and is given a number, which is known to the police. Every time he leaves his village or town he must register at the police station and state fully the business he intends to transact and his destination. The policeman telephones to this place, and if the registrant's actions are in any way at variance with his report, he is liable to arrest and mistreatment. A strict classification is kept on the basis of a man's education, influence, position, etc. As soon as a man begins to show ability or qualities of leadership, he is put in class " a," detectives are set on his trail, and from thenceforth he becomes a marked man hounded wherever he goes. Even children are watched or bribed for information. If a man escapes the country, his number is traced, his family or relatives are arrested and perchance tortured until they reveal his whereabouts. A man is likely to disappear any day and perhaps not be heard of again. Officially authorized spies are stationed in every town and village; they force their presence even into private household parties. Their acts are backed by the Japanese gendarmerie, and woe to the native who dares to resent their intrusion! He will be charged with treason as opposing the Government authorities! The Japanese enlist as sub-spies a large number of the worst scoundrels in the country. These incorrigibles are paid good salaries, and in many cases given rewards for the merit of their work; not infrequently the well-to-do natives are blackmailed by these spies, and the Government winks at the crime.

Such abuse of the method might naturally be expected, but the worst feature of it all is that it is often used as a machine by the Government in relentlessly crushing out the spirit of nationalism. If a Korean is suspected of keeping alive the spirit of his forefathers, the Government instructs its spies to bring certain charges against him. Upon the testimony of the spies, he will be imprisoned, his property will be confiscated, and he will be punished in such a way as to be disabled for life; or he may even be executed on the charge of treason. Like the mediæval " Ironwoman " that crushed its victim without bloodshed, this spy system of the Japanese administration in Korea removes from the country the ablest and best educated Koreans without technically violating the regulations of the colonial policy of the Japanese Empire.[1]  Indeed, Baron Saito, the new Governor-General, admitted the cynical truth when he said recently to an *Asahi* representative that all the Koreans of sufficient intelligence or force of character to lead their countrymen to higher things are either in prison or in exile.  " In that one sentence," commented the *Japan Chronicle*, " is a more damning indictment than in all that has been written during the past year."

In a country honeycombed with Government spies and surrounded by a cordon of soldiers, police and gendarmes, the Koreans organized the nation-wide revolution and completely outwitted the Japanese, keeping them in total ignorance until the last minute. This illustrates not only the unity of the people in the movement, but also the capacity of the leaders to organize and the willingness of the people to follow the lead along the right direction.  Writing in the New York *Times*, the Rev. A. E. Armstrong, the Assistant Secretary of the Board of Foreign Missions of the Presbyterian Church in Canada, who was in Korea until March 17th, said: " Foreigners marvel at the ability and thoroughness with which the Koreans organized and are carrying on the campaign.  Even the oldest British and American citizens had no idea that

---

[1] For fuller discussion of the Japanese espionage in Korea, see the present writer's *The Oriental Policy of the United States*, Part II.

A Facsimile Reproduction of the *Independence News*, a Korean Counterpart of *La Libre Belgique*.

The Liberty Bell at Chong-no Broke Its Long Silence of Ten Years at Midnight, March 3, 1919. This Bell of the Sila Dynasty is the same Size as the Great Bell at Moscow, but was Cast Eleven Centuries before It.

the Koreans were capable of planning and conducting such a widespread rebellion." [1]

Demonstrations consisted of reading the Independence Proclamation, one or two short addresses by leaders, then waving Korean flags and shouting *Mansei*. It was held in front of every one of the foreign consulates in Seoul. The whole country was mapped out in districts with leaders in each to hold these demonstrations. In a city like Seoul or Pyeng Yang, several demonstrations were held in different sections of the city at the same time. The old Liberty Bell in Chongno broke its long silence, the Korean flag above the Independence Arch outside of Seoul was painted afresh, and the historic watchfire from the top of Namsan in Seoul and Moranbong in Pyeng Yang once again signalled freedom.

It was soon seen that all classes of people were involved in the movement. Shopkeepers closed their stores, and policemen, who had worked under the Japanese, took off their uniforms and joined the demonstrations. The students from both Government and private schools absented themselves with the result that the schools had to be closed. Farmers in the country gathered in their respective districts to celebrate, and threatened that they would not plant their crops if independence was not granted.

The Korean employees on the state-owned railroads and the street railway employees have come out on sympathetic strikes. And a careful examination of the injured in the hospitals shows that the coolie class also has

[1] New York *Times*, April 23, 1919.

furnished a proportionate quota of the people who are engaged in the uprising.

If further evidence is wanted it would seem to be supplied by the fact that the very prisoners in the penitentiary heard of the movement, made Korean flags, and held a demonstration until it was put down by force.[1]

The literati, the most conservative element of the Korean population, also joined the demonstrators. A group of them sent a petition to the Governor-General, demanding the withdrawal of Japanese soldiers from Korea and the restoration of Korean independence. Needless to say, they were promptly arrested.

The extent of the movement and how it permeated through all classes and strata of society can easily be realized when it is noted that men ennobled by the Japanese and considered true friends of Japan repudiated their titles and stood by the demonstrators. Two of the most famous of these nobles were Viscounts Kim Yun-sik and Yi Yong-chik. Viscount Kim was senior peer, head of the Confucian College, and had been active in Korean affairs for nearly three-quarters of a century. He was now eighty-five, feeble and bedridden. He and his colleague, Viscount Yi, sent a dignified petition to the Governor-General asking him to deal with the situation in a sympathetic way and to stop the atrocities on the defenseless. There was nothing in the petition to which the Governor-General should have taken offense.[2]

[1] From an unpublished manuscript of an American missionary in Korea.
[2] See full text of petition, Appendix VI.

The two nobles were at once arrested, and with them various male members of their families. Kim was so ill that he could not be immediately moved, and a guard was placed over his house. In the trial, held at Seoul in July, Viscount Kim was sentenced to two years of penal servitude, and Viscount Yi to eighteen months.

The movement was kept up despite military suppression. The Koreans were unflinchingly determined to continue their work for freedom till the end. In order to do so, they saw the necessity for creating organic machinery to carry on the function. On April 23, 1919, at a time when the persecution was at its height, delegates from each of the thirteen provinces of Korea met in Seoul, framed a constitution creating a Republic and elected the first Ministry.

The Constitution, in general, outlined the representative form of Government, guaranteeing to citizens such rights as freedom of speech, liberty of worship, right of petition, equality before the law, etc. The Ministry was composed of the President, the Premier and the Ministers of Foreign Affairs, Interior, War, Finance, Justice, Education, Communication, Labour, and the Chief of Staff. The personnel of the Ministry was most significant. Every one of the men elected had been in public affairs in Korea in the past. The President of the Provisional Government of the newly created Republic, Dr. Syngman Rhee, may be taken as an illustration.

Like Thomas Masaryk of the Czecho-Slovakian Republic, Dr. Rhee is a scholar as well as a statesman.

He took an active part in the reform movement of
1894, suffering long imprisonment as the result.
After release, he came to America, graduated from
Harvard, and received the degree of Doctor of Philos-
ophy at Princeton under Woodrow Wilson.  In 1910
John R. Mott sent him out to Korea to represent the
International Y. M. C. A., but he had to abandon his
work on account of Japanese obstruction.  He went to
Hawaii, started a magazine, *The Korean Pacific Maga-
zine,* and conducted a Korean school.  When the dele-
gates from the thirteen provinces met in Seoul, in
April, 1919, Dr. Rhee was unanimously elected as the
President of the Provisional Government of the Re-
public of Korea.  He has many books to his credit,
and his name is a household word among Koreans
everywhere.

Many spokesmen for Japan take delight in ridicul-
ing the Provisional Republic of Korea as being a
" paper Republic " on the ground that the seat, and
most of the officials, of the Government are outside of
Korea, and none of the Powers have, as yet, recog-
nized the newly organized Government.  They seem
to forget that the Continental Congress was not recog-
nized in 1776 by any of the Powers, and that the Bel-
gian Government was not in Belgium during the
World War.  When the United States Government
recognized the belligerency of Czecho-Slovakia, Sep-
tember 3, 1918, not a single member of the National
Council of Czecho-Slovakia was in his own country.
Mr. Masaryk was in Washington, Mr. Stefanik was in
Vladivostok, Mr. Benes was in Paris, other members

Dr. SYNGMAN RHEE

In April, 1919, delegates from the thirteen provinces met in Seoul and unanimously elected him President of the Republic of Korea.

were in London or Rome, and the National Council did not have the physical possession of a single foot of territory in the country itself. The people, however, had organized and had elected the members of this National Council to act as their Provisional Government. The United States, being convinced of this fact, recognized the status of the Czecho-Slovakian Government.

To the Korean people, this new Government of theirs is *de facto* and *de jure*. They are willing to fight for it and to die for it. As a Korean clergyman expressed it, " We will do our duty and leave the rest to God." No sacrifice is too great or hardship too severe for them to endure in their fight for liberty. When all the people of a nation believe in the ideal of liberty, it is not an easy task to suppress, even for those who are more experienced and less near-sighted than the Japanese. Wholesale massacres and burning of towns described in the following chapters only illustrate the incompetency of Japan to handle the situation. If there ever were a nation that was incapable of ruling others, it is Japan. Her record in Korea is incontestable testimony that she possesses none of the qualities of a ruling nation. Bewildered at the courage, ability and patriotism of the Koreans, and utterly incompetent to face the situation created largely through her own greed and treachery, Japan sits upon the safety valve while the boilers beneath her crack from expansive pressure.

## XIII

## JAPAN AMUCK

THE Independence Demonstration, which began on March 1, 1919, was a passive one in the literal sense of the word. It was "a great orderly demonstration by the people simultaneously all over the Empire, of their desire for freedom. There were no attacks on Japanese property or persons—simply a cessation of labour, and a gathering of the people for orderly demonstration under the catchword, *Mansei*. The Koreans, *en masse*, did not even try to retaliate when the Japanese attacked them. They used neither clubs nor weapons of any sort. And it was against people like these—against pathetic dignity and high-mindedness in revolt that the Japanese retaliated with atrocities that rival those in Belgium and Armenia." [1]

*The Independence News*, the official organ of the Independence Movement, continually instructed the people not to use violence under any circumstances—not even in self-defense. This newspaper, which appeared every day during March, April, May, and still appears periodically, was a Korean counterpart of *La Libre Belgique* in the romantic and daring accompani-

[1] *Asia*, September, 1919, p. 925.

214

ments of its production. The ingenuity of the Korean in editing this mimeographed sheet would furnish abundant material for a highly interesting detective story. The staff was organized in such a way that the minute one member was arrested or disabled physically by the soldiers, another member would step into his place. It was published in caves, in fishermen's junks, in an artificially made grave at the churchyard. Its distribution was so arranged that it was scattered all over the country, not only among the Koreans, but also among the Westerners and the Japanese; the Governor-General found two copies on his desk every morning. The Japanese were completely baffled.

Police sergeants in the corner sentry boxes found copies on their benches, prison guards found them distributed in the cells. Hundreds have been caught in distributing the paper and far more arrested on suspicion in connection with its publication, but if among these have been the editors, that has not prevented its continued appearances. No sooner is one group satisfactorily found guilty of responsibility for it than it again appears on the table of the procurator who conducted the prosecution.[1]

The outwitting of the Japanese soldiers and police by the Koreans only aggravated them to further atrocities. The first plan of the Japanese was to attack every gathering of people and disperse it, and to arrest every person who took part in the demonstrations or was supposed to have a hand in them. But it was not

[1] "Korea's Rebellion, the Part Played by Christians," *Scribner's Magazine*, May, 1920, pp. 513–530.

very long before all the jails in the country were full, police stations were crowded, and every available place in which to huddle the arrested was occupied. Soldiers, police and gendarmes were instructed to fire into crowds of demonstrators and to use their swords freely. Whenever there was a crowd gathered, the soldiers would charge them with fixed bayonets, cutting and jabbing the unarmed and defenseless men, women and children, who only waved their flags and cried *Mansei.*

The first line was cut down and ridden down by mounted men, the second came on shouting, *Mansei.* Every man and woman in that line knew what was before him, every man and woman had seen the penalty paid; it meant brutal beatings, arrest, torture and even death. They did not quiver. When one procession was broken up, another formed and marched straight at the waiting troops. Only cheering, waving their flags and cheering. We have all heard, we Westerners, that in the Eastern peoples there is no physical courage. Yet I can think of no finer courage, even heroism, than that of these people who, without resisting, without means of resistance, knowing the horrible fate that was before them, went on to it without flinching, without fear or regret.[1]

There were not enough soldiers and gendarmes and police to disperse the demonstrations simultaneously going on all over Korea. Japanese civilians were given *carte blanche* to assist their officers in the reign of terror. Firemen were sent out with poles with the big firemen's hooks at the end. A single pull with one

[1] Nathaniel Peffer, *The Truth About Korea*, p. 23.

Japanese Soldiers Guarding the Streets of Seoul to Shoot Down Any One Who Dare Cry "Long Live Korea."

NOT A GARDEN WALL BUT KOREAN SHOPS WITH SHUTTERS UP
During the Independence Demonstrations the Korean Merchants went on a Shopkeepers' Strike to Show Their Sympathy with the National Movement.

of these hooks meant death or horrible mutilation for any person it happened to strike.

In describing the deeds of these deputized firemen, an American witness writes:

Two girls were dragged by the hair from a house near the mission hospital, tied to a telegraph post by their hair, horribly beaten by deputized firemen and then led off to jail. While the crowd were parading the streets the police and soldiers ran their weapons deliberately into unresisting bystanders because they happened to be in their way. In front of the prefect's office one defenseless Korean was run down and killed by two firemen armed with pikes. The corpse was dragged along the ground and away by the slayers. Old men, women and children have been indiscriminately abused, beaten, cut down with swords, struck by firemen armed with pikes, pierced by bayonets, and never a man has resisted the military. The passive revolt has been true to its name here. Because we foreigners have seen all, we are not only *persona non grata* to the Japanese, but in real danger of our lives. It is reported that hired thugs are wandering about the city at night to waylay whom they may. It is becoming increasingly questionable whether we foreigners can remain here during the continuance of the trouble.[1]

Not only the soldiers, the police, the gendarmes and the deputized firemen, but Japanese civilians did their full share of the work of human butchery. Whenever there were any signs of demonstration, the Japanese civilians, without being requested, rushed out dropping whatever they were doing to lend aid to their soldiers and police. They seemed to take delight in doing it. An English resident in Seoul wrote at the time: "Ad-

[1] Philadelphia *Evening Ledger*, April 16, 1919.

ditional provocation is furnished both in Seoul and elsewhere by Japanese civilians who arm themselves with clubs and iron hooks and charge down upon the demonstrators. Their work is voluntary, and it looks as though a race war threatens." [1]

This is the part which is hard for the Koreans to forgive the Japanese, no matter what atonement Japan may make. When there is a possibility of mob violence in a community, it is the duty of every good citizen to assist the minions of law to preserve law and order. But in this case there was no occasion for Japanese civilians to volunteer their services in committing unspeakable outrages. Photographs of the victims of Japanese brutality, taken by American physicians at the Severance Hospital, are so gruesome and horrible that they do not bear publication. The dastardly deeds of Japanese in suppressing the demonstrations are set forth in the findings of the Federal Council of the Churches of Christ in America, *The Korean Situation, Authentic Accounts of Recent Events by Eye Witnesses.* I take the following Exhibit from the report as an illustration.

DEATH OF A KOREAN YOUNG MAN BY NAME OF
KOO NAK SOH

On March 27, at about 9 P. M., a large body of young men gathered at Andong, Seoul, and shouted *Mansei.* The shouting had continued for a few minutes when a large force of police, gendarmes and soldiers arrived and dispersed them. The above-named young man, like the others, was peacefully going home and alone, was walking

[1] Quoted in the *Literary Digest,* May 31, 1919.

along a small street when suddenly some one pushed him violently in the back, causing him to stumble and fall. His assailant was a policeman, who had seen him in the crowd and followed him to the place where he thought fit to make the attack. After throwing him to the ground the policeman drew his sword and literally hacked at him "like a woodsman would attack a rough old oak." His skull was cut right through so that the brain was visible. This had been accomplished by at least three sword cuts falling in or near the same place. His hands were terribly cut; his left wrist was also cut through to the bone. Those who saw the corpse stated that there were twenty sword cuts, but the photograph reveals only ten.

After this brutal attack on this unarmed and defenseless young man the officer ran away, leaving him in his terrible agony to expire in a few minutes. Some Koreans, happening to pass by, carried him to the nearest native hospital (Kuck Chai Hospital), but little could be done, so they placed him on a stretcher and started out for the Severance Union Medical College, still thinking that his life might be saved. While hurrying to the Severance Hospital they were stopped by a policeman from the Honmachi police station, who spoke to them in a threatening way and did all he could to prevent the case being taken to a foreign hospital. They remonstrated, saying that the case was so serious that a delay in taking the man to the Japanese hospital, which was some distance away, would surely result fatally. The Japanese are naturally anxious that such cases should not be seen by foreigners. On arriving at the Severance Hospital, medical examination revealed the fact that the man was already dead. It is impossible to say just when he died. His dead body presented the most pitiful appearance. Numbers of sword cuts had mutilated his head and hands. His clothing was saturated with blood—indeed, a sight never to be forgotten.

During the following day his little cousin, a mission-school girl, stood watch over his body in the morgue; nothing would persuade her to leave the remains of the one she loved. Another life has been sacrificed for the cause of Korean liberty. " We hope that the great God who sees our pitiful state will come ere long and judge in righteousness and justice."

(NOTE.—The deaths so far are estimated at about 1,000, while those in prison number about 6,000. The people have not one rifle or sword among them. They lift up their empty hands and call upon God and all those who knowing Him love righteousness and justice.)

The Rev. Edward W. Thwing, formerly of Boston, the Secretary of the International Reform Bureau at Peking, China, was in Pyeng Yang, Korea, during March. After his return to Peking, he issued a signed statement which follows:

*Peking, China, April 3, 1919.*

In a remarkable manner, the Korean Independence Movement has manifested skill, courage and organization that has been a great surprise to many. It has shown, more than ever before, how unreasonable, without justice, cruel and brutal the military rule of Japan is in this land. I could hardly believe these things if I had not seen them with my own eyes.

The police and soldiers have arrested old men and little children and cruelly beaten them. Little girls of only ten years of age, women and schoolgirls have been shamefully treated and subjected to physical punishment and torture for no other crime than shouting with peaceful enthusiasm for their own country and crying out for the independence which Japan had guaranteed by solemn treaties.

These things have been witnessed not by one or two,

but by scores of missionaries and others in many parts of Korea during March. If the world could only know these things it would certainly heed this cry of distress from an oppressed people. But the Japanese are doing all they can to keep the world from knowing the truth. A report has just come that in one city, from which letters have been sent, they are making it very hard for the missionaries, even hinting at deportation, unless they stop telling out the truth.

The following are some of the things that I have actually seen with my own eyes.

Small schoolboys knocked down and cruelly beaten by Japanese soldiers. This was not a question of arresting them, but savage, unjustifiable barbarism.

Soldiers stop and deliberately fire into a crowd composed only of girls and women, who were simply shouting *Mansei*.

A small boy of ten years shot through the back.

An unresisting old man of sixty-five years, pounded, kicked and beaten by several Japanese soldiers until he could not walk.

A crowd of about twenty schoolgirls, who were quietly walking along the public road, not even shouting, chased by soldiers, beaten with guns, knocked down, and so shamefully treated that it made one's blood boil.

Japanese firemen, chasing boys and girls, with long iron hooks trying to catch them with them.

A Korean in a hospital, paralyzed, with his head crushed in with one of these hooks.

A man dying, shot through the back.

One hundred men with torn and bloody clothes, tied together with ropes, taken to jail.

Two Koreans so injured that they could not walk, tied down on a springless cart and brought to jail.

Men standing by, having no connection with the demonstration, and yet knocked about, and attacked by soldiers,

who will attack any one, without regard to what they are
doing.

An American missionary roughly arrested, while stand-
ing in his own yard, and looking on, but doing nothing
else.

Women knocked down with guns, and kicked into the
ditch.

These and many other things I have seen with my
own eyes. Other foreigners have seen the same and
worse. One can little imagine the reign of terror in all
parts of this land, at the very time when the Japanese
peace delegates are talking of "humanity and justice and
equality of races." They don't know the meaning of
these words. And the punishments and tortures at the
police stations and jails make a still more awful story.
I have seen men who were beaten on wooden crosses by
the Japanese.

And why is all this cruel punishment given? Not for
rioting, or for resisting arrest. I have not seen one case
of this; not for carrying dangerous weapons; they have
none; but just for shouting out the desire of their hearts
for the independence of their country.[1]

These fiendish methods of suppression did not
weaken the Independence Movement. On the con-
trary, the movement was kept up with increasing
strength. The persecution, in fact, did not keep pace
with the rising spirit of liberty. In April the Gov-
ernor-General passed an *ex post facto* law to punish
those leaders arrested in March. They were not dealt
with so summarily, as in the case of ordinary demon-
strators, because of their wide acquaintance among
foreign communities in Korea. Meanwhile, the Japa-

[1] Associated Press Correspondence by mail (Philadelphia
*Inquirer*, May 25, 1919).

nese Government sent over 6,000 soldiers and 400 gendarmes to carry on systematic suppression of the Independence Movement.

The Koreans still maintained their passive resistance. "Do not hit the Japanese, not even in retaliation," *The Independence News* advised the people. I have talked with scores of American and British witnesses about Japanese atrocities in Korea, and all were unanimous in stating that the Koreans were absolutely non-resisting. There was one exception; that was the following incident related to me by an American missionary.

On the fourth day of the demonstration, a Korean student in Union Christian College, in Seoul, saw a Japanese civilian dragging a Korean girl by the hair through the street and beating her. Evidently, she was from a Christian family and was out on the street shouting, *Mansei*. Despite the strict instructions of the leaders—that the Koreans should refrain from violence of any kind—the sight of this outrage was more than the young man could stand. It was bad enough for the soldiers and gendarmes to commit outrages, but when a civilian was beating an innocent girl, the instructions of the leaders could be ignored. The Korean student seized the Japanese, trampled on him, and gave him a sound thrashing. By this time gendarmes came along, cut off both arms of this young man for beating the Japanese and dragged him off to prison. This American missionary saw the father of the young man the next day and consoled him, whereupon the aged man replied with tears, "I have no regrets for his losing both arms—not even if he does lose his life for such a noble and manly act."

No Korean escaped the brunt of Japanese atrocity. From the learned scholar to the ignorant coolie, from the city merchant to the country farmer, from school children of eight and nine to men past threescore and ten, the bludgeon of the Japanese beat upon all alike. But the most abhorrent feature of the brutality was the treatment of women and schoolgirls. The world will never know all the suffering and heroism of the Korean women under Japanese domination. What has been observed by foreigners in Korea is only a small part of the maltreatment that has been going on everywhere in the peninsula. Mrs. Robertson Scott of England, who was in Korea while the Independence Demonstrations were going on, writes:

They have need of all their marvellous physical, moral and spiritual courage in the fight they have begun. No physical humiliation or personal indignity has been spared the Korean girl patriots at the hands of a police largely recruited from the lowest class in Japan. A young girl— and fourteen seems the age of courage—speaking of a group of fellow-students, who had just emerged from several days' detention in the Seoul police station, said, " They did not look like persons."

The best spirit of modern Korea is to be found in the beautiful words of a Korean peasant woman to a tyrannical Japanese official. " I am sorry for you Japanese. You do not know how you must suffer before you come to that place of wide and glad prosperity." . . . One of the head Japanese teachers addressed a large class of Korean girls at the time of the uprising. He said: " We have trained you in this institution for several years, and

I hope you will marry Japanese husbands." " We all will," they replied laughing, and the next day all of these girls were out on the street shouting, *Mansei*.[1]

William R. Giles, the Far Eastern correspondent of the *Chicago Daily News*, visited Korea shortly after the uprising. In a signed dispatch to his paper, Mr. Giles described the " horrible conditions that made the blood boil. I have seen and photographed those who came out of prison after they had received the regulation ninety blows. Among those whom I visited a few hours after their release were men of the highest education and of good families. Old men from seventy to eighty years of age were flogged until they were a mass of bleeding sores, from which many of them never recovered. Unless properly attended by a physician, gangrene sets in, and then the case becomes hopeless. Others are so nerve-wracked they will never again regain their normal strength. Every attempt is made to prevent the marks showing when the men are released, and at the same time everything that science can bring to bear to cause more suffering, is utilized."

Horrible as is the punishment inflicted upon men, yet more horrible and revolting to the extreme is the treatment of women, Mr. Giles found. He continues:

In spite of all the brutality and suffering they have to put up with, they are still strong in the belief that an end will come to their suffering; that they will gain the sympathy of the world and eventually a better form of Government. I could tell many stories of how they are

[1] " Warring Mentalities in the Far East," *Asia*, August, 1920, pp. 693–701.

treated in the prisons, but the following instance of what happened to an innocent eighteen-year-old girl, from whom I obtained the story direct, will be sufficient to give the reader an idea of how women are treated by the Japanese military authorities.

The girl told me that she arrived in Pyeng Yang at the end of April, having been telegraphed for by her father to come home. As soon as the train stopped the Japanese police seized her and took her to the police office. There they told her she had been shouting for the independence of Korea, that she had led an evil life—a favourite accusation of the Japanese police—and had said things against Japanese rule. The girl said she was innocent of all wrong. The police then beat her on the head. This being unsuccessful they placed pieces of wood between her fingers, held the latter tight and began to twist the sticks until she fainted. When she came to they ordered her to make a confession, but having nothing to confess, she was unable to comply with their demand. They then stripped her naked and beat her very severely. Then they placed a heavy weight on her head and made her stand naked for three hours. She again fainted and the treatment caused her to vomit blood. She had to undergo the same treatment seven times in fourteen days. Eventually, she became so ill that the police were compelled to call in the Japanese doctor, who gave her some medicine. The doctor told the police officials that the girl was very ill, and that she had to be sent either home or to a hospital. The police then released her. When I saw the girl she was absolutely broken in health.[1]

All during the period of the reign of terror, the Japanese newspapers in Korea coöperated with the Imperial Government in conducting editorial atrocities against the Koreans. Not only did they justify the

[1] Chicago *Daily News*, October 13, 1919.

action of their Government and nationals in their method of suppressing the passive revolution, but they continually vilified the Korean people. Not even those dailies which were considered very liberal in their views ever advanced a single disapproval of the atrocities. On the contrary, they were unanimous in urging the authorities to adopt harsher measures and advising their nationals to coöperate with the officials against the Koreans. A British resident of Seoul, in a communication published in *The Japan Advertiser*, sums up his observations as follows:

1. That some remedy other than repression by brute force must be resorted to, for German methods are out of date.
2. That the studious misrepresentation of the Koreans as a degraded and decadent people must cease. Given equal facilities they are able to produce an administrative class equal to that among the Japanese.
3. That the widespread conviction that American influence is at the back of this Korean agitation must be counteracted, for there is no ground for it. Have you heard that already three British subjects have been wrongfully imprisoned and one of them was severely beloboured by a Japanese mob of civilians and gendarmes *under the impression he was an American?* And this kind of thing is bound to increase while the local Japanese press continue to insert abusive articles regarding foreigners.

The foreign community in Korea maintain a neutral position, but they observe the facts, and one cannot but protest against the cruelties practised towards defenseless people in this unhappy peninsula.[1]

[1] Quoted in *The Literary Digest*, May 31, 1919.

It is impossible to give an exhaustive description of
the various methods employed by the Japanese in their
attempt to crush the Korean Independence Movement.
From the evidence cited in this chapter the reader must
infer the rest.   The following extracts, taken from a
lengthy article published in the *Toronto Globe*, To-
ronto, Canada, July 12, 1919, by the Rev. A. E. Arm-
strong, the Assistant Secretary of the Board of For-
eign Missions of the Canadian Presbyterian Church,
will conclude this chapter.   The Rev. Mr. Armstrong
was in Korea in March, 1919, and saw some of the
conditions.   He reports that the Japanese were not
satisfied with persecuting the Korean in Korea alone,
so they extended their fiendish work to Korean settle-
ments in far-off Manchuria.

\*    \*    \*    \*    \*    \*    \*

Some deeds here are too terrible to write about.   At
one place fifty-four unarmed Koreans were killed by the
Japanese and piled in a heap to be buried next morning.
Through the night some of the friends stole quietly near
to see if any were alive, and found five living under the
heap of dead; two of these died later and three lived.
At another place seventy-five miles from here thirty were
killed.

\*    \*    \*    \*    \*    \*    \*

A lady missionary writes:
" I saw on March 4 the Koreans being clubbed by the
Japanese Fire Brigade with clubs of hardwood, iron bars,
long lance poles with steel hooks on the end.   These low-
down men were protected by policemen and soldiers.   All
the Koreans had done was for some of them to cheer
*Mansei;* then these firemen came out and charged when-
ever they saw a crowd of Koreans.   Men, women or

children—it made no difference. They began clubbing them over the heads until the skulls were split, necks and shoulders torn, blood streaming, and were dragged to prison in this condition. I never was in such a position in my life. I walked through the scene, was ordered off by the gendarme captain, but would not leave. The sight was enough to make the poor Koreans try in some way to defend themselves, but they had not a weapon, neither did they speak an angry word; they kept perfect control of themselves. So far as we know no Koreans have used violence. Whenever this is stated, know that Koreans have first been murdered.

"At Sunk-dok the Koreans were fired on by the gendarmes in the market for cheering *Mansei,* and four killed. At Sing-hung the same was repeated and four killed and four wounded. A woman passing by with a water jar was shot through the neck and killed. At another place, near here, two were killed as they cheered. The sight of blood and the dead enraged the Koreans, and they caught and bound the gendarme in charge. He got free next day and began shooting into the houses; a number were killed and wounded. To-day, the people of that whole countryside are hunted like deer and sent to prison. What I saw this week was nothing to the sights in other places. That was the beginning, and it has continued. They think the foreigners egged the Koreans on, whereas the Koreans, in their deep regard for us, kept us in ignorance of their plans, lest we perish. All the leaders (Koreans) of all churches are imprisoned. We meet for regular service here, but half our folk are in jail."

&ast; &ast; &ast; &ast; &ast; &ast; &ast;

I shall refer to just one other region, this time in the far north, not in Korea at all, but in China, in the Kando district of Eastern Manchuria, where Koreans have migrated by tens of thousands. Though it is Chinese territory where the Japanese have no right to be exercising any control, yet on the ground that the Koreans are Japanese subjects, soldiers and police are to-day perpetrating the same frightful Prussian-like atrocities as in Korea.

A letter written May 24 states:

" To-day, we have authentic news of the burning of fifteen villages and the shooting of Koreans as they escaped. There is reported to be only seven survivors. Some thirty Christian churches have already been burned, and in many cases the members of the congregations have been burned in the buildings. The Korean doctor and Secretary of this hospital have both fled for their lives, and our druggist and two surgical assistants are living in the hospital to avoid being beaten to a pulp. I have photos of many who have been beaten and limbs almost wrenched out of their sockets. Also photos of nineteen dead bodies in our basement laundry, victims of rifle fire from Chinese who were forced on the Koreans by Japanese police. One of our Christian girls, the wife of the Christian boys' school teacher, was arrested, and had all her clothes torn off her by police when being searched and beaten. This was because she did not know where her husband was hiding."

*       *       *       *       *       *       *

The foregoing are but samples of the reign of terror now prevailing in the Korean Peninsula. Having but recently returned from Seoul, the capital of Korea, I am in a position to write with accuracy of the nature of Japanese militarism. It is absolutely Prussian to the core. Nay, worse. The Japanese military system is modelled on the German system, and when there is added to it the Oriental fine art of cruelty, there is a resultant combination which leads many, who know the system as it operates in Korea, to speak of it as surpassing the Huns and the Turks in inventive barbarity and fiendish ferocity.

## XIV

## MASSACRES

WHAT has been set forth in the preceding chapter relates largely to methods pursued by the Japanese in cities under the observation of foreigners. In country districts, where there were no foreigners to chronicle the events, villages were wiped out and wholesale massacres took place. What little observations made by foreigners in the remote districts were a small percentage of the burnings and massacres which took place all over Korea. In a signed statement forwarded to the Federal Council of the Churches of Christ in America, an American resident describes a massacre in northern Korea, at Maungsan, as follows:

During the first part of March, after the people at this place had shouted for independence, fifty-six people were asked by the gendarmes to come to the gendarme station, which they did. When they were all inside the gendarmerie compound, the gates were closed, gendarmes climbed up on the wall and shot all the people down. Then they went in among them and bayoneted all who still lived. Of the fifty-six, fifty-three were killed, and three were able later to crawl out of the heap of dead. Whether they lived or not is not known.[1]

Mr. William R. Giles, whom I quoted in the preced-

[1] *The Korean Situation*, p. 33.

ing chapter, in a statement issued at Peking, June 14, 1919, after his visit to Korea, declares:

In a valley in southern Korea, about fifty miles from Fusan, the Japanese soldiery closed up a horseshoe-shaped valley surrounded by high hills, and then shot down the villagers who attempted to escape by climbing the steep slopes. More than one hundred persons were killed in this affray. . . .

The people are like sheep driven to a slaughter house. Only an independent investigation can make the world understand Korea's true position. At present the groanings and sufferings of twenty million people are apparently falling on deaf ears.

In central Korea, near Suwon district, about thirty miles from Seoul, fifteen villages were completely wiped out of existence by the Japanese soldiers and gendarmes. Many foreigners in Seoul, including British and American Consular officials, visited these devastated districts and made direct representations to the Governor-General. "It was impossible for any evidence to be brought forward to disprove their statement," wrote an American in Seoul at that time. "The fact that so many foreigners visited the scene of this useless burning and murdering has forced the Government to take steps, which otherwise it would never have taken. They are fully aware that it is useless to deny, as they did in other cases, that these acts of inhuman brutality did not take place; the evidence is too strong against them." The Governor-General, after receiving reports from the foreigners who visited the burned districts, expressed his regret and added that the guilty would be punished, which would mean,

A Japanese Officer "Explaining" to an American Missionary Why the Christians at Chai-amm-ni Were Massacred and the Church Was Destroyed.

RUINS OF CHANG-DURI

Only a Few Earthen Jars Left of a Formerly Prosperous Christian Hamlet after the Japanese Soldiers Had Paid It a Visit.

as one Westerner pointedly commented, " very likely that the perpetrators would be promoted to higher posts."

Whether the soldiers, guilty of massacring the innocent people, were actually promoted to higher posts or honourably dismissed from the Japanese army is not known.   But it is a proved fact that they were never punished, and burnings and massacres continued, despite the assurance given by the Governor-General at that time that such outrages would never occur again. The following description of three devastated villages in the Suwon district, given by an American who visited them, furnishes a vivid picture of what has been going on in the remote parts of Korea ever since March 1, 1919.

### CHAI-AMM-NI

On Thursday, April 17, news was brought to Seoul by a foreigner that a most terrible tragedy had occurred in a small village some fifty li (seventeen miles) south of Suwon.   The story was that a number of Christians had been shut up in a church, then fired upon by the soldiers, and when all were either wounded or dead, the church was set on fire insuring their complete destruction.   Such a story seemed almost too terrible to be true, and being of such a serious nature, I determined to verify it by a personal visit.   On the following day I took the train to Suwon, and from there cycled to within a few miles of the village; knowing the strenuous objections that would be made to my visit, I made a détour of several miles over a mountain pass, to avoid the police and gendarme station which I knew was near the village.

Before entering the village I questioned many people as to the reported burning of villages, but none had any accurate information, and all were very much afraid to speak about the affair. I finally met a boy who lived in the village where the massacre had occurred, but he absolutely refused to tell me anything. He protested his ignorance—terrorism was bearing its fruit—the people were almost paralyzed with fear.

Making a sharp turn in the road I came suddenly into the village, and to my surprise, found a number of Government officials, military and civil, holding an investigation. After a conversation with some of these officials, I was allowed to further look over the village and take some photographs. From Koreans I could get practically no information—they appeared to be dazed and stupefied, especially the women, while the younger men pretended ignorance of any details.

The appearance of the village was one of absolute desolation; about eight houses remained; the rest (thirty-one) with the church had all been burned to the ground. All that remained were the stone jars of pickles and other edibles; these stood in perfect order among the ruins. The people were scattered about sitting on mats, or straw; some had already improvised little shelters on the adjoining hillside, where they sat in silence looking down in bewilderment at the remains of their happy homes. They seemed bereft of speech; they were probably trying to fathom why this terrible judgment should overtake them, and why they should suddenly become widows and their children orphans. There they sat, helpless and forlorn, entirely overcome by the calamity that had overtaken them.

Before long the Government party left the village, and when the officers were well out of sight, the tongues of some of these poor frightened people loosened, and they revealed to me the story of the outrage, which follows:

On Thursday, April 15, early in the afternoon, some soldiers had entered the village and had given orders that all adult male Christians and members of the Chuntokyo (Heavenly Way Society) were to assemble in the church as a lecture was to be given. In all some twenty-nine men went to the church as ordered and sat down wondering what was to happen. They soon found out the nature of the plot as the soldiers immediately surrounded the church and fired into it through the paper windows. When most of the Koreans had been either killed or wounded, the Japanese soldiers cold-bloodedly set fire to the thatch and wooden building which readily blazed. Some tried to make their escape by rushing out, but were immediately bayoneted or shot. Six bodies were found outside the church, having tried in vain to escape. Two women, whose husbands had been ordered to the church, being alarmed at the sound of firing, went to see what was happening to their husbands, and tried to get through the soldiers to the church. Both were brutally murdered. One was a young woman of nineteen—she was bayoneted to death; the other was a woman of over forty—she was shot. Both were Christians. The soldiers then set the village on fire and left.

This briefly is the story of the Massacre of Chai-amm-ni. The blame for this cannot be placed on the shoulders of the ignorant and boorish Japanese soldiers —officials higher up were cognizant of it, if not directly a party to the plot. It is impossible that the strict discipline which prevails in the Japanese army would allow any private soldier or sergeant taking such responsibility upon his shoulders.

### Su-chon

The hamlet of Su-chon is beautifully situated in a pretty valley some four or five miles from Chai-amm-ni, where the previously reported massacre occurred. But the hand of the despoiler had been there, and his finger prints, black and brutal, lay heavily upon the landscape.

The narrow streets were lined with ash heaps; out of forty-two cottages eight alone remained. Little attempt had been made to clear away the débris by the survivors, for they had no sense of security of life and property, and they apparently feared that any attempt to gather their things together would only bring fresh disasters. Some few old women were sitting by their few belongings—their grief had overcome them—and they were listless and indifferent. I could not help thinking that, perhaps, they were wishing that they had perished in the cruel flames that had swept away their homes and robbed them of all their earthly comfort. There were some little children picking herbs in the fields—they must have something to eat, and all their stocks of rice and other food had been destroyed. The police and soldiers being absent, the people flocked around me and seemed anxious to tell me of their misfortunes. They had recovered from the first shock, but were in constant fear lest the soldiers should come back again and destroy them in the same brutal way that they had destroyed their homes.

The following is the story of the destruction of the village:

On April 6, before daybreak, while all were sleeping, some soldiers had entered the village and had gone from house to house firing the thatched roofs, which quickly caught and destroyed the houses. The people rushed out and found the whole village blazing. Some tried to put out the fire, but were soon stopped by the soldiers who shot at them, stabbed them with their bayonets or beat them. They were compelled to stand by and watch their village burn to ashes. After completing this nefarious work, the soldiers left them to their fate. I was informed that only one man was killed, but that many were seriously injured. I inquired if the wind had spread the fire from house to house. The reply was that the village was on fire at several places at the same time, and that the soldiers carried matches and set fire to the thatch of many houses.

I could find no real reason for this useless burning down of a village and' making a number of people homeless. By such acts Japan is hardening the hearts of Koreans against her. The people are now beginning to feel that the Japanese intend to kill them whether they are innocent of doing any wrong or not, and are arriving at the conclusion that if they have to die, they may as well do so striving for the liberty of their country. They have to die anyway, so what is the good of their trying to live within the bounds of the law—such as it is—when it is impossible for them to obtain justice in any shape or form.

### WHA-SU-RI

Wha-su-ri must have been a picturesque village before the barbarous troops of His Majesty's Government transformed it into an ash-heap. The village is surrounded by wooded hills, which slope towards the valley of fertile paddy fields. In the center of the village there had been a lovely " country residence," which had a tiled roof and gateway. Now it is nothing but a huge heap of broken tile, dirt and brick. Some thought that the owner had fled, others said that he had been imprisoned, but no one really knew what had happened to the " squire." Out of some forty odd houses eighteen remained. No wind had spread the fire; something more sure, more definite, more cruel—the hands of Japanese troops whose hearts must have been filled with murder. Apart from the definite statement of the people to this effect, there was the evidence of the burnt houses. In some places burnt and unburnt houses alternated. And the space between burnt and unburnt houses frequently was some distance. As usual, all that remained were the earthenware jars used by every Korean household to hold pickles and water. Groups of such pots and the charred ruins of the wood-

work, the ashes and débris, were all that remained of
the erstwhile happy homes.  Nothing had been saved
from the flames—this could not be allowed by the sol-
diers of Japan.  The devastation must be complete.  A
blanket, a sack of rice, a bowl or spoon could not be
saved on pain of death, so one feels justified in char-
acterizing the refugees as absolutely destitute.  Many
of the poor people, whose homes had been burnt down,
had been welcomed by more fortunate neighbours, to
share their comforts of bed, food and fire, while others
were living under little straw shelters.

The following is the story of the burning of the vil-
lage:

On April 11, some time before daybreak, the vil-
lagers were suddenly aroused out of their sleep by the
sound of firing and the smell of burning.  Running into
the open they found soldiers and police firing the houses
and shooting and beating the people.  Leaving every-
thing, they fled for their lives, old and young, the moth-
ers with their babies at their breasts, and the fathers
with the younger children—all of them fled to the hills.
But before they could make good their escape, many
were murdered, shot by the soldiers, wounded and beaten,
while a number were arrested and taken to jail.

It is not a long story, but one is made to pause and
think and to visualize the scene.  Think of its occurring
to your own home, to your own village; picture the dark-
ness, the shooting, the beating, the screams of the women
and children, the flames, and then the firing of the sol-
diers on those trying to escape.[1]

The Rev. Albertus Pieters of Japan in an article,
" The Moral Failure of Japan in Korea—Responsi-
bility of the Japanese Government and Nation," de-

[1] For fuller description of the massacres and burnings in
Korea, consult *The Independence Movement in Korea* (pam-
phlet), published by the *Japan Chronicle*, Kobe, Japan, 1919.

"The Hamlet of Su-chon is Beautifully Situated in a Pretty Valley. . . . But the Hand of the Despoiler Had Been There, . . Out of Forty-two Cottages only Eight Remained."

"Wha-su-ri Must Have Been a Picturesque Village before the Barbarous Troops of His Majesty's Government Transformed it into an Ash Heap. . . . All that Remained were the earthenware Jars."

HANDIWORK OF JAPANESE SOLDIERS

nounced the massacres as "unprovoked, deliberate, cold blooded murder, for which no sort of mitigation or excuse has been alleged." "This was not an act of war," said the Rev. Mr. Pieters; "no state of war exists in Korea, or could very well exist, as the people have been completely disarmed. Neither was it done by a few rowdy or intoxicated soldiers, who had gotten out of hand, but by an organized detachment acting under orders of their regular officers. There was no resistance or riot to be quelled at the time." After stating that the Governor-General and the officials under him could not escape the responsibility of the crime, the Rev. Mr. Pieters continues:

But is there no further responsibility, beyond that of the Governor-General? What about the moral responsibility of the Japanese people at large? With the deepest concern I have been waiting for the past month, as, I am sure, have many other friends of Japan, to see whether there might be moral feeling and moral courage enough in Japan to find expression in a public protest against this outrage. I have waited in vain. The Japanese residents in Korea outnumber the foreigners many times over, and among them are men of high education and prominent position. The facts were as accessible to them as to the foreigners, but it was left to the latter to wait upon the Governor-General and protest again at this crime. Why was there no delegation of prominent Japanese doing the same thing?

Tokyo is the nerve center of the Empire, the home of meetings and demonstrations of every kind. I looked and hoped for some expression of indignation from the Japanese people originating there; but nothing happened; no indignation meeting, no burning protests in the press, no denunciation by any political party, no evidence of any kind of concern for the welfare of the Koreans, for the maintenance of righteousness, or for the honour of the Empire. I am reminded forcibly of what a friend said to me at the time of the " Conspiracy Case ": " The trouble with the Japanese is that they lack the capacity for moral indignation at wrongs done to others." It really seems so. The " capacity for moral indignation " is lacking, and hence, it is a matter of no concern to the Japanese that unarmed Koreans are shot, bayoneted and burned by men in the uniform of the Empire.

Do not the Japanese people see that such things inevitably affect the world's judgment of them? An outrage by Japanese troops, if an isolated case, promptly disowned and properly punished, would be readily forgiven; but not this apathy that gives itself no trouble to protest. That becomes a measure of the national character, an index of the fitness of the race to associate on equal terms with civilized mankind and to be entrusted with the destiny of undeveloped peoples. It has been said that in the long run every people has the Government it deserves to have. It may equally be said that in the long run every people has the kind of army it deserves to have. Those of us who loved and honoured the Germany of history strove for a long time to make a distinction between the German people and the German military machine, but the attempt broke down in the face of cumulative evidence that the nation approved the doings of the army. The German army was what it was and did what it did because the German people are what they are and love to have it so. Not in one generation or in two will the world be able to look upon the German people with the old respect. The same road is open to the Japanese, and there is but too much reason to fear they are walking in it.[1]

[1] *The Shanghai Gazette*, June 5, 1919.

# XV

## " SPEAKING OFFICIALLY "

WHEN stories of torture and cruelty to prisoners became current among the missionary community, the *Seoul Press* ran a couple of editorial articles pointing out that the Koreans were " atrocious liars," and that the stories of cruelties had been investigated and that the prison authorities assured them that no tortures were taking place. When a missionary showed this article to a Japanese, he naïvely replied that it was intended to mean that there had been no tortures since they had been sent to a certain prison. Another foreigner discussed the editorial with the editor of the paper, who replied that he knew there were cruelties, but that in making that statement, he was " speaking officially." [1]

The scope of this chapter will not permit the full discussion of the various phases of the Japanese method of controlling publicity. For that I must refer the reader to my other book, *The Oriental Policy of the United States*, in which I have attempted an exhaustive treatment of Japan's propaganda. Here I shall touch only on those points that have direct bearing upon the Korean question.

For years Japan has controlled the incoming and

[1] From a report of a Committee of American Missionaries, published in *Congressional Record*, Vol. 58, p. 2847, July 17, 1919.

241

outgoing news of the Japanese Empire, and it is steril-
ized and coloured so as to best serve the purpose of
propaganda. The *Kokusai* (Japanese National News
Agency) is a subsidized concern and operates under
the direct supervision of the Japanese Government.
It must be remembered that all cable and telegraphic
communications in Japan are owned and controlled by
the Government. The *Kokusai* can magnify or mini-
mize, as well as create or suppress, any news item that
goes in and out of the country according to the wishes
of the Government.

The control of the postal system is equally rigid.
Opening private letters is a part of the Governmental
system of Japan, and is in perpetual practice, in time
of peace as well as in time of war. If a Korean in
America should write a letter to his friend or relative
at home concerning the Japanese administration in
Korea, the officials not only destroy the letter, but also
punish the receiver. This policy serves a double func-
tion for the Government: (1) The Koreans in Korea
not only must be silent on the political situation at
home in their communications to their brethren abroad,
but cannot receive such communications; (2) Foreign
residents in Korea must not criticize the Government
either in or out of Korea if they wish to live unmo-
lested. If an American resident of Korea should make
a public address or write a magazine article while in
America criticizing the Japanese administration, that
speech or article will be reported back to Korea by the
Japanese secret service in America. Then the Ameri-
can will be questioned by the officials on his return,

and if his explanations are not satisfactory, the Governmental discrimination is such that he will have to leave the country. That is the reason for the voluminous reports and signed affidavits on Japanese atrocities in connection with the Korean Independence Movement of 1919, which were brought to America through underground channels, published in magazines, newspapers and pamphlets by various mission boards and friends of American missionaries in Korea under a *nom de plume*.

The Japanese Government not only seek to suppress the news as to what they are doing in Korea, but create news favourable to their policy. One of the first things the Japanese did in Korea, after establishing their protectorate, was to create a bureau to publish an English annual, entitled, *The Annual Report on Reforms and Progress in Chosen*. This English publication is attractively gotten up with many photographic illustrations and is distributed gratis to all great men and big libraries in America and Great Britain. It tells how the degenerate Korean race is being led along the path of modern civilization by the wise and humanitarian statesmen of Japan; and that the Korean people are thoroughly happy, contented and prosperous under Japanese rule.

The vast majority of American and British publicists and statesmen take the official statements of the Japanese Government as being based upon facts; they never stop to investigate that the Japanese Government compile statistics to prove their hypothesis, not to show facts, and that official statements are made

not to inform, but to misinform, the unsuspecting
Western public. However, there are a number of men,
both in America and Great Britain, who know some-
thing about the tactics of the Japanese, and who do not
swallow so easily the official bait of the Japanese Gov-
ernment. Thus, the late Walter E. Weyl, a member
of the *New Republic* staff, who was in Korea in 1917,
writes:

On the whole, Japan has tended to use force rather
than persuasion and repression rather than freedom.
There has been, and there still is, a strict political censor-
ship. The full measure of Japanese success in Korea
could be more easily ascertained and more readily ac-
knowledged if there were greater freedom in the penin-
sula, were there not an official terrorism which covers up
abuses and ruthlessly represses public opinion or free
expression of discontent. Possessing only the official
Japanese version of the progress in Korea, we are forced
to accept all reports with a grain of salt, not disregard-
ing the excellent work accomplished, but recalling at
least that we have here a subject population, deprived of
primary civil and political rights, unable to express dis-
approval, repressed and silent. If, in such a situation,
one is grudging in praise, the fault lies with Japan's mili-
tary authorities, who, in their wisdom, have deprived us
of the right to hear the evidence in the case.[1]

Dr. William Elliot Griffis, the author of the
*Mikado's Empire* and *Korea—the Hermit Nation,*
minces no words in condemning the Japanese methods
of covering up their abuses by official reports. Says
Dr. Griffis:

[1] *Harper's Monthly Magazine,* February, 1919, p. 397.

HENRY CHUNG. KIUSIC KIMM. SOON HYUN

THE MEMBERS OF THE KOREAN COMMISSION TO AMERICA AND EUROPE

In fact and truth, the day has gone by when any Government dare resent as " interference with its domestic concerns " the protest of civilization against such atrocities as Japan permits in Korea. The brutalities of her underlings in that country, whose venerable civilization is menaced with destruction, can no longer be concealed. As for the Tokyo Government, or any of its literary bureaus, attempting a camouflage, that is impossible even with a censorship that is like that of a blockaded enemy country in time of war. The united testimony of many witnesses, long resident in the land of the Morning Calm, speaking the vernacular and beholding deeds which they have associated hitherto only with the worst brutalities of war, will, in the end, outweigh the moral value of official bulletins or even annual publication of " reforms." [1]

Coöperating with the *Annual Report* is the *Seoul Press*, the only English daily in Korea. It is subsidized by the Government and fulfills the functions of informing the West as the Japanese would like to have it informed. It is said by foreign residents of Korea, and admitted by Mr. Yamagata, the editor of the *Press*, that Mr. Yamagata has two consciences— one official and the other personal. Whenever he creates a " fact " or garbles a news item, his official conscience is dominant and his personal conscience recessive; therefore, he is not responsible. At a meeting of Japanese officials and a number of prominent American missionaries during the Independence Demonstrations of 1919, " the question of the actuality of atroci-

[1] William Elliot Griffis, "An American View," *The Nation* (New York), Vol. 108, No. 2812, p. 830.

ties was raised.  Dr. Moffett gave his own personal
experience as an eye-witness.  In a private conversa-
tion with Dr. Moffett, Mr. Yamagata cheerfully ad-
mitted that he was convinced of the truth of the atroc-
ities, but he said that the denials, as published in the
*Press*, were ' official.' " [1]

The following account of the burning of a Christian
church at Tyungju by Japanese soldiers, made public
by the Headquarters of the Presbyterian Church in
America, at New York, illustrates the kind of " facts "
published in the *Seoul Press*.

### The Burning of Tyungju Church

We give two accounts herewith of the burning of the
church at Tyungju, North Pyeng An Province.  The one
is by the *Seoul Press*, a Government-controlled paper,
and the other by the pastor of the church, an American
missionary, who saw the church and made careful in-
vestigations.  The reader is at liberty to draw his con-
clusions:

Christian Church Burned.  (*Seoul Press*, April 13,
1919).

" On Tuesday, at six A. M., fire broke out in a Chris-
tian church at Tyungju, site of a district office in North
Pyeng An Province, and the whole building was re-
duced to ashes.

" The loss is estimated at 10,000 yen.

" It is suspected that some Koreans, detesting the pur-
poseless agitation, have been driven by their bitter in-
dignation to commit incendiarism at the expense of the
church."

The following is from the pastor of the church:

" Burning of Tyungju Church—On April 8, gendarmes

[1] *The Korean Situation*, p. 28.

came to the large newly built church in Tyungju City, gathered the mats and other furniture together, and set fire to them. They also put out the fire. The Christians have been bending every energy to the building and paying for this building.

"On April 9, at night, as on the 8th, a large pile of combustible material was heaped upon the pulpit and set on fire. A deacon of the church rang the bell, and a few Christians came together and put it out. The next morning the police commanded the Christians, who had houses near the church, to move away, the pretext being that they had set fire to the church.

"On April 10, combustibles were put all about the church, and soaked in coal oil, and then set on fire. They, also, rang the bell, but no one came, and the church burned to the ground.

"On April 11, the wife of the pastor and some of the church officers were called up and rebuked for burning the church. They also gave them a lecture on what low-down rascals the Christians were, stating that not a single person would come out to help put out the fire. As a matter of fact, any appearing on the streets at night are severely beaten, and otherwise mistreated.

"There was a statement in the Japanese press that Christians set the church on fire to show their disapproval of the leaders of the church in the Independence Movement. No comments needed."

\*　　\*　　\*　　\*　　\*　　\*　　\*　　\*

It is unnecessary to say more. These articles speak for themselves. The reader can judge of the attitude of the press when the Government permits such stuff to be printed. As the press always is under the censor there, when such stuff is printed the Government becomes morally responsible. The truth is prohibited. Falsehoods and libels are allowed. Such a course of action only endangers the relations of the Governments concerned.[1]

The foreign visitor in Korea must not learn the actual conditions if the Japanese can help it. Thus, for example, if a distinguished American comes to Korea, he is met at the pier by a polished official guide who is conversant in Western manners and customs. He is directed to a hotel (usually the Chosen Hotel which belongs to the Japanese Imperial Railway); he is interviewed by Japanese officials who explain the condition of the country to him; he is taken here and there; he is entertained until his own appreciation of himself grows immeasurably. He is flattered and handled so skilfully that he leaves the country in a haze of happy delight over the wonders he has been shown and the wonderful courtesy and hospitality of the showing. He returns to America praising the Japanese for the wonderful work that they are doing in Korea. The following paragraph from the pen of Elsie McCormick, who visited Korea in March, 1920, is interesting:

True to certain predictions, a suave young Japanese met us at the station in Seoul, announcing that he was the personal representative of the Governor-General. He had heard that some distinguished American ladies were coming, and he would be most happy to put himself at their disposal. Were they to stay long in the city? Perhaps they would like him to make out a schedule, so that they would be sure of seeing the most interesting points. At least, being educators, they would enjoy a

[1] New York *Times*, July 13, 1919.

visit to the Government schools. He would be most pleased to take them. And he also was commissioned to announce that the Governor-General and his wife looked forward to the pleasure of entertaining the ladies at luncheon.

"Propaganda is Japan's middle name," remarked an American resident of Seoul, after the young Japanese had withdrawn with many bows and smiles.[1]

Fortunately for Miss McCormick, she was fore-warned by her friends who know the method of Japanese before she went to Korea. "If you permit the Japanese to take you in tow at Seoul, you will see only what they want you to see. Insist on studying conditions for yourself." Consequently, she knew what she would encounter. But the majority of un-suspecting visitors fall into the official trap of the Japanese Government propaganda.

This falsified publicity on the other side of the ocean could not have been such a success had it not secured the coöperation of pro-Japanese propaganda in America. Japan is a nation that knows the publicity game, and plays it with consummate skill. During the Peace Conference she spent $10,000,000 in various European countries for propaganda work. At present she spends several million dollars every year in America for the purpose of "conquest of American opinion."[2] "Japanese propaganda is being carried on in this country as determinedly as was the German propaganda before

[1] *Christian Herald* (New York), April 17, 1920, p. 469.
[2] For a full description of Japanese propaganda methods in America, consult Montaville Flowers, *Japanese Conquest of American Opinion* (New York, 1916).

we entered the war," says V. S. McClatchy, the editor of the *Sacramento Bee.*

There are the various Japan-American Societies, organized ostensibly to promote friendly relations, but used generally to secure the active but innocent assistance of prominent Americans in propaganda work; the commercial and trade organizations used in the same way; the entertainment in Japan of prominent Americans, who come back with a dazzling picture of one side of the shield, and who, apparently, do not know that the shield has a reverse side; men in public speeches and interviews make assertions which any one familiar with Far Eastern conditions knows are entirely wrong; banquets and speeches where most publicity can be secured; special annual Japanese numbers of American newspapers; public lectures and interviews with hired propagandists, both Japanese and American; Japanese news bureaus and magazines.[1]

Such men as K. K. Kawakami, the Japanese publicist, who is at the head of the " Pacific Press Bureau," at San Francisco, and Dr. T. Iyenaga, the Director of " East and West News Bureau," of New York, are nationally known, and they wield an influence at the fountain heads of publicity in America. Besides the regular paid propagandists, both Japanese and American, there are a number of people who are sincerely won over by the finer sides of the Japanese character. And then there is the group whose services are enlisted by subtle means of delicate flattery and social ambition. The members of the Japan Society of New

[1] From the *Sacramento Bee*, June 9, 1919; also cf. pamphlet, *The Germany of Asia*, part II, article 1, by McClatchy.

York are mostly from the latter two groups.  The Society, at present, boasts a membership of nearly two thousand prominent business and professional men and women in the country, and its annual dinners at the Astor Hotel in New York are the occasions when the " sincere friendship " between America and Japan and the " altruism " of Japan towards other Asiatic countries are given in wine-warmed sentiments of after dinner speeches.

When the *Mansei* demonstrations commenced in March, 1919, a publicist for Japan lost no time in denouncing the work of the Korean patriots.  It was the work of " scoundrels and rascals," said he, " and the Korean people themselves had become weary of agitation and angry at the obstacles placed in the way of the education of their children; many of them even welcomed the arrest by the Government of those of their fellow-countrymen who were charged with coercing boys and girls to absent themselves from school."  He charged the missionaries with " gross exaggerations," for the reports sent to this country and exonerated the Japanese soldiers for their atrocities.  Says this publicist: " when unscrupulous scoundrels . . . collect at a certain spot and *mansei* a few times, they will receive thirty sen each for their pains, and then are led on to assault the police station, or stone the workmen at their work, some one is sure to get hurt even by soldiers much less excitable and much more humane than are the Japanese soldiery." [1]

Explanations would be unnecessary.  Life is cheap

[1] New York *Times*, May 11, 1919.

in Korea—very cheap, indeed, from the Japanese point
of view. But not so cheap as to induce Koreans to
cheer for their country for thirty sen (fifteen cents)
and get shot or sabred. It is gratifying, indeed, to
know that there are plenty of publicists and scholars
in America who will not stoop to venality or allow
prejudice to garble truth. The various methods em-
ployed by the Japanese Government in an attempt to
distort facts concerning the Korean Independence
Movement would fill a volume. Therefore, only an
epitome of the successive steps taken by the Japanese
Government can be given in the remainder of this
chapter.

As has been pointed out in previous chapters, the
Korean Independence Movement was national in its
scope, involving the entire population. It was, in re-
ality, the greatest popular movement in the recent his-
tory of Korea. Yet the Japanese, through their abso-
lute control of cable and telegraph systems, kept the
outside world in total darkness at first. Even the
Japanese vernacular press in Korea, in coöperation
with the Government, did not print anything concern-
ing the disturbance. When the newspapers in Peking
and Shanghai began to print letters from foreign resi-
dents in Korea, received through underground chan-
nels, on what was happening in the peninsula, the
*Seoul Press* promptly denied the reports of serious
disturbances and printed a short item that there was
a little riot in a country district in northern Korea
which was quickly suppressed by the police. Mean-
while, some of the missionaries in Korea made special

trips to China to mail their letters home in order to avoid the Japanese censor. No sooner were Japanese atrocities revealed through publication of these private letters in the American press than the Foreign Office at Tokyo denied all the charges of atrocities committed by the Japanese soldiers and police in Korea. The Japanese Embassy at Washington gave official dispatches to the press of the country to the effect that " only one person was killed and six wounded in Seoul from the start of the disturbance until very recently." The official dispatch proceeds:

Perfect care is being taken by the authorities, aided by the Red Cross, of all the wounded, who have been taken to charity and official hospitals in the provinces. The charge that churches, schools and houses of riotous meetings were destroyed by the authorities is entirely unfounded, and in no case have the leaders of the disturbance been put to torture.[1]

This official statement, made by the Japanese Embassy in Washington, was based on official communications received from the Japanese Government at Tokyo, headed by the civil, not military, Prime Minister Hara and his able assistant, Baron Uchida, Minister of Foreign Affairs. It was given to the press on April 24, 1919, while the reign of terror was going on full blast in Korea. Only nine days prior to the issuance of this official dispatch, April 15, the Chaiamm-ni massacre took place, which the Governor-General was compelled to acknowledge on account of

[1] New York *Times*, April 25, 1919.

the investigations made by the British Consul-General,
Mr. Royds, and the American Consul, Mr. Curtice.
Wounded men were removed from the Severance Hos-
pital to be the victims of further tortures, despite the
protest of the physicians. This was done on April
10, only two weeks prior to the official dispatch that
" perfect care is being taken by authorities of all the
wounded."

Not only the Japanese Embassy at Washington, but
all the Japanese Consulates throughout the United
States issued official statements denying the charges
of cruelty on the part of Japanese soldiers in connec-
tion with the Independence Movement in Korea.
However, these denials did not get much hearing,
since the evidence confirming the atrocities was too
strong. Then the official Tokyo issued another state-
ment to the effect that a certain amount of repression
was necessary in crushing the Korean movement, as
it was inspired and directed by the Russian Bolsheviki.
Again the official statement was given very little cre-
dence in the American press. Says the New York
*Sun* editorially:

The Japanese have made a display of frankness as
to their repressive measures. This falls in with their
laying the disturbances to Bolsheviki propaganda. The
trouble, even from here, may be seen really to partake
more of nationalism than of class war. This being the
case, the Japanese avowals of troops sent, of wholesale
arrests, of stories permitted to come to us of wounded
fugitives taken from American Missionary hospitals, of
American missionaries arrested on suspicion of aiding
the rebels—all put Japan in a dubious light, for they

proclaim the failure of her labours to domesticate the national spirit of the conquered land.

When no other excuse was available for their brutalities in Korea, the Japanese Government forthwith announced the "Reforms" that they were about to initiate in Korea. They thus shifted the basis of their tactics in their publicity propaganda in the West, adopting a new program far more subtle than mere denials, and consequently, more susceptible to the unsuspecting. They now admit wrongs have been done to the Koreans, but say it was all the fault of their militarists over whom the civilian Premier had no control, and of whose deeds the Tokyo Government was ignorant.

This is the most subtly deceiving argument that the Japanese Government has yet invented. This places Japan in a naïve attitude of repentance and tends to deceive even those who know the record of Japan in Korea. But close investigation cannot but reveal that the so-called civil party and military party in Japan are one in advancing the cause of Greater Japan. The terms "military party" and "militarists" are used by Japanese officials and spokesmen for Japan as scapegoats when direct acts of injustice and aggression, which they cannot deny, are brought to their attention. It is beyond question that all the Japanese atrocities in Korea have been committed by the order of the Japanese Government in Tokyo, and not by military officials on their own initiative, as the events prove.

In March, 1919, Mr. T. Yamagata, the Director-

General of Administration, was called to Tokyo for a
conference with the Government.   Much was hoped
that the "Liberal" Premier of Japan, T. Hara, the
head of the Civil Party, would declare himself against
the cruelties that had been employed.   On the con-
trary, it was decided by Hara and his "Liberal" as-
sociates to employ harsher measures.   Six thousand
soldiers and 400 gendarmes were promptly dispatched
to Korea to carry on the work of human butchery.
And by far the worst atrocities and massacres were
committed by these newcomers.   When incidents of
massacres were brought directly to his attention by
foreign eye-witnesses, the "Liberal" Premier shed
crocodile tears.

The underlings in Korea, who were carrying out the
orders of this "Liberal" Premier, also adopted two-
faced methods in their reign of terror.   Thus General
Utsonomiya, commander of the military forces of
Japan, in Korea, while secretly instructing his officers
and men to burn and kill, issued the following public
instruction to his soldiers as to their attitude towards
the revolutionists:

Warm sympathy should be shown to the erring
Koreans, who, in spite of their offense, should be treated
as unfortunate fellow-countrymen, needing love and guid-
ance.

Use of weapons should be abstained from till the last
moment of absolute necessity.   Where, for instance, the
demonstration is confined merely to processions and the
shouting of *Mansei* and no violence is done, efforts should
be confined to the dispersal of crowds by peaceful per-
suasion.

Even in case force is employed as the last resource, endeavour should be made to limit its use to the minimum extent.

The moment the necessity therefor ceases, the use of force should at once be stopped. . . .

Special care should be taken not to harm anybody not participating in disturbances, especially aged people, children and women. With regard to the missionaries and other foreigners, except in case of the plainest evidence, as, for instance, where they are caught in the act, all forbearance and circumspection should be used.

You are expected to see to it that the officers and men under you (especially those detailed in small parties) will lead a clean and decent life and be modest and polite, without abating their loyalty and courage, thus exemplifying in their conduct the noble traditions of our historic Bushido.[1] . . .

These public instructions were issued on March 12, and the worst burnings and massacres occurred during the latter part of March and April following, which is conclusive evidence that this was issued for effect and not to be carried out. High sounding proclamations and instructions, such as this, were printed in the *Seoul Press* and were circulated by Japanese propagandists in America and Europe as proof of the falsity of the charges of atrocities.

The latest developments in "Speaking Officially" on the "Benevolent Assimilation" of the Koreans was in connection with the visit of the Congressional Party to the Far East in July and August, 1920.

[1] Quoted by Bishop Herbert Welch, "The Korean Independence Movement of 1919," *The Christian Advocate* (New York), July 31, 1919, p. 971.

Korea was included in the itinerary of the party. American Solons must be kept out of Korea, if at all possible.  It would not do for the good name and fame of Japan to give American Congressmen a chance to study the conditions at first hand.  Weeks before the party reached Korea, the Japanese Government news agencies became busy sending out broadcast the rumour that Asiatic cholera was raging in Korea.  It would be the height of folly for Americans to visit that plague-infested country.  However, this did not seem to bother the Americans touring the Orient. Then suddenly there was a plot on the part of the Koreans to bomb the Congressional Party.  This also did not seem to bother the stalwart Americans.  When it was definitely known that the Congressional Party would visit Korea despite the cholera and the threat of the Koreans to bomb the party, the Japanese Minister at Peking assured the party that the danger was "real."  But since the party had decided to visit Korea, the authorities would use every precaution to insure their safety.  He emphasized the point that it was absolutely essential for the members of the party to obey the police instructions while in Korea so as to avoid the bomb throwers.

On the day the party was to arrive (August 24), "the streets in the vicinity of the station and up to the main post-office were virtually cleared of Koreans," writes an American eye-witness in the *Japan Advertiser*, "and even Americans and other foreigners, coming from the center of the city to welcome the guests, were turned back by the sabre of the police, and some made their way to the station by back alleys. Japanese civilians, however, were free to promenade as they pleased. When the guests at length arrived, they were driven to the Chosen Hotel, through streets almost bare of the people and lined by the large force of police already referred to. Had the Koreans been permitted to witness the arrival of the party, its progress to the hotel would, undoubtedly, have been one continued ovation."[1]

The *Pacific Commercial Advertiser* at Honolulu, which knows something of the traits of Japanese diplomacy and propaganda through its long contact with the Japanese, commented editorially when neither cholera nor bomb throwing was discovered except the rumour and the signs manufactured by the Japanese Government in Korea:

### AN ABSURD PLOT

If Japan's militarists were not sadly lacking in a sense of humour, they could not avoid seeing the absurdity of the efforts they are making to keep the American congressmen, and the world at large, from learning the truth about Korea and their mis-government of that sorrowful country.

Days before the congressional party started north to pay a brief visit to Korea, frantic efforts were made by the Japanese Government officials to keep them out of that country. It would hardly do, of course, to flatly refuse permission for the congressmen to visit Korea, so they were told that a horrible plot had been concocted by the wicked Koreans to kidnap them, perhaps even

[1] Quoted in the *Literary Digest,* November 13, 1920.

blow them up with bombs, so as to embroil the United States and Japan.

When the Japanese discovered that American congressmen were not to be frightened by such ridiculous yarns and were still determined on visiting Seoul, they played another card. They figured that if they couldn't keep the congressmen out of Korea, they could, at least, keep the Koreans away from the congressmen.

So the Japanese army authorities in Korea announced that in order to safeguard the Americans they would be guarded by the entire Japanese army in Korea. And they were, too.

In other words, a military cordon was thrown around them, so that Koreans who wished to approach them and tell them the truth about conditions in Chosen might be headed off. Small chance any Korean would have to present facts to the Americans! Small chance the latter have of making any real investigation! They are, politely, of course, prevented from getting away from their Japanese guards.

But unless we miss our guess badly, the action of the Japanese officials will react unfavourably upon their Government. There are few American congressmen, we hope, who would be taken in by any scheme as raw as the one mentioned. And attempts to deceive them are not liable to enhance the position of Japan in their eyes.[1]

The *Pacific Commercial Advertiser* had not missed much in its guess. Amidst all the lavish entertainment and effusive hospitality of the Japanese Government, there was at least one Congressman in the party who saw for himself the conditions of the country, untrammelled by the deference of officials who pointed

[1] *Pacific Commercial Advertiser* (Honolulu, T. H.), August 26, 1920.

to only the bright spots. He was Hugh S. Hersman of California, who is well known in his state for his independence of judgment. Mr. Hersman politely refused to be guided around by Japanese officials and went about unescorted by the police, braving the danger of being blown up by Korean bomb-throwers—the peril which was so "imminent" and "real." He accepted the invitation to address the Korean Y. M. C. A. at Seoul. The hall was crowded and the American Congressman was given a rousing cheer. In his address he made the significant statement that he was "glad to see something of the Koreans before leaving the country." After his address soldiers and police rushed into the hall requesting Congressman Hersman to leave, and began to arrest the Koreans. Mr. Hersman refused to leave insisting that if any one should be taken he was the one and not the Koreans. This firm stand taken by the Congressman made the Japanese police release all the arrested Koreans.

This incident so disgusted Mr. Hersman that he withdrew from the party which was accepting the hospitality of the Japanese Government, and went around unofficially during the rest of the journey through the Orient.

In a carefully prepared statement given to the press after his landing at San Francisco on October 2, Mr. Hersman said:

Any reference to political matters was, of course, carefully avoided. For five or six minutes I addressed the most eager, intense and expectant audience that it will ever be my good fortune to face. My words were interpreted by Mr. Yun Chi Ho. A short reply was made by the venerable Korean, Yi Sang-jai, who had spent three years in jail for preferring to be ruled over by a Korean rather than by a Japanese.

*       *       *       *       *       *       *

The Koreans, evidently expecting to go out, followed us into the lobby. They were grabbed by the officers and brutally kicked and manhandled. Both Mr. Gregg and myself vigorously protested at such treatment. I was informed by the officer in charge that the Koreans had all been arrested and that I was expected to go. I told them that if any one should be taken I was the one and not the Koreans. They were very insistent, and I finally said I would not go until they released all the Koreans. After an hour had been spent in consultation and in sending messages, the Koreans were finally released.

Our Consul arrived on the scene about this time, having heard from several foreigners who left the building that I was in grave danger of being arrested. A number of statements have appeared in Japanese papers stating that the police action was justified, because of the crowds that had filled the streets and the disorder in the hall. This statement is, of course, untrue. I never saw a more orderly crowd.

I have talked with many foreign residents from China, Korea and Japan, with officers of the *de facto* Government and the Koreans themselves. I am of the opinion that the policy of the Imperial Japanese Government has been of such a nature that the Korean people will never peaceably submit to it.[1]

From the time the Congressional Party left Peking until they arrived in Japan, the semi-official news

[1] *San Francisco Chronicle, San Francisco Examiner,* October 3, 1920.

agencies at Tokyo kept the wires busy with the horrible reports of the Korean "plots" to kill every one of the party. The Japanese authorities "learned the news that some Koreans broke six rails of the South Manchurian Railway to derail the special train and harm the American statesmen and party."

It was somewhat ungrateful to the Japanese Government, in view of all the ultra-precautions taken by them to protect the Congressional Party from Korean "anarchists," that not a single Senator or Congressman of the party, after his return to America, ever mentioned the horrible train-wrecking, bomb-throwing plots or even the hostile attitude of the Koreans to the American party. On the contrary, every one of the Congressional Party spoke of the Koreans as looking towards America for moral support and sympathy in their struggle for liberty.

The Hon. Henry Z. Osborne of California, who was a member of the Party touring the Orient, in a speech delivered in the House of Representatives on December 23, 1920, described the Japanese official reports of Korean "plots" so inconsequent that "we never even had a meeting on the subject. In fact, we knew that, like the Chinese, they [Koreans] regard the United States as their only possible hope. . . . The Japanese authorities . . . took a good deal of pains to make sure that we should see as few Koreans as possible. None were permitted to come near the railway stations, and soldiers were in evidence on every hand." In relating his impressions of the Korean people, Mr. Osborne said:

They have the appearance of excellent people, and those that we met were generally bright, intellectually; but in Korea, for the reasons that I have stated, we did not meet many. We travelled all day—Tuesday, August 24—through this beautiful country, for which nature has done so much, stopping frequently at well-built stations, at which uniformed soldiers or police were in attendance, with the constant spectacle of crowds of Korean people—men, women, and children—standing off at a distance and looking wistfully at the train. While they occasionally shouted and cheered, more generally they stood in silence, and we could only guess what may have been in their thoughts. But it seemed to me a silent and impressive protest to the foreign occupation of their country, more expressive than words. I doubt if our party would have been so deeply impressed if the Koreans had been permitted to throng the stations and besiege us with verbal and written petitions and protests.[1]

The Hon. Stephen G. Porter of Pennsylvania, Chairman of the House Foreign Affairs Committee, in a public address, said:

The Filipinos, Chinese and Koreans fairly idolize Americans, while the Japanese, at the best, have a cordial dislike for this country. . . . The worship of Americans by the Chinese and Koreans has reached such a stage where natives of those countries virtually put us on a pedestal beside Buddha.

At the same time Mr. Porter and others noted a different feeling in Japan. Continuing he said:

We were cordially received in Japan, but there is an

[1] "China, Korea and Japan as seen with the Congressional Party of 1920," *Congressional Record,* Vol. 60, No. 17, pp. 781-802, December 27, 1920.

undercurrent of feeling against this country there. This is evident to any American visiting the Japanese Islands. Many newspapers and public men in Japan even now are talking of war with the United States, seeing in this country their greatest enemy in their present-day efforts at domination.[1]   . . .

In April, 1919, while the Japanese reign of terror was going on in Korea, I had a long interview with the president of one of the largest news agencies in America with the hope of convincing him of the advisability of sending a special correspondent to Korea to report the conditions. After listening to my story, he said:

I would gladly send a man capable of handling the situation if such a man were available. But at present all my best men are at Paris reporting on the Peace Conference. If a correspondent were to be sent to Korea, he must be a man internationally known, whose integrity and ability no one would question. Otherwise, the correspondent may be an eye-witness to what he writes, yet the Japanese will have their Premier make out an affidavit to the contrary.

It is, indeed, gratifying to know that a few of the publicists in the West are beginning to realize the dubious methods of diplomacy and publicity propaganda of Japan. Even Japan, past master as she is in the art of deception, cannot " fool all the people all the time."

[1] Philadelphia *Public Ledger*, October 14, 1920.

## XVI

## JAPAN'S ALLEGED REFORMS

PUBLICITY is a friend of the oppressed and a powerful enemy of tyranny. Present-day democracies cannot maintain their sane balance without its aid. It came to the assistance of Korea in her fight for freedom. Had it not been for publicity, Marshal Hasegawa, despite all his crimes, would still be the supreme ruler of Korea to-day. It was publicity that compelled Japan to acknowledge, at least, the abuses of her rule in Korea and make even the nominal changes that she did.

When the report of the massacres in Korea began to come to America and Europe, Japan was placed in an embarrassing position. It was at the time when the Japanese delegates at the Peace Conference were championing the principle of racial equality, and Japan was assuming the rôle of the chivalrous knight defending the rights of the weak and the oppressed. Some way must be found to prevent giving publicity to reports that had escaped the blockade of the Japanese censor—at least, the West must not know about the atrocities until the Peace Conference was over, when Japan would have obtained what she wanted. She made desperate attempts to suppress the news of atrocities, but her efforts were futile.

The Headquarters of the Presbyterian Church at

266

New York issued a stinging report on the Korean situation. The various religious organizations in California voiced their " most solemn protest against the methods of administration, so abhorrent to all sense of justice, so subversive of the very ends for which America and her Allies waged the great world war." The San Francisco Presbytery went so far as to say in its resolution of protest, " We earnestly urge our Presbyterian Board of Foreign Missions to immediately use all its influence with the Government at Washington to bring these atrocities to a speedy end."

The religious journals in the country were equally vehement in denouncing the reign of terror carried on by the Japanese Government in Korea. Says the *Christian Advocate* (New York), " America cannot and should not be silent when brutality, torture, inhuman treatment, religious persecution and massacre are practised upon an extensive scale by any nation. It is to the disgrace of Christendom that the Turk was so long allowed to terrorize the Bulgars and the Armenians. It is to the honour of Christendom that it took arms against the Teuton when he began his reign of terror over the Belgians. It is the duty of humanity to hold the Japanese Government to account for the horrible deeds which have been perpetrated upon the unresisting Koreans." The *Philadelphia Presbyterian* pointedly states, " The groans of these innocent people have ascended to Heaven, and it is time that Christian nations entered their protest, and the mission boards, who either condone this violence or fail to protest against it, are already condemned." The *Christian*

*Herald* (New York) goes further than any of its contemporaries and advocates Korean freedom. It says: " Though still but a child in the Gospel, Korea has suddenly become a spiritual example to all the Oriental races through her splendid fidelity to the faith. Christians everywhere will hope and pray that she may attain full freedom, and that some practical way may open in the near future to that accomplishment."

Publications other than religious were no less severe in denouncing the Japanese atrocities. The *Literary Digest* of May 31, 1919, published a scathing letter written by a British resident of Korea. The New York *Herald* of June 16, 1919, published a series of eye-witness statements made by American residents in Korea on the situation, under the caption of " Christians Persecuted in Korea with Hun Ferocity."

Blank denials were no longer possible. In order to preserve her good name in the West, it was necessary for Japan to admit her wrongs and promise to do better. This was brought about by announcing " reforms " in Korea. An Imperial Rescript was issued in Tokyo on August 19 and was given to the American press by the Japanese Embassy at Washington on August 20. It promised " to promote the security and welfare of our territory of Korea and to extend to the native population of that territory, as our beloved subjects, fair and impartial treatment, in all respects to the end that they may, without distinction of persons, lead their lives in peace and contentment."

The rescript, coupled with a statement of Premier Hara, broadly hinted at promise of local self-government for Korea and reforms looking towards home rule. The military Government should be succeeded by a civil one; the military gendarmerie was to be replaced by a civilian police force under civilian control; a system of village and town municipal Government, based on popular suffrage, was to be undertaken; and the Koreans should have the same privileges and legal rights as the Japanese, who, heretofore, had been a privileged class.

The new administration came into office on September 1, with Admiral Saito, former minister of the navy, succeeding General Hasegawa, as the Governor-General, and Midzuno taking the place of Director-General Yamagata of Administration.

Disinterested friends of Korea and Japan hoped that many liberal reform measures would be introduced and carried into effect by the new administration. In the light of the Imperial policy of Japan, autonomy for Korea, far less independence, could not be expected, unless it were forced out of Japan. But in view of all these promises given in official statements and the Imperial Rescript, it was reasonable for fair-minded Westerners to expect the Japanese to give to the Koreans the primary political and civil rights, such as allowing the study of Korean language in schools; granting the right of petition, of assemblage, of free speech, of free press; giving equality before the courts; enforcing social justice; granting political amnesty; and abolishing all forms of torture in the examination of prisoners.

These expectations, reasonable as they are, were met

only with disappointment. The only reforms that have been introduced are the changing of the name of the "military" administration to that of the "civil," and the "gendarmerie" to "police." Six thousand soldiers and four hundred gendarmes, sent to Korea in April, 1919, to carry on the reign of terror—at the very time when Foreign Minister Uchida and Premier Hara were sending cable messages to America assuring the American public that they were "most deeply concerned in regard to the introduction of reforms into the Governmental administration of Chosen"—still remain in Korea to do their patriotic duty of killing Koreans. In addition to this, according to a report sent from Seoul on January 12, 1920, the administration has increased the police force by adding 196 officers and 3,055 policemen to be distributed in fourteen places, including Seoul, Songdo and Fusan.

As yet, there is no security of life or property in Korea, and martial law is enforced as rigidly as ever. I cite the following translation of two official orders, issued by the Saito Administration on September 29 and October 3, 1919, after the "reforms" were introduced in Korea:

Eight Year of Taisho, September 29.
*Directions Issued as Special Instructions to the Local Police Chiefs:*
It is rumoured that, taking advantage of the autumn holidays—the 14th and 15th of this month, according to the old calendar—public disturbances will reoccur. For this offense no mercy will be shown to any one; but such offenders will be shot on the spot. As a preparation against such happening during these two days the public

should take note of this warning. There should be organized at once units composed of each five families, with a supervisor at the head of each unit. These units should have in charge the prevention of all drinking, and there should be no country music permitted as was formerly the custom. All these matters are entrusted to the chiefs of the local police.

Eight Year of Taisho, October 3.
*Direction and Warning Concerning Prevention of Disorder:* When the authorities carefully inspected reports concerning the formation of the five family units, above shown, according to the directions issued a few days ago for the special consideration of the local police chiefs, it has been found that no reports have been received from outside of Kem Sung Ni. The people there must be drunk or dreaming, at a moment so dangerous as this. The authorities realize the necessity of checking the disturbing elements and protecting the loyal citizens. For these reasons, we hereby issue another message in order to warn the public. There should be neither music, "moon gazing," wrestling, nor sham battles; nor should there be any drinking parties either on mountain or plain, lest some who entertain "secret thoughts" may shout *Mansei* by the hundreds in response to one cry at the height of mental disorder under the influence of intoxication, and lest some other improper behaviour may occur. In cases as described above, shooting will be employed as the chief means of prevention according to the "Public Safety Ordinance" just revised by the authorities.

Formerly the soldiers and gendarmes shot people who shouted for independence for Korea, under the oral instruction of the authorities, but now they have written orders, which is an improvement.

The judicial system, under the new Administration, seems to have gone through the same kind of improvement. It is remarkable for its simplicity. At the trial of political prisoners arrested since March 1, 1919, all legal procedure was suspended. The only question that was put to the prisoner was, " Will you do it (shouting independence for Korea) again?" If the prisoner answered in the negative, he was released. If he said he would, he was put back into prison and tortured until his spirit was completely crushed. A girl student from Yern Dong Academy (American Presbyterian College for Girls), Seoul, said to the judge, " I would do it again the first chance I got." She was promptly dragged back into the prison cell.

The barbarous method of prison tortures and flogging still exist under the " reformed " system. On October 30, a day before the Japanese Emperor's birthday, a prisoner was released without trial. The police pulled out four of his toe nails within two weeks of his release as a gentle warning that he must not entertain " dangerous thoughts." A girl prisoner was released without trial after seven months of imprisonment, during which she underwent four periods of torture. Once she was tortured for six successive hours. Twisting her legs until the excruciating pain made her insensible, searing her tender parts with a red-hot iron, stripping and kicking were some of the tortures that were administered to her by the " polite " Japanese police—all with the knowledge and sanction of the " reformed " Government.

As late as October, 1920, over a year since the in-

troduction of "reforms" in Korea, a missionary
wrote:

Lately a number of Koreans were arrested and treated
with the same old methods. How do I know? The for-
eign physician was called to the police station to revive
our young Korean doctor who was nearly killed by the
torture. The worst of it was that the man was found
innocent and released after this "examination."

Recently, a pastor, four elders and some other church
officers, were on their way to an Officers' Class. At the
church, where they were stopping over Sunday, one of
the elders, in preaching, spoke of the Korean nation as
a "suffering people." The next day the whole congrega-
tion were arrested, taken to the country jail, kept there
three days and then each one flogged to impress it upon
them they were not a suffering people. The church at
which I now am is close to the police station. The police
came and ordered the Christians not to ring the bell nor
sing because it disturbed them. The Christians report
that all the prisoners are badly beaten in their preliminary
examinations, and that one man, a non-Christian, from
Manchuria, was beaten to death recently.[1]

Referring to the above letter published in the *Japan
Advertiser*, the *Seoul Press* said editorially:

We venture to say that he is but a morbid antagonist
of the Japanese Régime in Chosen; that he is forcibly
prejudiced against anything Japanese, whether good or
bad, and unfortunately, like a few others, he belongs to
a gang of foreign agitators of the anti-Japanese move-
ment in Korea.[2]

[1] A letter published in the *Japan Advertiser*, October 14, 1920.
[2] Editorial, "Missionary Meddling in Politics," *Seoul Press*,
October 20, 1920.

Evidently, the "reforms" have not touched the "official conscience" of Mr. Yamagata, the editor of the *Press;* thus he still speaks "officially."

Freedom of speech and of the press has been promised by the Japanese Government under the "reformed" administration. But, thus far, it is merely an empty promise, made for the purpose of giving it out to the Western press. Whatever freedom was given to the Koreans was given with one hand and taken away with the other. The Great Korean National Association, organized by the Christians in northern Korea, with its headquarters at Pyeng Yang, under the promise of "freedom of speech" of the Civil Administration, was dissolved by the authorities on the ground of its "anti-Japanese attitude," and most of its members were arrested.[1]

In the spring of 1920, Tokyo announced with considerable flourish that three Korean newspapers would be permitted to issue. It was announced that one would even be edited by a leading Korean nationalist. The three papers actually made their appearance. But of the three, two are edited by Korean hirelings of the Japanese Government, and their columns contain undisguised Japanese propaganda intended to break down the morale of the Korean advocates of independence. The third, the *Korean Daily News,* was edited by a Korean nationalist. But while the other two have been unmolested by the authorities, the *Korean Daily News* has been suppressed more than twenty-three times during six months, all the issues being confis-

[1] *St. Louis Globe Democrat,* November 7, 1920.

cated.  Finally, the paper was closed down in September, 1920, and its editor is in prison at the present time.[1]

Even religious weeklies, published by missionaries, suffer the same persecution under the Civil Administration of Admiral Saito as they did under the Military Administration of General Hasegawa.  Thus, the *Christian Messenger,* published by the Christian Literature Society of Korea, which had been permitted by General Hasegawa, was confiscated on September 3, and its issues were destroyed by the police.  Gerald Bonwick, its publisher, in a letter addressed to the editor of the *Seoul Press,* September 14, 1920, says: " We have no desire to offend purposely, we have no political axe to grind; our purpose is to give news and information together with comment in a fair and straightforward manner, and if by accident something creeps in that is not quite pleasing to the powers that be, it would be better policy to ignore it, rather than to confiscate the edition."

Maltreatment of women has not been abolished. One hundred and six women were " rounded up " during the first part of November, 1920, for no other crime than that they were members of the Korean Women's Patriotic League.[2]  Needless to say that they were put through the usual Japanese tortures in prisons.

Massacres still continue.  On October 30, 1920, Japanese infantry surrounded the town of Lungpin-Tsun near Chang Yen district, and shot twenty Ko-

[1] New York *Tribune,* October 24, 1920.
[2] *Los Angeles Times,* November 7, 1920.

reans who were suspected of being "rebels." Then the soldiers put to torch the Christian mission and the schoolhouse of the town.[1]

Korean communities in Manchuria are singled out for destruction. Dr. S. H. Martin, a Canadian Presbyterian missionary at Yong Jung, South Manchuria, sent a signed statement to the Associated Press, in which he described the Japanese infantry as burning villages, setting fire to the crops and massacring the inhabitants. He named thirty-two villages in which massacres occurred. In one village 148 persons were killed. Says Dr. Martin: "The Japanese sent 15,000 troops into this part of China, with the seeming intention of wiping out the entire Christian community, especially young men. Villages were methodically burned daily, and the inhabitants in them shot. Yong Jung is surrounded by a ring of villages, which suffered from fire and wholesale murder."[2]

The Rev. W. R. Foote and a number of prominent Canadian missionaries made representations to the Japanese Consul at Mukden in regard to the Japanese soldiers "butchering innocent Koreans, including many Christians, without trial."[3]

Colonel Mizumachi, the head of the Japanese Military Commission in Manchuria, made a sensational reply, in which he charged the missionaries as interfering with the political affairs of the Japanese Empire, and denied that any Korean was executed without

[1] Associated Press cable from Tokyo, November 9, 1920.
[2] *Washington Post*, November 30, 1920.
[3] *Des Moines Register*, November 27, 1920.

inquiry or trial.  He poignantly concludes: " The success or failure of your propaganda, in and out of Korea, depends solely on your willingness to coöperate with the Japanese Government." [1]

In a long editorial on Japanese massacres of Korean inhabitants in Manchuria, the *Japan Advertiser* (Tokyo) says in part:

We cannot escape the conclusion that the missionaries' facts substantially are correct.  These signed reports, it must be remembered, corroborate a great many others to the same effect.

Their narratives are a flat contradiction of the suggestion that an inquiry of any sort took place before the killing.  If the proceedings at Noreabawie are reported correctly, there was a discrimination beyond what was implied, in fact only able-bodied men were killed.

If, when burning a village is punishment, you give orders to shoot all able-bodied males, it is obvious that the plea that no executions take place without inquiry or trial, is worthless.  The word execution cannot possibly be used when there is no pretense of accusation or trial.

What opinion can be formed in other countries, except that this is a campaign of frightfulness, in which murder and massacre are deliberately employed? [2]

The local self-government, promised by the Imperial Rescript and official announcement of Premier Hara, is being carried out in some districts in Korea, not as a measure of giving self-government to the Koreans,

[1] Press dispatch via Japanese military telegraph to Seoul, thence to Tokyo and to America, November 30, 1920.
[2] Quoted by Frederick Smith, Far Eastern correspondent of the Chicago *Tribune,* in a dispatch to his paper, December 4, 1920.

but as a part of the Japanese espionage system.   Koreans were allowed to meet together for the discussion of their local affairs, presided over by Japanese.   If a Korean shows any signs of anti-Japanese spirit, he is rushed off to prison.   In each community, the leader of the meeting must report to the police every man who entertains " dangerous thoughts."   A leader, who fails to make the report, if found out, is given proper punishment—usually confinement without trial coupled with flogging.   Thus, the " self-governing " measure of Japanese rule in Korea is another means of weeding out Koreans who show any spirit of freedom.

All this myth of Japanese " reforms " in Korea is not at all surprising to the Korean.   By his sad experiences in the past, the Korean has learned that he cannot believe Japanese on oath.   In 1895, when the Korean Queen was murdered by the Japanese Minister, Count Miura, under the instruction of his Government, the West was horrified.   In order to save the face of Japan, Count Miura was removed from his post, and Marquis Ito, then the Premier of Japan, declared that he would see to it that the culprits would be punished.   The Japanese court at Hiroshima found that " about dawn the whole party (Japanese assassins) entered the palace through the Kwang-hwa gate, and at once proceeded to the inner chambers.   Notwithstanding these facts, there is no sufficient evidence to prove that any of the accused actually committed the crime originally meditated by them." [1]   Thus the case was dismissed.   And Count Miura and his fellow-as-

[1] Appendix I.

sassins were heralded throughout the Japanese Empire
as national heroes.

The same thing is taking place now.  Japanese can
no longer deny the wanton massacres carried on by
their soldiers under the instruction of Hasegawa and
Yamagata, the two chief culprits in the Korean crime.
So the two men resigned from their posts in Korea to
save the face of Japan.  They should have been tried
and punished according to their crimes.  Instead,
Premier Hara says in commenting on the resignation
of these two men: " I regret to announce the resigna-
tion of Marshal Hasegawa, Governor-General, and
Mr. Yamagata, Director-General of Administration,
both of whom have rendered eminent service to the
State at the important posts which they have occupied
for several years." [1]

In case of gendarmes and soldiers, who did the ac-
tual killing, they not only still remain in Korea to carry
on their rule of terror under a different name, but they
have been awarded honoraria by the Japanese Govern-
ment of 150 yen to 400 yen according to rank and
service rendered to the cause of Greater Japan by their
heroism in killing defenseless men, women and chil-
dren.

It is said by those who have interviewed Baron Saito
that the new Governor-General is sincere in his desire
to better conditions in Korea, although he has not as
yet given any signs of his good intentions.  Even if
he has good intentions, he can do nothing unless given

[1] Premier Hara's official announcement given to the press by
the Japanese Embassy at Washington, August 20, 1919.

a free hand from above and coöperation from below. He has neither at present. When the Tokyo Government appointed him the civil Governor of Korea, they withdrew him from retirement and put him on the active list of the navy. This, in effect, makes the civil administration of Korea a part of the Japanese military régime as it has been in the past, and the civil Governor is under the thumbscrew of Japanese militarists. Baron Saito has no alternative but to continue the Japanese policy of assimilation or annihilation forced upon the Koreans by his predecessors, Terauchi and Hasegawa, under the instruction of official Tokyo.

The second obstacle standing in the path of Baron Saito is the system of Japanese colonial bureaucracy that has existed in Korea ever since the annexation. However good the Governor-General's intentions may be to better conditions in Korea, no change of any kind can be brought about without a complete sweep-out of the present officials, from highest to lowest. It is beyond question that these officials will never be any better than they have been, even under orders. Already it is evident that some of the good orders that have been issued by Baron Saito have been quietly pigeonholed by the men lower down. A Japanese officer in Korea, no matter how humble his station may be, is an autocrat in his sphere. He has little knowledge of administration and cares less. He believes in his superiority and struts along with rattling sabre, bullying and robbing, on the slightest pretext, every Korean who crosses his path. A grain of common sense or a knowledge of human nature is an unknown quantity among the Japanese officialdom in Korea. If Baron Saito attempts genuine reforms in Korea, depending on the support of these officials, one may waste a little pity on him.

Above and beneath all the high-sounding official declarations and beautiful promises of reforms, what are the facts and where *are* the reforms? They are the proof of Japanese pudding of Civil Administration in Korea. I quote the following from an American eye-witness which gives a vivid picture of Japan's alleged reforms in Korea:

What are the facts? To the impartial observer it is difficult to see wherein the outlook of the officialdom as a whole is changed. Tortures, as I have said before, have not ceased. The Japanese deny this, but the evidence is there for whoever seeks it. Every day innocent men are being arrested, in Seoul, in Taiku, in Shen Chen, in Pyeng Yang, in Chemulpo, in scores of other cities; every day they are being arrested on the vaguest suspicion, tortured to make them " confess," held for several days or weeks and then, if nothing is found against them, released without explanation or apology—just turned out. There is no denying this. I have talked to a score of such men myself. I sat in my room in one city and had them come to me one at a time and tell me their stories. Better yet, I have seen the marks on their bodies, the wrenched arms, the torn flesh where ropes had been bound tight, the rotted flesh where they had been flogged ninety strokes with three bamboo rods tied together with rough cord. Word of mouth may be deceptive, those marks are not; they are not self-inflicted just for the purpose of deceiving one newspaperman.

Thousands of youths, both boys and girls, are still in prison in the freezing cold of Korea for having done no more than shout *Mansei.* There is no word of amnesty, no hint of mitigation of sentences; instead, there is mistreatment in foul prisons.

*In one city a girls' society made a large number of straw shoes which it asked permission to send to the women in one prison. Permission was refused. The women are still walking the icy stone prison floors in their bare feet night and day.*

Detectives and spies are paid so much per person for arrests, irrespective of guilt or innocence. And it is openly charged that the procedure of the Conspiracy Case is being repeated. On the pretext of political charges men are being put into prison whom it is wanted to get out of the way for other reasons; leaders in business and possible competitors, scholars, Christian pastors. These men may or may not have any connection with the independence movement; the object is to prevent the growth of a Korean leadership even for non-political purposes.[1]

The Japanese rule in Korea, ever since the annexation, has been a continual series of deceits, intimidations, cajoleries, oppressions and treacheries. The Korean well understands the nature of the Japanese, and therefore, he does not expect any reforms. It has been the history of Japanese domination in Korea that whenever there was any criticism in the West of their misrule, the criticism was met by announcement of reforms. There were to be reforms in 1905 after the protectorate was established; reforms in 1907 when Prince Ito took over the administration; reforms in 1910 when the country was formally annexed; reforms after the infamous Conspiracy trials of 1912-13. Now

[1] Nathaniel Peffer, " A Japanese Idea of Reform," *China Press,* December 16, 1919.

once again there are to be reforms. Calculating and relentless, the ruling caste of Japan will not introduce any genuine reforms in Korea unless they are forced to do so, either by foreign pressure or internal revolution. At present, there are signs of neither. What little liberalism in Japan we hear of in America is manufactured for export purposes, especially to America, not for home consumption. Indeed, Senator Henry Cabot Lodge hit the bull's eye of the promises of Japanese statesmen when he said in his speech on the Shantung question in the Senate: " Whatever promises she (Japan) has made were all marked by one vital omission—time." Premier Hara said that the reforms in Korea will be initiated " eventually " and will be carried into effect " when time is considered opportune." This loose phrase is capable of many interpretations according to the wishes and conveniences of the Japanese Government. Baron Saito, the Civil Governor of Korea, reflected the opinion of the Premier when he said in his report on the Korean situation to the Japanese Diet on February 23, 1921, nearly two years after the reforms and Civil Administration went into effect, that the " extension of the Japanese electoral law to Korea must await the time when the people of that country are capable of exercising the duties of citizenship." [1]

Bishop Warren A. Candler, President Emeritus of Emory College, expresses the opinion of the best informed on the oft-repeated reform announcements in the Japanese Government in Korea, when he says in

[1] New York *Times,* February 25, 1921.

an article, " The Hun of the Orient in the Belgium of the East."

The recent proclamation of Japan, in which the mis-deeds of the militarists in Korea are confessed and a better order of things under civilians is promised, should deceive no intelligent and informed man. The change of men will have no effect to change measures. Japan's promises with reference to Korea have never been kept. Her treaty, guaranteeing the independence of Korea, was shamelessly broken in less than three years after it was' signed. Germany did not prove faithless to Belgium so quickly, nor so disgracefully. Japan cannot be trusted to treat Korea with justice and humanity.

In 1906 I visited both Japan and Korea, and there I saw such oppression of Koreans by the Japanese that the atrocities perpetrated during the present year do not sur-prise me.[1]

The Korean, on the other hand, will not be satisfied even if genuine reforms are introduced in Korea. His cry is complete independence. He has been aroused from his long sleep by the sound of clashing arms, the cry of a murdered queen, the tramp of armed men. He is proud of the accomplishments of his forefathers, and is willing to make himself a worthy heir of his past glory. He sees the privileges of political inde-pendence and is ready to shoulder the responsibilities accompanying it. Besides this spirit of national con-sciousness for freedom, the Korean entertains bitter hatred towards the Japanese, and feels that the less he has to do with his Island neighbour, the better off he will be.

[1] *The Atlanta Journal*, September 7, 1919.

## XVII

### KOREAN AND JAPANESE CHARACTERS
### CONTRASTED

"KOREA at the present time would be a fertile field for another Bryce investigating commission," writes a close observer of the trend of events in that far-off land. But Korea presents more than a land of tragedy; it is a scene of constantly changing drama of sublime pathos and inspiring heroism. The inter-play of the innermost human passions and subtle racial psychology, which forms the background of the play, is never lost to view. Aside from the question of forced assimilation, which is an interesting study in itself, the fundamental difference between the Koreans and the Japanese, and how each people look at the same problem from an entirely different point of view, is a study well worth research.

The Koreans always worshipped Hananim, a name that conveys the idea of one Supreme Ruler over the universe. This monotheism in Korea is, undoubtedly, one of the reasons for the amazing success of the Christian missionary among the Korean people. To the Korean, moral courage, rather than physical courage, is by far the superior type, and unity of mind and consciousness of one's duty to a great cause is power.

285

Once a girl " rebel " was asked by the judge in a trial
court, " What is independence? "  " Independence? "
said the girl, and her eyes looked beyond the stuffy
court, " what is independence?  Ah! independence is
a happy thought! "  This spiritual understanding of
one's consecration to a great cause enabled the Korean
boys and girls, to say nothing of the grown-ups, to
meet the police and soldiers with the cry: " You may
kill my body, but you will never kill the spirit that
makes me shout *Mansei*."

Mrs. Robertson Scott, an English novelist, who was
in Korea during the Independence Movement of 1919,
in her analysis of the " warring mentalities " in Korea,
records the following incident as a typical trend of the
Korean mind:

A clergyman in Seoul—such a young man as may be
met any day at a Cambridge tea-party—said with deep
conviction, " The Koreans are so brave that the Japanese
do not understand it.  The Koreans, I believe, are the
only people on earth who are really ' meek ' in the scrip-
tural sense.  The Japanese think their meekness is
cowardice, whereas it is moral strength." [1]

To the Japanese the only power is material might,
which has one embodiment—the army and navy.
Such a thing as *noblesse oblige* in governing a weaker
people is unknown among Japanese officials, both civil
and military.  In its place, they have false dignity and
self-conceit, which is always coupled with a tendency

[1] " Warring Mentalities in the Far East," by Mrs. Robertson
Scott, *Asia*, August, 1920, pp. 693-701.

VISCOUNT KIM YUN-SIK, the Most Renowned of the Korean Literati, was Sentenced to Two Years of Penal Servitude for Petitioning the Japanese Governor-General to Stop Atrocities.

Modest and Demure is the Korean Christian Maid, but Neither the Gleaming Bayonet nor the Prison Torture of Japanese Officials Can Daunt Her Spirit of Liberty.

to be cringing before the strong and overbearing towards the weak. Hence, they show their smirk and smile to the Westerners, but to those weaker than they in the East, their fiendish nature of calculating treachery and relentless brutality is revealed. Professor Inazo Nitobe, the eloquent interpreter of the Japanese Bushido to the Western world, says with regard to Korea: " I do believe it is the right of every people to do as they will, regardless of consequences to their neighbours." [1] Professor Nitobe must have two sets of interpretations of the Bushido—the beautiful, self-denying and chivalrous interpretation for the West, and the interpretation based on the doctrine that might makes right for the East.

It is Japanese political philosophy that individual citizens exist for the sake of the State, and not the State for the welfare of its citizens. Hence, morality, conscience, humanity, frank statement—everything is sacrificed for the cause of Greater Japan. In the most cruel periods of Japanese tyranny of Korea, and during the worst of the reign of terror, March and April, 1919, there was not a single Japanese citizen or civilian official to protest, much less to criticize, to their Government with a view of stopping the atrocities. When foreigners began to protest in the name of humanity, *then* a number of citizens and civil officials, as a face-saving device, start to criticize the military officials for their " harshness," thus using the soldiers and police as the scapegoat.

[1] From an article by Inazo Nitobe in *Japan Magazine*, April, 1920.

All through the fires of political persecution during the Independence Movement, the fundamental difference between the Korean and Japanese characters were brought out in bold relief. The Japanese looked upon the Koreans as possessing no power. The Korean, in his turn, not only hated, but despised, the Japanese. The Japanese thought they could stamp out the fires of Korean patriotism with their iron heel, whereas they only fanned the smouldering flame with their *schrecklichkeit.* The action and reaction of the two different mentalities, Korean and Japanese, on the same question, is a fascinating study, even though connected with grim tragedy.

Of the wide survey that I have made of current literature and the mass of unpublished manuscripts on the topic, I find none that presents with greater force and precision the contrast between the Korean and Japanese mentalities and their respective views on the Korean situation than the two anonymous articles which I subjoin. One on " The Korean's Courage " is from an unpublished manuscript, and the other on " Japan's Problem " appeared in the *Japan Advertiser,* July 11, 1919, under the *nom de plume* of " Spectator." The author of these two articles is a Britisher, who has resided in the Orient for over thirty years, and who is a profound scholar of Oriental history and politics.

### THE KOREAN'S COURAGE

It was thought by those who knew the Korean best that he was a man lacking courage. He possessed a kind of frenzy, under high pressure, that would go to the bitter end. But for cool courage that could smile down any menace that might threaten, he has never been given the credit. In these days of his new birth as a nation, however, he has displayed characteristics that have caused the onlooking foreigners to stand in wonder. He may be a timid man before small dangers, like Queen Elizabeth, who, though ready to climb onto the table at the sight of a mouse in the room, could say, with the Armada sailing up the Channel, " I have only the body of a weak, feeble woman, but I have the heart and stomach of a king; and of a king of England, too." This heart and stomach is Korea's, for, during these last two memorable months, not a fear has been hers. Quiet, cool, calculated courage has she shown, much as any admiral moving into action might well be eager for.

Korea has learned through the years gone by that the machine that benevolently governs her is of the order of the Hun. It makes laws; it fixes and regulates everything under the sun, almost to a man's breath, *verboten* this and *verboten* that; it keeps tab on your every motion; it has spies and police and gendarmes and soldiers at its beck and call. Rats listen back of the wall at night and birds catch your thoughts during the day and convey them to the chief of police or gendarmerie. Your house is searched at any hour by barbarians, who walk over the inner mats with their boots on, and then wash their dirty hands in your drinking water at the door. If you get in their way, they drive their scabbard into your stomach or promptly give you the gun-butt back of the ear in a way to make you see stars. They wear hobnails ready to kick or trample any man, woman, or child, who falls foul of them. They have back of them an inferno little better than Tartarus, fitted with prison bars and torture chambers that might well daunt the stoutest patriot. Korea knows this. She has not lived ten years without sensing the kind of ogre who has her in his grip, and what it means for any man to rise and say, " I'll have none of you."

In the face of this, it took courage on March 1 for the thirty-three leaders, here and there throughout the land, to come boldly out. Not a weapon did they have. Belgium was brave when she threw her army into the breach and defied the German millions, but Korea was braver still when she said, " I have no arms, no power to fight, no one to whom to appeal but God, no redress. Even my body is not mine—only my soul. My soul only, but bend it never will." They spoke the word. They set the movement going. They gave their benediction to all around, with smiling faces, and then walked quietly to arrest, and unresistingly let themselves be taken. The prison doors clanged hard behind them, with no word since. We hear reports of pain and mortal agony, but even the wife at home keeps a cheerful face and says, " Never mind, it's for the Cause."

Those who are on the spot, like the writer, know that this is courage of the first order. The martyrs, who went to the stake in the sixteenth century, were not braver; not even those who died in the days of Nero.

Still, the men on that first day did not know what fully awaited them, and so may have gone forth unwittingly. Ere night fell crowds had been cut down with swords, beaten with fire-hooks, hammered with bludgeons, shot, trampled, ridden over, till peace was restored.

The demon of order that rules Korea doubtless said, " I've taught these fools a lesson. They'll think twice before they venture again to run counter to the might of Japan."

Little did he know. It has not ceased till this day. Here and there by day, by night, crowds gather like armies of the unseen, suddenly flashed visible. " Long live Korea! Independence forever!"

No word has been heard of "Down with Japan," no resentment shown. Had Korea desired, on that second day, seeing her bleeding, trampled sons, and knowing how the foul fiend would treat them in prison, she could have armed herself with clubs and stones and killed every Japanese in the outlying country and burned every house in Seoul, with probably less punishment than she took for simply calling Freedom. But this was not her order of the day. "Hurt no one. Do no violence. Let our Cause be known. It is just."

Doubtless Japan has kind hearts in many places, and she must not all be condemned, but kind hearts are not evident in the machine that governs Korea, and to the Korean this machine is Japan and all Japan. It thought that a few rounds of this kind would surely end the mad craze that possessed the Korean and deliver the Government from the trouble on hand, but no such result followed.

When one group was put down by sword, gun and iron bar, others stepped into their places to take up the call. Like the fiery cross of ancient Scotland, it flits from hand to hand, till the whole land is caught by its spirit and the only thought is to pass it on.

One of the striking features of courage is that shown by the young women. Right well they know what tortures await them if they are caught, and yet they have been as fearless as the men. Some of those taken March 5, when on their way to wave the flag, tell their story. Kicked, beaten and flung into the police station, there to undergo such torture as would daunt the bravest!

Girls brought up in tender surroundings just as carefully as regards their persons as any young woman in the Western world, are subjected to this agony, and yet they take it with smiling faces. A few days ago I met one of them, whom the police are close after, and said to her, "Have a care. Keep out of it." She smiled in an easy, unsuppressed way, said her gentle thanks and was gone.

Kim Maria, a young woman of about twenty-five years of age, whom I have known from a child, is now locked up in the inner prison. She is a beautiful type of Oriental with dreamy eyes and dark lashes, such as only the hidden vistas of Asia ever see. For some years she has lived in Japan and speaks her language like a native tongue. What is her sin? The same as that which sent Madame Breshkovsky to the salt mines of Siberia. She is a patriot and would give her life to see Korea free. Maria knew what others suffered before she went, but that must not interfere with her contribution to the Cause. She chose Tennyson's line, " the thumbscrew and the stake for the glory of the Lord."

Another mark of Korea's courage is seen in the plain men of the country, the small farmer, who has had little chance to know the larger questions of life. In his quiet soul many of Confucius' maxims reside. He is no Bolshevik, not he, for the Five Rules that hold society together in East Asia hold him firm. He has awakened, however, to the fact that all men are born somehow with certain inherent rights, the right to think, the right to speak, the right to pray. He joins the vast throng of Koreans, now numbering millions, who are on the march shouting the Battle Cry of Freedom. He knows, as the *Daily News* to-day announces, that any man calling Free- . dom will get ninety blows of the bastinado. What is left of him will be but a poor rag to start ploughing for the summer season. Still, he is undaunted and goes forth. The gendarmes and soldiers, half beside themselves, and not knowing what to do, fire pointblank into these defenseless crusaders with ball cartridges, thinking to stamp them out, but not a bit of it.

I asked a former provincial Governor, who called on me yesterday, what is in the mind of the Korean country folk that they take this kind of punishment and yet keep on. " A definite conviction," says he, " has mysteriously come to possess our whole people that their Cause is right and that the right will win. They have no hatred of their oppressors, no desire for revenge. If we had, we could soon exercise it and kill every Japanese in sight as we did in 1884, but that's not it." The conviction among Christians and non-Christians alike is that God is on the side of right, and that He will move their Cause to win. So the farmer dies with no resentment in his soul against any individual Japanese.

I know the case of a man, whose young nephew was shot and killed by a gendarme. The people of the town captured the Japanese and threatened his life because he had shot an innocent boy. But the old farmer arrived in hot haste to say, " Let him go. Killing would only add crime to crime. Let him go." Thus, they come to the Severance Hospital, shot through the neck, through the abdomen, lacerated with bayonet thrusts or hacked with sword.

This is the farmer, but how about the aristocrat? The former rulers of the land—have they any iron in their blood? One example comes to me, Yi Sang-jai. He was born in the same year as Lord Kitchener, 1850. He is not so tall, never wore a sword, is much more genial than Kitchener, but like him in this respect—that a million young men admire him and answer to his call.

Yi has for years stood for reform, and while sent once to Washington as secretary of the legation, and later made secretary of the cabinet of the old régime, the Japanese have always regarded him as a dangerous man, because of his power as a speaker.

The following will give the reader an idea of the kind of fearless man he is. To trifle with the police in Korea is like playing with dynamite. Recently, they called on him and asked if he were aware of who was back of this Korean movement.

"Why do you ask me?" was his question.

"Because we rather think you may know—do you?"

His reply was, "Why, yes, I do. You mean the chairman of the committee that is running it?"

"Exactly."

"Well," said Yi, "I'm glad to tell you. His name is God Almighty. He is back of it."

The police answered, "Nonsense! We don't mean that. Who are the people that are running it—do you know them?"

"Yes, I know them," was Yi's answer, "know them all."

"Tell us, then," said they, with note-books ready.

"All the Korean people," said Yi, "from Fusan to the Ever-white Mountains and beyond. They are all in it. They are the committee back of the agitation."

The dry grin on Yi's face was too much for the Japanese police, who packed up their note-books with other gear and left.

On March 26, Mr. Usami, Director of Home Affairs, sent a Japanese who speaks and writes Korean, to Mr. Yi Sang-jai with these questions:

(1) What is the reason for this agitation?

(2) What is the mind of the Korean people towards the Japanese Government?

(3) What do you suggest in the way of change to set matters right?

"In answer to number one," said Yi, "I am aware of only two ways of holding an alien people—one by good faith and the other by force. Good faith rests on mutual confidence, and the assurance that the Government will do the square thing. Japan, however, broke faith when she went counter to the treaty of 1904, which says, 'The Imperial Government of Japan definitely guarantees the independence and integrity of the Korean Empire.' In the eyes of the Korean people your Emperor Meiji lied, and they now regard all Japanese as liars. There is no faith possible here. Your only hold upon us is brute force, and that leads to its own destruction. Your brutal Government, and the mistrust we have of you and all your nation, is the cause of the present agitation.

"In answer to question number two, I must say that not a Korean is with you. In the ordeal through which we are passing, we have become a united people, united in this one thing—that we are all against Japan. The Korean mind, due to your unfaithful and oppressive actions, has receded miles away from you, never to return.

"As to the matter of a remedy, I have no suggestion. Even though I made suggestions, you have no power to carry them through, nor has Hasegawa. Leave it as it is, your destruction lies ahead."

I have noticed that the Japanese have a sort of fear of Yi Sang-jai, much as the Jews had of Amos, the prophet. He has no fear of them.

Arrested April 4, he now is locked up in the big prison outside the west gate of Seoul. An underground messenger made inquiry some time ago of the Minister of Home Affairs as to Mr. Yi's offense. "A very dangerous mouth," was the answer.

The last time I saw him was on March 30. Never had I seen in our more than twenty years' acquaintance anything but smiles on his face. His was always the cheerful word in spite of adverse wind and weather; but on our last meeting, tears filled his eyes. Was it because of fear of arrest? Not he. "What is an old dog like me doing, loose and running about in a day like this? Into prison I should go and lend my seventy years to the Cause." His tears were these: "Our girls and young women," said he, "are in the hands of savages, no humanity in them."

Even the children lift their little hands to Heaven to lend their aid. One laddie of six said to his father, " Father, will they take you to jail? "

" They may," was the answer.

" If they do, don't sign your name." This refers to a forced putting of one's stamp to a paper confessing wrong or making confession.

The father was taken a few days later, but finally released. When he came home, before the little lad could think of rejoicing, he asked, " Father, you did not sign your name, did you? "

" No," said he, " I signed nothing," so his little boy was glad.

&ast;   &ast;   &ast;   &ast;   &ast;   &ast;   &ast;   &ast;

Great crises bring out the true nature of man. We foreigners, who once thought the Korean lacking in courage, have now an entirely different opinion of him. The present movement for Independence reveals the real fibre of the Korean race. We now see that he possesses an order of courage, combined with cool self-control, that is unsurpassed in the history of the world.

### JAPAN'S PROBLEM

Doubtless, Japan felt in 1910, when the announcement was made, " Korea Annexed," that she had entered upon a path of glory unexampled by anything in her past history. Here were 80,000 square miles of land—hers with the flag of the Rising Sun floating over it; a foothold gained on the mainland, and a definite start made for the mastery of East Asia.

Had Korea been an inanimate object, without soul, or sense, or feeling, it doubtless would have been as Japan thought. Her dry biting atmosphere of winter could have been overcome; her dull brown hills could have been whipped into line, roads and waterways opened up, and a world of wonder made of her to blossom like the rose

—an agreeable picture to the mind of the ordinary Japanese, who had just heard that Korea was annexed.

But the Japanese sometimes, like the rest of us, think they know it all before they have tried their apprentice hand, and, when the day of reckoning comes, the showing is poor.

So it is to-day. The Japanese are trying to hide it even from themselves, but the fact remains that they have made a failure in Korea, so that the peninsula is less theirs to-day than when it was annexed. In her efforts of the last four months to compel the Korean to love her, she has driven even her friends away, and now has a problem on her hands that may well give her pause.

Where lies the trouble? What is the matter?

Foreigners go by and they see great material improvements in Korea: well ordered streets, better buildings, vastly improved sanitary conditions, increase of prosperity, and they herald the news abroad that Japan has been a boon unexampled.

This is the superficial view that makes matter more than mind, and body greater than soul. It is the view of the man, who has not yet learned Shakespeare's little line, " There is nothing either good or bad but thinking makes it so."

The writer used to imagine that Japan would prove an expert at reading the Korean mind, seeing that she herself was an Oriental, and was, therefore, within the charmed circle of the East. But he has changed his mind. Japan knows little or nothing of what Korea means or matters. The methods she adopts, the words she speaks, the announcements she makes, prove her ignorance. It is not unfair to say that she is wholly unaware of the kind of being she has to deal with, and so to-day has resorted to the bayonet and gun-butt to solve her problem.

An old woman with her hand shot off by buckshot, a little boy of twelve with his skull smashed in, an old man

smothered with his head in a cess-pool, are startling land-
marks along the way, but they do not solve the problem.

Japan began with a handicap.  For a thousand years
and more the Korean has viewed the Japanese as his
mortal enemy.  Three hundred years ago this enemy
landed and went through the country with fire and sword,
confirming the view, till his name became the synonym
for all that was evil.  This name has remained ever since
the Hideyoshi invasion.  Now Japan comes over in the
guise of the beneficent *pater familias* to rule.  Starting
with a debt heaped up, it surely behooved her to walk
circumspectly, with all wisdom and sympathy, if ever she
hoped to guide the people of Korea into a companionable
relationship with herself.

But she showed her mistaken reading of the problem
from the very first by her determination to assimilate.
She actually thought that she could make the Koreans
Japanese; wipe their language off the slate; remake their
history; bury their literature out of sight, and cause them
to forget 4,000 years of a civilization quite equal to that
of Japan.  She forgot that Koreans were an older race
than herself, and that they taught her religion and morals,
and were her masters in the arts and crafts that make
her famous to-day; that they are mentally quite her equal,
though a people of entirely different ideals.  Without
a notion of all this, she has set to beat up and hammer
them into freshly made Japanese, and put Bushido pa-
triotism into their souls, as you would put salmon into a
tin.  Never was there a greater misreading of the other
man, with utter failure in its wake.  The Koreans to-day
are united in their opposition to the whole Japanese prop-
aganda, and will have nothing to do with it.  It is not
a question of Christians; peers, literati, farmers, labour-
ers are all in it.

The Japanese thought their civilization would win the
Korean.  They are an organized nation while the

Koreans are not. They have won a place in the council of nations, while the Korean has won nothing. They are orderly and diligent while the Korean is the reverse, but this again has failed.

Along with Japanese civilization go some marked defects that the Korean sees full well. For example: their planting of the brothel system all over the land, and the exploiting of the fallen woman with a million dollars back of her, is something new to the Korean, and something that he has been quick to see. " We are an immoral race ourselves," says he, " but never as bad as this," and those who read and are acquainted with Korean history know that he is right.

If Japan had understood even a little of what her task meant and ever hoped to win the Korean, she would have barred the door against the fallen woman, the unrighteous judge, the official land-grabber, and a host of other evils that stalk through the land.

Japan forgets that Korea sees, takes note, and thinks. When her youth are forbidden every national ambition, but, instead, are tempted by hand-bill and word of mouth to yield body and soul to the insidious snares of the vilest organizations, will she not see? The thinking classes cannot but say, " Don't talk to us of Japan; she is not civilized."

The Korean, like other varieties of human beings, can lie. Yet he knows that lying is degrading and will not allow his teacher, his governor or his magistrate to lie without branding him as an inferior order of being. The Japanese do not seem to know this. Here, too, they have misread the Korean mind. They think they can say anything they like in their Government papers, and report what is, or what is not, with impunity. They forget that the Korean reads it with keen eye and common-sense and says, " Egregious liars, all of them."

The fact that Viscount Kim Yun-sik, oldest of the

peers, head of the Confucian college, and ever a friend
of Japan in the past, joined the movement early in March,
but, as yet, has found no mention in Korea's public press;
or that Kwak Chong-suk's going to prison with all the
literati in his train has called forth no comment, while the
papers still talk as though the Christians and Chuntokyo
were the whole movement,—all convinces the Korean the
more that official Japan does not speak the truth.

The task still remains. How is Japan going to do it?
She will never make Japanese of the Koreans by force.
The writer knows the Korean fairly well; once rouse
him, and he is as hard as adamant. He calmly smiles at
the all-accumulated terrors of Japan, and says, "Do
your worst; shoot and kill. The time will come when the
tables will be turned, and I shall be ready for you."

Japan is making out of Korea a hardened, fearless na-
tion, where she will have nearly twenty millions of sworn
enemies. This is the course that she is at present pur-
suing.

Can Japan solve the problem, or is it beyond her?
Most thinking people think the latter. The writer thinks
she might solve it if she would. Given a group of Japa-
nese of the Kato order, who are fearless to start with,
as fearless as the Koreans; who would read the other
man sympathetically and see that though he is not equal
to a Japanese in some respects, he is superior in others;
who would like to treat him as he himself would be
treated, and we shall make a start at the solution. But
to shoot pointblank with ball-cartridge into the crowd that
simply says, "Give me liberty," or to pound with gun-
butt and bludgeon those who smile and say, "Korea For-
ever," or to insult decent girls because they will not be
afraid, is a matter that will bring the ball-cartridge home
to Japan some day.

## XVIII

## CONCLUSION

" **J** APAN has started something that she is unable to finish!" observed one Westerner, commenting on the Korean situation. That hits the nail on the head. The Western public was informed by the Japanese Government that civil administration has been introduced in Korea; that reforms of various kinds have been initiated; that the situation in the peninsula had reached its high-water mark in March and April, 1919, and had now simmered down to mere chronic grievances. Japan would have Westerners believe that all is well and peaceful in Korea by this time.

But the fact of the matter is that the Independence Movement merely began in March and April, 1919, and the Koreans are determined to carry it through to its end. With all her force and brutality, Japan has opened the lid of the Pandora's box of Korean independence. The movement is, in truth, more universal among the Koreans now than it was last year, and arrests, tortures and military oppression still continue. A number of able observers visited Korea since the introduction of reform measures under the civil administration of Admiral Saito. The united testimony of these witnesses, on the present conditions in Korea, speaks for itself.

301

Nathaniel Peffer, the special correspondent of the *China Press,* Shanghai, the most influential American daily in China, was in Korea in December, 1919. He published in his paper a series of articles, entitled: " The Truth About Korea." Mr. Peffer is not anti-Japanese, nor is he pro-Korean; he simply wrote about the existing conditions in Korea as he saw them.- I quote the following passages from one of his articles which are illuminating on the present situation in Korea under the civil administration of Japan.

There is now in the heart of Korea, of every Korean, a bitterness against Japan that cannot be expunged at least for a generation, if then. It is a bitterness that has grown slowly and cumulatively in the ten years of op- pression since annexation, and was permanently fixed by the cruelty with which the unarmed and peaceful dem- onstrations of March were crushed. The Japanese may now realize their error and make restitution. And, looked at theoretically, that may be regarded as satis- faction to Korea and even victory. But racial attitudes are matters of instinct. And it is a matter of instinct now with the Koreans. They do not reason; they do not claim to be logical. Their bitterness is implanted in them; it is in the blood of their veins. Before that bitterness re- forms, even the reforms they have asked and would be- fore have been satisfied with, are as nothing. They want independence, and only independence. They may not win it, may not win it for decades or ever, but they will be satisfied with nothing less. And they will struggle, openly or under cover, to the point, I believe, of racial suicide. It is not a matter of whether or not they are legally en- titled to independence, whether or not in the present state of international morality Japan can reasonably be ex- pected to grant independence, whether or not Korea is yet qualified for independence. The Koreans do not even think of those questions; they refuse to. It is a matter of hatred, not reason. It is not for other people to say whether or not they are justified. But it is impossible not to face that as the basic, central fact, and it is necessary to state it as such and to realize its consequences. And it is possible to find and to state its causes.

But make no mistake about this; instinctive as the determination may be, it is not being executed blindly. To the outer world Korea may be quiescent; inwardly it is seething with activity. The " Provisional Government " that lately sat at Shanghai is not a comic opera fancy. Under the surface Korea is to-day completely organized, and, almost literally under ground, that organization is functioning. Its existence is known to the Japanese; no secret is revealed in talking of it. But its personnel, the method of its activities, its location and its support have the Japanese completely baffled. Their veritable army of spies, many of them renegade Koreans, avails them nothing. They make arrests by the hundreds, but whom they have they do not know, and they punish the innocent with the guilty. But arrests or no arrests, the organization goes on nevertheless. Even the Koreans who are in it are largely ignorant of its secret. They know only their own part. And even of those same renegade Koreans who serve Japan as spies it is understood that there are some serving it by reporting Japanese intentions and deceiving the Japanese. That, too, is no secret. The Japanese know it; they have caught some doing that. It is the atmosphere of the melodrama, and to live now in Korea is thrilling. True, the end may reveal it as tragedy. Probably it will; but it will be an historic tragedy.

*　　*　　*　　*　　*　　*　　*　　*

Two facts must be impressed in connection with the Korean movement. The first is that this is no work of

"professional agitators." It is a truly national move-
ment.  The second is the remarkable organization behind
it and the efficiency with which it operated and still op-
erates.  I do not mean to say that every peasant in every
remote village has reasoned out to himself all the causes
and implications of the movement.  I do not mean to say
that every village peasant understands the full implica-
tions of independence.  I do mean to say that it is felt
by every Korean, or the overwhelming majority of
Koreans; that the instinct is strong if not the logical
processes.  And races, as well as individuals, move as
much by instinct as by reason.  And if the movement
was not national in March, it undeniably is so now.  The
Japanese have made it so.  What eyes were closed before
are opened now, where resignation was before is now
defiance.  The Japanese have made the Koreans patriots
as they wished—but patriots for Korea.  In spite of
themselves, they have done a great thing for Korea.  Ig-
norant men, thoughtless boys and girls who took part in
the demonstrations in the excitement of the moment and
without reckoning its consequences have come out of jail
not with regrets; far from that, they are now dedicated
to the cause of independence.  I have talked to men and
women only ten hours from prison, who have endured
in prison sufferings to shake the spirit of martyrs.  And
they have said to me that, knowing well all that it means,
they would go willingly back to their cells the same day
if it would help their cause.  They did not all talk lightly
and in bravado; I knew of some papers that they had in
the big folds of their clothes while they were speaking,
papers that would send them back into imprisonment for
six months more.  These were not your natural radicals,
not the intellectuals, but plain men and women, shop-
keepers and farmers, wives and mothers.  Japan does not
even dimly understand what it has stirred up.

An equally remarkable fact is the thoroughness and

efficiency with which the movement was planned and executed. None of the officials with the best intelligence service at their command or of the foreigners who are closest· in touch with Koreans had even the smallest knowledge or warning of what was to come. There was unrest in the air; that everybody knew, but no more. Only the leaders knew and those who were carrying out the plans. Copies of the declaration of independence had been printed by thousands and sent throughout the country ready for distribution. Thousands of small Korean flags had been made and sent about—and it has always been a crime to have one of these in one's possession. Meetings had been arranged and their speakers chosen and the exact time fixed for each city. Propaganda had already been sent abroad—a copy of the declaration of independence and a statement of Korea's position were brought to me in the office of *The China Press* the same day the declaration was proclaimed. Money had been raised. A daily paper called the *Independence Newspaper* was being secretly printed in the same manner as *La Libre Belgique* and with the same thrilling accompaniments. A complex, national organization was working smoothly. For the first time in their history Koreans had shown a capacity for coöperative and united action. And all of it at dire peril and under heavy cover. It is an impressive achievement.

That organization is still functioning and the spirit behind it is still active. I have already touched on this in a previous article. I have told how the country is divided up and a secret government is in force. Orders are given, secretly communicated—usually by girls and women who travel about with papers hidden in their clothes—and secretly executed. Communications are maintained with Shanghai and with England and America. Money is raised, collected and sent out. Millions of yen have been smuggled over the Yalu River into

Manchuria and China, and thousands have been caught in transit by the Japanese and confiscated, the bearers getting harsh punishment. Men and women disappear and again appear. The *Independence Paper* still comes out at irregular intervals. It is printed on mimeographs, carried about over the country and distributed. Men find it on their desks, knowing neither how it came nor when. Where the mimeographs are obtained, where they are kept, when they are operated—all this is as baffling to the Japanese as it is to the stray tourist.

Behind the secret government itself is what is called the National Society. As one man explained to me, this is for the purpose of fitting the people for independence, of teaching them the meaning of self-government and its responsibilities and duties. The existence of this society is no secret, but who its members are and what they do —that is not known, even to all the members. Hundreds are being arrested on suspicion of connection with it, but the society goes on nevertheless. Arrests have become common in Korea. Men are taken up suddenly and without warning or explanation, are held in custody and beaten to make them yield information and are sentenced or released as the case may be. And every man who has been arrested and beaten without being guilty of any part in the movement immediately becomes a part of it.

It is not to be thought that because nothing gets into the newspaper columns all is quiet in Korea. It is not. Even while I was there demonstrations occurred in Pyeng Yang and a few other places. A nation-wide demonstration of the same kind as the one of last spring had been planned for the middle of the month, but the police learned of it and by an impressive show of force in the streets before it was to start compelled it to be called off. A national wailing day was set for public mourning, but for reasons of expediency it, too, was called off. While I was there most of the schools were closed by a

大韓民國三年一月一日

臨時政府及臨時議政院新年祝賀式記念撮影

"THE PROVISIONAL GOVERNMENT THAT LATELY SAT AT SHANGHAI IS NOT A COMIC OPERA
FANCY. . . A COMPLEX, NATIONAL ORGANIZATION WAS WORKING SMOOTHLY"

strike, the students refusing to go on studying Japanese for the number of hours prescribed; they insist that it be taught only as a foreign language.

Small boys in one school in Seoul waited until their Japanese principal came in and, drawn up smartly in military formation—according to the custom of the schools—informed the principal that they could no longer study out of Japanese text-books. The principal told them they would have to obey orders, but later the Government might act on their demands. The youngsters quietly marched to a corner, tore their Japanese books into little bits, marched back in front of the principal, informed him they would come back to school when they no longer had to use Japanese text-books, smartly saluted and walked out. Such episodes occur regularly. They will continue to occur. The demonstrations may have been postponed last month; as likely as not they will be held this month or next. They will continue to be held. And they will be continued to be the hardest kind of resistance to combat—passive resistance. Their warfare is all out of Japanese technique. If the Koreans had arms with which to fight, the Japanese could shoot them down and crush them. When small boys merely tear up their text-books and walk out and grown men merely fold their arms and shout, "Long live Korea," the Japanese are at sea. They have no strategy of defense. Even torture has proven unavailing.

Miss Elsie McCormick, a trained journalist, and a careful judge of conditions and circumstances, was travelling through the Far East, in the spring of 1920 with a delegation of American women, who were looking over the mission fields with especial reference to the work that could be done for native women. In recording her observations in Korea, she wrote:

We began the day by going to see the nurses' dormitory at Severance Union Medical College, a missionary institution supported by four different denominations. We found the dormitories in confusion and the matron in tears. An hour before, the Japanese police had carried off one of the nurses on the pretext of using her for a witness; the nurses had just heard that the young woman had been bundled off to a prison in the country, far beyond the reach of those who might help her. She had gone without taking money or any personal belongings, and was, therefore, entirely without means of mitigating the discomforts of imprisonment. No charge had been made against her; it was quite possible that no charge ever would be made, the missionaries declared.

Two students in the Methodist Episcopal Girls' School at Seoul had recently been released as innocent after five months of solitary confinement, during which time there was not even the pretense of a trial. The merest suspicion of disloyalty is quite enough to warrant an arrest, in the eyes of the Japanese. There seems to be a systematic attempt to wear down the morale of the Koreans by a long process of goading and hectoring.

We next visited the Presbyterian Girls' School. More confusion. Five Korean teachers had just been arrested by the Japanese police, and were being held incommunicado. One of the young women suffered from a ruptured ear drum as the result of a beating received during a former term of imprisonment. Constant persecution of pupils and staff had reduced the enrollment from eighty to twenty-six, a missionary declared. Loss of the entire native faculty would probably mean the temporary closing of the school.

At the hospital connected with the Severance Union Medical College, we met a Korean doctor, who declared in great distress that his sister had been taken prisoner that morning, and that she had been separated from her five months' old baby. "After all, however, we have fared better than other schools in the city," stated the physician in charge without a trace of sarcasm. "Only five of our medical students are in jail."

Although the churches we visited on the following day seemed well filled to us, those who escorted us apologized for what they called meagre congregations, stating that many members were imprisoned, and that others had fled to Manchuria. Only one of the eight native Presbyterian pastors was out of jail, they said, which was a decided hindrance to church work.

After mentioning the Japanese methods of flogging and prison tortures, which were still going on, Miss McCormick concludes: .

In defense of the practice, Japanese have pleaded that flogging was the mildest punishment recognized under the old Korean law and that in using it, they were merely following the Korean custom. But no matter what excuse is offered, the fact that two young Korean students were recently beaten to death on half proved charges of disloyalty, will remain an eternal blot on Japan's administration of Chosen.

Frazier Hunt, the Far Eastern correspondent of the *Chicago Tribune* Foreign News Service, was in Korea during April, 1920. In his dispatch from Seoul, dated April 20, Mr. Hunt wrote:

#### ALL KOREA IN REVOLT

The spirit of independence and revolution has permeated into every class and section in all Korea. Instead of lying down with the promise of reforms made by the new Japanese Governor-General, the fire is kept glowing under ashes of hate.

First by police inquisitions and gendarme cruelties, the Japanese tried to crush the revolt, but that failing, they have tried to sidetrack it with promises of numerous reforms. But there have been so many strings tied to most of the promises that they, too, have failed to check the steady growth of the independence movement.

In the days that I have been here, I have gone about among the people sounding the depth of their determination for independence. Again and again, I have been astonished to find how deeply this demand for freedom has sunk itself, and how universal is the willingness to make any sacrifice to help the Cause.

Despite the 28,934 who were thrown into jail during the first four months of the revolution, and the 9,078 who were flogged and thousands who were put through cruel third degrees by the police, the spirit of fight is far from broken.

To-day I returned from a hundred-mile motorcycle trip into the country that I made in order to see with my own eyes some of the burned Christian churches and to feel with my own hands the pulse of the Korean farmers. It was an eighteen-hour ride over bumpy roads, but it was worth it, because I need quote no one now but these peasants themselves in order to show how real is this hate of Japan and how deep is the determination for freedom.

It was difficult to get these simple, uneducated men of the soil to talk freely because of fear of the gendarmes and the heart-breaking spy system that always hangs over them like some black cloud. A fine upstanding missionary, who is giving all his life to helping these poor people, interpreted for me, but even with his assurances that we were Americans, it took more than a little coaxing before they would open their hearts to us.

"The ruins—there is what is left of the church," one old fellow finally started out. "Twenty-four men of this village, all Christians, were killed there last year by the soldiers. They were called to the church and shot. Then the soldiers set fire to the building."

"And will you go on dreaming of freedom?" I asked.

"We are only ignorant peasants," he answered, "but we want our country for ourselves. We want our own lands."

It was not much, but it was the spark that wins revolutions—the dream of wanting their own country for themselves. And millions of them are willing to fight for it.

I recall a conversation I had with one of these militant ones on this same trip. He was a boy of fifteen, and we stopped him on the road near Seoul and started talking to him. He had finished the primary school and was now working in a little factory in the outskirts. We asked him all about his work and then swung onto the revolution.

"Were you in the demonstrations and did you shout *Mansei* (independence)?" I asked.

"Of course," he answered.

"And are you going to take part in more demonstrations?"

"Of course."

"But you might be arrested and beaten," I suggested.

"What does that matter?" he answered simply.

"But you might even be killed. You are young, and you have many things to live for. You might be killed."

"Indeed, I would truly live forever, then," he answered. "I would be a hero of Korea and men would honour me forever."

Pride in revolution! Dreams of a hero's death!

Boys growing up singing the eternal songs of Independence!

So again let it be written that the fire of revolution burns in the heart of every Korean. In some it is only a dull glow, but in others it is a flaming spirit that can never be put out.

Japan faces the impossible because there can be no answer to the call for independence—except independence.

The foregoing statements from American eye-witnesses will give the reader an idea of the present situation in Korea. The question may be asked—what is to be the outcome of all this?

Japan's position in Korea is an impossible one. She is no more capable of governing an alien race now than she was in the days of her "Restoration," over half a century ago. The mind of her militarists cannot conceive any other force than that of soldier's rifle and policeman's sword in suppressing the orderly and non-resistant Independence Movement of the Koreans. The more force she uses the stronger becomes the movement. Indeed, if it were not for the grim tragedy behind it all and for the storm of indignation that one is swept into at the stupidity and cruelty of Japan's history in Korea, one can almost waste a little pity on Japan.

Before the thrilling miracle of a re-awakened, revived people, Japan stands completely bewildered and just a bit chastened. She does not know what to make of the sudden rising up of a crushed, broken race, just as she doesn't know what to make of a world that is no longer under the spell of the German military might-makes-right idea that she believed in and dreamed of conquering the East with.

The civil party of Japan, led by the Hara administration, tried their time-honoured tactics—bribery—of which the Japanese statesmen are past masters. But to their surprise and regret, they found out that the Korean leaders of to-day are made of different stuff from that of the old Korean Government officials that they used to deal with, and that all the wealth and glory of the world cannot bribe a single Korean nationalist. Thus, in November, 1919, Mr. W. H. Lyuh, a member of the Korean Provisional Government, and one of the leaders of the Korean Independence Movement, was called to Japan to confer with the Japanese authorities informally on the Korean situation.

Mr. Lyuh went to Japan from China on the guarantee of the Japanese Government that his travel through Japan and Korea would not be interfered with by the Japanese authorities. He addressed a group of press men and officials at the Imperial Hotel, Tokyo, on November 26, then he called on Mr. Koga, Chief of the Colonial Bureau; General Tanaka, Minister of War; Dr. Rentaro Midzuno, Civil Administrator of Korea; Mr. Tokonami, Home Minister; Mr. Noda, Minister of Communication, and other Cabinet Ministers. In his conferences with them, Mr. Lyuh outlined the aims and aspirations of the Korean people, and the advisability on the part of Japan to restore the independence of Korea. In answer to a question as to whether Korea was strong enough to stand alone without Japanese protection, Mr. Lyuh said that Korea had no foes to fear; China was extremely friendly with her, and the Koreans could enter into an understanding with the Japanese, the understanding to be of a kind that would give mutual benefits towards the protection of each other. In the course of private conversation, Mr. Lyuh said that the Korean Provisional Government could make no compromise or understanding whereby the full independence of Korea was not recognized. " We have no arms," he said, " we are defenseless, but we believe in our Cause. And, while not resorting to force in any form or manner, we will not lose sight of the main principle on which we have founded the present Provisional Government—of the people, for the people, by the people. The power of faith in a good cause is great, and to this we pin our trust." [1]

The Japanese entertained him lavishly; they were extremely solicitous in looking after his wants. And there were hints that if the Koreans should change their cry from one of independence to one of self-government under Japanese rule, there were several good positions in Korea, from which Mr. Lyuh could make a selection. But all this had no effect upon this sturdy nationalist, and the scheme of the Japanese Government, to bring about conciliation in Korea by bribing Korean leaders, failed. As a consequence, the Japanese vehemently attacked their Government for having Mr. Lyuh in Japan. The native press, including *The Yamato, The Chugwai,* and *The Asahi,* accused their Government as fostering sedition by " temporizing with rebels." A public meeting for the impeachment of the present Government, because of the

[1] A complete description of Lyuh's mission given in *Japan Advertiser,* November 27, 1919.

Lyuh affair, arranged by the *Kaiko Monseki Domei-kai* (Association for the Impeachment of the Government for Diplomatic Blunders), was held in Tokyo on December 18, at which speakers dubbed the present Government " a bad Cabinet " and described Lyuh's visit in Tokyo as " the most outrageous incident in the annals of Japan." [1]

The Japanese Government did not quite fulfill its promise with regard to Mr. Lyuh's trip, as he was not allowed to cross over to Korea from Japan. Therefore, he came back to China direct from Shimonoseki. The Japanese excuse in not permitting him to go through Korea was that they feared another demonstration if he landed on Korean soil. In relating his visit to Japan, Mr. Lyuh said:

The only hopeful sign I obtained in Japan was when Mr. Tanaka, Minister of War, admitted that Japan had made some mistakes in her Korean policy of the last ten years. That gave me courage.

I asked him what was to be done, and he said the Japanese were trying to correct their former errors. I asked him how they sought to do this, but he either couldn't or wouldn't elucidate. I say that when he made the admission I regarded it as hopeful.

Any hope that might have been in my breast was dissipated a few moments later, when I ascertained that Japan is sending more troops to Korea, and that she is swelling her Korean police force from 25,000 to 50,000 men, stationing them in every village, no matter how small.

---

[1] Translation of press comments and the description of the meeting of the *Kaiko Monseki Domei-kai* given in the *Japan Chronicle*, December 25, 1919.

Japan recognized that the presence of soldiers on police duty was resented by the Korean people. So she pretended to withdraw her soldiers, leaving only the police. Instead, she had her soldiers change from army to police uniforms, and is sending more troops to Korea. I am convinced that Japan is awake to the seriousness of the Korean situation. I am convinced, also, that Japan is worried.[1]

According to Japanese official statistics, 10,592 political prisoners have been flogged, 631 have met death, 5,156 have been imprisoned, and 11,831 are still awaiting their trial nearly two years after their arrest. These figures being " official " have the usual Japanese quality of inaccuracy in favour of themselves. It is a known fact that physicians, generally, whether in hospitals or in homes, are not permitted to give certificates of death showing that death resulted from flogging or other official punishment. For instance, Korean statistics as to those killed and executed in Korea alone, not including those in Manchuria, is over 7,000. No doubt, just as great a discrepancy would appear in the balance of the Japanese statistical data. However, even the " official " statistics of Japan tell a sad story that has in its making a volume of gruesome detail. The Japanese authorities are keenly watching the Independence Movement pending the trial and sentence of the leaders. If the movement subsides, the official vengeance of the Japanese Government will be wreaked upon such eminent leaders as Son Byung-hi, Kil Sun-chu and Choy Nam-sun. On the other hand,

[1] From the *China Press*, December 12, 1919.

if the movement is kept up, these leaders will be given light sentences or released entirely as a sop to the people.

To the leaders themselves it is immaterial what the Japanese may do. They led the movement, knowing the horrible fate that was before them. They were not unaware of the Japanese prison tortures and death that their predecessors encountered. With magnificent courage and unflinching heroism, they blazed the trail and organized the movement, so that the work may be carried on even after their death. The rank and file feel the highest honour that they can pay to their leaders, both dead and living, is to carry out their wish and continue the work that they have so nobly started on the first day of March, 1919. Thus the Independence Movement is stronger to-day than it was in the spring of 1919. On the first anniversary of the Korean Declaration of Independence, there was a universal celebration of the occasion among the Koreans throughout the world. The observance was not marked by firecrackers and high-sounding speech, but signalized by deep consecration of their lives to the Cause of the freedom of their fatherland.

In Korea the police and the soldiers took due precaution to prevent all possible demonstrations. As a consequence, open meetings were not held, but the people observed the occasion in their homes as the "Foundation Day of Korean Liberty." But to the more impulsive students, gleaming bayonets had little meaning, for even in the midst of the cordon of soldiers, an open demonstration was held in Pai Jai College, Seoul.

Consequently the school was closed. In Japan the Koreans had their celebration meeting despite the vigilance of the police with the result that fifty Korean students in Tokyo were jailed.

The Japanese Government seems to be determined to stamp out the Korean independence movement everywhere. The Korean residents in Manchuria, like their countrymen all over the world, naturally sympathized with the movement. The Japanese Government looked upon these Korean settlements under Chinese jurisdiction as a source of trouble in the future. They must be extirpated. The Tokyo Government, in the fall of 1920, decided on the drastic policy of wiping out the Korean communities in Manchuria in order to nip in the bud the Korean independence movement in Chinese territory. Against the strongest protest of the Chinese Government, more than 15,000 soldiers were sent under orders to Chientao (Kando in Korean), Manchuria, to stamp out the incipient movement for Korean freedom.[1] The atrocities committed by these soldiers equal in severity and horror some of the worst reported cases in Korea during the early part of the independence movement.[2] The soldiers not only killed the people, but systematically burned the villages, devastated the fields and destroyed the grain supply. Figures of the destruction

[1] The Japanese Government admitted sending only 5,000 soldiers.
[2] For full description, see "Korean Massacres Testified by British Missionaries," *China Press* (Shanghai), December 8, 1920.

and massacre in Chientao, carried on by Japanese soldiers during October and November, 1920, are now available. They show that 3,128 inhabitants were murdered; 2,404 homes, 31 schools, 10 churches, and 818,620 bushels of grain were burned.[1]

The latest report coming from the Far East, as this last chapter is being written, is the Associated Press dispatch of February 4, 1921, which announces the decision of the Japanese Government to reënforce its garrisons in Korea with another division. This means continued suppression and more atrocities.

What is to be the outcome of all this, one may ask. Will Japan ever be able to solve the problem? "Every day the solution is becoming more difficult," says Frazier Hunt, in his dispatch from Seoul. "By immediate and dramatic reforms and generous gifts of semi-independence, she might sidetrack this Korean Independence revolution, but one is wasting time even to think about this because present-day Japan doesn't talk this language of democracy and international justice and fair play. Japan's promised reforms are not even keeping pace with the revolutionary movement."

Even though all these reforms were granted to Korea, and Japan were to have no more control over Korea than England has over Canada or Australia, the Koreans would not be satisfied. They evidently intend to continue the revolution until their country is completely free from Japanese domination. They are roughly awakened, under the cruel blows of their alien masters, to a sense of na-

[1] New York *Tribune*, February 7, 1921.

tional consciousness and racial solidarity. This yearning for political freedom is coupled with the sudden setting off of all the accumulated hate, cruelty, tyranny and injustice of Japanese domination that have been practised during the ten years since the annexation. It must be remembered that even the adroit Japan cannot hammer the swords into welcome plowshares after once the sword has been stained with blood. Her task in Korea is a hopeless one. So long as there is a Korean left, there will be the cry for independence. Will Japan continue to use bayonets to crush the movement? Will this circle of sullen and passive resistance on the part of an unarmed and defenseless people, on the one hand, and the organized military suppression, on the other, be carried to the point of racial extinction of the Korean people? Can Japan succeed in annihilating the Korean race—20,000,000 people?

The Korean cause may not be so hopeless as it seems to a casual observer. Nothing in human affairs is impossible in this pregnant century. Ten years ago, no one ever dreamed that Poland would gain her independence or that the Croats and Slovenes would attain their national aspirations in the near future. Japan's present possession of superior military strength is no lasting reason that she will always hold her dominant position in Asia. The Far Eastern question is an unsettled one, and Japan is playing a lone hand. The time may come when the civilized world will fully awaken to Japanese methods in Asia and demand an accounting and settlement on the basis of justice and fair play.

Whatever may happen in the political arena of the Far East, the Korean people, though disarmed and defenseless, will continue the struggle for life and liberty with undaunted courage and unswerving optimism which form a peculiar trait of their national character; they will continue

" To hope, till hope creates
From its own wreck the thing it contemplates."

# APPENDICES

## I

### THE TRIAL OF VISCOUNT MIURA

*The following is the full text of the findings of the Japanese Court of Preliminary Inquiries, at the trial of Viscount Miura and his associates for the murder of the Queen of Korea:*

Okamoto Ryunosuke, born the 8th month of the 5th year of Kaei (1852), Adviser to the Korean Departments of War and of the Household, shizoku of Usu, Saiga Mura, Umibe Gun, Wakayama Ken.

Miura Goro, Viscount, Sho Sammi, first-class Order, Lieutenant-General (first reserve), born 11th month 3rd year Kokwa (1846), kwazoku of Nakotomisaka Cho, Koishikawa ku, Tokyo Shi, Tokyo Fu.

Sugimura Fukashi, Sho Rokui, First Secretary of Legation, born 1st month 1st year Kaei (1848), heimin of Suga Cho, Yotsuyaku, Tokyo Shi, Tokyo Fu, and forty-five others.

Having, in compliance with the request of the Public Procurator, conducted preliminary examinations in the case of murder and sedition brought against the above-mentioned Okamoto Ryunosuke and forty-seven others, and that of wilful homicide brought against the afore-mentioned Hirayama Iwawo, we find as follows:

The accused, Miura Goro, assumed his official duties as His Imperial Majesty's Envoy Extraordinary and Minister Plenipotentiary at Seoul on the 1st September, the 28th year of Meiji (1895). According to his observations, things in Korea

322

were tending in a wrong direction. The Court (Royal House of Korea) was daily growing more and, more arbitrary, and attempting wanton interference with the conduct of State affairs. Disorder and confusion were in this way introduced into the system of administration that had just been reorganized under the guidance and advice of the Imperial Government (Japan). The Court went so far in turning its back on Japan that a project was mooted for disbanding the Kunrentai troops, drilled by Japanese officers, and punishing their officers. Moreover, a report came to the knowledge of the said Miura that the Court had under contemplation a scheme for usurping all political power by degrading some and killing others of the Cabinet Ministers suspected of devotion to the cause of progress and independence. Under these circumstances, he was greatly perturbed, inasmuch as he thought that the attitude assumed by the Court not only showed remarkable ingratitude towards this country (Japan) which had spent labour and money for the sake of Korea, but was also calculated to thwart the work of internal reform and jeopardize the independence of the Kingdom. The policy pursued by the Court was consequently considered to be injurious to Korea, as well as prejudicial, in no small degree, to the interests of this country. The accused felt it to be of urgent importance to apply an effective remedy to this state of things, so as on the one hand to secure the independence of the Korean Kingdom, and, on the other, to maintain the prestige of this Empire in that country. While thoughts like these agitated his mind, he was secretly approached by the Tai Won Kun with a request for assistance, the Prince being indignant at the untoward turn that events were taking, and having determined to undertake the reform of the Court and thus discharge his duty of advising the King. The accused then held at the Legation a conference with Sugimura Fukashi and Okamoto Ryunosuke, on the 3rd October last. The decision arrived at on that occasion was that assistance should be rendered to the Tai Won Kun's entry into the palace by making use of the Kunrentai, who, being hated by the Court, felt themselves in danger, and of the young men who deeply lamented the course of events, and also by causing the Japanese troops stationed in Seoul to offer their support to the enterprise. It was further resolved that this opportunity should be availed of for taking the life of the Queen, who exercised overwhelming influence in the Court. They at the same time thought it neces-

sary to provide against the possible danger of the Tai Won
Kun's interfering with the conduct of State affairs in the
future—an interference that might prove of a more evil char-
acter than that which it was now sought to overturn. To
this end, a document containing pledges required of the Tai
Won Kun on four points was drawn by Sugimura Fukashi.
The document was carried to the country residence of the
Tai Won Kun at Kong-tok-ri on the 15th of the month by
Okamoto Ryunosuke, the latter being on intimate terms with
His Highness. After informing the Tai Won Kun that the
turn of events demanded His Highness's intervention once
more, Okamoto presented the note to the Prince, saying
that it embodied what Minister Miura expected from him.
The Tai Won Kun, together with his son and grandson,
gladly assented to the conditions proposed and also wrote a
letter guaranteeing his good faith. Miura Goro and others
decided to carry out the concerted plan by the middle of the
month. Fearing lest Okamoto's visit to Kong-tok-ri (the Tai
Won Kun's residence) should excite suspicion and lead to
the exposure of their plan, it was given out that he had pro-
ceeded thither simply for the purpose of taking leave of the
Prince before departing from home, and to impart an appear-
ance of probability to this report it was decided that Oka-
moto should leave Seoul for Ninsen (Inchhon) and he took
his departure from the capital on the 6th. On the following
day, An Keiju, the Korean Minister of State for War, visited
the Japanese Legation by order of the Court. Referring to
the projected disbanding of the Kunrentai troops, he asked
the Japanese Minister's views on the subject. It was now
evident that the moment had arrived, and that no more delay
should be made. Miura Goro and Sugimura Fukashi conse-
quently determined to carry out the plot on the night of that
very day. On the one hand a telegram was sent to Okamoto
requesting him to come back to Seoul at once, and on the
other they delivered to Horiguchi Kumaichi a paper contain-
ing a detailed programme concerning the entry of the Tai
Won Kun into the palace, and caused him to meet Okamoto
at Yong-san so that they might proceed to enter the palace.
Miura Goro further issued instructions to Umayabara Muhon,
Commander of the Japanese Battalion in Seoul, ordering him
to facilitate the Tai Won Kun's entry into the palace by
directing the disposition of the Kunrentai troops, and by

calling out the Imperial force for their support. Miura also summoned the accused, Adachi Kenzo and Kunitomo Shigeakira, and requested them to collect their friends, meeting Okamoto at Yong-san, and act as the Tai Won Kun's bodyguard on the occasion of His Highness's entrance into the palace. Miura told them that on the success of the enterprise depended the eradication of the evils that had done so much mischief in the Kingdom for the past twenty years, and instigated them to dispatch the Queen when they entered the palace. Miura ordered the accused, Ogiwara Hidejiro, to proceed to Yong-san, at the head of the police force under him, and after consultation with Okamoto to take such steps as might be necessary to expedite the Tai Won Kun's entry into the palace.

The accused, Sugimura Fukashi, summoned Suzuki Shigemoto and Asayama Kenzo to the Legation, and after acquainting them with the projected enterprise, directed the former to send the accused, Suzuki Junken, to Yong-san to act as interpreter, and the latter to carry the news to a Korean named Li Shukwei, who was known to be a warm advocate of the Tai Won Kun's return to the palace. Sugimura further drew up a manifesto explaining the reason of the Tai Won Kun's entry into the palace, and charged Ogiwara Hidejiro to deliver it to Horiguchi Kumaichi.

The accused, Horiguchi Kumaichi, at once departed for Yong-san on horseback. Ogiwara Hidejiro issued orders to the policemen that were off duty to put on civilian dress, provide themselves with swords and proceed to Yong-san. Ogiwara himself also went to the same place.

Thither also repaired by his order the accused, Watanabe Takajiro, Nariai Kishiro, Oda Yoshimitsu, Kiwaki Sukunorin, and Sakai Masataro.

The accused, Yokowo Yutaro, joined the party at Yong-san. Asayama Kenzo saw Li Shukwei, and informed him of the projected enterprise against the palace at night. Having ascertained that Li had then collected a few other Koreans and proceeded towards Kong-tok-ri, Asayama at once left for Yong-san. Sukuzi Shigemoto went to Yong-san in company with Sukuzi Junken. The accused, Adachi Kenzo and Kunitomo Shigeakira, at the instigation of Miura, decided to murder the Queen, and took steps for collecting accomplices. The accused, Hirayama Iwabiko, Sassa Masayuki, Matsu-

mura Tatsuki, Sasaki Tadasu, Ushijima Hidewo, Kobaya-
kawa Hidewo, Miyazumi Yuki, Sato Keita, Sawamura Masao,
Katano Takewo, Fuji Masashira, Hirata Shizen, Kikuchi
Kenjo, Yoshida Tomokichi, Nakamura Takewo, Namba Haru-
kichi, Terasaki Taikichi, Iyuri Kakichi, Tanaka Kendo, Ku-
mabe Yonekichi, Tsukinari Taru, Yamada Ressei, Sase Kuma-
tetsu, and Shibaya Kotoji, responded to the call of Adachi
Kenzo and Kunitomo Shigeakira by Miura's order to act as
bodyguard to the Tai Won Kun on the occasion of his entry
to the palace. Hirayama Iwahiko and more than ten others
were directed by Adachi Kenzo, Kunitomo Shigeakira, and
others to do away with the Queen, and they resolved to
follow the advice. The others, who were not admitted into
this secret but who joined the party from mere curiosity,
also carried weapons. With the exception of Kunitomo
Shigeakira, Tsukinari Taru, and two others, all the accused
mentioned above went to Yong-san in company with Adachi
Kenzo.

The accused, Okamoto Ryunosuke, on receipt of a telegram
stating that time was urgent, at once left Ninsen for Seoul.
Being informed on his way, about midnight, that Horiguchi
Kumaichi was waiting for him at Mapho, he proceeded
thither and met the persons assembled there. There he re-
ceived from Horiguchi Kumaichi a letter from Miura Goro,
the draft manifesto already alluded to, and other documents.
After he had consulted with two or three others about the
method of effecting an entry into the palace, the whole party
started for Kong-tok-ri, with Okamoto as their leader. At about
3 A. M. on the 8th they left Kong-tok-ri, and escorting the Tai
Won Kun's palanquin, together with Li Shukwei and other
Koreans. When on the point of departure, Okamoto assem-
bled the whole party outside the front gate of the Prince's
residence, declaring that on entering the palace the "fox"
should be dealt with according as exigency might require,
the obvious purport of this declaration being to instigate his
followers to murder Her Majesty the Queen. As the result
of this declaration Sakai Masataro and a few others, who had
not yet been initiated into the secret, resolved to act in accord-
ance with the suggestion. Then slowly proceeding towards
Seoul, the party met the Kunrentai troops outside the west
gate of the capital, where they waited some time for the
arrival of the Japanese troops.

With the Kunrentai as vanguard, the party then proceeded towards the palace at a more rapid rate. On the way they were joined by Kunitomo Shigeakira, Tsukinari Taru, Yamada Ressei, Sase Kumatetsu, and Shibuya Katoji. The accused, Hasumoto, Yasumaru, and Oura Shigehiko, also joined the party, having been requested by Umagabara Muhon to accompany as interpreters the military officers charged with the supervision of the Kunrentai troops. About dawn the whole party entered the palace through the Kwang-hwa Gate, and at once proceeded to the inner chambers.

Notwithstanding these facts, there is no sufficient evidence to prove that any of the accused actually committed the crime originally meditated by them. Neither is there sufficient evidence to establish the charge that Hirayama Iwahiko killed Li Koshoku, the Korean Minister of the Household, in front of the Kon-Chong palace.

As to the accused, Shiba Shiro, Osaki Masakichi, Yoshida Hanji, Mayeda Shunzo, Hirayama Katsukuma, and Hiraishi Yoshitaro, there is not sufficient evidence to show that they were in any way connected with the affair.

For these reasons the accused, each and all, are hereby discharged in accordance with the provisions of article 165 of the Code of Criminal Procedure. The accused, Miura Goro, Sugimura Fukashi, Okamoto Ryunosuke, Adachi Kenzo, Kunitomo Shigeakira, Terasaki Taikichi, Hirayama Iwabiko, Nakamura Takewo, Fuji Masashira, Iyuri Kakichi, Kiwaki Sukenori, and Sokoi Masutaro, are hereby released from confinement. The documents and other articles seized in connection with this case are restored to their respective owners.

Given at the Hiroshima Local Court by

YOSHIDA YOSHIHIDE,
*Judge of Preliminary Enquiry;*

TAMURA YOSHIHARU,
*Clerk of the Court.*

Dated, 20th day of the 1st month of 29th year of Meiji.

*This copy has been taken from the original text.—Clerk of the Local Court of Hiroshima.*

## II

### (a) TREATY BETWEEN THE UNITED STATES AND KOREA

PEACE, AMITY, COMMERCE, AND NAVIGATION

Signed at Yin-Chuen, May 22, 1882.
Ratification advised by the United States Senate, January 9, 1883.
Ratified by the President of the United States, February 13, 1883.
Ratifications exchanged at Seoul, May 19, 1883.
Proclaimed, June 4, 1883.

### TRANSCRIPT OF TREATY

#### A PROCLAMATION

*By the President of the United States of America.*

Whereas a treaty of peace and amity and commerce and navigation between the United States of America and the Kingdom of Korea or Chosen was concluded on the twenty-second day of May, one thousand eight hundred and eighty-two, the original of which treaty being in the English and Chinese languages is word for word as follows:

TREATY OF AMITY AND COMMERCE

The United States of America and the Kingdom of Chosen, being sincerely desirous of establishing permanent relations of amity and friendship between their respective peoples, have to this end appointed, that is to say: The President of the United States, R. W. Shufeldt, Commodore, U. S. Navy, as his Commissioner Plenipotentiary; and His Majesty, the King of Chosen, Shin Chen, President of the Royal Cabinet, Chin Hong-chi,

Member of the Royal Cabinet, as his Commissioners Plenipotentiary; who having reciprocally examined their respective full powers, which have been found to be in due form, have agreed upon the several following Articles:

### Article I

There shall be perpetual peace and friendship between the President of the United States and the King of Chosen and the citizens and subjects of their respective Governments.

If other Powers deal unjustly or oppressively with either Government, the other will exert their good offices, on being informed of the case, to bring about an amicable arrangement, thus showing their friendly feelings.

### Article II

After the conclusion of this treaty of amity and commerce, the high contracting Powers may each appoint diplomatic representatives to reside at the Court of the other, and may each appoint consular representatives at the ports of the other which are open to foreign commerce, at their own convenience.

These officials shall have relations with the corresponding local authorities of equal rank upon a basis of mutual equality.

The Diplomatic and Consular representatives of the two Governments shall receive mutually all the privileges, rights, and immunities, without discrimination, which are accorded to the same classes of representatives from the most favoured nation.

Consuls shall exercise their functions only on receipt of an exequatur from the Government to which they are accredited. Consular authorities shall be bona fide officials. No merchants shall be permitted to exercise the duties of the office, nor shall consular officers be allowed to engage in trade. At ports to which no consular representatives have been appointed, the consuls of other Powers may be invited to act, provided that no merchant shall be allowed to assume consular functions, or the provisions of this treaty may, in such cases, be enforced by the local authorities.

If consular representatives of the United States in Chosen conduct their business in an improper manner, their exequatur may be revoked, subject to the approval, previously obtained, of the diplomatic representative of the United States.

### *Article III*

Whenever United States vessels, either because of stress of weather or by want of fuel or provisions, cannot reach the nearest open port in Chosen, they may enter any port or harbour either to take refuge therein or to get supplies of wood, coal, and other necessaries, or to make repairs, the expenses incurred thereby being defrayed by the ship's master. In such event, the officers and people of the locality shall display their sympathy by rendering full assistance, and their liberality by furnishing the necessities required.

If a United States vessel carries on a clandestine trade at a port not open to foreign commerce, such vessel, with her cargo, shall be seized and confiscated.

If a United States vessel be wrecked on the coast of Chosen, the local authorities, on being informed of the occurrence, shall immediately render assistance to the crew, provide for their present necessities, and take the measures necessary for the salvage of the ship and the preservation of her cargo. They shall also bring the matter to the knowledge of the nearest consular representative of the United States, in order that steps may be taken to send the crew home and to save the ship and cargo. The necessary expenses shall be defrayed either by the ship's master or by the United States.

## Article IV

  All citizens of the United States of America in Chosen, peaceably attending to their own affairs, shall receive and enjoy for themselves and everything appertaining to them the protection of the local authorities of the Government of Chosen, who shall defend them from all insult and injury of any sort. If their dwellings or property be threatened or attacked by mobs, incendiaries, or other violent or lawless persons, the local officers, on requisition of the Consul, shall immediately dispatch a military force to disperse the rioters, apprehend the guilty individuals, and punish them with the utmost rigour of the law.

  Subjects of Chosen, guilty of any criminal act towards citizens of the United States, shall be punished by the authorities of Chosen according to the laws of Chosen; and citizens of the United States, either on shore or in any merchant vessel, who may insult, trouble, or wound the persons, or injure the property of the people of Chosen, shall be arrested and punished only by the Consul or other public functionary of the United States thereto authorized, according to the laws of the United States.

  When controversies arise in the Kingdom of Chosen, between citizens of the United States and subjects of His Majesty, which need to be examined and decided by the public officers of the two nations, it is agreed between the two governments of the United States and Chosen that such cases shall be tried by the proper official of the nationality of the defendant, according to the laws of that nation.

  The properly authorized official of the plaintiff's nationality shall be freely permitted to attend the trial, and shall be treated with the courtesy due his position. He shall be granted all proper facilities for watching the proceedings in the interests of justice. If he so desires, he shall have the right to present, to examine, and to cross-examine witnesses. If he is dissatisfied with the proceedings, he shall be permitted to protest against them in detail.

It is, however, mutually agreed and understood between the high contracting Powers, that whenever the King of Chosen shall have so far modified and reformed the statutes and judicial procedure of his kingdom that, in the judgment of the United States, they conform to the laws and course of justice in the United States, the right of ex-territorial jurisdiction over United States citizens in Chosen shall be abandoned, and thereafter United State citizens, when within the limits of the Kingdom of Chosen, shall be subject to the jurisdiction of the native authorities.

### Article V

Merchants and merchant vessels of Chosen visiting the United States for purposes of traffic, shall pay duties and tonnage dues and all fees according to the customs regulation of the United States, but no higher or other rates of duties and tonnage dues shall be exacted of them than are levied upon citizens of the United States or upon citizens or subjects of the most favoured nation.

Merchants and merchant vessels of the United States visiting Chosen for purposes of traffic shall pay duties upon all merchandise imported and exported. The authority to levy duties is of right vested in the Government of Chosen. The tariff of duties upon exports and imports, together with the customs regulations for the prevention of smuggling and other irregularities, will be fixed by the authorities of Chosen and communicated to the proper officials of the United States, to be by the latter notified to their citizens and duly observed.

It is, however, agreed in the first instance, as a general measure, that the tariff upon such imports as are articles of daily use shall not exceed an ad valorem duty of ten per centum; that the tariff upon such imports as are luxuries, as, for instance, foreign wines, foreign tobacco,

clocks and watches, shall not exceed an ad valorem duty
of thirty per centum; and that native produce exported
shall pay a duty not to exceed five per centum ad valorem.
And it is further agreed that the duty upon foreign im-
ports shall be paid once for all at the port of entry, and
that no other dues, duties, fees, taxes, or charges of any
sort shall be levied upon such imports either in the inte-
rior of Chosen or at the ports.

United States merchant vessels entering the ports of
Chosen shall pay tonnage dues at the rate of five mace
per ton, payable once in three months on each vessel, ac-
cording to the Chinese calendar.

### Article VI

Subjects of Chosen who may visit the United States
shall be permitted to reside and to rent premises, purchase
land, or to construct residences or warehouses, in all
parts of the country. They shall be freely permitted to
pursue their various callings and avocations, and to traffic
in all merchandise, raw and manufactured, that is not
declared contraband by law.

Citizens of the United States who may resort to the
ports of Chosen which are open to foreign commerce,
shall be permitted to reside at such open ports within the
limits of the concessions, and to lease buildings or land
or to construct residences or warehouses therein. They
shall be freely permitted to pursue their various callings
and avocations within the limits of the ports, and to
traffic in all merchandise, raw and manufactured, that is
not declared contraband by law.

No coercion or intimidation in the acquisition of land
or buildings shall be permitted, and the land rent as fixed
by the authorities of Chosen shall be paid. And it is
expressly agreed that lands so acquired in the open ports
of Chosen still remain an integral part of the kingdom,
and that all rights of jurisdiction over persons and prop-

erty within such areas remain vested in the authorities of Chosen, except in so far as such rights have been expressly relinquished by this treaty

American citizens are not permitted either to transport foreign imports to the interior for sale or to proceed thither to purchase native produce. Nor are they permitted to transport native produce from one open port to another open port.

Violations of this rule will subject such merchandise to confiscation, and the merchant offending will be handed over to the consular authorities to be dealt with.

### Article VII

The Governments of the United States and of Chosen mutually agree and undertake that subjects of Chosen shall not be permitted to import opium into any of the ports of the United States, and citizens of the United States shall not be permitted to import opium into any of the open ports of Chosen, to transport it from one open port to another open port or to traffic in it in Chosen. This absolute prohibition, which extends to vessels owned by the citizens or subjects of either Power, to foreign vessels employed by them, and to vessels owned by the citizens or subjects of either Power and employed by other persons for the transportation of opium, shall be enforced by appropriate legislation on the part of the United States and of Chosen, and offenders against it shall be severely punished.

### Article VIII

Whenever the Government of Chosen shall have reason to apprehend a scarcity of food within the limits of the kingdom, His Majesty may, by decree, temporarily prohibit the export of all breadstuffs, and such decree shall be binding on all citizens of the United States in Chosen, upon due notice having been given them by the authorities of Chosen through the proper officers of the United States; but it is to be understood that the exportation of rice and breadstuffs of every description is prohibited from the open port of Yin-chuen.

Chosen having of old prohibited the exportation of red ginseng, if citizens of the United States clandestinely purchase it for export, it shall be confiscated, and the offenders punished.

### Article IX

The purchase of cannon, small arms, swords, gunpowder, shot, and all munitions of war is permitted only to officials of the Government of Chosen, and they may be imported by citizens of the United States only under written permit from the authorities of Chosen. If these articles are clandestinely imported, they shall be confiscated, and the offending party shall be punished.

### Article X

The officers and people of either nation residing in the other shall have the right to employ natives for all kinds of lawful work.

Should, however, subjects of Chosen, guilty of violation of the laws of the kingdom, or against whom any action has been brought, conceal themselves in the residences or warehouses of United States citizens or on board United States merchant vessels, the Consular authorities of the United States, on being notified of the fact by the local authorities, will either permit the latter to dispatch constables to make the arrests or the persons will be arrested by the Consular authorities and handed over to the local constables.

Officials or citizens of the United States shall not harbour such persons.

### Article XI

Students of either nationality who may proceed to the country of the other, in order to study the language, literature, laws, or arts, shall be given all possible protection and assistance, in evidence of cordial good-will.

### Article XII

This being the first treaty negotiated by Chosen, and hence being general and incomplete in its provisions, shall, in the first instance, be put into operation in all things stipulated herein. As to stipulations not contained herein, after an interval of five years, when the officers and people of the two Powers shall have become more familiar with each other's language, a further negotiation of commercial provisions and regulations in detail, in conformity with international law and without unequal discriminations on either part, shall be had.

### Article XIII

This Treaty and future official correspondence between the two contracting Governments shall be made, on the part of Chosen, in the Chinese language.

The United States shall either use the Chinese language, or if English be used, it shall be accompanied with a Chinese version, in order to avoid misunderstanding.

### Article XIV

The high contracting Powers hereby agree that should at any time the King of Chosen grant to any nation, or to the merchants or citizens of any nation, any right, privilege, or favour, connected either with navigation, commerce, political or other intercourse, which is not conferred by this treaty, such right, privilege, and favour shall freely inure to the benefit of the United States, its public officers, merchants, and citizens; provided always that whenever such right, privilege, or favour is accompanied by any condition or equivalent concession granted by the other nation interested, the United States, its officers and people, shall only be entitled to the benefit of such right, privilege, or favour upon complying with the conditions or concessions connected therewith.

In faith whereof, the respective Commissioners Pleni-
potentiary have signed and sealed the foregoing at Yin-
chuen, in English and Chinese, being three originals of
each text, of even tenor and date, the ratifications which
shall be exchanged at Yin-chuen within one year from
the date of its execution, and immediately thereafter this
treaty shall be in all its provisions publicly proclaimed
and made known by both Governments in their respective
countries, in order that it may be obeyed by their citizens
and subjects respectively.

*Chosen, May the 22nd, A. D. 1882.*

(L. S.) (Signed) R. W. SHUFELDT,
*Commodore, U. S. N., Envoy of the
U. S. to Chosen.*

(L. S.) (Signed) SHIN CHEN ⎫
(L. S.) (Signed) CHIN HONG-CHI ⎬ (In Chinese)
*Members of the Royal Cabinet of Chosen.*

AND WHEREAS, the Senate of the United States of
America by their resolution of the ninth of January, one
thousand eight hundred and eighty-three (two-thirds of
the Senators present concurring), did advise and consent
to the ratification of said treaty subject to the condition
following, viz:

*Resolved,* That it is the understanding of the Senate
in agreeing to the foregoing resolution, that the clause,
" Nor are they permitted to transport native produce
from one open port to another open port," in Article VI
of said treaty, is not intended to prohibit and does not
prohibit American ships from going from one open port
to another open port in Korea or Chosen to receive Ko-
rean cargo for exportation, or to discharge foreign cargo.

AND WHEREAS, said treaty has been duly ratified on
both parts, subject to said condition, and the respective
ratifications thereof exchanged.

*Now, therefore,* be it known that I, Chester A. Arthur, President of the United States of America, have caused the said convention to be made public, to the end that the same, and every clause and article thereof, may be observed and fulfilled with good faith by the United States and the citizens thereof.

In witness whereof I have hereunto set my hand and caused the seal of the United States to be affixed.

Done at the city of Washington this Fourth day of June, in the year of our Lord one thousand eight hundred and eighty-three and of the Independence of the United States of America the one hundredth and seventh.

　　　　　　　　　　　　　　CHESTER A. ARTHUR.

By the President.
　　FREDK. T. FRELINGHUYSEN,
　　　　　*Secretary of State.*

### (*b*) LIST OF TREATIES WITH OTHER POWERS [1]

Treaties of Amity and Commerce were made by Korea with various other countries in substantially the same language as the Treaty with the United States. Being to all intents and purposes identical, they are not quoted in full, but are listed below:

```
Austria-Hungary..............June 23, 1892
Belgium.....................March 23, 1901
China...................September 11, 1899
Denmark.....................July 15, 1902
France.......................June 4, 1886
Germany.................November 26, 1883
Great Britain............November 26, 1883
Italy........................June 26, 1884
Japan....................February 26, 1876
Russia.......................July 7, 1884
```

[1] For the full text of the foregoing Treaties see the author's *Korean Treaties* (New York, 1919).

## (c) JAPAN'S GUARANTEE OF KOREAN INDEPENDENCE

Excerpts from Treaties Made by Japan Recognizing or Asserting Independence of Korea:

*February 26, 1876*—Between Korea and Japan.

Chosen (Korea) being an independent State enjoys the same sovereign rights as does Japan.

*July 14, 1894*—Between Korea and Japan.

The object of the alliance is to maintain the Independence of Korea on a firm footing. . . .
Korea will undertake to give every possible facility to Japanese soldiers regarding their movement and supply of provisions. This Treaty shall cease and determine at the conclusion of a Treaty of Peace with China.

*April 20, 1895*—Between China and Japan (Shimonoseki Treaty).

China recognizes definitely the full and complete independence and autonomy of Korea.

*April 25, 1898*—Between Russia and Japan.

The Imperial Governments of Russia and Japan recognize definitely the Sovereignty and entire independence of Korea, and pledge themselves mutually to abstain from all direct interference in the internal affairs of that country.

*January 30, 1902*—First Anglo-Japanese Alliance.

The High Contracting Parties, having mutually recognized the independence of China and Korea, declare themselves to be entirely uninfluenced by any aggressive tendencies in either country.

*February 23, 1904*—Between Korea and Japan.

The Imperial Government of Japan definitely guarantees the Independence and territorial integrity of the Korean Empire.

### III[1]

# BALANCE SHEET BETWEEN KOREA AND JAPAN

*November 17, 1905, to December 31, 1917.*

Extraordinary Receipts by Japan—
Increase in Korea's national debt............$ 46,475,158.50
Excess taxes collected by Japan in Korea
  over normal tax ........................ 50,098,877.50
Dividends due Korea on stock in the Oriental
  Development Company .................. 782,925.00
One-half profit due Korea from the Yalu and
  Tumen River lumber undertaking......... 1,163,140.50
Dividends due Korea from operation of rail-
  roads ................................... 1,967,505.50
Dividends due from operation of tramways or
  narrow gauge railroads................... 32,000.00
Proceeds from conduct of ginseng traffic.... 2,213,969.50
Proceeds from operation of coal mines...... 578,516.50
Proceeds from operation of salt works...... 347,794.00
Proceeds from operation of iron mines...... 165,481.50
Amounts confiscated from forest preserves
  and parks .............................. 586,305.50
Profits from operation of water works at
  Seoul, Chemulpo, Pyeng Yang and Chin-
  nampo ................................. 370,354.00

     Total .............................$104,782,028.00

Extraordinary Expenditures by Japan—
Extension of railroads.................... $37,645,123.00
Capital account lumber undertaking ......... 406,000.00
Capital account coal mines ................. 627,981.50
Capital account salt works ................. 582,143.50
Capital account tramways .................. 1,203,000.00
Capital account water works ............... 3,472,996.00
Roads and streets ......................... 5,721,999.50
Bridges ................................... 2,650,000.00
Harbours .................................. 4,108,414.50
Buildings ................................. 1,162,572.00
Land survey ............................... 8,331,539.50
Forestry survey ........................... 183,768.50
Hospitals ................................. 474,197.50
Submarine cable ........................... 80,000.00

                          $66,649,735.50
   Difference in favor of Korea........... 38,132,292.50

[1] Appendices III to V are taken from "Japanese Stewardship of Korea" by F. A. Dolph, of the Illinois Bar, and are used here with the permission of the author. The data are taken by Mr. Dolph mainly from Japanese official reports.

IV

# INCREASES IN KOREA'S NATIONAL DEBT DURING JAPANESE CONTROL

Total National Debt as reported by Japan up to December 31, 1917 ..................................................$46,843,415.00
National Debt at commencement of Japanese control...... 368,256.50

Increase during Japanese control.......................$46,475,158.50

### ITEMS

| Date | | | Creditor | Rate | Amount |
|------|---|---|----------|------|--------|
| December | 1, | 1908 | Industrial Bank, Japan........ | 6½ | $ 6,481,960.00 |
| March | 1, | 1913 | Imperial Treasury, Japan..... | 4 | 526,325.00 |
| April | 1, | 1913 | Imperial Treasury, Japan..... | 5 | 15,000,000.00 |
| October | 1, | 1914 | Deposit Section, Finance Dept., Japan ..................... | 5½ | 2,500,000.00 |
| March | 1, | 1915 | Deposit Section, Finance Dept., Japan ..................... | 5½ | 1,320,435.50 |
| August | 1, | 1915 | Imperial Treasury, Japan..... | 5½ | 1,500,000.00 |
| August | 1, | 1915 | Bank of Chosen, Korea....... | 6 | 750,000.00 |
| October | 1, | 1915 | Imperial Treasury, Japan..... | 5½ | 1,250,000.00 |
| October | 1, | 1915 | Deposit Section, Finance Dept., Japan ..................... | 5½ | 155,556.00 |
| March | 1, | 1916 | Bank of Chosen, Korea....... | 6 | 3,000,000.00 |
| March | 1, | 1916 | Imperial Treasury, Japan..... | 5½ | 1,567,163.50 |
| July | 1, | 1916 | Imperial Treasury, Japan..... | 5½ | 1,500,000.00 |
| September | 1, | 1916 | Imperial Treasury, Japan..... | 5½ | 2,500,000.00 |
| March | 1, | 1917 | Imperial Treasury, Japan..... | 5½ | 1,292,500.00 |
| December | 1, | 1917 | Imperial Treasury, Japan..... | 5½ | 7,499,475.00 |

Total ...............................................$46,843,415.00
Annual Interest Charge.............................$ 2,522,063.37

# V

## EXCESS TAXES COLLECTED DURING JAPANESE CONTROL OF KOREA

Comparative Statement Between Taxes Collected During Last Year of Korean Control, $3,561,907.50, and Taxes Collected Since Under Japanese Control.

| Year | Total Collected Under Japanese |
|------|-------------------------------|
| 1906 | $ 3,699,372.00 |
| 1907 | 4,951,436.00 |
| 1908 | 6,144,100.50 |
| 1909 | 6,747,817.00 |
| 1910 | 7,393,666.00 |
| 1911 | 6,595,492.00 |
| 1912 | 6,842,432.00 |
| 1913 | 7,642,303.00 |
| 1914 | 10,101,815.00 |
| 1915 | 10,575,029.00 |
| 1916 | 10,731,620.50 |
| 1917 | 11,416,684.50 |

Total ......................... $92,841,767.50

Estimated Total Normal Tax in Korea, Same Period, on Basis of Greatest Annual Tax Collected in Korea Prior to Japanese Occupation. 42,742,890.00

Excess Collected over normal tax............$50,098,877.50

## VI

*Petition by Viscounts Kim Yun-sik and Yi Yong-chik to General Hasegawa, Japanese Governor-General of Korea, March 27, 1919.*

A way of doing things is good only as it accords with the time; and a government succeeds only when it makes its people happy. If the way is not in keeping with the age, it is not a perfect way; and if a government fails to make its people happy, it is not a good government.

It is now ten years since Japan and Korea were unified, and though there has resulted from it no little profit to the people with the clearing away of abuses, still it cannot be said to have made the people happy.

To-day when the call for independence is given in the street, voices without number answer in response. In ten days and less the whole nation vibrates with its echo, and even the women and children vie with each other with no fear of death in their hearts. What is the reason for such a state of things as this? Our view is that having borne with pain and stifled resentment to the point of bursting, and being unable to repress it further, at last they have found expression, and like the overflowing of the Whang-ho River the waves have broken all bounds, and once having broken away, its power will brook no return. We call this an expression of the people, but is it not rather the mind of God Himself?

There are two ways of treating the conditions to-day, one a kind way and one the way of repression. The liberal way would be to speak kindly, soothe, comfort so as to remove fears and misgivings. But in that case there would be no end to the demonstrations. The use of force, on the other hand, that would cut down, uproot, beat to pieces, extinguish, will but rouse it the more and never conquer its spirit.  If you do not get at the cause, you will never settle the matter.

The people, now roused to action, desire that restored to them that they once possessed, in order that the shame of their slavery be removed.  They have nothing but bare hands, and a tongue with which to speak the resentment they feel.  You can tell by this that no wicked motive underlies their thoughts.

The good and superior man would pity and forgive such as this, and view it with tender sympathy.  We hear, however, that the government is arresting people right and left till they fill the prisons.  There they whip, beat, and torture them, until they die violent deaths beneath it.  The government also uses weapons till the dead lie side by side, and we are unable to endure the dreadful stories we hear.

Nevertheless, the whole state only rises the more, and the greater the force used to put it down, the greater the disturbances.  How comes it that you look not to the cause, but think only to cut the manifestation of it down by force?  Though you cut down and kill those who rise up everywhere, you may change the face of things, but the heart of it, never.  Every man has written in his soul the word *Independence*, and those who in the quiet of their rooms shout for it are beyond the possibility of numbering.  Will you arrest and kill them all?

A man's life is not something to be dealt with as the grass that grows.  In ancient times Mancius said to King Sun of Che Kingdom, "If by taking possession of the state you can make the people of Yun happy, take possession; but if taking possession will render them miserable, forbear to do it."

Though Mancius spoke, the king paid no attention, and, as a result, came to a place where he finally said that he was greatly ashamed.  This is, indeed, a mirror from history worthy to be looked into.  Even the sage cannot run

counter to the times in which he lives. We read the
mind of God in the attitude of the people. If a people
are not made happy, history tells us that there is no way
by which their land can be held in possession.

We, your servants, have come to these times of danger
and difficulty. Old and shameless are we, for when our
country was annexed we accepted the rank of nobility,
held office, and lived in disgrace, till, seeing these innocent
people of ours in the fire and water, are unable to endure
the sight longer. Thus we, too, in privacy have shouted
for the independence just like the others.

Fearing not presumption on our part, we speak forth
our hearts, in the hope that Your Excellency will be in
accord herewith and let His Imperial Majesty know so
that the Cabinet may consider it, and set right the cause,
not by mere soft words, not by force, but in accord with
the opportunity that Heaven above grants and the wishes
of the people speak. Thus may Japan give independence
to Korea and let her justice be known to the whole world
including those nations with whom she is in treaty rela-
tion. Undoubtedly, all will grant their approval, and,
like the eclipsed sun and moon, Japan will once again re-
sume the light and splendour of her way. Who will not
look with praise and commendation on this act of yours?

We, your servants, behind closed doors, ill and indis-
posed, and knowing not the mind of the world, offer our
poor woodmen's counsel to the state. If you accede to it,
countless numbers of people will be made happy; but if
you refuse, we two alone will suffer. We have reached
the bourn of life, and so we offer ourselves as a sacrifice
for our people. Though we die for it, we have no com-
plaints to make. In our sick chamber with our age upon
us, we know not how to speak persuasively. We pray
Your Excellency to kindly give this your consideration.
In a word, this is what our hearts would say.

# VII

## ATROCITY STATISTICS

### AND

## NOTES OF SPECIAL INCIDENTS REPORTED BY EYE WITNESSES

KOREAN STATISTICS FROM MARCH I, 1919, TO MARCH I, 1920.

| | |
|---|---:|
| Killed | 7,645 |
| Injured | 45,562 |
| Imprisoned | 49,811 |
| Houses burned | 724 |
| Churches burned | 59 |
| Schools burned | 3 |

JAPANESE STATISTICS FROM MARCH I, 1919, TO JULY 20, 1919.

| | |
|---|---:|
| Demonstrations suppressed without incident | 341 |
| Suppressed by force | 51 |
| Suppressed by force and firearms | 185 |
| Total demonstrations suppressed | 577 |

*Casualties:*

| | |
|---|---:|
| Koreans killed | 631 |
| Japanese killed | 9 |
| Koreans wounded and treated at Government hospitals (no statistics for those otherwise treated) | 1,409 |

*Arrests and Punishments:*

| | |
|---|---:|
| Flogged by order Gendarmes | 9,078 |
| Flogged by order Court | 1,514 |
| Prison sentences | 5,156 |
| Committed to trial | 8,993 |
| Appeals allowed | 1,838 |
| Sentences remitted | 282 |
| Released | 7,116 |
| Total killed, wounded and arrested | 36,026 |

*Property Damage:*

| | |
|---|---:|
| Churches totally destroyed | 17 |
| Churches partially destroyed | 24 |
| Other buildings destroyed | 168 |

PRESBYTERIAN CHURCH STATISTICS REPORTED TO ITS GENERAL
ASSEMBLY IN OCTOBER, 1919. Covering Their Membership Only:

Churches destroyed ................................     12
Killed by shooting ...............................     41
Beaten to death ..................................      6

Pastors, elders and leaders arrested ...........    336
Male members arrested ..........................  2,125
Adherents arrested .........................,....    812
Women arrested .................................    531
                                                  ─────
Total arrests ...................................  3,804

Flogged ..........................................  2,162
Still in prison ..................................  1,642

## NOTES OF SPECIAL INCIDENTS REPORTED BY EYE WITNESSES

### CHRONOLOGICAL

*March 1, 1919:*

At Seoul—Notice posted that gathering would be held at Pagoda Park and printed copies of Declaration of Independence distributed. People gathered, shouting "Mansei" before public buildings and Consulates, sending in copies of Proclamation. No violence done by Koreans, who were unarmed. At one point gendarmes charged crowd with sabres and inflicted many wounds. Police arrested as many as they could. Following day, Sunday, second day funeral of Emperor; no pronounced further demonstration until the 5th.

*March 2, 1919:*

At An-ju—Crowd of 4,000 Koreans gathered, unarmed, shouting "Mansei." Seven Japanese general officers came out and fired many shots into crowd with rifles—8 killed and 20 wounded. Two of the wounded treated in Severance Hospital; student, 19, bullet in left leg; farmer, 61, shot in right leg.

At Pyeng Yang—Group of men and boys charged by soldiers with fixed bayonets. Two men on horseback ran down one man; man was then attacked by four soldiers, stamped on and beaten with gun butts until unconscious and was dragged off. Four soldiers attacked one young fellow, 22, and struck him in the face over and over again with gun butts. Thirty soldiers charged group of boys and caught four; one boy, 14, hands were tied and was then beaten in the face. Three soldiers met workman not in crowd and beat him severely. Two women knocked down with gun butts; one was 50 years old, and as she limped away, soldiers levelled and fired. Scores of men and boys severely beaten. Five theological students, who had just arrived, arrested in their rooms; each given 29 lashes. Two girls dragged by their hair to telegraph poles; tied to poles with their hair and severely beaten. One old man, 65, beaten until he could not walk; dragged to station and beaten unconscious a second time. One Korean killed by firemen with hooks, and corpse dragged away by hooks. Old men, women and children indiscriminately abused and officially flogged at the station. Two women beaten, kicked and thrown into ditch. Soldiers fired into crowd of women. Police kept wounded from being taken to hospital to prevent record being made; however, 11 did get to hospital, who were brought in from the surrounding country with gunshot wounds.

*March 3, 1919:*

At Kyumipo—Church badly damaged. Villagers had gathered in front of home of an elder. Dispersed by police, and police saying, "Christians are responsible for this," rushed on to the church; smashed all the glass; broke the stove; tore out the bell and set fire to the church, starting one fire inside, and one outside. Then proceeded to school and smashed all the doors and windows. Three Koreans arrested and sent to Pyeng Yang jail.

At Maingsan—People gathered, mostly Chuntokyo followers. Soldiers appeared and arrested leader, who was badly treated; this incensed people who followed to station which was in an inclosure. After 59 Koreans had entered gate, it was closed and soldiers then proceeded deliberately to shoot them down. Fifty-six killed and three escaped. Those not killed by bullets were run through and through with bayonets. Bodies piled up and counted and when soldiers discovered that three had escaped, set out to find them. In the mêlée one soldier was shot, a Korean grabbing a gun from a soldier. Escaped Koreans not found, and soldiers then arrested a woman Bible leader sent out from Pyeng Yang; she was cruelly treated and tortured and told to cease preaching.

*March 4, 1919:*

At Morupsil—Crowd attacked by 4 gendarmes. Two Koreans killed instantly, 5 died later and 20 wounded. Ten of the wounded treated in Mission Hospital; one amputation on account of leg being shattered below the knee, and one shot through spine losing one vertebra.

At Ham-heung—Number of students and one teacher had been arrested two days preceding. On March 3 stores were closed and a crowd was dispersed by Japanese firemen with fire lances; a number injured and arrested. Crowd again collected on 4th and attacked by Japanese fire brigade armed with hooks and lances; many seriously injured; one student had violent mark across forehead and left leg hung limp, was detained for several days without treatment; another had skull crushed and was released in dying condition. Seven Koreans arrested, also a number of girls, and taken to station in pitiful condition.

*March 5, 1919:*

At Sunan-ub—Gendarmes fired into crowd killing 5 and wounding many others; wounded thrown into prison without food, water or treatment, and many deaths from gangrene. Old man protested at this treatment of prisoners. Shot dead. His wife came to recover body and was killed. Later, daughter came and was driven away, receiving severe sword cuts.

At Seoul—Promptly at nine o'clock demonstration started. Shops closed. Street Railway employees stopped work. Literati prepared petition to Governor General; on presentation at his office, were told to present at police station, and being there presented, the messengers were arrested. Demonstration a surprise to police and had proceeded for nearly half a mile before it was opposed. The crowd was charged with sabres. No respect shown for sex. Hundreds arrested. Red Cross nurses rushed out with bandages to attend wounded. They were detained in police station to prevent their assisting the wounded and not released until late afternoon.

*March 6, 1919:*

At Ham-heung—Stores still closed and outbreak of the 4th started again. Japanese fire brigade again rushed the crowd. Number clubbed and wounded. One taken to station in dying condition and released to prevent record being made of his death.

*March 7, 1919:*

At Pan-suk—Soldiers came and pulled over the church tower, broke the panes of glass and destroyed the Bibles. Arrested 5 men and women and stripping them of all clothing beat them with clubs and guns. House of school teacher broken into. One man beaten until he died. Police being unable to find one of the elders of the church, his wife and two-year-old baby were seized; woman was stripped naked, and she and the baby beaten to compel woman to tell where her husband was. Many arrests made.

*March 8, 1919:*

At Kang-kei—Is a mountain village where several hundred gathered. Police without warning opened fire, killing 4 and wounding 8. Later, as police were leaving they saw two women at the river washing and fired at them; one woman hit in the head, but the other was missed.

At Sing-chang—Soldiers destroyed the church bell, and the wife of the Methodist minister, who was *enceinte,* was attacked and beaten; cannot recover.

*March 10, 1919:*

At Soon-an—Crowd gathered and was rushed by soldiers. Only Christians were arrested. One elder given 100 blows. One teacher arrested and cut eight times with bayonets.

From Pyeng Yang the following churches reported wrecked and destroyed—M. E. and Presbyterian at Chinnampo; Presbyterian churches at Kyomipo, Pansyok, Nichon, Namsanmoru, Tateiryung. At Mirim the elders were arrested and given 29 lashes; at Choongwha the deacons were arrested and given 15 lashes. On Saturday the 8th, two divisions of prisoners passed through the mission compound; the first had 12 men and the second had 88; were all from Syunchun, a strong Chuntokyo center, about 47 miles from Pyeng Yang.

*March 12, 1919:*

At Pai-paik—Teacher of Christian school arrested after having been wounded with bayonets. In mêlée soldiers shot into crowd killing 5 and injuring many others.

*March 13, 1919:*

At Sing-hung—On market day police fired into crowd, killing 4 and wounding 4; one of the killed was woman carrying a jar of water on her head.

*March 15, 1919:*

At Sunk-dok, near Ham-heung—Police charged crowd, killing 4 Koreans.

*March 16, 1919:*

At Tukum—Crowd of 500 fired into by gendarmes. One killed and 8 wounded.

*March 18, 1919:*

At On-chang market—600 gathered, shouting " Mansei." Clubbed by gendarmes and then fired upon; 3 killed and 20 wounded. Kim Kwang Un, 72, shot in shoulder. Tried to get to Seoul hospital, but was arrested at Chinnampo, tied, beaten and then released; same occurred at Chai-kyung-ub, but he finally reached Severance Hospital; three others also reached the hospital; one man, 21, shot in face and bullet extracted from upper jaw bone; another died in few hours, and the third, an aged man, beaten with clubs, died the second day.

*March 22, 1919:*

Inside little east gate, Seoul—Several hundred gathered; were fired on by soldiers; several killed, and many wounded. One man reached Severance Hospital with gun-shot in eye; eye destroyed.

At Seoul—Large demonstration. Quickly suppressed and many arrests made.

*March 23, 1919:*

At Seoul—Organized demonstration simultaneously in all parts of city. Bayonets were freely used and many wounded. Number killed.

At Ryung-sungi-li—Crowd of men and boys charged by soldiers. Song Yong, a boy of 16, fell behind, was wounded in hand by bayonet; while sitting holding his injured hand, second soldier came up and thrust him in the stomach with his bayonet.

At Whang-hai-do—Crowd of several hundred attacked by gendarmes with clubs, swords and rifles. Three killed

and 20 wounded. Man of 25 with bullet wound in leg
treated at Severance Hospital.

*March 27, 1919:*

At Dok-san—300 gathered shouting and waving Korean
flags; attacked by 15 gendarmes; later reënforced from
Seoul by motor cars. Shot into crowd; killed 1 and
wounded 15. Those treated at Severance were: man 23,
shot in foot; man 27, shot in leg; man 35, shot in arm
and side; man 21, shot through lip; man 35, terribly
wounded in body, leg smashed; 1 unknown, unconscious,
shot in head.

At Horin-mal—All ordered to meet in church, the bell
being rung. Twenty-six of those who responded were
arrested; 6 released and 20 imprisoned; later sentenced to
90 strokes.

At Andong—Large body of young men gathered and
were dispersed by police. One man attacked by policeman
with sword and literally cut to pieces, receiving 20 cuts;
died at hospital.

*March 28, 1919:*

At Morak—Number of people assembled; 3 police fired
into crowd, killing and wounding several. Enraged crowd,
and they killed police. Gendarmes arrived, firing into
crowd. Two sons of an elder killed. Elder Cha shot
through the arm; one deacon shot through the shoulder,
and another through the leg; treated at Hall Memorial
Hospital in Pyeng Yang. Elder Cha's brother thrust
through the back with bayonet and killed. Elder Cha's
house visited; his wife beaten; library and all church rec-
ords burned.

At Kwang-ju-eup—600 assembled. Gendarmes fired,
killing 3 and wounding a number of others. One farmer,
34, treated at hospital; jaw bone shot away.

In Pai-ju—65 li from Seoul, 1,000 gathered to shout
"Mansei." Attacked by gendarmes who followed crowd
shooting as they ran; 8 killed and 3 wounded.

At Ko-yang-koon—5,000 gathered; attacked by mounted
police, gendarmes in uniform and in civilian clothes; many
killed and wounded; number not reported by eye-witness.
Man, 54, struck on arm with sword scabbard and severely
beaten; was treated at Severance.

At Ko-sang—Shops had closed and were ordered opened; about 70 Koreans had gathered. Gendarmes fired into crowd. One man, 26, with gunshot wound in left arm, treated at Severance.

At Kang-ung—Market day; 1,000 gathered, shouting and unarmed; gendarmes fired into crowd, killing 4 and wounding 4; one treated at Severance with bullet in shoulder.

*March 30, 1919:*

At Seoul—Japanese police report 38 instances of gendarmes firing into crowds, with 9 police killed, and 361 Koreans killed and 860 wounded. Koreans' table shows over 600 killed in Seoul during March.

At Tong Chaing—On market day; demonstration. Police arrested 17, five of them women. Women were stripped naked and beaten with clubs; were then forced to stand before the Japanese officers, while officers had their tea and made fun of them.

At Kyen Syo—While people were at Sunday School and about 25 were praying, soldiers entered the church; jammed their guns through the windows; beat the leader and went away with 4 men and 3 women prisoners.

*April 2, 1919:*

At Tong Chaing—Body of miners came from neighbouring mine to resent treatment of women on the 30th, saying they could not allow such savages to go unpunished. Two of them were shot and one man wounded.

*April 6, 1919:*

At Suchon—Soldiers appeared and fired the village. This is the 15th village reported destroyed by soldiers.

*April 8, 1919:*

At Kang-kei—Small mountain town, demonstration started; 2 killed and 12 wounded.

*April 11, 1919:*

At Wha-su-ri—Village burned; many wounded and injured by Japanese police and soldiers.

*April 15, 1919:*

At Do-chu-ni—Soldiers entered the village; killed six sons and grandsons in one family; covered the bodies with

straw and set fire to them. Old man of 76 left to mourn
his sons.

At Chai-amm-ni—Japanese soldiers entered the village;
ordered the inhabitants to enter the church. After they
had done so, soldiers fired into the church, and after most
of Koreans had been killed, the church was set fire to.
Six bodies found bayoneted outside the church where
they had attempted to escape. Two women murdered; one
bayoneted and the other shot. Then the whole village
was burned.

We find that we must close this diary of horror with
the incident of the Chai-amm-ni Massacre. It could be
continued, with daily occurrences, through all of the
two years that have now passed since March 1, 1919,
when Korea asserted its restored independence, but it
would extend this appendix beyond all reasonable limits.
The reader may judge what might be added by what has
been recorded, but to show that these atrocities continue,
we also cite a few of the more recent events.

The reign of terror is carried on by the Japanese
soldiers, not only in Korea, but also among the Korean
settlements in far-off Manchuria, where there are few
foreign eyes to observe and record the deeds. The
Korean residents of Manchuria, like their brethren every-
where in the world, gave their moral support and financial
aid to the Independence Movement. As a result, whole-
sale massacres, burning of villages and devastation of
fields by Japanese soldiers became the order of the day.
Dr. S. H. Martin, a Canadian medical missionary at
Yong Jung, South Manchuria, visited one of these ill-
fated villages, Norabawie, on October 31, 1920, two days
after its destruction at the hand of Japanese soldiers.
The following is a part of the report of the massacre,
submitted by Dr. Martin to the Canadian Presbyterian
Board of Foreign Missions at Toronto:

At daybreak, October 29, Japanese infantry surrounded the
main Christian village, and starting at the head of the valley,

burned immense stacks of unthreshed millet, barley and straw, and then ordered the people to vacate their homes.

As each son and father stepped forth he was shot, and though perhaps not dead, heaps of burning straw were placed over them. If they struggled to escape the flames, they were bayoneted. The Japanese soldiers then set fire to the houses. . . .

I have names of, and accurate reports of, thirty-two villages where fire and willful murder were used—in one village the dead numbering 145. I saw the ruins of a house which was burned with women and children inside. At Sonoyung four men were stood up near an open grave and shot. Foreigners are not permitted to travel here, as the Japanese officers are unable to guarantee their safety.

Another Canadian missionary, the Rev. W. R. Foote, says in his report:

At Nam Koa-u—October 19, leader's house and school burnt and the church set on fire, but not seriously damaged.

At Kusei Tong—October 19, Christian's house burnt.

At Ol To Kuo—October 26, four houses of Christians burnt.

At Myung Dong—October 26, a fine brick schoolhouse nearly one hundred feet long burnt, also an elder's house.

At Nopei—October 26, the church (seating 30 people) and school burnt.

At Kan Chang Am—October 30, church, school and nine houses burnt. Twenty-five people shot and the bodies burnt.

All these instances are absolutely authentic. Five people (four missionaries and one customs official) investigated conditions on two different days, spending some time with the people.

At Cheng San—The church and school and a few houses burnt; 30 people killed, 23 of them shot and seven burned to death in their own houses.

At Un Tong Ja—Church and school burnt and 80 people shot.

These are all Christian villages.

The soldiers and a commanding officer who go to these places as a general thing have no conversation whatever with the people, but do their diabolical deeds and pass on.

For instance, at Nopei the soldiers were passing through

when they came opposite a church, and the officer, who was mounted, halted his men just long enough to set fire to the church and school and then pass on.

Ku Sei Tong is the only place where any reason was given to the people at all for the action. A Korean accompanied the soldiers and told the people that the officer said he had evidence that the owner of the house had collected money for Korean patriotic purposes. If only offenders suffered even the Koreans would not seriously object; but it is where the perfectly innocent and helpless are done to death without even an opportunity to say a word on their own behalf that the injustice and hardship appear. At Kan Chang Am there are poor women left at the approach of a cold winter without a thing to support themselves and their children. The men of the family were shot; the houses and all the contents were burned; and the crops which had been gathered and stored about their houses were burned too. Some of the women and children are even shoeless. The soldiers entered the village soon after sunrise, bringing with them six men from a neighbouring village. These and the young men of Kan Chang Am were herded in front of a Korean house and without even a form of examination were shot down. From one house were a father and a son. From another, two brothers and a son, 25 in all. Then their bodies were heaped together in two piles, covered with wood, and burned. While the fuel was being placed on them, some of the wounded were still able to rise, but they were bayoneted to the ground and met their fate in the flames.

I know these people well. They lived in an out-of-the-way glen. The land is not fertile and firewood is very scarce. They were a quiet, hard-working people, kind-hearted, who struggled hard to make a living. Their church and school, their Bible and hymn books, their Sunday worship and above all, their Saviour, were their joy.

Miss Emma M. Palethorpe of Ontario, a member of the Canadian Presbyterian mission at Yong Jung, tells in her statement of the execution of five men from the village of Suchilgo who were led by the Japanese soldiers to the top of a hill about three miles from Yong Jung and there put to death. Writes Miss Palethorpe:

In the top of the hill there is quite a large hollow not visible from the road or village. The victims were made to sit at the bottom of this where they were slashed at with swords. It is reported by an eye-witness that two swords were broken, and then the awful work was finished with bayonets. Then the loose earth was pulled down from the sides of the hollow to cover the mutilated bodies.

One of the latest Associated Press dispatches (December 11, 1920), reports 375 Koreans executed without trial near Chientoa, 1,500 arrested, 2 churches and 5 schools destroyed. A previous dispatch (December 8, 1920), had reported 70 houses in one village and 130 in another destroyed.

A still later dispatch (December 14, 1920), sent by Junius B. Wood, the Far Eastern correspondent of the Chicago *Daily News,* who has visited the Chientoa district, states:

According to the figures furnished me at the headquarters of the 19th Japanese division, 375 Koreans were killed and 193 homes were burned during the Japanese operations in southeastern Manchuria.

Governor Tao, head of eight prefectures, including Chientoa and Hunchun, told me a few days earlier that his incomplete reports from four prefectures showed that 800 Koreans had been killed and 300 homes with harvested crops and live stock had been burned.

Reports of the Canadian Presbyterian missionaries, covering a portion of the same territory, but without official machinery or other facilities to enable them to reach isolated villages and hamlets connected merely by rough mountain paths, indicated that even the figures of the Chinese Governor were conservative.

In a dispatch immediately succeeding the above (December 15, 1920), Mr. Wood gives definite instances:

In the Changsan district, including several scattered villages, 130 houses and several churches and schools were burned and 90 persons were shot, according to reports. Among these places was a non-Christian village of thirty houses, with seventy persons. It was entirely destroyed. One entire family, hiding in a potato pit under a house, were suffocated. . . .

In Tutogo, where a Japanese vice-consul is located, the bodies of six executed men lay outside the village until dogs started to eat them. Then permission for their burial was finally given. . . .

In Najakoa valley, 100 miles north of Lunghingthun, 500 out of 1,000 homes were burned and 600 persons were executed. In some instances the bodies were hacked into fragments and piled in heaps, so that the remains could not be identified by the survivors. . . .

Out of 120 churches and schools owned by Koreans under Canadian Presbyterian supervision, about 20 were destroyed. . . . All of the three Korean owned middle schools in the Chientoa and Hunchun districts were destroyed. Mungdong Academy, a brick building worth 10,000 yen ($5,000), was burned. . . . The Chungon Academy was sacked and the maps, charts, laboratory apparatus and books were destroyed. The equipment was worth several thousand dollars. The teachers in this school were educated abroad. Whango Academy, in the Hunchun district, was burned.

# Index

359

*Printed in the United States of America*

Protestant Mission Stations in Korea (Including Two in
Manchuria Where the Work is Carried on Among
Koreans).

366

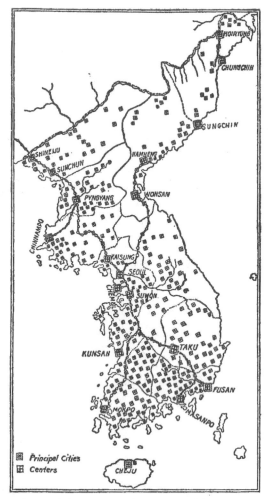

Map of Korea Indicating the Centers of the National Movement for Independence. The Number of Demonstrations far Exceeds the Number of Areas Represented on This Map.

367